电子材料与元器件专业教材

永磁铁氧体生产工艺技术

主　编　王自敏
副主编　赵国法
主　审　张世远

科学出版社
北　京

内 容 简 介

本书按照项目化体例进行编写，以实际的工作任务为载体，基于永磁铁氧体产品系统化的生产过程，构建各章节的内容，并对其生产工艺原理、工艺过程、操作方法以及有关工艺设备的基础知识等，进行了较详细的阐述。内容包括磁学基本知识与永磁铁氧体磁参数，永磁铁氧体常用原材料及其控制，离子取代技术，低、中、高档M型永磁铁氧体以及具有高 B_r 的W型永磁铁氧体，其主配方的优化设计，预烧工艺的优化控制，预烧过程常见质量问题及其处理，常用添加剂及其作用机理，低成本生产中、低档永磁铁氧体材料的二次配方，正交法对中高档永磁铁氧体材料的二次配方设计，高档永磁铁氧体材料的二次配方，常规、中、高档永磁铁氧体细粉碎工艺的优化控制，成型、烧结、磨加工、检测工艺的优化控制及其常见质量问题的分析与对策等。

本书可作为应用型本科、高职高专电子材料与元器件专业的教材或磁性材料行业专业技术员的参考书。

图书在版编目(CIP)数据

永磁铁氧体生产工艺技术/王自敏主编．—北京：科学出版社，2015.11
电子材料与元器件专业教材
ISBN 978-7-03-045452-2

Ⅰ.①永…　Ⅱ.①王…　Ⅲ.①永磁铁-铁氧体-生产工艺-高等职业教育-教材　Ⅳ.①TM273

中国版本图书馆CIP数据核字(2015)第190460号

责任编辑：朱晓颖　张丽花／责任校对：桂伟利
责任印制：张　伟／封面设计：华路天然工作室

科 学 出 版 社 出版
北京东黄城根北街16号
邮政编码：100717
http://www.sciencep.com
涿州市般润文化传播有限公司 印刷
科学出版社发行　各地新华书店经销
*
2015年11月第　一　版　　开本：787×1092 1/16
2023年12月第七次印刷　　印张：22
字数：518 000

定价：98.00 元

（如有印装质量问题，我社负责调换）

序

永磁材料在发电机、电动机、选矿、计算机、工业自动化、通信等领域应用十分广泛，永磁材料主要有永磁铁氧体与稀土永磁两大类，永磁铁氧体的性能虽低于稀土永磁，但价格低廉，化学稳定性佳，尤其在民用领域应用量大，全国生产厂家甚多。2014年，我国永磁铁氧体产量超过全球的65％，因此如何提高铁氧体永磁材料的性能、提高生产中的成品率，已成为铁氧体永磁生产厂家十分关注的问题。

该书以永磁铁氧体生产工艺流程为主线，以实际工作任务为载体，按照项目化体例进行编写，从提高永磁铁氧体性能出发，对永磁铁氧体磁参数、离子取代技术、常用原材料及其控制、预烧、二次配方设计、微粉碎、成型、烧结、磨加工、检测等生产环节的工艺与控制技术进行了较为系统的阐述。该书具有如下特色：

（1）基本磁学原理与永磁铁氧体生产实际相结合。

（2）重视解决生产过程中的实际问题。该书以实际案例的形式介绍了各生产工序常见质量问题及其解决措施，实用性强。

（3）生产工艺与先进技术相结合，介绍了超微粉碎技术等国内、外较先进的生产技术。

（4）结合永磁铁氧体系统化生产过程，按照项目化体例重组教学内容，读者更容易吸收。

该书图文并茂，通俗易懂，可作为从事永磁铁氧体的教学、生产、研究人员的参考用书。该书对永磁铁氧体行业高技能型人才的培养、生产工艺技术的探索、行业技术进步的推动等具有十分有意义的实际价值，将会受到行业内的关注。

中国科学院院士 都有为

2015年10月

前　言

为了适应我国磁性材料工业快速发展的形势要求，培养更多的磁性材料生产方面的实用型技术人才，我们根据高职高专的教学特点编写了此书。铁氧体包括永磁、软磁、旋磁、矩磁、压磁铁氧体5类材料。不同类型的铁氧体，其工艺具体控制细节不同，但又有相通之处，且各类铁氧体的生产、工艺路线基本相同，加之篇幅有限，本书对铁氧体家族中极为重要的、占铁氧体产量60%以上的永磁铁氧体展开讨论。

本书是在原普通高等教育“十一五”国家级规划教材《铁氧体生产工艺技术》的基础上进行改编的。基于永磁铁氧体产品系统化的生产过程，将其基本原理与生产实例相结合，力求反映当今世界磁性材料行业的最新技术动态和最新科技成果。

本书按照项目化体例进行编写，以实际的工作任务为载体，通过操作铁氧体生产的全过程，熟练掌握永磁铁氧体原料的选择、配方设计、预烧、微粉碎、成型、烧结、磨加工、检测等生产环节的操作技能和技巧。在此基础上，增加了知识链接，可以帮助学习者更好地熟悉铁氧体生产的理论知识，提高操作技能。

本书通过实际案例进一步细化了离子取代技术、二次配方设计技术，并着重分析生产过程中影响材料磁性能的因数，解决各参数之间的矛盾，在保证产品磁性能的前提下，如何提高永磁铁氧体材料的合格率以及粘结铁氧体大生产常规工艺控制技术。本书文字通俗，内容贴近具体的生产实际，简明易懂，可以作为应用型本科、高职高专电子材料与元器件专业的教材或磁性材料行业专业技术员的参考书。

参加本书编写工作的主要有：卢晓梅高级工程师负责绿色永磁铁氧体的生态设计、永磁铁氧体的应用等部分的编写工作，张云程高级工程师负责成型子项目2的改编工作，永磁铁氧体成型设备专家郑均译负责成型子项目3、4部分的改编工作，王自敏负责本书其他部分的改编及全书的统稿工作，赵国法高级工程师对本书的编写工作提供了大量有益的建议。张世远教授负责本书的主审工作，杨玉杰博士、金丹副教授参与了本书的审稿工作。在此一并感谢。

建议本书的理论、实训课学时分别为80～100学时，理、实一体化教学的效果更佳。

由于永磁铁氧体材料与元器件涉及面广，且发展十分迅速，加之编者水平有限，书中难免有不妥之处，敬请读者批评指正。

编　者

2015年7月

目　录

项目1　认识铁氧体

本项目导读：本项目主要目的是让读者对铁氧体有一个初步的认识，内容包括铁氧体行业的介绍、铁氧体生产工艺中涉及的相关术语、铁氧体的特性及其生产工艺特点、磁学基本知识等。

子项目1　认识铁氧体

铁氧体是一种以氧化铁为主要原料的磁性材料。它作为电子功能材料之一，广泛运用于电机、变压器、电子仪表等电气设备的制造；汽车、家用电器、核磁共振等消费或医疗设备的制造；移动电话、计算机、网络器材等信息设备以及飞机、火箭、卫星等航空航天设备的制造。由于它具有独特的良好性能和广泛的运用领域，因而市场需求巨大。自20世纪40年代以来，特别是近10年以来，铁氧体的生产发展极为迅速，磁性材料的产量持续增长。

任务1　磁性材料与铁氧体

1．常见的磁现象

中国是世界上最早发现磁现象(见图1.1)的国家，早在战国末年就有磁铁的记载，中国古代的四大发明之一的司南(指南针)就是其中之一，指南针的发明为世界的航海业做出了巨大的贡献。磁现象与日常生活、科技密切相关。

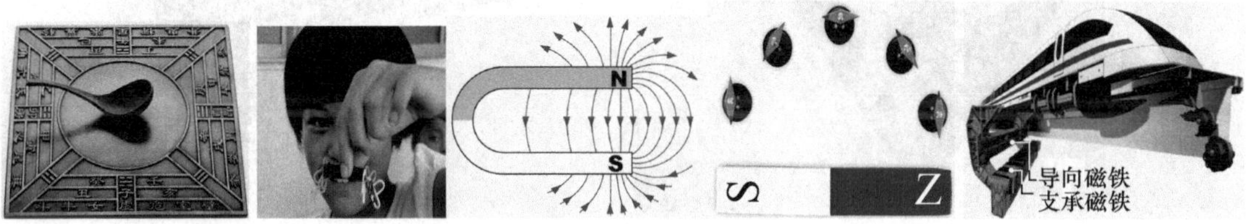

图1.1　常见的磁现象

如果在永久磁铁附近放一个磁针，永久磁铁将对磁针产生吸引力，也就是说磁针将受到力的作用。这种具有特殊的磁相互作用力场就称为磁场。从另一角度看磁场是磁力所及的地方，所以也可以说磁力作用的空间称为磁场。在磁场中，各不同部位磁针的北极(N)所指的方向称为该处磁场的方向；而磁场中，各部位磁针北极(N)作用方向的连线称为磁力线，磁力线的切线方向表示各处磁场的方向。一般磁力线都是从北极(N或+)出来，而进入磁体的南极(S或－)。磁针之所以指向南北，是由于地球本身是一个有南北两极的巨大磁性体。

磁现象的本质就是核外的电子作绕核运动时，形成了环绕原子核的电流圈，这个电流圈产生了磁场，原子就具有了磁性。组成物质的每个原子都是一个小磁体。一般的物体内部无数个相当于小磁体的原子的排列是杂乱无章的，它们的磁性都互相抵消了，所以整个物体不具有磁性。当物体内部的小磁体(原子)的N、S极首尾相接、整齐排列时，物体的两端就形成了N极和S极，就具有了磁性。物体磁化的过程就是使物质内部的原子按一定方向排列的过程。

一些物体在磁体或电流的作用下会获得磁性，这种现象叫做磁化。许多物质容易磁化。机械表磁化后，走时不准；彩电显像管磁化后，色彩失真，等等。信用卡、银行卡也带有磁性。

2. 磁性材料与铁氧体

磁性材料是指具有铁磁性和亚铁磁性的材料，根据其材质和结构，可分为金属及合金磁性材料与铁氧体磁性材料两大类，磁性材料根据其应用功能可分为软磁材料、永磁材料、矩磁材料、旋磁材料等种类。软磁材料、永磁材料、矩磁材料中既有金属材料又有铁氧体材料，而旋磁材料和高频软磁材料就只能是铁氧体材料了，因为金属在高频和微波频率下将产生巨大的涡流效应，导致金属磁性材料无法使用，而铁氧体的电阻率非常高，将有效地克服这一问题，得到了广泛的应用。

铁氧体磁性材料又分为多晶结构和单晶结构材料。它是一种以氧化铁为主要原料的磁性材料，其产品在军事、汽车、家电、计算机、通信、网络、节能、环保产品、绿色照明、生物、医药等领域得到了广泛的应用，见图 1.2～图 1.10。

(1) 军事领域(图 1.2、图 1.3)

现代战争中，制空权是夺得战役胜利的关键之一。但飞机在飞行过程中很容易被敌方的雷达侦测到，从而具有较大的危险性。为了躲避敌方雷达的监测，可以在飞机表面涂一层特殊的磁性材料——吸波材料，它可以吸收雷达发射的电磁波，使得雷达电磁波很少发生反射，因此敌方雷达无法探测到雷达回波，不能发现飞机，这就是隐身技术。

图 1.2 铁氧体在军事领域中的应用

旋磁铁氧体广泛用于雷达、通信、导航、遥测、遥控等领域。

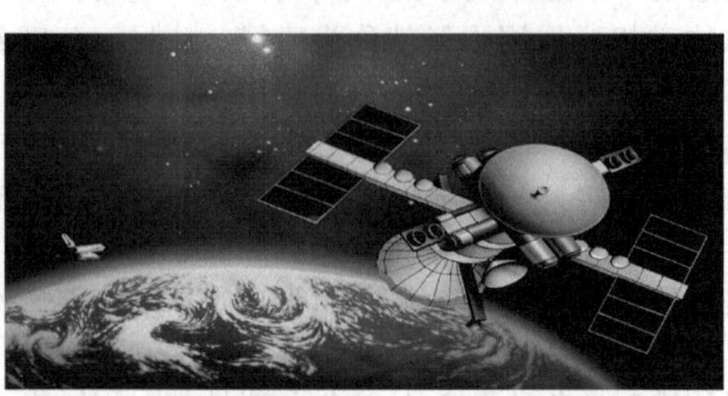

图 1.3 铁氧体在卫星、通信领域的应用

(2) 汽车、摩托车领域(图 1.4)

目前,我国已成为全球第三大汽车生产国,汽车已经成为我国国民经济发展的第五大支柱工业。现在,每辆汽车用铁氧体永磁电机约 41 只,铁氧体磁体是用于汽车发动机的可靠性高、成本低的关键元件。

汽车导航系统被认为是汽车的"大脑",并且在日益计算机化。其功能的进化是飞速的,包括数据的存储从 DVD 到移动硬盘的更新换代。磁性材料主要用于 DC-AC 逆变器、DC-DC 变换器、EMC 噪声滤波器及 HDD 和 DVD 电机磁体。

汽车设计广泛采用高强放电照明方式以及汽车电源变成 42 伏,这直接导致宽温、高频、低损耗铁氧体软磁在 DC-DC 变压器中的应用迅速增加,尤其是电动汽车和混合动力汽车,其发展十分迅速,国内外汽车企业力争攻克高效电力驱动装置和高效电机,日本丰田已经成功开发出实用型混合动力轿车普锐斯(PRIUS)。国际汽车市场上的磁体,基本上没有我国的份额,国内市场也大部分靠进口。

图 1.4　铁氧体在汽车、摩托车领域中的应用

(3) 家用电器领域(图 1.5)

彩电在我国消费类电子产品中一直占主导地位,其产量目前超过 1 亿台。今后发展热点是高清晰度、大屏幕和向数字化过渡,平板电视将占 60%左右。这对磁性材料产品要求更加严格——频率高段化,要求铁氧体电源磁芯有较高的工作频率;高清晰化,要求电源变压器功率稳定,材料功率损耗小、饱和磁化强度大;图像稳定、色彩鲜艳,要求使用高磁导率材料和抗电磁干扰软磁磁芯和高性能聚焦片;数字化的发展,对软磁材料的功率损耗、磁导率、使用频率的要求均比模拟的高。国际能源署规定彩电的待机功率要下降到 1 瓦,对低损耗功率铁氧体材料提出了新要求。由于大屏幕液晶平板显示器需要多灯管逆变模块(Inverter)驱动,而多灯管逆变模块就需要更多的磁芯支撑。随着通信和平板显示器的迅猛发展,给磁芯材料行业又增加了一个新的发展点,对通信和平板显示器用磁芯的需求也日益增大,从今后彩电市场发展看,高档软磁铁氧体将占软磁铁氧体总量的 80%以上。

数字设备包括 DVD、数字摄录像机和数字照相机。全球数字摄录像机、数字照相机、数字录音机以及其他自动相机和音像设备发展很快。数字照相机基本上取代了原传统光学照相机,DVD 取代了 VCD 和磁带放映机,数字摄像机用硬盘和 DVD 取代了磁带。这些数码产品集液晶显示、磁记录和图像处理于一身,要求体积小,抗噪声干扰好的磁性元件,绝大多数采用贴片元件。

其他家用电器,如空调室外机的压缩机马达、风扇马达、冷媒流量阀,室内机的百叶窗马达,风扇马达,洗衣机的开闭传感器、驱动(DD 主轴)马达/给水系统,电冰箱的风扇马达,吸尘器、电吹风、按摩器、电动玩具、换气扇等的使用,对永磁铁氧体的需求量也越来越多。

图 1.5　铁氧体在家用电器领域中的应用

(4) 计算机、通信、网络领域(图 1.6)

移动通信用的磁性材料可分为铁氧体微波器件、铁氧体软磁器件和永磁元件三大类。数字用户线路(DSL)技术，是发展最快的宽带互联网接入技术之一，包括 ADSL 和 VDSL 两种。DSL 具有传输距离长、成本低、适合光网络架构的特点，因此尽管有 WiMAX、Cable、以太网等新兴接入技术的挑战，但从目前和未来几年来看，DSL 仍是宽带接入市场的主角；加之，近年来，4G 手机及固定可视电话机的迅猛增长，对磁性材料的需求越来越大。

图 1.6　铁氧体在计算机、通信、网络领域中的应用

(5) 办公自动化领域(图 1.7)

DVD、CD-ROM 用的光学读取头驱动马达，加载马达，夹持器，LBP 用的送纸机构驱动马达，冷却风扇马达，IJP 用的送纸马达，打印头驱动马达等办公自动化产品中，也得到了广泛的应用。

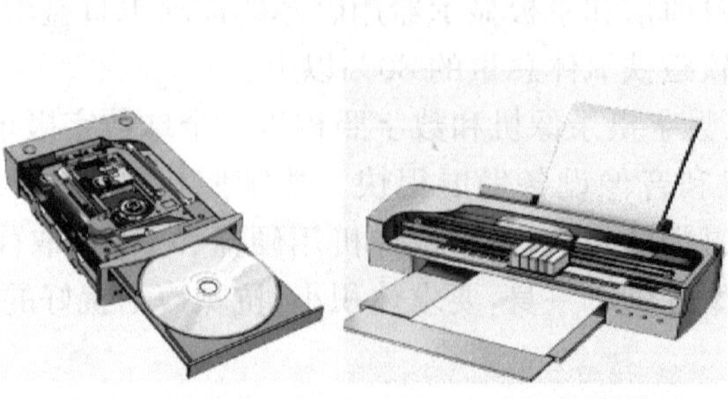

(a) ODD　　(b) 打印机

图 1.7　永磁铁氧体在办公自动化产品中的应用

(6) 节能、环保产品领域(图1.8)

我国规定在2011年7月1日以后能效等级为3或更低的电机将禁止销售。与同功率交流电机相比，直流电机能耗低30%～50%，是目前大规模应用的交流电机最直接的替代产品。交流电机几乎不需要永磁铁氧体，而永磁铁氧体是直流电机中必不可少的关键元件，在直流电机替代交流电机过程中，永磁铁氧体市场需求将迅猛增长。

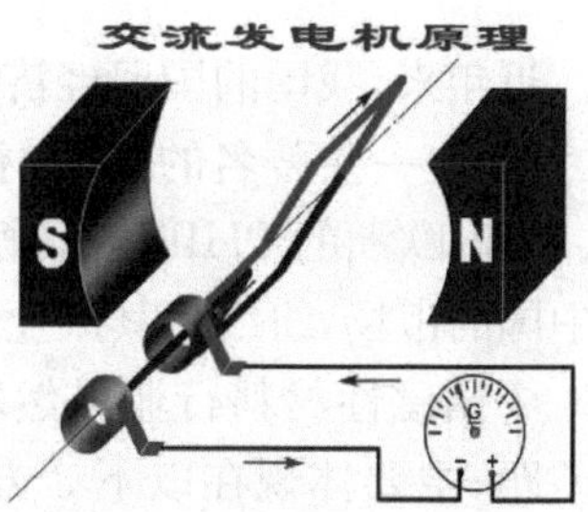

图1.8　铁氧体在节能、环保产品领域中的应用

作为中国新的经济增长点的节能、环保电动车，它的大力推广使用，是铁氧体产品的一个大市场。我国现有电动自行车生产量已超过1500万辆/年，电动自行车技术已经成熟，开发的趋势是进一步提升大功率直流电机技术、降低电流和能耗，以延长和扩大电池的有效行驶里程。

(7) 绿色照明工程(图1.9)

绿色照明工程主要采用低能耗的灯泡，即采用电子镇流技术的荧光灯。现在，国内(包括独资、合资来料加工企业)生产量已超过10亿支。最近国外在照明工程方面，为进一步节约电能，采用了电子节能灯和半导体发光二极管(LED)，这方面的普及推广，对铁氧体软磁的需求量极大。

家用电器的大量使用，产生的电磁波，对各类电器的干扰，造成了环境的电磁污染，国外已经把绿色环保提到了工作首位，禁止无电磁兼容和抗电磁干扰的电器出售，这对抗电磁干扰的软磁铁氧体来说，是一个大市场。

由于环保和能源的紧张，今后的绿色能源，如风力发电和太阳能发电将加大发展。风力发电对钕铁硼磁体的需求量将是一个飞跃，风力发电和太阳能发电同时需用到电流逆变器件，对软磁铁氧体来说，也是一个大市场。

(8) 生物、医药领域(图1.10)

铁氧体在彩色图像，生物、医药等领域也具有广阔的应用前景。铁氧体可以作为药物的载体或者本身与药物相结合，有利于生物体的治疗和诊断。例如，在Fe_3O_4磁性纳米粒子表面涂覆一层高分子，在外部再与蛋白质药物相结合注入生物体内，通过外加磁场的磁性导航，到达病变部位，达到定向治疗的目的。

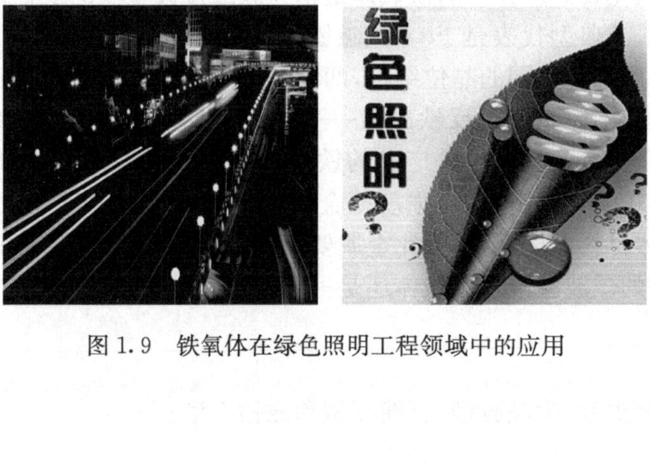

图1.9　铁氧体在绿色照明工程领域中的应用

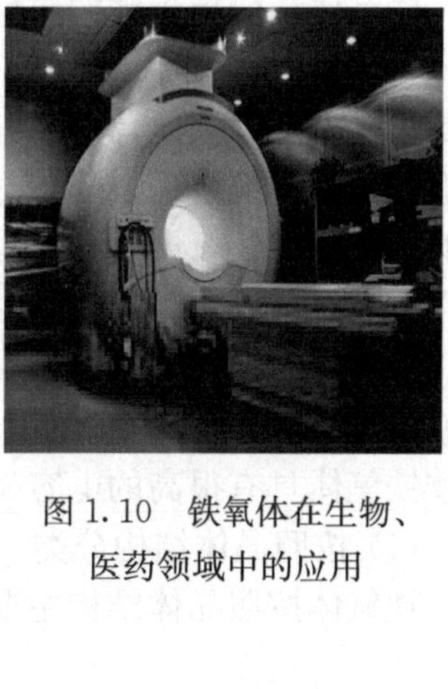

图1.10　铁氧体在生物、医药领域中的应用

3. 行业现状

近年来，我国的国民经济持续、快速发展，综合国力显著增强，磁性材料的运用市场也不断扩展，世界上一些著名的磁性材料企业，如日本的TDK、FDK、EPSON、日立金属、住友，韩国的梨树、三和，欧洲的PHILIPS，德国的VAC、EPCOS，美国的ARNORD、MAGNEQUENCH等，均看好中国的市场，纷纷将其产业向中国转移，并相应地压缩了其国内的生产规模。

中国磁性材料行业虽然取得了长足的发展，但与世界上发达的工业国家相比，还存在不小的差距，主要体现在以下3方面：

①生产企业尚未达到经济规模。

②产品档次偏低。在国际磁性材料市场上，30%的高档产品占有市场销售额的70%。并且高档产品几乎被日本垄断，由于中国磁性材料产品的档次普遍偏低，因此其价格要比国际市场同类产品低50%以上。表1.1给出了2012年中国磁性材料产品价格与日本的比较。

表1.1　中国磁性材料产品价格与日本的比较

磁体	日本价格/(美元/kg)	中国价格/(美元/kg)
软磁铁氧体	14.7	7
永磁铁氧体(烧结)	6.6	2.3
永磁铁氧体(粘结)	10	6
钕铁硼磁体(烧结)	130	42
钕铁硼磁体(粘结)	160	72
钐钴磁体	148	78

③中国磁性材料生产技术落后，应用开发力度也不够。由于磁性材料的专利发明主要掌握在一些发达工业国家手中，这些国家整机开发的新产品，一般都是首先采用本国的配套磁性元器件。而只有那些市场已趋于饱和且无利可图后才采用中国磁性材料产品。

根据信息产业技术的发展趋势和战略需求，高性能铁氧体磁性材料，作为一类十分重要的关键电子材料与元器件，已列入我国电子信息产业中长期规划，属于国家重点支持项目。

任务2　铁氧体的分类及其特性

铁氧体一般指含铁的磁性复合氧化物。广义上的铁氧体是指铁族或过渡金属的复合铁族化合物。铁氧体又称铁淦氧、磁性瓷，其典型代表是Fe_3O_4(磁铁矿)，还可写成$FeO \cdot Fe_2O_3$，它属尖晶石型铁氧体，其中氧离子形成两种不同的晶位结构，两种结构中的磁性离子(铁离子)间形成多种交换作用，从而产生元磁矩不能抵消的反铁磁性——亚铁磁性(见磁介质)。除上述亚铁磁性的铁氧体外，还有具有铁磁性、反铁磁性等广义的铁氧体。铁氧体中，由于氧离子的存在，导致磁性离子间的交换作用较弱，其饱和磁化强度比金属磁性材料小，居里温度也较低(见铁磁性)。铁氧体是一种半导体材料，其电阻率远比金属要高，而且，随温度的升高，其电阻率呈指数规律下降，它可用于高频的微波波段。铁氧体还是一种具有介电性质的磁性材料，某些铁氧体具有很高的电容率。

(1) 按照晶体结构分类

铁氧体按照晶体结构主要分三种类型：尖晶石型、石榴石型和磁铅石型。

①尖晶石型铁氧体。它的化学式可用MFe_2O_4表示，与天然镁铝尖晶石($MgAl_2O_4$)相似，属立方晶系，其中M代表离子半径与Fe^{2+}相近的二价金属离子(如Co^{2+}、Mg^{2+}、Mn^{2+}、Zn^{2+}、Cu^{2+}、Ni^{2+})或平均化合价为二价的金属离子组(如$Li_{0.5}^{1+}Fe_{0.5}^{3+}$)合。

软磁铁氧体、矩磁铁氧体、压磁铁氧体和旋磁铁氧体的一部分，均属于尖晶石型铁氧体。

②石榴石型铁氧体。1956年问世，又称磁性石榴石，与天然石榴石$(Fe,Mn)_3Al_2(SiO_4)_3$有类似的晶体结构。钇铁石榴石($Y_3Fe_5O_{12}$)是这类铁氧体的代表，通常用YIG表示。

石榴石型铁氧体属于立方晶系，是性能良好的微波材料，其化学分子式可写成$M_3Fe_5O_{12}$的形式，其中M表示钇(Y)或其他三价稀土金属离子(如Sm^{3+}、Eu^{3+}、Gd^{3+}、Dy^{3+}、Ho^{3+})等。

③磁铅石型铁氧体。出现于1938年。这类铁氧体与天然磁铅石$Pb(Fe_{7.5}Mn_{3.5}Al_{0.5}Ti_{0.5})O_{19}$有类似的晶体结构，属于六角晶系。1952年制成分子式为$MFe_{12}O_{19}$(M为二价金属离子，如Ba^{2+}、Sr^{2+}、Pb^{2+}等)的磁铅石铁氧体，称为M型磁铅石材料，是产量很大的永磁铁氧体材料。此外，还有五种结构类似的六角晶系铁氧体，分别称为W、X、Y、Z和U型材料。

(2) 按照铁氧体的特性和应用分类

按照铁氧体的特性和应用分类，铁氧体主要分为5大类：软磁铁氧体、永磁铁氧体、旋磁铁氧体、矩磁铁氧体、压磁铁氧体。

①软磁铁氧体。软磁铁氧体是指通常用于弱磁场下，一种易磁化也易退磁的铁氧体材料(图1.11)，经固相反应形成铁氧体的金属氧化物或其他化合物，在混合均匀之后，经球磨、干燥，压成特定的形状，在大约1000℃的温度下进行预烧后，再一次充分研磨和混合；加入适量的粘合剂，压成所要求的形状或者作为塑性物质挤压成管状、棒状或条状；然后在1200～1400℃温度下烧结，准确的温度取决于所需的铁氧体特性。在最后的烧结过程中，炉膛中的环境条件起着重要的作用。

软磁铁氧体主要用作各种电感元件，如滤波器磁芯、变压器磁芯、天线磁芯、偏转磁芯以及磁带录音和录像磁头、多路通信等的记录磁头的磁芯等，并在通信、家电、办公自动化、电子对抗等领域得到了广泛的应用。

一般软磁铁氧体的晶体结构都是立方晶系尖晶石型，应用于音频甚至高频段(1kHz～300MHz)，但是具有六角晶系磁铅石型晶体结构的软磁材料却比尖晶石型的应用频率上限提高了好几倍。

②永磁铁氧体。永磁铁氧体是一种具有亚铁磁性的金属氧化物，它的特点是磁化后不容易退磁，能较长时间保留其磁性(见图1.12)，同时也不容易被腐蚀。

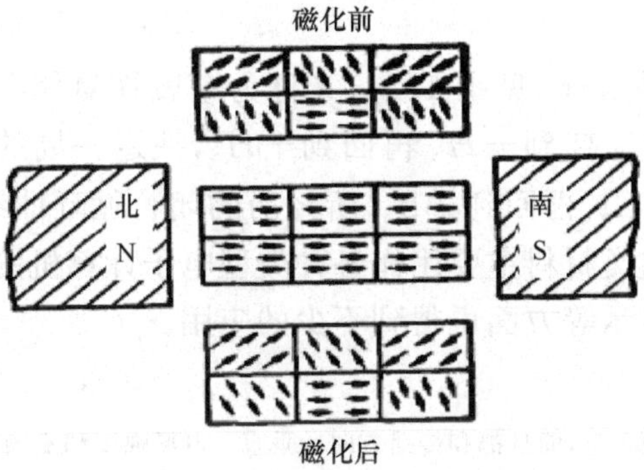

图1.11　软磁磁性示意图

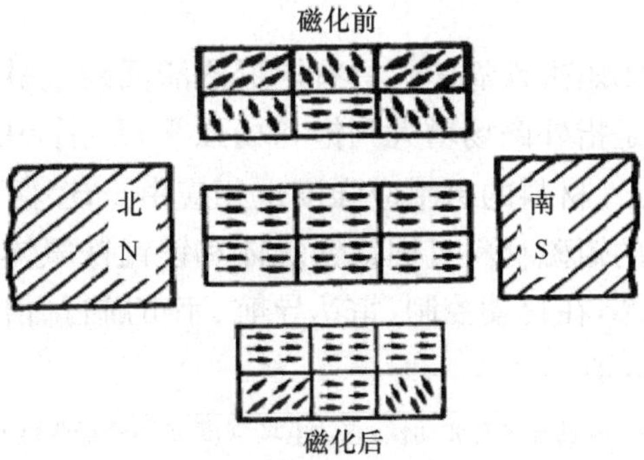

图1.12　永磁磁性示意图

永磁铁氧体与其他非稀土磁钢相比,其矫顽力和抗腐蚀性都比较好,尤其他的低成本更是其他磁钢所无法比拟的。其居里温度为450℃,最高工作温度可达250℃,它的质地硬而脆,可用金刚石砂轮等工具进行切割加工。其结构通常为磁铅石型即 M 型(还有 W、X、Y、Z、U 型),其典型代表为 $BaFe_{12}O_{19}$($BaO \cdot 6\ Fe_2O_3$)和 $Sr_{1-x}Ca_xFe_{12}O_{19}$。它可以向外界提供磁能。

永磁材料作为磁性材料的一个重要组成部分,它不仅可用做电信器件中的录音器、微音器、拾音器、电话机以及各种仪表的磁铁,还可用做各种马达及微特电机的磁瓦,在污染处理、医学生物、印刷显示、电子信息产业、汽车工业等领域中发挥着重要的作用。用它制成的发电机功率可达(0.5～15)kW。

永磁铁氧体的出现,不仅节约了镍、钴等大量战略物资,而且为永磁材料在高频段(如电视机部件、微波器件以及其他国防器件)的应用开辟了新的途径。

③旋磁铁氧体。磁性材料的旋磁性是指在两个互相垂直的直流磁场和电磁波磁场的作用下,平面偏振的电磁波①在材料内部按一定方向的传播过程中,其偏振面②会不断绕传播方向旋转的现象(图 1.13),这种具有旋磁特性的材料就称为旋磁材料。

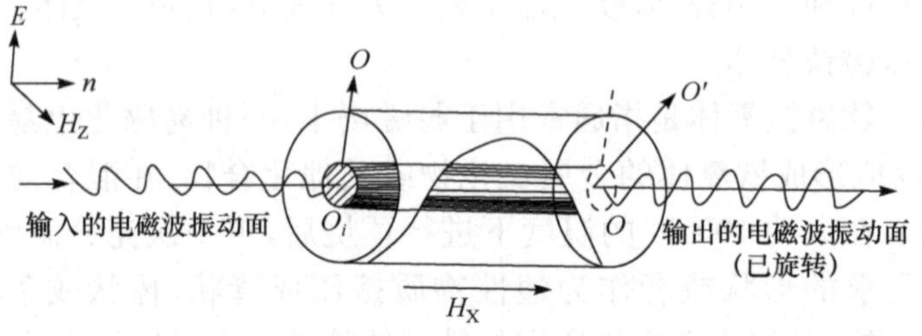

图 1.13 旋磁性示意图

E-电场;H_Z-直流磁场;n-传播方向;H_X-电磁波磁场

金属磁性材料虽然也具有旋磁性,但由于电阻率较小,涡流损耗太大,电磁波不能深入内部,只能进入厚度不到1μm的表皮(也称为趋肤效应),所以无法利用,因此磁性材料旋磁性的应用,成为铁氧体独有的领域,其根源在于磁矩的进动。旋磁性在甚高频乃至微波频率下才明显地表现出来,因而旋磁铁氧体也称为微波铁氧体。其应用频率范围为(10^2～10^5)MHz(米波到毫米波范围)。常用的微波铁氧体有镁锰铁氧体 Mg-$MnFe_2O_4$、镍铜铁氧体 Ni-$CuFe_2O_4$、镍锌铁氧体 Ni-$ZnFe_2O_4$ 以及钇石榴石铁氧体 $3Me_2O_3 \cdot 5Fe_2O_3$(Me 为三价稀土金属离子,如 Y^{3+}、Sm^{3+}、Gd^{3+}、Dy^{3+} 等)。旋磁材料大都与输送微波的波导管或传输线等组成各种微波器件。

④矩磁铁氧体。具有矩形磁滞回线的软磁铁氧体(见图 1.14)又称为矩磁铁氧体。磁滞回线是指外磁场增大到饱和场强 $+H_S$ 后,由 $+H_S$ 变到 $-H_S$ 再回到 $+H_S$,往返一周的变化中,磁性材料的磁感应强度也相应由 $+B_S$ 变到 $-B_S$,再回到 $+B_S$,所经历的闭合循环曲线,最常用的矩磁材料有锂锰铁氧体和镁锰铁氧体。这类材料主要用作各种类型电子计算机的存储器磁芯,在自动控制、雷达导航、宇宙航行、信息显示等方面也得到不少的应用。

---

① 电磁波具有波动性,它的电场强度 E 和磁场强度 h 互相垂直,而且都和传播方向 n 垂直。电场强度和磁场强度各按传播方向做周期性振动,所以也称电磁波为平面偏振波。

② 电磁波的磁场强度 h 的振动方向和传播方向 n 所构成的面称为振动面,而和振动方向垂直的面称为偏振面,图 1.13中的 OO' 方向就是偏振面的方向。

近几年来，尽管新出现的存储器种类很多，但是由于铁氧体矩磁材料的原料丰富、工艺简便、性能稳定、成本低廉，所以磁性存储器（尤其是磁芯存储器）在计算技术中仍占有极重要的地位。

⑤压磁铁氧体。压磁材料是指磁化时能在磁场方向作机械伸长或缩短（磁致伸缩）的铁氧体材料（图1.15）。目前应用最多的是镍锌铁氧体 Ni-ZnFe_2O_4，镍铜铁氧体 Ni-CuFe_2O_4 和镍镁铁氧体 Ni-MgFe_2O_4 等。压磁材料主要用于电磁能和机械能相互转换的超声和水声器件、磁声器件以及电信器件、水下电视、电子计算机和自动控制器件等。

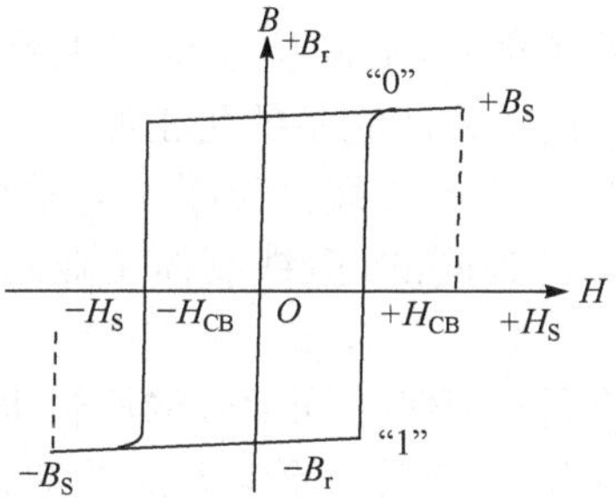

图1.14 矩磁磁性示意图

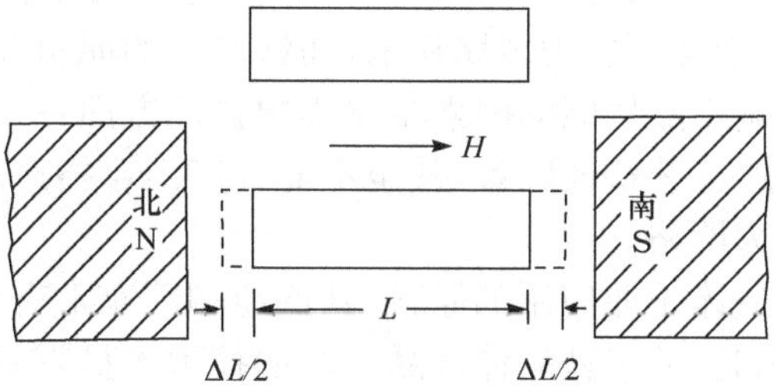

图1.15 磁致伸缩示意图

压磁材料和压电陶瓷材料（如钛酸钡等），虽然有着几乎相同的应用领域，但是由于各自具有不同的特点，因而在不同的条件下得到了应用。一般认为铁氧体压磁材料只适用于几万赫的频段以内，而压电陶瓷的适用频段却要高得多。

除了上面按用途分类外，根据其化学成分的不同，铁氧体又可分为 Ni-Zn、Mn-Zn、Cu-Zn 铁氧体等。同一化学成分（系列）的铁氧体可以有各种不同的用途，如 Ni-Zn 铁氧体既可作为软磁材料又可作为旋磁或压磁材料，只不过在配方和工艺上有所改变。此外，还必须指出：一般工业生产的烧结铁氧体都是多晶体，鉴于某些特殊用途和特殊要求，也可采用各种化学成分的单晶铁氧体。

(3) 铁氧体的特性

与金属磁性材料相比，铁氧体有其截然不同的性质。其特性主要表现在以下3方面：

①在导电性能方面，铁氧体属于半导体范畴，其电阻率为 $10^{-2}\sim10^{11}\,\Omega\cdot cm$，较金属磁性材料的电阻率（$10^{-6}\sim10^{-4}\,\Omega\cdot cm$）高得多。

②铁氧体又是一种具有高介电性能的磁性材料，某些铁氧体材料的低频电容率高达 $10^3\sim10^5$。

③铁氧体在高频时具有较高的磁导率，这是包括坡莫合金在内的一些金属磁性材料无法比拟的。

由于上述这些特性，在高频应用场合下，铁氧体比金属磁性材料有着十分显著的优越性。在交变磁场作用下工作，铁氧体具有低涡流损耗的优异性能，不需要像金属磁性材料那样叠片使用。在微波频率下，由于严重的涡流效应和趋肤效应，金属磁性材料已经无法工作，而铁氧体材料却可以制成性能良好的微波器件。事实上，铁氧体的出现，在一定程度上改变了微波技术的面貌。

与金属磁性材料相比，铁氧体磁性材料也有其不容忽视的缺点。主要体现在以下几方面：

①铁氧体材料的饱和磁化强度偏低，一般只有纯铁的1/5～1/3。即铁氧体单位体积中储

存的磁能较低，因而限制了铁氧体材料在需要高磁能密度场合下的应用。在发电机、电动机和输电变压器等大功率电力设备中，仍需采用金属磁性材料，难于用铁氧体材料取代之。

②铁氧体磁性材料的居里温度较低，其磁性的温度稳定性一般不及金属磁性材料好。

任务3　铁氧体生产工艺的特点

铁氧体产品的生产与粉末冶金及陶瓷产品的生产工艺基本类似，但也有其独特之处，主要表现在以下两方面。

(1) 铁氧体的原料

陶瓷工业、粉末冶金和铁氧体工业所用原料均为粉末状物质，但陶瓷原料以天然矿物为主，粉末冶金原料为金属粉末，而铁氧体的原料几乎全是用化学方法制备的化工原料。

影响产品性能的因素主要集中在两方面：一是原料，二是工艺过程。若原料的质量较差，会给生产工艺造成困难，甚至不能生产出合格产品，这一点是共同的，但铁氧体工业对原料的要求更为严格。

铁氧体工业使用的原料，其产地和厂家常有变动，即使同一厂家不同批号的原料也有一定差异，因此，从事铁氧体产品生产的技术人员需具备一定的化工知识和原料商品的知识，生产厂家需具备分析化工原料性能的设备和条件。

(2) 铁氧体生产工艺的特点

铁氧体工艺特点是生产周期较长，尤其是氧化物法，其工艺周期更长，从配料到产品制成，需7天左右。铁氧体工艺有较高的工艺卫生要求，必须尽量避免无目的地掺杂。任何配方之外的杂质掺入(即使是微量的)都有可能造成产品质量的明显下降，甚至造成废品。鉴于铁氧体生产工艺的特点，要求生产人员须有较丰富的工艺知识，严格遵守操作规程，这对提高和稳定产品质量是十分重要的。

如前面的叙述，铁氧体包括永磁铁氧体、软磁铁氧体、旋磁铁氧体、矩磁铁氧体、压磁铁氧体等5类材料。不同类型的铁氧体，其工艺具体控制细节不同，但又有相通之处，且各类铁氧体的生产、工艺路线基本相同，加之篇幅有限，本书以铁氧体家族中极为重要的、占铁氧体产量60%以上的永磁铁氧体为例，基于其系统化的生产过程，展开讨论。

子项目2　知识准备

任务1　磁性的来源

1. *磁性*

磁性是物质放在不均匀的磁场中会受到磁力的作用。在相同的不均匀磁场中，由单位质量的物质所受到的磁力方向和强度，来确定物质磁性的强弱。因为任何物质都具有磁性，所以任何物质在不均匀磁场中都会受到磁力的作用。

在磁极周围的空间中真正存在的不是磁力线，而是一种场，称为磁场。磁性物质的相互吸引等就是通过磁场进行的。我们知道，物质之间存在万有引力，它是一种引力场。磁场与之类似，是一种布满磁极周围空间的场。磁场的强弱可以用假想的磁力线数量来表示，磁力线密的地方磁场强，磁力线疏的地方磁场弱。

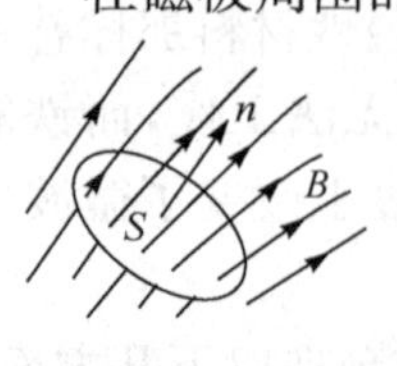

图1.16　磁通量

穿过一块面积的磁力线数目(见图1.16)，称作磁通量，简称磁通，用Φ

表示。磁通量的单位是韦伯,用 Wb 表示。

垂直穿过单位面积的磁力线定义为磁通密度,它从数量上反映磁力线的疏密程度。磁场越强,磁力线越密。磁通密度是磁感应强度 B 的一个别名。在一均匀磁场中,磁通量 Φ 和 B 的关系为

$$B=\frac{\Phi}{S} \tag{1.1}$$

式中,磁感应强度 B 的单位为高斯(Gs);面积 S 的单位是 m^2。运动的带电粒子在磁场中会受到一种称为洛伦兹(Lorentz)力的作用。由同样带电粒子在不同磁场中所受到洛伦兹力的大小来确定磁场强度的高低。特斯拉(T)是磁通密度的 SI 制单位。磁通密度是描述磁场的基本物理量,而磁场强度是描述磁场的辅助量。特斯拉(Tesla,N)(1886～1943)是克罗地亚裔美国电机工程师,曾发明变压器和交流电动机。

2. *物质磁性的起源*

物质的磁性主要起源于原子中电子的运动。早在 1820 年,丹麦科学家奥斯特就发现了电流的磁效应,第一次揭示了磁与电存在着联系,从而把电学和磁学联系起来。

为了解释永磁和磁化现象,安培提出了分子电流假说。安培认为,任何物质的分子中都存在着环形电流,称为分子电流,而分子电流相当一个基元磁体。当物质在宏观上不存在磁性时,这些分子电流的取向是无规则的,它们对外界所产生的磁效应互相抵消,故使整个物体不显磁性。在外磁场作用下,等效于基元磁体的各个分子电流将倾向于沿外磁场方向取向,而使物体显示磁性。

磁现象和电现象有本质的联系。物质的磁性和电子的运动结构有着密切的关系。乌伦贝克与哥德斯密特最先提出的电子自旋概念,把电子看成一个带电的小球,他们认为,与地球绕太阳的运动相似(见图 1.17),电子一方面绕原子核运转,相应有轨道角动量和轨道磁矩,另一方面又绕本身轴线自转,具有自旋角动量和相应的自旋磁矩。施特恩-盖拉赫从银原子射线实验中所测得的磁矩正是这种自旋磁矩。现代磁学指出,电子的自旋磁矩是由量子力学效应造成的。

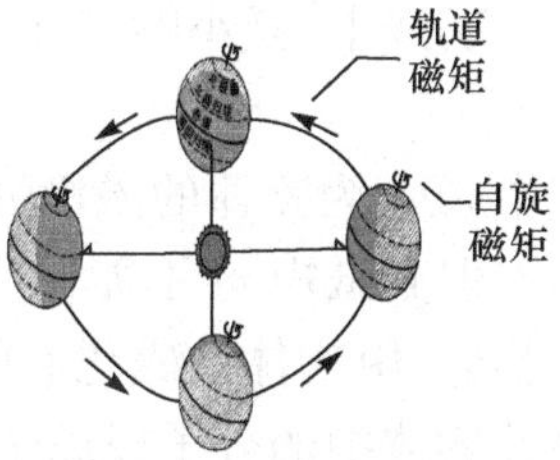

图 1.17 轨道磁矩与自旋磁矩示意图

电子绕原子核做圆轨道运转和绕本身的自旋运动都会产生电磁以太的涡旋而形成磁性,人们常用磁矩来描述磁性。因此电子具有磁矩,电子磁矩由电子的轨道磁矩和自旋磁矩组成。在晶体中,电子的轨道磁矩受晶格的作用,其方向是变化的,不能形成一个联合磁矩,对外没有磁性作用。因此,物质的磁性不是由电子的轨道磁矩引起的,而是主要由自旋磁矩引起的。每个电子自旋磁矩的近似值等于一个波尔磁子 μ_B(原子磁矩的单位)。因为原子核比电子重 2000 倍左右,其运动速度仅为电子速度的几千分之一,故原子核的磁矩仅为电子的千分之几,可以忽略不计。

孤立原子的磁矩取决于原子的结构。原子中如果有未被填满的电子壳层,其电子的自旋磁矩未被抵消,原子就具有“永久磁矩”。例如,铁的原子核外电子有 26 个,其排布式和价电子轨道(见图 1.18)表述如下:$1s^2 2s^2 2p^6 3s^2 3p^6 3d^6 4s^2$。这是由于能级交错原理(见图 1.19),4s 轨道比 3d 轨道的能量小,所以先排 4s 的 2 个电子,再排 3d 的电子,第三层 5 个(3d)轨道中除了有一条轨道必须填入 2 个电子(自旋反平行)外,其余 4 个轨道均只有一个电子,且这些电子的自旋方向平行,由此总的电子自旋磁矩为 4。

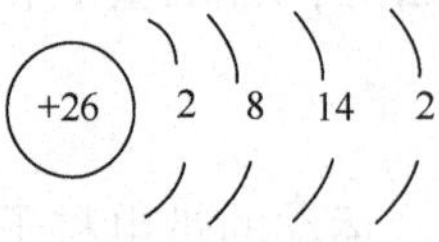

图 1.18　铁原子核外电子排布图

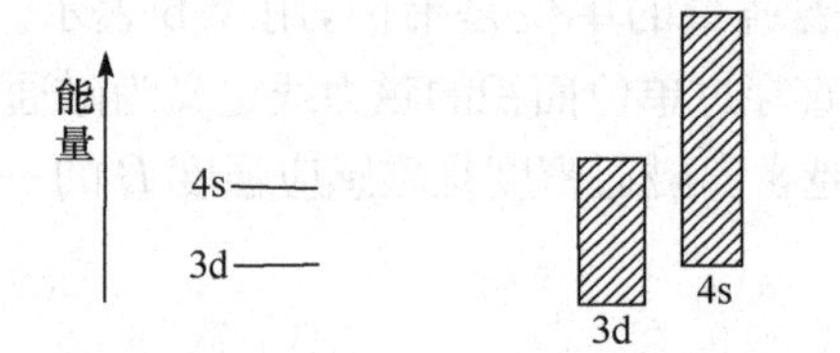

(a) 孤立原子的能级　(b) 晶体中原子的能带

图 1.19　4s、3d 电子能级、能带示意图

任务 2　物质的宏观磁性

1. 磁矩与磁化强度

现代磁学研究表明：一切磁现象都起源于电流。磁性材料也不例外，其铁磁现象起源于材料内部原子的核外电子运动形成的微电流，亦称分子电流。这些微电流的集合效应使得材料对外呈现各种各样的宏观磁特性。因为每一个微电流都产生磁效应，所以把一个单位微电流称为一个磁偶极子。设磁偶极子的磁极强度为 n，磁极间距离为 l，则用 $j_m=nl$ 来表示磁偶极子所具有的磁偶极矩。j_m 的方向为 S 级指向 N 级，单位是 Wb · m。

虽然磁偶极子磁性的强弱可以由磁偶极矩来表示，但在实际中，很难精确地确定磁极的位置，因此，磁偶极子的大小和方向常用磁矩来表示。磁偶极子等效的平面回路电流和回路面积的乘积定义为磁矩，即 $m=IS$，单位是 A · m^2，则 SI 制下，$j_m=\mu_0 m$，CGS 制下，$j_m=m$。

实践中，微小颗粒在外磁场中磁化后，也可以看成一根等效的磁棒。其磁矩

$$m=Q_{磁}\,L \tag{1.2}$$

式中，$Q_{磁}$ 为磁棒的磁极强度，A · m；L 为磁棒的长度，m。

但其磁矩 m 不能说明微小颗粒被磁化的程度。例如，有甲、乙两个磁性和体积各不相同的物体，甲物体被磁化后的磁矩大，而乙的较小，似乎甲比乙磁化得更厉害，其实并不一定。如果乙物体中的分子或原子磁矩全部沿外磁场方向取向了，则说明乙磁化得更厉害。因此为了描述微小颗粒的磁化状态（磁化方向和强度），需要引入磁化强度的概念才能反映物体被磁化的程度。

磁化强度是描述磁介质磁化状态的物理量。它是一个矢量，常用符号 M 表示。定义为磁介质内单位体积中分子磁矩 m 的矢量和，即

$$M=\frac{1}{\Delta V}\sum m \tag{1.3}$$

式中，$\sum$ 是对体积元 ΔV 内全部分子的磁矩求和。在外磁场作用下，磁介质磁化后出现的磁化电流要产生附加磁场，它与外磁场之和为总磁场 B。

2. 磁极化强度(J)与磁化强度(M)

每单位材料体积内磁偶极矩的矢量和为磁极化强度 J，其单位为 T(特斯拉，在 CGS 单位制中，J 的单位为 Gs，1T＝10000Gs)。

每单位材料体积内磁矩的矢量和为磁化强度 M，其 SI 单位制为 A/m，CGS 单位制为 Gs（高斯）。M 与 J 的关系为：$J=\mu_0 M$。在 CGS 单位制中，$\mu_0=1$，故磁极化强度与磁化强度的值相等；在 SI 单位制中，$\mu_0=4\pi\times10^{-7}$ H/m（亨/米）。

3. *磁场强度 H 和磁感应强度 B*

磁场强度是在研究磁介质、推导有磁介质的安培环路定理时引入的辅助物理量,无物理意义,是一个矢量,符号是 H,表示真空中磁场强弱的一个物理量。磁场强度越大,对磁性材料的作用也越明显。

磁场对置于其中的磁极产生力的作用,该力与磁极强度和磁场强度成正比。设磁极受到力的大小为 F,磁极强度为 n,则磁场强度 $H=F/n$。单位强度的磁场对应于1Wb强度的磁极受到1N的力,定义为磁场强度 H。它是描述磁介质中磁场的一个辅助物理量,即

$$H=\frac{B}{\mu_0}-M \tag{1.4}$$

式中,B 为磁感应强度;M 为磁化强度;μ_0 为真空磁导率。

在线性各向同性磁介质中,M 与 H 成正比,即 $M=\chi_m H$,χ_m 是磁介质的磁化率。于是式(1.4)表示为

$$B=\mu_0(1+\chi_m)H=\mu_0\mu_r H \tag{1.5}$$

式中,$\mu_r=1+\chi_m$ 称为磁介质的相对磁导率,式(1.5)是表征介质磁化性质的介质方程。

磁介质磁化后产生的磁化电流改变了原来的磁场分布,引入辅助量 H 是为了使未知的磁化电流不显示在由 H 表述的磁场的安培环路定理之中。在人们认识到磁性起源于电流之前,曾认为磁性起源于磁荷,并得到了与静电库仑定律相仿的磁库仑定律。由此,把单位磁荷所受磁力定义为 H,认为 H 是描述磁场的基本物理量,并赋予其磁场强度的名称,沿用至今。

实践表明:通有电流的无限长导线在其周围所产生的磁场强弱与电流的大小成正比,与离开导线的距离成反比。定义载有1安培电流的无限长导线在距离导线 $\frac{1}{2\pi}$ 米远处的磁场强度为1A/m(国际单位制SI);在CGS单位制中,为纪念奥斯特对电磁学的贡献,定义载有1A电流的无限长导线在距离导线0.2cm远处,其磁场强度为1 Oe(奥斯特)。1Oe=79.6A/m。

磁感应强度是描述磁场强弱和方向的基本物理量,是矢量,常用符号 B 表示,它也被称为磁通密度,单位是T(特[斯拉])。在真空中 $M=0$,则 $B=\mu_0 H$,B 和 H 始终平行,两者的关系只由真空磁导率 μ_0 来联系,但在磁体内部,两者的关系复杂得多,必须由式(1.5)来表示,二者的方向也不一定平行。

磁场强度 H 和磁感应强度 B 均为表征磁场性质(即磁场强弱和方向)的两个物理量。由于磁场是电流或者说运动电荷引起的,而磁介质(除超导体以外不存在磁绝缘的概念,故一切物质均为磁介质)在磁场中发生的磁化对源磁场也有影响(场的叠加原理)。因此,磁场的强弱可以有两种表示方法:

①在充满均匀磁介质的情况下,若包括介质因磁化而产生的磁场在内时,用磁感应强度 B 表示。

②单独由电流或者运动电荷所引起的磁场(不包括介质磁化而产生的磁场时)则用磁场强度 H 表示。

在工程中,B 也被称作磁通密度,其单位为T或 Wb/m^2,在各向同性的磁介质中,B 与 H 的比值即为介质的绝对磁导率 μ。

4. *磁感应强度(B)与 H、J、M*

理论与实践均表明,对任何介质施加一个外加磁场 H 时(该磁场可由外部电流或外部永

磁体提供，亦可由永磁体对永磁介质本身提供，由永磁体对永磁介质本身提供的磁场又称退磁场)，介质内部的磁场强度并不等于 H，而是表现为 H 与介质的磁极化强度 J 之和。由于介质内部的磁场强度是由磁场 H 通过介质的感应而表现出来的，为与 H 区别，称为介质的磁感应强度，记为 B。

在真空中，$H=\frac{B}{\mu_0}$，有磁介质时，在 SI 单位制下，$B=\mu_0 H+J$；在 CGS 单位制下，$B=H+4\pi M$。在磁介质内部，$H=\frac{B}{\mu}$。

对于非铁磁性介质如空气、水、铜、铝等，其磁极化强度 J、磁化强度 M 几乎等于 0，故在这些介质中磁场强度 H 与磁感应强度 B 相等。

由于磁现象可以形象地用磁力线来表示，故磁感应强度 B 又可定义为磁力线通量的密度，磁感应强度 B 和磁通密度 B 在概念上可以通用。

在 SI 单位制中，磁感应强度 B 和磁极化强度 J 的单位都是特斯拉(T)或韦伯/米^2(Wb/m^2)，在 CGS 单位制(相应的换算关系见表 1.2)中 B 和 $4\pi M$ 单位都是 Gs，但两者有不同的概念。

表 1.2 MKSA(SI)制与 CGS 制的换算关系

物理量	在 MKSA 单位制中单位名称	在 CGS 单位制中单位名称	换算关系
磁感应强度 B	特斯拉(T)	高斯(Gs)	$1Gs=10^{-4}T$
磁场强度 H	安/米(A/m)	奥斯特(Oe)	$1Oe=\frac{10^3}{4\pi}A/m$
磁化强度 M	安/米(A/m)	高斯(Gs)	$1Gs=10^3A/m$

磁化强度 M 与磁感应强度 B 两种概念的差别——当一个运动着的电荷，将在其周围空间产生磁场。例如，螺线管线圈通电时，就能产生磁场($\mu_0 H$)，但如果在螺旋管线圈中放入磁介质(如永磁铁氧体)，那么在通入同样电流的情况下，情况就发生了变化，这就需要引入磁感应强度的概念，如果不放入磁介质，则磁感应强度就是 $\mu_0 H$，因为引入了磁介质，这时磁感应强度由两部分贡献组成，一部分是螺线管中电荷产生的磁场($\mu_0 H$)，另一部分是磁介质在磁场中磁化后反过来对磁场贡献的“磁场”值，即磁化强度值($\mu_0 M$)，这两部分之和称磁感应强度 B，这就是下面公式的意义。

在 SI 单位制中　　$B=\mu_0 H+\mu_0 M=\mu_0(H+M)=\mu_0 H+J$，　$J=\mu_0 M$

在 CGS 单位制中　　$B=H+4\pi M$

磁介质的这一部分是随外加磁场强度变化而变化的，当磁场足够大时，这部分达到饱和，此时的磁感应强度称饱和磁感应强度，或饱和磁通密度。由于磁通密度 B 包含了外磁场部分，所以 B 不能很好地描述磁性材料的本质，而更好地描述磁性材料内禀磁性的是磁化强度 M(单位是 A/m)或磁极化强度 $J(\mu_0 M)$(单位是 T)。

5. *磁化*

物质在外磁场作用下表现出磁性的现象称为磁化。磁性是物质的一种基本属性，从微观粒子到宏观天体，都具有某种磁性。被磁化了的物体称为磁性物体。

磁化曲线是指表征物质中的磁通密度 B 或磁化强度 M 与其中的磁场强度 H 的关系曲线，它反映了物质的磁化特性。

在非铁磁材料中，磁通密度 B 与磁场强度 H 成正比，即 $B=\mu_0 H$，B 与 H 呈线性关系。

弱磁物质的磁化特性 $B=\mu_0(H+M)=\mu_0\mu_r H$，其磁化曲线是过原点的直线，其磁化强度 M 远小于 $\mu_0 H$，所以其相对磁导率 μ_r 近于 1。

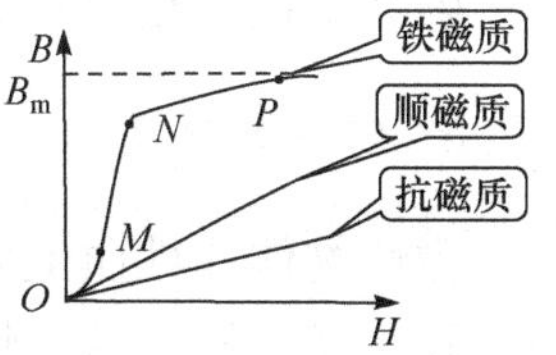

图 1.20　磁化曲线

在铁磁材料中，其磁通密度（即磁感应强度）B 与磁场强度 H 呈非线性关系，即 $B=f(H)$是一条曲线，称为磁化曲线，如图 1.20 所示。它通常分为三段，其中的 OM 段是可逆的，即 H 降为 0，B 也将回到 0 点；MN 段是不可逆的；NP 段主要是靠磁矩转动来实现的。

6. *磁化率与磁导率*

磁化率是表征磁介质磁性强弱的物理量，常用符号 χ_m 表示。对置于外磁场中的磁体，它等于磁化强度 M 与外磁场强度 H 之比，即 $M=\chi_m H$。对于各向同性磁介质，χ_m 是标量；对于各向异性磁介质，磁化率是一个二阶张量。在国际单位制(SI)中，磁化率 χ_m 是一个无量纲的纯数。

磁导率是表征磁介质磁性、导磁性、磁化难易程度的物理量。常用符号 μ 表示，它等于磁介质中磁感应强度 B 与磁场强度 H 之比，即 $\mu=B/H$。通常使用的是磁介质的相对磁导率 μ_r，其定义为磁导率 μ 与真空磁导率 μ_0 之比，即 $\mu=\mu_r\mu_0$。相对磁导率 μ_r 与磁化率 χ_m 的关系是 $\mu_r=1+\chi_m$。磁导率 μ，相对磁导率 μ_r 和磁化率 χ_m 都是描述磁介质磁性的物理量。磁力线总是走磁导率最大的路径。

例 1.1　假定某产品的磁化率为 10^{-2}，分别为 $H=900\text{kA/m}$，$H=1500\text{kA/m}$ 的外加磁场，为该产品充磁时，此时材料的 M 为多少？B 为多少？该产品充磁到饱和时，$H=1200\text{kA/m}$。

解　①当外加磁场强度为 $H=900\text{kA/m}$ 时，

$$M=\chi_m H=10^{-2}\times900\text{kA/m}=9\times10^3\text{A/m}$$
$$B=\mu_0 M+\mu_0 H=4\pi\times10^{-7}(9\times10^3+9\times10^5)$$

②当外加磁场强度为 $H=1500\text{kA/m}$ 时，由于该产品充磁到饱和的条件是 1200kA/m，故其

$$M=\chi_m H=10^{-2}\times1200\text{kA/m}=1.2\times10^4\text{A/m}$$
$$B=\mu_0 M+\mu_0 H=4\pi\times10^{-7}(1.2\times10^4+1.5\times10^5)$$

7. *磁介质*

磁介质是指在磁场作用下表现出磁性的物质。所有物质都能被磁化，故都是磁介质。

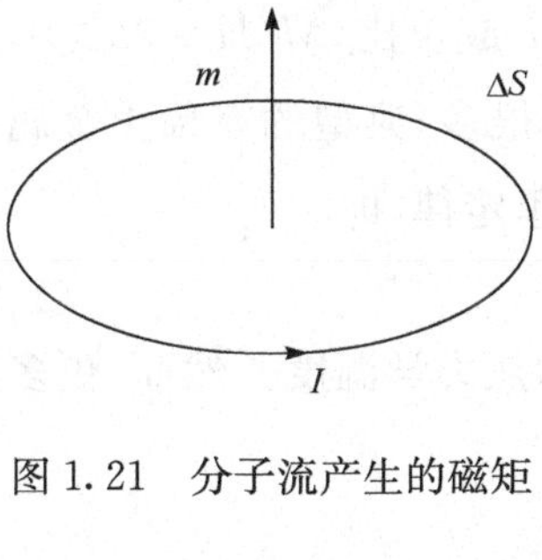

图 1.21　分子流产生的磁矩

介质磁化后的特点是在宏观体积中总磁矩不为零，对于介质分子来说，它的总磁矩是其内部所有带电粒子（包括原子核和电子）的自旋磁矩，以及所有电子轨道磁矩的矢量之和。经典电磁学把分子的总磁矩 m 简单地表示成由“分子电流圈”所产生，即 $m=I\cdot\Delta S$，如图 1.21 所示。其中，I 代表分子电流圈的电流；ΔS 为电流圈的面积矢量；m 的方向由右手定则确定。物质之所以显示出宏观磁性，就是因为其内部的分子磁矩呈现有规则的

排列，从而导致宏观磁矩的出现。

磁介质按磁化机构的不同，可分为抗磁体、顺磁体、铁磁体、反铁磁体和亚铁磁体五大类。

8. 磁性的分类

磁性物体在性质上有很大的不同，从实用的观点，可以根据磁性体的磁化率大小和符号分为抗磁性、顺磁性、铁磁性、亚铁磁性、反铁磁性。

(1)抗磁性

具有抗磁性的物体叫抗磁体。当它们受到外磁场 H 的作用后，其电子轨道运动感生出与 H 方向相反的磁化强度，其磁化率 $\chi_m<0$，这种磁性称为抗磁性。χ_m 不但小于零，而且其绝对数值也很小，一般为 10^{-5} 的数量级。χ_m 的性质和磁场、温度均无关。抗磁性物体有电子壳层完全填满的惰性气体(典型的抗磁体)，还有许多有机化合物、若干金属(如 Bi、Zn、Ag 和 Mg 等)、非金属(如 Si、P 和 S 等)。抗磁性物体的磁化曲线为一条直线。将抗磁性物体，放在不均匀磁场中，该物质将移向磁场弱的地方。

在无外磁场时，抗磁体原子或分子内原有的磁矩，在取向上互相抵消，其固有磁矩为零，即不存在永久磁矩。当抗磁性物质放入外磁场中，外磁场将使其电子轨道发生改变，感生出一个与外磁场方向相反的磁矩，表现为抗磁性，如图 1.22 所示。因此，抗磁性来源于原子中电子轨道状态的变化。

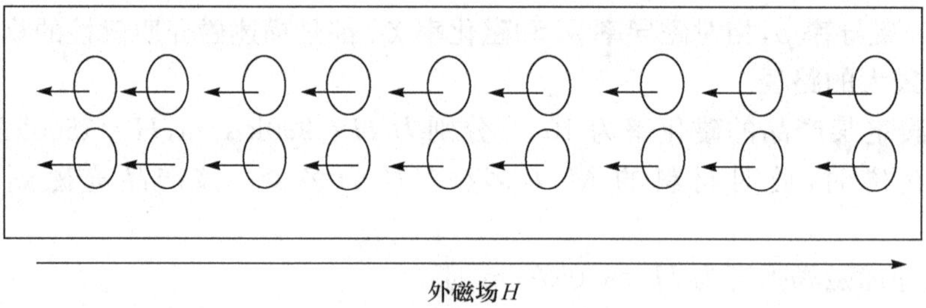

图 1.22 外磁场作用下抗磁体的分子磁矩

(2) 顺磁性

具有顺磁性的物体叫顺磁体。当它们在受到外磁场作用后，会感生出与磁化磁场同方向的磁化强度，其磁化率 $\chi_m>0$，但数值很小，这种磁性称为顺磁性。

顺磁性物体的每个原子或分子都具有一定的固有磁矩 m，但在通常状态下，由于分子热振动的无规律性，原子或分子磁矩的取向无规律，因此，一定物理体积内全部分子磁矩的矢量和为零，对外不显磁性。但在外磁场 H 的作用下，每个分子磁矩都将受到力矩 $L=m\times H$ 的作用而倾向于朝外磁场的方向排列，顺磁性物体从而感生出与外磁场方向一致的磁化强度 M，于是宏观上显示顺磁性，如图 1.23 所示。其 M 严格地与外磁场 H 成正比，$M/H=\chi_m>0$，但 χ_m 的数值很小，室温下为 $10^{-3}\sim10^{-5}$ 数量级。具有顺磁性的物体很多，典型的有稀土金属和铁族元素的盐类等，多数顺磁性物体的 χ_m 与温度 T 有关，服从居里定律，即

$$\chi_m=C/T \tag{1.6}$$

式中，C 为居里常数，取决于顺磁物质的磁化强度和磁矩大小；T 为热力学温度。然而，更多顺磁性物体的 χ_m 与温度的关系，遵守居里-外斯定律，即

$$\chi_m = \frac{C}{T - T_p} \tag{1.7}$$

式中，T_p 为顺磁体的居里温度。

顺磁性物质的主要特征是，不论外加磁场是否存在，原子内部存在永久磁矩。一般含有奇数个电子的原子或分子，电子未填满壳层的原子或离子，如过渡元素、稀土元素，还有铝、铂等金属以及空气都属于顺磁物质。典型的顺磁物质是稀土金属和铁族元素的盐类。

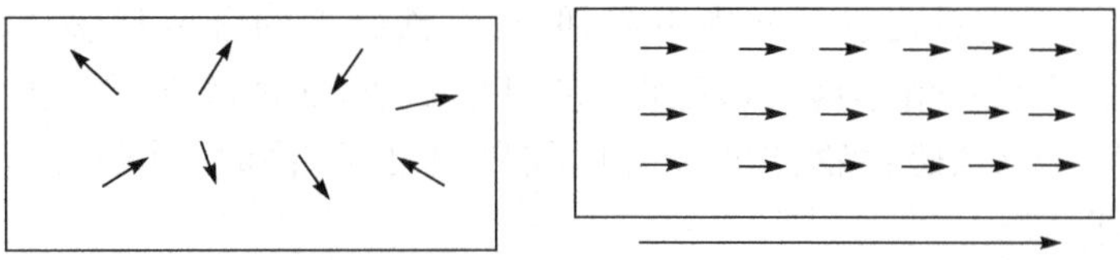

(a) 通常状态下　　(b) 在外磁场H的作用下

图 1.23　顺磁体的分子磁矩

(3) 反铁磁性

反铁磁性是由于电子自旋反向平行排列，在同一子晶格中有自发磁化强度，电子磁矩同向排列；在不同子晶格(为了解释反铁磁性，奈耳将外斯分子场理论推广到反铁磁体中。假设，反铁磁体中磁性离子构成的晶格，可以分为两个相等而又相互贯穿的“子晶格”A 和“子晶格”B，简称 A 位和 B 位)中，电子磁矩反向排列。相邻两个子晶格中自发磁化强度大小相同，方向相反。整个晶体不论在什么温度下，都不能观察到反铁磁性物质的任何自发磁化现象，因此其宏观特性是顺磁性的，M 与 H 处于同一方向，磁化率为正值。

具有反铁磁性的物体叫反铁磁体。当其温度达到某个临界值 T_n 以上，磁化率与温度的关系如正常顺磁性物体，服从居里-外斯定律，但是，表现出式(1.7)中的 T_p 常小于零。这类物体的磁化率在温度等于 T_n 的地方存在极大值，如图 1.24 所示。T_n 是个临界温度，它是奈耳发现的，故被命名为奈耳温度。

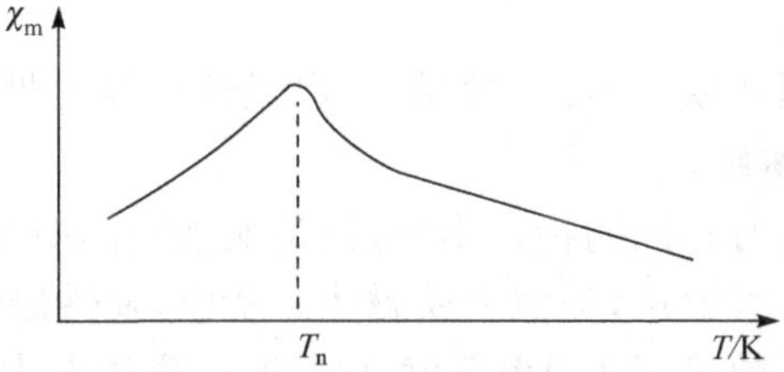

图 1.24　MnO 的磁化率与温度的关系图

对奈耳点存在的解释是：在极低的温度下，由于相邻原子的自旋完全反向，其磁矩几乎完全抵消，故其磁化率几乎接近于 0。当温度上升时，自旋反向的作用减弱，其磁化率增加。当温度升至奈耳点以上时，热骚动的影响较大，此时，反铁磁体与顺磁体有相同的磁化行为。

反铁磁性物体有过渡族元素的盐类及化合物，大多为离子化合物，典型的反铁磁性金属主要是铬和锰，如 MnO、Cr_2O_3、CoO 等。

反铁磁性物质的主要特征有两点，一是反铁磁性物质存在一个相变温度——奈耳温度。二是，反铁磁性物质的原子磁矩呈有序性排列。

反铁磁性物体只有在极强的外磁场作用下才能显示出微弱的磁性。

(4) 铁磁性

①铁磁性的概念。

具有铁磁性的物体叫铁磁体，这种磁性物体和前述磁性物体大不相同，它们只要在很小的磁场作用下就能被磁化到饱和，得到极高的磁化强度，而且当外磁场移去后，仍可保留极强的磁性。不但磁化率 $\chi_m>0$，而且其数值达到 $10\sim10^6$，其磁化强度 M 与外磁场 H 之间呈非线性的复杂函数关系；磁化时，会出现磁滞现象；物质内部的原于磁矩是按区域自发平行取向，这类磁性称为铁磁性。具有铁磁性的元素不多，但具有铁磁性的合金与化合物却各种各样。到目前为止，发现 9 个纯元素晶体具有铁磁性，它们是 3 个 3d 金属铁、钴、镍和 6 个 4f 金属，如钆、铽、镝、钬、铒、铥。当铁磁性物体的温度比临界温度 T_c 高时，铁磁性将转变成顺磁性，并服从居里-外斯定律。

②铁磁性的特点。

a. 在外磁场作用下较易达到磁饱和，此时磁化强度不再随外磁场的增加而增加，而一般的顺磁体则很难达到磁饱和。

b. 磁化强度与磁场强度间的关系不是线性的，即磁化率和磁导率不是常数，而顺磁体的磁化率和磁导率在一定温度下是常数。

c. 存在一个临界温度 T_c，当铁磁体在高于 T_c 时，其铁磁性消失，铁磁体转变成顺磁体，T_c 称为铁磁体的居里温度或居里点。在居里温度附近，磁导率和比热容（又称比热容量，简称比热，是单位质量物质的热容量，即单位质量物体改变单位温度时吸收或释放的内能，通常用符号 c 表示）呈现反常增加。

d. 外磁场变化时，磁化强度的变化滞后于外磁场的变化，这种现象被称为磁滞效应。磁滞效应表明，铁磁体的磁化过程包含了明显的不可逆过程。当撤去外磁场时，铁磁体仍保留部分磁性，其磁化强度不为零，称为剩磁，这是由于铁磁质中存在掺杂等，各个磁畴间存在着某种"摩擦"阻碍各磁畴在去掉外磁场后重新回到原来混乱排列的消磁状态。因而即使去掉了外磁场，铁磁质仍然保留部分磁性。而顺磁体在撤去外磁场时，其磁化强度立即变为零。

(5) 亚铁磁性

具有亚铁磁性的物体叫亚铁磁体。它们的宏观磁性与铁磁性相同，仅仅是磁化率的数量级稍低一些，为 $10\sim10^3$ 数量级。

亚铁磁性与反铁磁性具有相同的物理本质，只是亚铁磁体中反平行的自旋磁矩大小不等，因而存在部分抵消不尽的自发磁矩，类似于铁磁体。所以，亚铁磁性是未抵消的反铁磁性结构的铁磁性。当温度高于某一数值 T_c（居里温度 ）时，亚铁磁体变为顺磁体，T_c 称居里温度。众所周知的铁氧体，是典型的亚铁磁性物体。铁氧体中也有顺磁性的，如锌铁氧体（$ZnFe_2O_4$）；也有反铁磁性的，如镧正铁氧体（$LaFeO_3$）。只有亚铁磁性的铁氧体才有实用意义，如天然磁铁矿 Fe_3O_4。

综上所述，物质的磁性是由组成它的原子、离子及其合成磁矩以及相邻离子的相互排列决定的。抗磁性材料中的原子、离子或分子没有合磁矩，这是因为所有的自旋磁矩和轨道磁矩正好抵消，只有通过外磁场才能感应出一个较弱的、与外磁场方向相反的磁矩；顺磁材料中的原子或离子在无磁场状态下已有磁矩，但它是无序的，如图 1.25(a)所示，在外磁场中，随着磁场强度的增加，磁矩总是沿着外磁场方向而增加；在铁磁材料中，所有离子的合磁矩在较大的空间范围内有自发平行取向，如图 1.25(b)所示；亚铁磁性材料中离子占有不同的子晶格，子晶格离子的磁矩有时在较大的空间范围内平行取向，不同的子晶格上的离子磁矩可能反平行取向，如图 1.25(c)所示；当材料内部正反平行排列的磁矩互相抵消时，称此材料为反铁磁性材料，如图 1.25(d)所示。反铁磁性材料具有顺磁材料(磁导率≈1)的主要特性。热能对磁排列状态常起破坏作用，如在一定温度下，热能达到一定强度时，磁有序将被破坏。对铁磁性和亚铁磁性材料而言，在“居里温度”时，磁有序被破坏；对反铁磁性材料而言，在“奈尔温度”时，磁有序被破坏，在这种温度以上，材料变为顺磁性。

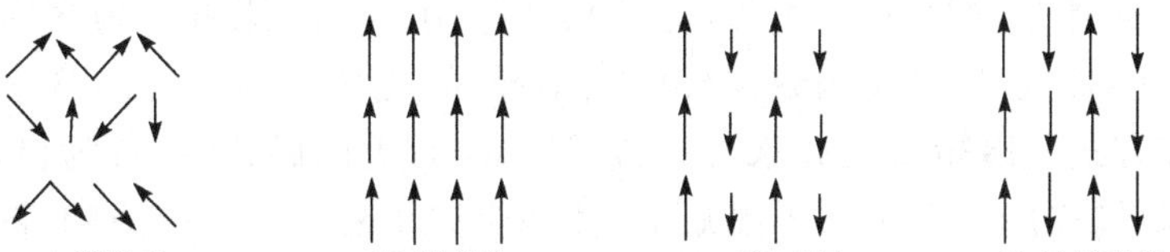

图 1.25　磁矩的排列

抗磁性、顺磁性、反铁磁性属于弱磁性，用精密仪器才能测得其磁性，在技术上很少使用；铁磁性、亚铁磁性为强磁性，应用广，对现代技术和工业正起着极其重要的作用。

具有铁磁性和亚铁磁性的材料通常叫做磁性材料。

任务3　磁畴与自发磁化

1. 磁畴与自发磁化

磁性材料与其他材料本质上的区别，就在于磁性材料内部具有自发磁化(见图 1.26)和磁畴，这也是永磁铁氧体材料的特点。它可以在比顺磁性材料低得多的磁场中获得强很多的磁感应强度，甚至可以磁化到饱和，而且在外磁场除去之后，还有剩余磁化强度，必须经过磁中性化过程，才能对外不显现磁性。把铁磁性物质和非磁性物质的磁化情况作比较，就可以看出它们的差别，例如，同样在 0.796A/m(0.01Oe)磁场中磁化，铁磁性的纯铁，磁化强度为 10^4 A/m (10Gs)，而顺磁性硫酸亚铁，磁化强度为 10^{-3} A/m(10^{-6}Gs)。

一方面，原子带有正电荷与负电荷，这样在原子间就有电的相互作用；另一方面，原子中的电子运动也会产生磁场，因此原子间又有磁的相互作用。经计算，在没有外磁场作用时，影响原子磁矩主要是电的相互作用。即材料内部相邻原子的电子之间有一种来源于静电的交换作用产生的交换力。“交换”意味着，当两个原子近邻时(见图 1.27)，除考虑电子 1 在核 1 周围(以近 30 万 km/s 的速度)运动，以及电子 2 在核 2 周围运动外，由于电子是不可区分的，因此还必须考虑两个电子交换位置的可能，以至于电子 1 出现在核 2 周围运动，电子 2 出现在核 1 周围运动。研究表明，在一个轨道上的电子可以出现在另一轨道的几乎所有的位置上(除了零几率面)。

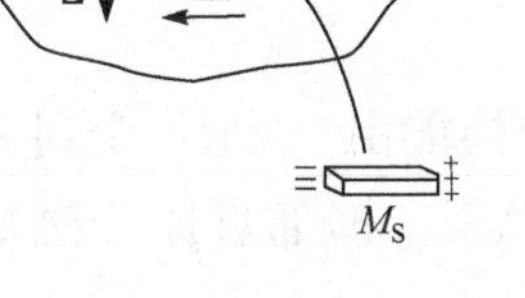

图 1.26　自发磁化示意图

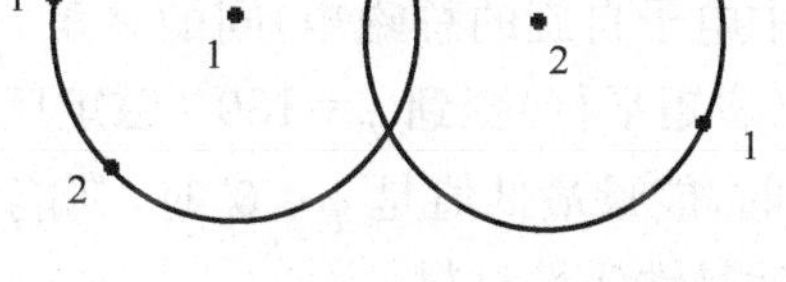

图 1.27　两个近邻原子能量交换示意图

例如，氢分子中这种电子位置相互交换是以约 $10^{18}\cdot s^{-1}$（每秒 10^{18} 次）频率进行的，从而会在两个原子总能量上附加交换能量，交换能量是形成许多分子和共价键固体这种总能量的重要部分，交换力主要取决于原子间磁性电子与原子核之间的相互距离。所以说，交换作用是指原子之间相互交换电子而产生的相互作用。

为了使静电交换作用产生的交换能量最小，磁性材料中磁性原子或离子的磁矩须要平行或反平行排列，这样才是最稳定的状态，这种相互作用产生的能量称为交换能。这种交换作用，通常用"A"表示，因为 A 以波函数积分形式出现，故也称交换积分。这是在没有外磁场时就发生的，以某种方式使磁矩排列起来，使其达到一定程度的磁化，故称为自发磁化，这就好像外部有一很强的磁场作用在各个原子磁矩上，使各个原子磁矩按同一方向排列。因此，材料是否具有铁磁性和亚铁磁性，除了形成物质的原子本身具有磁矩外，更重要的还在于形成宏观物体之后，原子之间是否存在这种交换作用。

对于铁氧体这类材料，由于贡献磁矩的 Fe^{3+} 被半径较大的 O^{2-} 离子（$r_0=0.132$nm）隔开，Fe^{3+} 离子间的距离差距太大，导致其电子之间不可能直接地进行能量的交换，其交换作用是通过氧离子激发态为媒介间接形成，这种以间接交换方式，使磁矩有序排列，常称为超交换作用。

在没有外磁场的情况下，大块磁性材料（铁磁体和亚铁磁体）中的电子自旋磁矩可以在一很小范围内以某种方式整齐地排列起来，达到一定程度的磁化，即自发磁化，这种一个个很小的"自发磁化区域"内的原子磁矩按同一方向排列，这些小区域称为磁畴。

在没有外加磁场时，不同磁畴内的自发磁化矢量是随机排列的，所以磁性材料虽然具有自发磁化，但未经外磁场磁化，其宏观磁性仍然是零。磁畴的体积约为 $10^{-9}m^3$，每个原子的大小是 $10^{-24}m^3$，所以一个磁畴中大约有 10^{15} 个原子。

铁磁性和亚铁磁性的区别，在于原子磁矩排列的方式不同，铁磁性材料的原子或离子磁矩全部平行排列。亚铁磁性材料中存在着磁矩排列方向相反的两种原子或离子，但是这两种方向排列相反的磁矩，没有完全抵消，剩有净磁矩。亚铁磁性物体也具有自发磁化，但其自发磁化强度比铁磁性物体要弱。

任何微粒子，包括原子或离子都处于热骚动中，当交换能大于原子的热骚动能时，使原子的磁矩可以克服热骚动而有序排列，随着温度的升高，热骚动能逐渐增大，一旦升到居里温度以上时，热骚动能大于交换能，原子的磁矩则由于热骚动从有序排列变为无序排列，这时磁性材料就由亚铁磁性变成了顺磁性，居里温度就是描述这种交换作用的宏观物理量。永磁铁氧体的居里点：450～460℃，具有铁磁性的磁性金属 Fe 和 Co 则有较高的居里温度，分别为 770℃和 1123℃。

一对原子交换能可表述为

$$E_{ex}=-AS^2\cos\varphi \tag{1.8}$$

式中，A 为原子间交换作用的大小，称为交换积分；S 为原子中电子自旋总量子数；φ 为两个原子磁矩（原子中电子自旋的总磁矩）间的夹角。

当 $\varphi=0°$（磁矩平行）变到 $\varphi=180°$（磁矩反平行）时，交换能由 $-2AS^2$ 变到 $2AS^2$。

当 $A>0$ 时，能量最低值是 $\varphi=0°$时，其能量值为 $-2AS^2$。即邻近原子磁矩相互平行时，能量最低，这就是铁磁性材料。

当 $A<0$ 时，$\varphi=180°$时能量最低，这时邻近原子的磁矩反平行排列，如亚铁磁性材料。

2. 畴壁

两个相邻磁畴间的分界层称为畴壁，这种分界层具有一定的厚度，因此，畴壁两侧的磁矩方向是不同的，但方向不是一下子从一个方向突然变到另一个方向，而是逐渐过渡过去的，如果从畴壁一侧到另一侧逐渐转向的磁矩保持与畴壁平面平行，这种过渡方式的畴壁叫布洛赫壁。当铁磁体的厚度减少到相当于二维的情况，即厚度为 1～102nm 的薄膜时，容易形成奈尔壁，它是畴壁平面上出现磁极（如磁矩垂直于壁面）的一类畴壁。奈尔壁通常仅在厚度小于某一临界尺寸的磁薄膜中才能形成。布洛赫壁内自旋取向始终平行于畴壁面转向，如图 1.28(a)所示，奈尔壁内自旋取向始终平行于薄膜表面转向，如图 1.28(b)所示。在较厚的磁层中，从能量的观点看，更有利于形成布洛赫壁。

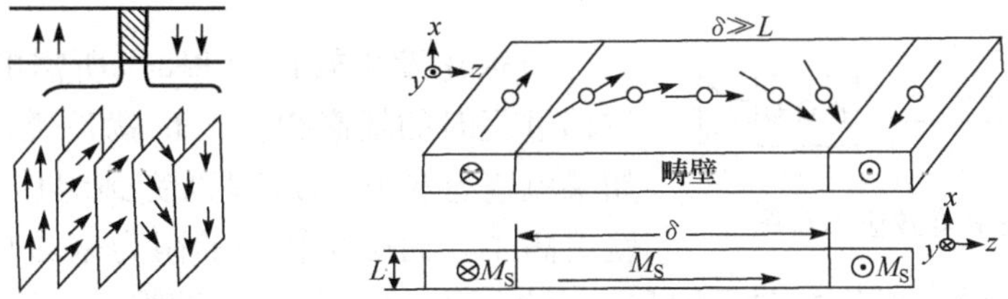

(a) 布洛赫壁 (b) 奈尔壁

图 1.28 磁畴壁中磁矩的转向情况

磁畴的形状、大小及它们之间的搭配方式，统称为磁畴结构，这些都与畴壁有关。畴壁具有一定的能量，称畴壁能 $E_w \approx \sqrt{AK}$，畴壁也具有一定的厚度 $\delta \approx \sqrt{\dfrac{A}{K}}$，$A$ 和 K 分别是材料的交换常数和磁晶各向异性常数，畴壁能在不均匀的材料中是位置的函数。K 和 A 的值，既影响畴壁能的大小，也影响畴壁的厚度（实测厚度为 10^{-7}～10^{-6}m），畴壁能大小约 2×10^{-8}cal/cm^2（约 1erg/cm^2），畴壁厚约为 1000Å。磁畴中自发磁化的力量非常强，相当于数千万 A/m 的磁场强度。图 1.29 为磁畴结构示意图，其中图(a)、(b)为单晶体中的磁畴，图(c)为多晶体中的磁畴。

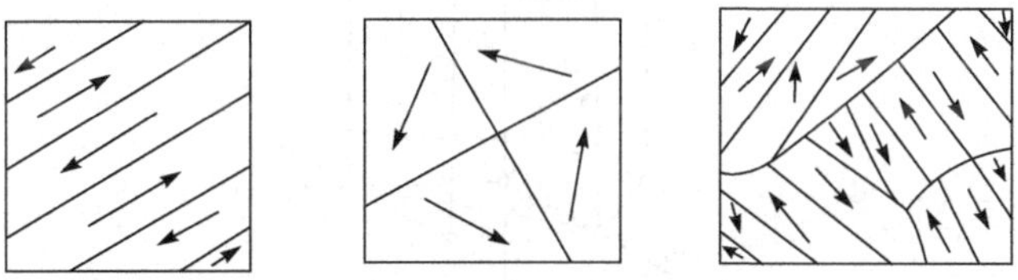

(a) (b) (c)

图 1.29 磁畴结构示意图

磁畴可用粉纹法、磁光效应、电子显微镜等，对铁磁体和亚铁磁体的表面进行直接观察发现。粉纹法：在外磁场作用下，由于磁化强度的改变，粉纹的线条也会移动，当外磁场的变化极其缓慢时，用高速摄影，发现粉纹的移动不是连续的，而是突发的；另一个简易实验也可以证明：当磁铁逐渐移近探测线圈或将磁铁缓慢转动 180°时，就可以从扬声器听到清脆的“喀喀”响声（又称为巴克豪森效应，见图 1.30）。显然，探测线圈得到连续而均匀的磁化时，扬声器是不会有响声的，而只有材料内部定向排列的原子磁矩突然改变方向，也就是说有磁畴的存在，放大后的磁化曲线显示出连续的阶层，才使得探测线圈感应出断续的微电流所致。

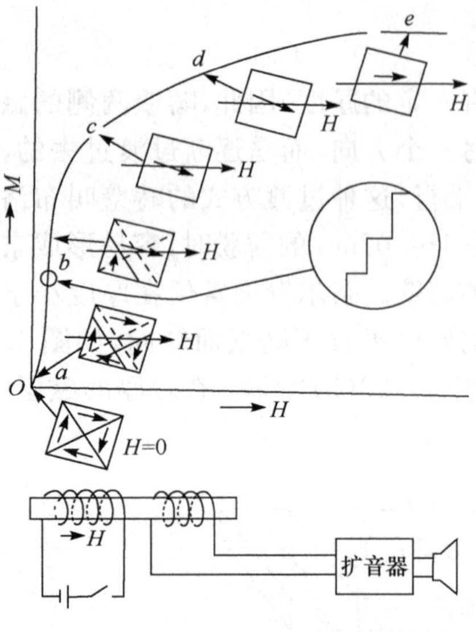

图 1.30　巴克豪森效应示意图

磁畴的形状和大小取决于磁性材料的结构状态，即与材料的品种、晶型、晶粒尺寸和气孔等有关。由于实际材料内部的结构状态复杂，而磁畴的实际形状也极其复杂，很难有明显的规律性，同一材料的不同部位往往就出现不同的磁畴，或同时有几种磁畴。磁畴的形状虽然有所不同，但磁畴内部的原子磁矩都是按易磁化方向排列的。经实验测定，磁畴的最大宽度为10^{-6}～10^{-3}m（相当于几百万个原子到几万个原子的间距）。

任务 4　永磁铁氧体内的磁晶各向异性

当磁化发生转向过程时，所需的反磁化场比畴壁位移过程时的场高得多。也就是说，此时的矫顽力高，如果就连这种转动过程也受到阻碍，那么它的矫顽力就更高了。而磁矩转动的阻力来自单畴材料中的各向异性，即磁晶各向异性，形状各向异性和应力各向异性。各向异性强，转动就困难，因此，在制备高性能永磁铁氧体时，必须设法利用这种各向异性，以获得高矫顽力。在测量钡铁氧体单晶时，发现磁化曲线的形状与单晶体的晶轴方向有关。永磁铁氧体属六角晶系，在垂直于六角平面的晶轴[0001]方向（见图 1.31）上很容易磁化到饱和，其他方向就很难磁化到饱和。因此称[0001]方向为易磁化方向，易磁化方向的反方向[0001]也是易磁化方向，这正反两方向构成的轴线叫易磁化轴，简称易轴。而其他方向就是难磁化方向，这种由于晶体结构上的各向异性造成磁性能的各向异性称为磁晶各向异性。又因只有单一的易磁化轴，因此，这种各向异性又叫单轴各向异性。可以推测，在易磁化方向，磁矩处在能量最低的状态，故磁畴内的磁矩取这些方向。

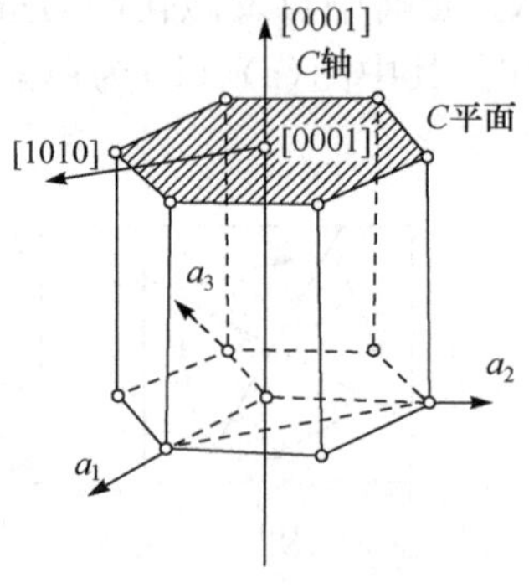

图 1.31　六角晶体的主要晶轴示意图

通常用[hkl]方括号表示晶轴方向，用(hkl)表示晶面方向。在[hkl]中，3 个数 hkl 分别表示其在 X、Y、Z 轴上的截距，[100]、[010]、[001]分别表示 X、Y、Z 方向；(hkl)中 3 个数，分列表明晶面在 X、Y、Z 三轴上的截距的倒数的比值。例如，(110)面与 X、Y 轴截距的倒数为 1、1，而与 Z 轴截距的倒数为 $1/\infty=0$，因此，(110)面是与 X、Y 轴的截距为 1、1，而与 Z 轴平行的平面。一般立方晶系用三个轴(X,Y,Z)、六方晶系用四个轴(a_1,a_2,a_3,c)表示晶轴和晶面方向

在磁化时，只要很弱的磁场就可以把原来不在此方向的磁矩引到这个方向。所以在易磁化方向磁化到饱和所需的磁化能最小；反之，如果在难磁化方向上磁化，就需要把许多原来处于能量最低的易磁化方向上的磁矩引到能量较高的方向上，就需要提供较多的能量。单位体

积的晶体在某个方向磁化到饱和所需能量和在易磁化方向磁化到饱和所需能量之差，称为该方向的磁晶各向异性能，用 E_k 表示。单轴的磁晶各向异性能的表达式为

$$E_k = K_1 \sin^2\theta + K_2 \sin^4\theta + \cdots + K_u \sin^{2u}\theta \tag{1.9}$$

对永磁铁氧体来说，有

$$E_k \approx K_1 \sin^2\theta \tag{1.10}$$

式中，K_1 为磁晶各向异性常数，代表磁晶各向异性能量高低的程度。

K_1 的定义是指为使用一个单晶的磁化矢量从易磁化的 c 轴旋转到与之垂直方向时所做的功，θ 是磁化方向与[0001]方向之间的夹角。K_1 越大，磁晶各向异性也越大，即磁化强度的矢量 M_S 要从[100]轴沿 xy 平面转到[110]轴所消耗的能量越大，磁化也越困难。目前认为铁氧体产生磁晶各向异性的原因是自旋-轨道的耦合与晶体电场的联合效应，原子核与电子的相对运动所产生的虚电流之磁场将迫使电子自旋倾向于取垂直于运动轨道平面的方向，而当离子处于晶体中时，晶体电场又将电子的轨道运动约束在一定的方向，这种自旋-轨道-晶场联合作用的结果，导致离子的磁矩相对于晶轴的取向具有不同的能量，其宏观的表现就是磁晶各向异性。由于 Co^{2+} 有较强的自旋-轨道耦合效应，因此 Co^{2+} 对磁晶各向异性的贡献较大，含 Co 铁氧体的 K_1 都有特别大的绝对值。表 1.3 给出了室温下永磁铁氧体和其他永磁材料的磁晶各向异性常数 K_1 值的对比情况。

表 1.3　室温下永磁铁氧体和其他永磁材料的磁晶各向异性常数 K_1 值对比表

材料	$BaFe_{12}O_{19}$	$SrFe_{12}O_{19}$	$PbFe_{12}O_{19}$	$SmCo_5$	Sm_2Co_{17}
$K_1/(J/m^3)$	3.2×10^5	3.5×10^5	2.2×10^5	1.5×10^5	3.3×10^6

对永磁来说，磁晶各向异性常数越大，则磁性越强。在材料的制备过程中，如果能够将所有晶粒的易磁化方向都排列在某一特定方向，则该方向的磁性便会显著提高。为此，在工艺中需要采用磁场成型的方法。

上面提到，在晶体中，由于磁晶各向异性的作用，在无外磁场时，磁矩“喜欢”停留在易磁化方向上，这好像在易磁化方向上存在一个磁场，把磁矩拉到易磁化方向上，这种磁场称为磁晶各向异性场。这样的作用，来源于磁晶各向异性，而不是真实的磁场，因此，称为磁晶各向异性等效场，简称磁晶各向异性场，用 H_k 表示。

对永磁铁氧体来说

$$H_k = \frac{2K_1}{\mu_0 M_S} \tag{1.11}$$

对铁氧体来说 $K_1 \approx 3.5\times10^5\,J/m^3$，$M_S = 3.70\times10^5\,A/m$，因此有

$$H_k = \frac{2\times3.5\times10^5}{4\pi\times10^{-7}\times3.7\times10^{-5}} \approx 1505(kA/m)$$

在永磁铁氧体材料中，它的易轴在两个相反的方向都是易磁化方向，所以，两个相邻磁畴中磁矩方向正好相反，这样两个畴壁就称 180°壁。

任务 5　磁致伸缩现象

铁磁性和亚铁磁性材料磁化时，在磁化方向所发生的伸长或缩短现象称为磁致伸缩，磁致伸缩引起形变的数值，虽然很小(只有物体本身尺寸的百万分之几)，但是磁致伸缩现象却在近代工程技术中得到了广泛的应用。

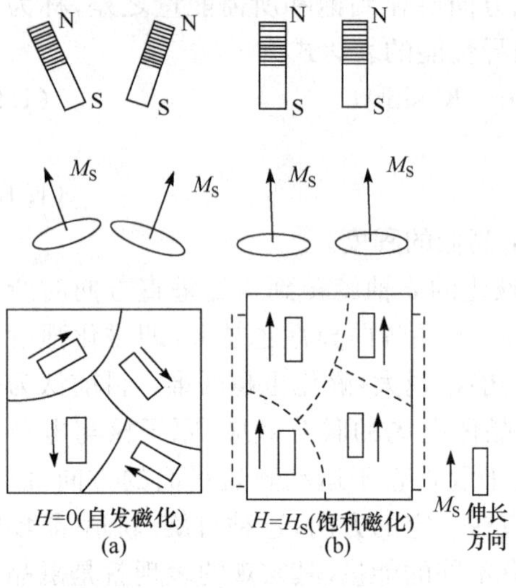

图 1.32　磁致伸缩原理示意图

那么，磁性材料为什么会发生磁致伸缩呢？为什么磁致伸缩会有一个饱和值而且随方向而变化呢？研究表明它和自发磁化以及外磁场的作用有密切的联系，这可以用图 1.32 来说明。自发磁化时，磁畴内部的原子磁矩是沿某一方向排列的，这对晶格结构产生一定的影响，有些材料的晶格结构在磁矩方向会伸长，有些会缩短。磁性材料是大量磁畴的集合体，在自发磁化时，各磁畴的方向很不一致，因此，在整体上并不显示任何外形尺寸的变化，如图 1.32(a)所示。但是，当处在饱和磁场 H_S 下磁化时，磁畴的磁矩都取同一方向，磁畴的伸长(或缩短)方向也按磁化方向做定向排列，即在整体上显示出伸长(或缩短)的现象，图 1.32 (b)表示正磁致伸缩的情况，在饱和磁场下，各磁畴的方向已经都平行于外磁场了，所以再增加磁场强度也不能使材料伸长(或缩短)了。

任务 6　各种能量在磁畴形成(自发磁化)过程中的关系

铁磁性和亚铁磁性材料究竟为什么会产生磁畴呢？磁畴对材料的磁化过程及其物理性能有什么关系呢？要了解磁畴的起因和它在磁化过程中的变化，必须对材料内部存在的各种能量的分布、平衡和运动的规律作进一步的探讨。

磁性材料内部的各种能量和电子自旋有密切的联系，这些能量的物理作用主要有：自旋电子之间的交换作用(或超交换作用)；晶体结构的各向异性对电子运动的约束作用；晶格变形对电子运动的作用以及磁场直接对磁性材料原子磁矩所起的作用等 4 种。

这几种物理作用，一般都习惯于用能量的办法来表示，以便于统一在一个普通的规律——物质结构的最稳定状态，也就是它内部各种相互作用的能量总和达到最低的状态。

这四种物理作用的主要特点，与之相应的能量和有关常数如表 1.4 所示。

表 1.4　磁性材料内部能量的物理作用及其表示法

物理作用名称	物理作用主要特点	能量表示方法	主要常数
交换作用	这种交换作用主要是由邻近原子的电子自旋之间产生的，确定了原子磁矩的相对取向，是自发磁化的基础	交换能 E_{ex}	交换积分或交换能常数 A
晶体结构的作用	这种作用主要是由于晶格的结构各向异性，而使各个原子与晶格之间的相互作用也随方向而变化，导致各个方向磁化的难易程度有很大的不同，确定了原子磁矩的绝对取向(即具体的方向)	磁晶各向异性能 E_k	磁晶各向异性常数 K_1、K_2(或单轴各向异性常数)
晶格变形的作用	这种作用主要是由于晶格在外磁场和外力影响下发生的变形，这种晶格变形在宏观上表现为外形尺寸的伸长和缩短，而且是各向异性的	磁致伸缩能 E_μ 磁弹性能 E_d	磁致伸缩系数 λ_s，磁弹性系数 $\frac{3}{2}\lambda_s\sigma$
磁场的直接作用	一方面这种作用表现为外磁场直接对原子磁矩的作用，使原子磁矩的取向逐步接近，以致最后完全和外磁场方向一致	外磁场能或磁化能 E_H	磁场强度 H，磁性材料的磁化强度 M
	另一方面这种作用表现为退磁作用，这是因为磁化时，在磁性材料两端或者内部出现的自由磁极产生与磁化方向相反的磁场，以致磁化减弱	退磁场能或称去磁能 E_d	退磁因子或去磁系数 N

在磁性材料内部的各种能量有时是全部存在的，有时却只有一部分存在，彼此之间形成了极其复杂的矛盾关系。但是，各种能量在自发磁化过程中的关系，以及稳定于能量最低的状态却是磁畴形成的理论基础。

在铁磁性材料中，根据交换作用原理可以确定原子磁矩取向是相互平行的，而且与晶体的最易磁化轴方向一致，以保证其交换能为最小。但是，互相平行的原子磁矩，退磁场的能量较大，为了降低由于各种因素所造成的退磁能量，各磁畴之间的有些原子磁矩取向必须反平行排列。这可以用图 1.33 所示的两个相互平行放置的磁针来说明。相同磁极彼此靠近的磁针能量要比异名磁极相互靠近的磁针高得多。因此在没有磁场时，相互平行放置的两个磁针就会自动地占有图 1.34(a)所示位，使两个相反的磁极彼此靠近，维持能量最小的稳定状态。铁磁性材料在退磁状态下的总能量是由交换能 E_{ex} 和退磁能 E_d 组合而成的。铁磁性材料沿最易磁化方向轴之一产生自发磁化强度，同时又分成许多扁平的，彼此反平行取向的自发磁化区域，如图 1.34(c)所示。

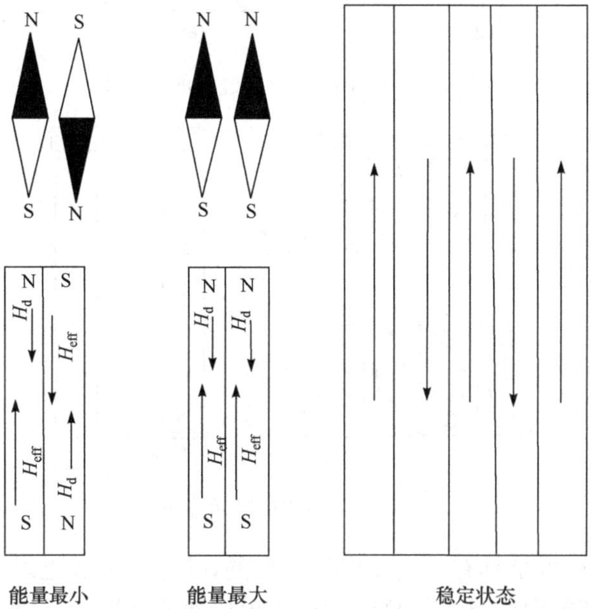

图 1.33　磁畴的反平行排列示意图

综上所述，可以认为：磁畴结构起源于能量最小原理，图 1.34 示出了磁畴形成的过程。当铁磁性材料为各向同性，而且不受内应力和外磁场作用时（即不考虑磁晶各向异性能、磁弹性能和磁化能的影响），材料的能量全部是退磁能，材料的两端出现磁极，如图(a)所示，为使铁磁体结构更加稳定，铁磁体的退磁场能应取最小值，基于此，铁磁体必须分畴，如图(b)所示。为进一步降低退磁能，就产生了片状（或称条形）磁畴（图(c)、(d)。磁畴的数目越多，退磁能越小。在片状磁畴(c)和(d)中，磁化方向交替变化，材料表面上的磁极也交替变化。在这些磁极附近所产生的局部磁场，见图(c)、(d)，将使这些区域发生新的磁化。为了进一步降低退磁能，就在局部磁场方向形成封闭磁畴（图(e)）。图 1.34(b)、(c)、(d)中这种条形磁畴称为基本磁畴，主要起降低退磁能的作用，而图(e)所示这种三菱形的磁畴称为封闭磁畴。条状磁畴两端之所以出现封闭的三菱形小区域而成为封闭磁畴，是为了降低静磁能。正像两块条形磁铁吸住一块软铁，软铁之所以很快向磁铁运动是因为磁路闭合时，就不再有磁极出现，不存在退磁场，使退磁能等于零（图 1.35）。需要说明的是图 1.34 和图 1.35 只是对具有立方晶格的 Fe 单晶而言的，并不是说所有磁性材料的磁畴都一定会有封闭的片状磁畴。各种磁性材料的磁畴形式极其复杂，各不相同。

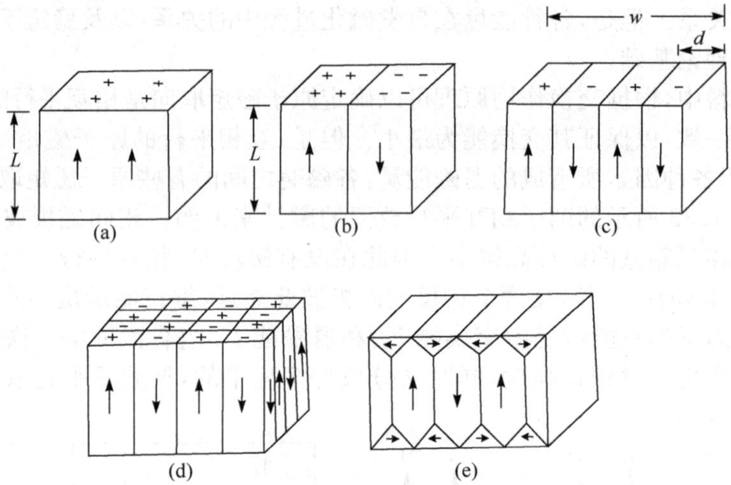

图 1.34　简单磁畴形成过程的示意图

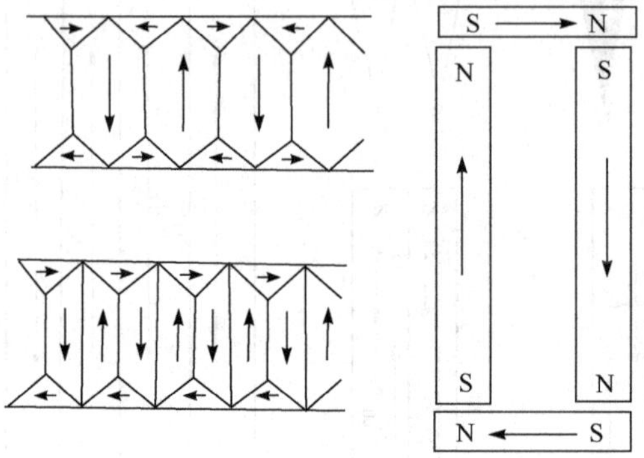

图 1.35　封闭磁畴示意图

前面已提到，磁畴壁也是具有一定厚度和能量的，畴壁的形成也以畴壁内的能量达最小值为条件的。单位面积畴壁中所具有的总能量称为单位面积畴壁能（又称为畴壁能密度）。交换能力图增大畴壁厚度，而磁晶各向异性能又力图减少畴壁厚度，因此，畴壁的真实厚度必定是由这两种能量达到平衡的结果。一般来说，畴壁的厚度约为 10^{-7}m。

任务 7　永磁铁氧体材料的技术磁化

永磁铁氧体材料技术磁化过程是指材料从磁中性状态（$H=0$）起至外加磁场 H 时（如考虑到退磁场的存在，它实际应为有效磁场），材料中已经高度磁化的各磁畴磁矩，从不同方向转到磁场方向或接近于磁场方向，因而对外显示出磁性，这个过程，通过两种方式进行，即畴壁位移和磁畴磁矩的一致转动。关于磁矩一致转动和畴壁位移见图 1.36，图 1.36(a)表示未磁化状态，图 1.36(b)表示一致转动过程，图 1.36(c)表示畴壁位移过程。

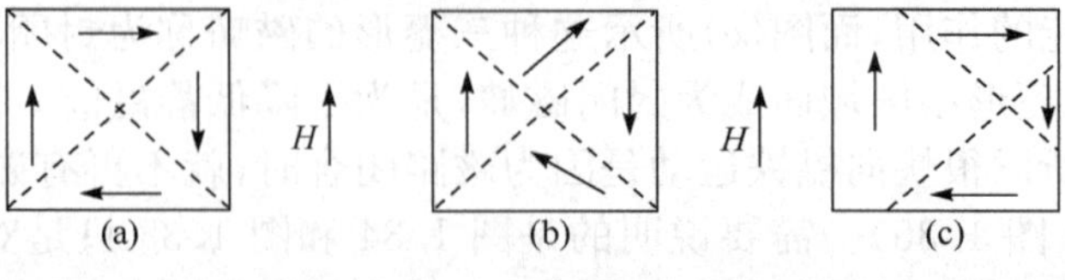

图 1.36　磁矩的一致转动和畴壁位移过程

在技术磁化过程中，当外磁场强度逐渐增加时，铁氧体材料的磁化强度也逐渐上升，直到饱和，如图1.37所示。从磁中性状态（$M=0$）到饱和（$M=M_S$）磁化状态，整个磁化过程可以分为几个阶段，图中标示第1的那个阶段为可逆磁化阶段，所谓“可逆”，就是说，如果磁场强度退回到零，磁化强度也能退回到零。而第2阶段，磁化强度随磁场强度增加得很快，这是不可逆磁化过程，所谓“不可逆”是指这时如果磁场强度 H 退回到零，磁化强度 M 不是沿原磁化曲线减退，而是沿另一曲线减退，如虚线 ab 所示，M 不减到零而回到 b 点上。该区域还有一个特点，就是磁化过程是跳跃式的，即随 H 的增加，M 不是平滑地增加，而是以跳跃的方式，不连续地变化，这种现象称为巴克豪森效应。进入第3阶段，M 的变化是缓慢的，起主要作用的是磁畴磁矩的转动。磁化的最后阶段，即图中第4阶段，称磁化强度渐近饱和阶段。曲线 Oac 称为起始磁化曲线，对永磁材料来说，第1、第2阶段，转动磁化有可能是主要的磁化过程。

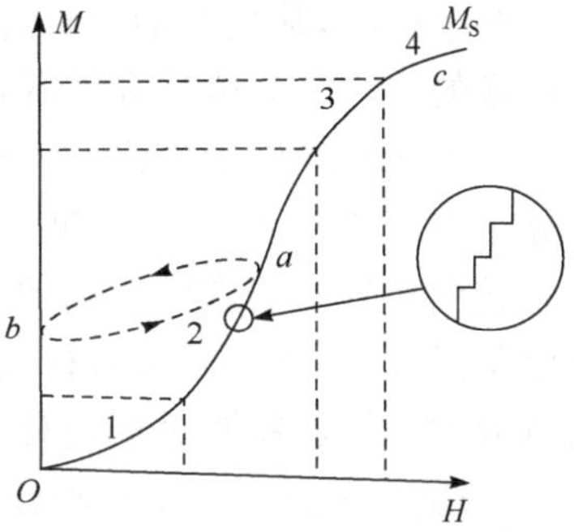

图1.37　磁化曲线

永磁铁氧体材料经技术磁化到饱和后，如果把磁场强度减到零，即回到 $H=0$，此时 M 不回到零，而是降到一个数值 M_r，称为剩余磁化强度，简称剩磁。在这以后如果把磁场向相反方向增强，即反磁场逐渐增强，磁化强度会继续降低，直到为零，这时的磁场强度称为内禀矫顽力 H_{CJ}。在这个过程中，磁化强度起始减低较慢，后来急剧下降，这时也会发生巴克豪森效应。除开始一小段是可逆过程，大部分是不可逆过程，曲线 de 称为退磁曲线。由此也可看出，推动磁化强度变化的原因，是外磁场的作用。对永磁体来说，希望 B_r 和 H_{CJ} 二值越大越好。越过 e 点，如果磁场继续朝负方向增加，即增大退磁场，曲线沿 ef 变化，M 将在与 c 点相反方向 f 点上达到饱和。从一个方向的饱和磁化状态（c 点）变到相反方向的饱和磁化状态的过程称为反磁化过程，如图1.38所示。从 f 点减少退磁场，直至退磁场为零的 g 点，如果此时使磁场强度沿正方向增加，即磁化场沿 ghc 增加，直至 c 点，该封闭曲线 $cdefghc$ 称为磁滞回线。磁滞，就是磁化强度随磁场强度变化出现滞后的现象，当磁场强度从 c 点值退到零时，磁化强度却不退到零而有剩磁，直到相反方向增加磁场值到 H_{CJ} 时，磁化强度才减到零，这种磁化强度的变化落后于磁场强度变化的滞后现象，其来源主要是在磁化和反磁化过程中，不可逆磁化强度的改变造成的。例如，磁畴内磁矩不可逆转动过程，反磁化核的生成和长大，使畴壁产生不可逆位移及钉扎场使畴壁钉扎等均会造成磁滞现象，这些现象在永磁铁氧体材料中往往同时发生，很难像上面所述的那样，把每个阶段分得很清楚。

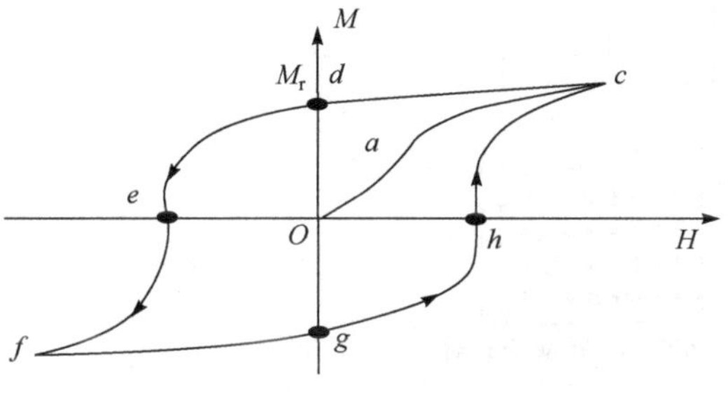

图1.38　磁体的磁滞回线

对现实的永磁材料来说，主要考虑从 c 点到 f 点的过程，特别是饱和磁滞回线的第二象限部分，即退磁曲线 de 部分，这一部分曲线是由材料反磁化过程引起的。根据磁畴理论，反磁化过程有两种机制，即不可逆磁畴磁矩的转动过程和以不可逆畴壁位移为主的反磁化过程。如果材料反磁化过程难，则矫顽力大；反磁化过程易，则矫顽力小。矫顽力是极易受材料内部结构和缺陷影响的结构灵敏量。从能量观点来看，畴壁移动就会增加能量，从而阻碍畴壁移动。

任务 8　以畴壁位移为主的反磁化过程

1. 畴壁位移

畴壁移动，从最小能量原理出发，一般外磁场方向和晶体的最易磁化方向不一致时，在较强磁场的作用下只能使和外磁场方向成最小夹角的磁畴通过壁移而不断扩大，最后吞并其他磁畴。因而从微观上来说，壁移是在畴壁附近的那些原子磁矩在外加磁场的影响下逐渐转动，使原来属于图 1.39 中右磁畴的原子磁矩改变方向而属于左磁畴，由原来对外磁场取向不利的位置转向对外磁场取向有利的位置，这就是说，壁移过程本质上是一种微观的磁矩转动过程，在壁移过程中，磁矩并没有移动位置，而只是在那里转动。通过这种微观畴转才使畴壁产生宏观的移动，由原来外磁场的磁化能较大而不稳定的方向转到能量较低的比较稳定的方向。图 1.39显示了具有几个易磁化轴的磁性材料在外磁场作用下的畴壁移动过程。但是壁移过程的这种微观畴转和宏观的畴转过程还是有很大的区别的。宏观的畴转磁化过程是整个磁畴的磁矩同时转动，转角的大小是由外磁场强度以及其他因素决定的；但壁移磁化过程只是靠近畴壁的磁矩局部地先后转动，转动的角度是一定的，是由一个磁畴方向转到另一个磁畴方向，至于有多少磁矩参加这种微观转动，当然和外磁场的强度等条件有关，但主要还是取决于畴壁移动的距离。

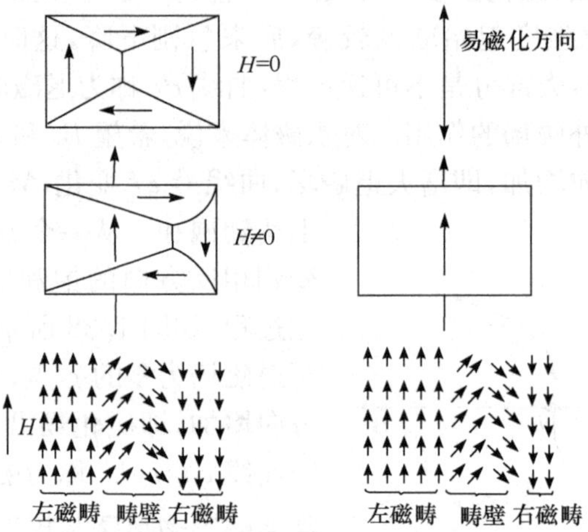

图 1.39　磁畴壁移磁化示意图

静磁能是壁移过程的原动力，而畴壁能和退磁能却是影响壁移的主要因素。当然，磁性材料内部结构的均匀性、掺杂、空隙以及存在的内应力等对畴壁能都有一定的影响。

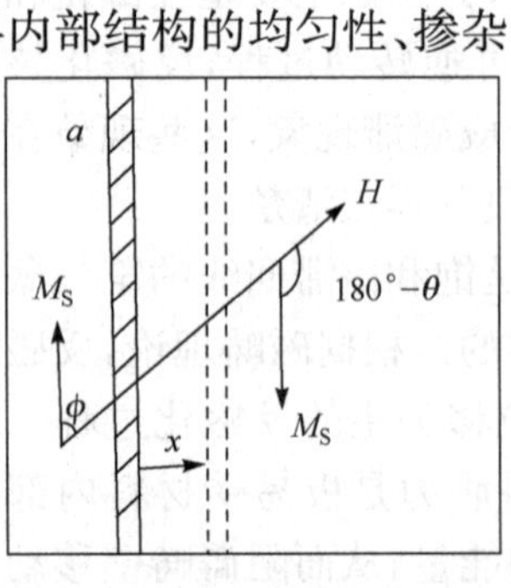

图 1.40　畴壁位移的磁化过程

2. 畴壁位移为主的反磁化过程

现在考虑图 1.40 所代表的情况，两个磁化方向互成 180°的磁畴之间被一畴壁隔开，左磁畴的 M_S 与 H 的夹角为 ϕ，则磁场方向同右边的磁畴磁化方向夹角大于 90°(为 180°−θ)。现增大磁场，磁场在左畴磁化方向有分量，且与右磁畴磁化方向相反，故把右磁畴的磁矩局部地转到左磁畴的方向，这样右畴逐渐缩小，左畴逐渐增大，表现畴壁 a 向右移动，当磁场达到饱和磁化场时，全部成为左畴，这就是畴壁移动过程。

在现实材料中，由于材料的边缘，晶粒侧面上，以及材料结构的不均匀性、材料内部存在局部应力、气孔、非磁性杂质，这些都会产生很强的退磁场，在这些地方可能存在极微小的反向畴，形成反磁化过程中的反磁化核，如图1.41所示，同时布洛赫壁在缺陷中也可以自发产生反磁化核。在缺陷中产生反磁化核所需的磁场称为形核场，它也用来描述矫顽力的大小。现在如考虑磁场反向的情况，那些反磁化核的存在，意味着材料中有畴壁存在，反向磁场就有可能驱使畴壁位移。在强磁晶各向异性的材料中反磁化畴壁移动过程是由畴壁型核和长大引起的，此时的矫顽力可表示为

$$H_C=\frac{2\alpha K_1}{M_S}-N_{eff}M_S \tag{1.12}$$

此式常被用来描述形核场 H_N 和相应的 H_C，其中 α 和 N_{eff} 为微结构参量，分别表示磁晶各向异性的大小和局域退磁场的相对大小。

当退磁场增加时，如图1.41(b)所示，反磁化核长大，设反磁化畴的端部移动 Δx 距离，则每一个反转磁畴内的变化可以表述为

$$\Delta E=2v\Delta x-2M_S H_d\Delta x \tag{1.13}$$

式中，v 为畴壁能；M_S 为饱和磁化强度；d 为反转磁畴的宽度。

此式实际上是畴壁能和静磁能变化的结果。此式是假设磁场是加在易磁化轴方向的，并把材料的厚度视为单位长度，反转磁畴是片状的。由于反转磁畴要逐渐长大，因此必须有 $\Delta E<0$，从而求得临界磁场为 $H_{C临界}\approx\frac{v}{M_S d}$，$v$ 为畴壁能。即当畴壁矫顽力很小时，材料的矫顽力 H_C 值可由此式给出。当磁场强度较低时，畴壁移动是可逆的，当磁场增加到临界场时（畴壁移动的临界场），畴壁转动就转入不可逆阶段。临界场是畴壁移动可逆与不可逆的分界点处所需的磁场，在不可逆阶段，畴壁移动可能经过几个跳跃，最后是一个大跳跃，这个说法既适用于磁化过程，也适用于反磁化过程。

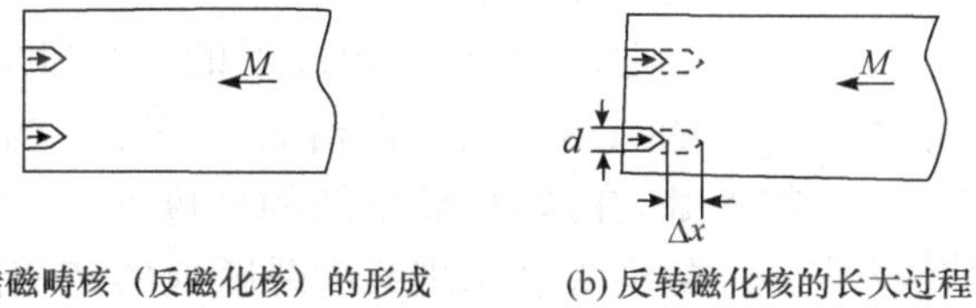

(a) 反转磁畴核（反磁化核）的形成　　(b) 反转磁化核的长大过程

图1.41　反磁化核的形成与长大

在形核磁体中，晶粒内畴壁的移动比较容易，为获得高矫顽力值，必须在晶界外阻止畴壁移动，否则一个反磁化畴一旦形成，将导致整个磁体发生反磁化作用，这时如果能在形核型磁体晶界处的畴壁中引入钉扎机制，就可望减少畴壁移动。在钉扎型磁体中，布洛赫壁不能自由地在整个晶粒中移动，这种钉扎会阻止反磁化进一步发展，只有当在畴壁上的驱动力足够大时，即外磁场超过钉扎场强度时，这时钉扎场强度就决定了矫顽力的大小。

在图1.42中，H 代表一个反向磁场，磁畴 A 代表原来饱和磁化时的磁矩，现在在反向磁场作用下，有一个在 A 畴边上反磁化核 B 将要扩大，而畴壁向箭头所示的方向移动，磁畴 A 缩小，这样在 M-H 图上（图1.43），从 M_r 到 a 点是壁移可逆阶段（实际上曲线很短），随着退磁场的增强，B 畴逐渐增大，A 畴逐渐缩小，总磁化强度在减低。当磁场强度增加到 a 点时畴壁位移开始不可逆地跳跃，产生巴克豪森效应。随着磁场强度继续增强，磁化强度可能发生多次

跳跃式的减低，最后当磁场强度增加到某一数值时，壁移会发生大跳跃，图中的 B 畴大幅度扩大，直到占据 A 畴全部区域，这就是图 1.43 中 b 点到 c 点那条曲线所代表的。起初 A 畴比 B 畴大，对外的有效磁化强度是有效的，当 B 畴扩大到与 A 畴大小相等时，它们的磁化对于外部的效应相互抵消，有效磁化强度等于零，这就是图 1.43 中 bc 线跨过横轴的一点，这时 $M=0$，磁场强度称为内禀矫顽力 H_{CJ}，此时的磁场强度也就是发生大跳跃的临界磁场，最后 B 畴扩大到占了 A 畴全部区域，就这一对磁畴来说，畴壁移动过程完成了。对多晶体的大块材料来说，各个晶粒对磁场有各种取向，因此，此时的矫顽力是各晶粒矫顽力的平均值。

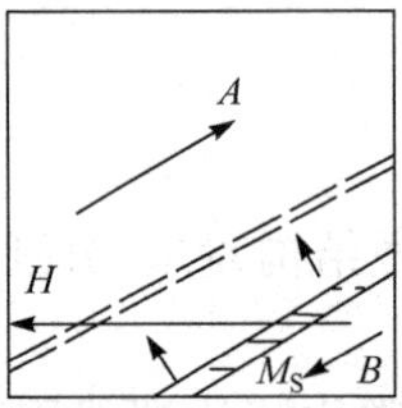

图 1.42　反磁化壁移

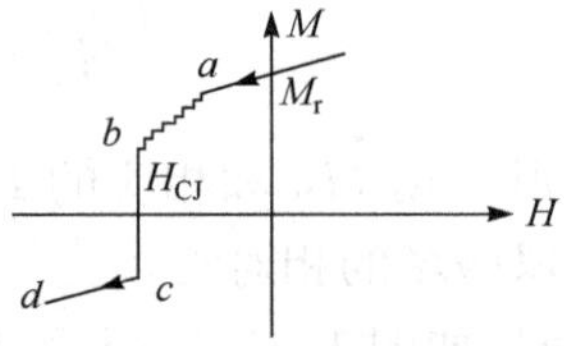

图 1.43　畴壁反磁化程(含巴克豪森效应)

现在再来考虑图 1.40 所示的畴壁位移的磁化过程，材料中各处的畴壁能 v 是变化的，如图 1.44 所示，在无磁场时，畴壁原来在 $x=0$ 的地方，这里 v(畴壁能)最小，在外磁场 H 的作用下，畴壁移动一段距离 x，在那里总能量(畴壁能和静磁能之和)是最小的，只要 x 不超过 x_1，则外磁场 H 退到零时畴壁也会退回到 $x=0$ 处。这表示磁化可以复原，这时的畴壁位移是可逆的，这里 x_1 是 oa 段(图 1.44)畴壁能坡度最陡的地方，如果不加大磁场，畴壁就翻不过这个坡，它就只能位于 x_1 处，如果再增大磁场，畴壁就不会停留在 x_1 处，而是一直向右移去，直到 x_2 处，在那里畴壁能的坡度比 x_1 处陡，所以从 x_1 到 x_2 的畴壁位移是跳跃式的，磁场强度只比 x_1 处稍大一点，畴壁却移过一大段(x_2-x_1)。这时如果把磁场退回到零，畴壁却不能退回到 $x=0$ 处，而只能退回到 x_2 左边最近的一个能量最低点，如 d 点。如果畴壁到达 x_2 后，再稍加大一点磁场强度，畴壁会从 x_2 跳到 x_3 处，在这里，畴壁能的坡度比 x_2 处更陡，所以随着磁场强度的增大会出现几次跳跃式的畴壁位移，相应地磁化强度也有几次跳跃式的增大，这就是前面提到的巴克豪森跳跃，最后可能遇到一个畴壁能坡度中的最大值，如果外磁场加大到使畴壁能翻越这个坡度，它就会无阻碍地大幅度地移动，直到图 1.40 中右畴完全消失。

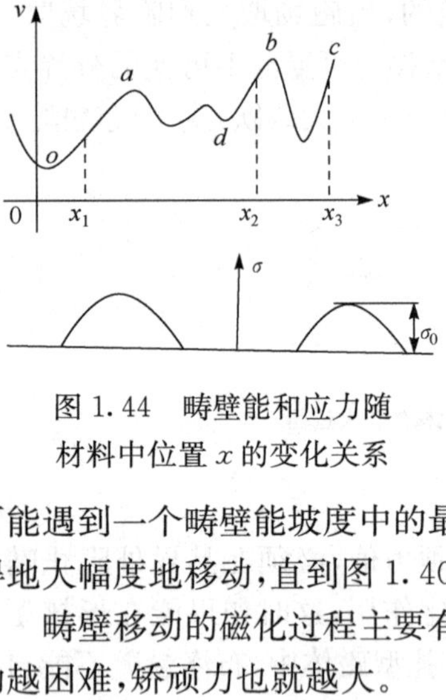

图 1.44　畴壁能和应力随材料中位置 x 的变化关系

畴壁移动的磁化过程主要有两类阻碍，即内应力和掺杂物形成的阻碍，阻碍越大，畴壁移动越困难，矫顽力也就越大。

3. 内应力作用下的矫顽力

物质内部的内应力是一种与畴壁能及静磁能有关的多晶材料内的晶格畸变，机械加工，磁致伸缩等产生的内应力，在外加磁场时，它们会使磁弹性能、畴壁能、退磁能增加，从而阻碍畴壁的位移，使矫顽力增加。

事实表明，在应力作用下，材料的矫顽力有

$$H_C \propto \frac{\lambda_S \cdot \sigma_0}{M_S} \tag{1.14}$$

式中，λ_S 为饱和磁致伸缩系数；σ_0 为假设应力作正弦变化的幅度。即在内应力作用下，材料的矫顽力与 $\lambda_S \sigma_0$ 成正比，与饱和磁化强度 M_S 成反比。

4. 掺杂作用下的矫顽力

在多晶材料内杂质，缺陷、晶粒边界，非磁性夹杂物等均可称为掺杂，掺杂物和空隙的作用相仿，因此下面讨论时不加区别，同等对待。

若畴壁经过掺杂时，畴壁面积的一部分被掺杂物占据，畴壁实际面积减少了，如果单位面积的畴壁能不变，面积减少了，总的畴壁能也就降低了，即杂质对畴壁形成势谷，此时若加上磁场，畴壁在磁场作用下，挪动了一个距离，离开了掺杂，则总的畴壁能增加，因而阻碍畴壁的移动。此外，畴壁移动，要产生静磁能的改变，因此，在有掺杂物和空隙的情况下，磁化过程与畴壁能及静磁能之和有关，这两种能量在磁化过程中都要变化。

在掺杂物和空隙作用下，材料的矫顽力有

$$H_C \propto \frac{\beta^{\frac{2}{3}}}{M_S} \tag{1.15}$$

式中，β 为杂质浓度。该式表明，H_{CJ} 与 $\beta^{\frac{2}{3}}$ 成正比，与饱和磁化强度成反比。

5. 内应力和掺杂引起的弥散场作用下的矫顽力

由于内应力和掺杂的存在，在内应力中心和掺杂附近由于磁力线的不连续，便会出现磁荷，材料内部这些磁荷的相互作用，将产生内部退磁场，称为弥(磁)散场。畴壁的移动将会增加弥散场的能量，这一部分能量的增加，将会阻碍畴壁的移动。非磁性掺杂引起的弥散场对 H_C 的贡献为(CGS 制)

$$H_{CJ} = \frac{3}{\pi}\frac{K_1}{M_S}\left[0.386 + \frac{1}{2}\ln\frac{2\pi M_S^2}{K_1}\right]\beta \tag{1.16}$$

式中，K_1、M_S、β 意义同前。

6. 畴壁钉扎作用下的矫顽力

目前，有的专家认为，畴壁会停在材料的某处，如缺陷处不动，好像畴壁被钉住一样，称为“畴壁钉扎”。这可能是因为材料内部存在着一些不均匀区，在这些不均匀区内各向异性常数、各向异性场、交换积分(交换场)都比周围均匀区低，从而在接近不均匀区的中心，畴壁能减少得最快，形成一个尖锐的下凹谷，畴壁停留在此处就很稳定，稍一离开，便会使能量增加，因而阻碍畴壁的移动，从而使矫顽力增大。

实际上，永磁铁氧体不是完整的理想晶体，即晶体的空间点阵上都存在各种偏离，这种对理想点阵的偏离称为晶体的不完整性。那些偏离的区域或结构称为晶体缺陷。晶体不完整性可以通过它的形状不同(如点缺陷、面缺陷)直接影响矫顽力，也可以通过缺陷本身的交换积分常数、磁晶各向异性常数、磁致伸缩常数、饱和磁化强度与基体的不同而影响矫顽力。缺陷的存在会改变磁弹性能、弥散场能、交换能和磁晶各向异性能，因此能够阻碍畴壁的运动。缺陷的上述性质，使得出现缺陷的地方容易形成反磁化核或钉扎畴壁中心，如果把缺陷只看成形核点，则缺陷的数目越多，反磁化核越容易形成，因而矫顽力越低，如果把缺陷单纯作为畴壁的钉扎点，则缺陷越多，畴壁钉扎越严重，畴壁移动越困难，因而矫顽力越高，由此看来，缺陷的作用具有两面性，既可作为形核点降低矫顽力，又可以为钉扎点而提高矫顽力，一般来说，尺寸大的缺陷对形核有利，尺寸小的缺陷对钉扎有利。

钡、锶铁氧体具有较大的磁晶各向异性常数[K_1 为(3.3～3.7)$\times10^5$J/m^3]，其单相磁体反磁化机理以形核为主，在形核为主的磁体中，反磁化核长大时的畴壁位移，也会遇到钉扎问题，这时的矫顽力便由形核场和钉扎场同时决定。

当晶格格点上被杂质、空隙、异类原子(置换式或间隙式原子，间隙原子即在预定原子存留位置以外的间隙存在的原子)所占领或同类原子的排布不同等，都可以看成点缺陷。最简单的点缺陷是空位，也就是晶体内应该有原子(离子)的地方，没有原子(离子)，当永磁铁氧体是缺铁配方($n<6$)时，就有氧离子空位和铁离子空位，点缺陷的应力场(作用范围随距离的平方或立方成正比)，通过磁弹性能对畴壁产生钉扎，或者点缺陷本身的交换积分常数、磁晶各向异性常数、磁化强度等与基体不同而直接对畴壁产生钉扎。这两种钉扎组成畴壁与点缺陷的相互作用，当点缺陷的浓度在空间产生涨落时，才能对畴壁产生钉扎。

除了点缺陷、面缺陷，还有线缺陷(如位错)和体缺陷(如材料烧结后残存的空间)，它们也会影响矫顽力。造成晶体缺陷的原因很多，除上述说明之外，还有：

①非化学成分的配料、元素与元素之间没有按磁铅石结构要求配比，造成空位。

②原子半径不同的杂质掺入，使这些原子(离子)不能进入格点位置，形成位错。

③烧结结束后冷却速度过快，也容易产生空位。

任务9 磁矩不可逆转动决定的矫顽力

1. 磁矩转动

存在磁晶各向异性的磁性材料，它的每个晶体都有一个或者几个易磁化轴(或几个易磁化方向)。每个磁畴的磁矩在没有外磁场时，总是以某一个易磁化方向来取向的。但是，在磁化时，晶体中的这些磁畴，有些和外磁场方向一致，有些则和外磁场方向不一致而有一定夹角。和外磁场方向一致或接近一致的磁畴，它的静磁能最小，各种能量总和也最低时，它的状态就比较稳定；而那些和外磁场方向夹角比较大或反向的磁畴，静磁能较大，各种能量总和也较大时，它的状态就不稳定。在外磁场作用下，这些不稳定的磁畴逐渐转变为与外磁场方向一致的或接近一致的磁畴，这就是磁畴转动的道理。因此，磁畴的磁化强度矢量克服磁晶各向异性(或应力各向异性)的阻力而转向外磁场方向的过程就是磁畴转动的过程。

2. 磁矩不可逆转动决定的矫顽力

前已述及，以畴壁移动控制的矫顽力，想要提高材料的矫顽力，必需增加畴壁移动的阻力，为此需要：

①提高材料磁致伸缩常数 λ，(但永磁铁氧体的 λ 几乎是一常数，$\lambda_0\approx-5\times10^{-6}$)。

②设法使材料产生内应力 σ 或增加掺杂浓度 β。

有时，提高矫顽力最有效的办法是使磁畴不发生移动，要做到这一点，只有使畴壁不存在，当材料中的颗粒小到一个临界尺寸以下时，使之成为单畴，那里无畴壁，自然不存在畴壁位移。磁化或退磁过程全都通过磁矩的转动过程来实现。制备单畴晶粒的磁体对提高磁体的矫顽力非常重要。在永磁铁氧体材料生产过程中，将颗粒尺寸减小到临界尺寸以下并在磁场中成型，其目的就在于此。

单畴颗粒是指其颗粒足够小，整个颗粒在一个方向上自发磁化到饱和，成为单个磁畴状态。当永磁铁氧体材料的颗粒大于某一尺寸时，颗粒自发磁化后是多畴状态；当小于此尺寸时，颗粒磁化后是单畴状态，这个尺寸就是其单畴临界尺寸。在临界尺寸以下，即单畴时，颗粒中不存在畴壁，也就不会有畴壁移动的磁化过程和退磁过程，只能有磁矩转动过程。这样的材料，磁化和退磁都不容易，从而具有高矫顽力。

单畴颗粒的总能量与颗粒半径 R 的立方成正比，当 R 越小时，能量也越低，形成单畴也越容易。颗粒的临界尺寸是单畴与多畴的分界点。在单畴临界尺寸时，颗粒的半径 R 成为临界半径 R_0。Kittel 等的研究表明，永磁铁氧体的 $R_0=0.80\mu m$ 时，便会出现单畴。实际上，锶铁氧体的颗粒为六角片状，其单畴临界尺寸与直径/厚度比有关，颗粒越趋近片状，单畴临界尺寸越小，这里指的是烧结体的晶粒尺寸。由于烧结时晶粒要长大 2～3 倍，若要考虑磁场的定向性，则在烧结前(成型阶段)的颗粒半径 R 最好控制在 0.25～0.40μm(颗粒直径控制在 0.50～0.80μm)范围内，且粒度分布均匀。Shirk 等的研究也表明，永磁铁氧体晶粒尺寸的分布在 0.1 ～1μm。当颗粒尺寸小于 0.01μm 时，为超顺磁性颗粒范畴，磁体的 H_{CJ} 急剧下降，因为超顺磁性颗粒的 H_{CJ} 几乎为 0；当烧结磁体的晶粒直径大于 1μm 时，晶粒呈现多畴磁结构，H_{CJ} 随直径的增加而剧烈下降。

在大生产时，如此细微的颗粒，易聚集成团，定向性差，湿压磁场成型时料浆中的水不易排出，成型的毛坯易产生裂纹。因此，我国成型用料浆的粒度一般控制在 0.80～0.90μm 范围内。因此，烧结磁体单畴晶粒所占比例不理想，这里应着重指出，不是颗粒磨得越细越好，太细的料成型不易，颗粒重新成团，取向不好，而且特别细的颗粒具有超顺磁或准超顺磁性，结果反而降低矫顽力。

在制造永磁铁氧体时应尽量控制好它的晶粒尺寸，使之小于单畴临界尺寸，否则就会出现畴壁，产生畴壁移动的退磁过程，而使矫顽力大为下降。表 1.5 给出了钡铁氧体 H_{CJ} 与晶粒尺寸的关系。由表可见，当粒子直径减少到单畴临界尺寸附近时，H_{CJ} 迅速增加。因此，在制备永磁铁氧体时，宜采用合理的料∶球∶水之比，以及合适的球磨转速、填充率、球径等，还要采取长时间的球磨，较低的烧结温度和较短的烧结保温时间。

表 1.5 $BaFe_{12}O_{19}$ 的 H_{CJ} 与晶粒尺寸

晶粒平均直径/μm	7300	100	60	40	3	0.9	0.8
H_{CJ}/Oe	50	75	110	160	1240	3300	3700

前面已述，要使单畴颗粒磁化矢量旋转，则外磁场的能量必须大于阻碍磁化旋转的微粒内部能量，即各向异性能和静磁能。

为了估计 $BaFe_{12}O_{19}$ 单畴颗粒的矫顽力，需假定磁化的改变是通过单畴粒子中磁矩的转动来实现的。并且假定全部磁化矢量的转动是一致转动，磁场的磁能大于阻碍微粒磁化旋转时内部能量，这种转动才得以实现。阻碍微粒磁化转动的因素如下：

①因磁晶各向异性造成的。

②因形状各向异性造成的。

③因应力各向异性造成的。则相应的能量为磁晶各向异性能、形状各向异性能和应力各向异性能。

磁晶各向异性而产生的矫顽力

$$H_{CJ}=2K_1/M_S(\text{CGS 制}) \tag{1.17}$$

式中，K_1 为磁晶各向异性常数；$K_1=3.3\times16^6 J/cm^3$；M_S 为饱和磁化强度。

将 $4\pi M_S=4775$Gs 代入式(1.17),求得磁晶各向异性引起的 $H_{CJ}=17368$Oe。对未定向的晶体,$H_{CJ}=0.96K_1/M_S$(≈8336Oe)。$BaFe_{12}O_{19}$矫顽力理论值和实际值的比较见表 1.6。

表 1.6 $BaFe_{12}O_{19}$矫顽力理论值和实际值的比较 (单位:Oe)

H_{CJ}理论值			H_{CJ}实验值
磁晶各向异性	形状各向异性	应力各向异性	
17368	2300	800	4500

人们常常将这三种效应叠加起来看,显然,对 $BaFe_{12}O_{19}$来说,矫顽力主要取决于晶体各向异性。由表 1.6 也可看出,H_{CJ} 约为 4500Oe 的实验值,与理论值相差甚远。这是由于在 $BaFe_{12}O_{19}$中,有相当数量的晶粒,其尺寸要大于临界尺寸,从而产生畴壁,而且在计算矫顽力时,忽略了微粒之间的相互作用,事实上,这些相互作用也会降低矫顽力值。

若按 Stoner-Wholfarth 理论,磁矩若是理想的一致转动,则 H_{CJ}接近各向异性场 H_A 的数值,也比烧结铁氧体实际的 H_{CJ}值高得多,这是因为在实际烧结铁氧体中,单畴颗粒所占比例很小,在实际的烧结磁体中单畴粒子与多畴粒子共存,反磁化过程是布洛赫壁位移与布洛赫壁钉扎及自旋一致转动共同作用的结果。

子项目 3 认识永磁铁氧体

1933 年加藤和武井研制出成立方晶系的钴铁氧体,揭开了氧化物永磁材料研究的序幕,1938 年 Adelskold 确定了磁铅石矿的晶体结构,为六角晶系永磁铁氧体的发展奠定了结晶学的基石,1952 年 Went 等对各向同性钡铁氧体的制备及其磁性进行了系统的研究,1954 年各向异性的钡铁氧体生产工艺问世,使磁能积大幅度地提高,1963 年高性能的锶铁氧体投产,70 年代,永磁铁氧体的产量已在永磁材料领域中占首位。永磁铁氧体在各工业生产领域的应用十分活跃。Parker 对比了各类永磁体做成电机后价格与功率的关系,从价格上考虑,功率为 1~10W 的电机以永磁铁氧体为宜,对微型电机($P<1$W)以及大型电机($P>10^4$W)以高磁能积、高性能的稀土永磁为宜。从单位磁能积所对应的价格来比,永磁铁氧体的性价比优于金属永磁材料。

任务 1 对永磁铁氧体材料磁性能的要求

永磁铁氧体之所以能成为永磁大家庭的一员,是因为它具有永磁材料要求的 3 项原则,即
①在室温下具有一定的饱和磁化强度;
②具有强的磁晶各向异性;
③具有较高的居里温度。

这样才能保证它具有较高的剩磁 B_r、较高的矫顽力 H_C(H_{CB}和 H_{CJ})以及较高的磁能积。此外,还有较好的机械强度及温度稳定性、较低的生产成本等因素。

1. 永磁铁氧体材料被完全磁化后,无外励磁时的 B-H 关系曲线

永磁铁氧体材料被完全磁化后无外励磁时的 B-H 关系曲线如图 1.45 所示,在第二象限的 bc 段称为去(退)磁曲线,它表示永磁材料被完全磁化后无外励磁时的 B-H 关系。永磁材料在一般的应用中无外励磁,故去磁曲线是表示永磁材料特性的主要特性曲线。由于去(退)

磁曲线中，永磁体的磁通密度（即磁感应强度）B_m 为正值，磁场强度为负值，两者方向相反，磁通经过永磁体时，沿磁通方向的磁位差不是降落而是升高，即永磁体是个磁源(类似电路中的电源)。同时可见，作用于永磁体的是一个退磁性质的磁场强度，磁场强度的绝对值$|H|$越大，磁感应强度 B 就越小。为表述方便，通常取 H 的绝对值，把 H 轴的正方向改变，即负轴改为正轴。

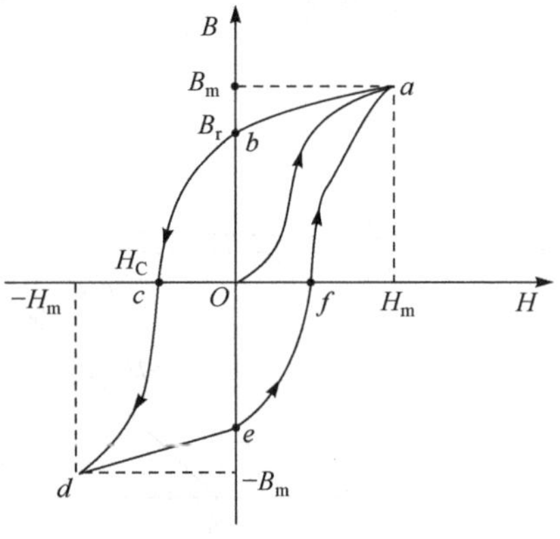

图 1.45　永磁铁氧体材料被完全磁化后无外励磁时的 B-H 关系曲线

曲线 Oa 段称为**起始磁化曲线**，当磁场从 H_m 逐渐减少至零时，磁感应强度 B 并不沿起始磁化曲线恢复到 O 点，而是沿一条新的曲线 ab 下降，比较线段 Oa 和 ab，可以看出：H 减小，B 也相应减小，但 B 的变化滞后于 H 的变化，这个现象称为磁滞，磁滞的明显特征就是当 $H=0$ 时，B 不为 0，而保留剩磁 B_r。

当磁场反向从 O 逐渐变为 $-H_{CB}$ 时，磁感应强度 $B=0$，这就说明要想消除剩磁，必须施加反向磁场，H_{CB} 称为感应矫顽力，也常称为矫顽力，线段 bc 称为**退磁曲线**。

图 1.45 还表明，当外磁场按 $H_m \to 0 \to -H_{CB} \to -H_m \to 0 \to H_{CB} \to H_m$ 次序变化时，相应的磁感应强度则按闭合曲线 $abcdefa$ 变化时，这闭合曲线称为**磁滞回线**。不同的磁性材料有不同的磁滞回线。

2. 基本磁化曲线

当初始态为 $H=B=0$ 的永磁铁氧体材料，在峰值磁场强度 H 由弱到强的交变磁场作用下磁化，可以得到面积由小到大向外扩张的一组磁滞回线，如图 1.46 所示。这些磁滞回线顶点的连线称为该铁磁材料的**基本磁化曲线**。

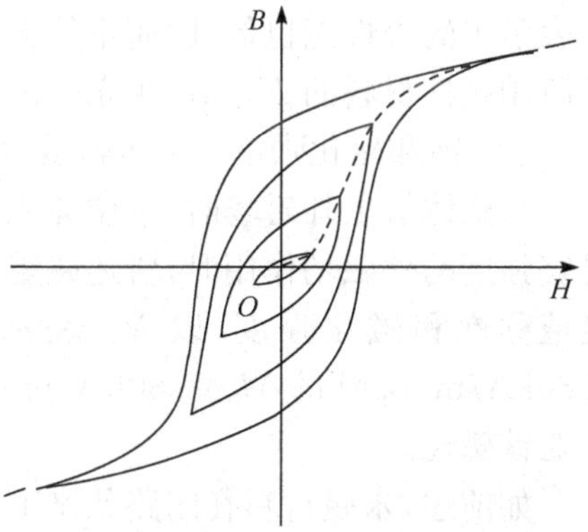

图 1.46　同一铁磁材料的一组磁滞回线

3. 永磁铁氧体的内禀去(退)磁曲线

(1) 内禀磁感应强度 B_i（又称磁极化强度 J）

永磁材料在外磁场作用下被磁化后产生的内在磁感应强度，称为内禀磁感应强度 B_i，又称磁极化强度 J。$J=\mu_0 M$，其中 M 为磁化强度，A/m；在均匀的磁性材料中，$B=\mu_0 M+\mu_0 H$，若退磁曲线中磁场强度 H 取绝对值，则 $J=B+\mu_0 H$。

(2) 永磁铁氧体的内禀退磁曲线（又称内禀曲线）

描述内禀磁感应强度 $B_i(J)$ 与磁场强度 H 关系的曲线 $B_i=f(H)$ 是表征永磁材料内在磁性能的曲线，称为内禀退磁曲线，简称内禀曲线，如图 1.47 所示。内禀退磁曲线上磁极化强度 J 为零时，相应的磁场强度值称为内禀矫顽力 H_{CJ}（单位：A/m）。内禀矫顽力 H_{CJ} 的值反映永磁材料抗去（退）磁能力的大小。内禀退磁曲线的矩形度 H_K/H_{CJ} 越大，磁性能越稳定。H_K（单位：A/m）为 J-H 内禀退磁曲线上当 $B_i(J)=0.9B_r$ 时所对应的反向磁场强度值，单位 A/m。

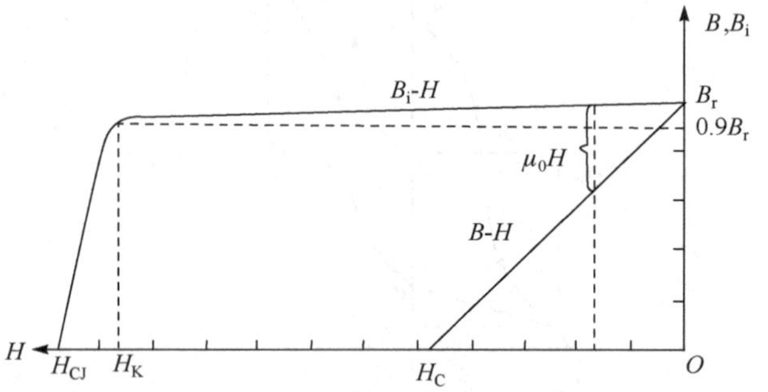

图 1.47　永磁铁氧体的内禀退磁曲线及与退磁曲线的关系

4. 永磁铁氧体材料的主要参数

永磁铁氧体的主要参数有：剩余磁感应强度（剩余磁通密度）B_r，磁感应矫顽力 H_{CB}，内禀矫顽力 H_{CJ}，最大磁能积 $(B_H)_{max}$，饱和磁场强度 H_m。

(1) 饱和磁场强度 H_m

在永磁铁氧体磁化过程中，使其磁感应强度 B 达到饱和值 B_m 的磁场强度称为饱和磁场强度 H_m。应当特别指出，磁体充磁时应完全磁化，即充磁磁场强度 H 应达到 H_m 值，才能得到最大可能磁化的退磁曲线。这样的退磁曲线最稳定，显示出该材料的磁性能最优。若充磁磁场强度 H 值低于 H_m，则将有不同形状的磁滞曲线。它们的退磁曲线，显得不够稳定，磁钢所表示出的磁性能也低，因而不能充分利用该磁性材料。由此可见，在制造永磁电机时，应知道所用磁性材料的 H_m 值，在充磁过程中务必达到甚至超过它。

(2) 饱和磁化强度 M_S 和剩磁（J_r，B_r）

当磁体加上外磁场时，单位体积内磁矩的矢量和，开始随外磁场增加而增加。当磁体受到足够强度的外磁场作用时，所述磁矩矢量和，基本上不再随外磁场增加而增加，此时的磁化强度值称饱和磁化强度，以 M_S 表示。室温时，$SmCo_5$ 的 $M_S=890$kA/m，NbFeB 的 $M_S=1280$kA/m，BaM 的 $M_S=380$kA/m。铁氧体的 M_S 之所以低，是因为这种化合物的磁性来源于亚铁磁性。

如前述，永磁材料在闭路状态下经外磁场磁化至饱和后，再撤销外磁场时，永磁材料的磁极化强度 J 和内部磁感应强度 B 并不会因外磁场 H 的消失而消失，依然会保持一定大小的值，这个值即称为该材料的剩余磁极化强度 J_r 和剩余磁感应强度 B_r，统称剩磁。与磁极化强度和磁感应强度的单位相同，均以 Gs 或 T 为单位，同一材料，J_r 与 B_r 的数值相同。

正是由于永磁铁氧体有剩磁存在，使它在无外磁场时，能在磁回路的气隙中产生气隙磁场。一般来说，材料的 B_r 越大，气隙磁场就越强。

当磁体是单轴无织构的多晶体时，$B_r=\frac{1}{2}\mu_0 M_S$（SI 单位）；$B_r=0.5M_S$（CGS 单位）。对永磁铁氧体来说，B_r 在室温时的上限约 0.4775T。只要条件（含成本）允许，就要求 B_r 越大越好。根据关系式 $B=\mu_0 H+J$（SI 单位制）可知，在永磁材料的退磁曲线上，磁场 H 为 0 时，$J_r=B_r$，磁场 H 为负值时，J 与 B 不相等，便分成了 J-H 和 B-H 两条曲线。从关系式 $B=\mu_0 H+J$（SI 单位制）中，还可以看到，随着反向磁场 H 的增大，B 从最大值 $B_r=J_r$ 变化到 0，最后为负值，对于现代永磁材料，B 退磁曲线的变化规律往往趋近于一条直线；J 退磁曲线的变化规律则不同：随着反向磁场 H 的增大，B 值线性减小，由于 B 值的减少量总是大于或等于反向磁场 H 的增大量，故在 J 退磁曲线上的一定区域内可以保持相对平直的直线，但其 J 值总是小于 J_r。

(3) H_{CB}与 H_{CJ}

永磁体从饱和磁化状态，沿饱和磁滞回线单调地改变磁场，在其退磁曲线上，当反向磁场 H 增大到某一值 H_{CB}（也写成${}_B H_C$）时，磁体的磁感应强度 B 为 0，称该反向磁场 H 值为该材料的矫顽力 H_{CB}；在反向磁场 $H=H_{CB}$时，磁体对外不显示磁通，因此，矫顽力 H_{CB}表征永磁材料抵抗外部反向磁场或其他退磁效应的能力。

当反向磁场 $H=H_{CB}$时，虽然磁体的磁感应强度 B 为 0，磁体对外不显示磁通，但磁体内部的微观磁偶极矩的矢量和往往并不为 0，也就是说此时磁体的磁极化强度 J 在原来的方向往往仍保持一个较大的值。因此，H_{CB}还不足以表征磁体的内禀磁特性；当反向磁场 H 增大到某一值 H_{CJ}时，磁体内部的微观磁偶极矩的矢量和为 0，称该反向磁场 H 值为该材料的内禀矫顽力 H_{CJ}（也写成${}_J H_C$，H_{CM}，${}_M H_C$）。

例 1.2　结合 B、H、J、M 之间的关系，在 J-H，B-H 曲线上探讨材料的磁参数 H_{CB}与 H_{CJ}。

解答参考：

B 与 H 的关系有：$B=\mu_0(H+M)$[在 CGS 制中，$B=H+4\pi M$]，其中 $\mu_0 M$ 是由材料内部产生的磁感应强度，用 J 表示，$J=\mu_0 M=B-\mu_0 H$，$\mu_0 H$ 是运动电荷在空间产生的磁场。

当 $H=0$ 时，$J=B=B_r$。

当 $B=0$ 时，$H=H_{CB}$，$J=-\mu_0 H_{CB}=J_a$，由图 1.48 可见，此时（$B=0$，$H=H_{CB}$）J 是一个正值，也就是说，J 还没有退到零（H_{CB}可理解为负值），要使 J 退到零，即 $J=\mu_0 M=0$，H 还需要反方向继续加大到 H_{CJ}才行，此时，$B=\mu_0 H_{CJ}=B_\beta$，是一个负值。

矫顽力 H_{CB}是磁路设计中的一个重要参量。值得注意的是：矫顽力 H_{CB}在数值上总是小于剩磁 J_r。因为从关系式 $B=\mu_0 H+J$（SI 单位制）中，可以看到，在 $H=H_{CB}$处，$B=0$，则在数值上有 $\mu_0\cdot H_{CB}=J$，上面已经说明，在 J 退磁曲线上任意点的磁极化强度值总是小于剩磁 J_r，故矫顽力 H_{CB}在数值上总是小于剩磁 J_r。换句话说，剩磁 J_r 在数值上是矫顽力 H_{CB}的理论极限，即 $H_{CB}\leqslant J_r$。

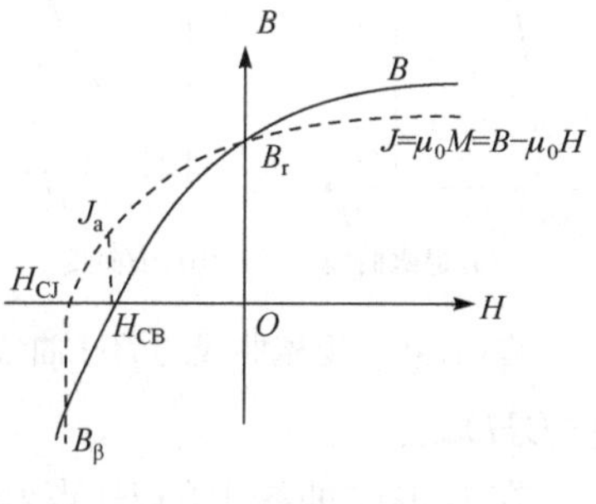

图 1.48　B-H，J-H 退磁曲线

内禀矫顽力 H_{CJ}是永磁材料的一个非常重要的物理参量，对于 H_{CJ}远大于 H_{CB}的磁体，当反向磁场 H 大于 H_{CB}但小于 H_{CJ}时，虽然此时磁体已被退磁到磁感应强度 B 反向的程度，但在反向磁场 H 撤销后，磁体的磁感应强度 B 仍能因内部的微观磁偶极矩的矢量和处在原来方向而回到原来的方向。

也就是说，只要反向磁场 H 还未达到 H_{CJ}，永磁材料便尚未被完全退磁。因此，内禀矫顽力 H_{CJ} 是表征永磁材料抵抗外部反向磁场或其他退磁效应，以保持其原始磁化状态能力的一个主要指标。

矫顽力 H_{CB} 和内禀矫顽力 H_{CJ} 的单位与磁场强度 H 的单位相同。

在应用永磁材料时，总要在磁路中开一定大小的气隙，以便在气隙中产生恒定磁场供人使用。由于气隙的存在，在气隙两侧永磁体的表面上会产生磁极，这种磁极会在磁体内部产生一退磁场，其方向与原来磁化时的外磁场方向相反，而且气隙越大，退磁场越强。因而永磁体实际上并不是处在外磁场为零的状态（即 B_r 点），而是处在一定的退磁场作用下工作。由于退磁场方向与原来磁化的外磁场方向相反，所以永磁实际上是工作在退磁曲线的某一点上。因而希望永磁体在退(去)磁场作用上仍能保持高的磁感应强度就要求矫顽力要大。

烧结磁体内实际上既存在多畴颗粒又存在单畴颗粒，在磁滞回线第二象限的反磁化过程，基本上是在反磁化场作用下，多畴颗粒不可逆畴壁移动过程和单畴粒子不可逆磁化矢量的转动过程共同作用的结果，但是在工艺上还是要努力产生后一种过程。不可逆畴壁移动过程，包括反磁化畴的成核和长大以及畴壁的钉扎，这两种机制的难易程度，便是矫顽力大小的量度，它是一种极易受材料内部结构、状态和缺陷影响的灵敏指标。因此 H_C 或者取决于反向畴的成核场 H_n 或者取决于阻止畴壁长大(移动)的钉扎场 H_p，对于实际材料来说希望畴壁能高，畴壁厚度窄。在永磁铁氧体中，磁矩不可逆转动过程决定的矫顽力要比畴壁移动决定的矫顽力大很多，因此为了提高矫顽力，需在烧结磁体中增大单畴颗粒的数量，从而增大磁化矢量转动的份额。当然，总是希望磁体内部全部是单畴颗粒，这实际上是相当困难的，但要设法增加磁体中单畴颗粒的数量。在多畴颗粒中，为了使矫顽力提高，在反磁化过程中，要增大畴壁移动的阻力，阻力越大，矫顽力越高。

烧结体的 B_r 和 H_{CJ} 之间大致有一种线性关系，经验表明：$B_r(\text{mT})+0.4H_{CJ}(\text{kA/m})=M^*$，我们希望产品的 M^* 越大越好。在烧结时，可按此关系，调节烧结温度，使 B_r 与 H_{CJ} 均有一个适当的数值，以满足用户对磁体的要求。通过此式可以发现，降低 B_r，提高 H_{CJ} 均比降低 H_{CJ}，提高 B_r 容易，因此，在工艺中重点还是要提高 B_r。

(4) 磁能积 $(BH)_{max}$

当永磁体的磁性在退磁曲线上稳定下来以后，在永磁材料的 B 退磁曲线上（第二象限），不同的点对应着磁体处在不同的工作状态，B 退磁曲线上的某一点所对应的 B_m 和 H_m 分别代表磁体在该状态下，磁体内部的磁感应强度和磁场的大小，B_m 和 H_m 的绝对值的乘积(B_mH_m)代表磁体在该状态下对外做功的能力，等同于磁体所储存的磁能量，称为磁能积，其大小与该永磁体在给定工作状态下所具有的磁能密度成正比。如图 1.49 所示，若 BH 值对 B 作图，就得到图 1.49(b)，对应于图 1.49(a)，(B_1，H_1)点对应的 BH 乘积就是 $(BH)_{max}$。

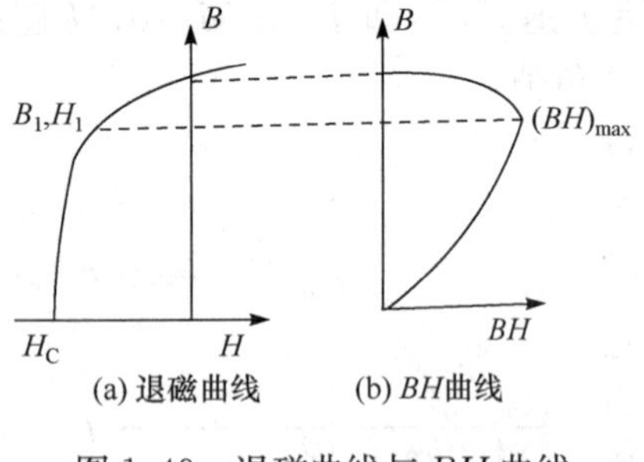

图 1.49　退磁曲线与 BH 曲线

在 B 退磁曲线上的 B_r 点和 H_{CB} 点，磁体的(B_mH_m)=0，表示此时磁体对外做功的能力为 0，即磁能积为 0；磁体在某一状态下(B_mH_m)的值最大，表示此时磁体对外做功的能力最大，称为该磁体的最大磁能积，或简称磁能积，记为 $(BH)_{max}$。因此，人们通常都希望磁路中的磁体能在其最大磁能积状态下工作。磁能积的单位在 SI 制中为 J/m³（焦耳/立方米），在 CGS 制中为 MGOe(兆高奥斯特)，$\frac{100}{4\pi}$J/m^3＝1MGOe，即 1MGOe＝7.96J/m^3≈8J/m^3。

对一个磁路系统，气隙一定，磁场强度要求一定，则希望产品的剩磁、矫顽力、磁能积尽量大些；如磁体体积一定，磁能积越大，气隙磁感应强度越大。

例 1.3　在 B-H 退磁曲线上，用作图法，求$(BH)_{max}$。

解答参考：

如图 1.50 所示，在 B-H 退磁曲线上，过$(0,B_r)$、$(H_C,0)$点处分别做平行于 H 轴和 B 轴的直线，交于 A 点，取 OA 线，截退磁曲线于 P 点，P 点的 B_1H_1 值便是$(BH)_{max}$值。

$(BH)_{max}=\frac{\mu_0 M_S^2}{4}$(SI 单位制)及$(2\pi M_S)^2$(CGS 制)是一种永磁材料在理论上估计的最大磁能积值，任何永磁材料的$(BH)_{max}$不能超过此式值，对 BaM 来说，$M_S=380\times10^3$A/m(380Gs)，因此$(BH)_{max}$的上限为 45.5kJ/m^3(SI 制)或 5.7MGOe。

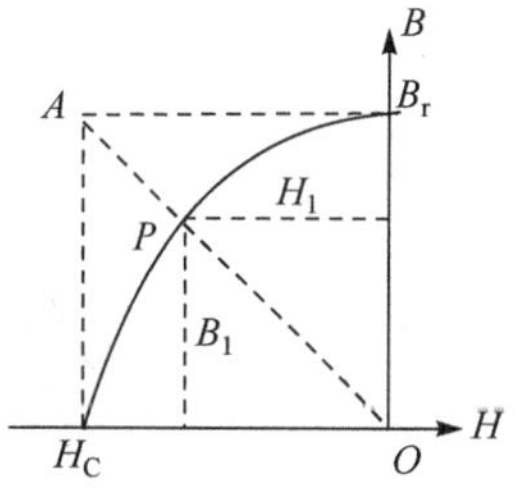

图 1.50　由 B_r 和 H_C 求$(BH)_{max}$

(5) 居里温度 T_c 与工作温度 T_w

随着温度的升高，由于物质内部基本粒子的热振荡加剧，磁性材料内部的微观磁偶极矩的排列逐步紊乱，宏观上表现为材料的磁极化强度 J 随着温度的升高而减小，当温度升高至某一值时，材料的磁极化强度 J 降为 0，此时磁性材料的磁特性变得同空气等非磁性物质一样，将此温度称为该材料的居里温度 T_c。

在某一温度下，永磁材料的磁性能指标与室温相比降低到一规定的幅度，将该温度称为该磁体的可工作温度 T_w。由于磁性能的这一降低幅度需要视该磁体的应用条件及要求而定。因此，对于同一磁体来说，T_w 是一个待定值，即同一永磁体在不同的应用场合可以有不同的 T_w。

显然，磁性材料的居里温度 T_c代表着该材料的理论工作温度极限。事实上，永磁材料的实际可工作 T_w远低于 T_c。值得注意的是，任何永磁体的可工作的 T_w不仅与磁体的 T_c有关，还与磁体的 H_{CJ} 等磁性能指标以及磁体在磁路中的工作状态有关。

(6) 临界磁场 H_k

从图 1.47 上可以看到，在 J-H 退磁曲线上，在反向磁场$|H|<H_k$ 时，J 的下降是很慢的，永磁体处于稳定状态；在$|H|>H_k$ 点之后，J 下降加快，并且越来越快，永磁体处于迅速退磁的不稳定状态。对于动态电磁系统中使用的永磁材料，临界磁场 H_k 是一个重要的特性参数。H_k 越大，磁体退磁曲线的矩形度越好，磁性能越稳定。

(7) 永磁体的回复磁导率(μ_{rec})与退磁曲线方形度(H_k/H_{CJ})

退磁曲线所表示的磁感应强度(磁通密度)B 与磁场强度 H 的关系，只有在磁场强度单方向变化时才显示出来。有时磁体在运行时所受到的退磁场强度是反复变化的。例如，永磁电机运行时就是这样。当对已充磁的磁体施加退磁场时，磁感应强度沿图 1.51 中退磁曲线 B_ra 下降，如果下降到 a 时失去外加退磁场，则磁感应强度值并不沿退磁曲线 aB_r 回复，而是沿 $ab''c$ 上升，若再施加相同数值的退磁场，则磁感应强度沿新曲线 $cb'a$ 下降，如此反复形成一个局部的小回线，称为局部的磁滞回线，由于该回线的上升曲线与下降曲线很接近，可以近似地用一条直线 ac 代替，此 ac 线称为回复线。如回复到该 a 点，又施加比相应的 a 点大的退磁场，则退磁曲线落在 d 点，此时如有和上面相似的情况发生，则如图 1.51 下部所示，形成新的局部磁滞回线。

如回复到 a 点后，并不是将退磁场回复到零，而是将退磁场回复到某一数值，如图 1.52 的 c' 点。或者说当逐渐增加幅度为 ΔH 正向外磁场时，其磁化曲线将沿 $ab''c'$ 变化到 c' 点，当外磁场逐渐减少到 a 点时，其磁化状态将沿 $c'b'a$ 回复到最初的 a 点，这样的 ac' 线也是回复线。这种磁感应强度的不可逆变化将造成电机性能的不稳定，也增加了永磁电机电磁设计计算的复杂性，因而应该力求避免发生。

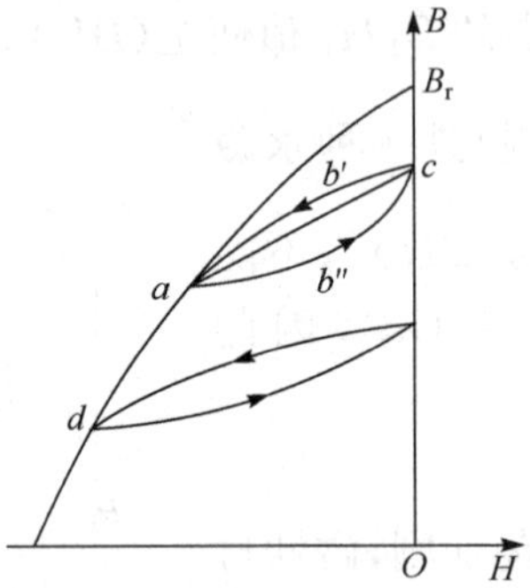

图 1.51　回复曲线

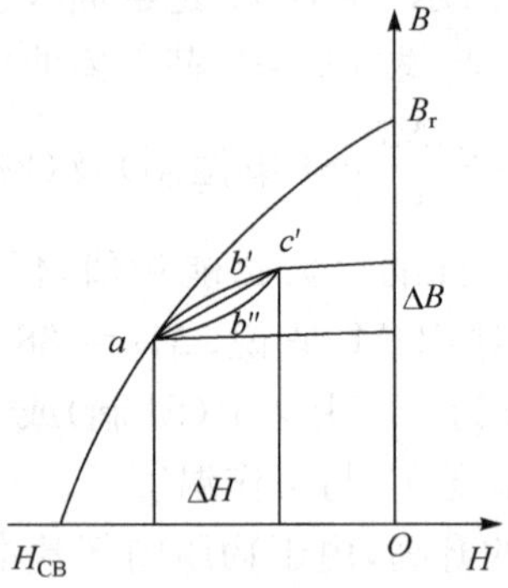

图 1.52　新回复曲线

上述这两种情况所得的 ac(ac')线的斜率，叫回复磁导率，用 μ_{rec} 表示，简称 μ_r，表征磁体在动态工作条件下的稳定性，μ_r 越接近于 1(CGS 制)，则反映磁体内部磁化状态受外磁场的影响越小。由图可知 $\mu_{rec}=\dfrac{\Delta B}{\Delta H}$。对永久磁铁来说，$\mu_r$ 值近似为一常数，且近似平行于(B_r，0)点切线的斜率值。各种永磁材料的可逆磁导率是各不相同的，材料的矫顽力 H_C 越高，可逆磁导率 μ_{rec} 就越小，μ_{rec} 越小，磁体在动态工作条件下的稳定性就越好。

H_k/H_{CJ} 可以直观地表示磁体的 J-H 退磁曲线方形度，与 μ_{rec} 一样，表征了磁体在动态工作条件下的稳定性。

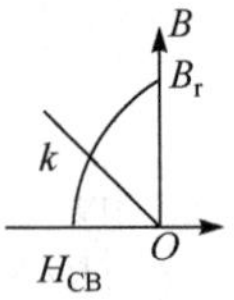

图 1.53　拐点示意图

因铁氧体 B-H 退磁曲线上半部分常为直线，当退磁超过某一值时，退磁曲线就急剧下降，开始拐弯的点称“拐点”(见图 1.53)，当退磁强度不超过拐点 k 时，回复线与退磁曲线的直线段相重合。当退磁场越过拐点后，新的回复线就不再与退磁曲线重合了，由于回复线与退磁曲线相重合，因此，可以使永磁电机的磁性能在运行时保持稳定。

在图 1.54 中，AEC 线代表回复线，$EFKJ$ 相对应的面积表示回复磁能积，为气隙主磁场所获得的能量，回复磁能积的大小 E_r，与负载线的斜率或者说工作点有关，$EHOJ$ 所划的面积表示永磁体提供的总能量，因此，如何选择工作点 E 使得气隙主磁场所获得磁能积最大是设计磁体中重要问题，当 $EFKJ$ 面积能取得最大值时，气隙磁场所获得的磁能积最大，磁效率也最高，因此设计磁路时，应尽量使工作点靠近这点，这样有利于充分利用磁体所具有的磁能积，减轻器件质量，提高性能价格比。在实际设计中 $EFKJ$ 面积与磁体材料、尺寸、磁路的结构、气隙磁场的形状、大小、磁极形状与大小

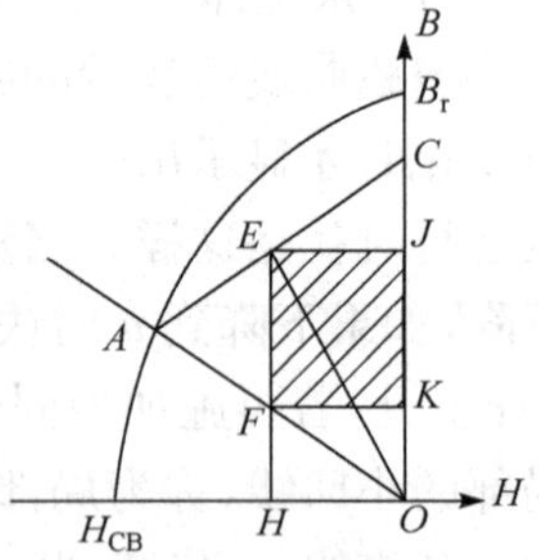

图 1.54　回复磁能积图

等因素有关。

通常在设计磁体时，应使在动态工作的永磁体处于最大回复磁能积 E_{rmax} 的那一点处工作，并且在工作点设计使回复线与(BH)曲线在比较大的范围内一致时，可以获得相对高的最大回复磁能积。

$$E_{rmax} \approx \frac{(BH)_{max}}{4}\left(1+\frac{\mu_r \mu_0 H_{CB}}{B_r}\right) \tag{1.18}$$

(8) 退磁场与退磁因子

材料的磁化状态，不仅依赖于它的磁化率，也依赖于样品的形状。当一个有限大小的样品被外磁场磁化时，在它两端出现的自由磁极，将产生一个与磁化强度方向相反的磁场，该磁场称为退磁场。其方向与磁体所受外加磁化场方向相反，也与磁体内部磁感应强度 B 及磁化强度 $\mu_0 M$ 方向相反，如图 1.55 所示。因而有使磁化减弱的作用，所以称为退磁场。退磁场强度 H_d 在物体内部的方向也是从 N 极到 S 极，当磁化均匀时，H_d 与磁化强度 $\mu_0 M$ 成正比，方向相反，因而可以写成 $H_d=-NM$，式中 N 称为退磁因子，它仅仅和材料的形状有关。例如，对一个沿长轴磁化的细长样品，N 接近于 0，而对于一个粗而短的样品，N 就很大。在材料均匀磁化时，其数值取决于磁体的形状，在 SI 单位制中从零变到 1，在 CGS 单位制中从零变到 4π。

(9) 工作点和负载线

永磁铁氧体是在开路状态下工作的，也就是在退磁场作用下工作的，由于在开路状态下工作，所以它的磁感应强度不是在闭路状态的剩磁 B_r 点上，而是在退磁曲线上某一点，该点就是磁体的工作点，用 D 表示，如图 1.56 所示，通过原点 O 与 D 点作一连线，此 OD 线就是该磁体的负载线。同退磁因子 N 一样，负载线的斜率与磁体的几何尺寸有关，所述工作点也就是负载线与退磁曲线的交点。

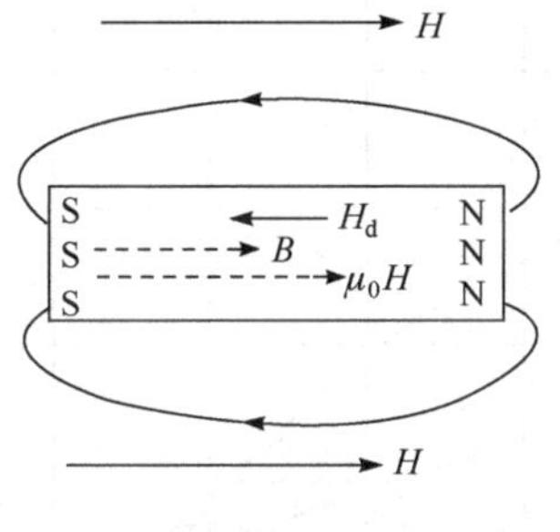

图 1.55　退磁场 H_d 的示意图

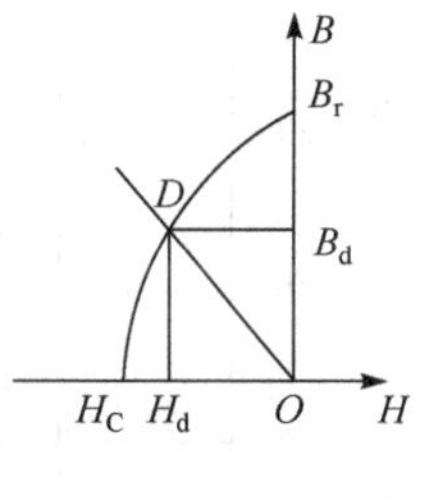

图 1.56　负载线示意图

当工作点位于$(BH)_{max}$点的上方时，磁路过长或空气隙过于狭窄，虽然可得到更高的磁感应强度值，但有用的气隙体积小；当工作点位于$(BH)_{max}$点的下方时，磁路过短或空气隙过宽，虽然可利用的气隙体积增大，但磁感应强度较低。这两种情况都未能经济合理地利用材料和最大限度地发挥材料的特性，最佳选择是使磁体在空气隙中产生的总能量为最大，为此应使该磁体的工作点落在它的最大磁能积点附近，这就要求根据材料的性能特点合理设计磁体的几何尺寸比。由于永磁铁氧体剩磁较低，矫顽力较高，故磁体使用的形状倾向于扁平形。在工作点上，负载线的斜率$\dfrac{B_d}{H_d}$，称为导磁系数 P_C。P_C 是磁体开路状态下负载线的斜率，它与磁体的几何尺寸有关。如果永磁铁氧体 P_C 已知，就可以根据永磁体的退磁曲线求得开路状态下永磁体的磁感应强度 B_d 和退磁场 H_d。B_d 就是磁体均匀磁化时磁体表面中心点磁感应强度，从而可以设计磁性器件并选择永磁材料。

(10) 温度变化对磁性的影响

①温度变化对磁感应强度的影响。

不可逆变化:对 $BaFe_{12}O_{19}$ 来说,通常发生在冷却过程。因为矫顽力随温度的降低而降低,此时样品的退磁场使一部分磁矩反转。当温度恢复到室温时,已经反转过去的磁矩不能再反转过来,从而产生磁感应强度不可逆减少。一定长度(l)与直径(ϕ)之比的样品,l/ϕ 比值越小,退磁作用越大,不可逆损失也越大。在 l/ϕ 一定时,各向异性磁体较各向同性磁体损失大。当材料矫顽力增加时,磁感应强度的不可逆变化减少。这种不可逆损失不能靠温度来复原,只能通过再磁化复原。因此,当产品在低温环境中使用时,需预先经过此项稳定过程。或者采用 $H_{CB}>3000$Oe 的磁体。

可逆变化:海姆克等人的研究表明,Fe^{3+} 磁矩间的耦合可能是铁磁性的,也可能是反铁磁性的,所有这些耦合都是由氧原子作为中心,通过超交换作用产生的,而且当 Fe^{3+}-O-Fe^{3+} 的角度接近 180°、Fe^{3+}-O-Fe^{3+} 的距离较小时,将强烈地择优于铁磁耦合。$M_S(T)$ 曲线的变化过程,可以理解为随温度的变化,Fe^{3+} 间的相互作用起了变化之故。对 $BaFe_{12}O_{19}$ 来说,在 400℃以内(其 T_C 为 450℃),各向异性与同性磁体,B_r 的温度系数 α_{B_r} 是线性的(图 1.57),且不同 l/ϕ 比值时,$\alpha_{B_r}=-0.2\%/℃$。α_{B_r} 不但是常数,而且是可逆的。因此在生产上常利用钡铁氧体的这一特性来测量温度,或者作为自动调节装置的元件。

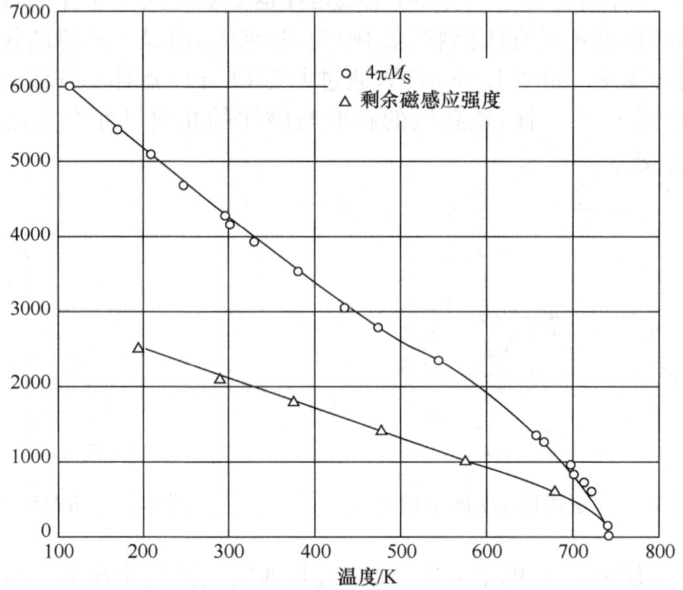

图 1.57 钡铁氧体 $4\pi M_S$、B_r 随温度的变化曲线

②温度变化对矫顽力的影响。

对理想定向的永磁铁氧体来说,由晶体各向异性产生的矫顽力可以通过 $H_{CJ}=2K_1/M_S$ 来表述。然而,按此式计算的值与实际测量的结果并不相符。这是因为磁化时晶体内产生畴壁移动,显著地降低了矫顽力。在单畴情况下,即晶粒处于临界尺寸时,才可以得到大的矫顽力。因为 K_1 与 M_S 都随温度变化而变化,K_1 与温度的变化关系几乎是线性的,在 0 K 时 K_1 约为$5\times10^6\,\text{erg/cm}^3$,而在 450℃(居里温度)时降为零。$M_S$ 随温度的变化已于上述。颗粒的临界尺寸随温度的增加按 $\sqrt{K_1}/M_S^2$ 比例增加。因此,在提高温度时,使畴壁减少了,增大了矫顽力值。而温度降低时,颗粒临界尺寸减小,即越来越多的微晶自发形成畴壁。由于 K_1 与

M_S 随温度变化时，增减快慢不同，从而奠定了 H_{CJ} 对温度依赖性曲线有最大值。关于矫顽力随温度变化的关系见图1.58。大致来说，在相同温度范围内各向同性永磁铁氧体矫顽力平均温度系数＝0.27%/K。而各向异性永磁铁氧体的 $\alpha(H_{CJ})$ 则为(0.28～0.48)%/K。且在300℃左右，出现矫顽力的峰值。由于矫顽力随温度下降而下降，因此当温度下降时，磁体会发生不可逆退磁。若永磁铁氧体在使用过程中遇到低温，则应事先在比所遇到的低温还要略低的温度进行稳定处理，或者选用高矫顽力材料。为了更可靠，除选用高矫顽力材料，再加上预先低温处理则更好。

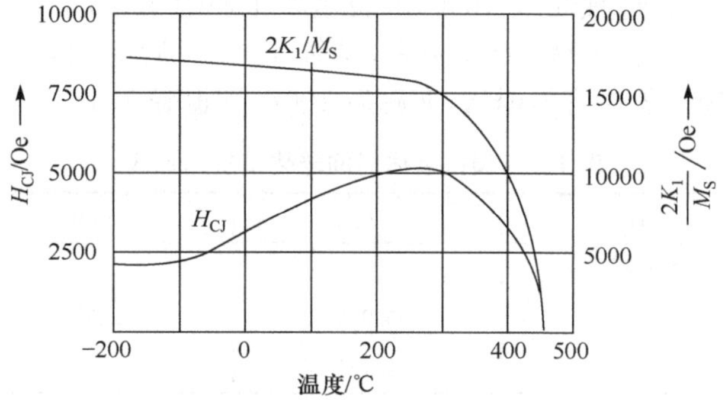

图1.58　钡铁氧体的 $2K_1/M_S$ 值与 H_{CJ} 与温度的变化关系

当工作温度升高时，虽然 H_{CJ} 上升，但由于 B_r 下降迅速，所以 H_{CB} 还是下降，最大磁能积仍然降低。

(11) 永磁铁氧体的稳定性与老化

永磁材料的稳定性包括受温度、杂散磁场、机械冲击、振动、核辐射等引起的不稳定性。设描述永磁材料性能参数为 z，则其稳定性可用它的相对变化率 η 来表示：

$$\eta=\frac{\Delta z}{z}\times 100\% \tag{1.19}$$

式中，Δz 是该参数的变化量，z 可以是永磁材料的 B_r、表观剩磁 B_d、矫顽力 H_{CB} 或 H_{CJ} 或磁体的表面场强，在磁体的温度稳定性中，最常用的是剩磁的可逆温度系数 α 和矫顽力的可逆温度系数 β，它们的定义如下：

$$\alpha=\frac{B_r(T_1)-B_r(T_0)}{B_r(T_0)(T_1-T_0)}\times 100\%/℃ \tag{1.20}$$

$$\beta=\frac{H_C(T_1)-H_C(T_0)}{H_C(T_0)(T_1-T_0)}\times 100\%/℃ \tag{1.21}$$

式中，T_0、T_1 是初始温度和最终温度；$B_r(T_1)$、$B_r(T_0)$ 分别是在温度 T_1 和 T_0 时的剩磁值；H_C 可以是 H_{CJ}，也可以是 H_{CB}；$H_C(T_1)$ 和 $H_C(T_0)$ 分别是在温度 T_1 和 T_0 时的矫顽力值。

如果保持环境条件不变，磁性随时间流逝而变弱的现象，称为老化。温度变化对永磁铁氧体产生的磁通密度变化可分为可逆变化与不可逆变化。可逆变化研究的是温度系数的问题。温度下降产生的不可逆变化，是因为降温时，在材料中产生了部分磁化反转现象。之所以会发生这种现象，滕泽认为，在钡铁氧体磁体结构中具有“各向异性区”。这种各向异性区的存在与整块材料是否取向并无联系。因为即使在非定向的钡铁氧体中也可观察到这种区域。在含有这种各向异性区域的材料中有小的反转磁化的针状磁畴。这种磁畴有的在室温时便已形成，有的是在低温时形成的。当温度降低时，钡铁氧体自发磁化增加，退磁场也增大，这些针状磁畴也会长大。它的长大速度很快，甚至是跳跃式的。长大的针状磁畴使附近的磁化发生反转，从而降低了磁化强度,这就是低温退磁现象。它是一种不可逆损失,磁体 l(长度尺寸)与 D(直径尺寸)之比越小,这种损失越大;当 l/D 相同时,各向同性磁体较各向异性磁体损失小。除撞击、震动外,外界杂散场的影响也会引起磁性下降。这种磁性减弱现象,在它重新磁化后,可以得到恢复。使用者为了避免磁性减弱,一般在使用前需进行稳定处理,人为地使磁体磁通密度略有下降,以增加其稳定性。此外,永磁铁氧体在存放时,由于内部结构发生变化将产生的老化现象比较微弱,只要在使用前存放一段时间,就可以减轻在以后使用过程中磁性下降的影响。

钡铁氧体经充磁后老化情况如表 1.7 所示:$H_{CJ}=318.4$kA/m(4000Oe),尺寸比 $l/D=0.9$,各向同性磁体充磁后,即使延续 10000h,也基本上不退磁;$H_{CJ}=161.6$kA/m(2030Oe),尺寸比 $l/D=0.8$ 的各向异性磁体,经充磁后,延续 10000h 后退磁 0.4%;$H_{CJ}=139.3$kA/m(1750Oe)的各向异性钡铁氧体容易退磁,充磁后 100h,即退磁 1.4%。

表 1.7 钡铁氧体时间老化情况对比表

样品	1h	10h	100h	10000h
同性,318.4kA/m	基本上不退磁			
异性,161.6kA/m	0.1%	0.2%	0.25%	0.4%
异性,139.3kA/m	1%	1.1%	1.4%	3.5%

(12) 化学稳定性

永磁铁氧体是一种氧化物,在空气中很稳定,但是在强酸中很不稳定,甚至在弱酸弱碱或其他化学试剂中也容易受到腐蚀。几乎完全将其溶解的试剂主要有氢氟酸(20~55℃),浓盐酸 HCl(95~100℃)等。

(13) 机械强度

永磁铁氧体本身是一种氧化物烧结体,人们曾俗称为"磁性瓷"。它的机械强度与陶瓷相似,比金属与合金脆得多。若充磁或使用不当则极容易开裂,必须加以注意。各向异性永磁铁氧体由于它本身的各向异性,在受热及机械冲击时,取向方向比非取向方向易于开裂。取向度越高,开裂就越容易。永磁铁氧体随着用途的扩大,要求它能耐热冲击及机械冲击能力也更强。

(14) 永磁铁氧体的一般特性与基本特性

永磁铁氧体在室温下的一般特性主要有以下几方面:

· 晶体结构:磁铅石型,晶体呈六角片状,易磁化方向与六角晶轴(C 轴)平行,晶轴比约为 5.9∶23。

· 组分:$MO\cdot 6Fe_2O_3$;M=Ba,Sr,Pb,Ca,La 等的单质或复合物。

· 磁化强度来源:非补偿的亚铁磁性。

· 每单位质量磁矩:87.5μWb · m/kg(70Gs · cm^3/g)。

· 饱和磁化强度:约 $4775\times\frac{10^3}{4\pi}$A/m=380kA/m ($4\times\pi M_S=4775$Gs)。

· 矫顽力主要起因:磁晶各向异性。

· 磁晶各向异性场:$\frac{2}{4\pi}\times10^7$A/m。

· 剩磁温度系数:−0.2%/℃。

· 矫顽力温度系数:0.48%/℃。

· 磁致伸缩系数:-5×10^6。

· 回复磁导率:1.05~1.3,适合作大气隙的场源。

· 居里温度：450/℃。
· 电阻率：$10^4 \sim 10^8 \Omega \cdot cm$。
· 理论单晶密度：5.3g/cm^3。
· 形成单畴的临界尺寸：0.8～1.0μm。
· 湿压磁场成型烧结产品实际密度：4.9～5.1g/cm^3。
· 气孔率：≈5%。
· 泊松比：0.28。
· 弯曲强度：61.74MPa。
· 抗压强度：882MPa。
· 抗拉强度 34.3MPa。
· 使用温度范围：−40～+85℃。
· 材料特点：基本不含 Ni、Co、Cr，其电阻率高，密度小，原材料广泛，价格低廉，制备工艺简单。永磁铁氧体在室温下的基本特性见表 1.8（磁性能为 Stoner-wohlfath 一致转动的反磁化模型公式计算而得）。

表 1.8　永磁铁氧体的基本特性（室温下）

基本特性参数	BaM	PbM	SrM
M_S/(kA/m)	380	320	370
K_1/(J/m^3)，20℃	3.3×10^5	3.2×10^5	$(3.6\sim3.7)\times10^5$
d/(g/cm^3)	5.3	5.6	5.1
T_C/℃	450	452	460
$(BH)_{max}$/(kJ/m^3)(理论)	43	35.8	41.4
ρ/(Ω·cm)	≥10^4		≥10^4
H_{CJ}/(kA/m)(理论)	$6.9\times10^3/(4\pi)$	$5.4\times10^3/(4\pi)$	$8.1\times10^3/(4\pi)$
σ_S/(A·m^2/kg)	71.7	58.2	72.5

与其他永磁材料相比，铁氧体永磁材料是目前应用非常广泛的永磁材料之一，其主要成分是 $MO \cdot 6Fe_2O_3$。它的优点是：

①矫顽力 H_C 大。铁氧体永磁材料的矫顽力 H_C 介于铝镍钴合金材料和稀土钴永磁材料之间。由于其剩磁较低，故一般适合设计成扁平形状。

②质量轻，密度为$(4.6\sim5.1)\times10^3$kg/m^3。

③原材料来源丰富，价格便宜，耐氧化，耐腐蚀。

④磁晶各向异性常数大。

⑤退磁曲线近似为直线。

缺点是剩磁较低，温度系数大，易碎。

(15) 单位的换算

例 1.4　某磁性材料的 $B_r=0.404$T，$H_{CB}=282$kA/m，$(BH)_{max}=30.2$kJ/m^3，将这些磁性能参数换算成高斯制时，分别是多少？

解　将这些磁性能参数换算成高斯制时有

$$B_r=0.404\times10000=4040(\text{Gs}),\quad H_{CB}=282/0.0796=3542.7(\text{Oe})$$

$$(BH)_{max}=30.2\times1000\times40\times3.1415\text{GOe}=30.2/7.96=3.79\text{MGOe}$$

任务2　改善永磁铁氧体材料性能参数的主要途径

永磁铁氧体材料的各主要参数是互相关联的。理论上，$(BH)_{max}=\mu_0 M_S^2/4$，而 $H_{CB}\leqslant\dfrac{B_r}{\mu_0}$，

高 H_{CB}的前提是高 B_r，而高$(BH)_{max}$又要求高 H_{CB}与高 B_r，故高 B_r 是必要条件。又因 $B_r=\mu_0 M_r$，要高的 B_r 值，就要求有高的 M_r 值，这就要求有高的 M_s 值。因此，M_S 值影响着 B_r 值和$(BH)_{max}$值。

铁氧体的亚铁磁性决定了它的饱和磁感应强度不高，如钡铁氧体的 $B_S=0.4775T$，因此 B_r 较低，对于晶粒紊乱的多晶体，则 $B_r=B_S/2$，但由于铁氧体材料是烧结而成的，包含气孔及由此造成的退磁作用，使各向同性材料的 $B_r<B_S/2$，为了提高 B_r，就必须提高剩磁比 B_r/B_S。对于单一磁化轴的铁氧体多晶体，若在工艺上采用磁场成型，且取向程度高（>95%），使 C 晶轴沿外磁场取向排列而做成各向异性材料，则可使 B_r 接近于 B_S。

因 H_{CB}及磁感应强度 B_r 和外磁场有关，所以常采用 H_{CJ}和 $4\pi M_S$ 来作为比较材料本身磁性能好坏的参数。饱和磁化强度 $4\pi M_S$、各向异性常数 K 和居里温度 T_C 等和材料的成分、晶体结构有关，这些是材料的本征特性，矫顽力 H_{CB}和 H_{CJ}等和材料的加工工艺、材料的状态（如均匀性、缺陷、杂质等的分布、应力状态等）有关，这些属于材料的结构灵敏特性。

从本征特性分析，材料的 $4\pi M_S$ 来源于单个原子的磁矩。在元素周期表中，永磁材料由两类元素构成，一类是 3d 过渡族元素如 Fe、Ni、Co 等，另一类是 4f 过渡族元素如稀土族元素。永磁铁氧体是以氧化铁为主要成分的复合化合物，还没有更好的办法去提高铁原子的固有磁矩，因此提高材料的 $4\pi M_S$ 比较困难，只有在生产中尽量使材料的 $4\pi M_S$ 值接近理论值。

在结构灵敏特性方面，内禀矫顽力 H_{CJ}即具有单轴各向异性的单畴材料的各向异性场，如果希望材料的矫顽力大，就需要很强的各向异性，即 K 要大。单轴各向异性包括磁晶各向异性、形状各向异性、感生各向异性。在永磁铁氧体中，主要是单轴的磁晶各向异性起作用。如果此类材料的易磁化轴排列一致并与外磁场平行，则其矫顽力 $H_{CJ}=2K_1/(\mu_0 M_S)$。对于紊乱取向的单畴集合体，矫顽力应取各晶粒的平均值，以上是按照不可逆畴转理论的计算值。目前，对于永磁铁氧体烧结体，剩余磁感应强度（如 BaM 的 B_r 已高达 450mT）已非常接近于其饱和磁化强度值 $B_S=477mT$（注：SrM，$B_S=465mT$），但其内禀矫顽力 H_{CJ}却较理论值低得多，究其原因，主要是实际磁体中单畴颗粒所占比例很小，即使通过球磨获得单畴颗粒，在高温烧结时，也可能造成晶粒的增大。当晶粒大于临界尺寸时，就有可能产生反磁化畴，形成畴壁，故 H_{CJ}随尺寸的增大而下降。

除利用永磁铁氧体的单畴、单轴各向异性特性来提高其磁性能外，还可利用离子代换（取代）来改善性能。例如，对 $BaFe_{12}O_{19}$，用三价金属离子 M^{3+}（如 Al^{3+}、Cr^{3+}）取代 Fe^{3+}，形成 $BaFe_{12-x}M_xO_{19}$铁氧体，当 $x\approx3$ 时，H_{CJ}显著上升。这是因为这类离子取代的结果使 M_S 下降得比 K_1 更快，从而使磁晶各向异性场 $H_k=2(K_1/M_S)$，随 Al^{3+}等的取代而上升。

提高永磁铁氧体性能，主要是提高其 B_r 和 H_{CJ}。

(1) 提高永磁铁氧体 B_r 的主要途径

对于 B_r，有

$$B_r=4\pi\sigma_S\rho f \tag{1.22}$$

式中，f 为取向度；σ_S 为比饱和磁化强度；ρ 为磁体密度。

故可通过提高 f、σ_S、ρ 来提高 B_r。

①提高材料的 σ_S。σ_S 是指在一定的温度下，磁粉的饱和磁化强度 M_S 除以磁粉的轻敲密度 $\rho_{轻敲}$，即 $\sigma_S=M_S/\rho_{轻敲}$，其中，$\rho_{轻敲}$ 的单位为 g/cm^3，σ_S 的单位为 $A\cdot m^2/kg$（$1A\cdot m^2/kg=1emu/g$）。提高材料的 σ_S，主要是提高材料预烧时主配方参与固相反应的比例。优良的 $SrO\cdot6Fe_2O_3$的 σ_S 可以达到 $70\sim72A\cdot m^2/kg$，而国内一般的生产企业，仅为$(68\pm2)A\cdot m^2/kg$，距离理论值的差距为 2%～8%。

②提高产品密度的途径。第一，控制成型前颗粒的粒度及其均匀性；第二，通过添加杂质、严格的工艺控制以减少产品的气孔率，提高产品的致密度；第三，控制料浆的含水率；第四，控制成型的压力。如将铁氧体产品密度从 4.9g/cm^3 提高到 5.18g/cm^3，产品的剩磁可提高 4%。

③提高取向度。主要从以下几方面入手：第一，优化模具及成型工艺；第二，增大取向磁场；第三，降低料浆粘度；第四，减少顺磁性微粒的比例；第五，应降低成型用颗粒料之间的磁凝聚力。颗粒尺寸在亚微米范围时，每个粒子都是强的小磁体，每个小磁体都有 N、S 极，这样就产生异性相吸，凝聚成串珠状或环状。解决办法，可以使用甲苯作研磨介质，用油酸作表面活性剂。但此办法成本太贵，且甲苯对人体健康有损伤，故不是最佳方案。在用水作研磨介质时，可加少量 H_3BO_3，葡萄糖酸钙作分散剂，以减少凝聚状态；第六，适当增加添加剂 $CaCO_3$ 的含量，使晶粒的横向长度 d_1 与晶粒的轴向长度 d_2 之比，即 d_1/d_2 值增大，当 d_1/d_2 比在 1.0～2.0 变化时，B_r 随 d_1/d_2 比值的增大而增大；第七，料浆的 pH 宜控制为 8～10，OH^- 含量过高会导致料浆粘连，影响取向度。

(2) 提高永磁铁氧体矫顽力的主要途径

$$H_C = H_K/M_S + B\lambda_\sigma/M_S + C(N_2 - N_1)M_S \tag{1.23}$$

式中，第 1 项为磁晶各向异性对矫顽力的贡献；第 2 项为应力各向异性对矫顽力的贡献；第 3 项为形状各向异性对矫顽力的贡献。

在大生产中，常通过二次掺杂来提高矫顽力，最早是添加高岭土（主要成分 SiO_2 和 Al_2O_3）后改为加 Al_2O_3、Cr_2O_3 等，增大 K_1 值并有效增大单畴临界尺寸，但这将导致 B_r 的下降。提高矫顽力最有效的办法是将铁氧体晶粒控制在单畴尺寸以下。这是由于永磁铁氧体矫顽力机制是单畴运动机制，在单畴状态下，只要磁矩不转动，磁化状态就不会反转，矫顽力就高。H_{CJ} 的最大值相当于磁晶各向异性场 H_A 值。永磁铁氧体 H_{CJ} 的上限可至 20000Oe (1590kA/m)，由此可知，提高矫顽力的必要条件是使晶粒尺寸小于临界尺寸，这是指烧结体中的晶粒尺寸。生产中，需要考虑各向异性烧结磁体，在烧结时晶体长大 2～3 倍和磁场定向性等实际情况。但粒径过小，则由于热骚动，呈超顺磁性粒子的比例将增加，产品的磁性能将会因此而下降。

在实际生产中，达到的 H_{CJ} 值与理论值相差甚远，这是由于实际烧结磁体中，单畴粒子与多畴粒子共存。反磁化过程是反磁化畴成核、布洛赫壁位移及磁矩一致转动共同作用的结果。在批量生产中，晶体难免有缺陷存在，如前述，缺陷处容易形成反磁化核或畴壁钉扎中心，如果把缺陷只看成成核点，则缺陷数目越多，反磁化核形成越多，矫顽力越低。如果将缺陷单纯作为畴壁钉扎中心，则缺陷数目越多，畴壁钉扎越剧烈，矫顽力越高。对于永磁铁氧体来说，因磁晶各向异性常数很大，其反磁化机理若以成核为主，则反磁化长大时的畴壁移动也会遇到钉扎问题，这时 H_{CJ} 由成核场和临界场共同决定，即

$$H_{CJ} \propto \frac{K_1}{M_S} f_c \tag{1.24}$$

式中，K_1 为各向异性常数；M_S 为饱和磁化强度；f_c 为单畴颗粒存在率。

因 $\mu_0 H_{CB} \leqslant B_r$，欲想 H_{CB} 数值提高，则 B_r 数值必须要高，而 B_r 要高，除了改善制造工艺以外，关键是要提高 B_S，因此要选择 M_S 高的成分。此外，要提高单畴颗粒的存在率，控制晶粒的生长及其形貌，选择适当的添加剂（如 SiO_2 等）以形成钉扎中心，对畴壁移动有阻碍作用。在生产时要减少磨料因工艺欠佳而造成的不能靠烧结恢复的晶体缺陷。当晶体由于受到外因（如受力、温度变化）或内部缺陷使形状尺寸发生相对改变（即晶体应变）时，也会导致 H_{CJ} 的下降。

综上所述，高性能磁体必须满足：

①成分要准确，M 相尽量多，杂相尽量少，使磁体具有高磁通密度和高各向异性。

②磁体具有高的烧结密度，气孔少，晶粒尺寸在单畴尺寸范围内。

③粒度分布均匀且尽量窄。

④高的取向度。

因此，在实际工作中，应做到以下几点。

一“纯”：原料要纯。

二“高”：烧结密度要高。理想单晶体密度（X 光密度）为 5.3g/cm^3，希望达到它的 96%以上；取向度要高，希望能高达 97%以上。

三“小”：初始原料的粒度小，成型用料浆的粒度小，烧结后晶粒尺寸小。

四“度”：生产时，按工艺要求严格控制成型用颗粒料的粒度，严格控制磁场成型的取向度、烧结磁体的密度与烧结温度。

任务 3　永磁铁氧体的制备方法

(1) 溶胶-凝胶法制备永磁铁氧体

溶胶-凝胶工艺是近些年来发展起来的一种新的永磁铁氧体制备方法。它与其他一些传统的无机材料制备方法相比，具有如下的优点：

①工艺过程温度低，材料制备过程易于控制，可以制得一些传统方法难以得到或根本得不到的材料。

②制品的均匀性好，尤其是多组分制品，其均匀度可达到分子或原子尺度。

③制品的纯度高，采用这种工艺可制备出各种形状的无机材料，其中包括粉体、薄膜、块体、纤维等。

溶胶-凝胶法制备氧化物陶瓷的一般过程为：原物质（金属醇盐或无机盐）→水解→溶胶→缩聚（凝胶化）→凝胶→干燥→干凝胶→烧结→无机材料。如图 1.59 所示，为溶胶-凝胶法生成 $SrFe_{12}O_{19}$ 磁粉的流程图。

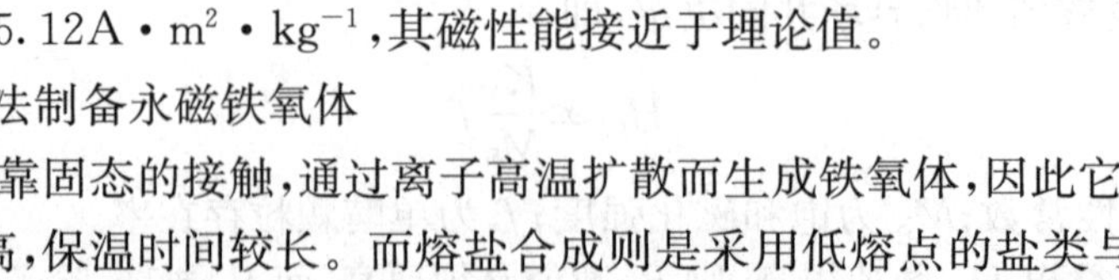

图 1.59　$SrFe_{12}O_{19}$ 磁粉的生成过程

用该方法可获得六角片状的磁粉，粒径 30～50nm，颗粒分散性好，粒度均匀，其 H_{CJ} = 510.1kA/m，σ_S = 65.12A · m^2 · kg^{-1}，其磁性能接近于理论值。

(2) 熔盐合成法制备永磁铁氧体

氧化物法是依靠固态的接触，通过离子高温扩散而生成铁氧体，因此它要求粉料的颗粒度较细，烧结温度较高，保温时间较长。而熔盐合成则是采用低熔点的盐类与粉料混合在一起，由于盐类的熔化，可使氧化物熔解其中，以致于在较低的温度下就可生成铁氧体。但盐类本身不进入铁氧体中，可用水洗除掉。以 $Li_{0.5}Fe_{2.5}O_4$ 的生成为例，可以 Li_2SO_4、Na_2SO_4 等盐类为溶剂，其最低熔点为 600℃。如将 Fe_2O_3 10g、Li_2CO_3 0.025g、Li_2SO_4 6.98g、Na_2SO_4 5.18g 混合，在 800℃以下保温 1h，其间 Li_2CO_3 完全溶解于盐类并迅速与 Fe_2O_3 反应生成 $Li_{0.5}Fe_{2.5}O_4$，冷却后经水洗，过滤去除盐类。该法也是制备高性能永磁铁氧体的重要方法之一(如应力取向，粘结永磁料粉的制备)。例如，将配比为1∶5.5∶1.3(摩尔比)的$SrSO_4$、Fe_2O_3、Na_2CO_3混合球磨后，经烘干、粉碎，然后在850℃以上，氮气氛中烧结8h，冷却后用清水除盐，用4%的稀盐酸浸洗40min，以除去(净)非磁性相和剩余盐类，得到$SrFe_{12}O_{19}$磁粉，其颗粒尺寸均匀，粒径为1.38μm，$H_{CJ}=412.7kA/m$($T=1000℃$，$t=10h$)。

烧结过程中可能发生的相变化为：

$$SrSO_4+Na_2CO_3 \longrightarrow Na_2SO_4+SrCO_3 \qquad (390\sim590℃)$$

$$SrCO_3 \longrightarrow SrO+CO_2\uparrow$$

$$SrO+Fe_2O_3 \longrightarrow SrFe_2O_4 \qquad (590\sim690℃)$$

$$SrFe_2O_4+5\ Fe_2O_3 \longrightarrow SrFe_{12}O_{19} \qquad (690℃以上)$$

总反应式为：$SrSO_4+6\ Fe_2O_3+Na_2CO_3 \longrightarrow SrFe_{12}O_{19}+Na_2SO_4+CO_2\uparrow$

(3) “拓扑”反应制备各向异性永磁铁氧体

当物质结晶结构由于结晶转化、脱水、热分解或固相反应而变成其他结晶结构时，原物质和生成物在结构上会出现三度空间联系，这种反应称为拓扑反应(Topotatic Reaction)。

在磁材行业，可利用“拓扑”反应的原理制备出形状各向异性优良的铁氧体片状粉料；利用机械应力取向，生产永磁铁氧体元件产品，不需长时间球磨，也不需要磁场成型，这样大大增加了机器的使用寿命，降低了损耗和成本，从而简化了工艺。

例如：

$$FeCl_3+NH_4OH \longrightarrow Fe_2O_3+NH_4Cl+H_2O$$

$$\alpha\text{-}Fe_2O_3+BaCO_3(或\ SrCO_3) \longrightarrow BaO\cdot6Fe_2O_3(或\ SrO\cdot6Fe_2O_3)+CO_2\uparrow$$

采用拓扑反应制得的$SrFe_{12}O_{19}$的密度d可达到$5.08g/cm^3$，磁性能：$B_r=0.41T$，$H_{CJ}=14.3\times10^4A/m$，$(BH)_{max}=32\times10^3J/m^3$。另外，还能制造出尺寸精度高，可进行打孔等机械加工的产品。

(4) 一次烧结工艺

这种工艺的特点是仅有一次烧结工序。在烧结过程中，原料必须起反应生成六角晶系铁氧体，并同时生成密度高的形状理想的磁体。在这种工艺中，必须使原料充分混合并且有较高的活性，这一点可以通过强力混合、混合料的球磨以及加入促进烧结的添加剂(如SiO_2、B_2O_3等)来实现。原料强力混合后的成型生坯密度为$2.0\sim2.6g/cm^3$，未达到二次烧结工艺中压制铁氧体粉末的典型密度值$2.7\sim3.3g/cm^3$。故一次烧结的收缩率约为二次烧结的1.5倍。其烧结温度与二次烧结所用的温度基本相同，球磨时间和烧结温度要相互配合，以保证生成的磁体不仅密度高，而且矫顽力也高。进一步的研究表明，如果氧化铁颗粒是非等轴形状(如针状、片状)，在成型时，这些颗粒将被定向并能保持其形状直到发生固相反应，从而获得各向异性永磁体。

(5) 沉淀工艺

如果永磁铁氧体中所需的金属离子都由溶液中产生，这称为共沉淀。沉淀工艺的原理是：一开始就尽可能使原料密切混合，这样，在后面的反应阶段，由于扩散距离短，促进了化合物的形成，使固相反应能在相当低的温度下发生，从而获得相当高矫顽力的单畴粉末。并且这种工艺对原料要求不高(自净化作用)，不存在研磨磨损物杂质的混入，而且颗粒尺寸的分布范围狭窄。其缺点是，生产时需要大量的水。

在实际生产中，采用一种或多种盐类的水溶液，特别是，可考虑氯化物、硝酸盐、草酸盐以及醋酸盐作为金属盐。沉淀产品的颗粒尺寸不仅取决于产品类型，尤其与产生沉淀的条件有关。以后的铁氧体反应所需温度与颗粒的大小有关，高矫顽力铁氧体的单畴颗粒仅能由非常细的原料获得，这种原料的反应温度为 800～900℃。

Haneda 等利用共沉料，于 800～850℃退火后，大量的沉淀物反应形成了铁氧体，在 925℃下保温数小时之后，非取向样品获得了 0.15μm 的颗粒尺寸，其比饱和磁化强度为 85.16 T·cm^3/g，内禀矫顽力为 480kA/m。进一步烧结（或热压）获得了部分取向的高矫顽力样品。

最近，人们又研究将共沉淀工艺与高温助熔工艺相结合，制备高性能的铁氧体永磁材料，其基本原理可以表示为：

第一步　$BaCl_2+Na_2CO_3+FeCl_3+NaOH \longrightarrow FeOOH+NaCl+BaCO_3$

第二步　灼烧$\longrightarrow BaFe_{12}O_{19}+NaCl+H_2O$(单晶颗粒)

在第一步骤获得 $FeOOH(Fe_2O_3)$和 $BaCO_3$ 的共沉淀物，加入 Na_2SO_4（或 K_2SO_4），其熔点为 800～900℃。这样混在一起，在 800～1200℃灼烧，Na_2SO_4（或 K_2SO_4）成为液体，$BaCO_3$ 微溶于该液体，但 Fe_2O_3 不溶于该液体。反应后成为 $BaO·6Fe_2O_3$（第二步反应），它不溶于液体中，且是单晶颗粒，这样可不再球磨或减少球磨时间，并且材料的性能也可得到明显改善。

(6) 熔融工艺

熔融工艺的原理：在富 BaO 或 SrO 的熔融物中，BaM 或 SrM 可作为主要相，被析出，用熔融工艺制备可以获得大到几毫米尺寸的单晶体，如适当加入助熔剂，尺寸还可以提高，并且生产出的晶体样品可以用于科研，如研究磁畴形状和畴壁运动等。

通过熔融体急冷，可以制备成分范围很宽的 BaO-Fe_2O_3 系非晶固态样品。当加热共晶样品（摩尔分数为 40%的 BaO，摩尔分数为 60%的 Fe_2O_3）时，$BaO·6Fe_2O_3$ 于 770℃结晶，利用类似方法，在 720℃时也可得到 $SrO·6Fe_2O_3$ 晶体。

Arendt 等采用氧化铁和碳酸盐原料，在 1000～1050℃空气中反应 0.5h，制备了具有理论饱和磁化强度，H_{CJ} 为 340kA/m 的 $BaFe_{12}O_{19}$ 粉末。Laville 等用摩尔分数组成为 21.24%的 B_2O_3，为 47.23%的 BaO，为 31.53%的 Fe_2O_3 组成的熔融物，在钢轧滚之间淬火，生产出大约 50μm 厚的非晶薄带，于 707℃退火后，其性能为：$B_r=450mT$，$H_{CB}=310kA/m$，$H_{CJ}=320kA/m$。

(7) 流态体和喷雾烧结工艺

流态体和喷雾烧结工艺的优点是能迅速控制铁氧体反应，只产生出单畴尺寸的单晶体。为了避免原料的分离，原料必须成粒状，且粒度应控制在 40～500μm，因此流态体工艺的制备应选用细粒状混合料，并使细粒状混合料在一种热空气流中反应。当在 980～1050℃的气流中反应 2～3h 后，再轻微细磨，直到颗粒尺寸为 0.5μm 左右。当为 SrM 材料时，磁性能可达：$H_{CJ}=445kA/m$，比饱和磁化强度 $\sigma_S=63mT·cm^3/g$。

在喷雾烧结工艺中，将水悬浮液（或其他适宜的溶液）喷到热反应腔体中，由于微滴的形成而呈细颗粒。如将含 1mol $Sr(NO_3)_2$ 和 12mol $FeCl_3$ 的溶液喷到 900℃的反应器中时，就能得到 SrM 永磁铁氧体粉末，其 $H_{CJ}=400～430kA/m$。

(8) 氧化物法

氧化物法的工艺步骤为：铁的氧化物和锶或钡的化合物按一定比例混合→预烧→粗破碎→细粉碎→成型→烧结→磨加工→检测→包装。永磁铁氧体按模压成型时，是否需要磁场取向,可将其分为各向异性和各向同性永磁铁氧体;按成品是否经过烧结处理,永磁铁氧体分为烧结永磁铁氧体与粘结永磁铁氧体,粘结永磁铁氧体按其成型方法的不同,分为挤出成型、压延成型和注射成型粘结永磁铁氧体;按成型所用料含水率的多少,将永磁铁氧体分为干压成型(料的含水率为10%以下)永磁铁氧体与湿压成型(料的含水率为30%以上)永磁铁氧体。氧化物法是生产永磁铁氧体最常用的方法,本书主要对该法进行讨论。

任务4　永磁铁氧体氧化物法生产工艺流程

烧结永磁铁氧体按生产工艺分为各向同性和各向异性铁氧体。在各向同性铁氧体中,除了因压制引起少量各向异性外,晶粒基本上是混乱分布的,但它的生产过程最简单,也最经济。如果在成型过程中,外加一个取向磁场,使磨细的粉粒沿易磁化轴取向,便可得到各向异性铁氧体。这种产品的最大磁能积$(BH)_{max}$比各向同性铁氧体高2.5～4倍。各向异性铁氧体也可用于干法生产,然而干法生产的磁体,其磁性能总是低于湿法成型的铁氧体。

永磁铁氧体生产工艺要求,总的来说可以归结为三句话:即配方是基础,成型是条件,烧结是关键。永磁铁氧体的生产工艺分传统工艺及新工艺方式两种。但不论哪一种,都要以上述要求为依据并注意以下几点:

①选择合理的配方,附加一定的添加剂,充分进行成分之间的混合,以利于固相反应的进行。

②各向异性的磁体在压制时颗粒必须略小于单畴临界尺寸,并在足够强的磁场中能尽量自由取向,再压制到一定密度。

③晶粒不致过分长大并保持取向织构的基础上充分烧结。

④磨加工之后按取向压制方向充磁使用。

永磁铁氧体产品的生产过程包括生产计划的编制及其实施两个环节,其产品实现的过程控制流程如图1.60所示。

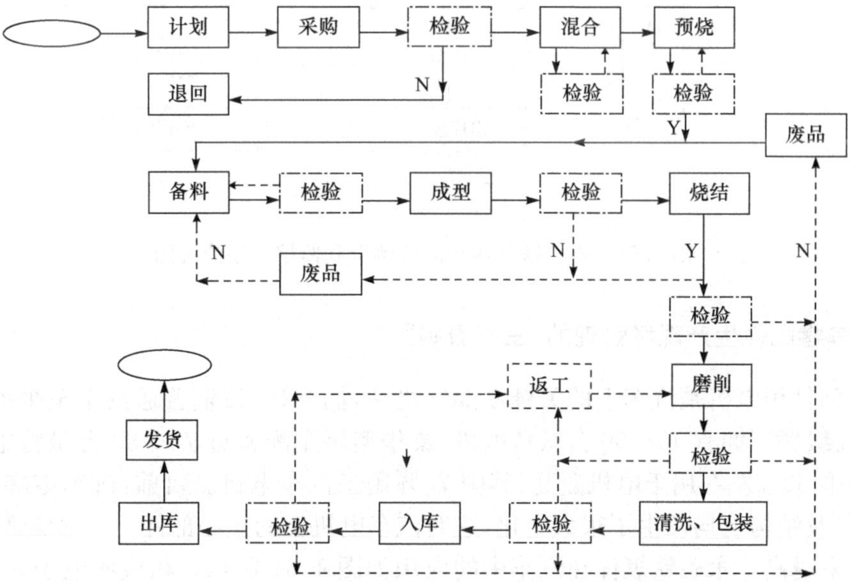

图1.60　永磁铁氧体产品的实现过程控制流程图

(1) 生产计划的编制

制造部按销售部提供的顾客合同或订单情况，根据生产现场的特点，制订相应的作业计划。制订的生产计划应严谨、内容准确，时间要求明确，具有一定的预见性和超前性，确保生产能正常进行，能够及时为客户供货。作业计划由制造部经理批准，经销售部确认后实施。

(2) 生产计划的实施

①生产准备。

技术部在计划要求的时间内编制好产品加工工艺文件、作业指导书、工艺流程卡等生产中使用的技术文件，并确保操作人员及时得到过程监控和作业指导书，制造部按工艺文件的要求配备适当的生产设备和人员，及时对设备进行维护与保养，完成生产的物资准备。品质部按工艺文件的要求准备相应的测量与监控装置，制定检测方法，及时将指导书下发至相关的操作人员。

②生产过程监控。

制造部各车间，按生产计划的要求，对生产进行合理安排，确保本工序的生产顺利完成，满足顾客对产品交货期的要求；技术部对生产过程中技术文件的使用进行监控，及时处理生产中发生的技术问题；品质部按照相应的产品检验和测量规范，对照技术要求对产品质量和生产过程的技术参数进行测量、监控，如图 1.61 所示，确保产品质量满足顾客的需求。

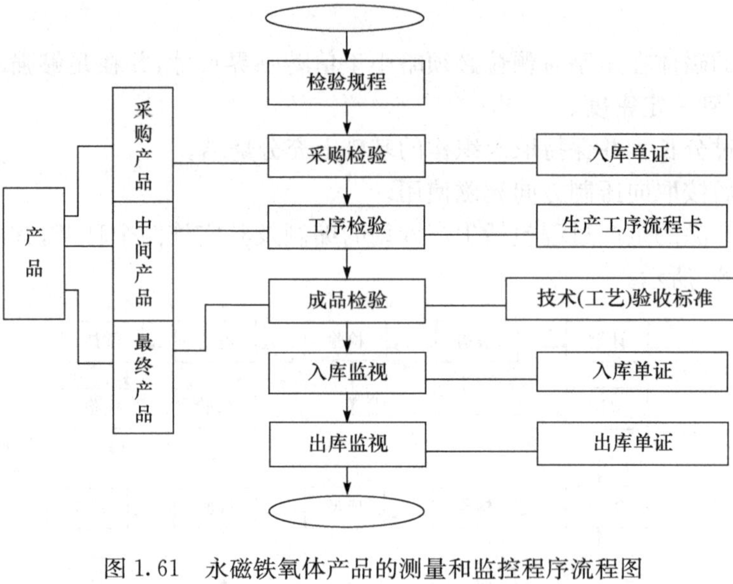

图 1.61　永磁铁氧体产品的测量和监控程序流程图

任务 5　汽车零配件生产现场管理的“三不原则”

汽车零部件用电机是汽车上的关键零部件之一，据统计，每辆普通汽车至少配备约 15 台微特电机，高级轿车拥有 40～50 台微特电机，豪华型轿车配备近 70～80 台微特电机，而永磁铁氧体材料中 50%左右用于电机磁瓦，其中 70%用于汽车电机。目前，汽车零部件用电机在数量、品种以及结构上均发生了很大变化，这对汽车电机上的核心部件——永磁铁氧体的磁性能要求也越来越高。永磁铁氧体在汽车中的应用如图 1.62 所示。相应各电子元件产品的磁性能如表 1.9 所示。

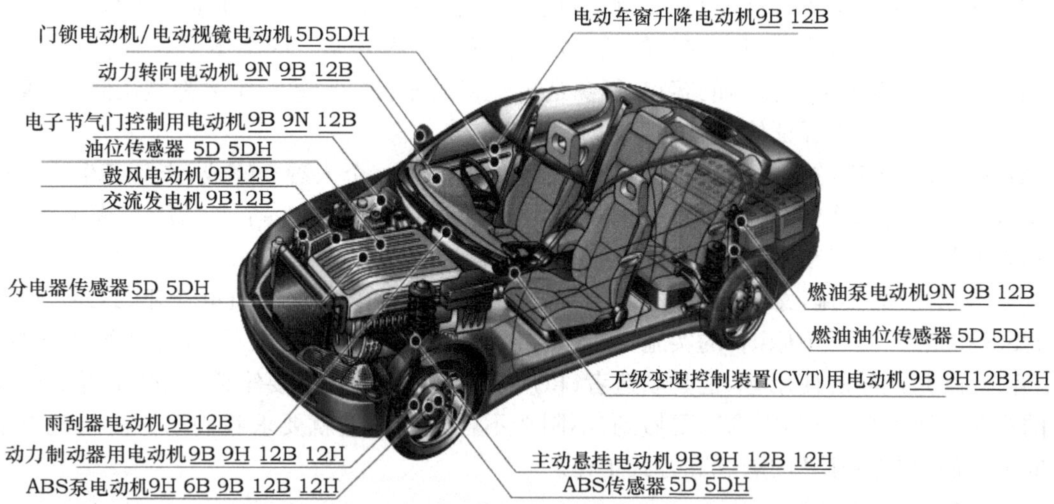

图 1.62　永磁铁氧体在汽车中的应用

表 1.9　汽车零配件常用永磁铁氧体产品磁性能对比表

材质名称	B_r/mT	H_{CB}/(kA/m)	H_{CJ}/(kA/m)	$(BH)_{max}$/(kJ/m^3)
FB13B	475 ± 10	340 ± 20	380 ± 20	44.0 ± 1.6
FB14H	470 ± 10	355 ± 20	430 ± 20	43.1 ± 1.6
FB12B		340 ± 12	380 ± 12	
FB12H	460 ± 10	345 ± 15	430 ± 15	41.4 ± 1.6
FB9N		278.5 ± 12	286.5 ± 12	40.4 ± 1.6
FB9B	450 ± 10	342.2 ± 12	358.1 ± 12	38.6 ± 1.6
FB9H	430 ± 10	330.2 ± 12	397.9 ± 12	35.0 ± 1.6
FB9NF	450 ± 10	270 ± 12	280 ± 12	38.4 ± 1.6
FB9BF	435 ± 10	315 ± 12	340 ± 12	36.3 ± 1.6
FB9HF	405 ± 10	310 ± 12	400 ± 12	31.7 ± 1.6
FB6N	440 ± 10	258.6 ± 12	262.6 ± 12	36.7 ± 1.6
FB6B	420 ± 10	302.4 ± 12	318.3 ± 12	33.4 ± 1.6

目前,我国已成为全球第三大汽车生产国,汽车已经成为我国国民经济发展的第五大支柱工业。铁氧体磁体是用于汽车发动机的可靠性高、成本低的关键元件。如果投放市场的汽车,发现由于设计或制造方面存在缺陷,可能导致安全及环保问题,将被“召回”。2014 年中国全年超过 412 万辆汽车被召回,平均每 2 天半召回 1 次,祖荣等的调查发现:汽车召回多因电机、发电机故障或缺陷所致。如有证据表明是因汽车零配件导致的汽车召回案件,该零配件制造商将承担因此而造成的全部损失;如该零配件制造商在产品的制造过程中无记录或记录不全,将全部或部分丧失其申述的机会。因此,其生产现场的管理与控制就显得非常重要。

1. 现场管理观念

现场管理观念是指以现场为中心,全员参与管理,以下道工序为客户,持续改善达到零缺陷。从现场质量管理的角度看,汽车零配件生产现场管理的“3 不原则”(不接受不合格品、不制造不合格品、不流出不合格品）其实就是对这些观念的阐释和实施。质量是从组织内的每一个人，承诺绝不将不合格品或不完整的信息，送至下一流程开始。因为下一流程就是客户，绝不应把不合格品送至下一流程的客户，以免造成他们的不便。当每一个人都能认同、实现这个理念时，一个良好质量保证体系就能存在了。

随着社会大生产的分工合作，任何产品都不太可能由一个人独立完成，产品各生产过程都是环环相扣，紧密相连的。只要其中的某一环节出问题都将影响整个产品质量或工作质量。“三不原则”就是每个环节的质量保证原则。

“三不原则”的实施，意味着人人都要参与，人人都是主角，是全面质量管理（TQM）认真贯彻的要求和结果。“三不原则”的实施，导入了“供应商-客户”的市场关系，每个人既是供应商，又是客户，既是产品的使用者，也是制造者、供应者，因此每个人都要牢固树立“下道工序是客户”的观念。要实现“三不原则”，要做到“不制造不合格品”，这就要求我们第一次就把事情做对，要求我们以“零缺陷”的观念和方式工作。

2. 基本做法

“三不原则”的基本做法如下：

①不接受不合格品。指员工在生产加工之前，先对前道工序传递的产品按规定检查其是否合格，一旦发现问题则有权拒绝接受，并及时反馈前道工序。前工序人员需要马上停止加工，追查原因，采取对策，使质量问题得以及时发现、及时纠正，并避免不合格品的继续加工所造成的浪费。

②不制造不合格品。指接受前道工序的合格品后，在本岗位加工时严格执行作业规范，确保产品的加工质量。对作业前的检查、确认等准备工作做得充分到位；对作业中的过程状况随时留意，避免或及早发现异常情况，减少生产不合格品的概率。准备充分并在过程中得到确认是不制造不合格品的关键。只有不产生不良品才能使得不流出和不接受不良品变为可能。

③不流出不合格品。指员工完成本工序加工，需检查确认产品质量，一旦发现不良品，必须及时停机，将不良品在本工序截下，并且在本工序内完成处置和防止对策。保证传递的是合格产品，否则会被下道“客户”所拒收。

每个员工必须能对本工序产品“合格”“不合格”的 2 种状况界定得非常清楚明确。知道标准化作业是制造合格品的关键，但同时还必须知道制造不合格品的原因，也就知道避免不合格品产生的措施，并进一步认真落实这些预防措施，执行标准作业。

“三不原则”的实施使每一个岗位、每一个员工都建立起“生产出使自己和顾客都满意的产品”的信念，严格的质量控制链贯穿于生产的全过程，制约着每个操作者，使流程的各个环节始终处于良好的受控状态，进入有序的良性循环。通过全体员工优良的工作质量从而保证了产品的质量。

3. 实施要点

“三不原则”是现场质量保证的一个运行体系，在实施过程中需注意以下 9 方面：

①谁制造谁负责的要点。一旦产品设计开发结束，工艺参数流程明确，则产品的质量波动就是制造过程的问题。每个人的质量责任从接受上工序合格产品开始，规范作业确保本工序的产品质量符合要求是员工最大的任务。一旦在本工序发现不良或后道工序反馈不良，该人员必须立即停止生产，调查原因，采取对策，对产品的质量负责到底。

②谁制造谁检查的要点。产品的生产者,同时是产品的检查者,产品的检查只是生产过程的一个环节。通过检查,确认生产是否合格,也确保合格产品流入下道工序。通过自身检查,作业者对本工序加工产品的状态了解得更清楚,也有利于员工不断提升加工水平,提高产品质量。

③作业标准化的要点。产品从设计开发、设定工艺参数开始,就要对所有的作业流程中的作业步骤、作业细节进行规范化标准化,并不断予以完善。每一个员工也必须严格贯彻标准化作业。标准化是该工序最佳的作业方法,是保证产品质量一致性的唯一途径,否则制造一大堆不良品并且找不到不良的根本原因,这个时候“三不原则”只有制造混乱,而不是质量。

④工序内检查的要点。质量是制造出来的,如果安排另外的检查人员在工序外对产品进行检查或修理不仅是浪费,也不能提高作业者的责任,反而姑息作业者对其产品质量的漠视。

⑤不良品停机的要点。在工序内一旦发现不良,操作者有权利也必须有责任立即停止生产,并立即实施调查对策活动。

⑥现场及时处理的要点。在生产过程中,发生不合格品时,作业者必须从生产状态转变到调查处理状态,马上停止作业并针对产生不良品的人、机、料、法、环等生产要素及时确认,调查造成不良品的“真正元凶”并及时处理。

⑦不良曝光的要点。在生产过程中出现的任何不良,必定有其内在的原因,只有真正解决了发生不良的每个原因,才能不制造不合格品,实现零缺陷,才能让客户真正满意。因此,对于产生不良不仅要让作业者知道,还必须让管理阶层知道,让品质保证的人员知道,让设计开发的人员知道,大家认真分析对策,并改善作业标准。而不是简单地由作业者对不合格品自行返工或报废,否则下一次还会发生同样的问题。

⑧预防的要点。产品的质量不能够完全依赖于操作者的责任心来保证,任何人都会有情绪,会有惰性,会有侥幸心理,以及一些意外因素的干扰,从而使产品质量出现波动。因此,必须尽可能科学合理地设计使用防错装置来防止疏忽。同时在现场管理中,认真进行细节管理,尽量把工作做在前面。周全的计划,充分的准备,事先的预防,减少各种差异的变动,把质量控制在要求的范围内。

⑨管理支持的要点。作业者承担产品的质量责任,但产品出现不良,管理阶层应该承担更多的责任,因为管理人员的职责就是帮助员工解决问题。当员工发现问题并报告问题,管理人员应第一时间出现在现场,一起调查处理问题。对于不良品,若只是推卸责任给作业者,不仅不能彻底解决不合格品的产生,而且易造成管理阶层与普通员工的对立。管理人员有责任培训教育员工,对员工进行指导,事先预防问题的产生,要和员工共同分析、探讨解决问题的方法。须提供配备员工所需的资源设施,须帮助解除员工生活上的后顾之忧……总之,管理人员必须是员工坚强的后盾,“三不原则”才能真正在生产现场中落实。

课外读物——分子场

铁磁理论的奠基者,法国物理学家PE外斯于1907年提出了铁磁现象的唯象理论。他假定铁磁体内部存在强大的“分子场”,即使无外磁场,也能使内部自发地磁化;自发磁化的小区域称为磁畴,每个磁畴的磁化均达到磁饱和。实验表明,磁畴磁矩起因于电子的自旋磁矩。1928年WK海森伯,首先用量子力学方法计算了铁磁体的自发磁化强度,给予外斯的“分子场”以量子力学解释。1930年,F布洛赫提出了自旋波理论。海森伯和布洛赫的铁磁理论认为,铁磁性来源于不配对的电子自旋的直接交换作用。

项目 2 永磁铁氧体的常用原材料及其控制

本项目导读：本项目主要对永磁铁氧体的常用原材料及其控制方法，作了相关的讨论，内容包括原料的粉末特性、化学特性、工艺特性，改善原料活性的措施，永磁铁氧体常用原材料的工艺控制要点等。

子项目 1 永磁铁氧体常用原材料

任务 1 永磁铁氧体常用原材料

对于制造铁氧体元件产品的主要原料，用量最大的为金属氧化物，少数为盐类物质，个别为非金属氧化物。氧化物法生产以氧化物原料为主，盐类热分解法和化学共沉淀法生产则多采用硫酸盐、碳酸盐和草酸盐等为原料。

各种原料根据其作用和用量的不同，可分为主要原料、添加剂和助熔剂。

1. 主要原料

作为铁氧体的主要成分，对铁氧体的性能，起着决定性的作用，其所用原料，属于主要原料，由于主要原料的用量和影响都比较大，因此，其性能指标也应有较高的要求。永磁铁氧体主要原料有氧化铁（Fe_2O_3）、碳酸钡（$BaCO_3$）、碳酸锶（$SrCO_3$）、碳酸钙（$CaCO_3$）等。

（1）氧化铁

氧化铁又称三氧化二铁、铁红、铁丹、赤铁矿、铁锈，其相对分子质量为 159.7，红棕色粉末，熔点为 1565℃，相对密度（水＝1）为 5.24g/cm^3，不溶于水，但溶于酸，它在自然界的存在形式为赤铁矿、赭石等。在空气中灼烧亚铁化合物或氢氧化铁等，可得三氧化二铁。

（2）碳酸钡

$BaCO_3$ 的相对分子量为 197.35，白色重质粉末。不溶于水和醇，但溶于酸及氯化铵溶液。它有 α、β、γ 三种结晶形态，其工业品为白色粉末，相对密度为 4.43g/cm^3。α 型熔点为 1740℃（9.09MPa），982℃时 β 型转化成 α 型，811℃时 γ 型转化为 β 型，1450℃时分解成氧化钡和二氧化碳。可由二氧化碳通入硫化钡溶液或氢氧化钡溶液，或由碳酸钠与硝酸钡作用而制得。用于永磁铁氧体的碳酸钡，其纯度要求在 98.8%以上，HCl 不溶物＜0.4%，H_2S＜0.05%，Na_2CO_3＜0.2%，松装密度为 500～600g/L，粒度为 1.5±0.2μm。

（3）碳酸锶

碳酸锶的相对分子量为 147.63，白色粉末，不溶于水，溶于醇，微溶于含二氧化碳的水和铵盐溶液，溶于稀盐酸和稀硝酸并放出二氧化碳，加热至 900℃时分解成氧化锶和二氧化碳，其熔点为 1497℃。用于永磁铁氧体的碳酸锶，其纯度要求在 98%以上，HCl 不溶物＜0.4%，硫酸盐＜0.3%，松装密度为 500～600g/L。

（4）碳酸钙

$CaCO_3$ 的相对分子质量为 100.09，熔点为 825℃，密度为 2.93g/cm^3，分解温度为 898℃，

难溶于水，难溶于醇，易溶于氯化铵溶液。在空气中稳定，有轻微的吸潮能力。白色晶体或粉末，无味，在 101.325kPa 下加热到 900℃时分解为氧化钙和二氧化碳。

2. 添加剂

为改善铁氧体磁特性，需用少量的添加剂（各添加剂对产品性能的影响及添加方法等详细情况见项目 4）。永磁铁氧体常用添加剂主要有 SiO_2、PbO、Bi_2O_3、Al_2O_3、As_2O_3、CaO、La_2O_3、Co_2O_3、CoO、Co_3O_4 等。

(1) SiO_2

二氧化硅又称硅土、硅石、硅酐、石英砂，分子量为 60.08，自然界中存在有结晶二氧化硅和无定形二氧化硅两种，其熔点为 1723℃，沸点为 2230℃，化学性质很稳定。不溶于水也不跟水反应。是酸性氧化物，不跟一般酸反应。气态氟化氢或氢氟酸跟二氧化硅反应生成气态四氟化硅，与热的强碱溶液或熔化的碱反应生成硅酸盐和水，与多种金属氧化物在高温下反应生成硅酸盐。二氧化硅与碱性氧化物：

$$SiO_2 + CaO \xrightarrow{\text{高温}} CaSiO_3$$

二氧化硅能溶于浓热的强碱溶液：

$$SiO_2 + 2NaOH \longrightarrow Na_2SiO_3 + H_2O$$

$$Ba(NO_3)_2 + Na_2SiO_3 \longrightarrow BaSiO_3 \downarrow + 2NaNO_3$$

$$Sr(NO_3)_2 + Na_2SiO_3 \longrightarrow SrSiO_3 \downarrow + 2NaNO_3$$

(2) 氧化铝

Al_2O_3 俗称矾土，其分子量为 101.96，白色粉末，是一种典型的两性氧化物，所表现的碱性和酸性的程度大体相同，因此 Al_2O_3 既溶解于酸，又溶解于碱，同时它不溶于水，但能溶解在熔融的冰晶石中。在大气压下加热 Al_2O_3，熔点为 2020℃，沸点为 2980℃，真密度为 3.6 g/cm^3，它的流动性好。

(3) Cr_2O_3

铬的三价氧化物，又称“铬绿”，无毒，化学式 Cr_2O_3，为暗绿色晶体或绿色粉末，其密度为 5.21g/cm^3，其熔点为 1857℃，沸点为 2672℃，分子量为 151.99，属六方晶系，为无定形橄榄绿色粉末，有金属光泽，不溶于水和酸，可溶于热的碱金属溴酸盐溶液中，对光、大气、高温及腐蚀性气体（SO_2、H_2S 等）极稳定，有很高的遮盖力，具有磁性。

(4) La_2O_3

La_2O_3 的分子量为 325.84，白色斜方晶系或无定形粉末，其相对密度为 6.51g/cm^3，不溶于水，易溶于无机酸，易潮解，应置于密封器内。

(5) Co_3O_4

Co_3O_4 系黑色粉末，无臭无味，不溶于水，溶于热浓无机酸，其分子量为 240.79，其粒径（D50）通常为 5～10μm，球形或类球形，松装密度为 0.5～1.2 g/cm^3，振实密度为 1.2～2.8 g/cm^3，比表面积为 2～10 m^2/g，永磁铁氧体生产用的氧化钴，其钴含量常为 73%以上。

3. 助熔剂

在生成铁氧体的过程中，助熔剂是参加固相反应的少量附加物。助熔剂应具有较低的熔点或能在反应中产生低熔点中间产物。在高温下，助熔剂呈低粘度液相，有利于增加固相反应的接触面积，大大加快反应速度，降低烧结温度。

常用助熔剂有氧化铜（CuO）、氧化铋（Bi_2O_3）、二氧化硅（SiO_2）、五氧化二磷（P_2O_5，熔点为580～585℃）、四氧化三铅（Pb_3O_4）和氧化铅（PbO）等。

氧化铜（CuO），熔点为1064℃，700～800℃开始形成铜铁氧体，在1200℃下开始熔融。在铁氧体配方中加入适量的氧化铜，可以明显降低烧结温度，获得较高密度的铁氧体。

氧化铋的熔点更低，约为820℃，也是一种常用助熔剂。

SiO_2 的熔点高达1728℃，但因它能与氧化铁生成低熔点（1150℃）的硅酸铁，所以它也可以作助熔剂使用。由于它的加入具有降低磁导率的作用，因而 SiO_2 的含量必须严格控制，一般应在0.5%以下。如果所用氧化物原料中有 SiO_2 杂质，当选用 SiO_2 作为助熔剂时，应考虑原料中 SiO_2 的固有含量。SiO_2 与 CaO 同时添加效果更好。

4. 添加剂的使用

添加剂和助熔剂统称为有效杂质，处理适当，可以收到预期效果；否则，可能适得其反。

①尽量少用助熔剂。助熔剂的主要作用是降低烧结温度。但助熔剂将进入最后生成物，除个别情况助熔剂的加入有利于某些磁性能的改善外，多数不利于高性能的获得。

②严格控制添加剂。添加剂的加入，在改善某一方面性能的同时，又常常会抑制或降低另一方面的性能；当添加剂用量超过一定的量时，有效杂质就可能变为有害杂质。

任务2　原料的化学特性

铁氧体原料属化工产品，多为粉末状物质。为了获得成分严格符合配方要求的铁氧体，首先要求原料具有较高的化学纯度和尽可能低的含水量。因代表化学反应能力的化学活性以及原料含杂质情况与铁氧体的性能和工艺有直接关系，故原料的化学活性与含杂质情况也是原料不可忽视的化学特性。

1. 原料的纯度

原料的纯度代表杂质含量的多少，它用纯成分质量占原料总质量的百分比表示：

$$纯度=纯成分质量/原料总质量\times 100\% \quad (2.1)$$

（1）化工原料的纯度等级

任何化工原料都含有一定量的杂质。我国的化工原料按照部颁标准（HGB）将纯度分为工业纯（5级，符号C）、实验纯（4级，符号为L.R）、化学纯（3级，符号为C.P，纯度标准为98%）、分析纯（2级，符号为A.R，纯度为标准99%）、保证试剂（1级，符号为G.R，纯度标准为99.9%）、光谱纯（特级，符号为S.P，纯度标准为99.99%）、超纯纯度（标准为99.999%）七级。国外也有类似的化工原料纯度标准，如日本工业标准（JIs）等。

（2）常用原料杂质含量

在保证原料达到一定纯度级别的同时，必须控制各种杂质在配方中的最高含量。这就要求在了解原料纯度的时候，同时掌握各种原料含杂质的种类及数量。化工原料的出厂标签一般除标明纯度等级外，同时还应注明各种杂质的最高含量。从表2.1不难看出，SiO_2 的含量越高，Fe_2O_3 的质量(级别)越低。如果永磁用氧化铁的 SiO_2 含量超过 0.6%时，无论工艺多先进，都很难做出高档永磁铁氧体材料，用高 SiO_2 含量的氧化铁做出来的产品，在其表面上将出现许多的结晶点。

表 2.1　国家原电子部规定氧化铁技术标准　(单位：%)

化学成分	一级(软磁)	二级(软磁)	三级(永磁)
氧化铁(Fe_2O_3)	≥99.4	≥99.3	≥99
二氧化硅(SiO_2)	≤0.008	≤0.01	≤0.015
三氧化二铝(Al_2O_3)	≤0.008	≤0.01	≤0.02
氯化物(Cl^-)	≤0.10	≤0.15	≤0.15
氧化亚铁(FeO)	≤0.02	≤0.04	≤0.06
氧化锰(MnO)	≤0.26	≤0.28	≤0.30
氧化钙(CaO)	≤0.01	≤0.01	≤0.015
硫酸盐(以 SO_4^{2-} 计)	≤0.05	≤0.10	≤0.15
水分	≤0.3	≤0.4	≤0.5

2. 原料的含水量

原料中包含一定的水分，一种是原料分子的结晶水，如盐类热分解法的常用原料硫酸亚铁，它的每个分子带有 7 个结晶水分子，记作 $FeSO_4 \cdot 7H_2O$；另一种则是原料在制备、运输和保存过程中，从外界环境吸收的水分。原料的含水量一般用灼烧失重表示，即

$$灼烧失重=(灼烧前质量-灼烧后质量)/灼烧前质量\times100\% \quad (2.2)$$

灼烧失重的测量方法如下：

称取 1g 试样(准确到 0.0002g)，置于已恒重的铂坩埚中，于高温下(灼烧温度由待测物质本身的性质决定，如部分盐类物质，其灼烧温度应低于其分解温度)灼烧，灼烧到恒重(连续两次称量之差不超过 0.2mg)，然后将数据代入式(2.2)进行计算。

3. 原料的化学活性

原料的化学活性是表征原料参与化学反应能力的重要特性。选用具有适当化学活性的原料，不仅有利于提高铁氧体的性能，而且有利于控制生产工艺，便于获得质量较为稳定的产品。

原料化学活性没有统一的质量标准，是个相对的概念。化学活性的高低与多种因素有关，影响较大的有，原料粉末的比表面积、原料的结晶情况以及含杂质的种类和数量。原料的制备方法及工艺过程决定了上述因素。一般地，由盐类物质低温热分解所得的氧化物活性较好，粒度细(比表面积大)、密度小的原料活性较好，而纯度较高的原料比纯度较低的同种原料活性差(故铁氧体原料纯度要求不宜太高)。

现有生产工艺条件下的实践表明，影响铁氧体原料活性的主要因素有 3 方面：颗粒的表观形貌(粒度及其分布、颗粒的外形)、原料的结构、预烧的温度。

(1) 颗粒的表观形貌

①颗粒的粒度及其分布。

原料经混合、粉碎后，其颗粒表面能大幅度提高，颗粒表层处于高能量的介稳状态。一般

认为，颗粒平均粒度越小，表面能越高，颗粒越有可能处于高活性状态。其实，对于铁氧体元件的生产，并不是越细越好，平均粒度的大小有一个相对的范围。在此范围内粒度越细越好；若超出此范围，原料太细，不但活性不是很好，而且会产生一系列不利的影响。

A. 细颗粒团聚。颗粒越细、表面能越高、颗粒间越容易发生团聚现象。严重的团聚现象将导致晶体材料显微结构的不均匀性。

B. 高温自烧结。原料太细，虽然其在低温时活性好，但在高温条件下，它可能由于自烧结而凝聚成活性差的粒子，故颗粒的平均粒度宜控制为 0.8～1.0μm。

C. 在工艺上，细颗粒通常是靠长时间的研磨来实现的，而长时间的研磨，还将会对料浆产生如下的负面影响。

a. 粉料粒度分布过宽。

b. 引入杂质。球磨时间长，筒壁、钢球磨损会混入 Fe^{2+}，过量的 Fe^{2+} 将导致材料的磁性能降低。

c. 料浆过稠(变粘)，流动性变差。

d. 部分颗粒将进入超顺磁状态(超顺磁颗粒无磁滞现象，矫顽力趋于零)，材料的磁性能将急剧下降。

②颗粒外形。

原料加工方法不同所制得的颗粒外形也不相同，这将对产品质量带来很大的影响。不同外形颗粒，其活性排列顺序为：球形或接近球形、板状、片状、针状。用共沉淀法，喷雾干燥法制得的颗粒多为立方形、球形。

(2) 原料的结构

原料加工粉碎过程中产生的裂纹、位错、偏扭、表面尖凸、凹形等缺陷处能位较高，较之正常晶格而言处于介稳状态，活性较高。

粉料中杂质的存在、添加剂的使用以及工艺过程中产生的微量气孔等造成阴、阳离子空位，有利于促进质点的扩散，加速固相反应。如原料中添加颗粒半径相对较小的金属或非金属离子，晶格将产生畸变(晶格常数增大)，从而可明显提高其活性。

(3) 预烧的温度

现有工艺技术的实践证明，预烧温度对铁氧体粉料的活性有很大的影响。

①低温煅烧。

能得到高活性原料。如用碳酸盐，氢氧化物低温热分解得到的粉料疏松多孔，活性高。

②高温煅烧。

由于晶格缺陷已得到校正，结构较紧密，晶格结构、离子分布已固定，其熔点固定，因而活性差。

任务 3　原料的粉末特性

铁氧体产品的制造属于粉体工程，从配料到成型，各道工序的处理对象均为粉末状物料。粉末状物质的特性对各道工序的工艺效果以及最终产品的质量都有很大影响，在研究原料化学性质的同时，必须充分了解其粉末特性。

1. 粉末颗粒与粉末体

自然界中常见的物质按物态可分为固体、液体和气体。按分散和联结程度又可把固体分为致密体、粉末体和胶体。粉末体介于致密体和胶体之间。

通常把颗粒大小介于 $10^{-3}\sim10^{-1}\mu m$ 的粒子称为粉末颗粒或原始颗粒(一次颗粒)。由大量粉末颗粒组成的聚合体称为粉末体,简称粉末。在粉末中,原始颗粒之间存在着大量的孔隙。在研究粉末原料的特性时,对单个粉末颗粒和粉末体的性质都需顾及,才能深入了解粉末的特性。

反映粉末特性的参数较多,对粉末颗粒(一次颗粒)而言,主要有粒度、颗粒形状、密度、表面状态、吸附气体层、内部夹杂、颗粒内空隙、晶体点阵缺陷等,对粉末体(二次颗粒)而言,主要有平均粒度、粒度分布、比表面积等。铁氧体生产仅与其中部分内容有关。

2. 粉末颗粒的形状

由于制备方法不同,粉末颗粒的形状也各不相同。常见粉末颗粒的形状有球状粉末、多角状粉末、不规则状粉末、树枝状粉末、针状粉末、片状粉末、碟状粉末,如图 2.1 所示。粉末的制备方法和工艺过程对颗粒形状有很大影响。

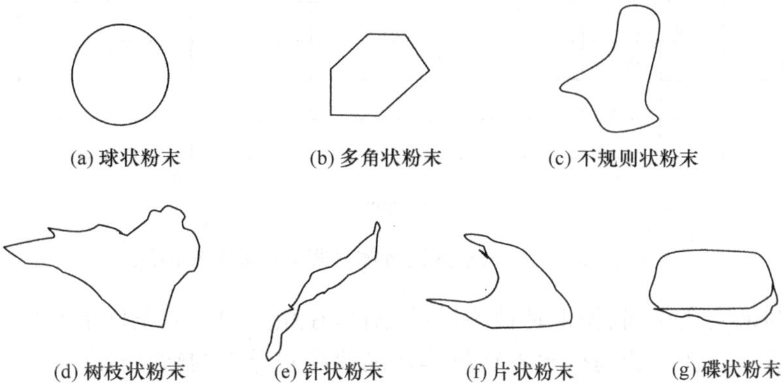

(a) 球状粉末　(b) 多角状粉末　(c) 不规则状粉末

(d) 树枝状粉末　(e) 针状粉末　(f) 片状粉末　(g) 碟状粉末

图 2.1　粉末颗粒形状图

一般地,雾化粉末颗粒多近似球形,由固态转变成粉末,则颗粒多呈不规则形状。粉末颗粒形状决定着粉末本身的填充和烧结性能,对铁氧体产品的特性有较大影响。在制备铁氧体产品时,应对原料粉末及成型粒料的颗粒形状进行必要的观察。

3. 粒度与粒度分布

粒度又称颗粒度,即粉末颗粒的大小。对粉末体而言,一般均指平均粒度,即颗粒大小的平均值。表示粒度的方法较多,通常把颗粒近似看作同体积的球体,因此,常用该球体的直径来衡量其粒度的大小。由于制造方法和工艺过程的变化,粉末颗粒大小分布范围不同,有的分布范围宽,有的分布范围窄。一般用粒度分布表示粉末颗粒的组成情况。

粉末粒度分布通常用不同粒级颗粒数目的百分比来表示。表 2.2 给出了某粉末粒度的分布情况。粉末粒度分布也可用曲线来表示,横坐标表示颗粒尺寸,纵坐标表示各级颗粒数的百分比,如图 2.2 所示。

表 2.2　某粉末粒度分布表

粒径/μm	微分分布/%	累积分布/%	粒径/μm	微分分布/%	累积分布/%
0.2			2.12	8.38	61.13
0.24	0	0	2.5	8.6	69.72
0.28	0	0	2.96	8.1	77.82
0.33	0	0	3.51	7.17	84.99
0.39	0	0	4.15	5.29	90.28
0.46	0.39	0.39	4.91	40.41	94.69
0.55	1.4	1.79	5.81	3.42	98.11
0.65	3.86	5.65	6.88	1.45	99.56
0.77	7.42	13.07	8.14	0.41	99.97
0.91	8.35	21.41	9.64	0.03	100
1.08	8.64	30.05	11.41	0	100
1.28	7.41	37.46	13.5	0	100
1.51	7.35	44.99	15.98	0	100
1.79	7.76	52.75	18.91	0	100

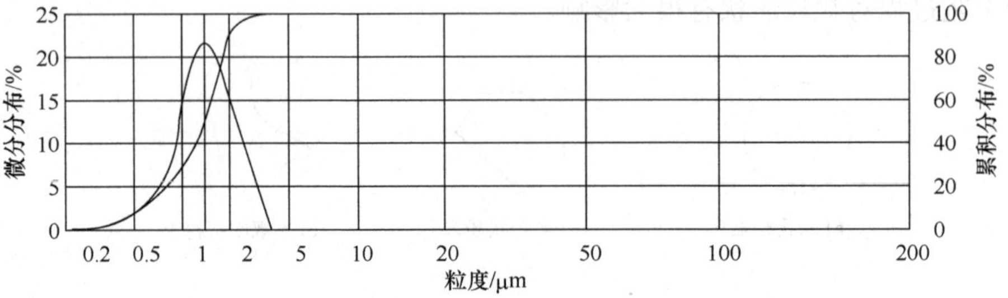

图 2.2　某公司永磁铁氧体料浆的粒度分布曲线

化学分析结果完全相同、粉末特性不同的原料，在相同的工艺条件下制得的铁氧体性能可能差别很大。这一点在制造高档永磁铁氧体产品或高磁导率的软磁铁氧体时，表现尤其明显。按照粉末的粒度大小，可将粉末物质分成如下 5 个等级：粗粉末，150～500μm；中等粉末，40～150μm；细粉末，10～40μm；极细粉末，0.5～10μm；超细粉末，<0.5μm。其中细粉末、极细粉末和超细粉末称为超筛分粉，铁氧体原料均属于超筛分粉。

4. 粉末的比表面积

颗粒间的固相反应效果与粉末颗粒的表面积大小有着直接联系。粉末颗粒表面积大小用粉末的比表面积表示。粉末比表面积是指单位质量粉末颗粒所具有的总表面积(这里讨论的比表面积指质量比表面积，用符号 S_W 表示)，单位 m^2/g(或 cm^2/g)。粉末的比表面积取决于粉末颗粒的大小和形状。粒度越小，形状越不规则，粉末的比表面积越大。铁氧体原料粉末的比表面积一般在几到几十 m^2/g。如 Fe_2O_3 为 $5\sim15m^2/g$；$MnCO_3$ 为 $20\sim30m^2/g$，ZnO 为 $5m^2/g$左右。颗粒形状为圆球的粉末，其比表面积可表示为

$$S_{W球}=\frac{k}{d\rho} \tag{2.3}$$

式中，ρ 为粉体的密度；k 为颗粒的形状系数，对于球状粒子 $k=6$，不同的形状有不同的系数。d 为颗粒的直径。

由式(2.3)可知，球形颗粒粉末比表面积 $S_{W球}$ 与颗粒直径 d 成反比。例如，某一 Fe_2O_3 球形颗粒平均直径为 1μm，密度为 $3g/cm^3$，其比表面则为 $S_{W球}=2\ m^2/g$。

颗粒形状不为球形的一般粉末，其比表面积可表示为

$$S_{W球}=ad^{-b} \tag{2.4}$$

式中，a、b 为常数，取决于颗粒形状。粉末的比表面积与同一平均直径的球形颗粒粉末的比表面积之比，称为该粉末物质的粗糙系数。

粉末的比表面积不仅影响固相反应的效果，决定粉末吸附气体的数量，同时还与粉末的压制特性有关。

任务 4　粉末的工艺特性

在铁氧体制备过程中，还需研究粉末原料和成型用粒料的工艺特性。粉末的工艺特性包括粉末的松装密度、流动性和压制性能等。

1. 粉末的松装密度和摇实密度

粉末装入容器时，颗粒间有许多孔隙，其孔隙总量与装法有关。当粉末处于松装(不振动也不加任何压力)状态时，单位体积的质量叫该粉末的松装密度(其测量方法见图 2.3)：

$$\text{松装密度}=\text{松装粉末质量}/\text{粉末占据体积} \tag{2.5}$$

粉末的松装密度是一个多因素参数，与粉末粒度、粒度分布、颗粒形状、粉末真密度和颗粒内孔隙等因素有关。松装密度是压模设计的重要依据，同时也影响成型、烧结工艺和产品质量。

(1) 粒度分布对松装密度的影响

粒度分布很窄的粉末，粒度大小均匀，松装密度较小。粒度分布适当，细颗粒充分充填大颗粒之间的孔隙，可以得到较大的松装密度。

(2) 颗粒形状对松装密度的影响

颗粒形状越规则，松装时越易填充，则粉末的松装密度越大。如球形颗粒粉末的松装密度比不规则形状粉末的松装密度大。

(3) 粉末真密度、内孔隙对松装密度的影响

在其他条件相同的情况下，粉末真密度越大，内孔隙少(粉末颗粒致密)，则松装密度越大。粉末装入容器时，将容器振动，使粉末颗粒间的堆积更紧密，这时，单位体积的质量称为粉末的摇实密度(振实密度)。同一粉末物质的摇实密度大于松装密度。松装密度和摇实密度(其测量方法见图 2.3 和图 2.4)的数值都依赖于测量方法。因而，在生产中，用统一规定的测量方法测量，其结果才可供比较。

图 2.3　松装密度测试过程示意图

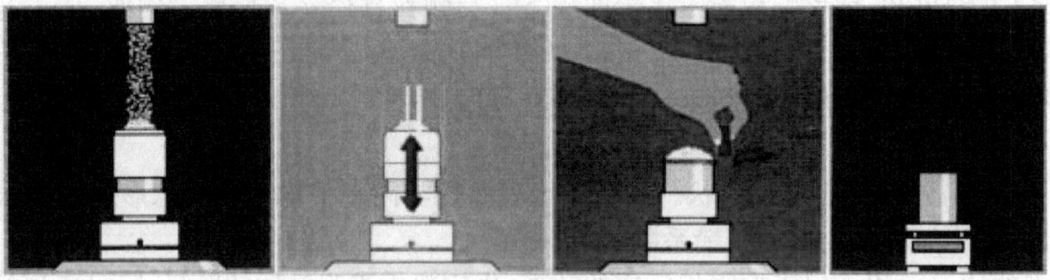

图 2.4 振实密度测试过程示意图

2. 粉末的流动性

粉末体具有充填容器的流动性(其检测方法见图 2.5)。粉末流动性代表其充填一定形状容器的能力。粉末的流动性与液体的流动性不同,粉末流动性用粉末从倾斜面上流过的速度表示,也可用流过一定大小孔眼的能力来表示。有时也用颗粒的休止角 Φ_r 来衡量颗粒摩擦力或颗粒群流动性的大小程度,它是指松装堆积时料堆的圆锥斜面与水平面所夹的角。

图 2.5 休止角测试过程示意图

粉末的流动性与多种因素有关,其中主要取决于粉末颗粒间的摩擦,即受粒度大小和颗粒形状的影响。一般规律是:粒度越细、颗粒形状越复杂,粉末流动性越差。此外,粉末流动性还与粉末湿度有关,粉末越湿,流动性越差。铁氧体原料中的氧化锌和氧化铁,由于粒度较细,流动性较差;而粒度较粗的氧化铝流动性就比较好。铁氧体成型用粒料是磁性物质,其流动性还受到磁力作用的影响。除此之外,流动性与预烧温度有关,对同一种铁氧体,其高温预烧料的流动性优于低温预烧料。

3. 粉末的压制特性

粉末的压制特性包括粉末的压缩性和粉末的成型性。通常用一定压力下(常用 4000 kg/cm^2)所得压坯密度(g/cm^3)表示粉末的压缩性。粉末的压缩性反映了粉末被压紧的难易程度。

粉末的压缩性与粉末颗粒的塑性有关。粉末的塑性越好,越能在较低压力下压制成型,即在相同压力下,坯件的密度和强度越高。此外,粉末的粒度大小和颗粒形状也影响粉末的压缩性。一定比例的粗粉末和细粉末混合,可能获得较好的压缩性。

粉末的成型性反映粉末成型的难易和压制后保持一定形状的能力。粉末的成型性无严格定义,观测粉末成型性的方法是定性地看压坯有无裂纹,表面质量如何。定量地比较粉末的成型性，可进行压坯抗压试验。用极限抗压强度(坯件破坏临界压力)与压制压力之比表示粉末的成型性。该比值越大，则粉末成型性越好。

任务 5　原料性能的测量

为了提高铁氧体产品的质量，铁氧体生产厂家必须具备原料的分析测量设备和分析测量技术。化学性能的测量主要用于各种原材料；而粉末特性和粉末工艺性能的测量，不仅用于原料，也用于成型粒料。

1. 原料的化学分析

在铁氧体产品生产中，选用原料时除参考出厂标准外，还必须进行必要的化学分析。表 2.3 给出了几种原料化学分析的标准和方法(部颁标准 SJ/Z214—81)。

表 2.3　铁氧体主要原料的化学分析方法

原料	分析项目	分析方法
Fe_2O_3	纯度	铝还原法、碘量法
	碱金属 K，Na	火焰光度法
	碱土金属 Ca，Mg	比色测定法
$MnCO_3$	纯度	络合滴定法、电位滴定法
	盐酸不溶物	
	硫化铵非沉淀物	
	碱金属 K，Na	火焰光度法
ZnO	纯度	络合滴定法
	硫酸不溶物	
	碱金属及碱土金属	
	碱金属 K，Na	火焰光度法
	碱土金属 Ca，Mg	比色测定法
$MgCO_3$	纯度	络合滴定法
	氧化钙	络合滴定法
	碱金属 K，Na	火焰光度法
MgO	烧结失重	
NiO	纯度	质量法、络合滴定法
	碱金属 K，Na	火焰光度法
	碱土金属 Ca，Mg	比色测定法
$BaCO_3$ $SrCO_3$	纯度	络合滴定法
	碱金属 K，Na	原子吸收分光光度法
	纯度	络合滴定法

2. 原料活性的测量比较

从前面的分析已知，原料的活性是指组成粉料的质点挣脱其本身结构而进行挥发、扩散的可能性。换句话说，在实际中，同种原料，烧结温度低的活性就好。活性反映了原料参加化学反应的能力。但原料的化学活性目前还没有统一的度量标准，通常可采用测量原料热膨胀收缩曲线的方法比较不同原料的化学活性。图 2.6 给出了两种氧化铁原料粉末的热膨胀收缩曲线，横坐标表示温度，纵坐标用百分数表示原料粉末的膨胀与收缩（正数表示膨胀，负数表示收缩）。从图中可知，氧化铁粉末开始随温度升高体积膨胀，大约在 800℃，因开始发生化学反应而收缩。体积收缩开始较早且收缩较快者，化学活性较好，反之，收缩开始较迟，曲线变化缓慢者，化学活性较差。1号试样的活性比 2 号试样的活性好。

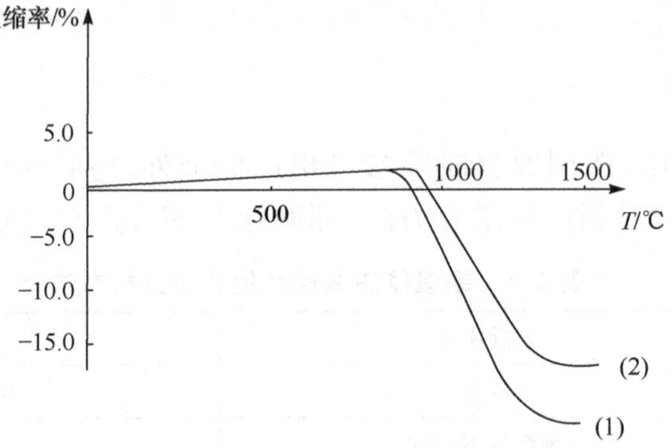

图 2.6　两种氧化铁原料粉末的热膨胀收缩曲线

除此之外，在实际生产中，多采用原料试烧测收缩率的方法估计和比较原料的活性，其原理与测量热膨胀收缩曲线法相同。在相同的条件下，收缩率较大，最终产品的密度大，原料的化学活性就较好。因而也常用产品试烧后测其密度的方法来衡量原料的活性。

测定铁氧体的烧结密度 D_m 常用以下 3 种方法。

(1) 度量称重法

度量称重法的操作步骤：对形状规则的样品，采用天平称出样品质量后，用游标卡尺、千分尺等长度量具量出相关尺寸，算出体积，其密度计算为

$$\rho=\frac{m}{V} \tag{2.6}$$

式中，ρ 为密度，kg/m^3(g/cm^3)；m 为质量，kg (g)；V 为体积，m^3(cm^3)。

按式(2.6)求得样品密度。度量称重法，主要用于测量形状规则的样品。

(2) 浮力法

根据阿基米德浮力定律，物体在液体介质中所受的浮力等于其排开液体介质的质量，如图 2.7所示。

利用这一定律，先称出样品在空气中的质量 W_1，再称出样品悬挂在水中、受浮力作用下的质量 W_2 后，两次质量之差即样品在水中所受的浮力。由于水的密度为 1，两次质量之差即为样品排开液体的体积（即样品的体积），由此算出样品的密度：

$$\rho=\frac{W_1}{W_1-W_2} \tag{2.7}$$

式中，ρ 为密度，kg/m^3(g/cm^3)；W_1 为样品在空气中的质量，kg(g)；W_2 为样品在水中的质量，kg(g)。

浮力法主要用于测量形状不规则的样品。

在实际测量中，由于 W_2 难以测量，因此常用直接测量浮力大小方法来进行测量，其步骤如下：

①用天平称出被测样品的干重 W_1。

②用 50ml 烧杯取半杯水(以能够很好地淹没样品,保证样品不接触烧杯为准),在天平上称出质量 W_2。

③将被测样品用线拴好悬挂在支架上(或用手提住),让样品浸没在烧杯内的水中(注意:要完全淹没,但物体不能接触烧杯底部、侧面)。

④称出这时的质量 W_3。

W_3 与 W_2 之差即物体所受的浮力,由于水的密度为 1,该差值也就是样品的体积。

⑤计算。密度 ρ 值的计算为

$$\rho=\frac{W_1}{W_3-W_2} \tag{2.8}$$

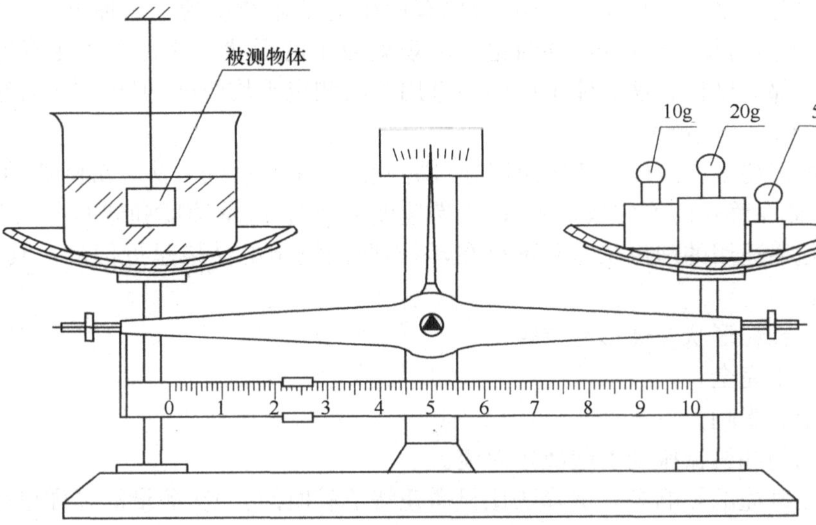

图 2.7　浮力法测量密度示意图

(3) 密度瓶法

用密度瓶测量样品密度的方法。主要用于测量粉料密度,其主要步骤如下:

①取磁性材料粉料 10～20g,放在托盘天平上称出其质量 W_0(g),按有效数字原则记录下数据。

②往密度瓶内装满水,在托盘天平上称出其质量 W_1(g)。

③取 50ml 烧杯一个,装半烧杯水,将称量后的干燥磁性材料粉料放入烧杯中在电炉上煮沸 5min(粗略测量时省略该步骤)。

④将煮沸过的样品放入密度瓶中,加满水后称出质量 W_2(g)。

⑤密度 ρ 值的计算为

$$\rho=\frac{W_0}{W_0-(W_2-W_1)} \tag{2.9}$$

3. 粉末粒度的测量

测量粉末粒度的方法因粒度的范围不同而不同。

(1) 筛分析法(大于 40μm)

筛分析法也称筛分法。适用于粗颗粒粉末,操作方便,设备简单,每次测定的粉末量较多。

铁氧体原料均为超筛粉末，颗粒较细，不宜用筛分析法测定粒度。以造粒方式获得的颗粒（二次颗粒）构成的成型用粒料，用此法测定粒度。筛分析法测量装置由一套标准筛（也称分样筛）组成。标准筛是用黄铜或不锈钢细丝织成正方形孔眼的筛子，以筛孔尺寸表示粉末粒径。常将宽度为 1in(25.4mm)的筛网所含筛孔数，称为目。目数越大，粒径越小。测定粉末粒度时，先将一套筛子按从粗到细的顺序由上而下叠合，然后将一定质量的粉末试样（如取 100g）放入第一层筛子。在振动筛分机上振动 15min（也可手工操作），通过第一层筛子的粉末进入第二层筛子后，多次重复上述操作，直至部分粉末通过最下一层筛子（筛子孔径范围视粉末粗细而定）。这样，粉末试样便被各层筛子按粒径大小分成若干部分，通过计算，可得粒度分布及试样平均粒度。

(2) 显微镜法（光学显微镜 0.3～100μm、电子显微镜 0.005～1μm）

显微镜法中普遍采用的是光学显微镜，也有使用电子显微镜的。这种方法的特点是用肉眼直接观察，不仅能直接测定粒度，同时也可以观察粒子的形状。这种方法花费的时间较长，只能测定极少一部分试样。铁氧体生产中不宜用此法测定平均粒度，但可用于观察颗粒形状。

(3) 沉降法（1～100μm）

沉降法是测定粉末在液体介质中沉降速度并确定粉末粒度的方法。沉降法的根据是斯托克斯定律，即球体在静止的均匀液体中，以缓慢速度下降时，降落速度和球的直径平方成正比。

斯托克斯定律适用的理想状态并不存在，因而此法测定的结果是近似的。其误差来源有以下 5 个方面：

①一般粉末颗粒形状与球形有差距。

②粉末分散不完全。

③容器器壁有影响。

④温度不均匀和机械振动引起液体对流。

⑤粒子相互碰撞的影响等。沉降法比显微镜法节省时间，一次测量的试样也较多，可以用于测定铁氧体原料的粒度。

(4) 光透过沉降法（0.2～500μm）

这种方法又称为光透过法。为区别于透过法，这里称作光透过沉降法。就其原理而论，仍属沉降法范畴。此种方法的理论根据仍为斯托克斯定律。将一定质量的粉末样品与一定的液体介质（称为分散剂）充分均匀混合，形成混浊的混合物。把分散于分散剂中的粉末颗粒视为半径为 r 的球体，每个颗粒受向下的作用力（重力与浮力的合力）作用而以一定的速度下沉。沉降速度可表示为

$$V = 0.03267\frac{d_0 - d_f}{\eta}x^2 \tag{2.10}$$

式中，V 为沉降速度，mm/min；d_0 为粉末真密度，g/cm³；d_f 为分散剂密度，g/cm³；η 为分散剂粘度，cp；x 为粉末颗粒直径，μm。

对具体的粉末样品和分散剂而言，式(2.10)中 d_0、d_f、η 均为常量，因而当粉末和分散剂确定后，沉降速度只取决于粒径大小。大的沉降快，小的沉降慢。用一束光照射样品槽，透过的光强度就会有所下降，下降的程度与液体浑浊程度有关。液体的浑浊程度又是由粒子沉降速度所决定的，不同的沉降速度又取决于样品中各种不同粒度的粒子。用光电管将整个过程中，光的强度记录下来，通过换算即可得到样品的粒度。

此方法不适用于磁性粉末的粒度测定，因为沉降过程中，由于磁性而产生粒子间的相互作用力，将使测量产生严重误差。

光透过沉降法可用于铁氧体原料的粒度测量，也可用于锂铁氧体和 YIG 多晶样品的分析。可测量范围在 0.2～500μm，测量设备可采用日本 SK-1 型光透过式粒度分布测试仪。

4. 粉末比表面积的测量

粉末的比表面积与其粒度大小有着直接的密切联系，粒度越细，其比表面积越大。可以认为，比表面积是粉末粒度的又一种表现形式。

测量比表面积的方法很多，常用的有气体透过法和吸附法。

(1) 气体透过法

气体通过粉末物质时，受到的阻力与粉末的比表面积有关，这就是气体透过法可以用于测量粉末比表面积的根据，目前，磁性材料行业利用该法测量粒度所用仪器，用得较多的是丹东市环境分析仪器厂生产的 WLP-205、208 型平均粒度测定仪。

(2) 吸附法

与气体透过法相比，吸附法是测量粉末比表面积的精确方法，但比较复杂。吸附法分为静态法和动态法两类，其中静态法又包括氮吸附法、氪吸附法和有机蒸汽吸附法等。

氮吸附法在液态下进行。由于氮是化学惰性物质，低温下不易发生化学吸附，只要求出样品的吸附量，就可以推算出样品粉末的比表面积。氮吸附法是最常用的测定粉末比表面积的方法。

5. 粉末流动性的测量

使用粉末流动仪可以测量粉末物质的流动性，其测量仪器如图 2.8 所示。取一定量(通常可取 50g)经过干燥处理的粉末试样装入流速漏斗，同时用手堵住漏斗底的流出孔，并注意使粉末充分布满流出孔部分。随后打开流出孔并同时按下秒表计时，当最后一部分粉末离开流出孔时，停止秒表读时。全部粉末流出漏斗所需的时间越长，则表明粉末试样流动性越差。表 2.4列出了几种粉末流动性的测量结果，以供参考。其中“－”号表示可通过分样筛，“＋”号表示不能通过分样筛。

图 2.8　粉末流动测试仪

表 2.4　几种不同粒度的粉末流动性测量数据

测量项目		粉末 1	粉末 2	粉末 3
粒度/(目/英寸)	＋100	4%	3%	15%
	－100＋150	11%	25%	10%
	－150＋200	18%	18%	30%
	－200＋250	16%	6%	25%
	－250＋325	18%	16%	5%
	－325	33%	31%	15%
流动性/(s/(50g))		29	24	20
松装密度/(g/cm³)		2.6～2.8	3.2～3.4	3.8～3.0

任务 6 WLP-205 型平均粒度测试仪的校准与测试

1. 工作原理

WLP-205 型平均粒度测定仪是一种利用空气透过法快速测定各种粉末粒子平均粒径的仪器(图 2.9)。空气泵送出的压缩空气经过过滤器、空气调节器、稳压器、干燥器后,产生稳定压强、稳定流量的气体到试样管前端,当气体通过试样后被送入 U 形压力计,根据送入压力计的空气压强的高低来反映出被测粉末的粒度(粒度越粗,气体穿过越容易,U 形压力计上显示的液面越高,反之越低)。通过量程开关可以实现粗粉和细粉的转换(粗粉时打开量程开关,细粉时关闭量程开关)。

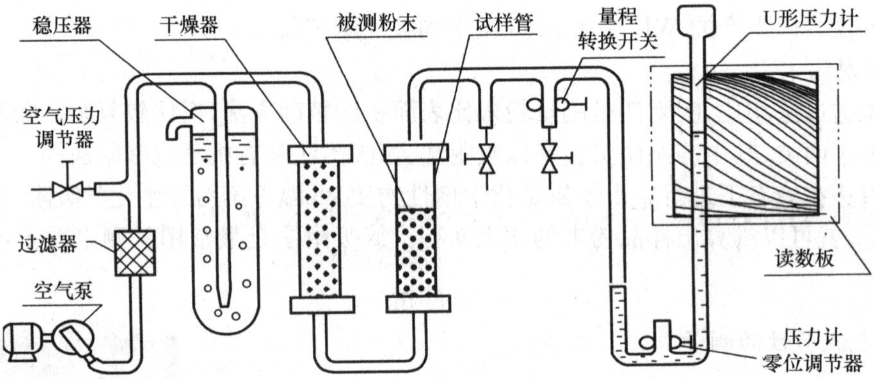

图 2.9 WLP-205 工作原理图

该仪器由空气泵、过滤器、稳压器、压力调节器、试样管、高值针阀、低值针阀、U 形压力计、读数板、标准管等组成。当仪器接通电源后,空气泵动作,打出压缩空气,经过滤器去除灰尘杂质,再经稳压器稳压后,通过变色硅胶组成的干燥器,去除压缩空气中的水分子,再进入试样管,通过被测粉末后,一部分压缩气体进入 U 形压力计,根据压力计水位高度便可在读数板上读出被测粉末的平均粒径,多余的气体经高值针阀排出。由于被测粉末颗粒之间有空隙,压缩空气通过被测粉末层后便会产生一定的压力降 ΔP。当被测粉末质量一定时,颗粒越大,颗粒之间空隙大,空气透过更容易,压力降 ΔP 则越小,U 形压力计水位就越高,读数板指示粒度值也大;反之如颗粒直径较小,空气透过难,ΔP 就大,读数板上指示粒度就小了,仪器所测得之值均为粉末体的平均粒径。

(1) 测试料粉的准备

取 10～15g 料浆于不锈钢盘内,在 800～1000W 的电炉上烘干水分(不能直接在电炉上烘烤,温度≤300℃)。如烘料温度偏高,则测试结果偏小;如过高,接触盘底已开始变颜色,则测试结果偏大。最好用 150～200℃的烘箱去水,烘好后,稍冷,移入干燥器冷却至室温,压碎过筛,准确称取 5.1g 料粉待用。

(2) WLP205 平均粒度测试仪的调整与定标

①调整 U 形压力计的零位。

在未安装试样管、标准管,未通电的情况下进行。

调节压料旋钮,使粒度指针对准读数板基线,调节零位调节旋钮,使 U 形压力计水位对准压力计指针。当无法使 U 形压力计水位对准压力计指针时,应往 U 形压力计中加水(水位不够高时)或从 U 形压力计中抽出一些水(水位过高时)。

②调整 U 形压力计满度。

打开电源,安上空试样管,观察水位是否达到 U 形压力计的红点(满度)位置。当低于满度时,应往稳压器中加水;当高于满度时,应从稳压器中往外抽水(注意:不能用零位调节旋钮来调节满度,也不能再往 U 形压力计中加水)。

③调整空气压力(空气流量)。

调节空气压力调节旋钮,从观察窗中观察气泡速度,以每秒 2～3 个为宜。

④调节量程(定标)。

由于该仪器有两种测量范围,因此调节时分为高值和低值两种状态进行调节。

a. 调整高值针阀(细粒度量程)。

量程转换开关转向Ⅰ(0～20μm),空隙度指针对准读数板的 0.75,安上标准管(注意箭头方向),用粒度指针在读数板上对准标准管上标定的高值,这时 U 形压力计中的水位应该对准压力计指针。如果没有对准,应调节高值针阀使其对准。

b. 调节低值针阀(粗粒度量程)。

量程转换开关转向Ⅱ(20～50μm),空隙度指针指向读数板的 0.75,安上标准管(注意箭头方向),用粒度指针在读数板上对准标准管上标定的低值,这时 U 形压力计中的水位应该对准压力计指针。如果没有对准,应调节低值针阀使其对准。

注意:由于高值和低值调节时会相互影响,因此,当单独调节高值(或低值)达不到要求时,应反复地调节高值和低值以达到要求。当长期只使用一种量程时,如果能够调节到位,则可以只调节一种针阀。

(3) 粉料粒度的测试

①用天平称出铁氧体的理论密度质量 5.1g。

②天平使用前的调平。

③在天平两端托盘上垫上相同大小的白纸各一张。

④按左物右码的方法进行称量。

⑤将试样管的一端塞入一个带一张滤纸的多孔铜塞,插在橡胶座上。

⑥在试样管的另一端安上漏斗。

⑦将称好的粉料(5.1g)通过漏斗倒入试样管中。

⑧另一端再塞入一个带一张滤纸的多孔铜塞。

⑨将装好料的试样管放在压料座上,旋动压料旋钮将粉料压紧,移动读数板,使读数指针指向试样高度线。

⑩将压好的试样管安在测试座上。

⑪待液面稳定后,移动压料旋钮,使压力计指针对准 U 形压力计中的水位,读出粒度指针在读数板上所指的粒度。

(4) 测试过程中的注意事项

①所有玻璃器件不能损伤。

②标准管不得沾污、撞击,使用时应该注意方向,并在 0.75 空隙度下定标(调整量程)。

③测试管端部不能损伤。

④每个铜塞,只能垫一张滤纸(以免影响透气效果)。

子项目2　永磁铁氧体常用原材料的控制

在生产过程中,对不同档次的永磁铁氧体产品,其原料要求不一样,具体如表2.5所示。

表2.5　不同档次的永磁铁氧体产品,其主原料要求对比表

材料档次	牌号	B_r/mT	H_{CB}/(kA/m)	H_{CJ}/(kA/m)	对主原料的要求
低档永磁铁氧体	Y30H-1	380～400	230～275	235～290	预处理后的铁鳞或预处理后的精矿粉或废磁瓦或磨削料
	Y32H-1	400～420	190～230	230～250	
	Y30H-3	390～410	240～275	250～290	
中档永磁铁氧体	Y30H-2	395～415	275～300	310～335	预处理后的铁鳞或Ruthner法铁红的3级品
	Y33	410～430	220～250	225～255	
	Y28H-2	370～390	260～290	382～405	
中、高档永磁铁氧体	Y33H	410～430	250～270	255～275	Ruthner法铁红的3级品或2级品
	Y34	420～440	200～230	205～235	
	Y34H-1	420～440	240～260	250～280	

任务1　铁鳞的预处理

铁鳞又称氧化铁皮、氧化皮,通常是指钢材在加热和轧制过程中,由于钢材表面受到氧化而形成氧化铁层,剥落下来的鱼鳞状物质。铁鳞越多,钢材损耗越大,其表面质量也越差。铁鳞可用作氧化剂和制铁粉的原料。

铁鳞是生产永磁铁氧体的主要原料之一,我国在建立永磁铁氧体工业的起步阶段就开始使用铁鳞。然而,在用轧钢铁鳞为原料生产氧化铁粉时,由于铁鳞受到钢材品种、轧钢设备检修、操作、堆放、运输、收集等因素的影响,其成分极不稳定,且含杂质较多,主要有金属铁、以二氧化硅为主要成分的硅酸盐物质以及油类物质和水分,这些杂质对产品性能的危害很大,影响产品的档次和质量的稳定。

若不经过预先处理(深加工),很难保证铁氧体的磁性能。为了能利用铁鳞这一来源广、价格低的原料生产出中高档性能的永磁铁氧体材料,必须对其进行深加工。目前,此项工作正日益受到人们的重视。

(1) 铁鳞深加工的几种方法

铁鳞深加工的主要目的是使其成分相对稳定,有害杂质减少,以满足磁性材料的生产工艺要求。对其深加工的方法也由铁鳞本身的性质和铁氧体生产工艺来决定。目前主要有以下几种方法。

①过筛→干式磁选。

磁选是利用磁力清除油料中磁性金属杂质的方法。此工艺比较适合干法生产永磁铁氧体预烧料厂家。它要求铁鳞必须是干的,且不含油分,微细粒杂质较少,过筛是为了除去铁鳞中大的异物。然后经过干式磁选机除去部分有害杂质即可。该方法具有投资少、见效快、操作简单等优点,经该工艺加工后的铁鳞由于杂质除去不是很充分,因此,只能用作生产中低档永磁铁氧体的原料。

②细磨→过筛→湿式磁选。

它适用于粒度 3mm 以下的磁铁矿、磁黄铁矿、焙烧矿、钛铁矿等物料的湿式磁选。此工艺比较适合湿法生产永磁铁氧体预烧料厂家。细磨的主要目的是让被污染的铁鳞之间相互擦洗，以便在后续的湿式磁选中更好地去除其中的有害杂质，其粒度不宜磨得太细，否则在磁选作业中 Fe_2O_3 损失较大。该工艺具有投资较少、操作相对简单、铁鳞中杂质去除较充分等优点，缺点是只能供湿法生产预烧料厂家使用。若要供给干法生产厂家，还需增加烘干工序。经该方法加工过的铁鳞纯度较高，可以作为生产中高档永磁铁氧体预烧料的原料。

③过筛→细磨→氧化。

这是目前铁鳞深加工比较常用的方法。先用筛子筛去铁鳞中大的异物，然后进入球磨机干磨（若其中含杂质较多，可先经过一道干式磁选），磨细后的料（$<5\mu m$）由于其比表面积增大，活性也得到了提高，再送入温度约 850℃的氧化窑中充分氧化，使其中的 Fe_3O_4 转化为 Fe_2O_3，氧化后产品 Fe_2O_3 含量大于 98.5%。该方法要求铁鳞也必须是干的，否则需在球磨前增加烘干设备；总体投资较大，操作较复杂，应采用自动控制系统。经该工艺加工后的铁鳞产品具有粒度细、成分较稳定、活性较好等优点，是目前生产中高档永磁铁氧体的主要原料之一。

(2) 铁鳞的处理工艺分析

铁鳞是一种含 Fe^0、Fe^{2+}、Fe^{3+} 的复合氧化物，它的前期处理包括除去杂物、控制粒度分布、氧化、激活反应活性等，用链篦机-回转窑工艺，铁鳞可以连续完成氧化-预烧工艺生产永磁铁氧体预烧料。优质铁鳞的化学成分（质量分数%）大致如下：全铁（TFe）为 73%～75%，FeO 为 60%～65%，Fe^0（金属铁）≤0.3%，MnO 为 0.263%，MgO 为 0.010%，SiO_2 为 0.10～0.13%，Al_2O_3 为 0.047%，CaO 为 0.03%，Na_2O 为 0.095%。铁鳞的氧化层厚度，组织疏松性等因钢材品种和轧制工艺不同而不同，如国内某公司的铁在高温氧化皮层各层的成分为：内层 FeO（含 Fe 77.73%），中间层 Fe_3O_4（含 Fe 72.36%），外层 Fe_2O_3（含 Fe 69.94%），

铁鳞氧化时，氧向内层扩散的速度不同，因此氧化速率不同，这是由于铁鳞在空气中加热时，在 330～350℃范围和 410～430℃附近有两个较强的放热峰。氧化反应的结束温度通常受到加热速率、气氛及铁鳞颗粒大小的影响。粉末铁鳞在不同温度下的反应速度常数（τ）分别为：

800℃　($\tau=0.058$)
900℃　($\tau=0.124$)
1000℃　($\tau=0.253$)
1100℃　($\tau=0.331$)

若将其在氧化前进行破碎，以扩大比表面积，则有利于氧化。而粒度大小则根据破碎成本、氧化设备的具体情况以及氧化时间等来综合考虑。另外，在回转窑中氧化时，不能使物料结团，也不能在窑内结圈，这就必须控制好造球环节。另外，链篦机蓄热应充分，鼓风干燥段控制在 250～300℃，抽风干燥段在 350～450℃，预热段 900～1050℃，同时，注意链篦机的排风系统，以确保回转窑窑头微负压工作等。

实践证明，铁鳞和铁矿粉的氧化是在氧气充分时，350～950℃，保温一定时间后完成；而铁氧体的生成从 900℃左右开始。制造高性能的各向异性永磁铁氧体，预烧料温度一般在 1260～1320℃范围内，在充分的氧化气氛中，最高温度的保温时间，根据粒子直径大小以及所做坯件（或造球）的大小来确定，一般为 2～3h（最长为 5h）。如果能生成 95%以上的铁氧体材料，可视为预烧较佳状态。若该反应温度太高，将导致部分材料被还原而出现减重现象；氧化气氛低于 5%时，也会逐渐还原，大大地影响铁氧体生成的比例。

如果含铁原料中 Fe^{2+} 离子不能及时氧化成 Fe^{3+} 离子，或 Fe_2O_3 不能及时与 BaO、SrO 反应，将导致铁氧体中残存 Fe^{2+} 及 Fe_2O_3，急剧降低材料的磁性能。引起这些不良现象的原因大致有混料不均匀，氧化不完全，团球结核，烧结温度偏低等。另一方面，Fe^{2+} 离子含量会影响预烧后铁氧体晶体的形状，当原料中 Fe^{2+} 离子含量较高时，铁氧体的片状特征就比较明显；当含量较低时，则易得到球状结晶。值得一提的是，这种对铁氧体形态的控制，不是通过添加添加剂的方式来实现的，而是靠控制原料的品质进行的。

由于铁鳞的氧化是靠空穴和氧离子扩散完成的，因此，铁鳞颗粒若过大，将不利于铁鳞的氧化和形成铁氧体。在预烧时，有时还要加一点添加剂，以控制晶体生长，如果铁鳞颗粒过大，这些添加剂不容易扩散到铁鳞颗粒深部，不能发挥其应有的作用。

不论铁鳞先行氧化，还是铁鳞与碳酸盐进行混合后氧化，都希望将其氧化彻底，以利于预烧过程中固相反应的进行。有时，用铁鳞做原料生产的预烧料不及用氧化铁红做原料生产的预烧料那样光亮，这是铁鳞细度不够，氧化不彻底造成的。从氧化角度出发，铁鳞的粒度应 $\leqslant 5\mu m$，即铁氧体晶体晶粒尺寸的 5 倍或更小。

铁鳞氧化预处理的优化工艺包括除杂→粗磨→细磨→氧化等环节，除杂包括去除油及纸、布、砂石、煤渣等。经预处理的铁鳞应达到下列指标：氧化物总纯度 $>98\%$（其中 FeO $<0.5\%$），$SiO_2<0.6\%$，平均粒度 $\leqslant 5\mu m$。用这种铁鳞氧化制得的 Fe_2O_3 可以生产出 $B_r \geqslant 400mT$，$H_{CJ} \geqslant 300kA/m$ 的磁体。

日本 TDK 公司宫敏宪等人先将铁鳞破碎到 $10\mu m$ 以下，在 500℃以上的温度下，将其氧化，最后磨成平均粒度为 $2\mu m$ 或 $<1\mu m$ 的颗粒占 20%～70%的细粉，用这种 Fe_2O_3 生产的产品，典型值：B_r 为 425mT，H_{CJ} 为 304kA/m。

（3）铁鳞的除杂处理案例

宝钢徐望华等人对铁鳞采用了如图 2.10 所示的除杂工艺路线，具体如下。

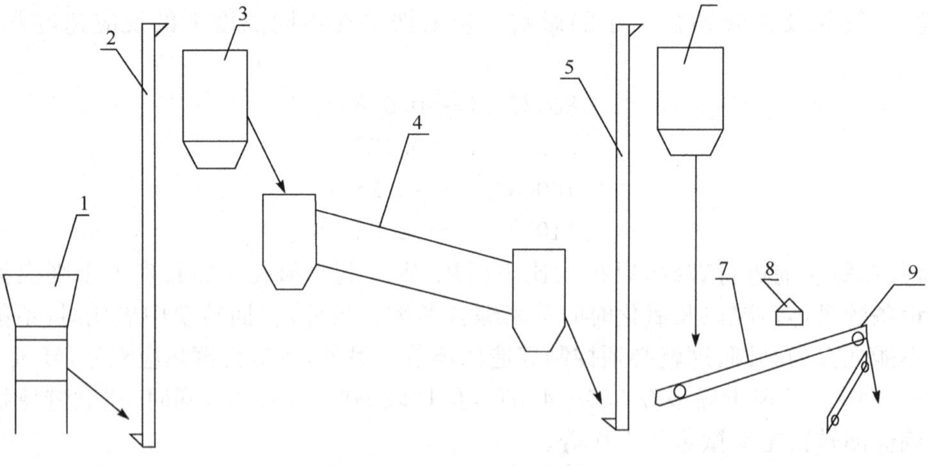

图 2.10 铁鳞的除杂工艺路线

1-格筛；2-1# 提升机；3-1# 料仓；4-烘干窑；5-2# 提升机；6-2# 料仓；7-皮带输送器；8-除铁器；9-耐高温磁辊筒

①轧钢铁鳞进入格筛 1 进行筛选，去大颗粒杂质。

②去大颗粒杂质的筛下面的铁鳞料经过 1# 提升机送到 1# 料仓，然后进入烘干窑进行

(110～270℃,时间 25～45min)烘干,去油类物质和水分。

③烘干后的铁鳞经过 2# 提升机进入 2# 料仓,再均匀供料到皮带输送机。

④铁鳞随皮带输送机的移动,先通过除铁器去金属铁杂质,再通过耐高温磁辊筒时,去小颗粒、微颗粒杂质,耐高温磁辊筒工作时的磁场强度为 2300～2800 Gs,工作温度小于 270℃。

⑤细磨。其方式为干式连续工作,要求细磨出料的平均粒径在 5μm 以下。

⑥氧化焙烧。采用煤气外加热,细磨出料与空气氧化,氧化温度控制在 700～750℃,氧化时间大于 60min。

该工艺使铁鳞的品质得到了明显的改善:SiO_2 的含量降低到了 0.3%以下,Fe_2O_3 的纯度可以从原来的 98%提高到 99%以上。

(4) 铁鳞的预处理案例

武钢焦立新等人对铁鳞采用了如图 2.11 所示的铁鳞预处理工艺,具体描述如下。

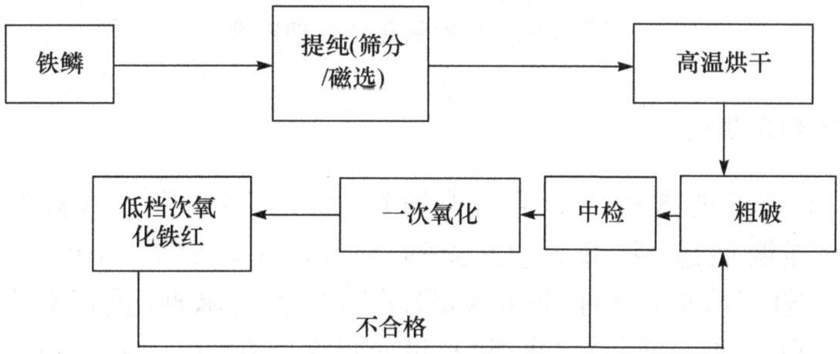

图 2.11　一次氧化预处理铁鳞

①首先对铁鳞(其 TFe 为 74.5%)进行提纯,通过筛选(过 5 目筛)除去致密铁块和较大的异物,通过磁选去除较小的杂质。

②接着在 1.2m×6m 的回转式烘干炉内,进行烘干、去油处理,其工艺温度控制在≥160℃(如 200℃)。

③烘干后,在 1.5m×5.7m 的球磨机内进行粗破碎,其电流控制为 190A,使粒径达到一次氧化要求,即粒度－200 目的颗粒料应达到 90%以上。若达不到一次氧化要求,则重新进行粗破碎。

④粗破碎后在 0.9m×10m 的外加热式双筒氧化炉内进行一次氧化,其工艺温度控制为 900±20℃。进料量为 250kg/h,其炉内反应方程式为

$$4Fe_3O_4+O_2 \longrightarrow 6Fe_2O_3$$

$$C+O_2 \longrightarrow CO_2\uparrow$$

两个反应合并为　$$4Fe_3O_4+2O_2+C \longrightarrow 6Fe_2O_3+CO_2\uparrow$$

一次氧化后得到的氧化铁红,含量较低,纯度为 84%。检验不合格的料,需重新进行一次球磨与氧化处理。

一次氧化后的氧化铁红,进入 MYD-300 干式超细粉碎机(或 SASD-200 干磨机)内进行超细破碎,进料量为 270kg/h,出料平均粒度为 1.8μm;该细料再进入 0.9m×10m 的外加热式双筒氧化炉内进行二次氧化,其炉内温度为 860℃,进料量为 300kg/h。二次氧化后得到高品位的氧化铁,其 Fe_2O_3 的纯度为 99%,平均粒度为 2μm,SiO_2≤0.21%,Mn≤0.3%。检验不合格的料,重新进行二次氧化,如图 2.12 所示。

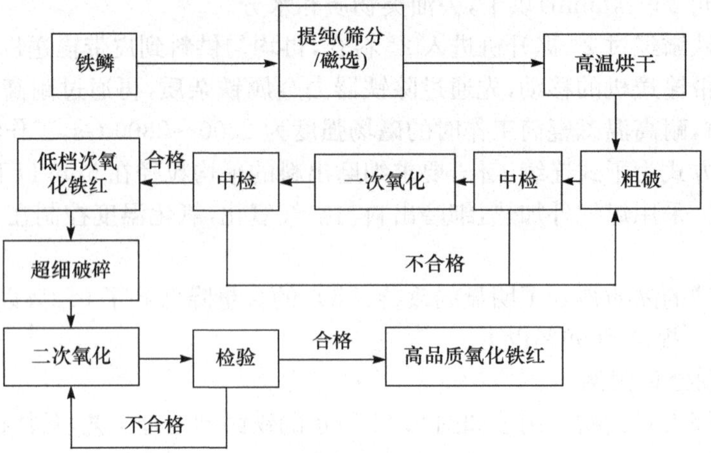

图 2.12　二次氧化预处理铁鳞

任务 2　Ruthner 法制备铁红

行业对氧化铁的技术要求可以分为三个阶段：第一阶段，只重视高纯度，要求 $Fe_2O_3 \geqslant 99.1\%$；第二阶段，强调低硅，要求 $Fe_2O_3 \geqslant 99.1\%$，$SiO_2 \leqslant 130\times10^{-6}$，$CaO \leqslant 100\times10^{-6}$，$Al_2O_3 \leqslant 100\times10^{-6}$；第三阶段，除对 SiO_2、CaO、Al_2O_3 有要求外，重视对 P、Cr 的控制，要求 $P \leqslant 50\times10^{-6}$，$Cr \leqslant 100\times10^{-6}$，同时要求 SiO_2 进一步控制在 100×10^{-6} 以下。另外，越来越多的厂家将平均粒径 APS、比表面积(S. Brunauer(布鲁尼尔)、P. Emmett(埃密特)和E. Teller(特勒)于 1938 年提出一种测试比表面积的方法，简称 BET)、松装密度 BD 等物理性能指标，近年来，也纳入了采购标准。

在现代轧钢生产中，普遍使用盐酸对热轧钢板进行酸洗，去除氧化层后再进行冷却。酸洗废液主要成分为 $FeCl_2$，通过加热分解生成 HCl 气体，溶于水再生成盐酸回收使用，同时获得副产品氧化铁。Ruthner 法是现代轧钢生产首选的酸回收工艺，其主要流程如下：酸液溶解废钢板，加氨水提高酸液 pH，通气氧化产生$Fe(OH)_3$ 沉淀，将沉淀凝聚物滤除，所得的高纯度酸液再经喷雾焙烧生成氧化铁。在氧化铁的生产过程中引入的杂质主要有 Al、Cr、Na、P、Si、S、Cl 等。某些特殊材料如汽车钢板的酸洗还会引入 B。为了获得优质高纯氧化铁，在焙烧前后必须分别对酸洗废液和氧化铁进行提纯精制处理。

1. 酸洗与酸洗废液的形成

冷轧带钢用的原料是热轧板卷，从冷轧特点和控制冷轧带钢质量出发，对热轧板卷提出的要求之一是其表面的氧化铁皮疏松，含 FeO 多。为了使氧化铁皮容易酸洗掉，热轧板卷宜采用低温卷取，并尽量使其表面的氧化铁皮为易于酸洗的 FeO 组成。由于盐酸酸洗速度更快，质量高，通过鲁斯纳喷雾焙烧法，废酸可以获得再生循环使用，再生过程中获得的副产品氧化铁粉是高附加值产品，有多方面的用途，因此，近年来盐酸酸洗法得到了广泛的应用。

热轧带钢表面氧化铁皮一般由 Fe_2O_3、Fe_3O_4 或 FeO 构成。由于铁的氧化过程是 Fe→FeO→Fe_3O_4→Fe_2O_3，因此，氧化铁皮结构一般是：内层(紧贴钢的基体)FeO，外层(直接与大气接触)Fe_2O_3，中间层 Fe_3O_4。氧化铁皮的组成和结构随着钢的化学成分、热轧温度、加热及终轧温度、轧后冷却速度、周围介质的含氧量变化而变化。由于碳素钢与低合金钢表面上的氧化铁皮具有疏松、多孔和裂纹的性质，加之在酸洗机组中随同带钢一起经过矫直、拉矫、传送的反复弯曲，使这些孔隙增加和扩大，故酸洗时，酸溶液在与氧化铁皮外层 Fe_2O_3、中间层 Fe_3O_4 反应的同时，也通过裂缝和孔隙与内层 FeO 和钢的基体起化学反应。

2. 亚铁盐溶液的提纯

攀钢王彦华等用炼钢转炉污泥铁粉（按理论消耗铁粉的 1.5 倍加入污泥铁粉）调节钢板盐酸酸洗液（含 SiO_2 0.6%，Al_2O_3 0.452%）的 pH，溶液升温到 70℃，搅拌 1.5h，用污泥铁粉将溶液的 pH 调至 1.5～2.0，接着加入碳酰胺进行搅拌，用碳酰胺调节钢板酸洗液的 pH 值至 3～5，然后通入空气进行氧化，氧化生成 $Fe(OH)_3$ 胶体，胶体的质量占总铁量的 1%，再加入阴离子型或非离子型有机絮凝剂（如按质量分数计为 0.02%～0.06%的聚丙烯酰胺）搅拌混合 10min，静置过滤沉淀，即可得到纯化的亚铁盐溶液。该法工艺简单，去硅效果较好，并能充分利用冶金二次资源，增加高档氧化铁粉产量，可将亚铁盐溶液中 SiO_2 含量从 0.6%降至 0.01%以下，Al_2O_3 降至 0.007%，同时还能有效地去除 Al、V、Ti、Ca、Mg 等杂质，铁损较少，所得纯化液可进而用湿法结晶沉淀或喷雾焙烧法制取高纯氧化铁粉。

3. 喷雾焙烧法制备氧化铁

Ruthner 酸再生装置采用喷雾焙烧工艺原理，把酸洗废液进行热分解，在焙烧炉中直接进行固、液、气三相反应，使废酸液转化成盐酸和三氧化二铁粉。其工艺如图 2.13 和图 2.14 所示。废液中主要成分是 H_2O、HCl 和 $FeCl_2$，经喷嘴喷入焙烧炉内，雾化小液滴在 107℃时，水分蒸发，生成含结晶水的氯化亚铁（$FeCl_2 \cdot H_2O$ 和 $FeCl_2 \cdot 2H_2O$），温度超过 265℃时，$FeCl_2$ 结晶水蒸发，温度继续上升，$FeCl_2$ 分解，温度越高，分解越快，反应方程式如下：

$4FeCl_2 + 4H_2O + O_2 \longrightarrow 2Fe_2O_3 + 8HCl$（水蒸气、氧气充足，这是主要的反应）

$2HCl + O_2 \longrightarrow H_2O + Cl_2$（如 O_2 过剩、H_2O 不足，产生的 HCl 将生成 Cl_2）

$$3FeCl_2 + 3H_2O + \frac{1}{2}O_2 \longrightarrow Fe_3O_4 + 6HCl$$

$$2FeCl_3 + 3H_2O \longrightarrow Fe_2O_3 + 6HCl$$

生成的氧化铁粉末落入焙烧炉底部，并被连续不断地抽入氧化铁粉仓，生成的 HCl 随热气体上升，经过吸收塔、洗涤塔，得到再生酸及可排放的净化气体。

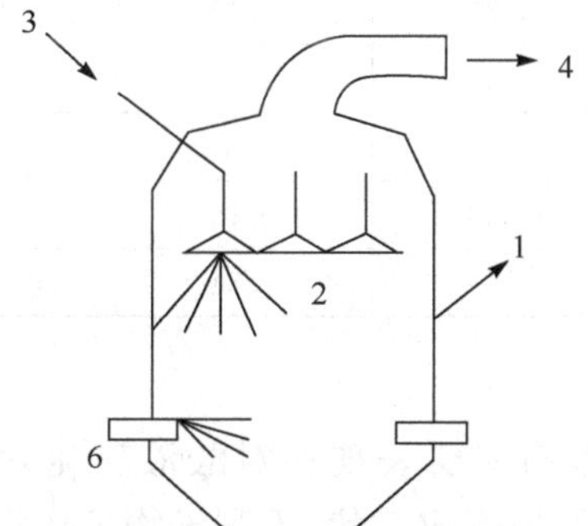

图 2.13　Ruthner 喷雾焙烧炉

1-焙烧炉主体；2-喷嘴；3-废液；
4-分解生成气体；5-三氧化二铁颗粒；6-烧嘴

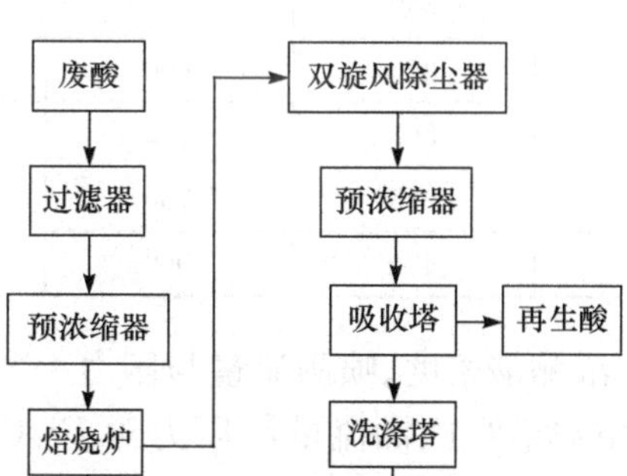

图 2.14　酸再生系统工艺流程

4. 雾化焙烧工艺参数对 Fe_2O_3 粉质量的影响

从焙烧反应炉的控制元件布局及物理化学反应过程可知，从废酸液到再生盐酸、Fe_2O_3 粉的流程中，可以变化的因素有废酸浓度、喷洒量及压力、反应温度、炉内负压、空煤比及炉内含氧量，反应温度是影响 Ruthner 法 Fe_2O_3 粉质量的核心参数。

(1) 反应温度对 Fe_2O_3 粉质量的影响

在实验室对现场取来的废酸进行蒸发、干燥，得到 Cl^-、Fe^{2+} 含量高的 Fe_2O_3 粉样品，将样品放入箱式电阻炉中作氧化焙烧实验，用空气透气法分析样品的平均粒径，结果如表 2.6 所示。实验表明，Cl^- 在室温下即可挥发出来，在 250～400℃时，减少幅度增大，Fe^{2+} 与 Cl^- 的减少是同步的；在 600～800℃时，其减小量达到最大，即氧化焙烧温度可选在 600～800℃。因生产现场的 Ruthner 反应炉内是雾化动态氧化，其温度可选择低些。如反应温度过低，废酸球珠反应不彻底，粉体色泽偏黑，放置时间稍长，便有浅绿色的 $FeCl_2$ 液体渗出，化学成分中 Cl^- 明显偏高，Fe_2O_3 含量降低；在 900℃时粉体则有过烧迹象，用 X 射线衍射分析表 2.7 中炉膛温度为 580℃～900℃时得到的 Fe_2O_3 粉，分析数据显示，反应温度过高或过低，均直接影响 Ruthner法 Fe_2O_3 粉的质量。

表 2.6　反应温度对 Fe_2O_3 粉粒径、容重的影响

反应温度/℃	平均粒径/μm	容重/(g/cm³)
550	0.5	2.31
600	0.54	2.34
650	0.6	2.41
700	0.9	2.47
800	1.6	2.57

表 2.7　现场取样的 Fe_2O_3 粉的化学成分及反应温度

序号	炉顶温度/℃	炉膛温度/℃	成分/%			
			Fe_2O_3	FeO	Cl^-	H_2O
a	350	580	97.92	0.73	0.42	0.64
b	370	600	99.17	<0.1	0.1	0.23
c	380	650	99.38	<0.1	0.072	0.13
d	390	700	99.21	<0.2	0.15	0.24
e	420	900	98.75	0.51	0.34	0.51

(2) 浓缩酸密度、喷洒流量与压力

浓缩酸密度、喷洒流量与压力对 Fe_2O_3 粉质量的影响主要表现在对酸液雾化效果的影响。如果酸液密度增大，粘度增加，喷洒量减小，则酸液不易喷成雾状，不利于物理化学反应的进行，生产中浓缩酸密度一般控制在 1.3～1.4g/cm³。如果喷洒压力过大，易堵塞枪头，形成片状流体，导致 Fe_2O_3 粉质量不均匀，为保证废酸液的雾化效果，喷洒压力宜控制为 0.35～0.45MPa，喷洒流量为 3.02～3.15m³/h。

(3) 空煤比、含氧量

空煤比、含氧量对 Fe_2O_3 粉质量的影响表现为焙烧反应炉的温度及氧化气氛。废酸发生的氧化反应,需要有充足的氧气参加,含氧量是由空煤比确定的。因此,合理的空煤比值,既可以使煤气完全燃烧,保证炉内的反应温度,又使 Fe^{2+} 很好地转变为 Fe_2O_3。生产中含氧量控制在 4%～6%,空煤比在 1.35 左右时,炉膛温度为 650～700℃,可较好地保证 Fe_2O_3 粉末的纯度。

(4) 漂洗水对 Fe_2O_3 粉质量的影响

再生酸系统漂洗用水中的杂质如 K、Na、Ca、Mg 等盐类,是否会通过酸洗工序后由废酸富集到 Fe_2O_3 粉中,在实验室进行了不同水质的对比试验。漂洗用水有工业自来水、去阳离子水和蒸馏水。把 36%的盐酸稀释成 18%的酸洗液,酸洗 Q195 带钢后,废酸液制成 Fe_2O_3 粉后分析其化学成分如表 2.8 所示,可见漂洗水中的 Ca、Mg 杂质在 Fe_2O_3 粉中有残留影响,但可以满足永磁用 Fe_2O_3 粉的要求。

表 2.8　氧化铁粉中的杂质含量与漂洗用水的关系

漂洗用水	杂质含量/%			
	K_2O	Na_2O	CaO	MgO
工业自来水	<0.01	<0.005	0.098	0.045
去阳离子水	<0.01	<0.005	0.046	0.042
蒸馏水	<0.01	<0.005	0.036	0.037

实践表明,在下面的工艺参数条件下,能够得到性能稳定的、优质的 Ruthner 法 Fe_2O_3 粉。炉顶温度:380～388℃;炉膛温度:650～660℃;喷洒量:3.02～3.15m^3/h;喷洒压力:0.35～0.45MPa;含氧量:4%～6%;炉内负压:−0.20kPa。用上述工艺制得的氧化铁,其晶格结构表明它是 α-Fe_2O_3 相,按标准 ISO 3923—1977 测试攀钢 Fe_2O_3 粉的松装密度为 0.44g/cm^3,用空气透气法测得平均粒径为 1.33μm。

5. 干式氧化铁粉固体提纯方法

高端产品对氧化铁的 Cl^-、BET 的要求较高,常规工艺制备的氧化铁,其 Cl^- 在 0.1%～0.25%,且 Cl^- 的含量波动大,BET 值一般在 2～3.5g/cm^3,王仲庆等用氧化铁的固体粉末按下面的工艺:固体氧化铁粉末(低硅或脱硅)→水洗(脱盐水洗涤)→压滤(板框式装置,对水洗后的氧化铁粉混浊液进行压滤,使其固液分离,滤后其含水率≤30%)→预干燥→破碎→干燥炉干燥→振动球磨机研磨→包装,得到了性能优良的氧化铁粉末,其 Cl^-≤0.07%,BET 提高到 4.0～5.5m^2/g,具体如图 2.15 所示。氧化铁粉从原料仓 1 下部由旋转下料器通过原料输送带 2 定量加入到水洗槽 3,水洗槽中通入脱盐水或纯水,氧化铁和洗涤水的比例为 1∶3～1∶8,水洗槽至少配 2 个,每个水洗槽均配有搅拌机。为充分去除 Cl^- 和其他水溶性杂质,搅拌的速度大于 100r/min(如 120r/min),先加水,后加氧化铁粉末,当电导率小于 100mS/cm 时,判定水洗结束,用泥浆泵将其打入压滤机 6 进行压滤,压滤前 15min 的滤液回流至水洗槽,泥饼含水率在 28%左右,卸出的泥饼通过输送带,到预干燥箱干燥,预干燥温度为 250～350℃,干燥后泥饼的含水率小于 10%,然后经破碎机 9 破碎,干燥机 10 进行干燥,干燥温度为 300～500℃,然后由球磨机干磨到规定的技术指标。

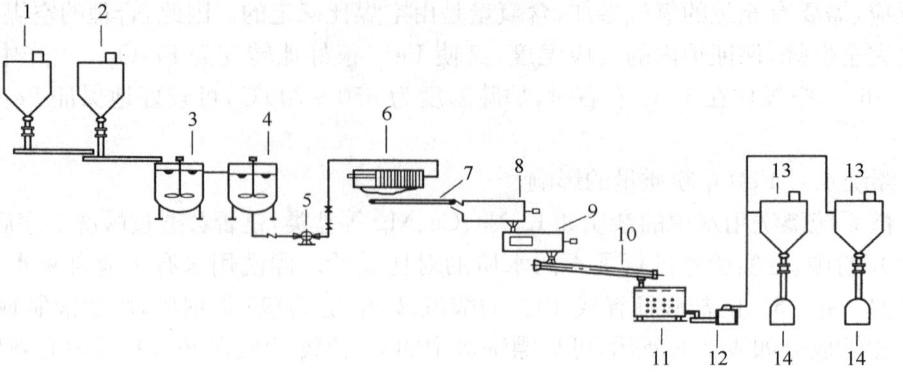

图 2.15　干式氧化铁粉固体提纯工艺流程图

1-氧化铁原料仓；2-原料输送带；3-一级水洗槽；4-二级水洗槽；5-隔膜泵；6-压滤机；7-输送带；8-预干燥箱；9-破碎机；10-干燥机；11-球磨机；12-提升机；13-氧化铁成品仓；14-包装设备

任务 3　铁精矿粉

铁精矿分布广，产量巨大，化学成分波动小，成本低廉，是制备铁红的良好原料，特别是云母矿粉，由于其独特的片层结构，生产出的氧化铁红具有优良的性能。

(1) 磁铁矿选矿生产流程

磁铁矿选矿生产流程如下：开采的矿石先由颚式破碎机进行初步破碎，在破碎至合理细度后经由提升机、给矿机均匀送入球磨机，由球磨机对矿石进行粉碎、研磨。经过球磨机研磨的矿石细料进入分级工序。螺旋分级机借助固体颗粒的密度不同而在液体中沉淀速度不同的原理，对矿石混合物进行洗净、分级。经过洗净和分级的矿物混合料在经过磁选机时，由于各种矿物的比磁化系数不同，可通过磁力和机械力的作用将混合料中的磁性物质分离开来。通过两级磁选的效果更好（某公司的磁铁矿选矿工艺流程如图 2.16 所示）。

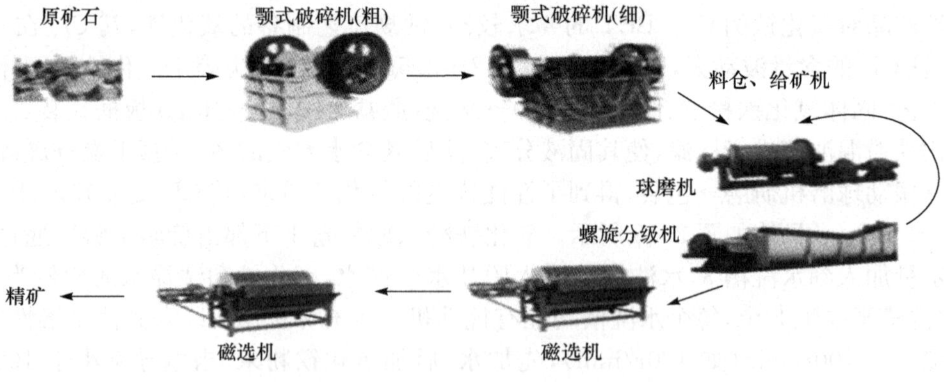

图 2.16　某公司磁铁矿选矿工艺流程

(2) 以铁精矿粉为原料制备氧化铁

孙本良等人以铁精矿粉为原料，采用以下工艺也得到了优质的氧化铁红：

①将铁精矿过 60 目旋振筛，筛分。

②使用雷蒙机研磨铁精矿粉，其粒度控制为 800～1200 目。

③磨细的铁精矿粉，经过串联的磁选柱多级磁选，以达到进一步分离非铁物质的目的，磁

场强度 2～14kA/m，全铁含量≥70%，含水量<5%。

④利用回转式双层干燥炉干燥，干燥温度为 350～650℃，含水量<0.5%较好，含水量<0.3%更好。

⑤用气流粉碎机或搅拌式球磨机精细研磨，矿粉平均粒度控制为 8～12μm。

⑥进入回转式焙烧炉进行焙烧处理，同时强化鼓风，炉内化学反应为 $Fe_3O_4(FeO)+O_2 \longrightarrow Fe_2O_3$；$Si+O_2 \longrightarrow SiO_2$；焙烧温度为 500～1100℃。炉尾废气的温度小于 400℃，经过串联的两个旋风分离器、袋式除尘器、水幕，最后排放到大气中，被加热的空气进入强化鼓风系统。

⑦经过氧化焙烧，转变成的氧化铁红粉体经过水冷溜槽冷却，旋振筛筛分，进入超微气流粉碎分级机。超微粉碎和分级连续循环同时进行，控制产品平均粒度为 0.1～4μm，微细粉末经过磁选和包装，完成生产过程。

(3) 典型案例

日本川崎矿业有限公司利用铁矿制取高纯氧化铁从而制取铁氧体，其精制过程为：铁矿→初磨碎→初分选→湿法磁选→二次磨碎→二次分选→干燥→精制。在初分选前，最大磨碎粒度为 200μm，初分选的目的是增加湿法磁选中的分离作用，在精细的硅酸盐矿与氧化铁之间抑制多相的凝聚作用。该精制铁矿的主要成分如下(质量分数)：Fe_2O_3 为 98.5%，SiO_2 为 0.14%，$A1_2O_3$ 为 0.1%，CaO 为 0.005%等。若调整 Fe_2O_3 与 SrO 之间的配料比例、预烧条件，再减少 SiO_2 的含量，附加一定量的 CaO，效果较好。比如将该原料，按摩尔分数计，$(Fe_2O_3):(SrO)=6$，另加质量分数为 0.2%的 SiO_2，质量分数为 0.5%的 CaO（原料中 SiO_2、CaO 含量与添加的 SiO_2、CaO 在生成铁氧体时所起的作用不完全相同)，预烧温度为 1250℃，可得 $B_r=4250\sim4300$Gs；$H_{CB}=3050\sim3400$Oe，收缩率为 13%～14%的铁氧体材料。

任务 4　工业废液、废渣

硫铁矿渣主要来源于硫铁矿生产硫酸的工业废渣，通常每生产 1t 硫酸便产生 0.9t 废渣，我国每年产生该废渣约 700 万吨。硫铁矿废渣的主要成分是 Fe_2O_3、Fe_3O_4、SiO_2、Al_2O_3。

用硫铁矿渣制氧化铁：首先将硫铁矿渣加碳在高温下煅烧进行还原处理，使其中的高价铁全部变为 FeO，然后加硫酸使其生成 $FeSO_4$，过滤除去固体杂质，再用氨水中和制得 $Fe(OH)_2$，同时通入空气将 $Fe(OH)_2$ 氧化为氧化铁黄。氧化铁黄进行煅烧脱水即得氧化铁红。

钢铁酸洗液是钢铁企业轧钢(或其他金属表面处理)过程中进行酸洗时产生的大量废酸(每升中含亚铁盐为 60～250g)。将此废酸直接焙烧，在高温、氧气和水的条件下，$FeCl_2$ 发生水解即得 Fe_2O_3。其他行业产生的废酸，也可通过投加铁屑或铁皮，先生成亚铁盐，再进行焙烧制得 Fe_2O_3。

钛白副产物是用硫酸法生产钛白粉的过程中产生的，通常每生产 1t 钛白粉，将产生 8～10t 20%左右的废酸和 2.5～3.5t 硫酸亚铁(绿矾)。绿矾利用氯酸钠氧化法和空气氧化法可生产出铁黄。其他可利用的原料还有染料化工厂靛蓝及间苯二胺中间体生产中排出的铁泥，医药、电解、冶金及精细化工等生产过程中产生的铁泥，废水处理后的含铁污泥，以及废弃的钢铁产品等。

任务 5　在预烧料的制作过程中，对问题氧化铁的处理思路

在生产预烧料的过程中，一旦判定主原料氧化铁存在质量问题，对问题氧化铁的处理思路如下：

(1) 对有质量问题的氧化铁进行隔离

(2) 对问题氧化铁与正常氧化铁做对比实验

①灼烧失重对比测试。灼烧失重在1%～2%的，为次品；2%以上的，为不合格品。

②平均粒度的对比测试。

③松装比的对比测试。

④灼烧时，刺激性气味气体(HCl)的对比观察。

⑤做铁氧体产品，进行磁性能的对比分析。

(3) 氧化铁的生产现场工艺检查

任务6　菱锶矿制备碳酸锶

碳酸锶是一种无机碳酸盐，广泛用于轻工、化工、国防、电子工业。目前国、内外大多是以菱锶矿和盐酸、烧碱、碳铵为原料制得，生产成本高，质量低，污染大，原料紧缺。安增基研究的煅烧法制备碳酸锶，其制作工艺流程如图2.17所示。

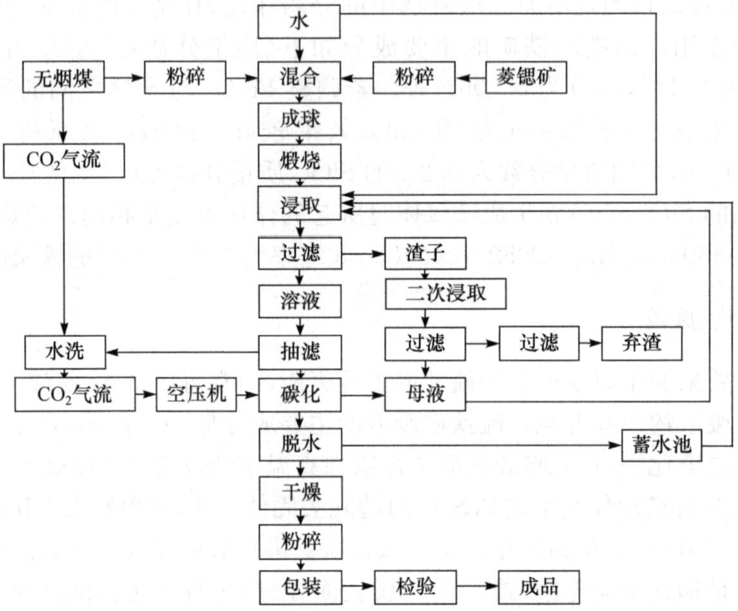

图2.17　煅烧法制备碳酸锶的工艺流程图

该法采用碳酸锶的质量分数为30%以上的菱锶矿和煤为原料，经分别磨粉(颗粒过50～100目筛)按一定比例(菱锶矿：煤＝5：1)混合、加水、成球并置于立窑煅烧反应，煅烧温度为1300～1400℃，保温时间为2～3h。生成的固体物在常压下用水浸出、分离。第一次浸出的溶液，经过加入氢氧化钠除硫和真空抽滤、清除不溶物杂质后，再用立窑的二氧化碳气流经两次水洗通入沉淀制得碳酸锶。第一次分离出的残渣再次浸取、分离，其溶液作第一次浸取之用，余渣丢弃。

该方法以菱锶矿和煤为原料制取碳酸锶，生产成本低，质量高($SrCO_3$ 的纯度在98%以上)，没有污染，不受紧缺原料限制，浸取率可达85%～90%。所有反应过程均在常压下进行，设备易于选择和制造，方法简便易行，所涉及的化学反应式主要有：

$$SrCO_3 \longrightarrow SrO + CO_2 \uparrow$$

$$SrO+8H_2O \longrightarrow Sr(OH)_2 \cdot 8H_2O$$
$$Sr(OH)_2 \cdot 8H_2O+CO_2 \longrightarrow SrCO_3+8H_2O$$

任务 7　天青石矿制备碳酸锶

法国苛恰特(Cochadt)等利用廉价的天青石代替 $SrCO_3$ 试制锶铁氧体，天青石经过处理制成硫酸锶-碳酸锶复合物作为原材料，天青石的近似成分是(质量分数)：$SrSO_4$ 为 94.18%，$CaSO_4$ 为 1.82%，$BaSO_4$ 为 2.82%，$CaCO_3$ 为 0.43%，SiO_2 为 0.5%，Al_2O_3 为 0.25%，处理过程如下：以质量比为 3∶1 的天青石与木碳粉(或煤粉、H_2 等其他还原剂)混合，在约 1150℃高温中生成 SrS，然后将其冷却至室温并溶于水。如此时过滤，则不溶性杂质可以大部分滤去，所得水溶液加入质量分数为 5%的 Na_2CO_3(或其他可溶碳酸盐溶液如$(NH_4)_2CO_3$ 溶液)混合搅拌，其副产品 Na_2S 可以制作硫化染料，所得沉淀物，经干燥后化学分析，成分大致为(质量分数)：$SrCO_3$ 90.28%，$CaCO_3$ 0.4%，$BaCO_3$ 0.95%，$SrSO_4$ 3.68%，$CaSO_4$ 0.54%，Na_2SO_4 1.19%，Fe_2O_3 0.11%，H_2O 0.66%及少量的 SiO_2、Al_2O_3 等。

将所得的复合盐与适量的 Fe_2O_3 粉末和诸如萘黄酸钠、聚乙烯吡啶等分散剂混合、湿磨而获得的泥浆打入旋转窑中，1250～1400℃预烧，最好是在 1300℃预烧。如含 PbO 较多，此预烧温度可降低至 900℃。预烧后的毛坯迅速冷却至室温，然后进行球磨。球磨时，加入助熔剂和晶粒长大抑制剂。然后在 494kA/m(6.2kOe)的磁场下成型，在 1100～1350℃温度下烧结，如含有 PbO 的成分，则在 900℃下烧结即可。由所述方式制得的复合盐价格低，与 Fe_2O_3 反应活性好，没有分解的硫酸盐往往以粗细分散的第二相存在于材料中，它阻止了晶粒的长大。分解的硫酸盐对永磁铁氧体的磁性能有良好的促进作用，它增加了磁晶各向异性的程度。烧结的磁体除了含 SrO，Fe_2O_3 外，还有质量分数为 0.1%～2%的 $SrSO_4$，质量分数为 0.01%～1%的 CaO，质量分数为 0～1%的 $CaSO_4$(或 $BaSO_4$ 或 Na_2O)以及质量分数约为 0.2%的 SiO_2，有时也含质量分数为 0～13%的 PbO，其磁体性能为

$B_r=420mT(4200Gs)$，　$H_{CB}=247kA/m(3100Oe)$，　$(BH)max=33.4kJ/m^3(4.2MGOe)$

目前我国多数锶企业均用天青石还原复分解法来生产工业碳酸锶，即天青石与碳混合焙烧，使天青石转化为可溶性锶盐(如硫化锶)。再经直接化学除杂或化学转化后除杂，最后经碳酸化得到碳酸锶。该方法存在以下不足：在反应过程中产生大量的有害气体硫化氢，造成天青石矿资源中的硫化物大量流失浪费，且极易造成环境污染。因此，如何控制硫化氢气体的污染，是发展该技术的关键所在。

刘相果等人用天青石采用以下的工艺得到了高纯碳酸锶。其工艺流程如图 2.18 所示，将含量为 93.7%的天青石、无烟煤、氯化钙以 100∶60∶0.6 的质量比配料并磨细至 80～120 目，混合均匀后在 1000～1200℃焙烧 1～2h。焙烧粉趁热浸取，浸取温度为 75～90℃；滤渣干燥后，称其质量约占焙烧粉质量的 4.5%，说明 95.5%的焙烧粉可溶解，氯化锶的转化率高；热过滤后获得硫化锶，将浸取液恒温保存，并分析 Sr^{2+} 的质量分数，按比例加入 NaOH(过量 5%～10%)，冷却结晶析出八水氢氧化锶晶体。八水氢氧化锶晶体直接溶于热水，通入二氧化碳进行反应，反应温度为 75～85℃，可直接获得碳酸锶粉体，纯度为 97.48%(见表 2.9)，满足工业碳酸锶的技术标准。过滤残留液用来浸取过程产生的废液，之后与石灰乳反应回收氢氧化钠溶液，以用于碱析反应。按上面的方法得到八水氢氧化锶晶体，将该晶体溶于沸水(100℃)并获得饱和溶液，冷却至 20℃获得一次重结晶八水氢氧化锶晶体，从而获得高纯的碳酸锶，其纯度可达 99.24%(见表 2.9)。

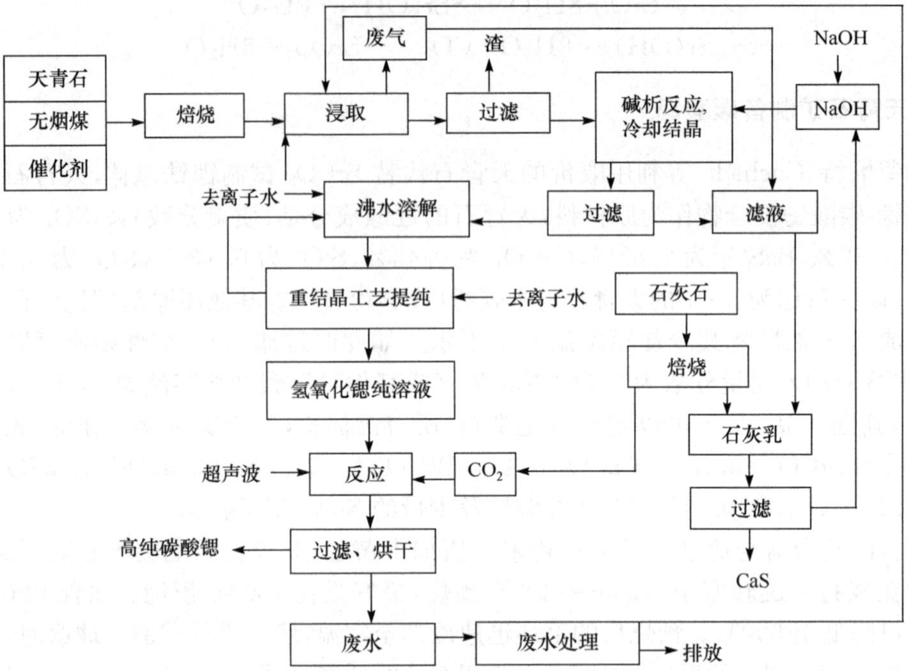

图 2.18　天青石矿制备高纯碳酸锶的工艺流程图

表 2.9　不同次数重结晶后的碳酸锶成分(质量分数)　　(单位:%)

重结次数	$SrCO_3$	BaO	CaO	Fe_2O_3	Na_2O
0	97.48	0.51	0.32	0.007	—
1	99.24	0.21	0.04	0.01	0.05
2	99.73	0.015	0.007	<0.001	<0.01

该方法涉及的主要化学反应方程式如下:

天青石还原反应　$SrSO_4+4C\xrightarrow{CaCl_2}SrS+4CO\uparrow$ 或 $SrSO_4+2C\xrightarrow{CaCl_2}SrS+2CO_2\uparrow$

硫化锶溶解　$SrS_{(S)}\longrightarrow SrS_{(aq)})$

硫化锶部分水解　$SrS_{(aq)}+2H_2O\longrightarrow Sr(OH)_2+Sr(HS)_2$

碱析反应　$SrS_{(aq)}+2NaOH\xrightarrow{冷却}Sr(OH)_2\downarrow+Na_2S$

石灰石分解反应　$CaCO_3\xrightarrow{825℃}CaO+CO_2\uparrow$

石灰乳化反应　$CaO+H_2O\longrightarrow Ca(OH)_2$

碳酸化反应　$Sr(OH)_2+CO_2\xrightarrow{超声波}SrCO_3+H_2O$

废气处理反应　$H_2S+2Na(OH)_2\longrightarrow Na_2S+2H_2O$ 或 $H_2S+Na_2S\longrightarrow 2NaHS$

氢氧化钠回收反应　$Na_2S+Ca(OH)_2\longrightarrow 2NaOH+CaS\downarrow$

任务 8　在预烧料的制作过程中,对问题碳酸锶的处理思路

永磁铁氧体预烧料如果一直处于正常的生产状态,当碳酸锶的生产批次发生改变,其他制作工艺条件均不变时,预烧料的磁性能出现不合格的现象,则可判定该批次的碳酸锶有质量问题。以用天青石制备的碳酸锶为例,我们通常对有质量问题的碳酸锶的处理思路,主要集中在

以下方面。

（1）对有质量问题的碳酸锶进行隔离

（2）对问题碳酸锶与正常碳酸锶做对比实验

①成分对比分析。

②取该批次 3～5 个点的碳酸锶，做平均粒度的对比测试。

③做铁氧体产品，进行磁性能对比分析。

（3）到碳酸锶的生产现场查看

①天青石破碎时的粒度。看碳酸锶出质量问题的时间附近与其他时间，在粒度分布方面的记录是否存在明显的差异(看颚式破碎机的更换锤头记录或看球磨机的钢球或振动破碎机的钢锻补加记录)。

②混料。天青石与还原剂(如碳或煤灰)的混合工艺是否受控，如看混料的时间是否有变化；或看混料的设备是否严重损耗，混料效果是否正常等。

③看还原剂的质量(高品位的 C 烧后残留物少，低品位 C，残留物多，对性能有害)。

④造球工艺。喷洒的水少了，料球容易散；喷洒的水多了，易粘球。

⑤看煅烧温度是否受控。

⑥过滤沉淀时，检查筛子是否损坏。

⑦溶液与$(NH_4)_2CO_3$反应，得到的沉淀物主要是 $SrCO_3$，对这个沉淀物水洗时，去 Na_2S，看水洗环节的工艺是否受控制。如水洗不彻底，Na^+、S^{2-}将大量进入产品，这对预烧料的磁性能十分有害。

⑧看烘料温度是否受控。温度高，则 $SrCO_3$ 的颗粒粗，太高还将导致 $SrCO_3 \longrightarrow SrO + CO_2$，从而使得在永磁铁氧体的制作过程中，导致产品的摩尔比发生偏移；温度低则制得的碳酸锶含水量偏高；温度不均匀，则碳酸锶含水量波动大，也容易导致永磁铁氧体预烧料产品的摩尔比发生偏移。

项目3　永磁铁氧体预烧料的制备

本项目导读：本项目对永磁铁氧体预烧的工艺与控制要点作了相关的讨论，内容包括固相反应的影响因素，低、中、高档永磁铁氧体主配方的设计，预烧制度，预烧过程常见质量问题及其处理思路等。

优质的预烧料是经济地生产优质永磁铁氧体磁体的基础与关键，如果永磁铁氧体的预烧工艺没控制好，后面的工艺不论怎样控制，也难以制备出优质的永磁铁氧体磁体。

子项目1　永磁铁氧体的主配方设计

任务1　永磁铁氧体的化学成分及晶体结构

主轴型六角晶系铁氧体主要为钡铁氧体、锶铁氧体等，此类化合物的一般分子式为$AB_{12}O_{19}$，其中A为半径与氧离子相近的阳离子，如Ba^{2+}、Sr^{2+}、Pb^{2+}等，B为三价阳离子，如Fe^{3+}、Al^{3+}等。此类化合物的晶体结构与磁铅石矿同型，属六角晶系。表3.1及图3.1所示为六角晶系化合物化学组成及某些结晶特性，表3.2所示为有关化合物的结晶特性。

表3.1　六角晶系亚铁磁性化合物的化学式及晶格常数

组别	简称	化学式	晶格常数/Å	
			*a*轴	*c*轴
M	M	$BaFe_{12}O_{19}$	5.9	23.2
W	Me_2W	$BaMe_2Fe_{16}O_{27}$	5.9	32.8
Y	Me_2Y	$Ba_2Me_2Fe_{12}O_{22}$	5.9	43.5

注：Me为其他二价金属，如Zn、Fe、Co、Ni、Mn等。

表3.2　其他有关化合物的结晶特性

组别	结晶系	晶格常数		磁性
		*a*轴/Å	*c*轴/Å	
$BaO \cdot 6Fe_2O_3$	六角晶	5.88	23.3	强磁性
$SrO \cdot 6Fe_2O_3$	六角晶	5.86	23.0	强磁性
$SrO \cdot 4Fe_2O_3$	六角晶	5.86	23.0	强磁性
$2CaO \cdot 5Fe_2O_3$	六角晶	6.01	22.40	强磁性
$CaO \cdot 2Fe_2O_3$	六角晶	5.99	31.12	强磁性

现以$BaFe_{12}O_{19}$为例阐明磁铅石型晶体结构。$BaFe_{12}O_{19}$为六角晶体，氧离子呈六角密堆积。Ba^{2+}处于氧离子层中，层的垂直方向为六角晶体的*c*轴。由于Ba^{2+}取代了O^{2-}的位置，因此尖晶石结构中由六个氧离子所包围的B位将变成由5个氧离子、1个Ba^{2+}包围。一个晶胞中包含2个$BaFe_{12}O_{19}$分子，钡离子处于六角密堆积的氧离子晶位，钡铁氧体的晶体结构可以简单地分解为含有钡离子的基本结构，称为“R块”$[Ba^{2+}Fe_6^{3+}O_{11}^{2-}]^{2-}$和尖晶石结构的“S块”$[2(Fe_3^{3+}O_4^{2-})]^{2+}$堆砌而成。$SrFe_{12}O_{19}$可以表述为

$$SrFe_{12}O_{19}=[Sr^{2+}Fe_6^{3+}O_{11}^{2-}]^{2-}\cdot[2(Fe_3^{3+}O_4^{2-})]^{2+}$$

如按R、S分块，$BaFe_{12}O_{19}$可表述为沿着c轴作一纵剖面(110)面，其平面图如图3.1(a)所示。图中m为对称中心，铁离子处于五种不同的晶位，分别用符号$4f_1$(四面体座)、2a、$4f_2$、12k(八面体座)以及2b(由五个氧离子构成的六面体座)表示。BaM、SrM结构中，单位晶胞中5种Fe^{3+}交换耦合示意图如图3.1(b)所示，图中每个箭头表示一个Fe离子的磁矩。在钡铁氧体结构中存在五个磁结构的次点阵，超交换作用的结果见表3.3，其中2a、2b、12k三个次点阵的离子磁矩平行排列，而与$4f_1$、$4f_2$两个次点阵的离子磁矩反平行排列，其自旋排列图中已标明。通常BaM、SrM的比饱和磁化强度随温度的变化在较宽的温度范围内近似呈线性关系，这主要是12k次点阵磁矩随温度上升而下降较快的结果。12k次点阵磁化强度随温度剧烈变化的原因，除了2b次点阵对12k次点阵磁矩排列的微扰作用外，12k次点阵磁性离子间的相互作用以及12k与2a磁性离子间的相互作用也起着一定的影响。

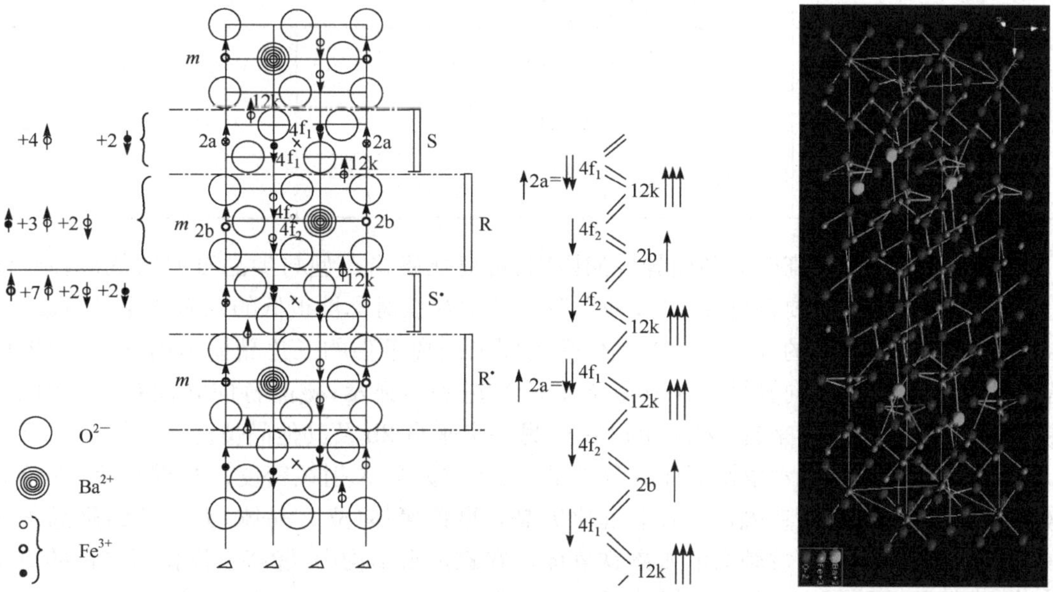

(a) $BaFe_{12}O_{19}$铁氧体的晶体结构与磁结构沿c轴(110)面纵剖面　(b) 交换耦合示意图　(c) $BaFe_{12}O_{19}$铁氧体的晶体结构

图3.1　六角晶系化合物化学组成及结晶特性

表3.3　钡铁氧体单位晶胞中各离子的坐标(点位)

元素	晶格点	坐标	x	z(c轴方向)
2(Ba)	2d	$\left(\frac{1}{3},\frac{2}{3},\frac{3}{4}\right),\left(\frac{2}{3},\frac{1}{3},\frac{1}{4}\right)$	—	—
24(Fe)	2a	$(0,0,0),\left(0,0,\frac{1}{2}\right)$	—	—
	2b	$\left(0,0,\frac{1}{4}\right),\left(0,0,\frac{3}{4}\right)$	—	—
	$4f_1$	$\pm\left(\frac{1}{3},\frac{2}{3},z\right),\left(\frac{1}{3},\frac{1}{3},\frac{1}{2}+z\right)$	—	0.028
	$4f_2$	$\pm\left(\frac{1}{3},\frac{2}{3},z\right),\left(\frac{1}{3},\frac{1}{3},\frac{1}{2}+z\right)$	—	0.189
	12k	$\pm(x,2x,z),\pm(2x,x,z)$	0.167	−0.108
		$\pm(x,\bar{x},z);\pm\left(\bar{x},x,\frac{1}{2}+z\right)$		
		$\pm\left(x,2x,\frac{1}{2}-z\right),\pm\left(2x,x,\frac{1}{2}+x\right)$		

续表

元素	晶格点	坐标	x	z(c轴方向)
	4e	$\pm(0,0,z),\pm\left(0,0,\frac{1}{2}+z\right)$	—	0.150
	4f	$\pm\left(\frac{1}{3},\frac{2}{3},z\right),\pm\left(\frac{2}{3},\frac{1}{3},\frac{1}{2}+z\right)$	—	−0.050
38(O)	6h	$\pm\left(x,2x,\frac{1}{4}\right),\pm\left(2x,x,\frac{3}{4}\right),\pm\left(x,\bar{x},\frac{1}{4}\right)$	0.186	0.05
		$\pm(x,2x,z),(2x,x,\bar{z})$	0.167	
		$\pm(x,\bar{x},z),\pm\left(\bar{x},x,\frac{1}{2}+z\right)$	0.167	
		$\pm\left(x,2x,\frac{1}{2}-z\right),\pm\left(2x,x,\frac{1}{2}+z\right)$	0.167	
	12k	$\pm(x,2x,z),\pm(2x,x,\bar{z})$	0.500	0.15
		$\pm(x,\bar{x},z),\pm\left(\bar{x},x,\frac{1}{2}+z\right)$		
		$\pm\left(2x,2x,\frac{1}{2}-z\right),\pm\left(2x,x,\frac{1}{2}+z\right)$		

为了弄清钡铁氧体高磁晶各向异性的原因，可对比磁铅石型与尖晶石型铁氧体在晶体结构上的差别。两者的主要差别在于“R块”，“R块”中存在对称性很低的六面体座晶位(2b)，这是尖晶石型铁氧体没有的，Fe^{3+}在2b晶位受到周围阴离子强的三角晶场作用，以致产生比立方晶系高得多的磁晶各向异性。Asti等人的研究进一步显示，磁晶各向异性并非全由2b晶位铁离子贡献，而是一半来自12k中的Fe^{3+}，另一半来自2b及其他晶位。

表3.4给出了M型六角铁氧体的分子量、点阵常数与X射线密度。数据显示，六角晶体的对称性低于立方晶体，在磁性上具有远比尖晶石型铁氧体(立方晶体)大得多的磁晶各向异性常数，从而可制备出高矫顽力的永磁铁氧体。在磁铅石结构中，能够容许相当数量的离子空位存在(点缺陷)，BaM、SrM型的相域可以延伸到$n=1:5.8$的成分仍以单相存在。BaM、SrM中的Fe^{3+}如果部分被二价阳离子代换，就会相应出现氧离子空位，这就为缺铁配方及添加剂改进性能，创造了条件，从而改善了永磁铁氧体的磁性能。

表3.4 M型六角铁氧体的分子量、点阵常数与X射线密度

化合物	分子量(g/mol)	点阵常数			X射线密度/(g/cm³)
		a/Å	c/Å	c/a	
$BaFe_{12}O_{19}$	1111.49	5.893	23.194	3.936	5.29
		5.890	23.200	3.940	5.29
		5.889	23.182	3.933	5.30
		5.876	23.170	3.943	5.33
$SrFe_{12}O_{19}$	1061.77	5.885	23.047	3.916	5.10
		5.876	23.080	3.928	5.11
		5.864	23.031	3.928	5.14
$PbFe_{12}O_{19}$	1181.35	5.877	23.020	3.917	5.70
		5.889	23.070	3.917	5.66

前已述及，由于超交换作用的结果，其中 2a、2b、12k 三个次点阵上的离子磁矩平行排列，即有 8 个离子磁矩方向向上，$4f_1$、$4f_2$ 4 个离子磁矩方向向下，即两类点阵上的磁性离子虽然平行排列，但方向不同，因此对磁性有贡献的 Fe^{3+} 如表 3.5 所示，只有 1/3 是真正起作用的，其中 12k 晶位占有的离子数，为总离子数的 50%，它是磁矩最大的贡献者，这就是亚铁磁性。这种化合物的磁性，除了磁矩相互反平行取向而相互抵消外，它的磁性比 $SmCo_5$、NdFeB 永磁低的另一原因是化合物中对磁性有贡献的 Fe^{3+} 被 O^{2-} 大大稀释了，以及残余气孔和非磁性相的存在。

表 3.5　各种状态下 Fe^{3+} 对 $BaFe_{12}O_{19}$ 磁矩的贡献

结晶学符号	晶格位置	Fe^{3+}数	磁矩方向	磁矩值	总磁矩	Fe-O 距离/Å	备注
a	S 块内	2	↑	+10	$40\mu_B$	2.012	四周由 6 个氧离子组成八面体
b	R 块内	2	↑	+10		1.893	四周由 5 个氧离子组成六面体
f_1	S 块内	4	↓	−20		1.926	四周由 4 个氧离子组成四面体
f_2	R 块内	4	↓	−20		2.012	四周由 6 个氧离子组成八面体
k	R、S 块界面处	12	↑	+60		2.012	四周由 6 个氧离子组成八面体

注：每个 Fe^{3+} 贡献 5 个 μ_B。

在有些文献中，$BaFe_{12}O_{19}$ 的晶体结构亦常表述为：一个晶胞两个分子式，沿 c 轴分成 2 个层与块。具有 Ba^{2+} 的层以符号“B”来表示。两个 B 层中间有一个块，称为尖晶石块，每一个尖晶石块中包括 4 个氧离子密堆层，称为“S”层。一个晶胞中含有 2 个 B 层，2 个尖晶石块(共 2×4个 S 层)，故可以用符号$(B_1S_4)_2$表示。

磁铅石型铁氧体的饱和磁矩的推算，以 M 型的 $BaFe_{12}O_{19}$ 为例，它的晶胞是由(B_1S_4)组成，每一尖晶石块 S_4 内的 9 个 Fe^{3+} 中 7 个在 B 位，2 个在 A 位，而在 B 位内的 3 个离子有 2 个与 A 位的离子磁矩平行，1 个反平行即如下所示：

晶胞	$(B_1$	$S_4)_2$
次晶格	平行于 A，平行于 B	A　B
磁矩取向	$(Ba^{2+}Fe_2{}^{3+}[Fe^{3+}]O_3{}^{2-}$	$Fe_2{}^{3+}[Fe_7{}^{3+}]O_{16}{}^{2-})_2$
	←　→	←　→
磁矩	$-10\mu_B+5\mu_B$	$-10\mu_B\quad+35\mu_B$

每一个分子饱和磁矩的理论值 $m=-10+5-10+35=20(\mu_B)$与实验值 $m_{exp}=19.7\mu_B$能很好符合。0K 时单位质量的 BaM 饱和磁化强度可由下式给出(CGS 制)：

$$4\pi M=4\pi\frac{n_m\cdot\mu_B\cdot N_A}{W_n}D \tag{3.1}$$

式中，n_m为每个分子所具有的玻尔磁子数(BaM＝20)；μ_B为每个玻尔磁子具有的磁矩(＝9.27×10^{-21}erg/Gs)；N_A为阿伏伽德罗常量(＝6.022×10^{23}/mol)；D 为 BaM 理论密度(＝5.3 g/cm³)；W_m为 BaM 分子量(＝1111.4)。

将所列数值代入：

$$4\pi M=4\pi\frac{20\times9.27\times10^{-21}\times6.022\times10^{23}\times5.3}{1111.4}\approx6700(\text{Gs})$$

由不同温度测得的BaM饱和磁化值画成曲线，外推至0K时，可得$4\pi M=7290\text{Gs}$，和理论计算值比较接近。磁铅石型铁氧体可用金属离子置换的方法来控制饱和磁矩，假如能提高其饱和磁化强度而同时又不降低磁晶各向异性，就能获得性能极其优良的铁氧体硬磁材料。$AB_{12}O_{19}$磁铅石型化合物可以进行多种离子代换。

任务2　离子取代技术

离子取代技术，是改善材料磁性能常采用的方法。永磁铁氧体是亚铁磁性物质，铁离子之间的交换作用是通过氧离子为媒介即超交换作用来实现的。生产中，常通过添加适量的添加剂，对磁铅石型化合物$AB_{12}O_{19}$进行离子取代以获得更佳的磁性能。永磁铁氧体的常用添加剂，其作用机理归纳起来有3种：①部分取代A位中的离子；②部分取代B位中的Fe^{3+}；③起分散和助熔剂的作用，降低烧结温度，提高烧结磁体密度的同时，提高取向度。

A位离子的取代，可以获得更加稳定的六角铁氧体晶体，使取代后具有更大的磁晶各向异性；B位Fe^{3+}，由于位于$4f_1$和$4f_2$的2个次点阵上的Fe^{3+}磁矩与2a、2b和12k次点阵上的磁矩呈反向平行排列，取代$4f_1$和$4f_2$上的Fe^{3+}，可以获得更大的玻尔磁子数，从而增加饱和磁化强度。离子之间要发生取代，通常应考虑3个原则：①离子取代前后系统的化合价应平衡；②取代与被取代的离子，其化学性质相近；③取代与被取代的离子，其离子半径相近。

1. 代换A离子

A离子半径与O^{2-}相近，为1.0～1.5 Å，如Ba^{2+}、Sr^{2+}、Pb^{2+}等碱土金属离子可以取代A位离子，形成单一的磁铅石型化合物，此外，半径较大的Ca^{2+}与Na^{+}、K^{+}、Rb^{+}碱金属族元素离子以及稀土族元素离子，亦能部分或全部代换A离子，考虑到电价平衡，对于非二价的氧离子必须有相应价态离子组合，使其平均价态为二价时才能进行离子代换，如$Na_{0.5}La_{0.5}Fe_{12}O_{19}$铁氧体。这些离子的半径列于表3.6中。

表3.6　可部分或全部代换A离子的一些离子半径　（单位：Å）

Pb^{2+}	Ba^{2+}	Sr^{2+}	Ca^{2+}	K^{+}	Rb^{+}	Na^{+}	$4f^n(La^{3+}\sim Lu^{3+})$
1.32	1.43	1.27	1.06	1.33	1.49	0.98	1.22～0.99

稀土族离子La^{3+}代换$BaFe_{12}O_{19}$分子中的的Ba^{2+}时，必然导致相应Fe^{2+}的出现，其分子式可写为$La^{3+}Fe^{2+}Fe_{11}O_{19}$，根据玻尔磁子数为$19\mu_B$/分子（$T=0\text{K}$）以及正的$K_1$贡献，可以确定$Fe^{2+}$占据2a晶位，穆斯堡尔效应也证实了此点。由于$Fe^{2+}$对$K_1$的贡献，使得在低温情况下LaM要比BaM具有更大的磁晶各向异性，K_1-T与σ_S-T曲线见图3.2。

由于镧系收缩，稀土族元素的离子半径随原子数的增大而减小，因此在M型钡铁氧体中的代换量随之下降，La、Pr、Nd的最大取代极限分别为0.7、0.4、0.3。最大代换量x与离子半径R之关系如图3.3所示，铈(Ce)离子原子序数为58，介于La、Pr之间，但其代换量却低于Pr^{3+}，x_m约为0.15，铈离子除为正三价态外亦可为正四价态，Ce^{4+}的半径为1.01Å，因而存在Ce^{4+}时，代换量将显著下降。

最大离子代换量对不同离子组合是不同的。例如，Ca^{2+}半径较小，不能全部代换Ba^{2+}，其最大代换量约为0.8，Ca^{2+}在$SrFe_{12}O_{19}$中的最大代换量为0.5。但若以(Ca^{2+}，La^{3+})组合代换Ba^{2+}，如生成$(CaO\cdot 6Fe_9O_3)_{97}(La_2O_3)_3$，则其最大代换量可达0.94。$La^{3+}$也可与一价或二价

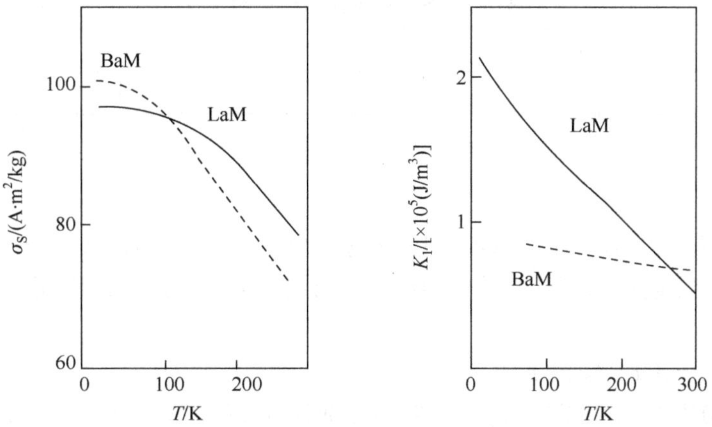

图 3.2　LaM 与 BaM 的 $K_1 \sim T$ 与 $\sigma_S \sim T$ 曲线

离子组合去代换 Ba^{2+}，如生成 $A_{0.5}La_{0.5}Fe_{12}O_{19}$ 铁氧体(其中 A 为 Na^+、K^+、Rb^+ 等)，以及 $Ba_{1-x}La_x{}^{3+}Fe_{12-x}Me_x{}^{2+}O_{19}$($Me^{2+}$ 为 Zn^{2+}、Mg^{2+} 等)。除 La 外，还有用 Pr、Bi 等代换 Ba^{2+}，构成 $Ba_{1-x}R^{3+}Fe_{12-x}Me_x{}^{2+}O_{19}$ 铁氧体。其中 R^{3+} 为 La^{3+}、Pr^{3+}、Bi^{3+}；M^{2+} 为 Co^{2+}、Ni^{2+}。在上述离子代换中，形成单相固溶体的组成范围为 $x<0.8$。随着 R^{3+} 的代换，σ_S 有所下降，H_C 有所增加。如以 Bi^{3+} 代换 Ba^{2+}，本征矫顽力可增加 1.5 倍。

都有为等人曾对 $Sr_{1-x}Ca_xFe_{12}O_{19}$ 化合物做过研究，当样品在 $x \leqslant 0.5$ 时，在 1200～1300℃范围内烧结，均为 M 相($SrO \cdot 6Fe_2O_3$)生成区，由于 Ca^{2+} 半径(1.06Å)与 O^{2-} 半径(1.32Å)比较接近，因此不会破坏磁铅石结构。而 Ca^{2+} 半径远大于 Fe^{3+} 半径(0.67Å)而相近于 Sr^{2+} 半径(1.27Å)，因此 Ca^{2+} 可以取代 Sr^{2+} 的晶位，当 $x>0.5$ 时，在 1300℃烧结样品的比饱和磁化强度 σ_S 随 Ca 含量 x 的增加而急剧下降(见图 3.4)，这是由于 α-Fe_2O_3 非磁性相生成之故。由于 Ca^{2+} 取代 Sr^{2+}，不改变磁性离子间交换作用的键数，但引起 Ca^{2+} 周围 O^{2-} 晶格畸变，从而增大 12k 晶位 Fe^{3+} 与 $4f_2$ 晶位 Fe^{3+} 超交换作用键角 12k-O-$4f_2$，由于磁性离子间交换作用键角增大，由此导致居里温度略有升高(见表 3.7)。

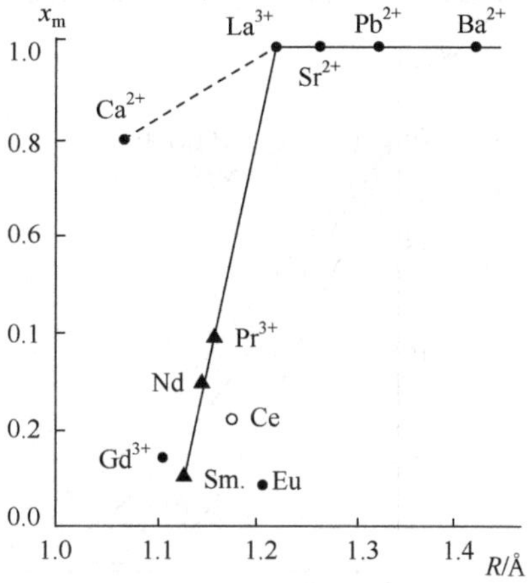

图 3.3　$BaFe_{12}O_{19}$ 中代换 Ba^{2+} 的最大量与该离子半径的关系

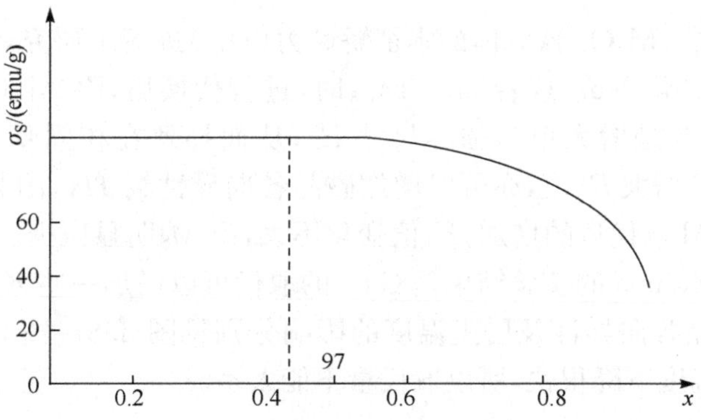

图 3.4　$Sr_{1-x}Ca_xFe_{12}O_{19}$ 铁氧体比饱和磁化强度 σ_S 随 x 的变化

表 3.7　$SrCa_xFe_{12}O_{19}$居里温度 T_c　（单位：℃）

x	0	0.2	0.35	0.5
T_c	463	462	464	470

2. 代换 B 离子

通常 B 离子为 Fe^{3+}，3d 过渡族离子以及离子半径为 0.6～1.0Å 的离子均可全部或部分代换 Fe^{3+}，人们往往通过离子代换来改善材料磁性能以及研究交换作用、磁晶各向异性本征性能。

(1) Al^{3+}、Ga^{3+}、Cr^{3+}代换 Fe^{3+}

Al^{3+}、Ga^{3+}均为非磁性离子，其离子半径分别为 0.57Å、0.62Å，Ga^{3+}的半径与 Fe^{3+}相近，而 Al^{3+}则远小于 Fe^{3+}。早期 Van Uitert 曾研究 Al^{3+}、Ga^{3+}、Cr^{3+}等离子代换对铁磁共振场的影响，并指出 Al^{3+}的代换可以获得甚高的本征矫顽力。Bertaut 对这些离子的代换引起磁矩与居里温度的影响做了系统的研究，Al^{3+}优先进入 2a 晶位，然后 12k 晶位，Ga^{3+}优先进入 12k 晶位，$4f_1$晶位。随着 Al^{3+}、Ga^{3+}、Cr^{3+}代换 Fe^{3+}，分子磁矩将显著下降（见图 3.5），居里温度亦近似线性下降（如图 3.6），Albanese 对 $BaFe_{12-x}Al_xO_{19}$以及 $SrFe_{12-x}GaO_{19}$的穆斯堡尔谱进行了研究，认为非磁性离子的代换和超交换作用的减弱可能导致 Fe^{3+}之间的自旋呈一定的夹角，因而可以更合理地解释磁矩随 x 值的变化。

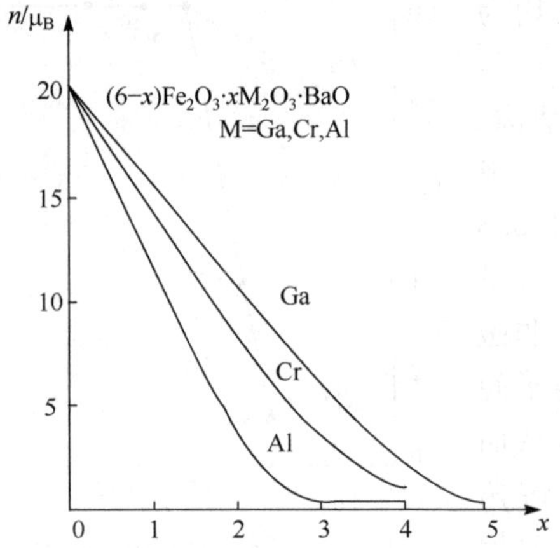

图 3.5　$BaFe_{12-2x}M_{2x}O_{19}$的 μ_B随 x 的变化

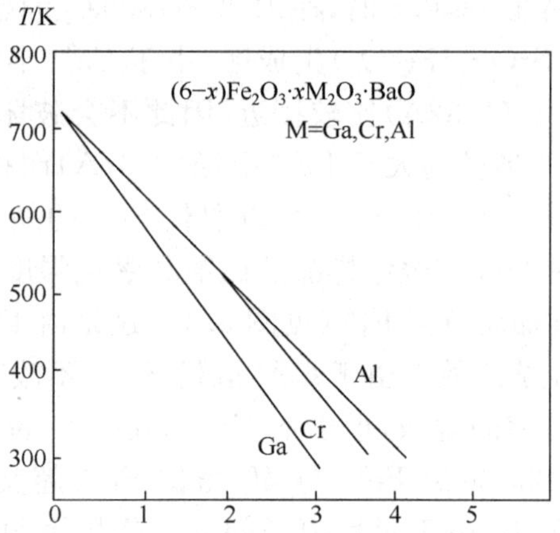

图 3.6　$BaFe_{12-2x}M_{2x}O_{19}$的 T_c随 x 的变化

Haneda 对 $BaFe_{12-x}M_xO_{19}$铁氧体的本征矫顽力（H_{CJ}）进行了研究，当 M＝In、Cr、Al、Ga、$Zn_{1/2}Ge_{1/2}$、$Zn_{3/2}V_{1/3}$、$Zn_{2/3}Nb_{1/3}$或者 $Zn_{2/3}Ta_{1/3}$时，进行代换后，除 Al、Cr、Ga 外，其余均降低 H_{CJ}，Cr、Ga 的代换主要是增大单畴临界尺寸 R_C，从而导致在相同颗粒尺寸的条件下增大 H_{CJ}，而 Al 的代换除了增大 R_C值，亦可以增加磁晶各向异性场 H_A，因为 $H_A=2K_1/(\mu_0 M_S)$，H_A的增加得益于随 Al 取代量的增加，K_1值变化不大，但 M_S明显减少。H_A随 Al、Cr、Ga 代换量的变化见图 3.7。Kojima 的实验结果是 Ga^{3+}的取代可以增加一些 K_1值。这些离子的代换对饱和磁化强度、磁晶各向异性及居里温度的影响分别见图 3.8～图 3.10。Al、Cr、Ga 取代 Fe^{3+}之后，均使居里温度下降很快，所以取代量不能太多。

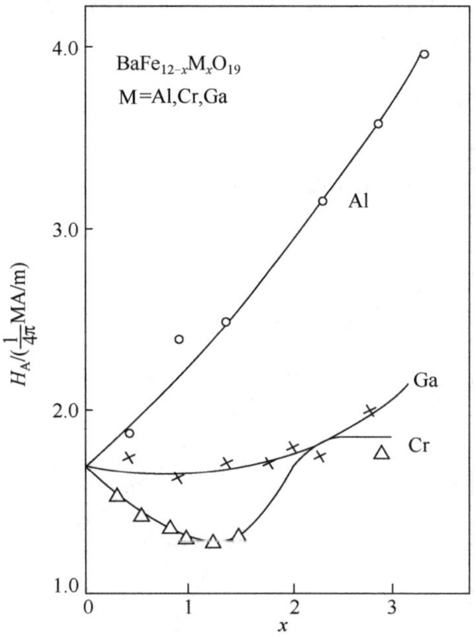

图 3.7　$BaFe_{12-x}M_xO_{19}$ 的 H_A 随 x 的变化

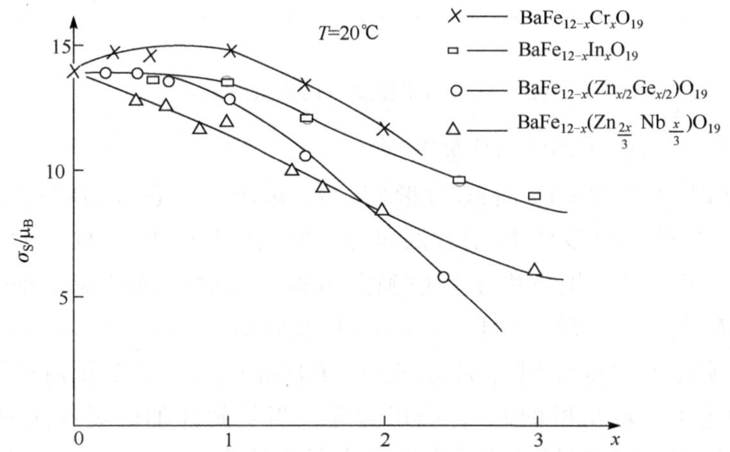

图 3.8　比饱和磁化强度与代换量的关系

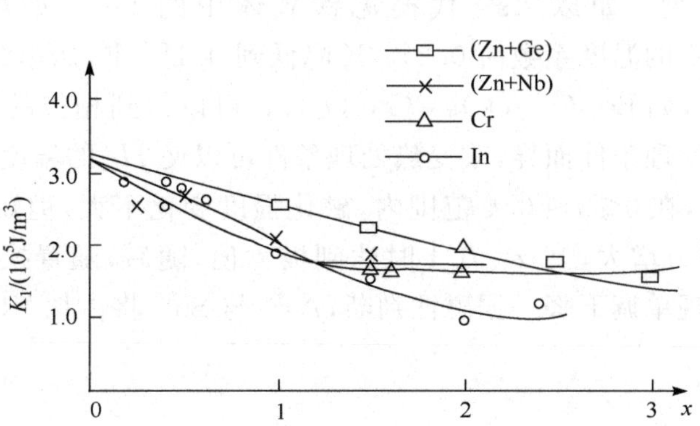

图 3.9　K_1 与代换量的关系

(2) ($Cu^{2+}_{x/2}$, $Si^{4+}_{x/2}$),($Cu^{2+}_{x/2}$, $Ge^{4+}_{x/2}$)以及($Cu^{2+}_{2x/3}$, $Nb^{5+}_{x/3}$)离子组合代换 Fe^{3+}

此类组合可以改变钡铁氧体的温度系数(见图 3.10),其中(Cu,Nb)组合可获得很低的剩磁 B_r的温度系数,一般可小于 0.1%。

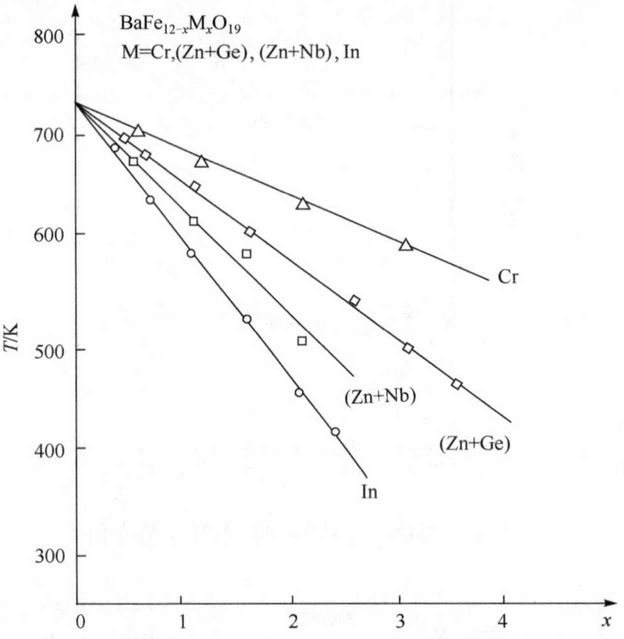

图 3.10 居里温度与代换量的关系

(3) (Fe^{2+}, Ti^{4+})、(Fe^{2+}, Sb^{5+})代换 Fe^{3+}

此类代换可以改变 $M(T)$ 曲线的形状。Lotgering 制备了 $BaFe^{3+}_{10.8}Fe^{2+}_{0.6}Ti^{4+}_{0.6}O_{19}$ 与 $BaFe^{3+}_{10.5}Fe^{2+}_{1.0}Sb^{5+}_{0.5}O_{19}$ 的取向多晶体,沿着取向方向的比磁化强度 σ_{11} 与 T 的关系如图 3.11所示。逆磁性离子 Ti^{4+}、Sb^{5+} 根据中子衍射确定占据 $4f_2$ 晶位,按理应增加饱和磁矩。经计算,($Fe^{2+}_{0.6}$, $Ti^{4+}_{0.6}$)M 与($Fe^{2+}_{1.0}$, $Sb^{5+}_{0.5}$)M 在 0K 时,其值分别为(23.0±0.6)μ_B/分子与(22.5±1.0)μ_B/分子,但实际上测得分别为 17μ_B/分子与 14μ_B/分子,这个矛盾被解释为在逆磁性(逆磁性:原子中电子磁矩互相抵消,合磁矩为零。当受到外加磁场作用时,电子轨道运动会发生变化,而且在与外加磁场的相反方向产生很小的合磁矩。)离子周围晶位的磁性离子自旋成一定倾角排列。如以 As^{3+} 代换锶铁氧体中的 Fe^{3+},如配比 $SrO(As_2O_3)_{0.25}(Fe_2O_3)_{5.6}$,可以使 M_S的温度系数由 0.2%/K 降低到 0.1%/K,居里温度也有所提高,或以 Sb 代换 BaM 中的 Fe,如 $BaO(Sb_2O_5)_{0.25}(Fe_2O_3)_{5.6}$,可以得到相似的结果,用 Sb 代换的钡铁氧体,其磁性因热处理条件而异,改变热处理条件可以使 H_{CJ}的温度系数由正变为负。以 As^{3+}、Sb^{3+}代换 Fe^{3+},在 $0 \leqslant x \leqslant 0.4$ 范围内,磁化强度变化不大,但矫顽力却变化显著,随 As 含量的增加,矫顽力增大,当 $x=0.1$ 时达到极大值,随后,随置换量加大而下降;对 Sb 的代换,矫顽力却呈现单调下降。据磁性判断,As^{3+} 与 Sb^{3+}将占据“R 块”的八面体座与 R-S 交界处的八面体座。

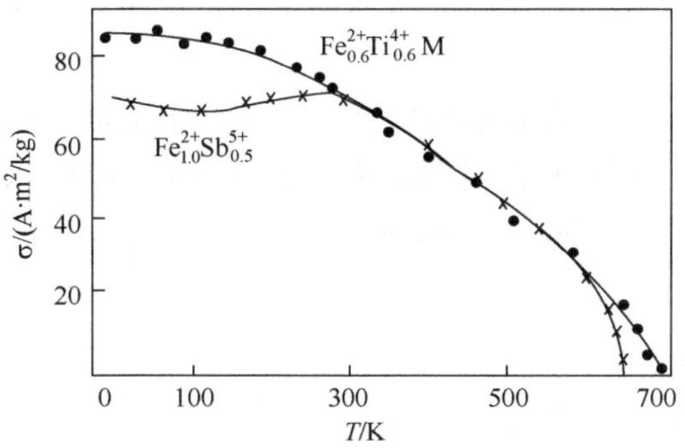

图 3.11　$(Fe^{2+}_{0.6}Ti^{4+}_{0.6})M$与$(Fe^{2+}_{1.0}Sb^{5+}_{0.5})M$的$\sigma_{11}$-$T$曲线

(4) In^{3+}代换 Fe^{3+}

对$BaIn_xFe_{12-x}O_{19}$，当代换量x增加时，发现$M_S \sim T$曲线由Q型转变为P型(铁氧体不同类型的M_S-T曲线，见图3.12)，然后在更高x值时再变成Q型，当$x>2.8$，自旋呈一定的倾角排列。当In^{3+}代换25%的Fe^{3+}时，居里温度由723K降到353K，σ_S由70A·m²/kg降到8A·m²/kg，各向异性常数显著减小。

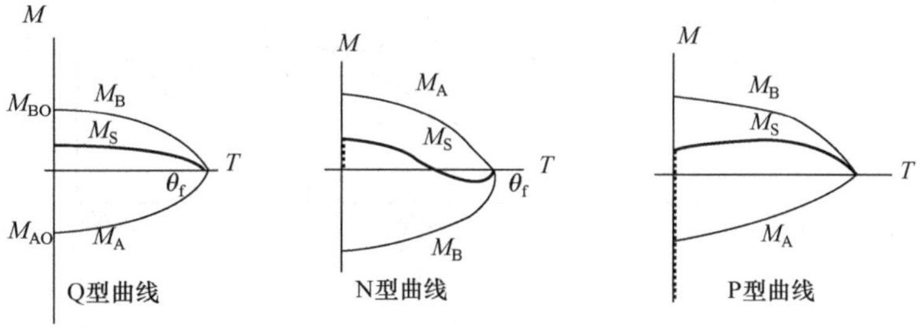

图 3.12　铁氧体不同类型的M_S-T曲线

(5) Sc^{3+}代换 Fe^{3+}

对于$BaSc_xFe_{12-x}O_{19}$，据中子衍射分析，其磁矩与c轴成一锥角，沿着c轴方向，层与层之间自旋呈螺旋形的有序排列。

(6) Ir^{4+}代换 Fe^{3+}

如以Zn作为电荷补偿离子，在$BaFe^{3+}_{12-2x}Ir^{4+}_xZn^{2+}_xO_{19}$系中，当$x$增加时，单轴各向异性减弱，当$x=0.3 \sim 0.4$时，将由主轴型转变为平面型(六角晶系铁氧体的磁晶各向异性可以出现三种类型:主轴型、平面型、锥面型)；当x进一步增加时，各向异性场又将增加到175kA/m，Ir^{4+}与Fe^{3+}间呈亚铁磁性耦合。(Ir^{4+}，Zn^{2+})代换Fe^{3+}类似(Co^{2+}，Ti^{4+})代换Fe^{3+}，但对$BaFe^{3+}_{12-2x}Ir^{4+}_xCo^{2+}_xO_{19}$，当$x=0.9 \sim 1.1$时，各向异性才由主轴型转变为平面型，两者对比的结果，Ir^{4+}对有效各向异性的贡献比Co^{2+}约大3倍，如进行(Ir^{4+}，Co^{2+})离子组合代换，预期各向异性场可大于8000kA/m。

(7) Zn 代换 Fe^{3+}

在$BaFe_{12-2x}Zn_xTi_xO_{19}$系中，随着Ti含量的增加，$M_S$与各向异性场均将减小，Ti亦可与(Ni,Co)组合代换Fe^{3+}，其各向异性场随代换量的变化如图3.13所示。此外，对(Zn,Ge)、(Zn,Nb)、(Zn,Ta)、(Zn,V)等组合代换Fe^{3+}的研究表明:(Zn,Nb)离子组合代换可以提高室温σ_S值的17%左右，与此同时，磁晶各向异性却下降34%，这对永磁材料是不利的，但作为磁记录介质等其他用途是值得研究的，从磁矩增加这一角度进行分析，Zn、Nb 离子有可能处于 $4f_1$ 或 $4f_2$ 晶位，对(Zn^{2+}，La^{3+})组合代换(Ba^{2+}，Fe^{3+})组合而生成的 $Ba_{1-x}La_xFe_{12-x}Zn_xO_{19}$ 系铁氧体，其 σ_S 也是随 x 值的增加而先增加后减小，T_c(居里温度)下降，K_1 值减小。根据穆斯堡尔谱分析 Zn^{2+} 择优 $4f_2$ 晶位，其可能原因是 $4f_2$ 晶位接近 La 离子，有利于静电能的降低。

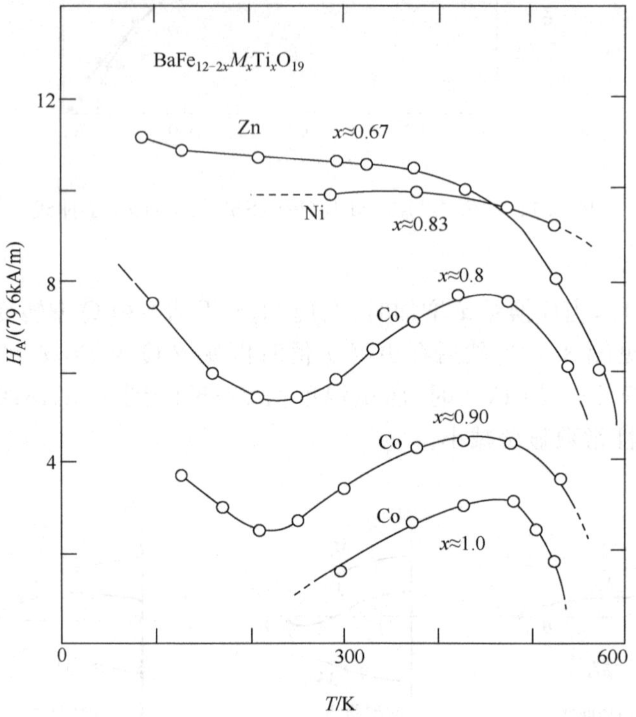

图 3.13　$BaFe_{12-2x}M_xTi_xO_{19}$，M＝Zn，Ni，Co 的各向异性场 H_A 随代换量的变化

(8) Mn 代换 Fe

在 $BaFe_{12-x}Mn_xO_{19}$ 中，Mn 可处于多种价态，中子衍射表明，Mn^{4+} 有几率占据 2a，12k 晶位；Mn^{3+} 有概率占据 $4f_2$，12k 晶位；Mn^{2+} 有概率占据 $4f_1$ 晶位。

(9) Co 代换 Fe

(Co^{2+}，Ti^{4+})组合代换可以降低矫顽力，但并不过多地减小饱和磁化强度，$BaFe_{12-2x}Co_xTi_xO_{19}$ 已成为新型的磁记录介质材料，(Co^{2+}，Sn^{4+})组合代换 Fe^{3+}，Sn^{4+} 与 Co^{2+} 分别择优 $4f_2$、$4f_1$ 晶位，Sn^{4+} 在 12k 晶位中的含量甚低，完全不进入 2a 晶位，Sn 的代换有利于减小 H_C 的温度系数。

3. A、B 复合取代

La^{3+}(离子半径 1.22Å)和 Ca^{2+}(离子半径 0.99Å)联合取代 Sr^{2+}(离子半径 1.32Å)，会引起 c 轴(易磁化轴)的收缩，结果导致由于($2b$-O^{2-}-$4f_2$)之间超交换作用的加强，2b 次晶位上 H_A(磁晶各向异性场)的增加。同时，由于 La^{3+} 取代引起部分 Fe^{3+} 变成 Fe^{2+}，而 Fe^{2+} 占据 2a 次晶位。这种价态的变化，将减弱(12k-O^{2-}-2a)超交换相互作用，最终引起 12k 次晶位上交换耦合作用加强。最终导致 c 轴方向的磁晶各向异性能的增加，从而改善了产品的 H_{CJ}。

CaLa 离子复合取代 Sr^{2+} 之后容易引起原子半径的减少和晶格的收缩效应，导致 La^{3+} 的 4f 电子轨道和 Fe^{3+}/Co^{2+} 的 3d 电子轨道发生交换耦合作用，从而将导致这种亚铁磁性的铁氧体自旋向上的磁矩与自旋向下的磁矩之差增加，使得 σ_S 增大，从而改善了磁体的 B_r。

如前述，M 型锶永磁铁氧体中铁离子处于五种不同的晶位，分别用符号 2a、$4f_2$、12k(八面体位)、$4f_1$(四面体位)以及 2b(由 5 个氧离子所构成的六面体位)来表示，超交换作用的结果使 2a、2b、12k 三个次点阵的离子磁矩相互平行排列，而 $4f_1$、$4f_2$ 两个次点阵的离子磁矩与 2a、2b、12k 三个次点阵的磁矩反平行排列，具体见表 3.8。在低 Co 含量的情况下，由于 Co^{2+} 进入 $4f_1$ 晶位的离子多于进入 2a 晶位的离子数，从而导致自旋向上的磁矩和自旋向下的磁矩之差增大，从而造成饱和磁化强度 M_S 增大，而永磁铁氧体的 $B_r \propto M_S \cdot \rho \cdot f$。式中，$f$ 为取向度；ρ 为磁体的密度。这样，随永磁铁氧体 M_S 的增加，其 B_r 就得到了明显的改善。Kools 和 Morel 等人的研究也表明：在 M 型锶铁氧体基础上用 La^{3+} 置换 Sr^{2+}，使具有 4 配位位置($4f_1$)的向下自旋磁矩的 Fe^{3+} 离子用 Zn^{2+} 离子，Co^{2+} 离子置换，使向上自旋磁矩的 Fe^{3+} 量相对增加，可提高饱和磁化强度。关于 AB 复合取代的进一步信息，可参见本书高档永磁铁氧体的主配方设计部分。

表 3.8 M 型永磁铁氧体晶胞中磁性离子 Fe^{3+} 自旋方向与晶位

配位数	结晶学符号	位置数	每个原子磁矩自旋方向
6(八面体)	k	12	↑↑↑↑↑↑
	f_2	4	↓↓
	a	2	↑
4(四面体)	f_1	4	↓↓
5(六面体)	b	2	↑

通过上述各种离子的代换使人们更深入地了解离子间的相互作用以及对磁性的影响，从而使材料制备逐渐向分子设计方向发展。

4. 代换氧离子

阴离子的代换工作比较少，仅见一价的 F^- 代换氧离子，当以二价的阳离子代换 Fe^{3+} 时，以相应的 F^- 代换 O^{2-} 可以起电荷抵偿作用，如 $BaM_x^{2+}M_{12-x}O_{19-x}F_x^{1-}$，其中 M^{3+} 为 Fe^{3+}、Al^{3+}、Ga^{3+}；M^{2+} 为 Ni^{2+}、Co^{2+}、Cu^{2+}、Zn^{2+}。实验表明，对于(Cu^{2+}，F^-)的代换为主轴型 M 相，而对于(Ni^{2+}，F^-)的代换呈 W 相($BaFe_{18}O_{27}$)。对于 $BaCo_xFe_{12-x}O_{19-x}F_x$ 铁氧体，其中 Co^{2+} 处于四面体座，当 F^- 代换 Co^{2+} 近邻的氧离子时，将有助于增强三角晶场。根据 X 射线衍射分析，对上述配比的样品，$x<0.5$ 时呈 M 型，$x=0.5$ 时为 M 相与 W 相两相混合型结构，$x>0.5$ 时仅存在 W 相，这可能是负一价的氟离子的存在有利于生成二价的铁离子，从而有利于 W 相的生成。光谱数据表明，对于 $BaZn_2M_{0.5}Al_{9.5}O_{16.5}F_{2.5}$ 组成，当 $M=Co^{2+}$ 时，Co^{2+} 比 Zn^{2+} 更强烈地择优于四面体座。

任务 3 中低档永磁铁氧体的主配方设计

中低档永磁铁氧体主要指 Y30H-1，Y32H-1，Y30H-3(TDK 公司 FB4 及其以下)等产品。

Y30H-1 永磁铁氧体的典型产品，如图 3.14 和图 3.15 所示，它广泛应用于普通电机、中小转矩电机磁体、音响磁体等领域。

图 3.14　普通直流电机磁瓦

图 3.15　音响磁环

Y30H-3 永磁铁氧体的典型产品,如图 3.16 和图 3.17 所示。Y30H-3 永磁铁氧体广泛应用于普通磁电机如摩托车磁电机、耦合泵电机等领域。

图 3.16　摩托车磁电机

图 3.17　耦合泵电机磁瓦

Y32H-1 永磁铁氧体的典型产品，如图 3.18 和图 3.19 所示。Y32H-1 永磁铁氧体广泛应用于发电类电机、摩托车磁电机、音响、磁选器等领域。

图 3.18　摩托车磁电机

图 3.19　磁选器用大方块

目前，许多厂家都能生产该类材料。在工艺上的重、难点，主要集中在以下 3 方面：

① 生产用原料的低成本化，目前通常采用铁鳞、精矿粉等为主原料。获得含杂稳定、粒度及其分布好的优质主原料，是制备优质预烧料的前提。

② 细粉碎时，在满足产品磁性能的前提下，尽可能将成型用料浆的平均颗粒度放粗，常将粒度控制在 0.9～1.2μm，这样研磨的时间短，产品成型的效率高，外观质量好。

③ 磁体收缩率一致，产品的磨加工余量少。这样磨加工的费用少，生产效率高，原料的综合利用率高。

对中低档永磁铁氧体的主配方，可以是 $BaO \cdot 6Fe_2O_3$，也可以是 $SrO \cdot 6Fe_2O_3$，下面以钡铁氧体为例来说明。理论上，摩尔比(即 Fe_2O_3 与 BaO 的摩尔数之比)$n=6$，但在实际中，一般 $n=5.3\sim5.9$，原因主要有以下 7 个方面：

① Bat ti，Hook 等曾对 $BaO\text{-}Fe_2O_3$ 二元平衡相图进行了研究，见图 3.20、图 3.21，由图可见，在 $n\leqslant6$，共晶温度为 1315℃，超过此温度存在 M 相和 L 相。因此，在共晶温度以上将存在液相烧结，有利于提高产品密度，从而改善磁体的 B_r。因此，生产中常采用 $n\leqslant6$ 的配比。

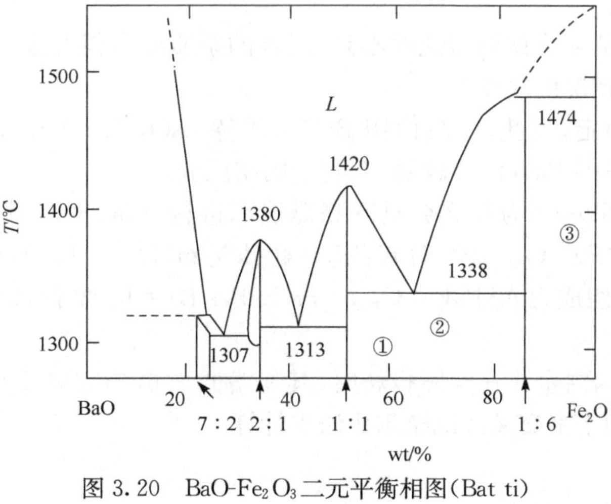

图 3.20　$BaO\text{-}Fe_2O_3$ 二元平衡相图(Bat ti)

①-$2BaO \cdot Fe_2O_3 + BaO \cdot Fe_2O_3$；②-$BaO \cdot Fe_2O_3 + BaO \cdot 6Fe_2O_3$；③-$BaO \cdot 6Fe_2O_3 + Fe_2O_3$

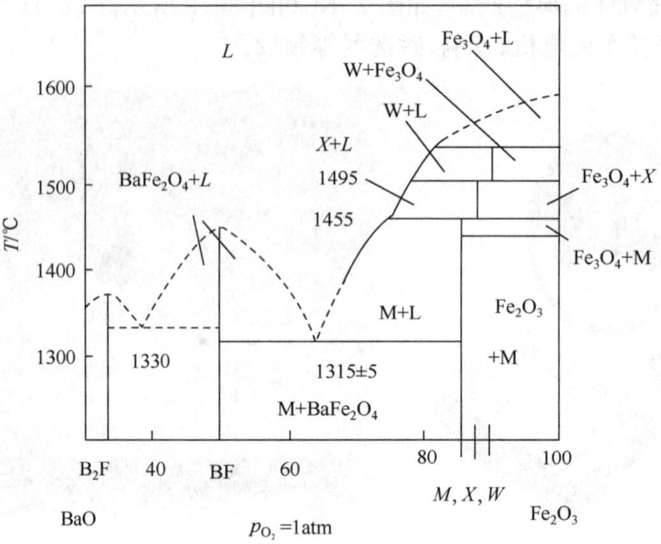

图 3.21　BaO-Fe_2O_3二元平衡相图(Hook)

X＝BaO · FeO · 7Fe_2O_3；W＝ BaO · 2FeO · 8Fe_2O_3；M＝BaO · 6Fe_2O_3

② 若 Fe_2O_3 比例稍低于 6，会使晶格点阵产生一些空位，这些空位有利于烧结时原料离子迁移，从而促进烧结时固相反应的进行，其结果是收缩率增大，密度上升，饱和磁化强度与剩余磁化强度增大，使磁性能提高。

③ 对低摩尔比的配方，如 $n \leqslant 6$ 的配方，往往会在晶界呈现第二相 BaO · Fe_2O_3，因而有利于阻止晶粒长大，从而有利于矫顽力的改善。

④ 生成合适的缺陷结构，有利于离子扩散，降低烧结温度，提高产品致密度。

⑤ 补偿球磨时铁的加入以及烧结时碱土氧化物的挥发。

⑥ 铁氧体原料中含有硫类杂质，这些杂质在生成铁氧体温度(800℃附近)前就与 BaO 生成 $BaSO_4$(700℃附近)，因此，一部分 BaO 生成稳定化合物 $BaSO_4$ 后消耗掉了，相对地造成配方中 Fe_2O_3 过剩，所以 BaO 的实际含量宜适当增加。

⑦ 缺铁配方，可降低 Fe^{2+} 在磁体中出现的风险，Fe^{2+} 在磁铅石型永磁铁氧体磁体中含量越低，产品的 M_S 越高。

由于生产中使用的氧化铁原料纯度不高，所含的杂质亦有很大波动，因此，BaO 与 Fe_2O_3 的配比应当根据原料情况而改变。

由于 BaO 很不稳定，因此，一般使用 $BaCO_3$ 代替 BaO，$BaCO_3$ 在 900～1000℃时分解成 BaO 与 CO_2，这样分解的 BaO 活性较好，有利于固相反应。

有人对 BaO · 5.5Fe_2O_3 为什么会具有高磁能积进行分析，发现其存在着一种新的铁氧体，$BaFe_{Ⅳ}B=Ba_3Fe_4^{2+}Fe_{28}^{3+}O_{49}$，20℃时有：$M_S=400$kA/m，$H_A=1540$kA/m，$T_c=451$℃，这时的 BaO · 5.5$Fe_2O_3$ 的组成为 $m(BaFe_{12}O_{19}):m(BaFe_{Ⅳ}B)=1:2$，因而导致 $n=5.5$ 的铁氧体磁性最高。

对于 $SrFe_{12}O_{19}$，国内企业在实际投料时，其 n 略低于 6，通常取 5.9～5.97。关于主原料投料量的计算，常采用十字交叉法或摩尔比法来计算。

(1) 十字交叉法

例 3.1　假定要生产 1t $SrFe_{12}O_{19}$，需要质量分数为 98.5%的 $SrCO_3$ 和质量分数为 99%的 Fe_2O_3(其分子量按 160 计)各多少 kg?

解　设需要质量分数为 98.5%的 $SrCO_3$ 和质量分数为 99%的 Fe_2O_3 分别为 $x$kg、$y$kg，则

$SrCO_3$	+	$6\ Fe_2O_3$	$\longrightarrow$	$SrO\cdot 6\ Fe_2O_3 + CO_2\uparrow$
147.62		6×160		1063.62
x×98.5%		y×99%		1000

$$147.62/(x\times 98.5\%) = 5.9\times 160/(y\times 99\%) = 1063.62/1000$$

解得 x=140.9kg，y=911.7kg。

(2) 摩尔比法

例 3.2　假定要生产 1kmol 的(即 1063.62kg)$SrFe_{12}O_{19}$，需要质量分数为 98.5% $SrCO_3$ 和质量分数为 99%的 Fe_2O_3 各多少 kg?

解　设需要质量分数为 98.5%的 $SrCO_3$ 和质量分数为 99% 的 Fe_2O_3 分别为 $x$kg、$y$kg，则

$$SrCO_3 + 6\ Fe_2O_3 \longrightarrow SrO\cdot 6\ Fe_2O_3 + CO_2\uparrow$$

147.62	6×160	1063.62
x×0.985	y×0.99	1063.62

则 x=147.62/0.985=149.87kg，y=6×160/0.99=969.70kg。

对低 Si 的主原料(SiO_2 的质量分数小于 0.3%)，为进一步改善预烧料的品质，可在设计配方时，考虑添加适量的 SiO_2 或高岭土(注意：磁体中 SiO_2 的总量，宜控制为不大于 0.6%)。

案例分析

(1) 原料的主配方

全铁含量为 72%～75%的铁鳞，其质量百分数为 84.8%；纯度为 96%以上的碳酸锶，其质量百分数为 15.2%；纯度为 93%以上，粒度为 3～5μm 的碳酸钙与高岭土(其 SiO_2 的质量百分数为 45%～50%、Al_2O_3 的质量百分数为 35%～40%，粒度为 3～5μm)分别占铁鳞及碳酸锶总质量的 0.5%与 1%。

(2) 制备工艺路线

① 铁鳞的预处理。

a. 烘干铁鳞。在烘干坑上将铁鳞烘干至含水量为 0～0.5%。

b. 干磨铁鳞。利用电磁振动给料机将烘干后的铁鳞送至连续式球磨机干磨铁鳞，球磨机中，钢球与铁鳞的质量比为 4.5∶1，钢球的直径为 ϕ17～ϕ45mm，出料时，铁鳞的粒度为 3～5μm。

② 湿法混料细磨。按上述配方配料，在罐式球磨机中碾磨(120±10)min，原料与钢球的质量比为 1∶8，原料与水的质量比为 1∶1.2，出料时原料粒度为 2～3μm。

③ 除水，依次包括：

a. 常温脱水。将原料送至沉降罐中沉降脱水。

b. 烘干。利用烧结时，回转窑散发的余热或铁氧体预烧料冷却时，散发的热量烘干，出料时，原料含水量为 2%。

④ 原料造球。在圆盘机中将原料造成小料球，所造料球的球径为 ϕ6～12mm，强度为从 0.5m 高度向铁板自然垂落 3～5 次，不破碎。

⑤ 干燥氧化。在链篦机中将原料球干燥氧化，链篦机中的链篦连续运转，将原料连续地自进料端送至出料端，自链篦机的出料端向机内喷射高温空气，使出料端温度保持在(790±10)℃，温度自出料端向进料端递减，在进料端，将温度保持在(160±10)℃，原料在链篦机内的停留时间为45min。在链篦机中发生的化学反应为

$$2Fe+O_2=2FeO$$

$$2FeO+\frac{1}{2}O_2=Fe_2O_3$$

$$2Fe_3O_4+\frac{1}{2}O_2=3Fe_2O_3$$

$$SrCO_3=SrO+CO_2\uparrow$$

$$CaCO_3=CaO+CO_2\uparrow$$

⑥ 预烧。在回转窑中烧结铁氧体预烧料。转速为135～140s/r(秒/转)，出窑口温度为(1280±20)℃，然后向进窑口递减，进窑口温度为(820±20)℃，烧结时间为6h，制成铁氧体预烧料，然后进入螺旋冷却筒中冷却后出料，以便于包装，同时，冷却时散发的热量可以供步骤③烘干之用。烧结时的中间反应和六角形铁氧体的反应为

$$SrO+\frac{1}{2}Fe_2O_3+\frac{1}{2}O_2=Sr\cdot Fe_{3-x}$$

$$Sr\cdot Fe_{3-x}+5.5Fe_2O_3=SrO\cdot 6Fe_2O_3+\frac{0.5-x}{2}O_2\uparrow$$

用此法得到的预烧料做的磁体，其B_r比较容易做到4100Gs以上，同时其H_{CJ}不低于3200 Oe。

任务4　中高档永磁铁氧体的主配方设计

中高档永磁铁氧体主要指Y30H-2，Y28H-2，Y33(TDK公司FB5系列)等产品。

Y30H-2永磁铁氧体的典型产品，如图3.22～图3.25所示，它主要用于通用发电机以及各类医疗、保健、健身器，如跑步机用电机、汽车刮水器电机、汽车油泵电机、电视机(如其中心调整磁体、色彩矫正磁体)、计算机及外围设备(如风扇、卷带马达)等领域。

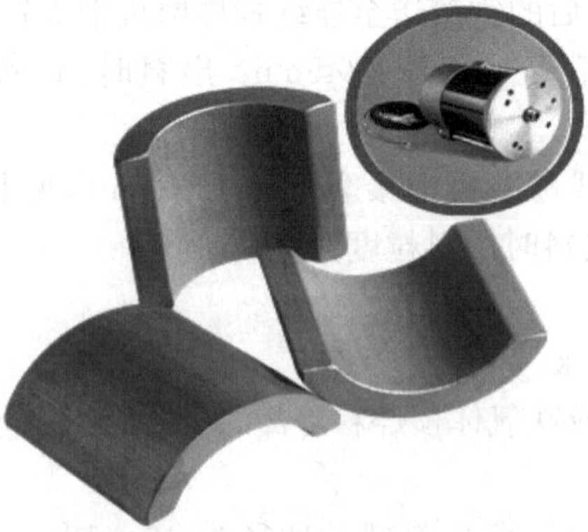

图3.22　医疗器械电机用磁瓦

图3.23　跑步机用电机磁瓦

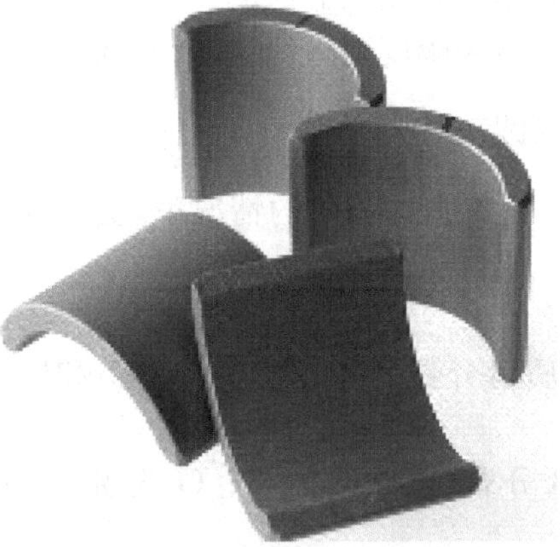

图 3.24　汽车刮水器电机用磁瓦

图 3.25　通用发电机用磁瓦

Y28H-2 永磁铁氧体的典型产品，如图 3.26、图 3.27 所示，它广泛应用于各种摩托车、汽车启动电机、信息显示系统等领域。

图 3.26　启动电机磁瓦

图 3.27　启动电机

Y33 永磁铁氧体的典型产品，如图 3.28 所示，它广泛应用于普通磁电机、高档音响产品等领域。

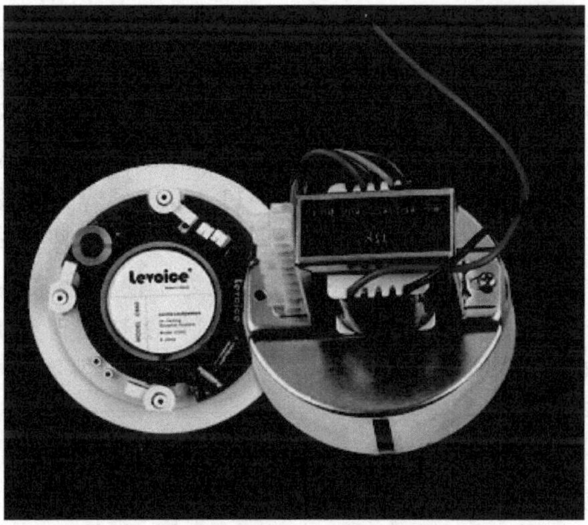

图 3.28　高档音响喇叭磁环

目前，该类材料，在工艺上的重、难点，主要集中在以下 3 方面：

① Ruthner 法制备铁红的工艺控制(前面已叙述)。

② 平均粒度控制在(0.80±0.05)μm 的基础上，尽可能降低细粉碎时间。

③ 在满足产品较高磁性能的前提下，提高成型效率，最大幅度地降低缺陷产品数量。

对用 Ruthner 法制备的铁红来生产永磁铁氧体预烧料，实践表明，摩尔比 $n\left(n=\frac{Fe_2O_3}{SrO+BaO+CaO}\right)$ 略大于 6。如 n 取 6.15 或 6.2，与略低于 6 时相比，在其他工艺均相同的情况下，更容易获得高综合指标的材料。

主配方用料量的计算。

例 3.3　假定要生产 1t Sr 铁氧体(n=6.15)，需要质量分数为 98.5%的 $SrCO_3$ 和质量分数为 99%的 Fe_2O_3 各多少 kg?

解　设需要质量分数为 98.5%的 $SrCO_3$ 和质量分数为 99%的 Fe_2O_3 分别为 $x$kg、$y$kg。则

$$SrCO_3+6.15\,Fe_2O_3 \longrightarrow SrO\cdot 6.15Fe_2O_3+CO_2\uparrow$$

$$147.62 \quad 6.15\times160 \quad 1087.62$$

$$98.5\%x \quad 99\%y \quad 1000$$

$$147.62/(0.985x)=6.15\times160/(0.99y)=1087.62/1000$$

解得 x=137.79 kg，y=913.87kg。

部分优质的铁鳞，通过严格的处理，在严格的工艺条件下，也可以制备出中高档永磁铁氧体产品。

案例分析

(1) 原料的主配方

化学表达式为 $SrO\cdot nFe_2O_3$ 的锶铁氧体，其中 n=6.2～6.8，主要原料为：铁鳞(其中 TFe≥72%，FeO≥38%，SiO_2≤0.2%，Mn≤0.1%，S≤0.1%)折算成 Fe_2O_3 的纯度为 98.5%，$SrCO_3$的纯度不小于 97%；且一次添加适量的 La_2O_3、Co_2O_3、SiO_2。如取 n=6.4，同时添加 La_2O_3、Co_2O_3、SiO_2的质量分数分别为 1.5%、0.25%、0.2%。

高摩尔比，主要是考虑到一次添加中 La^{3+} 代换 Sr^{2+} 的结果，以及二次添加中的 Ca^{2+} 和 Sr^{2+} 会继续进入铁氧体晶格，将使 M 型铁氧体分子表达式中的 n 值趋于整数，同时，也是为了控制研磨浆料的 pH 值为 7～8，以便于压制成型。一般情况下，当摩尔比 n<6 时，研磨浆料的 pH 值在 9 以上，甚至会达到 11。pH 值越高，浆料脱水、成型就越困难，尤其是当浆料的平均粒度小于 0.7μm 时，高 pH 值的浆料难以成型。浆料的 pH 值高，不仅压制时间长、产量低，而且成品率也低。通常情况下，制造高性能永磁成型浆料的平均粒度一般都接近或小于 0.7μm。成型浆料的 pH 值在 7～8 时要比在 10～11 时，成型容易得多，即使当浆料的平均粒度在 0.55μm 左右时，浆料的 pH 值在 7～8 时，也不存在明显的成型问题。所以，7～8 的 pH 值，是成型浆料的理想值。$CaCO_3$仅在二次添加，也是为了使研磨浆料具有较低的 pH 值。由于离子半径的原因，La^{3+} 的存在，使得 Ca^{2+} 进入锶铁氧体晶格变得更加容易。La^{3+} 与 Ca^{2+} 协同进入锶铁氧体晶格，对提高产品的 B_r值很有帮助，而 Co 对铁氧体中 Fe 的部分替代，可使 H_{CJ}显著提高，对 B_r几乎没有不良影响。

(2) 制备工艺路线

① 先将铁鳞烘干，并用球磨机干法球磨至 4μm 以下。

② 配料、湿磨。按设计配方成分称取各种原料和一定比例的添加剂，用球磨机湿法研磨

2～8h，平均粒度为 0.6～1.0μm。

③ 脱水、造粒。将上述研磨浆料用泵送至压滤机压滤至含水率为 15%～30%。再将压滤后的料，采用挤出造粒法造粒，规格为：直径 $d=7\sim10$mm，高 $h=7\sim10$mm 的圆柱体颗粒料。

④ 预烧。将步骤③所得颗粒料在预烧温度 $T=1280\sim1350$℃下预烧 1.5～2.5h。

⑤ 冷却、水淬。在高温预烧颗粒料冷却至 550～750℃时，再采用喷雾法对其进行水淬，使预烧颗粒料结构疏松化。水淬温度高于 800℃会使 B_r 有所降低，而温度过低，松化效果不明显。经水淬松化后的预烧料，粗磨粉碎效率是原来的 3 倍，且空气中粉尘含量明显减少。水淬不仅可以降低能耗、提高效率、减轻污染，更有益的是因为大大缩短了粉碎时间，减小了冲击强度，提高了磁性能。

⑥ 粗粉碎。将预烧颗粒料用球磨机粗磨粉碎，粗粉粒度为 3μm 以下。

⑦ 二次添加、细磨、成型与烧结。将一定质量的粗粉加入球磨机或砂磨机中，同时按比例加入一定的添加剂，以水为介质细磨 9～13h，细磨粒度为 0.6～0.8μm。根据性能的需要，二次添加质量分数为 1.0%的 $CaCO_3$、0.4%的 SiO_2、2.2%的 Al_2O_3、1.2%的 Cr_2O_3、0.8%的 $SrCO_3$、0.15%的 H_3BO_3 进行细磨，将细磨浆料在磁场中成型，再在 1230℃下烧结 1.5h，制得烧结永磁体，其性能如表 3.9 所示，表中数据表明，该方法做的产品达到了 Y28H-2 永磁铁氧体的技术指标。

表 3.9　用铁鳞作主料，$n=6.4$ 时，材料的磁性能

剩余磁通密度 B_r		矫顽力 H_{CB}		内禀矫顽力 H_{CJ}		最大磁能积 $(BH)_{max}$	
mT	Gs	/(kA/m)	/(Oe)	mT	Gs	/(kJ/m³)	/MGOe
371	3710	283	3557	371	3710	28.2	3.54

任务 5　高档永磁铁氧体的主配方设计

一般高档永磁铁氧体，主要指 Y33H、Y34H、Y34H-1、Y33H-2 等产品，更高端的产品指其技术指标与 TDK 公司的 FB9、FB12 系列产品相近的、世界领先水平的产品。

Y33H 永磁铁氧体的典型产品，如图 3.29 所示。它广泛应用于各类汽车电机组件（如汽车风扇电机、汽车制动电机）、民用直流电机、跑步机电机等场合。

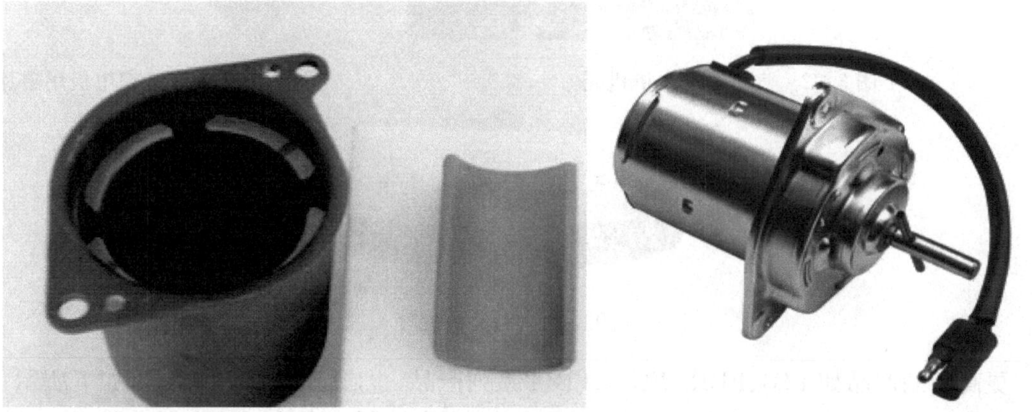

图 3.29　汽车风扇电机

Y34 永磁铁氧体的典型产品，如图 3.30、图 3.31 所示。它广泛应用于 VCD、DVD 影碟机、收录机、各种园艺割草、锯木电机、纺织机械及其他机械等领域。

图 3.30　园艺割草、锯木电机

图 3.31　纺织机械及其他机械用电机

Y34H-1 永磁铁氧体的典型产品，如图 3.32～图 3.34 所示。它主要用于微波炉磁控管用磁钢、高档扬声器、喇叭、受话器、汽车摇窗电机马达、录像机马达、办公设备电机、仪器、仪表电机等领域。

图 3.32　汽车摇窗电机机壳

图 3.33　汽车摇窗电机用磁瓦

图 3.34　微波炉磁环

更高端的产品如 FB9、FB12、FB13、FB14 系列产品，也广泛用于一些场合，如下所示：

① 汽车马达。如用于汽车燃油泵、电动车窗、防抱锁制动系统、风扇、刮水器、动力转向装置、主动悬挂系统、启动器、门锁系统和电侧镜。

② 办公自动化和音像设备的马达。如用于 FDD 心轴、VCR 主导轴、VCR 旋转磁头、VCR 卷轴、VCR 加载系统、摄录一体机主导轴，摄录一体机旋转磁头、摄录一体机变焦系统、摄录一体机聚焦系统，用于组合带式录音机和收音机的主导轴，用于压缩光盘播放机、激光盘播放机和微型光盘播放机的心轴及加载系统，用于压缩光盘播放机和激光盘播放机的光学拾取器。

③ 家用电器的马达。如用于空调器的空气压缩机、电冰箱压缩机、驱动电动工具、电风扇、微波炉风扇、微波炉盘的旋转系统、驱动混合器、头发吹风机的风扇、驱动剃须刀和电动牙刷。

④ 用于工厂自动化的马达。如工业机器人的主驱动器、自动控制轴、连接驱动、驱动加工设备的工作台、和传送带。

⑤ 用于其他场合的马达。如电动自行车的发动机，扬声器和耳机的磁体，磁控管，用于 MRI 系统的磁场发生器，用于 CD-ROM 的夹持器，配电盘的传感器，防抱锁制动系统的传感器，燃料和油料的液面传感器以及磁体离合器。

高 B_r 高 H_{CJ} 磁体的优越性主要体现在以下 4 个方面：

① 在具有与传统铁氧体产品相同尺寸的情况，由于高 B_r 可以提高产生于磁体的磁通密度，因此有助于提供具有更高性能的应用产品。例如，对于马达，可以获得高的转矩，对于扬声器或耳机，由于磁路的增强，可以获得高线性的良好音质。

② 在达到与传统磁体相同使用效果的情况下，磁体的尺寸(厚度)可以较小(薄)，这有助于使应用产品的尺寸小型化和轻量化。

③ 在使用卷绕式电磁铁作为磁场系统磁体的马达的场合，该电磁铁可以用铁氧体置换，有助于提供轻量化和低成本的马达，并且其制造工艺减少。

④ 可以在低温条件下使用，在这种条件下，传统铁氧体磁体存在低温退磁(永久退磁)的危险，于是可以显著提高在寒冷地区和海拔高的地区使用产品的可靠性。

由于永磁铁氧体磁体的最终磁性能，一般是由剩磁 B_r、内禀矫顽力 H_{CJ} 来衡量。加之

$B_r = 4\pi M_S \times$ 密度 $\times$ 取向度

$$H_{CJ} = \text{磁晶各向异性场 } H_A (= 2K_1/M_S) \times \text{单畴颗粒的占有率}$$

↑ 晶体结构 10^{-10} mm　　↑ 单畴结构 10^{-6} mm

因此，高密度、高取向度、高单畴颗粒的占有率是获得优秀晶体结构的决定性因素。另一方面，B_r、H_{CJ} 的温度特性以及 M_S 和 K_1，均依赖于磁体的晶体结构(磁体的磁性结构)，H_{CJ} 同时受单畴颗粒结构的影响。要实现高磁性的铁氧体，所有上述因素都必须得到改善。

(1) M 型 SrCa 永磁铁氧体

鲁赛海里(Lucehini)首先在实验室里得到了 M 型 SrCa 永磁铁氧体，1978 年日本的小岛浩等采用 $Sr_{0.6}Ca_{0.4} \cdot nFe_2O_3$，$n=5\sim6$ 的配方也得到了纯 M 相的永磁铁氧体。

在 $Sr_{1-x}Ca_xFe_{12}O_{19}$ 化合物中，当在 $x \leqslant 0.5$ 时，在 1200～1300℃范围内烧结，均为 M 相($SrO \cdot 6Fe_2O_3$)生成区，由于 Ca^{2+} 与 O^{2-} 的半径比较接近，所以不会破坏磁铅石结构，而 Ca^{2+} 半径远大于 Fe^{3+} 半径，却相近于 Sr^{2+} 半径，因此，Ca^{2+} 可以取代 Sr^{2+} 的晶位。

实验证明，在 $BaFe_{12}O_{19}$ 和 $SrFe_{12}O_{19}$ 中用 Ca^{2+} 取代 Ba^{2+} 或 Sr^{2+} 后，造成了 $Ca_xBa_{1-x}Fe_{12}O_{19}$ 或 $Ca_xSr_{1-x}Fe_{12}O_{19}$，它们的最大固溶量为 $x_m \approx 0.5$。在固溶量范围内，Ca^{2+} 替换 Ba^{2+} 或 Sr^{2+} 对本征磁性能，如居里温度 T_c、比饱和磁化强度 σ_S 以及矫顽力 H_{CJ} 没有明显影响，这种替换开辟了永磁铁氧体降低成本、扩展料源的新途径。

在 SrCa 永磁铁氧体产品的制备过程中，适量地加入 SiO_2，效果会更好，因为 SiO_2-CaO-SrO 复合添加，有利于材料磁性能的改善，这是由于 SiO_2-CaO 与主成分在烧结过程中可以局部形成 SiO_2 · CaO · SrO · 6Fe_2O_3系低熔点相，当烧结温度升至 1100℃时，形成液相，促进烧结体的致密化——提高 B_r，并细化晶粒——提高 H_{CJ}，同时，过剩的 SrO 与 SiO_2及 SrO · 6Fe_2O_3反应，将生成流动的液相，使 Sr 铁氧体的每个晶粒都被液相包围，其细化晶粒的效果比仅有 SiO_2-CaO 时更好。

（2）钙镧铁氧体

钙、钡以及锶的化学亲和力接近，但因为 Ca^{2+} 半径较小，在 CaO-Fe_2O_3系统中没有六角型铁氧体相存在。然而加入一定量的 La_2O_3之后，一种有磁性的六角型钙铁氧体相就可以稳定下来。La 离子取代 Sr 离子后，K_1增加，这对改善材料的 H_{CJ}十分有利。M 型六角晶系钙镧铁氧体的分子式为$(CaO \cdot nFe_2O_3)_{100-x}(La_2O_3)_x$，其中 $n=5.6\sim6.25$，$x=0\sim4$。当 x 在 2～4 范围时，可以得到单一的稳定的磁铅石相，相对较理想的成分为$(CaO \cdot 6Fe_2O_3)_{97}(La_2O_3)_3$，如再用少量 Sr 取代部分 Ca，性能还会有所提高。当成分为$(CaO_{0.9}SrO_{0.1} \cdot 6Fe_2O_3)_{97}(La_2O_3)_3$时，$(BH)_{max}$可达 $31.2\times10^3 J/m^3$。

钙镧永磁铁氧体的优点：①价廉；②制造工艺稳定；③二次球磨时间较短。

在$(CaO_{0.9}SrO_{0.1} \cdot 6Fe_2O_3)_{97}(La_2O_3)_3$的基础上再加入一定量的二价金属元素，以平衡体系的化合价，效果会更好。如 TDK 公司公开了一种钙永磁铁氧体，其主成分含有的金属元素为 $Ca_{1-x-x'}La_xSr_{x'}Fe_{2n-y}Co_y$，表示原子比率的 x、x'、y 以及表示摩尔比的 n 满足 $0.4\leqslant x\leqslant 0.6$，$0.01\leqslant x'\leqslant 0.3$，$0.2\leqslant y\leqslant 0.45$ 以及 $5.2\leqslant n\leqslant 5.8$ 的关系，获得了磁性能极优的永磁铁氧体磁体。

（3）La-Co 或 La-Zn 离子取代的 M 型永磁铁氧体

通过穆斯堡尔谱研究表明，磁性 Co^{2+}代换 $SrFe_{12}O_{19}$中的 Fe^{3+}，Co^{2+}在 $4f_1$和 2a 亚晶位置上的分布是随机的。由于 $Co^{2+}(3\mu_B)$磁矩比 $Fe^{3+}(5\mu_B)$磁矩要小，所以，Le Breton J. M 等人认为，低 Co 含量的情况下，造成饱和磁化强度增大的主要原因是 Co^{2+}进入 $4f_1$晶位的离子数多于进入 2a 晶位的离子数，从而导致自旋向上的磁矩和自旋向下的磁矩之差增大。稳定的非磁性的 Zn^{2+}代换 SrM 型铁氧体中出现的 Fe^{2+}，并进入 $4f_1$晶位（见图 3.35），代换自旋向下的 Fe^{3+}，可提高自旋向上的 Fe^{3+}的净个数，从而提高磁性能。

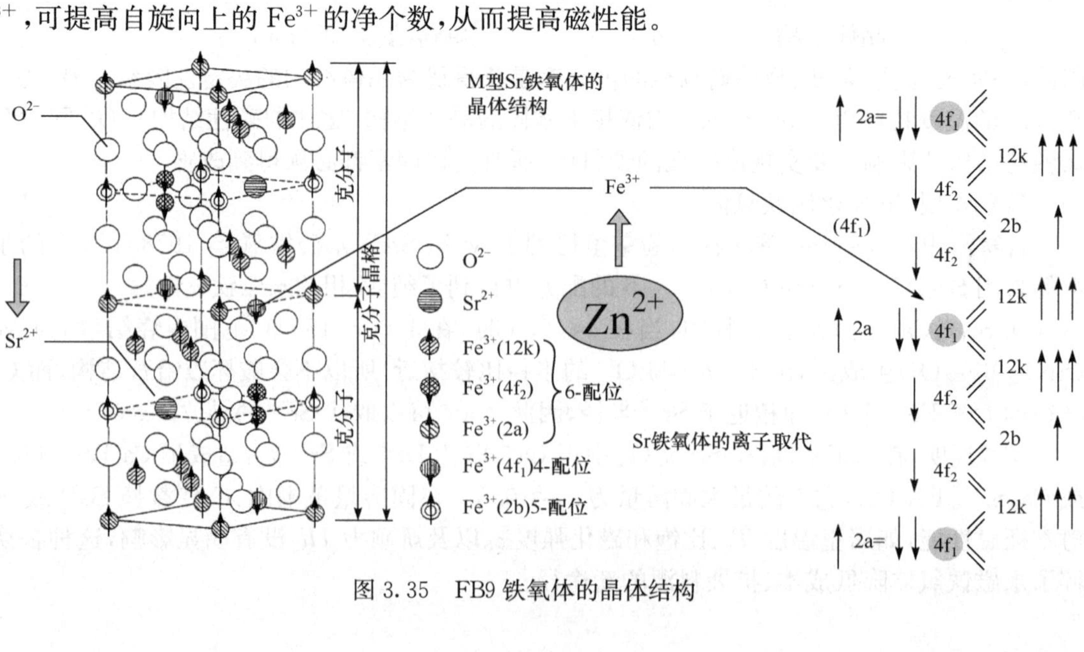

图 3.35　FB9 铁氧体的晶体结构

以 TDK 公司田口仁及日立公司的绪方安伸等科研人员为代表，系统地研究了(La^{3+}，Zn^{2+})或(La^{3+}，Co^{2+})与 $SrFe_{12}O_{19}$之间的离子取代技术。通过用 Co 或 Zn 离子置换铁氧体中四配位($4f_1$)的 Fe 离子，为了价位补偿用 La 离子置换铁氧体中的 Sr 离子，由此得到的铁氧体可用式 $Sr_{1-x}(Fe_{12-y}Co_y)_zO_{19}$表示，式中 $0.04\leqslant x\leqslant 0.45$，$0.04\leqslant y\leqslant 0.45$，$0.7\leqslant z\leqslant 1.2$、$0.8\leqslant (x/y)\leqslant 1.5$。用此技术得到的铁氧体相(M 相)的 M_S 有明显提高，从而使铁氧体的磁性能有了突破性的提高，La-Co 离子取代 M 型永磁铁氧体的磁性能，如图 3.36 所示。

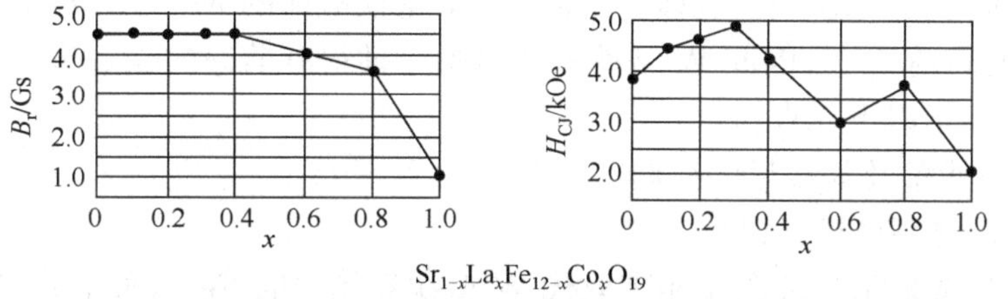

图 3.36　La-Co 离子取代 M 型永磁铁氧体的磁性能

La-Co 离子取代的 M 型永磁铁氧体，其磁性能得到显著改善，主要是因为对 Sr^{2+} 和不同晶位的 Fe^{3+} 进行离子取代，可以影响 M 型铁氧体的晶体结构，使不同晶位上的磁晶各向异性发生变化，从而控制材料的宏观各向异性与饱和磁化强度。Co^{2+} 的各向异性常数比在同类晶位中 Fe^{3+} 的各向异性常数约大两个数量级；La^{3+} 部分取代 M 型铁氧体晶格中的 Sr^{2+}，有利于稳定磁铅石型晶体结构并改善其内禀磁性。稀土元素中，除了用 La 取代外，其他元素因 La 系收缩，离子半径减小，代换量随之下降。实验表明，对主配方为 $Sr_{1-x}La_xFe_{12-x}Co_xO_{19}$ 的铁氧体，再经 1200℃预烧时，在 $x=0\sim0.2$ 时，预烧料为单一的 M 相；$x\geqslant 0.3$ 时，出现了尖晶石相和 M 型磁铅石相，在经 1200℃烧结时，磁体在 $x=0\sim0.4$ 时为单相；$x=0.6$ 时，为 M 相加 α-Fe_2O_3相；$x=0.8$ 时，为 M 相加尖晶石相；$x=1$ 时，不再有 M 相。另外，随 x 的增大，晶格常数 a 没有明显变化，晶格常数 c 线性减小，减小的原因与 La^{3+}(0.122nm)、Sr^{2+}(0.127nm)、Co^{2+}(0.069nm)和 Fe^{3+}(0.067nm)之间的离子半径不同有关，晶格常数 c 的线性减小以及随 x 的增加分子量的增大导致了磁体密度的增大，同时，随 x 的增大，T_c线性降低，由晶格常数和 T_c的变化可以判断，Co、La 进入了 Sr、Fe 的晶格位置。

对 $Sr_{1-x}La_xFe_{12-x}Zn_xO_{19}$体系，当 $x=0.3$ 时，饱和磁化强度增高 4%，各向异性常数与 M 型钡铁氧体相当，如图 3.37 所示。

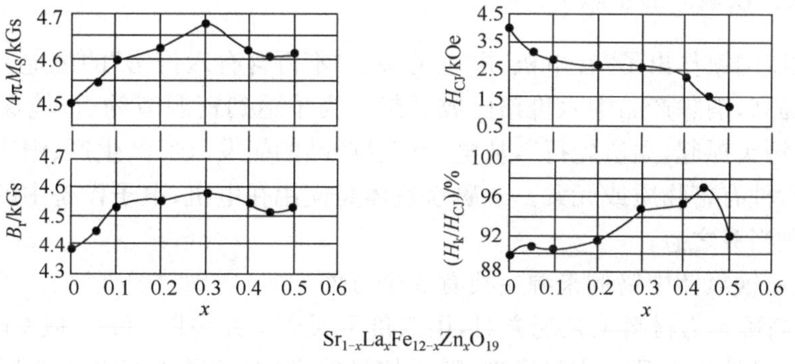

图 3.37　La-Zn 离子取代 M 型永磁铁氧体的磁性能

任务6　W型永磁铁氧体的配方设计

1980年，Philips公司Lotgering等公开发表了W型永磁铁氧体的制备工艺，其化学式为$A^{2+}Me_2{}^{2+}Fe_{16}O_{27}$（A为Ba、Sr，Me为二价金属元素，如Fe、Mg、Zn、Co、Cu、Mn，也可以是一价金属元素与三价金属元素的复合物，如$Li^{1+}Fe^{3+}$等）。W型与M型永磁铁氧体单位晶胞的a轴均为0.588nm左右，而其c轴的尺寸相差则较大，理论上，W型铁氧体的比饱和磁化强度、居里温度、K_1、M_S均高于M型铁氧体。室温时，W型铁氧体的M_S比M型的M_S高约10%，其磁能积比M型的高约20%，因此W型铁氧体将是一种很有前途的铁氧体。W型铁氧体产品的工艺控制难点在于以下几点。

（1）2价金属元素及其含量的控制

① 高温淬火＋控制氧气气氛。

② 离子取代（常采用二价金属元素取代W型铁氧体中的Fe^{2+}，如Zn^{2+}等）。

（2）获得W相的温度不能太高

若在1300℃以上，晶粒相对较粗大，H_{CJ}不容易做高（这可以加入适量的抑制晶粒长大的添加剂）。

戈特（Goto）等按$SrO\cdot 9Fe_2O_3$进行配料，在900℃，空气中保温1h，然后在1300 ℃下，在P_{O_2}为（2～4）×10^{-2}标准大气压的范围内，保温4h，得到了稳定的W型铁氧体。

丰田幸夫用原料为99.7%的$SrCO_3$，99.4%的氧化铁按$SrO\cdot 8.5Fe_2O_3$配料，湿混→烘干→预烧（N_2保护下，1350℃/3h）→细粉碎（添加质量分数为0.2%的C，0.75%的$CaCO_3$，0.3%的SiO_2）→10kOe的磁场下成型→空气中，200℃下干燥毛坯→烧结（N_2保护下1175℃/1h，得到W单相的铁氧体）。其磁性能为，$4\pi M_S=5kGs$；$B_r=4.8kGs$，$H_{CJ}=2500$ Oe。

尾田悦志等按$(1-x)SrO\cdot(x/2)La_2O_3\cdot nFe_2O_3$进行配料，其中，$0.05\leqslant x\leqslant 0.3$，$5.0\leqslant n\leqslant 6.5$，湿混→烘干→造粒→预烧（大气中，1300℃/3h，X射线衍射分析，确认得到M型铁氧体单相）。另外，按$SrO\cdot 2MO\cdot 8Fe_2O_3$（$SrM_2Fe_{16}O_{27}$进行配料，M为选自Co、Ni、Mn和Zn中的至少一种元素）湿混→烘干→ 造粒→预烧（大气中，1300℃/3h，X射线衍射分析，确认得到W型铁氧体单相）→细粉碎（在M型铁氧体中，按质量分数计，加0.6%～20.8%的W型铁氧体，同时加0.7%的$CaCO_3$，0.4%的SiO_2→成型→空气中，1200 ℃下烧结，也得到了性能优良的永磁铁氧体。

任务7　绿色永磁铁氧体的生态设计

近年来，欧盟国家作出了“在电机、电子设备中，不得含有六价铬”的规定，人们对环保的认识和要求不断提高，消除产品中六价铬已成必然。为了达到资源节约、环境保护的目的，国家七部委规定“从源头抓起，立法先行”，从电子信息产品的研发、设计、生产、销售、进口等环节限制使用规定的六种有害物质或元素。永磁铁氧体是使用在电机、电子设备中的重要元件，消除六价铬的源头是当务之急。

经分析，永磁铁氧体中铬的来源主要有3个方面：

① 在设计高矫顽力材料工艺配方时，用三价金属离子如Al^{3+}，Ga^{3+}或Cr^{3+}取代Fe^{3+}，可使离子磁晶各向异性场上升。实验发现，随添加量的增加，矫顽力将会逐渐增加，有时可以增加到400kA/m。

② 原料中混入铬的氧化物或化合物，在铁氧体制造过程中转化成六价铬。

③ 铁氧体制造过程中的辅助配件，如球磨机用钢球，有高铬钢球和低铬钢球，还有衬板、设备部件等。

消除铬的化合物进入铁氧体中，是消除六价铬的主要保证。在铁氧体制造过程中，可以从以下7个方面予以消除：

① 适当低温预烧以提高磁体的矫顽力。

② 用三氧化二铝代替三氧化二铬提高磁体的矫顽力。

③ 对用于高档电机用磁瓦的材料，可适当添加 La_2O_3 来提高矫顽力。

④ 对更高要求的材料(如 $B_r \geqslant 400mT$，$H_{CJ} \geqslant 320kA/m$ 等产品)，可以采用 La-Co 离子取代技术来设计其工艺。

⑤ 对原材料中的铬，要求轧钢厂或三氧化二铁生产厂对含铬原料隔离使用，建立有害物质控制承诺书，明确制造责任。

⑥ 研磨时，采用离心浇注的无铬钢球取代铬钢球。

⑦ 采用含铬检验与供方签订无铬承诺书，消除各种磨损配件中铬的成分。

子项目2　混料与造球

铁氧体的形成是粉末原料颗粒间发生固相反应的结果。要获得化学成分严格符合配方的铁氧体，原料之间的均匀混合是十分必要的。由于是固相反应，各种反应物间的扩散距离必须足够短。为达到这个目的，原料必须足够细(在总体中占的比例越少的物质，更要越细)，充分混合，并压实使各种原料紧密接触。如果原料不够细，就要边细磨边混料。混合好的料必须保持到固相反应为止，也就是说由混料机出来直到烧结窑的过程中，在运送、装载和摇动混合料时，物料均不能富集以导致局部浓度发生变化。

任务1　混料

预烧的方式决定了混料的工艺，预烧方式分为直接预烧和压块(或造球)预烧两种。一般情况，混料分为干混与湿混，干混通常采用造球预烧方式，采用湿混的多数厂家，都采用直接预烧，部分厂家在湿混后也采用压块(或造球)预烧方式。

直接预烧是将一次球磨后的混合氧化物料浆压滤烘干后直接入窑炉预烧，含适量水的料浆也可以直接喷入窑炉预烧；压块(或造球)预烧则是将烘干后的混合氧化物压成块状(或将碳酸锶(钡)粉末和氧化铁粉末干混均匀后，加适量水，用造球机造成球状)，然后放入窑炉预烧。直接预烧时颗粒接触松散，预烧效果不佳，而且装料量少，生产效率不高，预烧料被灰尘污染时不易处理。压块(造球)预烧虽增加了一道预压(或造球)工序，但无直接预烧的缺点，是普遍采用的一种预烧方式。

(1) 湿法混料

湿法混料的设备可以是振动磨机，鼓形混料机或者砂磨机、球磨机。这种混合方法是极其有效的，但是要消耗能量去脱水和干燥，为了达到这个目的，料浆脱水或用机械方法，例如经过压滤机后干燥，或直接送入喷雾(干燥)器。

湿法混料的工艺为：将合格的氧化铁红和碳酸锶(铁氧体原料在投料前应作必要的分析鉴定，尤其是不同批号原料投入使用时，这种分析更为重要)，按工艺配方进行配料。准确地称量是保证配方得以实现的必要措施，这就要求具备适当精确度的衡器，并严格遵守操作规程。目前，铁氧体生产大多使用较先进的电子秤，电子秤在使用时，应注意防尘。主原料称好后，分别倾入卸料斗，再进入贮料仓，然后通过发送罐，用气压将原料（其含水量必须小于0.3%）输送到混磨机（如球磨机）进行混磨。混磨后的料浆用输料泵送到料浆存贮装置，检测摩尔比 n，n 值符合工艺要求后，将料浆用高压打入预烧窑中。此工艺应注意以下3点：

① 原料之间比例准确，混料均匀。

② Fe_2O_3 与 $SrCO_3$ 的摩尔比 n 的变化不超过±0.02，进窑时，料浆的质量分数为(50±2)%，平均粒度≤0.8μm。

③ 料浆进窑时，其喷洒速度、料浆浓度应尽可能保持一致。

(2) 干法混料

干混的常见方式主要有以下3种：

① 在鼓形混料机或球磨机中磨细和混料。

② 在一种轮碾式混料机中强力混合或者在具有旋流器（离心式喷嘴）的高强力逆流式混料机中混合。

③ 双螺旋轴强混机混料。

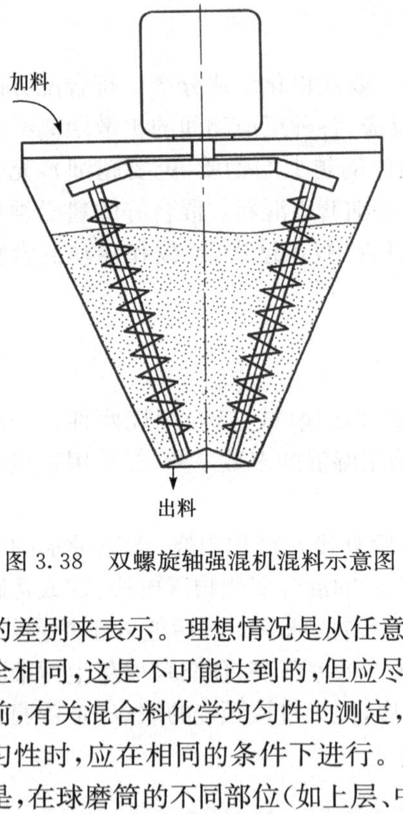

图3.38　双螺旋轴强混机混料示意图

当原料不够细时常采用第一种方法，这样有利于以后的固相反应。采用第二种方式混料要看原料是直接送入反应窑还是制粒而定。在轮碾机中，原料受到摩擦、粉碎、混合以及搓揉搅拌，并在某种程度上被压实和聚成团块。这种强力混合机仅能处理干料或者通过加入水分以及粘结剂将粉末造成小球。采用双螺旋轴强混机混料时，两根螺旋轴分别要围绕自己的轴转动（自转），同时，围绕设备中心线转动（公转），具体如图3.38所示。

混合时，是将白色的碳酸锶与红色的氧化铁或黑色的预处理后的铁鳞料相混合，实践表明，当肉眼看不见白点时，随机取样测混合料的平均粒度（用鲁氏纳法铁红为主料，混合后平均粒度应≤0.9μm），结合分析主原料的摩尔比，如符合要求，则判定该混料工艺受控。

(3) 化学均匀性的检测

混合料的化学均匀性用混合料各部分之间化学成分的差别来表示。理想情况是从任意部位取出任意少量的混合料试样，其成分应与配方比例完全相同，这是不可能达到的，但应尽可能接近。显然，混合均匀性的测定与取样多少有关。目前，有关混合料化学均匀性的测定，尚无统一的标准和方法。在生产中，比较混合料的化学均匀性时，应在相同的条件下进行。关于混合料化学均匀性的检测比较，一般认为可行的办法是，在球磨筒的不同部位（如上层、中层、下层）各取同样多的试样，通过化学分析，定性比较混合料的化学均匀性。这种方法至少可以用来比较两次球磨的效果。目前，有些厂家已经使用电子探测微分析仪检测混合料的化学均匀性，得出定量的结果。

(4) 影响化学均匀性的因素

影响混合料化学均匀性的因素较多，其中，原料本身的特性、混合方式及设备、混合时间（球磨时间）、料、钢球和水的配比等是比较重要的影响因素。

① 原料特性。

混合均匀的难易程度与原料本身的特性有关。在相同的工艺条件下，原料不同，获得的化学均匀程度不同。

a. 原料的粒度和粒度分布对混合均匀程度有较大影响。一般规律是：颗粒较大的原料较难混合均匀，增加一种成分的平均粒度，不仅损害它本身可以达到的最大均匀度，同时也影响其他成分的均匀度；但是，如果主要成分 Fe_2O_3 的起始粒度比其他成分的起始粒度大，则有利于达到粉料的最大均匀度。

b. 原料颗粒形状对化学均匀性的影响。球状颗粒有利于提高混合料的化学均匀性，而针状颗粒原料对均匀混合不利。

② 混合方式。

原料粉末的混合分为干磨和湿磨两种形式。湿磨通常以水为弥散剂，水尽管对磨具和钢球有缓冲作用，但由于水对原料颗粒的"劈裂作用"，在均匀混合的同时，兼有提高研磨效果的作用。实践证明，湿磨比干磨混合效果好，磨得的颗粒也较细，这无疑有利于提高化学均匀性。因此，尽管湿磨较干磨增加了压滤去水和烘干等工序，生产中仍普遍采用这种工艺。

湿磨得到的浆状混合料，由于各成分密度不同，烘干过程中会出现分层沉淀现象，以致使均匀性受到破坏，这个缺点可用压滤去水再烘干的方法弥补，烘干后过筛也可提高化学均匀性。

③ 球磨时间。

一般说来，混料的均匀程度随球磨时间的延长而不断提高。实践证明，多数原料成分的分布，随球磨时间的延长而得到连续改善（但速度不同）。当粉末原料混合到一定均匀程度后，再延长球磨时间，均匀性改善甚微，反而增加了铁的掺杂量（钢球和球磨筒壁有磨损）。

④ 料、钢球和水的配比。

采用湿磨方式时，料、钢球和水的比例与球磨效果也有直接关系。具体比例与配方、原料密度等因素有关，如密度较小的原料成分多（体积大），应适当提高水的比例。通常采用如下配比，m(料)：m(球)：m(水)＝1：(4～12)：(1～2)。

任务 2　造球

在连续进料烧结炉或者隧道窑中，原料以大块或小片形式放在料盒中或料盘上通过高温反应区。然而原料经过回转窑，必须在没有任何料盒或料盘的情况下运行，在这种情况下，由于颗粒很细，不能确保均匀无损耗地流通。一般情况下，混合物料被制成直径为几毫米的小球，常见的方式是采用一种具有倾斜旋转筒的造球盘（见图 3.39），通过液体吸雾，例如，将约 10％的液体喷到干燥的混合料中，以便在颗粒表面形成一种液体膜，当混合料由上部像雪崩一样向下翻滚时形成小球，通常把有机试剂加到水中，使制成的球不易磨损和碎裂。由于做成了球团，混合物料的相对密度明显提高，球中的颗粒高度致密促进了烧结时离子的扩散和固相反应。预烧时间与造球的尺寸有关，尺寸小，时间短。尺寸大，时间长，预烧时间不足，会影响产品性能。造球尺寸的一致性，直接影响预烧效果。

(1) 影响造球的因素

原料粒度对成球的生产率及质量影响很大，只要工艺条件允许，造球原料的粒度越细越好。干燥的细粉是不会成球的，水分是成球过程中的先决条件。

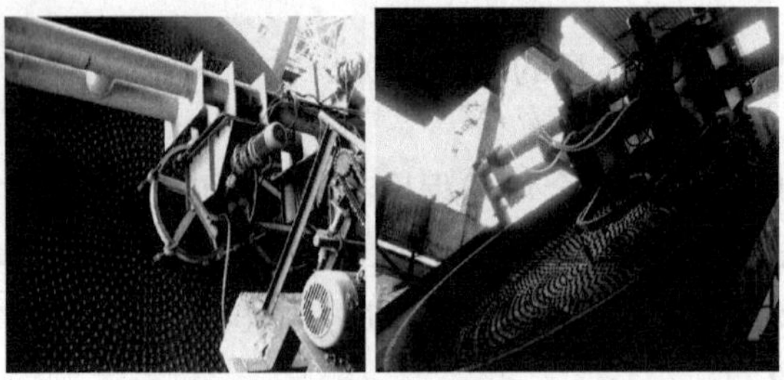

图 3.39 圆盘造球机

添加适量的添加剂对成球也有好处，例如，添加质量分数为 0.5%的皂土。皂土是高度分散的胶粒，亲水性很强，在水中会泡胀，能吸收 700%的水，它是由天然膨润土（Al_2O_3-$4SiO_2$ · H_2O+nH_2O）精制而成的无机矿物凝胶，它在造球过程中起分散、粘合剂的作用，加入质量分数为 0.25%～0.5%的皂土，可使生球机械强度提高 40%～60%。已经证明某些纤维素产品、醇类，蜡状物和藻朊酸盐也可作为粘结剂。当然，在烧结时，这种有机试剂应被排出，残留物也要最少。

影响造球的因素有以下五方面：

① 颗粒表面的亲水性越高，成球性越大；颗粒的孔隙率越大，成球性越大；颗粒的形状呈薄片形或针形就比矩形和多角形或平滑表面的颗粒，成球性好。

② 原料的湿度。过干的料粉不能成球或成球很慢，过湿会使球粒不均匀，生球易变形和粘结。物料造球最适宜的湿度主要取决于物料的天然性质和组成，也与物料的粒度有关，粒度减小，则最适宜的湿度可增加。

③ 物料在筛分组成上越不均匀，生球的生成和长大速度就越快，生球的结构就越坚固。

④ 有效的添加剂（如皂土）。

⑤ 粒度的大小。粒度越细，成球性越好，但需要较长的成球时间。如粒度大，则料球强度差，料球成球率也低；当粒度过大时，根本不能成球。故原则上讲只要条件允许，造球原料的粒度越细越好。

（2）造球工艺

通过喷雾，将 8wt%～10wt%的水喷到干燥的混合料中，水中也可以含有少量（约 1wt%）的有机粘结剂的水溶液，水溶液浓度为 10wt%，这样使料粉和细小的水珠，随着造球机圆盘转动首先形成仔球，此时需认真控制仔球直径、含水量和给料量。随着粉料和水珠的不断加入，仔球逐渐长大，直到长到所需要的料球直径，实际上这是一个连续不间断的过程，在造球盘中不断出现仔球，中球与合格球。由于圆盘倾斜的装置和料粉的运动，较大的球上升到料面，较细的料留在下面，随着造球过程的不断进行，成球的滚动超过圆盘，因离心力而抛出造球机进入下道工序。造球是为了更有利于固相反应的进行，使材料充分铁氧体化，成球的密度比混合料粉末的松装密度及混合料的振实密度都高，这有利于烧结时粒子的扩散和固相反应，而且在预烧过程中不易粘结窑壁及预防料球间相互粘结，如果成球密度低，反应就不充分，也会影响铁氧体料的均匀性，从而影响材料的性能。密度过高，会影响预烧过程中的吸氧，故对球的密度是有一定限度要求的，影响球的质量和产量的因素主要有圆盘直径、圆盘深度、转速、倾斜角度、含水量等。

采用直径为 1.8m 的圆盘造球机，每小时约产一吨 $\phi 6$ 的小球，小球球径以 $\phi 5 \sim \phi 9$mm 为宜。料球形状应接近球形，流动性好，料球大小均匀，不应过大过小，尤应避免料粉过多。因此出成球机后，通过筛分排除太大或太小的球使球尺寸维持在一个较小的范围，就可做到产量平稳，确保料球在回转窑高温区中运动的速度及保温时间尽量一致，从而避免预烧过程中出现过烧或夹生现象，这样也避免了后道球磨时的跑锶现象。为使料粒大小均匀，也要求给料及水珠均匀，布料面大一些，有利于仔球的产生和生长。在生产中，还应考虑料球从成球机到回转窑烘干带的过程中不破碎。

① 严格控制造球水分和加水、加料的均匀性。

干燥的细粉是不会成球的，水分是成球过程中的先决条件，一般认为物料吸水分 4 个阶段进行，首先是吸附水、薄膜水，然后吸附毛细水和重力水，其中毛细水分在成球形成过程中起主要作用，而薄膜水分则决定着生球的机械强度。

造球工艺的严格控制是提高生球强度的关键。生球团的强度通常为 4 种粘结力共同作用的结果，即胶体粘结力、机械粘结力、分子粘结力与毛细粘结力。由于铁鳞细粉中胶体物质几乎为零，因此，胶体粘结力可以忽略不计。机械粘结力实质上是球团颗粒之间在受力时产生的摩擦力。当外力去除时，摩擦力消失，因此，球团的强度主要取决于毛细粘结力。这是因为 80％的球团气孔都被水充填。因此，在造球时，必须严格控制造球水分，一般控制在 8％～10％。在造球过程中，尽量采用雾状连续喷水、均匀加料、连续出球方式，避免加一批料再加一批水的不良造球方法。

造球时喷水应避免局部过湿及冲坏造好的小球，适当的加水量可以保证小球有良好的透气性。

② 严格控制造球时间。

一般来说，生球团在均匀加水、加料的前提下，在造球机中滚动时间越长，生球团越致密，强度越高，表面越光滑。但是，造球时间过长既影响造球机的生产率，也由于球团过于密实、孔隙度不够，不利于预热氧化时氧的内部扩散，从而影响反应速度。因此，造球时，必须严格控制生球在造球盘中停留时间，严禁不按工艺要求加大水量和给料量以提高造球的速度。

③ 控制圆盘的转速与倾角。

倾角一般采用 45°～47°，圆周速度为 1.8～2.0m/s。

④ 严格控制返料的添加。

(3) 料球的行业内控标准

① 料球的密度为 2.5～3.0g/cm^3。

② $\phi 5 \sim \phi 9$mm 的料球提升到 0.8～1m，自由落在水泥地上不破碎。

③ 料球密实、流动性好，料球从成球机到回转窑烘干带的传输过程中不发生破碎。

④ 料球中水的质量分数为 8％～10％。

子项目 3 永磁铁氧体预烧知识准备

任务 1 永磁铁氧体预烧料的特征及分类

钡铁氧体是最先投入生产应用的永磁铁氧体，与后来发展起来的锶永磁铁氧体相比，其优点是 B_r 高、成本低。其缺点是 H_{CB}、H_{CJ} 较 $SrFe_{12}O_{19}$ 低。实践表明，优秀的永磁铁氧体预烧料，通常具备以下特征。

(1) 稳定的磁性能

不同批次之间，磁性能的变化幅度为：$-5mT \leqslant B_r$的波动$\leqslant 5mT$，$-8kA/m \leqslant H_{cJ}$的波动$\leqslant 8kA/m$。

(2) 相对稳定的收缩率

其收缩率(收缩量/基准量)的偏差在 1.55 个百分点以内(如 12.25%～13.80%)，相当于其收缩比(生坯或模具尺寸/烧结毛坯的相应尺寸)通常在 ±0.010 以内(如 1.140～1.160)。

(3) 较好的工艺适应性

永磁铁氧体预烧料的二次工艺适应性主要表现在以下 2 个方面：

① 可成型性。优质预烧料在预烧时，固相反应完全，二次球磨时没有明显跑锶现象，料浆 pH 值接近于 7，显中性，有良好的疏水性，料水分离快，料浆易沉降，成型脱水性好，易成型。使用这样的预烧料生产的磁体不易出现开裂、起层等缺陷，磁体生产合格率高。劣质的预烧料则相反，因固相反应程度不均匀，二次球磨时常有跑锶现象产生，料浆 pH 值有时可高达 9～12，呈碱性，料表现出较强的亲水性，料水难分离，料浆沉降慢，成型难脱水。使用这样的预烧料生产的磁体极易出现开裂、起层等各种缺陷，磁体难有理想的合格率。

② 二次烧结温度范围。优质的预烧料有较宽的二次烧结温度范围，一般在 10～20℃温度变化范围内烧结均能得到理想的磁性能和尺寸收缩，方便磁体生产工艺与质量的控制。而劣质的预烧料则对二次烧结温度变化非常敏感，很小的温度变化(5～10℃)就足以引起磁性能的恶化，使磁体生产工艺、质量控制变得异常困难。

(4) 合适的价格

永磁铁氧体粉料(永磁铁氧体预烧料)的分类如图 3.40 所示。

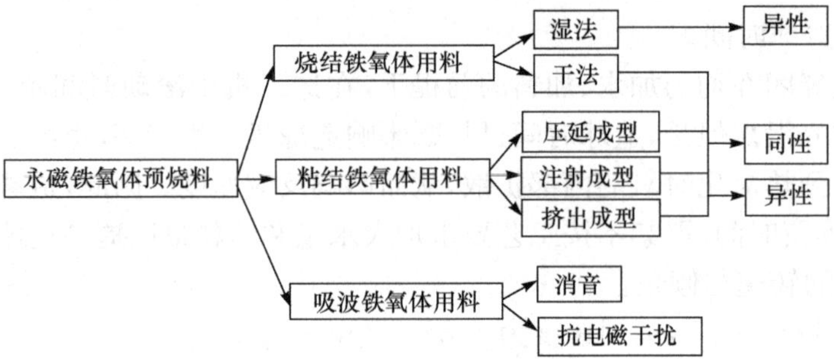

图 3.40　永磁铁氧体预烧料的分类

任务 2　预烧的作用

预烧的目的是使原材料颗粒之间发生固相反应，使原材料绝大多数变为铁氧体。预烧后，材料的体积明显收缩，从而导致烧成产品的收缩率变小，减少产品变形的可能性。

预烧的作用主要有以下 6 点。

(1) 降低化学不均匀性

预烧之后的坯料已部分铁氧体化，既符合配方的化学成分要求，又保留一定的化学活性。未反应的部分再次发生固相反应时，可以获得完全铁氧体化的结构，降低了烧结产品的化学不均匀性。

(2) 降低烧成产品的收缩率，减少产品变形的可能性

预烧是固相反应过程，铁氧体结构开始形成并发生体积收缩，这有利于提高坯件密度和机

械强度，从而减少了产品变形的可能性，此外，收缩率的降低也给成型模具的设计和制造带来方便。

(3) 易于成型

未经预烧的混合氧化物粒度过细、粒度分布较宽，不利于成型。经过预烧和二次球磨的铁氧体粉料可以满足成型的粒度及粒度分布要求。

(4) 提高铁氧体产品的密度

预烧时，盐类原料分解，气体逸出（如 $SrCO_3$ 分解成 SrO 和 CO_2），二次烧结时就不会因气体逸出造成气孔。此外，二次球磨后，未完成铁氧体化的部分可能重新暴露于粉粒之外，烧结时再度接触反应，进一步铁氧体化，因而提高了产品密度。

(5) 提高产品性能的一致性

原料化学活性的差异往往造成产品性能的不一致，控制预烧工艺可以缩小原料化学活性的差异，提高产品性能的一致性。

(6) 使原材料绝大多数变为铁氧体

任务 3　固相反应的认识

(1) 固相反应的概念

用氧化物法来制造铁氧体，铁氧体形成的化学反应不是在熔融状态下进行的，而是在比大多数原材料熔点低的温度下，利用固体粉末间的化学反应来完成的。在固体中，原子（或离子）是以某种规律进行排列的，和气体、液体比较，原子（或离子）不能随便移动。然而，随着温度的升高，晶格振动的加剧，在某种程度上原子（或离子）就可能移动，即原子（或离子）扩散。这种能使原子（或离子）稍微发生变化的温度从经验中得知为固体熔点的 1/2～3/5（用热力学温度表示）。这就是说，固相反应是由参与反应的原子（或离子）经过热扩散而形成了新的固溶体。

固相反应过程是一个质变的过程，因为烧结前的坯件是混合氧化物，而烧结以后的是铁氧体。但是，由于烧结后试样的形状、尺寸基本依赖于烧结前坯件的形状、尺寸，故说明这个质变过程是在固态情况下进行的反应，即固相反应。

按照化学反应的一般概念，当参与反应的组成部分（如离子）具有足以克服库仑力的活动性时，才可能发生反应。在室温时，气态和液态的物质，因其组成部分（原子、离子、分子）均有充分的活动性，故能很好地进行化学反应。但是固体在室温时，晶体中各点阵位置上的原子（或离子）并不具有大的活动性，它们只能围绕某些结点振动。当温度升高时，其振幅增大，最后达到足以发生位移的程度，离开原来的位置。这时分散的质点（如离子）有可能结合起来形成另一种晶体，或可能在晶体质点的移动范围内结合。上述的这些过程可以看作扩散，因此固相反应本质可看作由于系统内组成部分的扩散所形成的。

从上面的讨论中可以看到，在固相反应时，粉料的颗粒是聚合而成的一个整体，但不是形成坚固的熔块。铁氧体的多孔性，密度低就是一个证明。

在大多数情况下，可以把这类过程分成两个部分：一是，纯固相反应，它指的是结晶质的反应物颗粒在没有任何液相或气相的参与下相互间直接作用进行的反应。二是，有反应过程中生成的液体和气体参与所进行的固相反应。我们有时把这种反应叫做固相物质混合物中的反应。

固相物质混合物中的反应这个术语，从广义上讲是这样的过程，即由结晶质反应物出发并获得结晶质的产物。

(2) 晶体生长的驱动力

在细粉体或成型体中，晶粒生长的机理被认为是颗粒间的扩散或晶界移动。烧结后期接近致密的材料中，晶粒通过晶界向其曲率中心(小颗粒向大颗粒)移动，晶粒生长，晶体生长的驱动力是材料的界面能。

(3) 固相反应的热力学

众所周知，热力学主要研究热和其他能量之间的相互转化情况。用热力学进行计算一般都以平衡状态为依据。

铁氧体制造过程中往往是将原材料主要是氧化物或者是容易通过热分解而变成氧化物的化合物(如碳酸盐、草酸盐或氢氧化物)混合之后，加热到 800～1500℃中的某一温度保温一段时间，通过固相反应转化成所需要的生成物——铁氧体。这样的反应过程可以看作是一个恒温恒压的过程。

(4) 固相反应的特点

经过压型后的铁氧体坯件都还是各种原材料的机械混合物，这些机械混合物中的各个原料都具有自己的晶格结构。在理想的固体晶格中，其所有的结点上都充填有原子或离子，这些离子或原子在室温下都只能围绕着其所在的结点进行振动。当温度升高时，这些离子的热振动振幅越来越大，当达到一定程度时，个别振动最强的离子便离开它原来所在的结点，而进入其他振动着的离子之间的间隙内，从而使原有完整的晶格发生变形或叫做出现缺陷。关于晶格结构内部缺陷按近代的概念，在离子晶体中有：

① 晶格中形成的空闲结点，即原有的离子跑掉而出现的空位。

② 在结点的空间有离子出现。

在热平衡条件下，晶体中经常有一些空闲的结点。在某些晶体中，空闲结点的数目在接近熔点时可达到 2%。

在各种因素影响下，特别是加热和由此引起的晶格内离子振动振幅的增大，使晶格中的缺陷数目增加，因而可提高在固相中的相互作用能力。固相反应有以下的共同特点：

① 固体质点(原子、离子或分子)间具有很高的结合能力，反应活性低，反应速度慢。在低温时，固体在化学上一般是不活泼的，因而固相反应通常需要在高温下进行。

② 尽管如此，在远低于反应物熔点或反应物间最低共熔点温度下，固相反应已经开始发生。这是由于在较低温度下，反应物表面的质点已开始迁移。

③ 固相反应往往首先在反应物界面紧密接触处发生，然后是反应物通过产物层进行扩散迁移。随着温度的升高，扩散加强，逐渐向反应物内部深入，使反应得以继续。因此，固相反应一般包括相界面的化学反应和固相内的物质迁移两个步骤。

④ 当固相反应中有气相和液相参加时，增加了扩散的途径，提高了扩散速度，加大了反应面积，反应将不局限于物料直接接触的界面，可能沿整个反应物颗粒的自由表面同时进行，大大促进了固相反应的进行。

任务 4 固相反应的影响因素

影响固态物质间反应的因素很多，而且很复杂。除了反应物的化学组成、特性、结构、烧结温度、压力、保温时间等因素之外，凡是能够活化晶格，促进外扩散及内扩散作用进行的因素，都对固态物质间的反应有影响。实践表明，要求固相反应完全的情况下，要使反应时间 $t_{保温}$ 短，则必须使参加反应物质的颗粒半径 r 小，激活能 E 小，而常数 K_0 大，烧结温度 $T_{烧结}$ 高，具

体为

$$t_{时间}=\frac{r^2 \cdot e^{\frac{E}{RT_{烧结}}}}{2K_0} \tag{3.2}$$

式中，K_0 为绝对温度在零度时的固相反应速度常数，与反应时间无关，R 为普适气体恒量。

下面分别对这几个因素进行讨论。

(1) 参加反应物质的颗粒半径

固相反应完全所需要的时间与参加反应物质的颗粒半径 r 的平方成正比，因此，要使固相反应速度快（即固相反应完成所需要的时间短），就要求参加反应物质的颗粒半径 r 要小，即粉料颗粒越小越好。

依照塔曼理论，处在固体状态下的物质间相互作用是靠存在于反应物体表面上的离子（或原子）的交换来实现的。实验也证明，所有转变几乎都先由参加反应物质的颗粒表面、位移晶面和其他局部不均匀的部位开始的。这就是说，固相间的反应是表面反应。

固相间的反应既然是表面反应，就希望参加反应物质的表面积大。粉料颗粒的表面积大，就使颗粒之间的接触面积增大，而固相反应的速度是与参加反应物质颗粒间接触面的大小成正比，所以，表面积大的颗粒，有利于固相反应。对于结晶物质的表面来说，其特点是离子的配位数不稳定。靠近表面的离子往往是处于一种无序的状态，由于晶格结点间的距离，各个离子与原子间的结合角变化都会导致离子配位数的变化，从而出现一些比较灵敏的、疏松的区域。粉料的表面积越大，这些区域就越多。这对表面扩散起了巨大的作用，因而有利于反应的进行，使固相反应大大加速。

减小参加反应物质颗粒的半径 r 就能增加颗粒的表面积，增加表面离子的数目。但必须指出，如果是几种原料混合进行固相反应，它们的颗粒大小相差较大，此时不能根据它们的平均半径进行分析。对于固相反应的影响要以活性差的原料颗粒的大小作为主要依据。这是由于固相反应中的扩散过程，主要是活性好的原料颗粒的离子向活性差的原料颗粒中扩散，所以活性差的原料颗粒的半径越小，固相反应速度就越大。另外，实践表明，球形的氧化铁颗粒比片状、针状的氧化铁颗粒的活性好，这是因为球形的氧化铁颗粒彼此之间接触更为紧密，由球形的氧化铁颗粒作为主原料的试样所形成的铁氧体百分数比由片状、针状的氧化铁颗粒做主原料的试样所形成的铁氧体百分数多。

在铁氧体的制造过程中，减小粉料颗粒半径的常用方法是球磨，故球磨是一道很重要的工序。

国内永磁铁氧体用氧化铁的平均粒度一般为 1μm 左右，国外做高档永磁铁氧体材料时氧化铁的平均粒度控制得更细，甚至达 0.3μm。一般来说，铁鳞颗粒度不及氧化铁红颗粒度细，这就使得铁鳞做原料的预烧料晶粒细小，预烧料颜色发暗，不如用氧化铁红做原料时，生产的预烧料结晶粗大。

(2) 常数 K_0

为使固相反应速度快，则要求常数 K_0 大，而 K_0 是由参加反应物质的物理状态所决定的，即

$$K_0=C_0 \cdot D_0 \tag{3.3}$$

式中，D_0 为离子扩散常数。

对于铁氧体固相反应来说，由于配方确定之后，混合物中所含的离子种类也确定了，因此 D_0 也定了。扩散通过反应层的离子浓度 C_0 与粉粒之间的接触情况有关。不同原料的粉粒均匀混合，就会增大不同粉粒间的接触面积，也就会促进离子扩散的进行，使 C_0 增加，这当然是有利于固相反应的完成。

为了增加各种原料粉粒间的接触面积，在工业上可采取如下措施：

① 混合球磨。混合球磨是使参加反应的各原料粉粒均匀混合，以增大不同原料粉粒间的接触面积，这自然是有利于固相反应的进行。如果在反应加热过程中，对粉料不断地进行混合则更好。所以在铁氧体制造过程中，通常是采用预烧之后，再球磨，甚至于要经过两、三次的反复，以提高铁氧体的性能。

② 加压。在固相反应以前，如将粉料压紧，则有利于固相反应的进行。加压，首先是改变相邻颗粒之间的平均距离，改变颗粒的形状，从而使粉料颗粒间的接触面积增大，便于不同原料颗粒间的离子交换（互相扩散），所以有利于固相反应的进行。另外，由于外力作用会引起原料的塑性变形，在大多数情况下会增加结构的不均匀性，这样会促使转变过程的进行。实验证明，原始相的塑性变形常常会引起第二相的晶体出现，这有利于第二个相的新晶体的发生和成长，即该过程可自发进行，所以也有利于固相反应的进行。因此，在铁氧体的制造过程中，在预烧前往往把混合好的粉料压成饼，就是这个道理。应当指出，被压制的粉料必须是均匀混合的，否则各种原料粉末各自压在一起，对整块坯件而言，不但不会促进固相反应的进行，相反地会使固相反应速度下降，并且不均匀。

(3) 烧结温度和保温时间

烧结温度对固相反应的影响是很显著的。烧结温度越高，意味着外界给予反应物粉料的能量越大，反应物颗粒间离子热运动能越大，扩散能力和反应能力也越大，所以有利于固相反应的进行。

塔曼曾总结了固态物质的熔点与反应能力之间的关系。如果以 α 表示固态物质的热力学温度 T 对以热力学温度表示的该物质熔点 T_m 的比率，即

$$\alpha=\frac{T}{T_m} \tag{3.4}$$

那么当 $\alpha\approx0.3$ 时，晶态物质的表面缺陷松弛，可能开始发生离子在晶体表面的迁移，即表面扩散。当 α 在 0.5～0.6 时，晶态物质内部空位不再被冻结，离子可以迁移，即发生内扩散。当然这些离子迁移包括内扩散和外扩散，都仍然需要激活能。因此，当 $\alpha>0.5\sim0.6$ 时，离子的扩散明显增加，离子迁移（扩散）速度强烈地取决于温度。通常相应于 $\alpha=0.5$ 时的温度称为该物质的“塔曼温度”，这个温度可以近似地表示固态物质具有明显反应速度的最低温度。当然这个温度只是一个粗略的估计，不过这种估计是有意义的。

实践表明，对于复合铁氧体而言，形成铁氧体的开始温度要比其中单一铁氧体的形成温度低。另外，固相反应的完全程度和保温时间成正比，因此延长保温时间会有利于固相反应的进行。但提高烧结温度，可使固相反应速度大大增加，而延长保温时间只是与其成正比。因此，提高烧结温度的作用要比延长保温时间的作用效果大得多。

(4) 扩散激活能

扩散激活能 E 小，则完成固相反应所需要的时间可显著地减少。扩散激活能又称活化能，就是离子克服晶格的束缚力，扩散到相邻的晶格，进行固相反应所需要的最低能量。$E=E_1+E_2$，式中，E_1 为离子离开平衡位置所需要克服的能量；E_2 为离子在晶格场中运动所需要克服的能量。

能量 E_1 与离子之间的结合能有关，而宏观上反映这种结合能大小的就是晶格的瓦解，所以与熔点有关。从离子扩散的角度来看，如果原材料的晶格点阵中存在许多的空隙、缺陷，晶格畸变大，那么里边的离子受到周围离子的束缚作用就小，这就有利于离子离开它的平衡位置，也就是说能量 E_1 小。

能量E_2则与晶格场有关，而影响晶格场的是晶体结构、离子性质、离子分布以及晶格缺陷等因素。要是只从离子的扩散角度来看，如果被扩散原料的晶格点阵中存在有晶格缺陷，那么离子在其中扩散就容易，即离子在被扩散的原料晶格中扩散所需要克服的能量E_2也就小。

为了改善固相反应，可以从降低激活能E入手。降低激活能就是增加原材料的活性。所谓原料的活性是指原料中离子在高温下离开本身结构，扩散到附近元素晶格中去的难易程度。

原料(或粉料)的活性与哪些因素有关呢？

原料的活性与晶格结构的能量及晶格中结点上离子占有情况有关。结晶结构紧密的活性差，结晶结构有缺陷的原料活性好。即原料的活性与粉料的比表面、不完整性(不完整性，也叫活性中心，是指结晶物质中存在的特别活泼的中心，在那里优先发生吸附和反应。)、电子因素及几何因素等有关。这就是说，原料的活性和来源、制造方法等是密切相关的。若原料的活性好，预烧料结晶也就好。

在工业上，增加原材料活性的办法有如下5点：

① 研磨。对于给定质量的结实固体，增加面积最明显的方法是细磨。细磨就是机械地使颗粒破碎，也使颗粒剪切，从而增加了比表面。另外也可造成晶格缺陷(如孔隙体积，主要是由聚结体内颗粒之间的间隙形成的)。比表面大了，表面能也大，表面结构松弛，有利于离子扩散，原料活性好。

② 原材料的纯度。从形成单相铁氧体角度来要求，总希望所选择的原材料的纯度越高越好。但是提高原料的纯度，不仅增加原料的价格，而且会降低原料的活性，从而影响固相反应的进行。对于特性要求不太高的铁氧体或对铁氧体特性影响不太大的杂质，通常可以允许有一定数量的杂质存在，即在制造铁氧体时，要选择适当纯度的原材料。

关于杂质的作用可以这样来理解，由于杂质的加入，特别是那些价数与主体晶格上离子不同的杂质离子加入，会使原材料晶格点阵中出现空位、间隙或代位等，引起了晶格的畸变；杂质还会引起范性流动的效应，即影响位错的比例；含杂质越多，原材料的缺陷、晶格畸变浓度就越大，有利于激活能的下降。

③ 原材料的来源。原材料的活性和原料的来源有很大关系。经过高温处理的原料，由于晶格缺陷已得到校正，所以活性较差。有实验表明，经850℃处理的Fe_2O_3，其反应速度常数K约为650℃处理时，其K值的33%。

通常由盐类经低温分解而得到的氧化物活性较好。这是因为，在低温分解过程，要发生晶格转变，而在晶格转变过程中，晶格间的缺陷浓度增加，同时，原料的比表面积增加。

④ 矿化剂。矿化剂就是在铁氧体生成反应中能增加固相反应速度，助长和控制晶粒生长，而它本身的组织和质量在反应前后保持不变的物质。

⑤ 助熔剂。助熔剂常常是熔点较低的物质。将少量助熔剂加入到反应物体系中，由于在固相反应前，助熔剂就已熔化并成为液相，或者它会与某一反应物作用生成液相。正是由于这些液相的作用，促进了反应物之间固相反应的进行。

除上述讨论的固相反应影响因素之外，还有其他一些因素。例如，固相反应速度还与各反应物的比例有关；此外，气氛对固相反应也有着重要的影响。气氛可以通过改变固体吸附特性而影响其表面反应活性，气氛可直接影响晶体表面缺陷的浓度和扩散的机构，从而影响固相反应速度。

任务5 永磁铁氧体固相反应过程中的相变

永磁铁氧体的相变过程比较复杂，当以氧化物或相应盐类混合，在烧结过程中将首先生成中间相，然后高温时再生成磁铅石型的永磁铁氧体。对钡铁氧体的相变过程研究较多，在空气中烧结时，相变过程中首先生成的主要中间相为钡单铁氧体，即 $BaO \cdot Fe_2O_3$，随着温度升高，$BaO \cdot Fe_2O_3$再与其余的 Fe_2O_3起反应而生成钡铁氧体，见图 3.41。反应过程中除了 $BaFe_2O_4$相外，尚有部分 $2BaO \cdot 3Fe_2O_3$相，$2BaO \cdot 3Fe_2O_3$相将在 1150℃附近分解为 1∶6 与1∶1相。此外，在氧化气氛中将有 $BaFe_2O_{3-x}$钙钛石型正铁氧体相产生，在还原气氛中将会有二价铁离子的相产生如 $BaO \cdot FeO \cdot 3Fe_2O_3$相，$BaO \cdot FeO \cdot 7Fe_2O_3$相以及 $BaO \cdot 2FeO \cdot 8Fe_2O_3$相等。

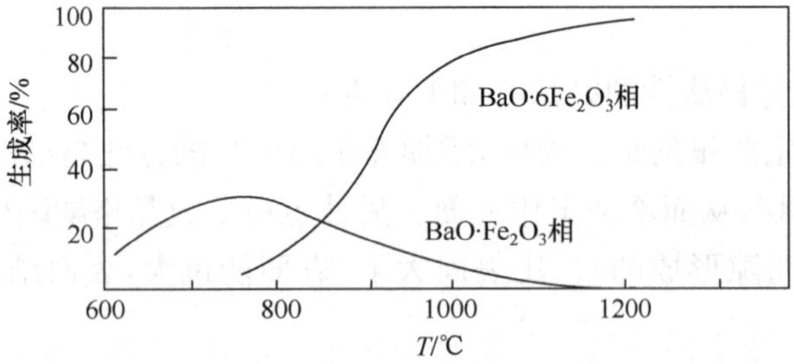

图 3.41 钡铁氧体的固相反应过程(每一温度下保温 3h)

根据 Haberey 用高温 X 光衍射仪研究的结果，在 1∶6 正分的锶铁氧体的生成过程中，首先生成的是钙钛石型铁氧体即 $SrFeO_{3-x}$，然后它再与其余的 α-Fe_2O_3 生成 $SrFe_{12}O_{19}$。产生 $SrFeO_{3-x}$相的温度因不同的升温速率而异，升温速率低时，生成温度相应要低些。相组成与烧结气氛密切相关，例如，在 5.3 Pa 真空条件下，超过 1100℃，$SrFe_{12}O_{19}$ 分解成 $Fe_3O_4 \cdot Sr_7Fe_{10}O_{22}$ 以及 $Sr_4Fe_6O_{13}$ 相。在氧气流中烧结时，在 1000℃下，除 $SrFe_{12}O_{19}$ 相外，尚有 Fe_2O_3 与 $SrFeO_{3-x}$相，但没有 $Sr_7Fe_{10}O_{22}$ 相和 $Sr_4Fe_6O_{13}$ 相。SrO-Fe_2O_3 系相图(见图 3.42)与 BaO-Fe_2O_3 系有一定的相似性，共晶温度为 1195℃，比 BaO-Fe_2O_3 系(1315℃)要低。

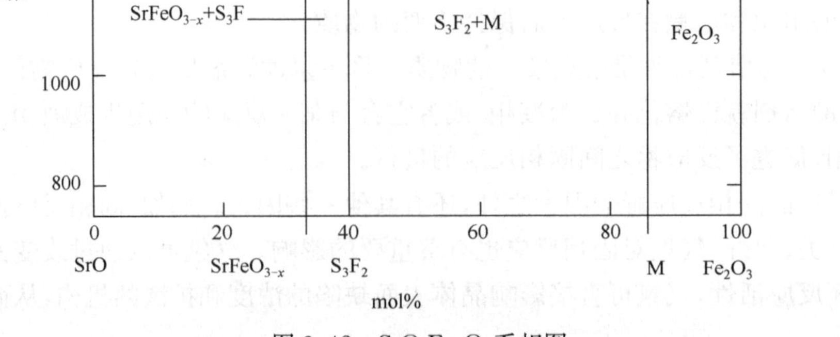

图 3.42 SrO-Fe_2O_3 系相图

子项目4 永磁铁氧体的预烧

任务1 铁氧体的预烧设备

一般预烧设备为箱式高温炉和隧道窑。箱式炉适用于小批量生产，如配方工艺试验和旋磁铁氧体的生产。隧道窑、回转窑、钟摆窑多用于大批量的软磁铁氧体和永磁铁氧体的预烧。

1. 回转窑

永磁铁氧体用回转窑(见图3.43)通常由4个部分组成：

① 定量进料装置。通过该装置可实现人工定量进料，进料量大小，连续可调。

② 回转窑窑体及传动装置。窑内通过耐火材料的砌筑和浇注把回转窑分成升温、保温、降温三个功能段，从而更适合于高性能永磁铁氧体的湿法预烧。

③ 燃烧及温度、压力控制装置。通过该装置可实现铁氧体预烧反应所需的温度、压力及气氛要求，且可实现自动调节。使用燃料包括重油、柴油、煤气等。

④ 缓冷装置。使高温预烧料在较短的时间内降到低温。

图3.43 永磁铁氧体常用回转窑

回转窑是比较先进的预烧设备，适用于大批量自动化生产。回转窑预烧分直接预烧和造球预烧两种方式。造球预烧需与造球机配合使用。湿料直接预烧可省去烘干和造球工序。

回转窑有直接加热式和间接加热式两类，最高预烧温度，因预烧对象的不同而各异。

(1) 间热(外热)式回转窑

间热式回转窑适于软磁铁氧体的预烧或橡胶永磁铁氧体磁粉的回火处理。

(2) 直热式回转窑

直热式回转窑用于永磁铁氧体的预烧，最高温度达1400℃。进料有干、湿两种，湿法进料是将混合料浆用泵直接打进回转窑内预烧。此种方式工艺简单，但蒸发料浆中的水分需消耗大量能量，生产效率低且易粘壁。干法进料时，通过圆盘造球机制成$\phi5\sim\phi9$mm的小球，用可调转速的螺旋输送器将其送入回转窑。直热式回转窑用煤气或天然气或油作燃料，对预烧料直接加热。回转窑的倾斜度和转速是可调的，以控制回转窑的效率。回转窑式或钟摆窑式，这两种方式又可分湿式与干式或半干式。

半干(湿)式回转窑有如下优点：

① 工艺简单。减少了若干工序，将烘干、氧化、预烧一次性完成。

② 产量高，能耗低，成本低。

③ 如各操作指标控制得好，产品一致性就好。

④ 结构简单、使用方便、造价低、占地面积少、可实行管道化、自动化。

其缺点是：热效率低，回转窑基本上属于热效率较低的热交换器，尽管在提高热效率方面有不少改进，但仍有大量的热量被浪费掉，从另一方面来说，回转窑的节能潜力也很大。

回转窑结构系形大体重、多支点支承的设备，其窑体类型可分为 3 种：直筒式、一端收缩式、两端收缩式。直筒式窑简单易造，便于维修，物料在窑内转动速度也较均匀，容易操作。而用链篦机（窑）加干燥、预热、氧化、收缩型主窑，则更好。链篦机由链条及篦子组成（见图 3.44），链条带动篦子架运转，篦子可为单列或两只并列，由扦销装在篦子架上，篦子应易更换。链篦机用三相换向电动机带动，链篦连续运动，进机处温度约 220℃，出机处温度约 700℃，然后料球进入主窑预热氧化收缩部分。链篦机和该部分的作用有 3 个：

① 烘干作用，将料球中质量分数约 10% 的水烘干，并增强料球强度。此时，若温度太高或料球进得太快，将造成料球内外温差大，球内水分不易挥发，料球会发生炸裂，出现大量粉料。链篦机的优点就在于它可把带入的粉料及炸裂的粉料从篦孔漏出去。

② 促使碳酸钡、碳酸锶分解，开始与氧化铁反应形成中间相。

③ 吸氧产生氧化作用并促进预烧。在此阶段，Fe_3O_4 氧化成 Fe_2O_3 是预烧工艺控制的关键，为保证氧化充分，严格控制窑内氧化气氛是必要的。

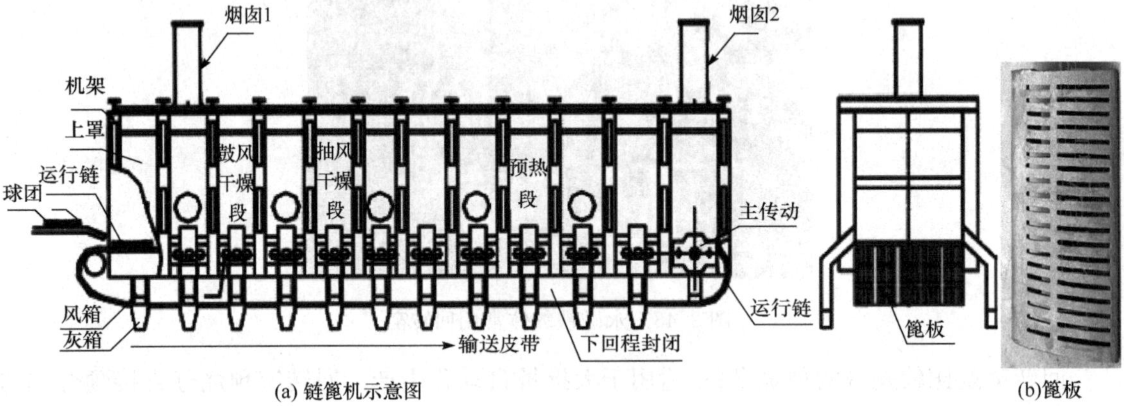

图 3.44 链篦机

湿混工艺要求回转窑直径要大一些，这样水蒸气就易于挥发，不致影响窑腔气氛。为了控制好气氛，保证氧分压，需加设引风烟囱。生产时，要求严格控制进料量与球磨时间，以便控制原料粒度。粒度越小，其表面积越大，反应越充分。

2. 钟摆窑

钟摆窑的窑体不是沿一个方向连续转动，而是围绕一平衡位置摆动，这样即可以降低能耗，又可提高效率，且结构紧凑，最高温度在 1300～1400℃，温度曲线可调整，并可控制能量供给，但其缺点是窑炉结构较复杂。

任务 2 料球在窑内的移动与填充

(1) 回转窑内料球移动速度

料球在窑内移动的基本规律是随窑的回转被带到一定高度，随后在重力作用下滑到筒体的底部，并反复如此运动，由于窑体是倾斜的，因此构成了锯齿形的轨迹，这样物料的每一次上升和下滑使得物料不断前进。物料在窑内的移动速度可由下面公式确定：

$$W_{均}=5.78D_{C}\beta n \qquad \text{m/min（米/分）} \tag{3.5}$$

式中，D_C 为回转窑平均有效直径，对 $\phi1.8\text{m}\times18\text{m}$ 窑取 1.32，即内径减去窑耐火砖 $1.8-2\times0.24=1.32$；β为回转窑倾斜角，对 $\phi1.8\text{m}\times18\text{m}$ 窑取 2°即 $\pi/90$；n 为回转窑的转动速度，对 $\phi1.8\text{m}\times18\text{m}$ 窑取 0.45r/min（转/分）。

将这些代入，$W_{均}=0.11$ m/min。实际测量，对 $\phi1.8\text{m}\times18\text{m}$ 窑，料球从窑尾到窑头约3h，每分钟约走 0.1m，与计算值接近。

同时，可以求得料球在窑内停留的时间 $t=L/W_{均}$（其中 L 为窑长），对 $\phi1.8\text{m}\times18\text{m}$ 窑来说，停留时间为 2.73 h（≈3h），它与有效长径比成正比，与窑倾斜角成反比。

（2）料球的填充率与产量

料球的填充率指回转窑某一截面上料球层的截面积与整个截面积之比，某一窑段的平均填充率等于该窑段内料球装填体积与该段的有效容积之比，它由窑头窑口的直径决定。窑口直径小，填充系数大。当窑口直径一定时，显然单位时间内料球进量越多，窑转速越慢，则窑膛内料球填充率 Φ 越大。窑膛内的火焰不应直接喷射在料球表面上，而应通过辐射方式使窑膛内料球完全烘干，氧化吸氧，碳酸盐分解，中间反应物生成及磁铅石六角晶体形成。因此在燃料、空气一定比例的情况下，若窑膛内填充率越大，空余体积就越小，则膛内达到烧成的温度就会越高。但填充率过大，又会影响窑内的气氛，所以填充率、燃料、空气比、引风量、倾斜度、转速这几个参数要从整体考虑，通过试验确定具体的对应参数。

填充率 Φ 的计算式为

$$\Phi=\frac{4F_{m}}{\pi D_{C}^{2}}=\frac{4G_{m}}{60W_{均}V\pi D_{C}^{2}} \tag{3.6}$$

式中，F_m为料球层截面积，m^2；G_m为料球流通量，即产量，t/h；V 为料球容量，t/m^3，设为 3；$W_{均}$与 D_C的含义同前。

为便于计算，取 $G_m=KG$，K 是与窑内料球流通量变化及窑内存在挡圈、热交换器等设施有关联的参数（取 1.1～1.45），G 是出窑口产量，t/h。$W_{均}$计算式为

$$W_{均}=L/t \tag{3.7}$$

式中，L 为窑长，m；t 为料在窑内停留时间，min。

对 $\phi1.8\text{m}\times18\text{m}$ 窑，则有

$$\Phi=\frac{4G_{m}}{60W_{均}V\pi D_{C}^{2}}=\frac{(1.1\sim1.45)Gt}{15V\pi LD_{C}^{2}}=\frac{(1.1\sim1.45)\times1\times180}{15\times3\pi\times18\times1.32^{2}}=0.045-0.059$$

回转窑的产量 G 可按式(3.8)估算：

$$G=k_{1}D_{C}^{1.5}L \tag{3.8}$$

式中，k_1为经验常数，取 0.036（料球含水时，取 0.045～0.55）；D_C为回转窑平均有效直径，m；L 为窑长，m。

对 $\phi1.8\text{m}\times18\text{m}$ 窑，$G=0.036\times1.32^{1.5}\times18=1$(t/h)。

任务3 永磁铁氧体的预烧制度

对永磁铁氧体来说，需要在氧化气氛中预烧，为此，须保证预热氧化区有充分的氧，当氧含量不足时，永磁铁氧体的熔点就会下降，熔体会损伤窑衬并导致停产。因此，在设计安装时，采用高温区(900～1000℃)，即离窑尾9m处，鼓入二次风(对ϕ1.8m×18m窑而言)。这样会增加炉膛含氧量并降低窑尾温度，但要注意不要对高温区产生影响，因为窑内处于负压，且越接近窑尾，负压越甚。因此，适量的二次鼓风不会产生喷嘴的回火现象。二次引风由鼓风机鼓入，鼓风管用耐热不锈钢管插入窑内，伸入窑内长度应大于物料层厚度，以免料球进入管内。在鼓风机引入的三相导线上应各装一个指示灯，以显示鼓风机运转情况。

若主料为铁精矿或铁鳞，为使铁精矿或铁磷能充分氧化，建议在链篦机出口处增加一处引风装置，由于此处负压较甚，因此，采用自然引风(自然引风是利用引风机内外压力差而产生的气流运动实现的)是可行的。

为了保证回转窑烧成的产品优良、高产且低能消耗，还必须制订合理的预烧制度，其中包括温度制度、气氛制度与压力制度等。

(1) 温度制度

预烧温度是影响预烧效果最重要的因素，预烧温度直接影响铁氧体粉料的化学活性、松装密度和收缩率。

永磁铁氧体预烧的目的是使尽可能多的晶粒呈六角片状，这样的预烧料在细粉碎、成型、烧结后获得的磁体，抗退磁能力强，同时，在成型时，取向度高，因而磁体的B_r高。

如何才能获得这种结构的预烧料呢？这需要预烧温度合适，保温时间合理，氧气充分。

预烧温度偏高，尽管可使预烧料中铁氧体化的成分增多，但化学活性较差。而且预烧温度偏高会使粉碎颗粒度分布不均匀，烧结时出现不连续晶体生长，使产品性能大大下降。原料中含有低熔点成分时，过高的预烧温度还会使坯料部分熔融，以至无法用后期调节烧结温度的方法来补救。预烧温度偏低，铁氧体粉料的松装密度较小，坯件烧结后的收缩率较大，固相反应不完全，达不到预期的工艺目的。

合适的预烧温度略高于开始发生固相反应的温度，而开始固相反应的温度又与铁氧体的品种及原料性质有关。

Suchet对钡铁氧体的研究表明，其形成的总反应C分步骤A和B进行：

A： $BaCO_3 + Fe_2O_3 \longrightarrow BaO \cdot Fe_2O_3 + CO_2$

B： $BaO \cdot Fe_2O_3 + 5Fe_2O_3 \longrightarrow BaO \cdot 6Fe_2O_3$

C： $BaCO_3 + 6Fe_2O_3 \longrightarrow BaO \cdot 6Fe_2O_3 + CO_2$

Bulzan等的研究也表明，首先约从400℃开始释放CO_2(A反应开始)，虽然量很小，这时碳酸钡在350℃开始分解，它比纯碳酸钡加热时的分解温度还低。单一铁氧体一般要到600～650℃以上才能用X射线衍射探测到，若所用原料颗粒很细，探测到铁氧体相的温度可降低100～200℃。升温到900℃后，所有碳酸钡分解完毕，反应A结束。在700～800℃六角铁氧体的出现标志着B反应开始，氧化铁消失时，B反应也就完成了。关于这一点的数字变化很大，从900～1200℃都有可能，因为完全反应的关键取决于原料的各种组分混合是否充分，而Fe_2O_3颗粒尺寸的上限对此有特殊影响，另外，A反应和B反应有一定温度的重叠。进一步的研究表明，在反应层中六角铁氧体的生长是沿择优方向的。六角铁氧体晶体的长大速度沿c轴方向相当低，而垂直于c轴则相当高，这种各向异性可用来解释上述现象。在C反应之后，静止不动的气体环境削弱了铁氧体的形成，这是因为最初产生的CO_2阻碍了其进一步的分解。因此，在反应过程中，必须确保补充足够的氧气。

Vogel等对锶铁氧体的研究表明，其形成的反应分步骤D和E进行：

$$\text{D:}\qquad SrCO_3+\frac{1}{2}Fe_2O_3+(0.5-x)\frac{1}{2}O_2 \longrightarrow SrFeO_{3-x}+CO_2$$

$$\text{E:}\qquad SrFeO_{3-x}+5.5Fe_2O_3 \longrightarrow SrO\cdot 6Fe_2O_3+(0.5-x)\frac{1}{2}O_2$$

上式中间产物锶铁氧化物$SrFeO_{3-x}$仅在反应温度出现，而$4SrO\cdot 3Fe_2O_3$则出现在淬火之后。很可能是D反应中的O_2不是来自周围气氛，而是来自碳酸盐的分解，换言之，不是式中标的CO_2，而是一种相当于CO_2和CO的混合物被排放出来的。

就反应温度而言，情况如下：CO_2在300℃以上开始出现，而纯碳酸盐一分解（从约高于650℃开始），CO_2就明显的少了。大量中间产物出现在600～660℃，而$SrCO_3$只有在低于800℃才能用X射线衍射检测出来（D反应结束）。六角铁氧体相从800℃以上开始产生，而氧化铁直到1150℃仍然存在，这就意味着大致上与钡铁氧体的反应温度相符。D反应是强吸热过程，E反应则是弱吸热过程。这与钡铁氧体形成过程中的热变化，在性质上是相符的。

对各向同性永磁铁氧体，1000～1100℃的烧结温度是足够的，而未反应部分在随后的成品烧结时能够生成六角型铁氧体，而且六角型铁氧体的晶体尺寸可以小些，这也是通常所需要和期望的。各向异性永磁铁氧体要求混合料的反应温度要高（1310℃以上），这是因为所有的六角型铁氧体晶体的最小颗粒尺寸必须在1μm左右，细磨晶体使尺寸降至1μm以下，使晶体成为单晶，这种晶粒能够在磁场中取向。此外，从磁性和实用上考虑，粉末必须只含六角型铁氧体相。

固相反应是在原料颗粒之间进行，需要一定的时间才能完成，因而应在预烧温度下保持一段时间，称为保温。保温的目的是使预烧坯料的各部分铁氧体化程度一致，粉碎后获得均匀的铁氧体粉料。保温时间长短与预烧设备及坯料体积的大小有关，用箱式高温炉或隧道窑预烧，一般需保温1～5h。此外，为了缩短工艺时间，有利于粉料保持较好的化学活性，一般升温速度较快，降温时采取随炉冷却或空气淬火的方式。

预烧温度与很多因素有关，这些因素主要有反应物的颗粒度，原料的活性，主原料的混合程度（没混合均匀，反应速度慢，预烧温度相应提高一点），主配方及添加剂成分的种类、数量等。而烧结制度的实现，是通过调节回转窑操作的各种参数来实现的。对永磁铁氧体来说，一般预烧温度为1300±20℃，要控制好温度制度，就必须控制好几支关键性的热电偶。对ϕ1.8m×18m的回转窑来说，靠近窑头4～5m处高温区的热电偶尤为重要，或用远红外温度计并辅以光学高温计或其他温度计，以稳定其温度。

在烧结带，对ϕ1.8m×18m的回转窑来说，高温区（烧成带）距窑头为4～5m，对这一区域，操作人员最需精心控制，要随时观察和掌握回转窑运转的情况，做到：

① 恰当的烧成温度；

② 燃料充分燃烧，保证Fe_3O_4充分氧化成Fe_2O_3；

③ 防止粘壁（具体见本项目的任务4）。

要保证烧成带的温度稳定，还必须考虑窑尾的温度及压力。

影响窑尾温度变化的主要因素有4个：引风速度、引风量、燃料用量和料球的添加量，当固定其他量，只变化一个量时，譬如加快引风速度，或加大燃料用量或者减少进球数量，温度会升高;反之,就会引起窑尾温度的降低。窑尾的温度在窑的操作中起着重要的作用,不能让它上下波动。在窑尾处,还要检测 O_2、CO_2、CO 的含量,在正常情况下,废气中应有一部分过剩的氧气,O_2的摩尔分数不应低于 9.5%,而 CO_2的摩尔分数须小于 8%,且不应有 CO。这一点通常采用调节燃烧状态、二次风的供应量来实现,必要时,再增加一支或二支二次风管,但这将与提高热效率有矛盾,应予以兼顾。

(2) 气氛控制

实践证明,气氛以及气氛与温度的相互匹配是回转窑烧结的关键。总的来说,需要氧化气氛,在烘干(干燥)带、排除水分初步氧化分解带、预烧烧结带,以及无机盐的分解与亚铁的氧化、永磁铁氧体的生成,均需在氧化气氛中进行。一般要保持回转窑尾中氧气的摩尔分数不低于 9.5%。若气氛中氧含量不足,呈还原气氛或弱还原气氛,则 Fe_3O_4 中 Fe^{2+} 保持原样,Fe_2O_3 还原成FeO,从而不能形成 $MO \cdot 6Fe_2O_3$结构的铁氧体,而且,还会与 SiO_2 等其他组分形成低共熔物。

(3) 压力控制

控制压力制度是温度控制与气氛控制的重要保证。要稳定窑内的气氛,就要稳定窑内的压力。在回转窑的预热带、氧化分解带即链篦机处,一般都控制为负压,这不仅对排除废气有利,而且有利于氧化气氛的形成。压力控制的重要手段是调风机,即调整烟囱总闸、引风机、鼓风机等。

(4) 预烧料的冷却

出料机(或冷却机)用于将从窑头处出来的料球转入到出料或冷却机(窑)中。对一台 ϕ1.8m×18m 的链篦式预热、烘干氧化烧结回转窑来说,可配备长约 15m、直径约 0.8m 的出料机,机内设有螺旋管,机上装有淋水装置,每转一圈约 20s,这样可满足每小时 1t 的产量。

任务 4　锶永磁铁氧体预烧料的检测

出窑的预烧料需要及时抽样检验。检验有两种方法:一种是模拟大生产工艺进行小样试验;一种是测量预烧料的比饱和磁化强度 σ_S并分析 Fe^{2+} 含量加以确定。工厂自己生产的预烧料或由外厂购进的预烧料都需进行检验,方能进入下一道工序。

(1) 小样试验

这种方法比较直观,但工序较多,需要专用设备或借用生产线上的成型、烧结设备。以美国胡西尔公司检验磁粉的工艺为例:首先将不含铅的锶铁氧体磁粉,放入球磨罐湿磨,钢球 3kg,直径 3.17mm,磁粉 200g,水 325g,球磨机转速 75r/min,球磨约 9.5h,可得平均直径为 0.8～0.9μm 的颗粒。测量颗粒时,称取 5.14g 磁粉,在平均粒度仪上测量。成型时使用水的质量分数约为 30%的浓缩浆料,料浆密度 2.26g/cm^3,取向磁场为 716.4kA/m(9kOe),最终压力 4MPa,烧结温度 1240℃下保温 2h,升温速度 120℃/ h,冷却速度 120℃/ h。锶铁氧体粉末密度为 5.1 g/cm^3,松装密度为 1.92 g/cm^3,粉末未磨前平均直径为 1.5～3.5μm。

国内常用 $K=B_r+0.4H_{CJ}$ 来计算材料的综合指标,采用 CGS 制单位,K 值至少应大于 5.1,K 值越大越好。

例 3.4　已知某材料的 $B_r=4220$Gs,　$H_{CJ}=3262$Oe. 求该材料的 K 值。

$$B_r=4220\text{Gs}=4.22\text{kGs},\quad H_{CJ}=3262\text{Oe}=3.262\text{kOe}$$

则

$$K=B_r+0.4H_{CJ}=4.22+0.4\times3.262=5.5248$$

有的企业也常用(算法同上)

$$K=B_r+(1/3)H_{CJ}(H_{CJ}\geqslant4\text{kOe}),\quad K=B_r+(1/10)H_{CJ}(H_{CJ}\leqslant4\text{kOe})$$

来计算材料的综合指标。

(2) 检验磁粉的比饱和磁化强度 σ_S

σ_S可以定量地描述预烧料对剩磁的影响。如预烧料已充分铁氧体化则其 σ_S高，在正常工艺条件下，做出的磁体 B_r也高(见表 3.10)。但此法应辅以 Fe^{2+} 的分析，只有 Fe^{2+} 很少时，σ_S值的测量才有意义。这是由于预烧时，如果固相反应不充分或缺氧，Fe_2O_3 则可能还原成 Fe_3O_4，而 Fe_3O_4的 σ_S值较高(为 96.2 Gs · cm^3/g)。σ_S值一般采用天平法或振动样品磁强计测量。

表 3.10　在正常工艺条件下磁体 B_r与 σ_S的对比表

B_r/T	B_r/Gs	σ_S/(Wb · m/kg)	σ_S/(Gs · cm^3/g)
0.38～0.41	3800～4100	$(8.3\sim8.96)\times10^{-5}$	66～70.3
0.40～0.42	4000～4200	$(8.63\sim9.1)\times10^{-5}$	69～72

如用振动样品磁强计测量时，需与标准镍球进行比较并计算。镍球直径一般为 2mm，其质量为 m_1，$\sigma_{S1}=6.876\times10^{-5}$ (Wb · m/kg)(55.01Gs · cm^3/g)，测出振动样品时的感应电压 V_{Ni}，再称出被测样品的质量 m_2，测出样品振动时的感应电压 V_s，因感应电动势与样品的磁矩成正比，所以，$m_1\sigma_{S1}\propto V_{Ni}$，$m_2\sigma_{S2}\propto V_S$，即 σ_{S2} 可由式(3.9)算出

$$\sigma_{S2}=(V_S\times\sigma_{S1}\times m_1)/(V_{Ni}\times m_2) \tag{3.9}$$

测量 Fe^{2+} 的方法：通常是将一定量的磁粉放在三角瓶内，加少许去氧去离子水再以 1∶1 的 HCl 溶解，在充 N_2保护下，加硫-磷混酸，以二苯胺磺酸钠为指示剂，用重铬酸钾滴定，溶液以稳定的蓝紫色为终点。则

$$Fe^{2+}\%=T\times\frac{V}{G}\times100\% \tag{3.10}$$

式中，T 为重铬酸钾标准溶液对铁的滴定度，g/cc；V 为滴定消耗的重铬酸钾标准溶液数，g/cc；G 为试样重，g。

如果以氧化铁红为 Fe_2O_3 原料，则预烧料应具有光亮的大结晶，不呈熔融状态，易破碎。以铁鳞为 Fe_2O_3原料，结晶应均匀，线收缩率应大于 1.25。

(3) 其他方法

锶永磁铁氧体预烧料的检测还有以下 5 种方法：

① 检测磁粉的密度及成分。

若预烧料球的反应好，完全铁氧体化，则料球密度较高。对钡铁氧来说，约为 4.2g/cm^3；对锶铁氧体来说，为 4.1～4.3g/cm^3。若反应差，则有另相出现，密度就偏低，磁粉中 Fe_2O_3 的含量也偏低。

② 检测料球抗破碎压力。对 ϕ6mm 的料球来说，希望抗破碎压力为 80～100kgf/cm^3。

③ 检测磁粉及料球的外观。料球的外观要求，呈灰黑色，结晶细小而均匀，没有夹心现象，料球外径尺寸相近。砸开料球时，球面不包含黑色的"核"，密度达到上述要求。还原性的料球，通常其料球夹心(外观正常，中间部位结晶明显)，含 Fe^{2+} 高的料球密度低，磁性能差。制成料粉时，外观出现明显发亮的晶粒，则表明预烧料反应完全，此时晶粒细小、均匀。磁粉晶粒大，做出的磁体剩磁较高、矫顽力偏低；晶粒小而均匀，则剩磁、矫顽力较高。温度偏低的预烧料粉颜色发黑，无结晶。

④ 检测磁粉的流动性，成型性，松装比。

⑤ 检测磁粉的 pH 值，将预烧好的料球，砸成粉末，加水煮沸，冷却后测溶液 pH 值为 7～8，希望不要超过 9。若 pH 值为 9～11，则选易做的产品使用，其细粉碎工序容易出现跑 Sr 现象；若 pH 值为 11～12，则返工或降档使用；若 pH 值为 12 以上，则返工处理。

任务 5　永磁铁氧体预烧过程常见质量问题及处理

1. 以铁鳞为主料在生产过程中的充分氧化问题

以铁鳞为主料在生产过程中，常见铁鳞氧化不充分的现象，一旦出现该现象，敲开预烧后的产品，其内部结晶点十分明显，这样的产品磁性能差。为预防该现象的出现，常采用两级氧化处理的方式。

实践表明，初级氧化处理前的轧制铁鳞的研磨粒径限制于 20μm 或更小，其原因在于，如果平均粒径超过 20μm，氧化处理时间长，在随后的第二氧化处理中，容易生成异相，且在初级氧化处理后，需要花较长时间进行研磨。

初级氧化处理的温度宜保持在 600～900℃，因为当温度低于 600℃时，轧制铁鳞中所含的 FeO 向 Fe_2O_3 的氧化反应不充分，而当温度高于 900℃时，可能导致部分轧制铁鳞的融熔或引起粗大晶粒生长，而这在随后的工艺处理中，对研磨效率有不利的影响。

初级氧化处理的时间为 0.1～1.5h 较好，因为当少于 0.1h 的时候，初级氧化反应不完全，当超过 1.5h 的时候，将出现烧结反应，有晶粒生长的现象出现。

初级氧化处理之后的轧制铁鳞向 Fe_2O_3 的氧化，可用化学式表示为

$$Fe_2O_{3-x}+\frac{x}{2}O_2 \longrightarrow Fe_2O_3$$

轧制铁鳞的氧化百分率可通过初级氧化处理后，轧制铁鳞增量的计算而得到。设轧制铁鳞的量由 M 表示，则

$$\text{氧化百分率}=\frac{\text{总氧质量}-\text{氧化后的增量}}{\text{总氧质量}}=\frac{\dfrac{M}{159.7}\times 48-\dfrac{M}{159.7-16x}\times 16x}{\dfrac{M}{159.7}\times 48} \tag{3.11}$$

初级氧化处理后应达到 95%的氧化百分率，否则，轧制铁鳞在随后的第二氧化处理中，也不能完全氧化，且在预烧粉末中，还可能产生异相。

在倾斜转窑里，在第二氧化处理过程中，原料进料处的气氛中的氧含量，应限制在 8%～10%，其原因在于，若小于 8%，轧制铁鳞不能完全氧化；若超过 10%，过量的空气吹入倾斜转窑，在转窑中引起负压。

第二氧化处理温度应限制在 700℃以下。其原因在于，若达到 700℃以上的高温度区，将导致部分铁氧体的形成，这不同于发生轧制铁鳞氧化反应的反应区。

预烧温度限制于 1275～1300℃。其原因在于当温度低于 1275℃时，铁氧体反应不完全，而在温度高于 1300℃时，可能造成高温区的高 O_2 消耗量，在原料进料处的 O_2 含量减少，从而引起轧制铁鳞的不充分氧化。

案例分析

机械研磨具有如表 3.11 所示组分的轧制铁鳞平均粒径为 15μm，于 800℃在转窑的空气中，进行初级氧化处理 1h，研磨至平均粒径为 2μm。此时，轧制铁鳞的氧化百分率是 95%。然后将与 $SrCO_3$ 掺混的该氧化铁成粒，并在倾斜转窑的原料进料处的 O_2 含量为 9%的气氛中，于

680℃进行第二氧化处理(该转窑长29m,内径1.8m,倾斜度(倾斜高度/转窑长度)为20/1000,转速1.5rpm),然后于1275℃在空气中煅烧1h以进一步研磨,得到平均粒径为5μm的预烧料粉末。对该粉末用X射线衍射分析其组分,结果未检测到异相($SrO \cdot 2Fe_2O_3$)。然后,加入质量分数为0.45%的SiO_2,0.65%的CaO添加剂,精磨至平均粒径0.75μm,在7.5kOe的平行磁场下以0.48T/cm^{2}的压力压紧,然后于空气中在1250℃下烧结1h,得到Sr铁氧体磁铁。所得的Sr铁氧体磁铁的永久磁性:B_r为422mT,H_{CB}为3.12kOe,H_{CJ}为3.28kOe,$(BH)_{max}$为4.27MGOe。

表3.11　常用优质铁鳞的成分参数表(质量分数)　　(单位:%)

TFe	FeO	Fe_2O_3	Fe_3O_4	SiO_2	Al_2O_3	MgO	CaO
75.3	72.44	27.18		0.26	0.17	0.007	0.19

2. 永磁铁氧体预烧过程中的结窑问题及其处理方法

粘壁的主要原因是烧结温度过高,在烧成带的预烧料中出现部分液相,这一部分在与窑壁接触的时候,因窑壁的温度传导使料球落下的粉料熔融粘在窑壁上,少量的粘壁会形成窑皮,这虽是允许的,但不断增加下去,超过一定限度,就称之为结圈。结圈后,将严重地破坏物料的运动,也破坏了气体的流动状态,以至造成温度的再升高等恶性循环,从而逼迫停窑维修。引起粘壁的液相出现的主要因素有以下几点:

① 原料中的Fe^{2+}含量偏高。

② 料球没造好,在回转窑中变成了粉料。

③ 混入了低熔点的杂质。

④ 混入了与Fe_2O_3等主原料发生反应后变成了低熔点的物质。

⑤ 窑内氧气含量不充分。

⑥ 在混料过程中,主配方未均匀混合。

⑦ 成分波动,配方偏移。

⑧ 在观察烧成带料球的烧结状态时,应要注意料球的添加情况,以及料球在链篦窑及预烧窑中、窑尾的运行情况。若加料不均匀,致使过多的料球未氧化充分或过多料球涌到烧成带,也容易引起粘壁或出现没有烧透的大料块。

案例分析

在以铁鳞为原料烧结永磁铁氧体的生产中,国内广泛采用链篦机-回转窑球团法氧化、烧结铁氧体预烧球团工艺,即在链篦机中完成脱水和氧化,回转窑中进一步完成氧化和预烧过程(固相反应)。在回转窑预烧过程中,会产生结窑现象,当结窑严重时,会极大地影响产品的质量与产量,也会影响设备的使用寿命,增加停产的检修次数。

(1) 结窑现象

目前,国内以铁鳞为原料的烧结永磁铁氧体预烧料(如Y30H-1)生产工艺流程如下:铁鳞粗磨 → 加碳酸锶、添加剂 → 铁鳞干混 → 混料造球 → 链篦机-回转窑预烧。铁鳞的混料粒度通常在4～6μm,预烧温度高达1300～1320℃,在回转窑中预烧时,产生程度不同的结窑,需每天定时用清窑机械对结窑块料进行清除,一天一条窑清出结窑块1～2t。对ϕ1.8m×18m回转窑中结窑区状况的情况分析发现,通常在距离窑头3～9m、11.5～14m这两段出现粘壁现象,且在距离窑头13m、7m附近出现粘壁现象的相对严重区,如图3.45所示。而最大结窑处,距窑头约7.4m和7.3m,最大结窑厚度分别为252mm和260mm。

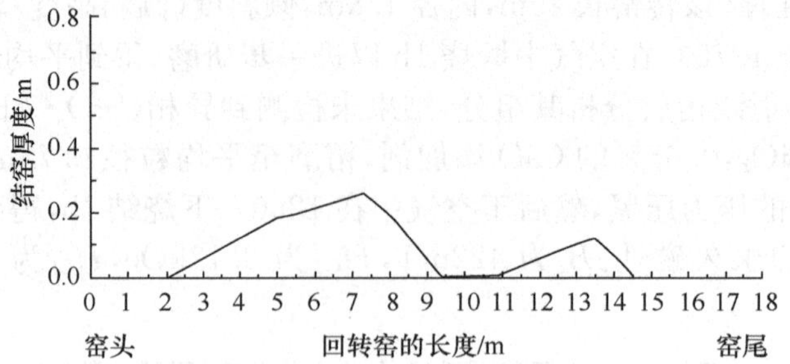

图 3.45　结窑示意图

(2) 结窑成因

实际生产中，ϕ1.8m×18m 回转窑系统结窑有时相当严重，结窑范围分成两个区，两区之间有间隔是因为引入二次风的缘故。原料铁鳞是低碳钢在高温轧制时表面经高温氧化生成的氧化膜，厚度为 0.2～1.5mm，铁鳞中的氧化物种类比较复杂，其主要物相为 FeO、Fe_3O_4、Fe_2O_3 以及少量的 α-Fe。铁鳞中 FeO 化学含量在 60%左右，用铁鳞生产预烧料的主要化学反应过程是二价铁氧化成三价铁、碳酸盐的分解和铁氧体的烧结。在 1000℃时，M 型铁氧体相已开始形成，此时，如果前期的二价铁氧化不充分，会使其中的 FeO 组分与 SrO 构成具有 1060～1080℃的低共熔点的二元系，在烧结的低温阶段就出现了液相，这是产生结窑的主要原因。料球中含粉量大以及预烧球团在回转窑中的滚动摩擦，也使烧结过程球团中含粉量增加，这些细粉在温度超过 1100℃时，便会形成液相，熔融粘附在回转窑内衬上，形成一层状结窑块。随着细粉的不断增加，结窑块将逐渐增厚，在窑内壁形成一个较长的环形圈。以铁鳞为原料时，结窑现象经常出现。其原因主要有以下两点：一是，料中 Fe^{2+} 含量太高，氧化不充分，必然会严重粘壁。二是，回转窑中烧粉料，无论烧什么材料，只要是出现粉料氧化，就容易粘壁。

(3) 改善措施

预烧时，料球氧化不充分以及含粉量高是造成结窑的主要原因，要克服结窑现象，就必须提高造球质量降低含粉量。造球工艺要求是：球团直径 8～10mm、落下强度 3～5 次(0.5m 高)、含粉量小于 5%。需要注意的是，不能单纯依靠减小原料的粒度来提高球团强度。预烧阶段包括前期充分氧化过程和后续的 Fe_2O_3 与 SrO 的固相反应生成 M 相的过程，因此，对原料粒度有一定的要求，要在保证颗粒之间有一定的空隙度，以利于氧扩散的前提下，尽可能减小粒度，使 Fe_2O_3 与 SrO 完成分子的扩散和反应。落下强度过大的球团在预烧过程中会因氧化不好造成心部结核，降低产品磁性能。

在抑制结窑方面，可对引风系统进行改进，安装二次风机。二次风机的位置在距窑头 10～12m处，风量可调，以此来调整窑尾部和链篦机的温度，增大窑尾部氧含量，提高窑尾部球团氧化程度，改善前期氧化和固相反应效果。

经验表明，安装重油(或煤气)加热自动控制系统，降低温度波动，提高整个生产系统的温度控制精度(例如，手动控制时的精度为±10℃，自动控制系统精度可达±2℃)，在提高产品质量稳定性、一致性的同时，也可改善结窑状况。

实际生产中，综合采用上述措施，结窑状况可得到很大改善，尤其是第二结窑区趋于消失，因为在正常生产时第二结窑区不易清除，改进措施有利于提高产品质量和延长设备使用寿命。

子项目5　永磁铁氧体预烧料的粗破碎

由于预烧料通常呈粒状或块状，最好首先进行干式粗磨，以便粉碎或破碎煅烧料。干式粗磨也会把结晶应力引入铁氧体颗粒，从而降低其矫顽力 H_{CB}。矫顽力的降低抑制了颗粒的聚集成团，因而改善了分散性。抑制颗粒的聚集成团，也改善了取向度。在颗粒中引入的结晶应力在后续的烧结工序被释放，从而矫顽力被恢复，获得了永久磁体。

永磁铁氧体预烧料的粗破碎设备较多，有球磨机、振动磨机、锤式破碎机等。

(1) 永磁铁氧体预烧料对粗破碎的设备要求

预烧料对粗破碎的设备要求如下：

① 入料粒度 6～8mm，出料过 200 目筛，所破碎的物料粒度分布好，料的平均粒度为 3～6μm。

② 连续性进出料。

③ 每次磨料后，设备内残留余料小于1%(如振磨200kg，则设备内残留余料小于2kg)。

④ 设备材质为锰钢材质。

⑤ 包含破磨介质。

⑥ 设备运行时，其噪音、粉尘符合国家环保要求。

⑦ 出、进料操作方便。

(2) 粗破碎的粒度控制

粗破碎的粒度控制如下：用振磨机或球磨机干磨加风选分级工艺，将进料粗粉的平均粒度控制在 3～6μm(空气透过法)，同时，其粒度分布标准偏差控制在 $\delta=0.14\sim0.16\mu m$。

(3) 振动磨机

立式振动磨机外形结构图，如图3.46所示。ZM系列振动磨机是一种新型高效节能型粉磨设备。它在磨制细粉和超细粉物料时，比传统的回转式磨机具有明显的优越性(效率提高

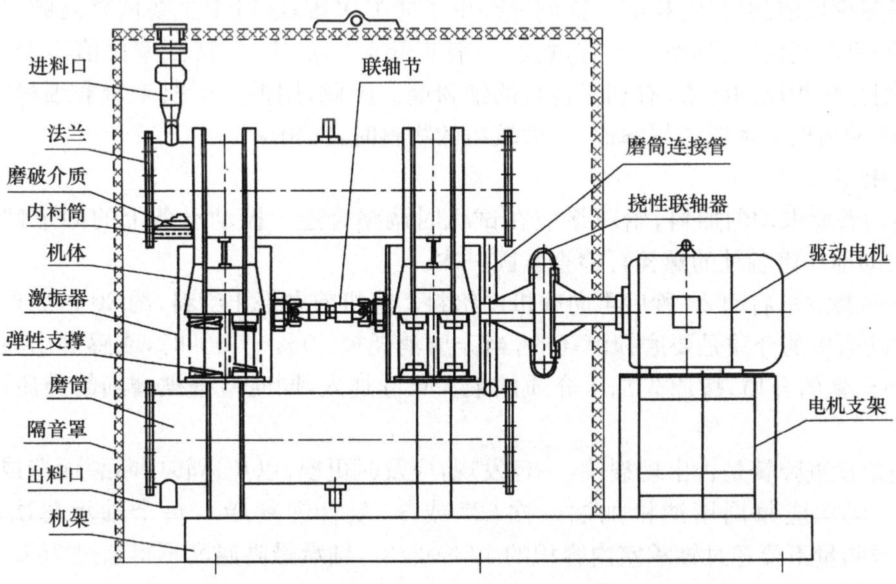

图3.46　ZM系列立式振动磨机外形结构图

2～5倍，能耗降低 20％～30％），该机主要由驱动电机、挠性联轴器、隔音罩、机体、电机支架、底架、磨筒、激振器、衬板、磨破介质和弹性支撑等部分组成。其特点是具有振动强度大、磨粉效率高、功率消耗少、噪声小、结构紧凑，安装维修方便等优点。

① 工作原理。

接通电源，驱动电机通过挠性联轴器带动激振器中的偏心块旋转，从而产生周期性的激振力，使磨机筒体在支承弹簧上产生高频振动，机体获得了近似于圆的椭圆形运动轨迹。随着磨机筒体的振动，使筒体内介质获得 3 种运动：强烈的抛射运动，可将大块物料迅速破碎；高速同向自转运动，对物料起研磨作用；慢速的公转运动，起均匀物料作用。磨机筒体振动时，粉磨介质强烈地冲击和旋转，进入筒体的物料在粉磨介质冲击和研磨作用下被磨细，并随着料面的平衡逐渐向出料口运动，最后排出磨机筒体，成为粉磨产品。

② 粉磨机理。

振动磨机工作运转时，磨介的高频冲击和强烈的研磨作用将物料磨细，这个过程主要由于磨体内研磨体与物料的反复冲击致使颗粒疲劳破坏而粉碎。

所有固体（块、粒）都是具有显微裂缝所组成的缺陷体，其表现形式为胶体结构，这些显微裂纹的平均间距为 0.01～0.1μm。在固体发生变形时，新的表面就以这些裂纹为基础逐渐发展起来，卸载后，在分子力的作用下，它们又重新“愈合”，当个别最薄弱的地方也就是缺陷最大的地方发生突变时，固体就会产生宏观的破坏。而振动磨机内研磨体对被磨物料高频的冲击作用，使这些超倍显微裂缝来不及“愈合”就受到连续不断的冲击，迅速扩大微细裂缝而破碎，因此，用振动冲击来进行固体材料的细磨是最有效的。

振动磨的粉磨特性参数包括磨介共振频比、冲击频率、磨介冲击粉碎功等因素。因为冲击功反映了磨介给予被磨物料的粉碎能量，因此冲击功越大，被磨物料所得的粉碎能量越大，越适宜于粗磨。而冲击频率反映了磨介给予被磨物的冲击次数，因此，冲击频率越高，磨介单位时间内的冲击次数越多，这对物料的细磨有利。

当激振力的频率确定后，频率比（磨机振动频率与磨介冲击频率之比）越高，冲击粉碎功越大，但由于频率比值的提高，相应成比例地减少了冲击次数，这对于主要依靠高频冲击达到粉磨的振动磨机不利，所以频率比不宜过大，一般应低于 3，反之，保持频率比值不变，提高激振力的频率则得到相反的结果，有利于物料的细粉磨。因此，用振动磨机来研磨细粉物料时，可以选取高频的激振力和低的频率比，当磨较粗的物料时，则相反。

③ 使用与维护。

a. 振动磨要求均匀加料，给料量应在试机时调整合适。振动设备上的固定螺栓容易松动，设备启动前应将各处的螺栓再检查紧固一次。

b. 振动磨空车启动 20 秒后再向磨机内给料。停机前先停止给料，约 20 秒后再停车。

c. 振动磨中的介质是要磨损消耗的，当介质消耗掉 10％～15％时，或感到出料粒度有变化时，应补充新的介质，按原先加入介质的最大尺寸加入，同时检查被磨细的介质，太细的要选出。

d. 经常检查弹簧是否出现裂纹，一旦发现，应及时更换，以免运转中断裂而造成主机其他部分损坏。轴承应每周用油枪加油一次（$2^{\#}$ 或 $3^{\#}$ 复合锂基脂），每个轴承每次补给量约 0.1kg，润滑脂量不要超过轴承室内容积的 1/3～2/3。轴承最高温度不得超过 75℃。

（4）锤式破碎机

① 锤式破碎机由传动部分、转子、筛条、轴承和机壳等部分组成，如图 3.47 所示。

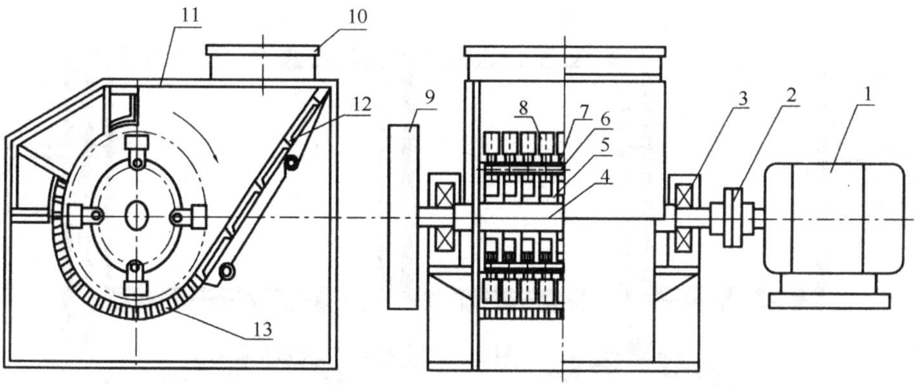

图3.47 锤式破碎机结构原理图

1-电动机;2-联轴器;3-轴承系统;4-主轴;5-圆盘;6-销轴;7-轴套;8-锤子;9-飞轮;10-进料;11-机壳;12-衬板;13-筛板

a. 转子。有单向旋转和双向旋转两种。双向旋转的锤式破碎机可以提高使用寿命。

b. 圆盘。为了保证锤头与筛板之间的间隙,常常将圆盘上的销孔做成几排同心圆孔,当锤头磨损后可以将锤头安装在更外一层销孔内。

c. 锤头。锤头是破碎机的工作机构,常用高锰钢或其他合金钢制造。锤子的形状、大小和数量根据所破碎物料的硬度、产量各不相同。

d. 筛子。主要作用是控制破碎产品的粒度以及支撑物料经受锤子的打击和研磨而粉碎,因而损坏比较快。

② 锤式破碎机的工作原理。

锤式破碎机是利用高速旋转的铁锤对物料产生打击、冲击、剪切和研磨而将物料粉碎的。粗颗粒料从锤式破碎机的入料口进入,沿衬板落下,打细后,经筛板逐渐落下。

③ 锤式破碎机的工作参数。

a. 转子的转速。按所需要的线速度(圆周速度)来确定。锤子的线速度根据物料性质、破碎产品粒度、锤子的磨损、机器结构等因素考虑,通常在36～75m/s的范围内选取。

b. 转子的直径和长度。直径根据给料粒度、机器设计和需要的生产量来定。通常转子的直径取最大给料粒度的2～8倍。

转子的直径与长度的比值一般为0.7～1.5。当需要的生产量大、物料难以粉碎时选取较大值。

(5) 管式球磨机

管式球磨机的结构如图3.48所示,由筒体、端盖、衬板、筛板、扬料板、齿轮等构成。

① 筒体。一般由格子板分隔为Ⅰ、Ⅱ、Ⅲ三个仓室,分别用于物料的粗、中、细磨,所装钢球直径逐渐减小,而填充率却逐渐增加。

② 格子板。分隔筒体各仓室之间的筛板,如图3.48所示。由于第Ⅰ仓室出料较粗,流动性差,故第Ⅰ、Ⅱ仓室之间为双层格子板,双层格子板之间有扬料板,通过扬料板将第一仓室排出的物料送入第Ⅱ仓室。第Ⅱ、Ⅲ仓室之间为单层格子板。格子板的筛孔尺寸越到末级越小,分别为8～10mm、6～8mm、4～6mm。

各仓室的长度比例大致为:

• 第Ⅰ仓室 20%～25%;

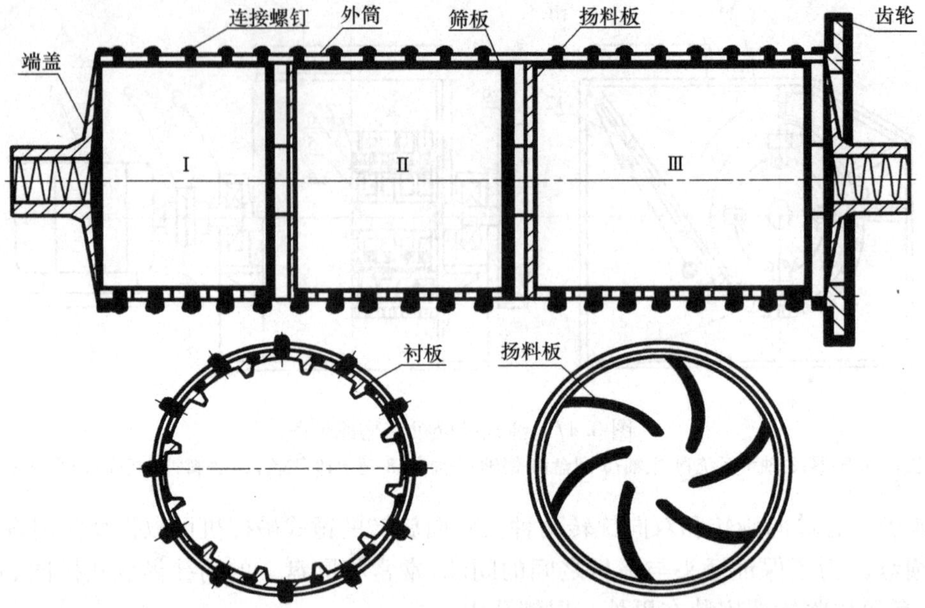

图 3.48　管式球磨机的结构图

- 第Ⅱ仓室　25%～30%;
- 第Ⅲ仓室　45%～55%;

格子板的作用。利用格子板将筒体分成几个仓室,目的是将大、中、小钢球分开,将物料粗、中、细分开,实现分级磨削,提高研磨效率和粒度的均匀性。

③ 管式球磨机的工作原理。

管式球磨机的筒体被格子板分隔为Ⅰ、Ⅱ、Ⅲ三个仓室,从Ⅰ～Ⅲ仓室,所装钢球直径逐渐减小,而填充率(物料体积占筒体体积的比例)却逐渐增加,分别用于物料的粗、中、细磨,物料从Ⅰ仓室进入,经过Ⅰ、Ⅱ、Ⅲ三个仓室的研磨后从Ⅲ仓室尾部出料。

课外阅读:行业里关于振动样品磁强计测永磁铁氧体预烧料的检测规范

比饱和磁化强度、比剩余磁化强度和矫顽力的测试方法

A.1　测试方法

本测试方法选用振动样品磁强计法测量磁粉的磁性能。

A.2　方法原理

振动样品磁强计(Vibrating Sample Magnetometer,VSM)是基于电磁感应原理制成。将一个在磁场中均匀磁化的样品近似为一个磁偶极子,使它在垂直于磁化的方向做简谐振动,在样品附近的探测线圈中,将由于磁偶极子场的变化而产生感应电动势。感应电动势与样品的磁矩成正比。于是可通过测量感应电动势测出样品的磁矩。工作原理如图 A.1 所示。

A.3　测量条件

实验室周围不得有强磁场及其他点火花干扰。

测量环境:温度 23℃,相对湿度小于 75%。

测量磁化场:7000 Oe。

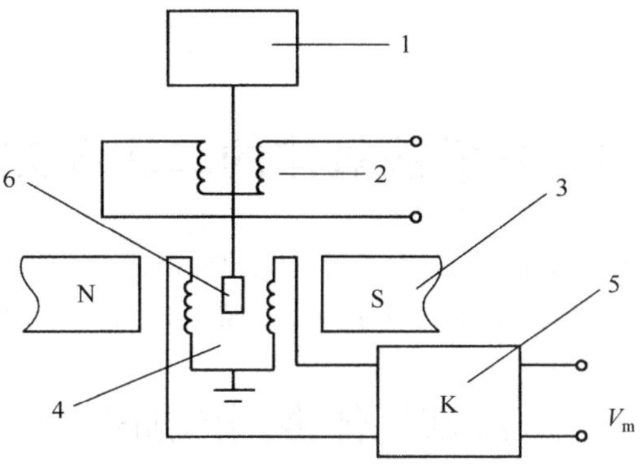

图 A.1　振动样品磁强计工作原理

1-振动系统；2-基准线圈对；3-磁极；4-探测线圈；5-放大系统；6-试样

A.4　测量设备的要求

仪器综合不确定度不大于 3%。

纯金属镍标样：纯度 99.99%，温度 23℃，密度 8.90g/cm^3，饱和磁化强度 54.56 A · m^2/kg。

天平：读数精度 0.1mg，最大负荷 200g 。

试样管：一端封闭的非金属、非磁性圆柱形管，尺寸按仪器具体情况而定。试管质量为 m_1(g)，内径为 ϕ(mm)，长度为 L(mm)。

A.5　试样制备

将被测量磁粉用孔径 500μm 的筛子过筛，在 60±2℃的烘箱中干燥 10h，放入干燥器内冷却至室温。然后装入试样管，轻敲填实，使试样长度 L 与内径 Φ 比值不大于 1。将装好磁粉的试样管称重，准确到 0.1mg。可计算磁粉的质量 m(g)为

$$m=m_2-m_1 \tag{A.1}$$

式中，m_1 为试样管的质量，g；m_2 为试样管加上装填磁粉的总质量，g。

A.6　测试步骤

A.6.1　校准

用纯金属镍标样按仪器说明的方法校准。

A.6.2　测量

比饱和磁化强度 σ_S 的测量：被测试样品固定在样品杆上使其振动，加磁场到样品磁化饱和，测出比饱和磁化强度 σ_S。

比剩余磁化强度 σ_r 的测量：被测试样品固定在样品杆上使其振动，加磁场到样品磁化饱和，单调减小磁场至零，读出此时的磁化强度。磁化强度与磁粉密度的比值即比剩余磁化强度 σ_r 的测量。

矫顽力 H_C 的测量：被测试样品固定在样品杆上使其振动，加磁场到样品磁化饱和，单调减小磁场至零。再加反向磁场使磁化强度为零，读出此时的磁场强度为矫顽力 H_C。

项目4 永磁铁氧体的二次配方设计

本项目对永磁铁氧体的二次配方设计进行了讨论，内容包括永磁铁氧体常用添加剂及作用机理，低、中、高端永磁铁氧体的二次配方设计、正交实验设计方法等。

子项目1 永磁铁氧体常用添加剂及作用机理

永磁铁氧体常用添加剂起着控制动力学反应、控制晶体微观结构以及调整晶粒内部参数（如饱和磁化强度、剩余磁化强度、磁晶各向异性常数、五个不同晶格位置上 Fe^{3+} 磁矩方向的排列等）的作用。通过添加剂的加入，在高温时参与固相反应，使添加剂或存在于铁氧体晶界，或固溶于晶粒内部，从而提高了磁体综合性能，改进了剩磁和矫顽力的温度系数，增强了机械强度。由于密度和取向度的提高，增强了剩磁；由于降低了烧结温度，控制了晶粒大小和形貌，提高了单畴粒子的比例，细化了晶粒以及某些掺杂可以阻止畴壁移动，从而增强了矫顽力。

我们希望所生产的磁体，晶粒均在单畴临界尺寸以内，且分布均匀，密度能达到X光理论密度的96%以上，取向度达到97%以上。合理地添加所需要的添加剂，在优质预烧料的基础上，均有希望满足这些要求。添加剂的主要作用是：

① 细化晶粒，以便在较宽的烧结温区获得高 H_{CJ}。

② 增进密度以提高 B_r。

③ 改善温度系数等。矫顽力 H_{CJ} 是结构灵敏性参量，强烈地依赖于显微结构，少量的添加物对矫顽力会有显著的影响。

永磁铁氧体常用的添加剂有 $CaCO_3$、SiO_2、H_3BO_3、Al_2O_3、Cr_2O_3、$SrCO_3$、$SrSO_4$、La_2O_3、CoO、Bi_2O_3、ZnO、TiO_2 及分散剂等。它们按颗粒的大小又分为普通添加剂和纳米添加剂（1～100nm，可以提高添加剂的反应活性）。下面分析几种最常见添加剂的作用机理。

任务1 添加剂 $CaCO_3$ 的作用机理

$CaCO_3$ 在898℃左右分解后生成CaO，除少量 Ca^{2+} 进入磁铅石结构外，多数 Ca^{2+} 起助熔剂作用，即在烧结过程中产生低熔点产物，降低反应温度，促进固相反应，提高产品密度，增加剩磁。据介绍，CaO对晶粒 c 平面方向有优先生长的影响。设 d_1 为晶粒 ab 横轴平均粒径，d_2 为 c 轴平均粒径，在某一特定的工艺条件及添加剂情况下，磁性能与 d_1/d_2 的比值密切相关。比值改变时，剩磁可以从250mT增至430mT，H_{CJ} 从159kA/m增至421kA/m。由此，可以调节 d_1/d_2 的比值来达到预期的磁性能。

烧结过程中，在1140℃较低温度下烧结时，磁体的剩磁和矫顽力在一定范围内均随 $CaCO_3$ 含量的增大而增大。一般来说，在1230℃较高温度下烧结，剩磁随 $CaCO_3$ 含量的增大而增大，矫顽力随 $CaCO_3$ 含量的增大而减少。通过试验发现，$CaCO_3$ 的质量分数在 $<0.2\%$ 时，烧结时会产生不均匀晶粒生长，导致矫顽力下降；如果 $CaCO_3$ 的质量分数大于1.4%，磁体中非磁性相增加，会使剩磁下降。因此，$CaCO_3$ 的质量分数常取0.2%～1.2%。当离子进入磁铅石结构后，少量 Ca^{2+} 取代 Sr^{2+}，对性能没有太大影响，在 $CaCO_3$ 起助熔作用时，若 $CaCO_3$ 的质量分数过低，如小于0.4%，则烧结磁体不能高致密化，密度低，不能提高剩磁；若过高

($CaCO_3$的质量分数>1.3%)，则将导致烧结磁体晶粒过于长大，产生异常晶粒，降低 H_{CJ}。

CaO 取代 $SrO \cdot 6Fe_2O_3$ 中的 SrO 时，能加速 c 平面的生长，促使片状晶体的形成，从而在磁场作用下，易于取向，尤其在 $CaCO_3$ 的质量分数≥0.9%时，取向度会急剧上升。在锶铁氧体中，用少量 $CaCO_3$ 取代 $SrCO_3$，可改善材料的磁性能，其最佳配方约为 $Sr_{0.95}Ca_{0.05}5.6Fe_2O_3$。如果配方中已加入 SiO_2，又想加 $CaCO_3$ 的情况下，宁愿以 $CaSiO_3$ 的形式加入，这是因为 $CaSiO_3$ 的活性较大。

任务 2　添加剂 SiO_2 的作用机理

Si 可以与 Ba 生成 $BaSi_2O_5$($T \leqslant 995$℃)，在较高温度时($T>1000$℃)，可生成液相的玻璃态，Si 的含量富集于晶界，可以阻止晶粒成长，细化晶粒，提高 H_{CJ}，在 1250℃空气中烧结时，SiO_2 在 BaM 中的固溶量约为 0.55wt%。Fe_2O_3-BaO-SiO_2 可以生成低熔点(995℃)的非晶产物，大致的组成为 53mol%SiO_2、20mol%Fe_2O_3、27mol%BaO。

在永磁铁氧体的制备过程中，SiO_2 的添加量应适当，如过多，一部分 Si^{4+} 可进入晶格，导致相应部分 Fe^{3+} 转变成 Fe^{2+}，从而使 SiO_2 与 FeO 反应生成低熔点(1205℃)的硅酸铁，这样，虽可降低预烧和烧结温度，抑制晶粒长大，细化晶体颗粒，对提高矫顽力有利，但由于 SiO_2 与 FeO、CaO、Al_2O_3 等容易生成低熔点物质(具体情况见表 4.1)，这些低熔点的硅酸盐是非磁性相，它们的生成将使剩磁下降，而且即使在较低温度下烧结，晶粒也会长得很大，超过单畴临界尺寸，且磁体内还会生成很多不均匀的气孔，使 M 相纯度降低。当 SiO_2 的含量超过一定值以后，会使 SrM 分解为 Fe_2O_3 和 $SiSrO_3$ 即 $SrFe_{12}O_{19}+SiO_2 \longrightarrow SiSrO_3+6Fe_2O_3$，使磁性恶化。$SiO_2$ 添加量范围通常取质量分数为 0.1%～0.6%。

表 4.1　SiO_2 与 FeO、CaO、Al_2O_3 等产生易熔化物的情况

进入化合物中的物质	反应生成物质	熔化温度/℃
FeO-Fe_3O_4	固体溶液	1200～1300
FeO-SiO_2	硅酸铁	1205
Fe_2SiO_4-SiO_2	低熔点熔融体	1177～1178
FeO-SiO_2-CaO	含 10%CaO 的铁硅钙酸盐	1030
FeO-CaO-Al_2O_3-SiO_2	铁钙铝硅酸盐	1030～1050

滕阳明等人认为，SiO_2 会抑制 c 平面晶粒的生长，使磁体平行于成型磁场方向的收缩率 $S_{//}$ 变小，而垂直于成型磁场方向的收缩率 $S_{\perp}$ 变大，这样随 SiO_2 含量的增加，$S_{//}/S_{\perp}$ 就减小，取向度变差，SiO_2 对取向度 f(此处的 f 指成型压坯 c 晶面取向度)及磁体密度 d 的影响如图 4.1 所示。

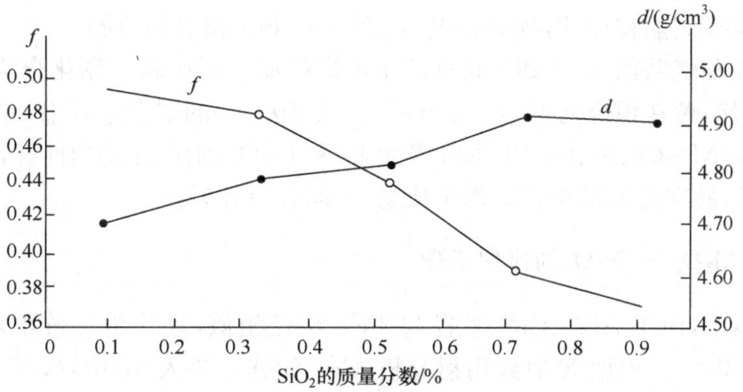

图 4.1　SiO_2 对取向度 f 及密度 d 的影响

由图可以看出，当 SiO_2 的质量分数在 0.4%～0.5%时，可获得最佳的磁性能。若 Fe_2O_3/SrO 摩尔比 $n \geqslant 6$ 时，特别在 $n=6.2$ 时，加入适量 SiO_2 可以控制 α-Fe_2O_3 的生成，促进 M 型锶铁氧体的形成。

任务 3　添加剂 H_3BO_3 的作用机理

由于硼酸盐离子与铁氧体具有很好的亲合性，铁氧体粉带负电荷，因此增大了颗粒间的静电排斥力。硼酸是一种很好的分散剂，有助于磁粉在水中分散，可有效降低湿磨料浆的凝聚，料浆分散性好，当料浆与硼酸相混时，料浆沉淀物密度明显下降。延长干磨时间，减少湿磨时间与添加适量的 H_3BO_3 相结合，可有效地降低料浆的磁凝聚，从而提高晶粒在磁场中的定向度。另外，H_3BO_3 因呈酸性，在一定程度上会降低料浆的 pH 值，高的料浆 pH 值对烧结不利，它会降低烧结密度，形成斑驳表面，影响产品外观。因此，生产过程中，必须将料浆 pH 值控制在 8 左右。

加入适量的 H_3BO_3 与 SiO_2，温度高于 400℃，H_3BO_3 分解生成 B_2O_3。B_2O_3 与 SiO_2 在一定温度下将生成液相共晶体——硼酸玻璃相，并适当降低预烧温度。另外，这种玻璃相分布在 SrM 晶界上，可阻止晶粒长大，获得的预烧晶粒尺寸小于 1μm，在二次湿磨料中再加适量的 SiO_2，也会生成硼酸玻璃相，且也分布在晶界上，这样也可以降低烧结温度。由于在较高的烧结温度下仍能获得晶粒尺寸小于单畴临界尺寸的 SrM 材料，使材料的 B_r、H_{CB}、H_{CJ} 同时提高。但如果添加过量，则将使得晶界处富集玻璃态的生成物过多，产品易开裂。

细粉碎时，在料浆中加入适量的 H_3BO_3，在烧结时，可以降低共晶温度，造成液相烧结，使磁体视密度增加，显微结构改善，从而性能得到提高。B_2O_3 与 SiO_2 复合添加，可促使晶体在较低温度下均匀生长，能显著促进密度的改善。对于 SrO∶Fe_2O_3＝1∶5.3 配比，并按质量分数计，添加 0.3%的 SiO_2，经 1300℃预烧，在二次球磨时再加 0.2%的 H_3BO_3，磨成 0.8μm 的粒度，湿压磁场成型，烧结之后可获得 $B_r>420$mT，$H_{CJ}>240$kA/m 的各向异性锶铁氧体。

按质量分数计，H_3BO_3 的添加量常取 0.1%～0.4%。

Rams 等人的工作表明，B^{3+} 可以替代磁铅石结构中尖晶石块里八面体晶位上的 Fe^{3+}，使两种次晶格上磁矩变大，饱和磁感应强度和剩磁均增大；剩磁增大的另一原因也是因为 B_2O_3 和 SiO_2 在一定温度下生成液相共晶体，从而使晶粒在较低温度下均匀生长，使密度显著提高。同时加入 SrB_2O_4、BaB_2O_4（SrO、BaO 在料浆中与 H_3BO_3 反应生成）与 SiO_2，也可大幅度提高磁性能。这是由于 H_3BO_3 在 400℃分解的 B_2O_3 可与 SrO 在一定温度下生成液相共晶体，促进永磁铁氧体的液相烧结，提高产品致密度；另一方面，B_2O_3 与 SiO_2 可生成低熔点玻璃体，弥散在铁氧体中，起着控制晶粒尺寸，提高密度，达到与 H_3BO_3 相似的目的。

另据报道，在预烧前加入 H_3BO_3 的效果比预烧后加还要优越。硼化合物与 Bi_2O_3 同时加入也可提高磁性能，若在预烧前 Fe_2O_3 与 $BaCO_3$（或 $SrCO_3$）的混合过程中，或预烧后湿式精细粉碎时加 MB_2O_4（M＝Ca、Sr、Ba、Pb、Mn 等元素）和 Bi_2O_3，则产品均匀性好，性能高。但如果添加 H_3BO_3 过量，易在晶界富集玻璃态生成物，产品容易开裂。

任务 4　添加剂 Al_2O_3 与 Cr_2O_3 的作用机理

在 $SrFe_{12}O_{19}$ 中，由于 Al^{3+}、Cr^{3+} 半径与 Fe^{3+} 半径相似，且均为三价阳离子，因此 Al^{3+}、Cr^{3+} 可部分置换 Fe^{3+}。根据 X 射线衍射分析，Cr^{3+} 始终不进入 $4f_1$ 位置，对 12k、$2a_1$、$4f_2$ 任何一晶位都不显示优先占据的优势，而是随机置换，不过进入 12k 晶位的机会相对较多，从这个角度看，Cr^{3+}有优先进入 12k 晶位的趋势；而 Al^{3+}具有较强占据磁铅石中八面体 2a 晶位，进而占据自旋方向上的八面体 12k 晶位的趋势，加之，Al^{3+}、Cr^{3+}又是非磁性离子。因此，Al^{3+}、Cr^{3+}占据自旋方向上的八面体晶位上 Fe^{3+}的位置之后，会导致自旋向上的总磁矩迅速下降，进而也使饱和磁化强度 M_S显著下降。同时，这种置换也使 Fe^{3+}之间超交换作用减弱，但这种减弱，是因为 Fe^{3+}占据了八面体晶位，而不是四面体晶位，这样在置换后居里温度 T_c呈线性下降。由于 M_S和 T_c均随置换量的增加而下降，特别是 M_S将显著下降。所以，在生产中，作为添加剂，只能少量地加入，其质量分数一般不超过 3%。

另外，12k 晶位上的 Fe^{3+}，其磁晶各向异性常数 K_1为负值，而其他晶位上的各向异性常数为正值，这样 Al^{3+}、Cr^{3+}占据 2a 和 12k 晶位上的 Fe^{3+}后，将使 K_1随 Al^{3+}、Cr^{3+}取代量的增加而缓慢下降，由于 M_S比 K_1下降的速度要快，根据磁晶各向异性场 $H_A=2K_1/M_S$可知，H_A会随 Al^{3+}、Cr^{3+}置换量的增大而增大，从而使 H_{CJ}也增大。

其次，由于置换后畴壁能的增加，使单畴临界尺寸增加，另外，M_S的降低也增加了单畴临界尺寸。烧结磁体中平均晶粒直径一定时，单畴粒子的比例得以提高，从而提高了磁体的 H_{CJ}。同时，在晶体中，在 Al^{3+}分布不均匀的情况下，富余的 Al^{3+}、Cr^{3+}会形成能量势垒，畴壁通过势垒需要很多能量，这将大幅度地提高畴壁位移阻力，从而导致 H_{CJ}的提高。对锶铁氧体来说，因 Al^{3+}置换 Fe^{3+}，可得到 $H_{CJ}=899kA/m$ 的理想结果。在提高烧结温度后，添加 Al_2O_3与未添加 Al_2O_3的样品相比，磁性之间的差异更加明显。加入少量 Al_2O_3后，可以使磁体在较宽的温度范围内烧结，内禀矫顽力有较大提高，磁性能一致性好。

Kools 等人也发现，Cr_2O_3有防止烧结初期 H_{CJ}下降的作用，其原因是 Cr_2O_3位移晶粒之间，抑制了晶粒的长大，同时与 SrM 起反应，增大了磁晶各向异性。

Al^{3+}取代量 x 对磁晶各向异性场 H_A及磁晶各向异性常数 K_1的影响见图 4.2。

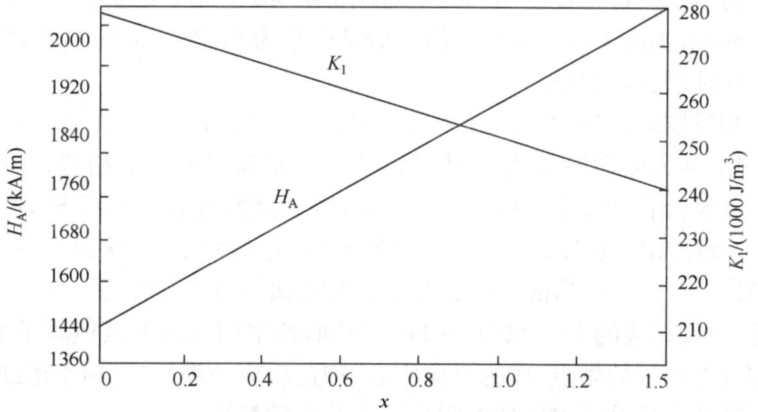

图 4.2　磁晶各向异性场 H_A、磁晶各向异性常数 K_1与 Al^{3+}取代量 x 的关系

在工艺中，我们总是希望 B_r和 H_{CJ}同时提高。研究表明，如果永磁铁氧体预烧后晶粒细小且均匀，并在其后的工序中能够保持这一特点，就能达到这一目的，要使预烧后的晶粒细小而均匀，可在混合原料时添加 $Al(OH)_3$或是混合添加 $Al(OH)_3$和 SiO_2。最佳添加量为 0.5wt%～4wt%的 $Al(OH)_3$或进一步添加 0.2wt%～0.4wt%的 SiO_2，混合后预烧，粉碎，成型，烧结，就可使 B_r和 H_{CJ}同时提高。因 $Al(OH)_3$在加热时放出结晶水后（$2Al(OH)_3 \longrightarrow Al_2O_3 + 3H_2O$），在 900～1000℃变成 α-$Al_2O_3$。在开始铁氧体化反应的 900℃，由于活性 α-$Al_2O_3$起着

抑制铁氧体反应和取代锶铁氧体中 Fe^{3+} 的作用，保证了晶粒细微化和均匀性。混合添加 $Al(OH)_3$ 和 SiO_2 有增强抑制铁氧体化的效果，而且能在较宽的温度范围内保持这种抑制效果。Al、In、Cr、Ge、Nb、Ga 等的离子代换规律相近。

任务 5　其他添加剂的作用机理

(1) La_2O_3

少量 La_2O_3 的添加可以增加矫顽力，并不过多地影响 B_r，从而提高 $(BH)_{max}$ 值。纯的稀土氧化物相当昂贵，通常采用工业纯的混合稀土氧化物，稀土氧化物可在二次球磨时加入。

(2) CoO(或 Co_3O_4)

Co^{2+} 取代 $SrFe_{12}O_{19}$ 中的 Fe^{3+}，提高 H_{CB} 和 H_{CJ}，同时，并不过多地减少饱和磁化强度，对剩磁几乎无影响，但 CoO 价格较贵。

(3) As、Pb、Bi 的代换

Pb_3O_4、Bi_2O_3 往往作为低熔点助熔剂(Bi_2O_3 的熔点为 850℃)添加，它可以降低烧结温度，提高产品致密度，从而提高 B_r(但同时在一定程度上降低 H_{CJ})。添加 Bi 之所以能改进磁性，是由于 $SrFe_{12}O_{19}$ 中形成 Bi_2O_3 固溶体，Bi_2O_3 也可以 $Bi(NO_3)_3$ 的形式加入，加入之后，其烧结温度比添加 Bi_2O_3 之后的烧结温度低近 100℃。As_2O_3(其熔点为 309℃)的添加有利于降低 M_S 的温度系数；Pb、As 的蒸汽有毒，对环境有污染(现已不用)，Bi_2O_3 的价格较贵。

(4) 高岭土

微量杂质污染的高岭土为淡黄色，优质的高岭土具有白度高、质软、易分散悬浮于水中、良好的可塑性和高的黏结性，优良的电绝缘性能；具有良好的抗酸溶性、很低的阳离子交换量、较好的耐火性等理化性质，其理想的化学式为 Al_2O_3-$2SiO_2$-$2H_2O$。高岭土脱水以后，在它的晶格中有相互结合的 Si-O 团和 Al-O 团，900℃时晶格破坏，生成无定型 SiO_2 和 Al_2O_3。少量的添加有利于细化晶粒，提高 H_{CB}。高岭土的添加量通常为 0.5%～1.0%，可以分两次，即分别在预烧前与第二次球磨工序中添加。

高岭土在固相反应时，可在晶粒表面生成一薄层易熔共晶体，当烧结温度增加时，它有阻止晶粒长大的作用，从而阻碍矫顽力因提高烧结温度而强烈下降的趋势。氧化铁与 Al_2O_3、SiO_2 结合生成易熔混合物 $2FeO \cdot Al_2O_3 \cdot 2SiO_2$，当预烧温度在 1300℃时，高岭土促进 BaM 晶粒生长，当二次烧结温度在 1230℃左右，高岭土可阻止晶粒生长，从而提高矫顽力。高领土受热分解产生 Al^{3+} 和 Si^{4+}，对晶格空间点阵上的其他离子有极化作用。Al^{3+} 可置换 Fe^{3+}，而 Si^{4+} 进入晶格后，导致相应的 Fe^{3+} 转变为 Fe^{2+}，从而使空间点阵上其他离子形成不均衡的形变。这些形变部分有略低的熔点，成为反应中心，加速反应的进行，有利于达到高密度，从而使剩磁增高。加入高岭土后会使材料的电阻率减少几个数量级。

(5) 硫酸盐添加剂

$SrSO_4$ 为无色斜方晶体，密度为 3.96g/cm³，加热至 1580℃分解，几乎不溶于水，但能微溶于酸中，加入 0.1wt%～0.2wt%的 $SrSO_4$、$CaSO_4$ 或 $BaSO_4$ 均有利于激活铁氧体的生成，并改善其性能，尤以添加 $SrSO_4$ 的效果为佳。如仅添加 0.22wt%的 $SrSO_4$，并在 1230℃烧结，其 B_r 由未添加的 342.5mT 升至 415mT，饱和磁化强度从 8.15×10^{-5} Wb·m/kg 升至 8.64×10^{-5} Wb·m/kg，密度从 4.21g/cm³ 升至 4.86g/cm³，取向度从 81%升至 87%，$(BH)_{max}$ 从 27.06kJ/m³ 升至 31.8kJ/m³。若 $SrSO_4$ 添加量加过多，反而降低 $(BH)_{max}$ 值。最优的 $(BH)_{max}$ 值取决于烧结温度。而烧结温度又因配方而异，添加 0.22wt%的试样，当烧结温度为 1230℃

时，其$(BH)_{max}$值最大，而添加 0.11wt%的试样，其最佳烧结温度为 1245℃，两者均于 1260℃时产生“过火”烧结，从而使$(BH)_{max}$值下降，最为惊奇的是仅添加少量的 $SrSO_4$ 就会使剩磁大增，当 $SrSO_4$ 从 0.011wt%增至 0.22wt%时，1260℃烧结的锶铁氧体的剩磁就由 389mT 增至 432mT，见图 4.3。

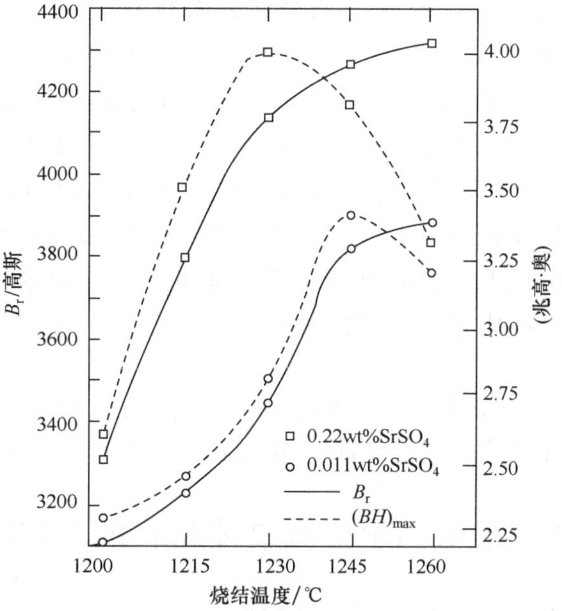

图 4.3　$SrSO_4$的掺入量对 Sr 铁氧体烧结温度和磁性能的影响

$SrSO_4$与 Al_2O_3 和 SiO_2 联合添加特别有效。但颗粒应极微细并在混料（预烧前）时加入最佳，添加 0.3wt%的 SiO_2 可获得最佳$(BH)_{max}$值。研究表明，1230℃×2hr 烧结，$SrSO_4$ 在锶铁氧体里已完全溶解。在工艺中总的要求是：①硫酸盐粉粒细度应微小，预烧时希望硫酸盐不完全分解，否则硫酸盐作用将很小。②加少量硫酸盐对提高$(BH)_{max}$极为有利，添加 $SrSO_4$ 效果最好。这些固溶在锶铁氧体中的 $SrSO_4$，具有低的“形成自由能”，所以能使锶铁氧体的各向异性及取向度显著提高，不溶于锶铁氧体中的那部分，成为细的分散剂，作为第二相，它控制着超过平均晶粒尺寸晶粒的生成，因此，加入一定量的 $SrSO_4$ 对锶铁氧体磁性能包括剩磁在内均有好处，添加量在 0.1wt%～1wt%范围内。

（6）$SrCO_3$（SrO）添加剂

自然界的碳酸锶常为菱锶矿，无色斜方晶体，密度为 3.62g/cm³，加热至 1100℃分解成 SrO 和 CO_2，$SrCO_3$ 几乎不溶于水，能溶于酸类。SrO 起致密铁氧体的作用，这是由于 SrO 增大了包围在 SrM 铁氧体外围的液相，当 $n<6$ 时，过剩的 SrO 有促进铁氧体固相反应，促进晶粒长大的作用，$SrCO_3$ 加入后可在较宽的烧结温度范围内烧结。

（7）葡萄糖酸钙添加剂

当二次球磨用水做研磨介质时，用葡萄糖酸钙作分散剂，可降低磁粉的凝聚。在同样的工艺条件及同一预烧温度下，添加与不添加这种分散剂，对预烧料细磨时所得的磁粉粒径、磁粉的比表面积、细磨磁粉的σ_S值及 H_{CJ} 值，在磁场中作用于单位体积上磁粉的力矩值均无明显变化。由于降低了磁粉的凝聚，使亚微米级磁粉在磁场作用下定向度提高，它的加入量为预烧料的 0.7wt%，磁体磁定向度用 J-H 曲线上剩磁 B_r与饱和磁极化强度 J_S之比的百分数来衡量。由于它能解开磁粉的凝聚，填充性得到改进，也使生坯密度得以提高，特别是比表面积大的磁粉，因为这时分散剂的解凝效果也更好。一般来说，预烧温度提高，磁定向度也提高，因此可以得到大的 B_r值，但 H_{CJ}下降。相反，预烧温度降低，则 H_{CJ}提高，但 B_r因定向度变低而不能得到高值，因此在不添加分散剂的情况下，要得到高 B_r和高 H_{CJ}是比较困难的，而加入分散剂后降低了定向度与粒径的关系，即生坯定向度对预烧温度的关系，即使预烧温度降低，B_r值也不会有多大的降低，但 H_{CJ}值可以保持在一个较高的水平，因此即使使用低预烧温度(如 1200℃)下制得的亚微米磁粉，也可以得到高的定向度，即可以得到高 B_r和高 H_{CJ}的双高烧结磁体。与不添加分散剂相比，当预烧温度变为 1200℃时，在同一 B_r下，H_{CJ}可提高 40kA/m(500Oe)以上，在同一 H_{CJ}下，B_r可以提高 5mT(50Gs)。为了降低磁粉的磁凝聚力，也可采用干式粉碎，使磁粉引入粉碎应变，进而加入表面活性剂油酸在有机溶剂二甲苯中细磨，也可得到同样目的，但这样做对环境有污染，大生产使用也不方便。

(8) 磷酸盐添加剂

在锶铁氧体中，加入适量的磷酸盐或碱金属磷酸盐如 0.01%～3%的磷酸锶或 0.2%～3%的磷酸钡或磷酸钙，能提高产品密度，而不使晶粒过分长大，从而提高 H_{CJ}和 B_r及磁能积。

子项目 2　中低档永磁铁氧体材料的二次配方设计

(1) Y30H-1 永磁铁氧体在细粉碎阶段的配料

基于 Y30H-1 永磁铁氧体材料的磁性能要求——B_r：380～400 mT；H_{CB}：230～275kA/m；H_{CJ}：235～290kA/m。为提高材料的 B_r，可以添加适量的 $CaCO_3$(按质量分数计，添加量为 0.6%～1.2%)。为抑制晶粒长大，细化晶体颗粒，改善材料的矫顽力，可以添加适量的 SiO_2 和 Al_2O_3。

为节约生产成本，通常将 SiO_2和 Al_2O_3换成高岭土(添加量为 0.2%～0.5%)，注意：对含 Si 量较高的预烧料，细粉碎时最好不再加 SiO_2或高岭土。磁体里面的 Si 换算成 SiO_2时，其质量分数的上限最好控制在 0.6%以内。

对 Y30H-1 永磁铁氧体产品，在设计细粉碎阶段的配方时，还应考虑磁体的收缩率。

磁体收缩率的影响因素较多，如预烧料的温度、预烧料粉末的粒度、粒度分布、细粉碎时料浆的粒度、粒度分布，成型压力、烧结工艺曲线等。

预烧料的温度低、粉末的松装比小，磁体的收缩率变大；预烧料粉末的粒度分布不均匀，磁体的收缩率变大；细粉碎时料浆太细或粒度分布不均匀，磁体的收缩率变大；成型压力大，生坯密度高，磁体的收缩率变小；烧结温度高，保温时间长，磁体的收缩率变大。如果各道工序的生产工艺受控，则磁体的收缩率也将受控。

若预烧料已经备好，检验时，发现该料的收缩率不符合工艺要求，在细粉碎阶段的补救措施，主要有以下 2 种：细粉碎时，可以加一些调节磁体收缩的添加剂，如 0.2%～0.8%的 $SrCO_3$，可以把磁体的收缩率调大(量不一样，调的幅度不一样)，适量 $SrCO_3$的加入，有利于促进产品的液相烧结。这些液相在高温状态下，可以有效填充颗粒间隙，提高产品的致密度，增大磁体的收缩率。加 0.1%～0.5%的 $SrSO_4$，可以把磁体的收缩率调小。

细粉碎时，加添加剂调节收缩，不是万能的，特别是当把磁体的收缩率调小，即把产品的尺寸变大时，对用含 S 或 SO_4^{2-} 较多的主原料生产的预烧料，如用某些含 S 或 SO_4^{2-} 较多的铁鳞料或用天青石生产的碳酸锶制作的预烧料，不适宜再添加 $SrSO_4$，因加了它之后，产品尺寸变大的同时，其磁性能，特别是 B_r 将会急剧地下降，得不偿失。对这类预烧料，通常采取的策略是适当降低助熔剂碳酸钙的添加量，同时加入适量的氧化铝来实现产品尺寸的调节。

为节约生产成本，同时，为防脆性问题产品的出现，做 Y30H-1 永磁铁氧体产品时，可以添加一定比例的废料，如考虑按 50 份预烧料＋30 份废磁瓦＋20 份磨削料，来设计细粉碎阶段的主料，如预烧料的配方，按质量分数计，$CaCO_3$ 添加 1.2%，H_3BO_3 加 0.4%，Al_2O_3 加 0.4%；废磁瓦的配方：$CaCO_3$ 添加 0.4%，H_3BO_3 加 0.2%，Al_2O_3 加 0.2%；磨削料的配方：$CaCO_3$ 添加 0.2%，H_3BO_3 加 0.2%；则各添加剂添加的量分别为(单位/%)：

$CaCO_3$：　$0.5\times1.2+0.3\times0.4+0.2\times0.2=0.76$

H_3BO_3：　$0.5\times0.4+0.3\times0.2+0.2\times0.2=0.3$

Al_2O_3：　$0.5\times0.4+0.3\times0.2=0.26$

为进一步节约生产成本，可考虑用高岭土代替氧化铝，同时降低 H_3BO_3 的添加量，但应注意，磁体中 SiO_2 的总量不能超过 0.6%。

实践表明，这样的配料方式，在生产中是可行的。

(2) Y32H-1 永磁铁氧体在细粉碎阶段的配料

可考虑按 70 份预烧料＋30 份高 B_r 产品的废磁瓦，设计细粉碎阶段的主料，如预烧料的配方，按质量分数计，$CaCO_3$ 添加 1.2%，H_3BO_3 加 0.4%；废磁瓦的配方：$CaCO_3$ 添加 0.4%，H_3BO_3 加 0.2%；则各添加剂添加的量分别为(单位/%)：

$CaCO_3$：　$0.7\times1.2+0.3\times0.4=0.96$

H_3BO_3：　$0.7\times0.4+0.3\times0.2=0.34$

(3) Y30H-3 永磁铁氧体在细粉碎阶段的配料

可考虑按 60 份预烧料＋20 份高 B_r 产品的废磁瓦＋20 份磨削料设计细粉碎阶段的主料，如预烧料的配方，按质量分数计，$CaCO_3$ 添加 1.0 %，$SrCO_3$ 加 0.2 %，H_3BO_3 加 0.4%，Al_2O_3 加 0.4%；废磁瓦的配方：$CaCO_3$ 添加 0.4%，H_3BO_3 加 0.2%，Al_2O_3 加 0.4%；磨削料的配方：$CaCO_3$ 添加 0.2%，H_3BO_3 加 0.2%；则各添加剂添加的量分别为(单位/%)：

$CaCO_3$：　$0.6\times1.0+0.2\times0.4+0.2\times0.2=0.72$

$SrCO_3$：　$0.6\times0.2=0.12$

H_3BO_3：　$0.6\times0.4+0.2\times0.2+0.2\times0.2=0.32$

Al_2O_3：　$0.6\times0.4+0.2\times0.4=0.32$

子项目 3　中高档永磁铁氧体材料的二次配方设计——正交试验

任务 1　试验设计方法

试验设计是数理统计学的一个重要的分支。多数数理统计方法主要用于分析已经得到的数据，而试验设计却是用于决定数据收集的方法。试验设计方法主要讨论如何合理地安排如何分析试验以及试验所得的数据等。

例 4.1　某磁性材料厂想改善某磁体的磁性能，对工艺中三个主要因素各按三个水平进行试验(表 4.2)。试验的目的是改善该磁体的磁性能，寻求配方的最佳组合。

表 4.2　因素水平

水平	因素	$CaCO_3$	SiO_2	Al_2O_3
	符号	T	p	m
1		T_1(0.6%)	p_1(0.1%)	m_1(0.2%)
2		T_2(0.8%)	p_2(0.3%)	m_2(0.4%)
3		T_3(1.2%)	p_3(0.5%)	m_3(0.6%)

对此实例该如何进行试验方案的设计呢?

很容易想到的是全面搭配法方案,如图 4.4 所示。

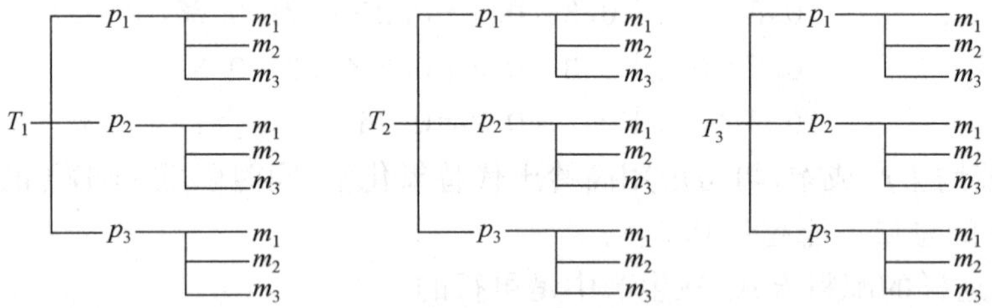

图 4.4　全面搭配法方案

此方案数据点分布的均匀性极好,因素和水平的搭配十分全面,唯一的缺点是实验次数多达 $3^3=27$ 次(指数 3 代表 3 个因素,底数 3 代表每个因素有 3 个水平)。因素、水平数越多,则实验次数就越多,例如,做一个 6 因素 3 水平的试验,就需 $3^6=729$ 次实验,显然难以做到。因此需要寻找一种合适的试验设计方法。

试验设计常用的术语定义如下。

试验指标:指作为试验研究过程的因变量,常为试验结果特征的量。本试验的指标为磁体的磁性能。

因素:指作为试验研究过程的自变量,常常是造成试验指标按某种规律发生变化的原因,如本实验的 3 个添加剂。

水平:是指试验中因素所处的具体状态或情况,又称为等级。如本实验 $CaCO_3$ 的添加量有 3 个水平,用 T 表示,下标 1、2、3 表示因素的不同水平,分别记为 T_1、T_2、T_3。

常用的试验设计方法有:正交试验设计法、均匀试验设计法、单纯形优化法、双水平单纯形优化法、回归正交设计法及序贯试验设计法等。可供选择的试验方法很多,各种试验设计方法都有其一定的特点。所面对的任务与要解决的问题不同,选择的试验设计方法也应有所不同。由于篇幅的限制,这里只讨论正交试验设计方法。

任务 2　正交试验设计方法

1. 正交试验设计方法的优点和特点

用正交表安排多因素试验的方法,称为正交试验设计法。其特点为:①完成试验要求所需的实验次数少。②数据点的分布很均匀。③可用相应的极差分析方法、方差分析方法、回归分析方法等对试验结果进行分析,引出许多有价值的结论。

从上面的例子可以看出,采用全面搭配法方案,需做 27 次实验。那么采用简单比较法方案又如何呢?

先固定 T_1 和 p_1，只改变 m，观察因素 m 不同水平的影响，做了如图 4.5(a)所示的三次实验，发现 $m=m_2$ 时的实验效果最好(好的用 □ 表示)，因此认为在后面的实验中因素 m 应取 m_2 水平。

固定 T_1 和 m_2，改变 p 的三次实验如图 4.5(b)所示，发现 $p=p_3$ 时的实验效果最好，因此认为因素 p 应取 p_3 水平。

固定 p_3 和 m_2，改变 T 的三次实验如图 4.5(c)所示，发现因素 T 宜取 T_2 水平。

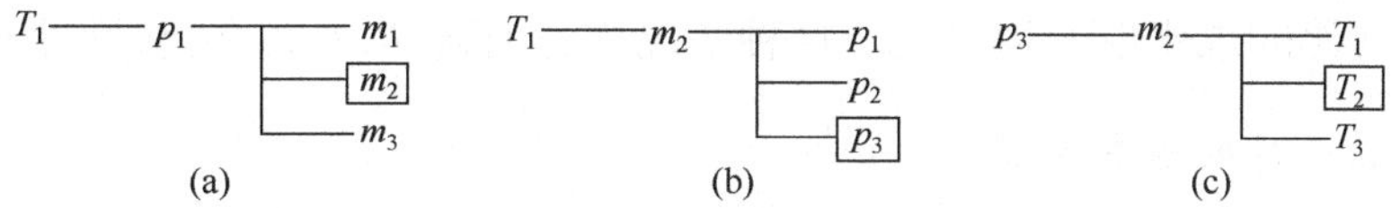

图 4.5　简单比较法方案

因此可以引出结论：为提高合格产品的磁性能，最适宜的配方为 $T_2p_3m_2$。与全面搭配法方案相比，简单比较法方案的优点是实验的次数少，只需做 9 次实验。但必须指出，简单比较法方案的试验结果是不可靠的。因为，①在改变 m 值(或 p 值，或 T 值)的三次实验中，说 m_2 (或 p_3 或 T_2)水平最好是有条件的。在 $T\neq T_1$，$p\neq p_1$ 时，m_2 水平不是最好的可能性是有的。②在改变 m 的三次实验中，固定 $T=T_2$，$p=p_3$ 应该说也是可以的，是随意的，故在此方案中数据点的分布的均匀性是毫无保障的。③用这种方法比较条件的好坏时，只是对单个的试验数据进行数值上的简单比较，不能排除必然存在的试验数据误差的干扰。

运用正交试验设计方法，不仅兼有上述两个方案的优点，而且实验次数少，数据点分布均匀，结论的可靠性较好。

正交试验设计方法是用正交表来安排试验的。对于例 4.1 适用的正交表是 $L_9(3^3)$，其试验安排见表 4.3。

所有的正交表与 $L_9(3^3)$ 正交表一样，都具有以下两个特点：

① 在每一列中，各个不同的数字出现的次数相同。在表 $L_9(3^3)$ 中，每一列有三个水平，水平 1、2、3 都是各出现 3 次。

② 表中任意两列并列在一起形成若干个数字对，不同数字对出现的次数也都相同。在表 $L_9(3^3)$ 中，任意两列并列在一起形成的数字对共有 9 个：(1,1)，(1,2)，(1,3)，(2,1)，(2,2)，(2,3)，(3,1)，(3,2)，(3,3)，每一个数字对各出现一次。

表 4.3　试验安排表

试验号	列号	1	2	3
	因素	$CaCO_3$	SiO_2	Al_2O_3
	符号	T	p	m
1		1(T_1)	1(p_1)	1(m_1)
2		1(T_1)	2(p_2)	2(m_2)
3		1(T_1)	3(p_3)	3(m_3)
4		2(T_2)	1(p_1)	2(m_2)
5		2(T_2)	2(p_2)	3(m_3)
6		2(T_2)	3(p_3)	1(m_1)
7		3(T_3)	1(p_1)	3(m_3)
8		3(T_3)	2(p_2)	1(m_1)
9		3(T_3)	3(p_3)	2(m_2)

这两个特点称为正交表的正交性。正是由于正交表具有上述特点，就保证了用正交表安排的试验方案中因素水平是均衡搭配的，数据点的分布是均匀的。因素、水平数越多，运用正交试验设计方法，越发能显示出它的优越性，如上述提到的 6 因素 3 水平试验，用全面搭配方案需 729 次，若用正交表 $L_{27}(3^{13})$来安排，则只需做 27 次试验。

在化工生产中，因素之间常有交互作用。如果上述的因素 T 的数值和水平发生变化时，试验指标随因素 p 变化的规律也发生变化，或反过来，因素 p 的数值和水平发生变化时，试验指标随因素 T 变化的规律也发生变化。这种情况称为因素 T、p 间有交互作用，记为 $T\times p$ 。

2. 正交试验设计的基本思想

如果进行正交试验设计，利用正交表安排试验，对于 A、B、C 三因素三水平(A_1、A_2、A_3、B_1、B_2、B_3、C_1、C_2、C_3)的试验来说，需要作 9 次试验，用"△"表示，标在图 4.6 中。如果每个平面都表示一个水平，共有九个平面，可以看到每个平面上都有三个"△"点，立方体的每条直线上都有一个"△"点，并且这些"△"点是均衡地分布的，因此这 9 次试验的代表性很强，能较全面地反映出全面试验的结果，这就是正交实验设计所特有的均衡分散性。正是利用这一特性来合理地设计和安排试验，以便通过尽可能少的试验次数，找出最佳水平组合。

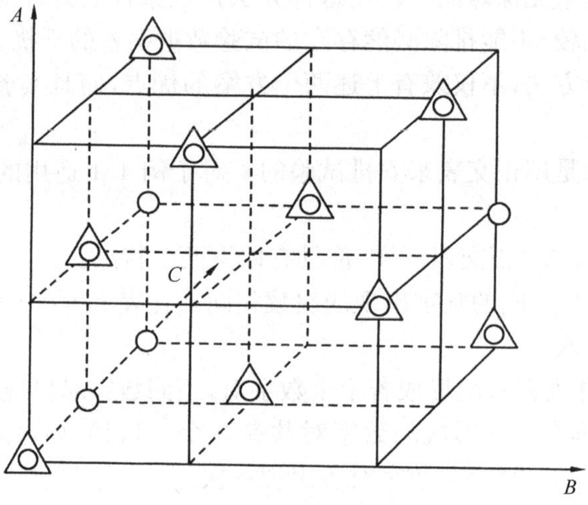

图 4.6　正交试验设计

任务 3　正交表

使用正交设计方法进行试验方案的设计，就必须用到正交表。

(1) 各列水平数均相同的正交表

各列水平数均相同的正交表，也称单一水平正交表。这类正交表名称的写法举例如下：

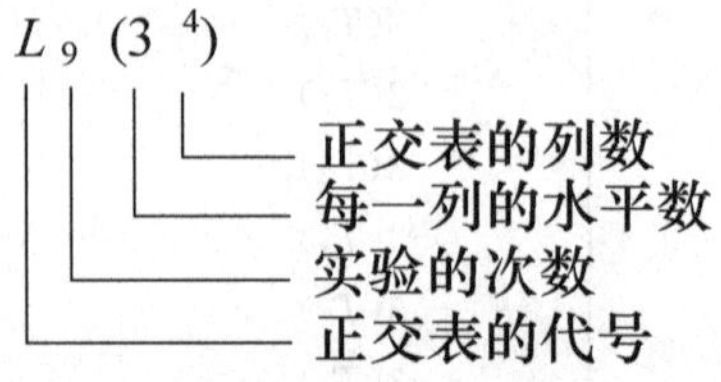

各列水平数均为 2 的常用正交表有：$L_4(2^3)$，$L_8(2^7)$，$L_{12}(2^{11})$，$L_{16}(2^{15})$，$L_{20}(2^{19})$，$L_{32}(2^{31})$。

各列水平数均为 3 的常用正交表有：$L_9(3^4)$，$L_{27}(3^{13})$。

各列水平数均为 4 的常用正交表有：$L_{16}(4^5)$。

各列水平数均为 5 的常用正交表有：$L_{25}(5^6)$。

(2) 混合水平正交表

各列水平数不相同的正交表，叫作混合水平正交表，下面就是一个混合水平正交表名称的写法：

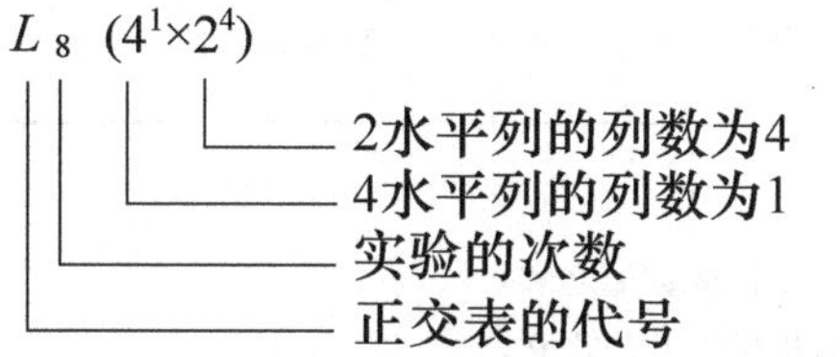

$L_8(4^1\times2^4)$常简写为 $L_8(4\times2^4)$。此混合水平正交表含有 1 个四水平列，4 个二水平列，共有 1+4=5 列。

常用正交表，可查阅相关资料。

任务 4　正交试验结果的分析

正交试验方法之所以能得到科技工作者的重视并在实践中得到广泛的应用，其原因不仅在于能使试验的次数减少，而且能够用相应的方法对试验结果进行分析并引出许多有价值的结论。因此，用正交试验法进行实验，如果不对试验结果进行认真的分析，并引出应该引出的结论，那就失去了用正交试验法的意义和价值。

1. *极差分析方法*

下面以表 4.4 为例讨论 $L_4(2^3)$正交试验结果的极差分析方法。极差指的是各列中各水平对应的试验指标平均值的最大值与最小值之差，有了极差，就可以找到影响指标的主要因素，并可以帮助我们找到最佳因素水平组合。从表 4.4 的计算结果可知，用极差法分析正交试验结果可引出以下 4 个结论：

① 在试验范围内，各列对试验指标的影响从大到小排列。某列的极差最大，表示该列的数值在试验范围内变化时，使试验指标数值的变化最大。因此，各列对试验指标的影响从大到小排列，就是各列极差 D 的数值从大到小排列。

② 试验指标随各因素的变化趋势。为了能更直观地看到变化趋势，常将计算结果绘制成图。

③ 使试验指标最好的适宜的操作条件(适宜的因素水平搭配)。

④ 可对所得结论和进一步的研究方向进行讨论。

表 4.4　$L_4(2^3)$正交试验计算

列 号		1	2	3	试验指标 y_i
试验号	1	1	1	1	y_1
	2	1	2	2	y_2
	3	2	1	2	y_3
	$n=4$	2	2	1	y_4

续表

列 号	1	2	3	试验指标 y_i
I_j	$I_1=y_1+y_2$	$I_2=y_1+y_3$	$I_3=y_1+y_4$	
II_j	$II_1=y_3+y_4$	$II_2=y_2+y_4$	$II_3=y_2+y_3$	
k_j	$k_1=2$	$k_2=2$	$k_3=2$	
I_j/k_j	I_1/k_1	I_2/k_2	I_3/k_3	
II_j/k_j	II_1/k_1	II_2/k_2	II_3/k_3	
极差(D_j)	max{ }−min{ }	max{ }−min{ }	max{ }−min{ }	

注：

I_j———第 j 列"1"水平所对应的试验指标的数值之和；

II_j———第 j 列"2"水平所对应的试验指标的数值之和；

k_j———第 j 列同一水平出现的次数，等于试验的次数(n)除以第 j 列的水平数

I_j/k_j———第 j 列"1"水平所对应的试验指标的平均值；

II_j/k_j———第 j 列"2"水平所对应的试验指标的平均值；

D_j———第 j 列的极差。等于第 j 列各水平对应的试验指标平均值中的最大值减最小值，即

$$D_j=\max\{I_j/k_j, II_j/k_j, \cdots\}-\min\{I_j/k_j, II_j/k_j, \cdots\}$$

2. *方差分析方法计算的公式和项目*

试验指标的和 $=\sum_{i=1}^{n} y_i$，试验指标的平均值 $\bar{y}=\frac{1}{n}\sum_{i=1}^{n} y_i$，以第 j 列为例：

① I_j——"1"水平所对应的试验指标的数值之和；

② II_j——"2"水平所对应的试验指标的数值之和；

③ ……

④ k_j——同一水平出现的次数，等于试验的次数除以第 j 列的水平数；

⑤ I_j/k_j——"1"水平所对应的试验指标的平均值；

⑥ II_j/k_j——"2"水平所对应的试验指标的平均值；

⑦ ……

以上 7 项的计算与极差法的计算相同。

⑧ 偏差平方和

$$S_j=k_j\left(\frac{I_j}{k_j}-\bar{y}\right)^2+k_j\left(\frac{II_j}{k_j}-\bar{y}\right)^2+k_j\left(\frac{III_j}{k_j}-\bar{y}\right)^2+\cdots$$

⑨ f_j——自由度，$f_j=$第 j 列的水平数-1；

⑩ V_j——方差，$V_j=S_j/f_j$；

⑪ V_e——误差列的方差，$V_e=S_e/f_e$。式中，e 为正交表的误差列；

⑫ F_j——方差之比 $F_j=V_j/V_e$；

⑬ 查 F 分布数值表(F 分布数值表，请查阅有关参考书)做显著性检验；

⑭ 总的偏差平方和，$S_{总}=\sum_{i=1}^{n}(y_i-\bar{y})^2$；

⑮ 总的偏差平方和等于各列的偏差平方和之和，即 $S_{总} = \sum_{j=1}^{m} S_j$，其中 m 为正交表的列数。

若误差列由 5 个单列组成，则误差列的偏差平方和 S_e 等于 5 个单列的偏差平方和之和，即 $S_e = S_{e1} + S_{e2} + S_{e3} + S_{e4} + S_{e5}$；也可用 $S_e = S_{总} + s''$ 来计算，其中 s'' 为安排有因素或交互作用的各列的偏差平方和之和。

3. 方差分析方法可引出的结论

与极差法相比，方差分析方法可以多引出一个结论：各列对试验指标的影响是否显著，在什么水平上显著。在数理统计上，这是一个很重要的问题。显著性检验强调试验在分析每列对指标影响中所起的作用。如果某列对指标影响不显著，那么，讨论试验指标随它的变化趋势是毫无意义的。因为在某列对指标的影响不显著时，即使从表中的数据可以看出该列水平变化时，对应的试验指标的数值与在以某种“规律”发生变化，但那很可能是由于实验误差，将它作为客观规律是不可靠的。有了各列的显著性检验之后，最后应将影响不显著的交互作用列与原来的“误差列”合并起来。组成新的“误差列”，重新检验各列的显著性。

任务 5　$CaCO_3$、H_3BO_3、SiO_2 复合添加对材料综合指标的影响

例 4.2　对永磁铁氧体细粉碎阶段的配方，用正交实验方法进行设计，考虑 3 个变化的因素，其中三因素包括 $CaCO_3$、H_3BO_3、SiO_2。其添加量分别为 $CaCO_3$：0.8%，1.1%；H_3BO_3：0.2%，0.3%；SiO_2：0.1%，0.2%。假定本轮实验(1～4 号实验)所获得的磁体，其 K 值分别为 5.348、5.388、5.406、5.395。用极差分析方法对实验数据进行分析。

解　① 根据已知条件，用正交法安排实验，按 $L_4(2^3)$ 设计配方，如表 4.5 所示。

表 4.5　$L_4(2^3)$ 正交表

实验编号	$CaCO_3$	H_3BO_3	SiO_2
1	1	1	1
2	1	2	2
3	2	1	2
4	2	2	1

② 将具体参数代入正交表 4.6。

表 4.6　配方与实验参数对比表

实验编号	$CaCO_3$	H_3BO_3	SiO_2	K 值	实验指标
1	0.8%	0.2%	0.1%	5.348	y_1
2	0.8%	0.3%	0.2%	5.388	y_2
3	1.1%	0.2%	0.2%	5.406	y_3
4	1.1%	0.3%	0.1%	5.395	y_4

③ 数据计算情况。实验数据极差分析情况如表 4.7 所示。

表 4.7　实验数据极差分析表

I_j	$I_1=10.736$	$I_2=10.754$	$I_3=10.743$
II_j	$II_1=10.801$	$II_2=10.783$	$II_3=10.794$
k_j	$k_1=2$	$k_2=2$	$k_3=2$
I_j/k_j	10.736/2=5.368	10.754/2=5.377	10.743/2=5.372
II_j/k_j	10.801/2=5.401	10.783/2=5.392	10.794/2=5.397
极差	5.401−5.368=0.033	5.392−5.377=0.015	5.397−5.372=0.025

④ 根据上面的数据可得以下结论

a. 在本工艺实验范围内，影响 K 值最大的因素，从大到小排序为 $CaCO_3$、SiO_2、H_3BO_3。

b. 画出各因素对性能影响的直观图，具体见图 4.7。

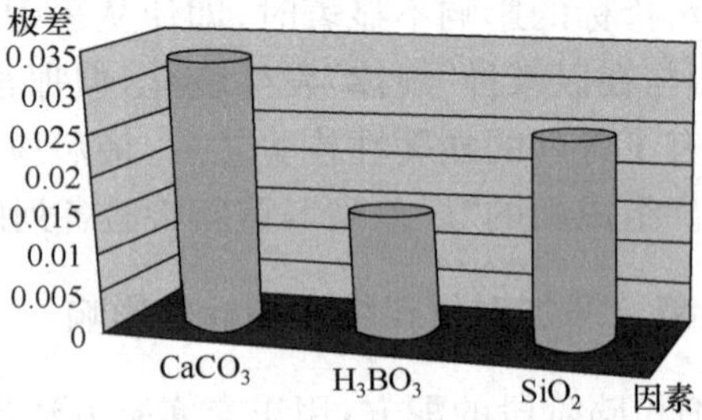

图 4.7　$CaCO_3$、H_3BO_3、SiO_2 复合添加对永磁铁氧体性能影响的直观图

c. 最佳工艺条件。在本轮实验的工艺条件下，3 号配方是最好的，其配方按质量分数计，$CaCO_3$ 为 1.1%，H_3BO_3 为 0.2%，SiO_2 为 0.2%。

任务 6　$CaCO_3$-SiO_2 复合添加对材料性能的影响

添加 SiO_2 与 $CaCO_3$ 或者添加 $CaSiO_3$ 或 $SrSiO_3$，在烧结时形成的硅酸盐液相，将影响烧结行为。如果把这些硅酸盐与铁氧体相结合，则它们的熔点会降低。CaO 有促进烧结的作用，SiO_2 有抑制晶粒长大的作用，两者均存在于晶界，可使 H_{CJ} 增大，添加 CaO 和 SiO_2 在造成高致密化的同时，会抑制铁氧体晶粒的长大。设 d_1 为晶粒 ab 横轴平均粒径，d_2 为 c 轴平均粒径，当调节 SiO_2/CaO 比值，就能改变 d_1/d_2 值，增加 SiO_2 含量可以减少 d_1/d_2 比值，而增加 CaO 可以增加 d_1/d_2 值，使晶粒呈扁平行。当 $1.0 \leqslant d_1/d_2 \leqslant 2$ 时，才能得到高性能。SiO_2 所起的作用与预烧前加还是预烧后加无关。且预烧时抑制晶粒长大的作用一直影响烧结反应。然而温度过高时，随温度的增高，预烧前加 SiO_2 的样品，H_{CJ} 随烧结温度的增高，仍继续下降，而预烧后微粉碎时加 CaO-SiO_2 时，其 H_{CJ} 反而略有上升，这说明预烧前添加 SiO_2 使锶铁氧体晶粒长大速度变快。再者，在微粉碎时，同时添加 CaO 和 SiO_2 控制液相烧结时的粒径作用，在高温下比预烧前添加 SiO_2 预烧后添加 CaO 的稳定。

（1）实验方法

将市售的纯度 99%以上的氧化铁和碳酸锶混合成 $SrO \cdot 6Fe_2O_3$ 的化学式计算成分后，在电炉中 1548K 预烧 3.6ks(1h)，用颚式破碎机将预烧料粗粉碎成平均粒度为 3～4μm 的粉末，确认它为 $SrO \cdot 6Fe_2O_3$ 单相，接着，在该预烧粉中添加表 4.8 所示的纯度 99%以上的 CaO 和 SiO_2，用球磨机湿式微粉碎到平均粒度为 0.7μm，将微粉碎后的浆料在 1.2MA/m 的磁场下湿

式成型为 ϕ36mm×10mm 的坯件。这时，调节压力使坯件在干燥后的生坯密度达到(3.04±0.03)g/cm^3。用电炉将坯件在大气中 1073～1523K 烧结 3.6ks，用浮力法测所得烧结体的表观密度；镜面研磨后，用氢氟酸和硝酸的混合液对其进行腐蚀，用电镜观测其显微结构，用惠斯顿电桥法测量其电阻率。

表 4.8　Sr 铁氧体中 CaO 和 SiO_2 的添加量(质量分数)　(单位:%)

	A	B	C	D	E
CaO	0	0.45	0.45	0.45	0.45
SiO_2	0	0	0.2	0.36	0.6

(2) 实验结果与讨论

① Sr 铁氧体的烧结特性。

样品的致密度计算为

$$\alpha=\frac{D_s-D_g}{D-D_g}\times 100\% \tag{4.1}$$

式中，D_s 为所得烧结体的表观密度，kg/m^3；D_g 为生坯的表观密度，kg/m^3；D 为 Sr 铁氧体的理论密度，kg/m^3。

样品的致密度对烧结温度的变化率计为

$$\frac{\Delta\alpha}{\Delta T}=(\alpha_{T_1}-\alpha_{T_2})/(T_1-T_2) \tag{4.2}$$

式中，T_1、T_2 为烧结温度，$T_1>T_2$；α_{T_1}、α_{T_2} 为分别在 T_1、T_2 温度下的 α。

在同时添加 CaO 和 SiO_2 时，$\frac{\Delta\alpha}{\Delta T}$在 1433K 左右有最大值，在该温度以上急剧下降。但是，在不添加时，$\frac{\Delta\alpha}{\Delta T}$到 1503K 左右才达到最大，即由于添加了 CaO 和 SiO_2，产生致密化的温度变低，同时促进了致密化反应。根据 CaO-SiO_2-Fe_2O_3 三元系相图，CaO-SiO_2 系反应生成物的熔点在 1723K 以上，但是，CaO-SiO_2-Fe_2O_3 系反应生成物的熔点下降到 1473K 左右。另外，将此三元系中的 Fe_2O_3 置换成 SrO·6Fe_2O_3 时，CaO-SiO_2-SrO·6Fe_2O_3 系反应生成物的熔点下降到 1423K 左右。也就是说，在同时添加 CaO 和 SiO_2 时烧结的情况是：由于 CaO-SiO_2-SrO·6Fe_2O_3 系三元反应生成物，在 1423K 左右的低温呈液相，因此，由于液相流动产生急剧的致密化；在该温度以上，溶解，析出，接着向固相烧结发展，致密化变慢。这是典型的液相烧结。

样品 A 和 D 在 1373～1523K 烧结时，烧结体微结构的变化进一步证实了这一点：随着烧结温度的提高，没有添加物的样品 A 的各个晶粒长大成球形，在 1523K 的高温，观测到长大的晶粒成环形包围着大的空隙，这是固相烧结所特有的微结构。而在同时添加 CaO 和 SiO_2 的情况下，在 1373K 时，与样品 A 固相烧结的初期一样，没有看到晶粒间的粘连；但在$\frac{\Delta\alpha}{\Delta T}$有最大值的 1433K 时，气孔急剧减少，而且明显地观测到了晶界；如果温度再上升，气孔量减少，在 1523K 时，处于晶粒长大受抑制的状态，而且得到致密的微结构。

② SiO_2 添加量对液相烧结的影响。

实验表明，单独添加 CaO 时，$\frac{\Delta\alpha}{\Delta T}$达最大值的烧结温度是 1373K，但是随着 SiO_2 添加量的

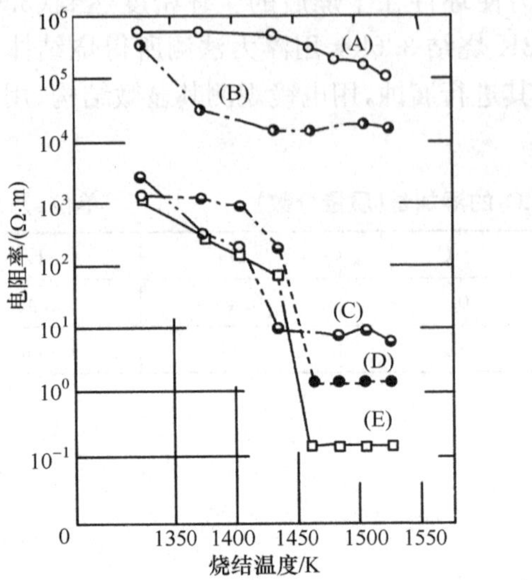

图 4.8　样品 A～E 的电阻率与烧结温度的关系

增加，该温度依次向高温侧移动，这暗示着 $CaO-SiO_2-SrO \cdot 6Fe_2O_3$系反应生成物的熔点，由于 SiO_2添加量对 CaO 的相对增加而移向高温。这种晶界相的成分变化和与它相应的液相生成温度的变化，可用测量烧结过程中电阻率的变化来验证，图 4.8 表示各样品的电阻率随烧结温度的变化，即使提高烧结温度，样品 A 的电阻率也维持在 $10^5\Omega \cdot m$ 的高值，与烧结温度没有关系。在 1323～1373K，样品 B 的电阻率从 $5\times10^5\Omega \cdot m$变 $5\times10^4\Omega \cdot m$，温度再上升时不再变化。如果同时添加 CaO 和 SiO_2(样品 C～E)，在 1325K 时电阻率已降到 $10^3\Omega \cdot m$ 的低值，而且样品 C～E 的电阻率分别在 1403～1433K、1403～1433K 和 1433～1463K 的温度范围内急剧下降。这些温度范围与其$\frac{\Delta\alpha}{\Delta T}$达最大值的温度吻合得较好，比较在 1523K 烧结的样品 C～E 的电阻率可知，随着 SiO_2添加量的增多，电阻率从 $10^1\Omega \cdot m$降到 $10^{-1}\Omega \cdot m$。

在样品 B～E 的电阻率急剧变化的温度附近，从所烧结样品的显微结构可以确认，在电阻率开始下降的温度，其晶界都有液相出现的痕迹。而且可知，增加 SiO_2的添加量，Sr 铁氧体晶粒就细化，SiO_2抑制着 Sr 铁氧体晶粒的长大。

这样，在 Sr 铁氧体粉的烧结中，由于添加物的种类或添加量的不同，电阻率发生变化，而且，最终其大小各不相同。可以推测这起因于添加物引起的液相生成温度的变化和晶界相的成分变化。即在单独添加 CaO 和 Sr 铁氧体粉的烧结中，生成 $CaO-SrO \cdot 6Fe_2O_3$二元液相；而在添加 CaO 和 SiO_2的情况下，生成 $CaO-SiO_2-SrO \cdot 6Fe_2O_3$三元液相。因此，由于液相流动，致密化迅速进行，致密度的变化率$\frac{\Delta\alpha}{\Delta T}$达到最大值。与此相应地，电阻率也急剧下降。另外，Sr 铁氧体烧结体的电阻率随 SiO_2添加量的不同而不同，可以认为这是由于 SiO_2和 Sr 铁氧体产生了如下的反应：

$$SrO \cdot 6Fe_2O_3 + SiO_2 \longrightarrow SrSiO_3 + 6Fe_2O_3$$

晶界相的成分发生了变化，而且，当烧结从液相流动阶段，经溶解、析出阶段，最终到固相烧结阶段这样进行时，Sr 铁氧体的晶粒长大受到这些晶界相的抑制。这样 CaO 和 SiO_2的添加比和添加量对 Sr 铁氧体粉的烧结特性有较大的影响。要得到高性能 Sr 永磁铁氧体，必须对这些添加物进行严密的成分调整。

(3) 结论

① 完全不加添加剂的 Sr 铁氧体粉的烧结是靠固相反应进行的，随着晶粒的长大，在 1503K 左右的高温下产生致密化。相反地，同时添加 CaO 和 SiO_2时的烧结取决于 $CaO-SiO_2-SrO \cdot 6Fe_2O_3$三元液相的液相烧结，在 1433K 左右的低温下靠液相流动致密化迅速进行，但晶粒长大受抑制。

② 液相烧结反应随 SiO_2 添加量而变化，由液相流动产生的致密化的进行温度随添加量的增多而移向高温侧面。

③ Sr 铁氧体烧结的电阻率与烧结温度的关系与烧结过程相对应。即在无添加物的固相烧结中，电阻率随致密化的变化小；但在同时添加 CaO 和 SiO_2 的液相烧结中，对应于由液相流动引起的致密化，其烧结体的电阻率急剧下降。

任务 7　CaO-SiO_2-SrO-Cr_2O_3 复合添加剂对性能的影响

金子裕治等在 $SrO \cdot 5.9Fe_2O_3$ 预烧料中，添加如表 4.9 所示的添加剂，湿磨至平均粒径为 0.70～0.75μm 的颗粒，在 1200kA/m 磁场中湿压成型，生坯干燥后密度达到（3.00±0.03）g/cm³，然后在大气压下 800～1250℃×1hr 烧结，得到如下结果：

① 若 $n<6$，则 SrO 与 $SrO \cdot 6Fe_2O_3$ 发生反应，生成液相。

② 添加的 SiO_2 与过剩的 SrO 起反应，在 1127℃以上生成液相，促进了产品的烧结。

③ 添加 SrO 与仅添加 CaO 和 SiO_2 相比，液相量进一步增多了，促进了由液相流动引起的致密反应。

④ 在同时添加 CaO 和 SiO_2（样品 A）的局部确实存在晶体相，但没有发现液相将所有锶铁氧体晶粒包围的迹象，而在复合添加 SrO 的样品中，呈现每个晶粒通过晶界相致密化的微结构，即 SrO 促进了同时添加 CaO 和 SiO_2 的样品 A 的致密化。

⑤ 对 A、B、C、D 四种样品来说，在 1050℃以前，H_{CJ} 一直随烧结温度上升而上升，上升速率，依 A、B、C、D 逐渐升高。在 1050℃时 H_{CJ} 均达最大值。随后又逐渐下降，直至 1200℃左右，以后又逐渐上升但上升趋势均减缓。估计因为锶铁氧粉碎到单畴颗粒直径以下的过程中，颗粒所产生的变形得以消除。在 1260℃以上，H_{CJ} 又上升可以认为是伴随烧结晶粒在 c 轴方向优先长大，而在 c 平面方向受到抑制，即为形状各向异性引起的自退磁场减少所造成的。

⑥ 添加了 CaO、SiO_2 后再添加 SrO（样品 B）的情况下，在 1130～1190℃的烧结范围内，磁体的相对密度 α 即使从 35%增大到 70%，H_{CJ} 的下降也是微小的。添加 SrO 使液相量增加，就连细微的晶粒也由液相完全包围起来，因此，细微的晶粒直接接触而不长大，这些细晶粒作为单畴晶粒就具有高 H_{CJ} 特性。

⑦ 添加 Cr_2O_3 的样品 C 和 D，在 1050℃左右烧结的 H_{CJ} 比没有添加 Cr_2O_3 的样品 A 及 B 都大。在 A 和 B 中 $\alpha \approx 20\%$ 时，H_{CJ} 有最高值；而在 C 和 D 中，$\alpha \approx 10\%$ 时，H_{CJ} 就有最高值。这是因为 Cr 离子和 Si，Ca 离子一样，存在于晶界，同时还有一部分存在于铁氧体晶粒内。

⑧ 添加 Cr_2O_3 后的产品，随 Cr_2O_3 添加量的增加，H_{CJ} 上升，但饱和磁化强度和居里温度下降，可以推测，在液相出现以前的烧结初期，Cr_2O_3 存在于细微晶粒之间，阻止晶粒长大，而 Cr^{3+} 也可以置换 Fe^{3+}，使锶铁氧体磁晶各向异性增大，导致 H_{CJ} 增大，复合添加 CaO、SiO_2、SrO 和 Cr_2O_3（样品 D）是有效的，这是由于添加的 SrO 生成了足够的液相，将晶粒包围起来，抑制了晶粒长大，同时促使样品致密，且 Cr_2O_3 有防止烧结初期 H_{CJ} 下降的趋势。在 D 样品中，大量存在晶粒直径为 0.2～2.6μm 单畴状态晶粒，因而 H_{CJ} 较大。

⑨ 从样品 A～D，以同时添加 CaO-SiO_2 等为基本添加剂的样品，烧结温度自 1000℃开始，样品相对密度 α 随烧结温度的升高而急剧上升，超过 1200℃时趋近于饱和。

表 4.9　锶铁氧体中 CaO-SiO_2-SrO-Cr_2O_3 添加量(质量分数)　　(单位:%)

样品号	CaO	SiO_2	SrO	Cr_2O_3
A	0.45	0.36	/	/
B	0.45	0.36	1.0	/
C	0.45	0.36	/	1.5
D	0.45	0.36	1.0	1.5

任务 8　其他复合添加剂对性能的影响

1. SiO_2-SrO 复合添加

在大生产中,若 SrO_{cxcess} 表示超过正分比的 SrO 量,则当摩尔比 $x=SiO_2/SrO_{cxcess}$ 在 $0.5<x<1.5$ 区间内,一部分 SiO_2 与 Fe_2O_3、SrO 等形成第二相,集中于晶界处,阻止晶粒长大。另一部分 SiO_2 以 $SrFe^{3+}_{12-y}Si_yO_{19}$ 形式扩散入晶格,SiO_2 在锶铁氧体中的溶解度约为 0.2wt%,且明显偏析于晶界处,晶界处 Si^{4+} 浓度是晶粒内部的 5～10 倍,SiO_2 这种分布特点表明,它对于磁体 H_{CJ} 的贡献是因为:

① SiO_2 能有效地控制晶粒生长及晶粒形貌,提高烧结磁体中单畴粒子的比例。

② SiO_2 进入晶格,作为掺杂可以形成钉扎中心,对于畴壁移动有阻碍作用,这种钉扎作用与掺杂浓度有关,由于晶格中 Si^{4+} 浓度较高,由它决定的矫顽力也较高。

2. SiO_2-CaO-Al_2O_3 复合添加剂

按 $SrCO_3\cdot5.6Fe_2O_3$-$0.052SiO_2$ 摩尔比配料,用搅拌机混合,然后压成圆形团,在 1170℃ 预烧,预烧料用气流粉碎机进行粗破碎,细粉碎时用砂磨机粉碎到平均粒度 $d=0.8\mu m$,在 8kOe 磁场及 $1t/cm^2$ 压力下成型,然后烧结,改变摩尔比及细粉碎时的添加剂,详细数据见表 4.10。若采用 $n=5.8$,过剩的 SrO 和预烧前的 SiO_2 可细化预烧料的晶粒,SiO_2 用量为 $1-n/6$,预烧温度较低(1000～1170℃),并在预烧前加入 SiO_2,这样可以得到粒度为 1～2μm 的微细预烧料,且粒度离散小,经粉碎可达到较高的单畴存在率。若采用 $n=5.9$,按质量分数计,预烧前加入 0.3%的 SiO_2 与 0.5%的 Al_2O_3,在二次细粉碎中添加 0.3%的 SiO_2、0.75%的 CaO、0.5%Al_2O_3,还可得到 $B_r=4100Gs$、$H_{CJ}=4000Oe$ 的锶铁氧体。

表 4.10　n 值、添加剂种类和数量不同时对磁性能的影响

n 值	预烧前 SiO_2 添加量/(mol%)	微粉碎时添加物(质量分数)/%			烧结温度/℃	B_r/Gs	H_{CJ}/Oe
		SiO_2	CaO	Al_2O_3			
5.50	0.078	0.13	0.41	0.1	1240	4020	4000
5.65	0.052	0.32	0.38	0.1	1240	4000	4010
5.65	0.052	0.28	0.41	0.1	1240	4040	4000
5.65	0.052	0.25	0.44	0.1	1240	4040	4000
5.80	0.030	0.41	0.41	0.1	1240	4010	4000

3. CoO、NiO 及相关复合添加剂

在制备供电子灶、继电器用磁体时,由于锶铁氧体受到急热容易开裂,对于节能型继电器

用的锶铁氧体，还要求对 3000V 电压和 10mA 电流有耐久性，若磁体中加入 CoO、NiO 等添加剂，则可提高磁体耐热应力并增大其绝缘电阻，电阻率等作用。若单独添加 CoO，其添加量为 0.05wt%～1.00wt%，若复合添加 CoO 和 NiO，添加总量为 0.05wt%～1.50wt%。基本配方 n=6.19，预烧条件为 1300℃，保温 1h，二次添加适量的 CaO、SiO_2、CoO、NiO 等添加剂，微粉碎、成型与烧结之后，所得产品的典型性能如表 4.11 所示。

表 4.11　不同 CaO、SiO_2、CoO、NiO 添加量对锶铁氧体的影响

序号	添加剂(质量分数)/%				B_r /GS	H_{CB} /Oe	H_{CJ} /Oe	$(BH)_{max}$ /MGOe	绝缘电阻 /MΩ	电阻率 /(MΩ · cm)
	CaO	SiO	CoO	NiO						
1	0.70	0.53	0.085	0.015	4280	2490	2520	4.32	73	1.85
2	0.68	0.52	0.005	0.89	4310	3190	3300	4.31	∞	18.5
3	0.69	0.52	0.70	0.70	4080	3400	3520	4.10	∞	18.5

此外，添加 CaO、SiO_2、TiO_2、ZrO 等复合添加剂也有类似添加 CaO、SiO_2、CoO、NiO 复合添加剂的作用。

任务 9　二次球磨时加入适当的生料与材料的磁性能

经充分固相反应的预烧料，在二次球磨时加入少量未充分反应的原料，经成型与烧结后，锶铁氧体产品的磁性能会有所提高。经充分固相反应的料称为“熟料”，未经充分固相反应的料称为“生料”。生料的含义有 2 种：一种是 $BaCO_3$、$SrCO_3$、Fe_2O_3按比例配合的料；另一种指低温预烧的原料，例如，950℃时预烧 1h 的微细粉末。

添加生料之所以可使磁性能在一定程度上得以改善，是因为：

① 烧结过程中发生的“吞并”作用，B_r不会下降。

② 生料粒度较小，填在熟料孔隙中使坯件的密度增大，且加入生料后产品的收缩率也增大，从而增加了产品的密度，有利于剩磁的提高。

③ 由于生、熟料粒度的差异，因而在烧结过程中，晶粒将产生非连续性生长，且晶粒很难充分长大，客观上起着细化晶粒的作用，这有利于矫顽力的提高。

此外，由于生料是没有经过预烧或预烧温度偏低的原料，因此加入生料还可以降低锶铁氧体的生产成本。且含生料的毛坯成型后退磁比不含生料的毛坯退磁要彻底，这也是防止产品开裂的一个重要手段。

但是生料的含量不宜过多，颗粒也不能太细；否则，会增加湿压成型时抽水的难度。生料的添加量在 10%以下时，锶铁氧体产品的剩磁、矫顽力和磁能积均会有所提高，且不会影响产品的压制成型工艺。

子项目 4　高档永磁铁氧体材料的二次配方

(1) La-Co 离子取代的 M 型永磁铁氧体材料的二次配方

TDK 公司公开了一种 La-Co 离子取代的 M 型永磁铁氧体，其副成分主要加了 $CaCO_3$(主颗粒直径 1μm)、SiO_2(主颗粒直径 0.01μm)。分两次添加，预烧前，按质量分数计，$CaCO_3$与 SiO_2分别添加 0.2%、0.15%；预烧后，按质量分数计，$CaCO_3$与 SiO_2分别添加 1.25%、0.4%。部分 SiO_2和 $CaCO_3$可以在煅烧之前添加。多数杂质和添加的 Si 和 Ca 在晶界和三相点位置偏析，同时其一部分位于颗粒内的铁氧体部分(主相)中。具体地，钙易于占据锶的位置。

该氧化物磁性材料可以含有 B_2O_3。含 B_2O_3 有利于降低预烧和烧结温度，因而从生产率的角度来看是有利的。以氧化物磁性材料为基，B_2O_3 的质量分数最好不超过 0.5%。B_2O_3 含量过高将降低其饱和磁化强度。

(2) W 型的高 B_r 永磁铁氧体材料的二次配方

对 W 型的高 B_r 永磁铁氧体，为了矫顽力的提高和晶体粒径的调整，在预烧之后、粉碎之前可以添加 $CaCO_3$ 和 SiO_2，或者进一步添加 $SrCO_3$、$BaCO_3$、Al_2O_3、Cr_2O_3 等粉末。

在微粉碎工序之前，可添加在烧结工序中发挥还原作用的碳粉。添加碳粉，在以近似单相状态(或单相)生成 W 型铁氧体是有效的。其中，碳粉添加量(以下称为“碳量”)设定为相对于原料粉末，按质量分数计，在 0.15%～0.6%的范围。通过将碳量设定为上述范围，能充分实现作为后面烧结工序中的碳粉还原剂的效果，同时，能获得比没有添加碳粉情况下更高的比饱和磁化强度。作为添加的碳粉，可使用炭黑等公知的物质。

为了抑制所添加的碳粉在成型体中发生偏析，可添加由通式 $C_n(OH)_nH_{n+2}$ 表示的多元醇。作为多元醇优选的是山梨糖醇。

项目5　永磁铁氧体预烧料的微粉碎

本项目导读：本项目主要对永磁铁氧体备料的工艺与控制要点，作了相关的讨论，内容包括球磨的目的与原理，分级研磨工艺的控制要点，研磨效果的主要影响因素，细粉碎阶段常见质量问题及其处理思路等。

子项目1　永磁铁氧体预烧料微粉碎的知识准备

微细粉碎这道工序习惯上称为"二次球磨"。预烧时若预压成块再进窑内预烧，则出窑时常采用鄂式或辊式破碎机，将颗粒破碎到几毫米，或与回转窑、钟摆窑出来的颗粒尺寸相似，然后进行粗粉碎和细磨。在粗粉碎与细磨之间，应掌握"多碎少磨"原则，即多破碎少研磨，这样可提高处理量并降低能耗。

任务1　微粉碎目的、原理及设备

1. 二次球磨目的与作用

经过高温预烧的坯料，硬且颗粒粗大，坯料孔多、缺陷多，二次球磨的主要目的是将预烧过的坯料粉碎并磨细，以获得成型要求的粒度和烧结所需要的化学反应接触面。粉碎的作用主要有以下两点：

①粉碎有利于固相反应的进行。经过一次预烧并不能把全部原料混合物都反应成铁氧体，还有一定数量未反应的原料。这些未反应的原料，往往是处在颗粒的内部。为了在铁氧体成品烧结时，把未反应的粉料全部反应生成铁氧体，必须通过球磨把被包在反应层内部的那些原料暴露出来，并且让不同原料的颗粒相互接触，以便在烧结过程中全部生成铁氧体。前面已提到，固相反应完全的程度与参加反应物质的颗粒半径的平方成反比，保温时间也与参加反应物质的颗粒半径的平方成反比。要使固相反应完全并且进行得更快，都要求参加固相反应的物质颗粒半径要小。颗粒半径小了，各原料颗粒相互间的接触面就大，这就有利于固相反应的进行。用球磨的方法不仅能够把粉料的颗粒变细，还由于粉碎、研磨、压延和冲击等机械作用，造成原料内部出现不整齐的、被破坏了的缺陷晶格结构。这有利于激活能的降低，固相反应的完成。

②粉碎有利于产品的致密化和晶粒的生长。粉碎使粉料的颗粒变细，细颗粒的粉料具有高的烧结活性，从而促进了产品的致密化和晶粒的生长。

2. 二次球磨颗粒料的控制

(1) 二次球磨与一次球磨的比较

经过预烧之后的坯料，已经大部分铁氧体化，颜色由红变成暗红或黑色，硬度也有很大提高，因而二次球磨的时间比一次球磨时间长得多。与一次球磨相似，二次球磨多采用加水研磨的方式，加水有利于提高研磨效果。由于预烧后坯料体积收缩，加水量相应减少，用球量不变。

(2) 颗粒尺寸的控制

铁氧体的种类、产品形状和用途不同，要求磨细的程度也不同。永磁铁氧体微细粉碎之后的微晶粒尺寸需要满足以下要求：

①首先是因为微晶尺寸与矫顽力相关。单畴的临界尺寸大约为1μm，烧结过程中总要发生晶粒长大和再结晶，因此烧结前，微晶尺寸必须明显小于1μm。也就是说，大部分颗粒尺寸在0.5～0.8μm范围内，同时，粒度分布窄，即颗粒尺寸均匀，这样经过烧结才容易将晶粒控制为单畴尺寸，以利于达到最大内禀矫顽力。

②其次是制备的磁体是各向同性还是各向异性的，它们对颗粒的要求也不同。若制备各向同性磁铁，预烧温度可低一些，粉末颗粒可以是多晶的，但是当制备各向异性磁铁时，最好全部晶粒都是单晶体，以便在磁场中容易排列。由于磁场产生的力矩与颗粒体积成正比，因此要想排列得好，颗粒不能过细，这对成型时气体和研磨液的排出有利，且利于烧结时减少收缩量。颗粒太细，取向度不好，且在成型时，气体及水分难以排出，使成型困难，生产效率下降。当颗粒过细，达到超顺磁性或准超顺磁性颗粒时更不好，因为这将引起矫顽力再度下降，甚至为零。因此粒度的控制要适当平衡。在实际工作中，要求粒度分布窄，颗粒尺寸均匀，这样才有利于成型和烧结。

采用不同直径的研磨球并无益处，在研磨过程中，研磨的强度和研磨(持续)时间会影响磁性材料的矫顽力，如果要改变供料成分，可以加入添加剂。Tulchinskii 等的实验表明，若把碳酸铵加到研磨水中，研磨时间可减少到三分之一，且不影响最终的磁性能。

(3) 粒度分布的控制

Kools 特别谈到在测定六角型铁氧体粉末的颗粒度方面所碰到的问题以及描述其结果的困难。六角型铁氧体颗粒很容易呈小片状，因为颗粒比较容易沿六角晶格的基面解离。大部分颗粒的这一基面位于载体上，因此，电子显微镜看到的是颗粒最大的表面。产生测试偏差的另一个原因是铁氧体颗粒可以被一种碳酸钡/氢氧化钡薄膜包围。加之单畴颗粒不能用磁场退磁，而且彼此之间因磁性吸引而凝聚，因此对其颗粒需要作特殊处理。Horn 等用磁性方法将颗粒吸到一种略带黏性的载体上，而 Machintosh 等则在居里温度以上使粉末带静电，再吸到一载体上，这两种方法都获得了很好的分散效果。然而 Heidel 等发现在磁场中仅仅得到部分满意的分散粉末。

对于像六角铁氧体这样的磁性粉末，可以用磁特性、特别是用 H_{CJ} 和比饱和磁极化强度 $J_S/\rho(=4\pi\sigma)$ 来确定研磨效果(CGS 单位制)。对低温预烧后的细晶粒预烧料，随着研磨时间的延长 H_{CJ} 降低。对高温预烧后的粗大结晶预烧料，开始时 H_{CJ} 升高，进一步研磨时则 H_{CJ} 下降。

随着材料被磨细，多畴颗粒将减少，单畴颗粒将增加，因此矫顽力应提高。对于开始为粗颗粒的材料，情况显然是这样的。矫顽力的下降主要是因为晶格缺陷的增加(对永磁铁氧体，堆垛层错和形变孪晶是主要的晶格缺陷)，晶格缺陷很容易形成再磁化核，从而产生畴壁。将研磨后的粉末进行热处理，例如，在1000℃退火半小时，矫顽力会明显提高，对粗细粉末均有效，这是通过热处理消除晶体缺陷的结果。细磨过程中，如果是由于超顺磁性的生成导致矫顽力的下降，退火使 H_{CJ} 升高，则是晶粒被烧结和再结晶的缘故。如果超顺磁晶粒是矫顽力降低的原因，那么用酸腐蚀粉末，由于非常细的颗粒优先溶解，H_{CJ} 将明显提高。

第二个磁性参数比饱和磁极化强度 J_S/ρ 随研磨时间的增加而减少，退火后的效果极为不同：或者进一步稍有降低，或者部分或几乎全部恢复到磁极化强度的起始数值。显然有许多因素在此起作用。首先，Haneda 等人(1974)已证实六角型铁氧体与水能发生反应；长时间充分研磨后，α-Fe_2O_3被释放出来。如果有过剩的碱土金属存在，它将与释放出来的氧化铁或从钢球磨下的颗粒起反应，这样比饱和磁极化强度必然有某种程度的恢复。随着研磨时间的延长，Fe^{2+}含量的提高对饱和磁极化度的下降有微弱的影响，Heimke 的试验表明，其下降主要是由研磨介质的腐蚀造成的。在高矫顽力钡铁氧体晶体产生强烈的畸变后，以及在酒精中研磨锶铁氧体粉末的过程中，同样也发现饱和磁极化强度的降低。通过退火，这些情况下的降低可以完全或大部分得到恢复。于是得出下面的结论：在畸变过程中，改变了五个磁子晶格之间的超交换作用。Twanow 等人对这个效应作了另外的解释，即形成一种新的软磁相，其居里温度约为 150℃，在退火处理过程中，这种相随之消失。

除矫顽力与饱和磁极化强度可用干燥粉末进行测定外，Kools 等人认为悬浮液的磁滞回线也可用来直接估计颗粒状态。通过磁滞回线的剩磁与饱和磁极化强度的比值可以评定悬浮液中的颗粒排列度，这对于生产取向磁铁是很重要的。在几小时的研磨内，这个比值开始很快上升，这是晶粒聚集体被磨成单晶的缘故。继续研磨时，比值达到某一最大值，而后开始缓慢下降。

3. 细粉碎工艺原理

当筒体转动时，装在筒内的球与物料在摩擦力和离心力作用下随筒体被提升到一定高度，在重力作用下自动落下，对物料产生冲击、冲压作用(主要方面)将物料粉碎。另外，由物料、钢球及筒壁间发生摩擦(次要作用)也会使料磨细。球磨机的转速对球磨机效率的影响极大，随球磨机转速的变化，钢球在球磨筒体中有 3 种运动状态，具体情况如图 5.1 所示。图(a)表示转速较小，由于重力的作用，钢球仅能运动到较低的位置；图(b)表示转速合适的情况，钢球上升到适当高度而下落；图(c)表示转速太大，钢球所受的离心力等于或大于钢球的质量，钢球随筒壁旋转而不下落。

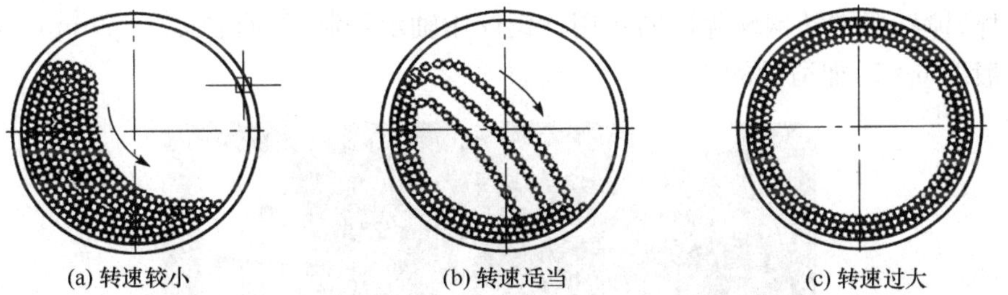

图 5.1　球和物料在球磨筒中的三种运动状态

上述工艺原理是基于传统观点，但目前有人提出了不同见解，详细情况见本项目中的子项目 2。

4. 细磨设备

(1) 湿式滚动球磨机

它由筒体、钢球和马达传动装置组成，制备球磨筒体的钢材，要求其具有较高的硬度，如可用由含 Mn 为 13%，含 Cr 为 2%，含其他杂质尽量少的钢材来做。所用钢球一般均采用 GCr15 高碳铬轴承钢，该钢材的成分见表 5.1。

表 5.1 GCr15 钢的成分(质量分数) (单位:%)

元素 \ 钢号	C(碳)	Si(硅)	Mn(锰)	Cr(铬)	Ni(镍)	P(磷)	S(硫)
GCr15	0.95~1.05	0.15~0.35	0.25~0.45	1.4~1.65	≤0.30	≤0.025	≤0.025

由于钢球的制作工艺不同,同样钢号的硬度也不一样,具体见表 5.2。

表 5.2 GCr15 钢热处理与硬度

钢号	高温回火		淬火			回火	
	温度 T/℃	硬度/HB	温度 T/℃	冷却	硬度/HRC	温度 T/℃	硬度/HRC
GCr15	650~700	229~285	860	油冷	62~66	150~170	61~66

研磨锶永磁铁氧体预烧料用钢球,其硬度要求为洛氏硬度 HRC≥60。因此,必须经过淬火或回火处理,且钢球表面不允许有裂纹、凹陷和锈蚀等缺陷,在施加一定负荷时,钢球要求不被压碎。不同尺寸的压碎负荷对应情况见表 5.3。

表 5.3 不同尺寸的压碎负荷对应表

钢球直径/mm	4.736	5.556	6.35	7.144	7.938	8	9.25	10
压碎负荷/N	12300	16600	21700	27500	33500	34000	48000	53000

(2) 砂磨机

砂磨机的外观如图 5.2 所示,它又称珠磨机,即相当于国外的搅拌球磨机,因所使用的钢球数量很多,尺寸很小,在球磨机中类似粗砂,故称砂磨机。砂磨机有批装式砂磨机(图 5.3)和连续式砂磨机两种。批装式砂磨机由研磨罐(包括称为“砂”的钢球)、驱动机构、搅拌器、循环系统和机架五部分组成。研磨罐用不锈钢制成,外部是调节温度的外壳。罐底有一个带筛子的阀门,用于研磨浆料的循环与出料。搅拌器用一双速马达驱动,慢速用来启动和清洗,快速用于搅拌,搅拌器带动钢球起研磨作用。钢球用轴承钢制成,直径 $\phi 3 \sim \phi 9$mm。钢球与粉料质量比一般取 6 : 1,加适量的水。

图 5.2 砂磨机

连续式砂磨机的工作原理与上面类似。供料装置连续工作,从底部进料,从顶部出料。改变泵的速度,可调整研磨时间,控制研磨效果。

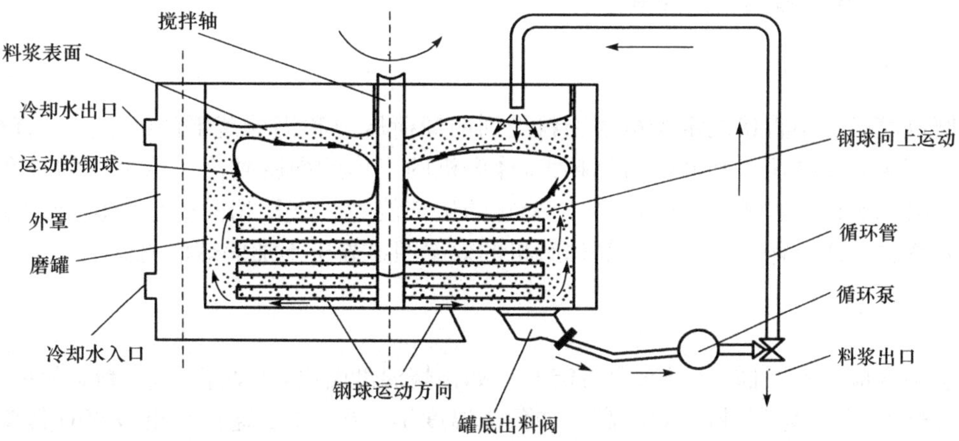

图 5.3　批装式砂磨机

砂磨机比球磨机效率高得多，批装式砂磨机比球磨机效率高 10 倍，连续式砂磨机的效率更高。砂磨机由于搅拌棒及研磨桶底部接触钢球机会最多，也最容易磨损，因此对它使用的材料要求也最严。在砂磨机运行过程中，料浆的循环起着很大的作用，它可以避免砂磨机运行过程中产生死角并有利于粒度的均匀性。

砂磨机与滚动球磨机相比，其工艺特点如下：

①无严重碰撞，混杂少。

②效率高，流动性好，易于成型与烧结。

③粉碎时间缩短。效率高，可连续生产。

(3) 振动式球磨机

二次球磨除用滚动式球磨机外，也用振动式球磨机。振动式球磨机是一种细粉碎设备，利用磨具(钢球)作高频振动而将物料混合、粉碎。与滚动式球磨机相比，它的效率更高，可大大缩短二次球磨时间，一般只需几小时。振动式球磨机的结构如图 5.4 所示。

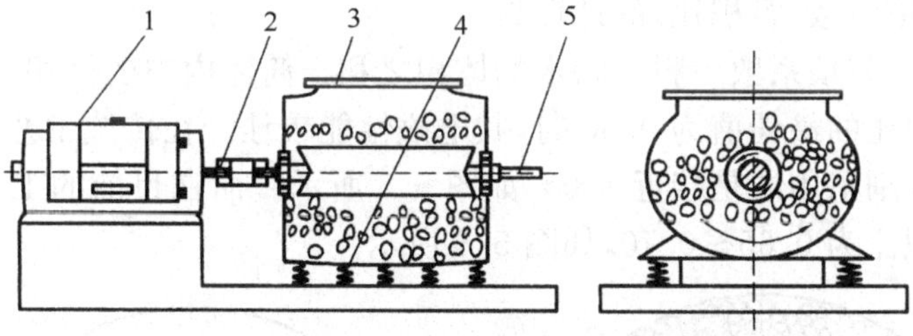

图 5.4　振动式球磨机示意图

1-马达；2-弹性联轴器；3-筒体；4-弹簧；5-偏心轴

钢球的运动方向与主轴旋转方向相反，钢球除作总的循环运动之外，还做自转运动，当频率很高时，该自转运动非常剧烈，这对物料的研磨作用很大。

任务 2　影响球磨效率的主要因素

1. 球磨机的结构

球磨机直径大小直接决定着被磨物料受到的球荷压力和钢球落下的冲击力。直径越大，物料受到磨矿介质的压力和冲击力就越大，球磨机的工作效率就越高。球磨机的长度与直径一起决定着球磨机的容积，因此也就决定着它的生产能力。直径相同的球磨机，如长度增加，其生产效率也就成比例地增大。加筋球磨机的效率明显高于不加筋球磨机。

2. 原料的特性

预烧温度应一致，且粒度分布尽可能窄。如预烧温度略高，则难磨一些，粉碎效率下降，如预烧温度略低，则容易磨，粉碎效率高。如预烧温度不一致，或预烧料在粗破碎时其粒度分布不一致，后面的细粉碎工艺则很难将料浆的粒度控制好。

3. 球磨筒内球、料、水与装填系数

实践表明，湿磨比干磨得到的颗粒更细，粒度分布更窄，混合更均匀。湿磨用介质（弥散剂），对永磁铁氧体来说有自来水、塘水、河水；对软磁铁氧体来说有蒸馏水、去离子水；对旋磁、矩磁、压磁铁氧体来说有蒸馏水、酒精（工业酒精——无水乙醇）。

研磨用水的添加量适当少一些，钢球和物料之间相互碰撞、研磨的机会就多些，但水太少，料浆粘度增加，对钢球运动的阻滞作用增强，减弱了钢球对物料的研磨作用，而且，料浆过高的浓度会加剧物料间的团聚作用。大生产作常规产品时，m(球)：m(料)：m(水)＝(4～6)：1：(1.3～2)；试验时一般为，(12～15)：1：(1.3～2)。为了补偿磨耗可添加大一些尺寸的钢球，球的磨损与球径平方成比例，因磨损与钢球表面大小成比例。过多的球也会造成磨损量的加大。在砂磨机中，料、球比（质量）以 1：6 较合适。球磨过程中，筒内壁与钢球、钢球之间磨损下来的杂质，主要成分为 Fe，一般在配方中适当减少相应的 Fe 含量，另外，钢球应采用高硬度、高耐磨的轴承钢球，筒壁内衬采用高锰钢板。

球磨筒体的装填系数（容积比）的计算为

$$\text{装填系数}=\text{料、球、水的体积之和}\div\text{筒体内空的体积} \tag{5.1}$$

实践表明，容积比的最佳值为 0.50 时，其电磁性能较佳。在传统工艺中，采用的是老式球磨机，其容积比的范围采用的是接近 100%如图 5.5 所示。而在目前的工艺中，常常采用改进后的球磨机，其容积比为 0.65～0.70，如图 5.6 所示。

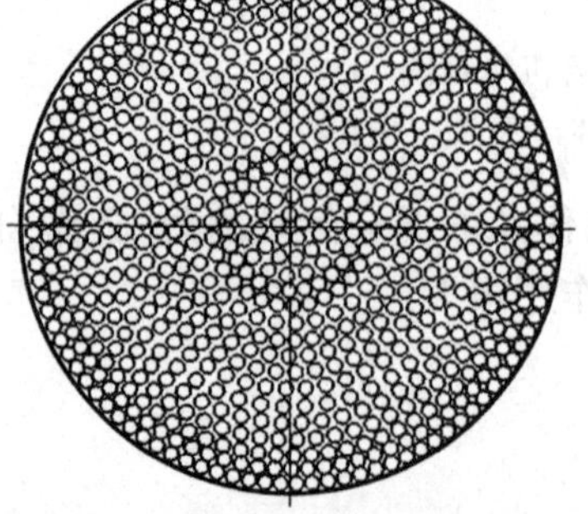

图 5.5　老式球磨机传统工艺

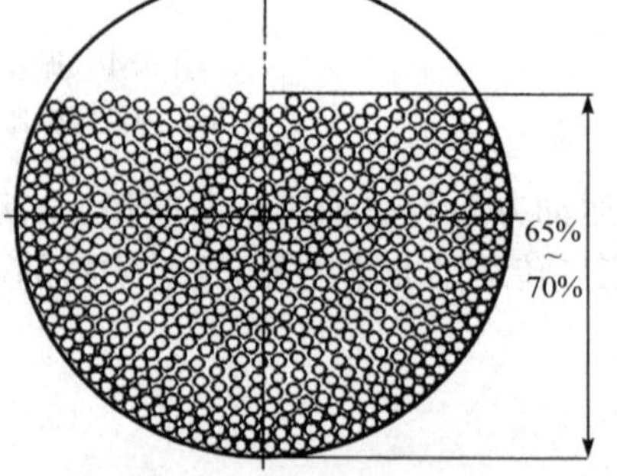

图 5.6　现有工艺

例 5.1　设计一个球磨机筒体，用来按 m(料)：m(球)：m(水)＝1：6：1.8 的比例湿法研磨永磁铁氧体粉料，每次装料量为 1t，总填充率 μ 取 0.75，求该筒体的内空体积。(已知铁氧体原料密度 $\rho_{料}=4600\text{kg/m}^3$，钢球密度 $\rho_{球}=7850\text{kg/m}^3$，水密度 $\rho_{水}=1000\text{kg/m}^3$。)

解题要点：

①根据 m(料)：m(球)：m(水)的比例和装料量计算出要装的钢球和水的量。

②根据 $V=m/\rho$ 计算料、球、水所占的体积。

③计算介质的总体积：$V_{介}=V_{料}+V_{球}+V_{水}$。

④计算筒体的内空体积：$V_{筒}=V_{介}/\mu$。

4. 球磨筛内钢球的组成

钢球的组成对物料的混合和研磨效果有直接影响。从粉末角度考虑，希望钢球质量大(即尺寸大)以增大冲击作用；而考虑研磨效果，则要求球的总接触面积大，即要求钢球小而且多。综合考虑各方面因素，实际上多采取大小不同的多种钢球混合的方式。各类钢球的尺寸需根据球磨筒的大小而定，具体比例也要通过实践来调整。钢球的总量要适当，球太多，不仅球磨机的负荷大，还会因为球的碰撞而缩短下落的距离；球太少，则减少了球与球之间、球与筒体之间的摩擦，降低研磨效果。

实践表明，研磨用钢球与进料、出料的粒度有关。设出料粒度为 d_1(单位，μm)，进料粒度为 d_2，则研磨用钢球直径 d 由 B. A 奥列夫斯基公式计算为

$$d=6|\lg d_1|\sqrt{d_2} \tag{5.2}$$

因式(5.2)所计算出的钢球尺寸与实际用钢球尺寸相比明显偏小，行业里常参考修正的 K. A. 拉苏莫夫公式

$$d=41\sqrt[3]{d_2} \tag{5.3}$$

来计算钢球直径(单位，mm)。若进料粒度 $d_2=4\mu\text{m}=0.004\text{mm}$，则依 K. A. 拉苏莫夫公式计算的钢球直径为 6.6mm。

5. 球磨机的最佳速度

为了使粉碎作用最大，要求钢球有最大的下落距离。设球磨筒内径为 D，根据力学原理，可以确定球磨机的最佳转速：

$$n=\frac{32}{\sqrt{D}} \tag{5.4}$$

式中，D 为球磨筒体的内径，m；n 为转速，r/min(转/每分钟)。

式中没有涉及钢球的尺寸、摩擦作用和物料的存在，因此其计算是很粗糙的。实际上的最佳转速要大一些，一般需要通过实验来确定合理的转速。

6. 研磨时间

对于砂磨机，在给定目标粒度范围内，其研磨时间、钢球直径及搅拌速度之间的关系为

$$t=\frac{kd}{\sqrt{n}} \tag{5.5}$$

式中，t 为达到工艺要求的平均粒度时所需研磨时间；k 为常数，随所研磨的料浆、钢球和所使

用的砂磨机类型而不同；d 为钢球直径；n 为转轴的转速。

由式(5.5)可知，砂磨机的研磨时间与球径成正比，与转轴的转速平方根成反比。提高转速可以降低研磨时间，但这相应地增加了设备所需功率。球径越小，在给定的容积内，钢球数量越多，相互接触的面积就越大，对磨细有利，研磨时间也将大为减少。但当钢球直径太小时，其质量减小，冲击力也相应减小，从而料浆颗粒不能被撞碎，反而影响研磨效果。在细粉碎铁氧体预烧料时，希望钢球密度高、硬度大，这样球磨效率高，也耐磨。

7. 超细颗粒的控制

当物料在研磨达到一定程度后，要考虑逆研磨作用。这是因为当物料粒度研磨到一定粒度时，如再继续磨下去，粒度不但不会越来越细，反而越来越“粗”。其原因在于粒度逐渐细化过程中，如果物料得不到充分分散，那么会在同一机械作用下，促进物料颗粒的团聚，从而增大表观粒度，减少比表面积。这就需要采取相应的措施：如加适量的分散介质。分散剂（表面活性剂）在研磨过程中起着很重要的作用，如果被磨细的物料都能得到充分分散，聚集就不会存在，逆研磨就不会发生。在超细粉碎过程中，促使颗粒团聚的基本原因，除机械作用力外，还有颗粒间的范德华力、双电层静电作用、溶剂化膜作用和吸附层的空间排斥作用，而与这四种作用有直接关系的除物料及分散介质外，就是分散剂。如可添加质量分数为0.1%的三聚磷酸钠，为0.5%～1.0%的葡萄糖酸钙，为0.1%～0.2%的六偏磷酸钠、焦磷酸钠，为0.5%的AC-21等。逆研磨发生的时间、研磨平衡和极限粒径要由试验来定。

8. 球磨机的清洁处理

为避免配方以外的掺杂，设备的清洁处理十分重要，除对生锈钢球空磨除锈处理外，还应将钢球和筒体用自来水清洗。球磨机研磨的料浆，其产品牌号发生改变时，尤其要注意这点。

任务3　影响成型工艺的料浆因素

成型用料浆性能的好坏直接影响成型生坯质量。影响成型工艺的料浆因素有：颗粒度及其均匀性（粒度分布）、颗粒形状、可塑性、含水率等。

1. 粉料颗粒大小及其均匀性

在大生产允许条件下粒度越细，在磁场的作用下颗粒转向更容易，磁畴排列更整齐，取向度更好，生产出来的产品磁性能更高。在现有生产工艺条件下，粉料粒度通常控制在0.65～0.95μm范围内。平均粒度对磁性能的影响详见表5.4。

表5.4　平均粒度对磁性能的影响

平均颗粒/μm	B_r/mT	H_{CJ}/(kA/m)	H_{CB}/(kA/m)	$(BH)max$/(kJ/m^3)
1.3～1.5	396	231	220	27.92
1.0～1.2	398	235	228	29.63
0.8～0.9	402	242	235	30.16
0.6～0.7	410	251	242	30.87

为了提高料浆对成型模具的充填密度和均匀性，缩短压制周期，提高成型生产效率及产品合格率，总是希望颗粒尺寸呈正态分布。颗粒尺寸越集中，对成型工序质量的提高越有利。同

时,粒度分布范围小,不连续晶体生长将得到避免,有利于产品性能的改善。因此,在制备料浆时,希望粒度分布范围尽可能窄(图 5.7),这需要控制好料浆的制备工艺,同时加入适当的分散剂。

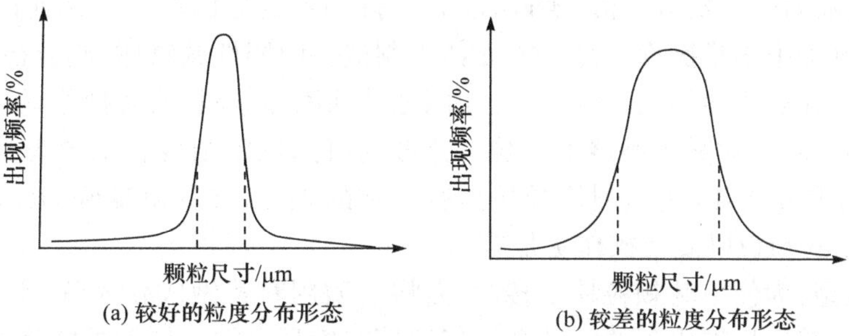

图 5.7　磁性材料粉末颗粒分布图

2. 粉料颗粒形状

粉料颗粒形状决定着粉末本身的填充和烧结性能,对铁氧体产品的特性有较大的影响。在制备铁氧体产品时,应对原料粉末及成型粒料的颗粒形状进行必要的观察。

由于制备方法不同,粉料颗粒的形状也各不相同。常见粉料颗粒的形状有球形、多角形、不规则形、针状形、片形、碟形等。颗粒形状影响成型时取向的难易程度。球形颗粒容易转向,滤水比较容易,压制时容易压得紧一点,产品的取向度较好,容易得到较高的磁性能。针状颗粒在成型时候的取向就很难,磁性能可能会受到一些影响;而片形颗粒会出现如下一些不利的因素:

①磁场取向困难。

②压制时影响水分或气体的排出,在压制时不容易压紧,密度一致性差,容易产生层裂缺陷。

要获得球形颗粒的料浆,需要注意以下 4 点:

①预烧料在烧结过程中晶粒的生长尽可能控制在工艺允许范围内,绝不能一部分料已烧过火,一部分料没烧熟的情况出现。

②预烧料在粗破碎时,尽可能磨细点,条件允许可控制在 1～3μm,同时粒度散差不能太大。

③二次研磨时要在最短的时间达到需要的粒度。

④分级球磨最好。一般分三级,最后一级进料粒度为 1μm,其钢球大小为ϕ4～6mm。

3. 料浆的流动性

铁氧体磁性材料是多晶材料。对于永磁铁氧体来说,一个晶粒就是一个磁畴,这种晶粒就是单畴晶粒,单畴晶粒在压制过程中的取向程度直接关系到永磁铁氧体材料的磁性参数 B_r、H_{CJ}、$(BH)_{max}$。料浆的流动性好,则其取向度高。由粉料和水组成的料浆的含水量、颗粒料的粒度及其分布、颗粒的形状、添加剂等对其流动性有很大的影响,应严格控制。

4. 含水量

成型用料浆含水率的具体控制,取决于后面的加工处理,而这种处理又取决于所追求的磁性能，如果后面用干法来成型，水或通过喷雾干燥来排出，这样颗粒可形成细小的空心球，直径为0.1mm颗粒相应的松装密度较低（为1.0～1.2g/cm^3）；或通过压滤、蒸发等方式排出。在干燥过程中，形成一些磁场排列能力差而又相当稳固的聚集体，这类聚集体可用适当的磨机（如带齿磨盘机、喷射式磨机等）加以破碎，以获得排列性良好的粉末。然而由于颗粒细小，流动性差，在压型过程中很难操作。另一方面如果制造各向同性铁氧体，制粒在干燥后外加粘结剂（如聚乙烯醇），并采用容易成型的方法，如用振动筛筛分原料，或者把原料与外加的分散剂、粘结剂和润滑剂一起用喷雾干燥器来制粒。分散剂可降低粘结度和水的最少含量，使水含量低达万分之几到千分之几，粘结剂使颗粒具有一定的强度，并获得良好的流动性。制成小于1mm集合体尺寸的颗粒以便使操作更加容易。

对于湿式成型，为使单畴颗粒易于转动，需将成型用料浆做成软泥状，水分在其中起润滑作用，有利于颗粒在磁场作用下的转动和更好地填充模具空间。但如果料浆含水率太低，则颗粒取向度、填充性较差，不容易得到磁性能好、密度均匀的产品；若太高，则水分不容易排除，产品容易开裂，影响压制速度。在理想状态下，料、水的质量比为1∶0.2时都具有流动性，但考虑到料浆输送过程的摩擦损失以及注料的均匀性，料浆中水的质量分数为35%～40%时效果良好，这可通过澄出料浆上面的清液或部分水的蒸发以及补加水来达到。

含水率可以利用以下原理进行计算：

设铁氧体密度为D_f，水的密度为D_w。

铁氧体在料浆中所占的体积分数为V_f，水所占的体积分数为V_w（$V_w=1-V_f$），若铁氧体和水的总体积为V，则料浆总重W为

$$W=D_fV_fV+D_w(1-V_f)V \tag{5.6}$$

若取总体积V为100ml，即取100ml料浆。又设$D_f=5g/cm^3$，$D_w=1g/cm^3$，则有

$$W=500V_f+100(1-V_f)=100+400V_f$$

那么由W可计算出V_f值。

子项目2　中高档永磁铁氧体的微粉碎工艺

业内专家、学者对二次球磨工艺技术做了很多有益的探索，我国永磁铁氧体产业在近几年也得到了快速的发展。但到目前为止，我们对二次球磨工艺技术的研究工作做得还不够完善、不够系统化，因而总的技术水平与以日本为代表的国际最高水平相比差距仍然很大。

任务1　对微粉碎工艺原理的重新认识

滚动式球磨机细粉碎过程是一个复杂的过程，许多专家、学者对它进行了深入细致的研究，业内目前通行的说法是：在球磨过程中，物料和钢球随球磨筒体的转动而运动，物料靠下落钢球的碰撞作用而粉碎，靠钢球之间及钢球与球磨筒壁之间的摩擦而磨细，物料在球磨筒中的运动起混合作用。

钢球在球磨机内的运动形式大致为：在未脱离筒壁之前，钢球随筒壁一起做圆周运动，离开筒壁作抛物运动。此外，钢球还有自转运动，层间还有相对滑动。在适当转速时，钢球在球磨机中的运动大致分4个区。

①抛球区（即图5.8中的a区）。由于球磨机回转，将最外几层钢球带到一定高度后沿抛物线下落的区域。

②粉碎区(即图5.8中的b区)。就是靠近最外层,冲击力、粉碎力最强的区域。

③摩擦区(即图5.8中的c区)。球磨机回转,在将球由低处带到高处的过程中,由于球的自转、球与球、球与衬板之间的摩擦而产生强烈的摩擦作用的区域,这个区域是细磨最有效的一个区域,当球磨机转速较低时,这个区域会扩大。

④死区(即图5.8中的d区)。是最内层的钢球,在它自己的附近回转,仅有极小的磨粉作用。当装球量超过填充率的限度时,这个区域范围将进一步扩大,使磨粉作用减弱,故钢球装填量不可太多。

如转速较低,由于重力的作用,钢球仅能在较低的位置处运动,a区、b区发生的作用显著减少。如转速太快,钢球所受离心力的分力等于或大于钢球的重力,钢球随筒壁旋转,a区、b区发生的作用将消失。为了克服球磨筒壁与钢球之间摩擦系数过小而加筋,筋可以使得钢球"抓"在机壳衬里上,球磨筒旋转时,钢球和料粉飞溅次数增多,从而增加研磨作用。当筋很深时,将阻止外层钢球的运动,筋的高度为筒体直径的1/35～1/40,筋的长度为球磨机筒体的有效长度,筋的宽度以能承受使用强度为准,筋的数量一般为6～8根,由碳钢制作而成,如图5.9所示。

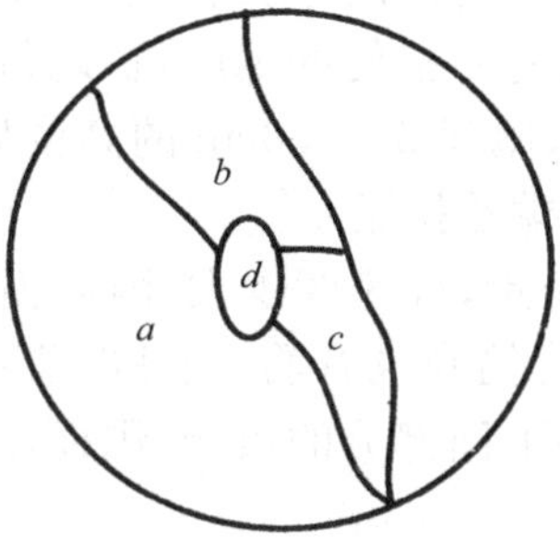

图5.8　球磨筒旋转时钢球运动的作用区

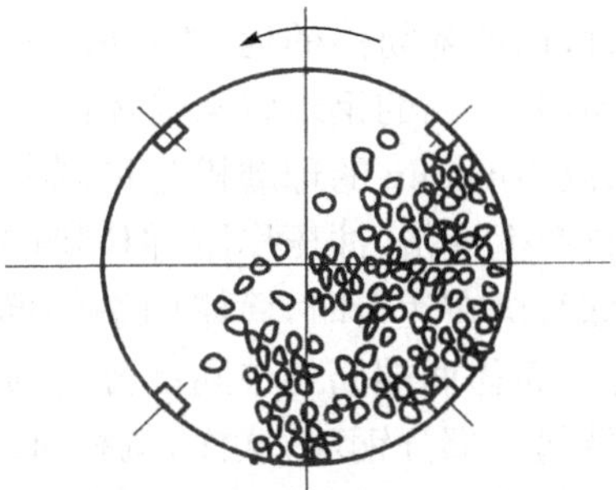
图5.9　加筋球磨机示意图

业内专家、学者太重视钢球在筒体内的纵向冲击、挤压对物料的粉碎作用。但是,在生产实际工作过程中,生产用球磨机总是筒体两端的磨损比筒身快,而且快得多。一个新筒体使用一年半以后,筒体两端的6根筋中间1/3部分均已经变成一根线,如图5.10(d)所示,而筒身的筋除棱角被磨损外,几乎没有多大损耗;两年之后,筒体两端的6根筋中间1/3部分全部被磨掉;两年半到第三年,筒体两端的6根筋中间1/3部分的旁边将出现直径为200～250mm的洞,如图5.10(c)所示,这时筒身的损耗如图5.10(a)、(b)所示,而筒身筋的损耗程度仍不及新筒体使用一年半以后筒体两端筋的损耗。如果筋只是将钢球"抓"在机壳衬里,显然,筒体两端的筋单位表面积"抓"钢球的量比筒身"抓"的钢球少,那么,筒体两端的损耗应比筒身小。如果筒体内的球与物料主要靠摩擦力和离心力作用,随筒体被提升到一定高度时,在重力作用下自动落下,对物料产生冲击、冲压作用将物料粉碎,显然,物料与钢球对筒身的冲击力和频率比对筒体两端大得多,那么,筒体两端的损耗应比筒身小。为什么事实上不是这样的呢?

已知,当波源在介质中振动时,介质中质元之间的相互作用将引起波源周围各质元围绕着自己的平衡位置相继投入振动,振动将向各方向传播出去。只要有振源,有传播介质,就有波。如在一个平静的湖面上,用一根棒沿竖直方向击打水面,在水面上沿棒的两端将出现水波。如果在岸边击打,两列水波将叠加。

球磨机筒体两端的12根筋(1t的球磨机,左右两端盖分别有6根筋,每根筋的宽度是

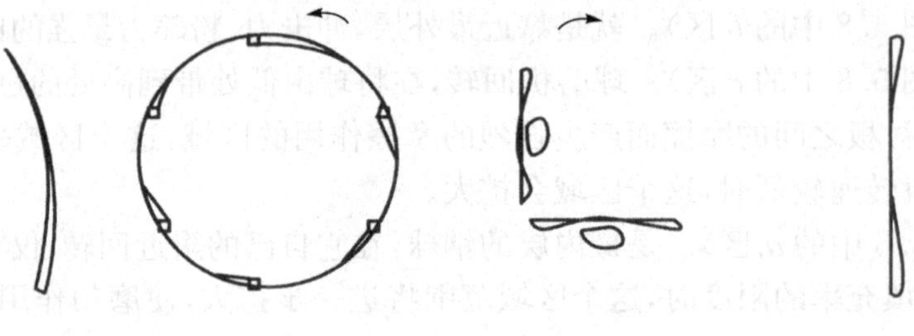

(a) 图(b)两筋之间部分的放大示意图　(b) 筒身部分的剖面示意图　(c) 筒体两端被磨损部分示意图　(d) 图(c)两筋之间部分放大后示意图

图 5.10　球磨机筒身、筒体两端的损耗情况

40mm)，在球磨机运行速度适当的时候(目前一般为 20r/min，即左边端盖上的筋以 2 次/s 击打传播介质，波向右传递；同时，右边端盖上的筋以 2 次/s 击打传播介质，波向左传递)，这 12 根筋就是振源，传播介质是料浆、水与钢球。质元之间即料浆之间、水之间、钢球之间及其相互之间的相互作用将引起波源(即球磨机筒体两端的 12 根筋)周围各质元围绕着自己的平衡位置相继投入振动从而将料浆磨细。

同时，钢球随筒体的运动有向两端盖移动的趋势，如果筒体两边没有端盖，钢球随筒体不停地转动，97.5%的钢球将从筒体两端盖跑出去；对筒身有 6 根筋的球磨机，以每分钟 120 次的频率(以 20r/min 的球磨机为例)将 300kg 左右的钢球抛起 30～50cm 的高度后落下，这定会对物料产生冲击、冲压作用，但同时又促进了钢球向两端盖挤压。

当球磨机在运行时，筒体两端的筋，从中间越往筒身走，线速度越大，因而损耗应当越明显，为什么筒体两端筋的中间部分磨损较大呢？这是因为筒身也有筋，当球磨机运行时，筒身的筋将带起一部分钢球，这样，就相对减轻了筒体两端筋下面部分的负担，因而，宏观上，筒体两端筋中间部分比下面的 1/3 部分损耗还要大。

筒体两端的筋中间 1/3 部分被磨掉后，筒体两端的运动还能对传播介质产生作用吗？回答是肯定的。因为筒体两端与钢球、物料之间的摩擦力是客观存在的，但是，这种作用，比筋没被磨损时小得多。筒体两端的筋中间 1/3 部分被磨掉后，球磨机的效率降低，磨出来的料浆磁性能下降，筒体两端的 6 根筋中间 1/3 部分的旁边出现的直径约 200～250mm 的洞均能说明这一点。

事实上，筒身的运动将钢球向两端盖不停挤压，同时，两加筋的端盖的运动将钢球向中间挤压，这两种横向的挤压作用是料粉被细粉碎的不可忽视的因素，也是端盖及其上面附着的筋比筒身及其上面附着的筋迅速被磨损的原因。

任务 2　球磨机筒体加筋的改进

料浆、水所形成的波在向前传播的过程中遇到钢球时，波线将发生弯曲并绕过钢球，在波传播的介质中各处的能量与振幅的平方、频率的平方、介质的密度成正比，与传播距离、传播时间均密切相关。计算表明，料浆、水所形成的波仍然能在中间叠加；而钢球所形成的波，能否在中间叠加要看筒体两端筋的设计是否满足要求。实践表明，筒体两端筋的中间 1/3 部分在现

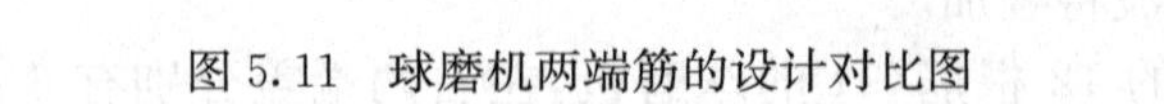

(a) 设计前　(b) 设计后

图 5.11　球磨机两端筋的设计对比图

有基础上抬高15～20mm较理想，如图5.11所示，同时，在筒体内容易磨损的部位镶嵌适当的耐磨材料可以提高产品的一致性，延长球磨机的使用寿命不低于0.6倍。

有的公司采用耐磨合金钢板（其成分见表5.5）做衬板加在筒体内容易磨损的部位，用高碳、高铬、高镍、高钼合金材料（其成分见表5.6）做球磨机的筋，球磨机的使用寿命可以延长3倍。

表5.5　球磨机衬板材料的化学成分（质量分数）　（单位：%）

C	Mn	Si	Cr	Mo	Ni	V	B	Ti
0.25～0.31	1.00～1.40	1.00～1.50	0.50～0.90	0.50～1.00	0.50～1.00	—	0.005～0.05	0.05～0.10

表5.6　球磨机筋的化学成分（质量分数）　（单位：%）

材质	C	Si	Mn	Cr	Ni	Mo	V	Co
Cr12MoV	1.45～1.70	≤0.40	≤0.40	11.0～12.5		0.40～0.60	0.15～0.30	

必须注意的是，球磨机衬板如果采用高锰钢，而磨球选用耐磨性极好的高铬铸铁（钢），则会造成高锰钢衬板磨损增大，但是高锰钢衬板仍然可以使用；反之，衬板选用高铬铸铁（钢），而磨球仍然选用耐磨性差的普通碳素钢，那么由于磨球消耗大，会造成经常性地补加钢球，钢球补充的次数多，相应地，空磨、清洗的次数增多，空磨、清洗时，大量的钢球不可避免要直接砸衬板，这容易导致衬板开裂，同时磨球表面被砸出凹坑。因此，衬板与磨球之间还存在一个硬度匹配问题，磨球的硬度比衬板的略高为宜。

任务3　中高档永磁铁氧体预烧料的微粉碎

（1）容积比对磁性能的影响实验

在其他工艺均相同时，改变球磨机的容积比，考察其对磁性能的影响规律，相关数据见表5.7。

表5.7　容积比对磁性能的影响

容积比/%	B_r/mT	H_{CB}/(kA/m)	H_{CJ}/(kA/m)
45	416	253	259
50	423.0	264	275
	424.0	257	266
60	416.7	243	256
	418.2	424	257
70	418.0	242	255
	415.6	240	253
80	414.2	244	256
	412.7	242	253
100	385	238	246
	388	236	245

实验表明，在其他工艺条件均不变时，容积比的最佳值为50%。

(2) 损耗钢球的补充工艺

球磨机在运转过程中，钢球和筒体均会产生损耗。其中筒体的消耗只是钢球的0.1～0.15。对于球磨机来说，随着钢球的磨损，补加一定量的钢球可以满足料、球、水的最佳比例。传统工艺认为，每磨1t永磁铁氧体预烧料，需补加钢球10kg。但实践表明，补加钢球的量与钢球的材质、钢球研磨时间关系密切(具体见表5.8，图5.12)。图5.12为钢球损耗与研磨时间、钢球材质对比图。数据表明，补加钢球时，按传统工艺，每磨1t永磁铁氧体预烧料补加钢球10kg是不科学的。这是由于钢球的损耗不是线性的，补加钢球的量与钢球的材质、钢球研磨时间关系紧密，合金钢球在研磨20000h损耗量达到最大值，轴承GCr15钢球在24000h损耗量达到最大值。

表5.8　钢球损耗表

累计时间/h	1080	3240	7560	11800	20520	24840	29160	33480	37800
时间/h	1080	2160	4320	4320	4320	4320	4320	4320	4320
每20h平均损耗轴承钢球/kg	5	6.3	10	12	13.5	15	13.5	11	10
每20h平均损耗合金钢球/kg	4.6	5	6.4	7	7.5	6.8	6.5	6.2	5.5

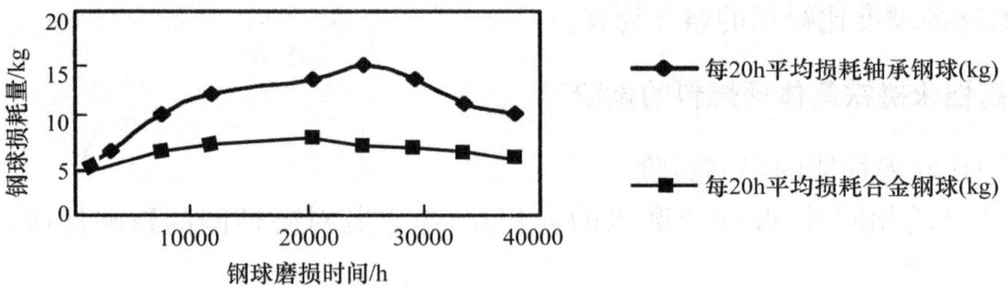

图5.12　钢球损耗与研磨时间、钢球材质对比图

(3) 分散剂技术

铁氧体晶粒在料浆中的凝聚是影响铁氧体晶粒在磁场定向排列的一个重要原因，减小料浆中铁氧体粉的凝聚，可以通过降低铁氧体粉的矫顽力和添加分散剂来实现。国外有文献报道，利用乙醇、甲苯、乙苯、庚烷等有机溶剂作为研磨介质，使用羧酸及羧酸类盐如硬脂酸、硬脂酸钙(钡、锶、镁、铝、锌)、甘油三油酸酯、甘油三油酸酯酸钙(钡、锶、镁、铝、锌)等作分散剂，也可以用硫酸酯及其盐类、磷酸酯及其盐类作分散剂。这些分散剂在细磨时，按磁粉：分散剂=100:(0.5%～5%)(质量比)的方式加入，可以有效地降低磁粉的凝聚。如果用三乙醇胺作分散剂，也可取得较好的效果。在其他工艺条件均相同时，加三乙醇胺分散剂和不加的对比实验情况见表5.9。

表 5.9 含胺的有机物分散剂和不加分散剂的对比实验

磁性能 有无分散剂	B_r/mT	H_{CB}/(kA/m)	H_{CJ}/(kA/m)
无	410.0	241	254
	411.0	241	254
三乙醇胺质量分数为 0.5%	420.0	240	252
	422.0	240	253
三乙醇胺质量分数为 0.8%	420.0	239	250
	422.0	238	249

实验表明，三乙醇胺分散剂对提高料浆的取向度、材料 B_r 的效果较明显，添加量控制（质量分数）为 0.5%～0.8%较好。

(4) 优质预烧料的准备

没有优秀的一次料，后面的工艺再优越也无济于事。要制备高性能永磁铁氧体产品必须要用高 M_S、粗粉碎粒度分布均匀的一次料做原料。通过振磨机或球磨机干磨加风选分级工艺可以得到粒度分布均匀的一次料。

子项目 3 高档永磁铁氧体的微粉碎工艺

任务 1 用正交法探讨粒度分布对永磁铁氧体各参数的影响规律

随着单个颗粒内单畴颗粒数量的增加，畴壁能减少，在外加磁场的作用下，由畴壁位移加磁畴转动的磁化模式，将逐渐转为单一的磁畴转动模式，这样的磁性颗粒更易于与易磁化方向平行，因此，采用微纳单畴颗粒制备的磁性器件，将有利于磁性能的改善。研究表明，永磁铁氧体的内禀矫顽力 H_{CJ}=磁晶各向异性场 H_A×单畴颗粒的占有率。永磁铁氧体成型用料浆的粒度及其分布不仅影响产品的磁性能，而且影响产品的收缩率。我国永磁铁氧体的磁性能、磁瓦的磨加工余量等，与发达国家之间的差距还很明显。

当前，我国永磁铁氧体磁瓦的平均磨加工余量约为日本的 5 倍，主要是由于我国磁瓦产品的收缩率波动大，不稳定。要缩短这种差距，提高永磁铁氧体产品的一致性，掌握料浆粒度及其分布对永磁铁氧体的影响规律是非常必要的。目前，行业里，高能球磨法已成为制备微纳米永磁铁氧体粉体常用的方法之一，但具有高表面能、高表面活性的永磁铁氧体微粒常处于不稳定状态，其粒子之间由于范德华力而发生团聚，同时，由于永磁铁氧体的六角晶系片状结构，具有明显的磁晶各向异性，磁性粒子之间存在很强的磁力作用，当片状粒子相互靠近时，将由于磁力而团聚，这种团聚力，比导致一般粉体团聚的范德华力大得多。当颗粒团聚在一起时，仪器就会检测到团聚体的大小而不是原始颗粒的粒度。考虑到将永磁铁氧体成型用料浆难以有效分散开的特点，用正交法和比较实验法验证了粒度及其分布对永磁铁氧体各参数的影响规律。

1. 实验

(1) 不同平均粒度颗粒料的准备

选择同一单位同一批次的、平均粒度控制为 3～5μm 的永磁铁氧体预烧粉料若干。各实验过程中，细粉碎时 m(料)：m(球)：m(水)＝1：15：1.5，研磨用钢球(材质均为 Gr15 轴承钢，HRC≥60，以下同)ϕ6mm，每次小实验的基料均按 0.8kg 计，均添加质量分数为 1.0%的 $CaCO_3$、为 0.2%的 H_3BO_3、为 0.2%的 SiO_2、为 0.8%的 $SrCO_3$、为 1.2%的 La_2O_3、为 0.5%的 Fe_2O_3、为 0.3%的 Co_2O_3，四缸球磨机的转速控制为 75r/min，研磨时间分别为 6h、14h、20h、28h。制备料浆若干，用丹东华宇仪器有限公司 WLP-208 费氏粒度仪测其平均粒度，具体数据见表 5.10。然后在 100～150℃下烘 48h，去水分之后待用。分别取不同研磨时间的料，设计的因素水平如表 5.10 所示。烘料时应注意：料浆的烘干温度如超过 150℃，特细的颗粒容易热凝聚，后面再混合 1h，不容易将热凝聚的颗粒分散开，不利于磁场成型时的取向，这在实验数据的分析时，容易导致误判。

表 5.10 因素水平表

水平＼因素	1.6μm	0.78μm	0.63μm	0.50μm
1	20g	50g	500g	100g
2	50g	100g	600g	180g
3	80g	150g	700g	260g

(2) 正交试验

用正交法进行配料。因各等级粒度的永磁铁氧体粉体之间，无交互作用，从而设计了四因素三水平正交表，具体如表 5.11 所示。配好料之后，另补加质量分数为 0.1%的硼酸(硼酸溶于水，在滤水过程中，容易导致其部分流失)，同时，添加质量分数为 0.6%的复合分散剂(质量比，葡萄糖酸钙：三乙醇胺＝1：2)，再混合 1h 之后出料。料浆的含水率控制为(38±2)%时，用宜宾大正电子 100T 自动湿压磁场成型压机成型，成型工艺参数控制为：4.4～4.5MPa的成型压力，6～8s的保压时间，45A、20A 的充、退磁电流，压制成 ϕ30mm×(15±2)mm 的坯体，然后将所成型的坯体在同一高温箱式炉同一烧结曲线下进行二次烧结。

(3) 比较试验

为了进一步观察永磁铁氧体成型用料浆的平均粒度对产品性能的影响，还做了微细粉碎用永磁铁氧体预烧粉料、钢球、研磨设备、m(料)：m(球)：m(水)及配方、成型与烧结工艺、检测条件等均相同时，只改变细粉碎时间的比较试验。

(4) 样品的测试

永磁铁氧体元件的磁参数采用 NIM-2000F 永磁铁氧体测量仪(产地：中国计量院)进行检测，样品的收缩率 Ψ＝样品烧结后的熟坯径向尺寸/样品烧结前的生坯径向尺寸。

2. 试验结果与讨论

(1) 试验各技术参数的计算

表 5.11 给出了根据正交试验得出的相关数据。

表 5.11　$L_9(3^4)$正交表的组合试验

样品编号	1.60μm	0.78μm	0.63μm	0.50μm	Ψ/%	B_r/T	H_{CJ}/(kA/m)
1#	20	50	500	100	13.33	0.427	305
2#	20	100	600	180	13.55	0.431	313
3#	20	150	700	260	14.48	0.428	308
4#	50	50	600	260	13.25	0.423	306
5#	50	100	700	100	13.82	0.420	302
6#	50	150	500	180	13.38	0.425	306
7#	80	50	700	180	13.33	0.417	302
8#	80	100	500	260	13.17	0.424	306
9#	80	150	600	100	13.25	0.421	304

根据表 5.11 中正交实验的相关数据，计算及结果见表 5.12 和表 5.13 所示。

表 5.12　$L_9(3^4)$正交试验的计算

列号		1.60μm	0.78μm	0.63μm	0.50μm	试验指标 B_r/T
样品编号	1#	1	1	1	1	0.427
	2#	1	2	2	2	0.431
	3#	1	3	3	3	0.428
	4#	2	1	2	3	0.423
	5#	2	2	3	1	0.420
	6#	2	3	1	2	0.425
	7#	3	1	3	2	0.417
	8#	3	2	1	3	0.424
	9#	3	3	2	1	0.421
I_j		I_1=1.286	I_2=1.267	I_3=1.268	I_4=1.276	
II_j		II_1=1.268	II_2=1.275	II_3=1.273	II_4=1.275	
III_j		III_1=1.262	III_2=1.274	III_3=1.275	III_4=1.265	
k_j		k_1=3	k_2=3	k_3=3	k_4=3	
I_j/k_j		I_1/k_1=0.4287	I_2/k_2=0.4223	I_3/k_3=0.4227	I_4/k_4=0.4253	
II_j/k_j		II_1/k_1=0.4227	II_2/k_2=0.4250	II_3/k_3=0.4243	II_4/k_4=0.4250	
III_j/k_j		III_1/k_1=0.4207	III_2/k_2=0.4247	III_3/k_3=0.4250	III_4/k_4=0.4217	
极差(D_j)		0.008	0.003	0.002	0.004	

表中，I_j为第 j 列“1”水平(如 I_1为第 1 列“1”水平，即 1#、2#、3#样品)所对应的试验指标 B_r的数值之和；II_j为第 j 列“2”水平(如II_1为第 1 列“2”水平，即 4#、5#、6#样品)所对应的试验指标 B_r的数值之和；III_j为第 j 列“3”水平(如III_1为第 1 列“3”水平，即 7#、8#、9#样品)所对应的试验指标 B_r的数值之和；k_j为第 j 列同一水平出现的次数，本实验的 $k_j=3$，D_j为第 j 列的极差，如 D_1等于第 1 列各水平对应的剩磁 B_r平均值中的最大值 0.4287 与最小值 0.4207 之差。用同样的方法，可对其他技术指标相对应的各因素的极差(D_j)进行计算，具体情况如表 5.13 所示。

表 5.13　$L_9(3^4)$正交试验的计算结果对比表

粒度/μm	Ψ/%	B_r/mT	H_{CJ}/(kA/m)
1.60	0.539	0.008	4.667
0.78	0.397	0.003	2.667
0.63	0.214	0.002	3.333
0.50	0.586	0.004	3.667

(2) 粒度对磁体收缩率的影响

图 5.13 给出了平均粒度对磁体收缩率的影响规律：随颗粒平均粒度的减小，产品的收缩率明显增加。从图 5.14 也可以看出：

①当永磁铁氧体成型用微纳颗粒料从较粗的状态(如 1.60μm)逐渐减小时，粒度对收缩率的影响作用逐渐减弱，这主要是因为粗颗粒相对较多时，微小颗粒之间排水通道相对较宽敞，在成型时排水更加容易，成型难度小，成型生坯密度的控制相对更加容易。

②当粒度减小到一定程度(如 0.63μm)之后，再进一步下降时，粒度对生坯密度与收缩率的影响作用则显著增强。

③影响永磁铁氧体产品收缩率最大的因素是特别细的颗粒。这主要是因为，粒度小的颗粒，表面积大，所存储的表面能高，在烧结过程中活性好、化学反应快、反应程度深，即颗粒之间的分子、原子相互溶解快，容易完成颗粒从表面接触期→活化期→活化发展期→全面扩散期→晶体形成期→晶格校正期的永磁铁氧体固相反应的全过程，烧结完成之后，内部空隙小，收缩率大；粒度大的颗粒成型的生坯其内部总的空间小，而粒度小的颗粒成型的生坯其内部总的空间大，烧结之后，在样品达到相近的密度时，粒度大的收缩率小，而粒度小的收缩率大。

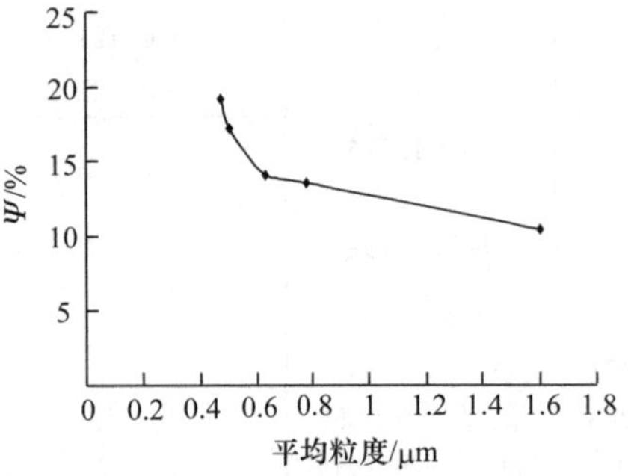

图 5.13　平均粒度对永磁铁氧体收缩率的影响

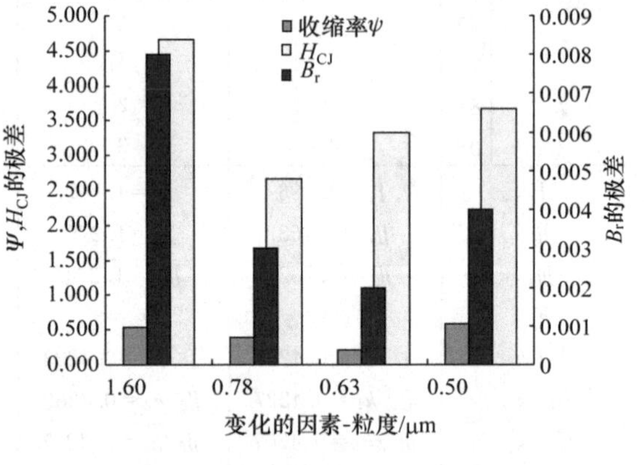

图 5.14　粒度分布对永磁铁氧体收缩率、磁性能的影响

(3) 粒度对 H_{CJ} 的影响

从图 5.15 可以看出，随颗粒平均粒度的减小，产品的 H_{CJ} 明显增加，当平均粒度达到一定程度(如 0.63μm)，再进一步减小时，产品的 H_{CJ} 随粒度的减少反而明显下降。图 5.14 给出了粒度分布对磁体 H_{CJ} 的影响规律：

①当永磁铁氧体成型用微纳颗粒料从较粗的状态(如 1.60μm)逐渐减小时，粒度对 H_{CJ} 的影响作用逐渐减弱。

②当粒度减小到一定程度(如 0.78μm)之后，再进一步下降时，粒度对 H_{CJ} 的影响作用则

显著增强，结合表 5.11 的 1#、2# 样品，也可以看出，微小粒度颗粒多些，磁体的 H_{CJ} 明显改善；当粒度进一步下降，特别是 0.50μm 的颗粒添加得越多，磁体的 H_{CJ} 越低。

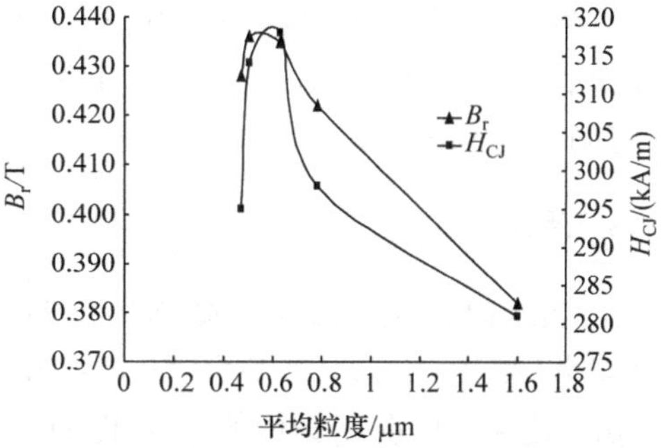

图 5.15　平均粒度对永磁铁氧体性能的影响

③影响永磁铁氧体产品 H_{CJ} 最大的因素是大尺寸的颗粒。这是由于决定矫顽力大小的主要因素是畴壁的移动与磁矩的转动，在大尺寸的颗粒中，存在大量多畴颗粒，这时，矫顽力的大小主要取决于畴壁的移动，在外加磁场的作用下，多畴颗粒会出现畴壁移动的退磁过程，从而使 H_{CJ} 大大降低。随着颗粒尺寸的减小，单畴颗粒逐渐增多，由于单畴颗粒内无畴壁，不会有畴壁位移磁化过程，磁矩的转动对矫顽力大小的贡献就逐渐增加，从而导致矫顽力的增加。这是由于 $H_{CJ}=(2K_1/M_S)\cdot f_C$，式中 K_1 是材料的磁晶各向异性常数，f_C 为单畴颗粒比例，在原料、K_1、M_S 一定的情况下，矫顽力的增加归因于单畴颗粒比例 f_C 的增大。随着颗粒尺寸的进一步减小，颗粒的各向异性能减小，热骚动的影响逐渐变得明显，这就导致了 H_{CJ} 的降低；另一方面，过长时间的研磨会导致缺陷晶粒的增多，这些缺陷晶粒容易导致晶格畸变，从而降低了 H_{CJ}。

(4) 粒度对剩磁 B_r 的影响

从图 5.15 可以进一步看出，随颗粒平均粒度的减小，产品的 B_r 明显增加，当平均粒度降到一定程度（如 0.63μm），再进一步减小时，产品的 B_r 随粒度的减少而增加的幅度变得缓慢起来。图 5.14 也给出了粒度分布对磁体 B_r 的影响规律：当永磁铁氧体成型用微纳颗粒料从较粗的状态（如 1.60μm）逐渐减小时，粒度对 B_r 的影响作用逐渐减弱，当粒度从 0.63μm 进一步下降到 0.50μm 时，粒度对 B_r 的影响作用显著增强；结合表 5.11 的 1#、2# 样品的数据来看，粒度小的颗粒多些，B_r 明显高一些；比较 2#、3# 样品或 7#、8# 样品或 5#、6# 样品，可以看出，细颗粒（如 0.50μm 的颗粒）越多，B_r 越低，但影响永磁铁氧体产品 B_r 最大的因素依然是大尺寸的颗粒。这是由于 $B_r\propto 4\pi\sigma_S\cdot\rho\cdot f$，式中 σ_S 为比饱和磁化强度，ρ 为磁体的密度，f 为取向度。当永磁铁氧体成型用料粒度过粗（尺寸在 1μm 以上）时，其颗粒为多畴状态，料浆在成型磁场作用下，其磁化过程主要是畴壁的位移过程，即接近于外磁场方向的磁畴长大，远离外磁场方向的磁畴缩小，这种磁化过程使得多畴颗粒矫顽力低、饱和剩磁又大大低于均匀磁化的颗粒，因此，改变多畴颗粒的磁矩非常容易。细颗粒越多，单畴颗粒（尺寸小于 1μm）越多。在外加磁场的作用下，单畴颗粒沿磁场方向进行转动和取向排列，其排列的驱动力来源于颗粒的磁矩，而阻力来源于颗粒之间的相互摩擦和镶嵌结构。前者与颗粒的体积成正比，而后者与颗粒的表面积成正比，因而在外加磁场的作用下，具有较低比表面积的大单畴颗粒易于克服阻力进行排列，具有高比表面积的小颗粒较难排列。即在单畴尺寸下，单位质量体积越小的磁粉颗粒磁矩沿磁场方向转动越容易（越容易取向）；单位质量体积越大的磁粉颗粒磁矩沿磁场方向转动越困难（越不易取向）。但在取向磁场足够（超过 15.8kOe）时，单畴颗粒均可以沿磁场方向排列，宏观上材料的取向度高，则 B_r 高。当粒度过细时，磁性能反而下降，其原因是粒度小于 0.1μm（BET 测定）时，部分铁氧体相（M 相）将分解成 Fe_3O_4 及 $SrCO_3$ 等；另一方面，长时间的研磨会使钢球的 Fe 进入铁氧体粉料中影响了磁性能，加之过细小颗粒会发生团聚现象，当团聚速率与细化速率达到动态平衡时，颗粒的细化作用停止。团聚的超细颗粒因难以取向，也会导致 B_r 下降。

从图 5.14 中还可以进一步看出，永磁铁氧体成型用料浆粒度分布越差，超细颗粒越多，影响最大的是磁体的 H_{CJ}，即在其他工艺条件均相同时，如果成型用料浆粒度分布好，产品的 H_{CJ}将明显得到改善。

3. 结论

① 当永磁铁氧体成型用微纳颗粒料从较粗的状态（如 1.60μm）逐渐减小时，粒度对磁体的收缩率、剩磁 B_r、内禀矫顽力 H_{CJ} 的影响作用逐渐减弱，当粒度减小到一定程度（如 0.78μm）之后，再进一步下降时，粒度对 H_{CJ}的影响作用则显著增强，当粒度从 0.63μm 进一步下降到 0.50μm 时，粒度对磁体的收缩率、剩磁 B_r的影响作用显著增强。

② 随颗粒平均粒度的减小，磁体的收缩率、H_{CJ}、剩磁 B_r明显增加，当平均粒度降到一定程度（如 0.63μm），再进一步减小时，磁体的 H_{CJ}随粒度的减少反而逐渐下降，磁体的 B_r随平均粒度的变化不明显，当超细颗粒过多时，也会导致 B_r的下降。

③ 影响永磁铁氧体产品收缩率最大的因素是特别细的颗粒，影响其 H_{CJ}、B_r最大的因素是特别粗的颗粒。综合考虑粒度对永磁铁氧体各参数的影响规律，在现有工艺条件下，永磁铁氧体成型用料浆的颗粒料如能有效控制在 0.63～0.78μm，磁体的收缩率、磁性能参数的变化相对较小，工艺相对稳定，这对大生产的工艺控制极为有利。

任务 2　永磁铁氧体料浆的分级研磨工艺

控制永磁铁氧体料浆颗粒度，预烧料的控制是前提。如有部分料预烧温度偏高，则难磨细，部分料预烧温度偏低，则易磨细。同时，预烧料的颗粒如果太粗或分布不均匀，后面工艺再如何控制都很难获得粒度分布均匀的颗粒。目前，有的企业在制备高性能永磁铁氧体预烧料时，用振磨机或球磨机干磨加风选分级工艺，将进料粗粉的平均粒度控制在 1.3～1.5μm（空气透过法），同时，其粒度分布标准偏差控制在 δ=0.14～0.16μm。然后用如图 5.16 所示的球磨机、砂磨机分级研磨工艺来制备料浆，此工艺（一级球磨，按 QM1 450×1 450 球磨机磨 1t 料为例）的关键在于，磨下一罐料时，应尽可能减少球磨机中的残余料。做 FB6 以上的高性能材料时，应将残余料控制在 0.1%以内。而按现有工艺是很难实现的，我们曾做过实验，按现有工艺，将残余料控制在 0.1%以内，需要清洗 8h，工人劳动量大，效率也低。

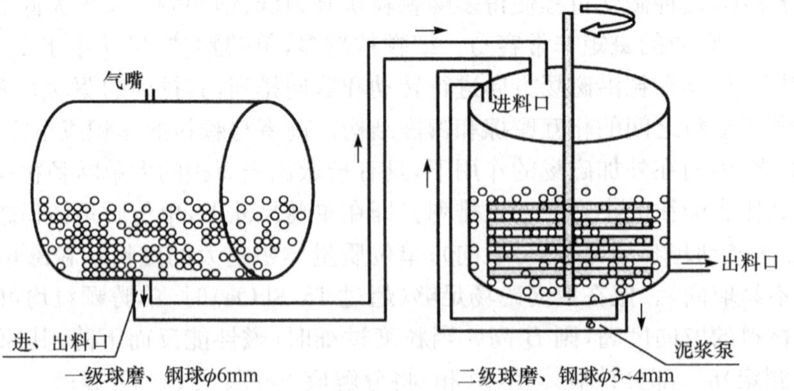

图 5.16　球磨机、砂磨机分级研磨工艺

实践表明，按以下工艺，可避免传统研磨方式对料浆质量的影响，从而得到优秀的料浆粒

度及其分布，提高产品磁性能、收缩率、机械强度的一致性，降低产品的磨加工余量。

①一级球磨。m(料)∶m(球)∶m(水)=1∶4∶1.3，研磨 10h。

②将料浆用高压气流打进砂磨机，观察没有料浆从管道流进砂磨机时，再用高压气压 3min，这期间将会每隔 15～20s 喷出一股料浆。

③加 100～150kg 清水清洗球磨机，重复步骤②的过程两次。如果没有步骤③和步骤②的最后 3min，球磨机内的余料有近 300kg，这 300kg 已研磨一轮的料，再磨一轮则成为料浆粒度分布不均匀的根源。

④二级研磨的 m(料)∶m(球)∶m(水)=1∶6∶(1.5～1.6)，研磨 7～9h。

⑤二级研磨时，料浆必须不停地从砂磨机的底部，通过泥浆泵抽到砂磨机的钢球面上进行循环流动、研磨。

⑥砂磨机的循环冷却水要畅通。

利用此技术获得的产品与用单一的球磨机或砂磨机的研磨工艺相比，其剩磁和矫顽力分别提高 0.015T(150Gs)和 8kA/m(100Oe)。同时可避免传统研磨方式对料浆质量的影响，从而得到优秀的料浆粒度及分布，达到提高产品磁性能、收缩率的一致性、降低磁瓦磨加工的余量、改善产品机械强度的目的。

任务 3　亚微米级粒子的制造

在我国，成型时的颗粒尺寸大都在 0.6～0.7μm 范围内，而日本田口仁等认为原料尺寸最好控制在 0.1～0.5μm 的较窄范围内，比 1μm 明显小，称亚微米。这种微粒子只靠将粗粒子粉碎是有限的，这是因为在粗粒子减少的同时，也产生了大量的 0.05μm 以下的超微粒子，这种超微粒子本身磁性差，磁场定向性也差，不宜采用。为此，田口仁等采用了鲁氏法(Ruthner 法)，即将氯化铁溶液，通过喷雾焙烧成廉价的氧化铁，其粒径大多为 0.3μm 左右，把平均粒度约为 0.02μm 的 $SrCO_3$ 扩散到这种氧化铁中形成铁氧体。这种方法也称为铁氧体亚微米粉半湿式法，其工艺流程如图 5.17 所示。在 1200℃ 预烧，可获得 $\sigma_S=71$emu/g(为理论值的 99%)，$H_{CJ}>5$kOe的锶铁氧体微粉。

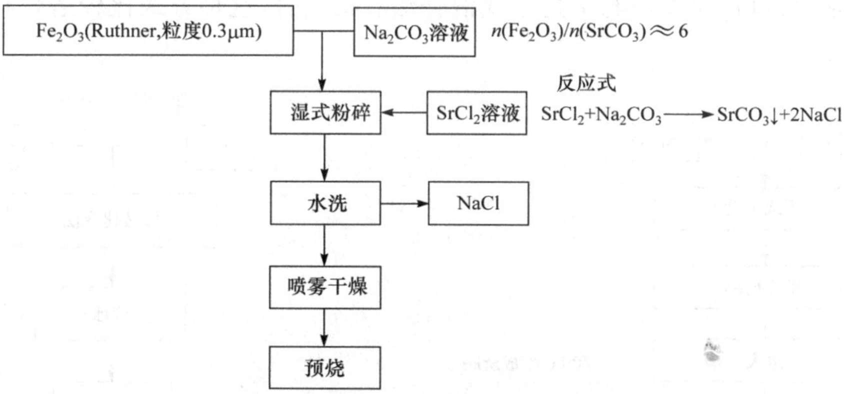

图 5.17　铁氧体亚微米粉半湿式法

田口仁将 NaCl 洗去后，进行干燥，造粒并在空气中 1100℃ 焙烧 3h，粉末 $\sigma_S=8.9\times10^{-5}$ Wb·m/kg(71emu/g)，$H_{CJ}=430$kA/m(5.5kOe)，将其破碎到初始颗粒在 SEM 观察下为 1μm 以下，这些粉末按一定比例添加 SiO_2、$CaCO_3$ 以及硬脂酸在甲苯中研磨，此时，粉末的

H_{CJ}因研磨减少 40%，甲苯料浆在磁场中模压成 ϕ30mm×15mm 的圆片，在空气中 1170℃烧结保温 1h。室温下样品的磁性能为：B_r = 0.44T（4.4kGs），H_{CJ} = 320kA/m（4.0kOe），$(BH)_{max}$=37kJ/m^3（4.7MGOe），烧结密度为 X 光密度的 96%～97%，取向度（I_r/I_S）>97%，晶粒为 1μm 左右。采用铁氧体亚微米粉半湿式法的优点主要有以下两点：一是样品均匀、取向度好；二是由于亚微米锶铁氧体颗粒的凝聚作用，使其在压制阶段于磁场中难以取向。为了防止这种凝聚，在甲苯中用硬脂酸处理，可有效地避免 H_{CJ} 因晶体畸变而降低，从而显著地提高了磁体的性能。

以上所述，为半湿式法，现在开发了一种干式法，它是在混合和粉碎中不用水等溶剂的干式法，它是将 Fe_2O_3 和 $SrCO_3$ 混合物在 800℃热处理一次，生成 $SrFe_{2.5}$ 等富 Sr 相，随后再次干式粉碎，也可得到与半湿式法大致相同的锶铁氧体粉。其工艺流程如图 5.18 所示。

最近，国外还开发了一种机械合金化（MA 法）来制备细粉末。它是一种有效的、常用的纳米晶材料的制作方法，这种方法也运用在粉末制备上。因它将使数种金属元素化合成合金，故也称为机械合金化制粉技术。它是将不同的粉末在高能球磨设备中球磨，粉末经磨球的碰撞、挤压，重复发生形变、断裂，粉末之间相互扩散或进行固态反应而形成新的粉末，粉末被摩擦、粉碎，使新鲜的未反应表面不断地暴露出来，再加上粉末细化，大大增加了反应接触面积，缩短了扩散距离，极大地减少了扩散速率对反应动力的限制，从而提高了固态反应速率。

就 MA 法制备铁氧体磁粉而言，其磁性取决于球磨机类型（高能球磨、高能振动球磨、行星式球磨等）、球径、料球比、球磨机转速等。该法的性能也与随后的退火条件（温度、气氛和时间）有关。未经退火，只有球磨状态的粉末称球磨态粉，球磨态粉的微结构与是否含非晶相以及顺磁性相有关。晶粒尺寸、晶粒无序程度等对此后的磁粉磁性影响很大，也与球磨过程中是否形成内应力有关。

机械合金化（MA 法）制粉技术的优点如下：

①由于颗粒间彼此紧密接触，反应速度快，故反应好。

②MA 属强制反应，从外界加入高能量密度的机械强制作用时，粉末颗粒引入大量的应变、缺陷以及纳米级的微结构，使得合金化过程的热力学和动力学，不同于普通的固态反应。

实验证明，可以将 MA 法与上述干式混合法有机结合，这种方式比较适合我国国情，如图 5.19所示。

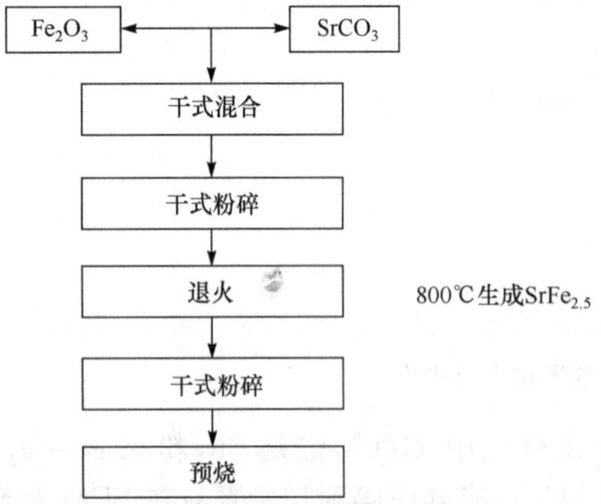

图 5.18　铁氧体亚微米料干式法

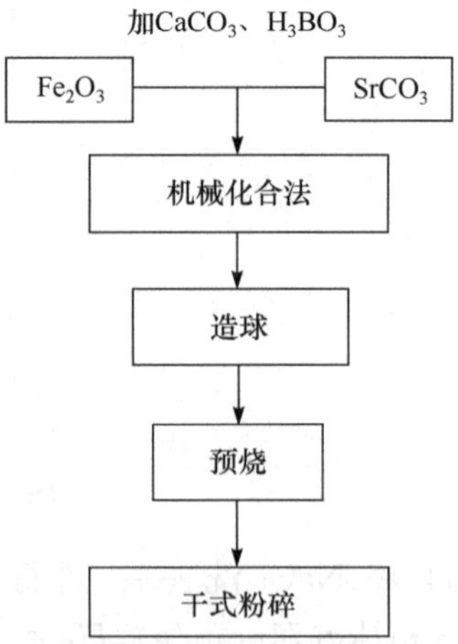

图 5.19　MA 法做预烧料的工艺流程

任务4 国外高性能永磁铁氧体的微粉碎工艺

(1) FB9系列永磁铁氧体的细粉碎工艺

将预烧好后的料块，在干式棒磨机中粉碎直至达到7m^2/g的比表面积。接着使用二甲苯作为无水溶剂和油酸作为表面活性剂，在球磨机中对预烧料粉末进行湿式粉碎。油酸添加量相对于预烧料粉末，按质量分数计为1.3%。浆料中，预烧料粉末的质量分数为33%。持续粉碎，使其比表面积达到8～9m^2/g。

上述粉碎工序在预烧料粉末中引入了粉碎应力，以致预烧料粉末的H_{CJ}降低至粉碎前其H_{CJ}的15%～60%。

利用离心分离机对粉碎后的浆料进行处理，以便把浆料中的预烧料粉末的质量分数调节到约为65%。在从浆料中去除溶剂的同时，在纵向施加为10～15kOe的磁场中使浆料模压成圆柱形状，其直径为30mm，高度为15mm。模压压力为0.4～0.5t/cm^2。

对于湿式模压，可以使用无水分散介质或含水分散介质。使用无水分散介质时，可以通过向有机溶剂(如甲苯或二甲苯)添加表面活性剂(如油酸)来获得。使用这种分散介质可以实现最大约98%的磁取向度，即使使用难以分散的亚微米尺寸的铁氧体颗粒也是如此。另一方面，这里使用的含水分散介质可以通过向水添加各种表面活性剂来获得。

在模压工序之后，在空气或氮气中于100～500℃对模压体加热，使添加的分散剂彻底地分解掉。在接着的烧结工序中，如在空气中于1150～1270℃的温度烧结模压体，在1160～1240℃烧结0.5～3h更好，由此获得各向异性铁氧体烧结磁体。烧结磁体应具有最大为2μm的平均晶粒直径，0.5～1.0μm更好，这可获得十分高的矫顽力。

(2) 国外FB12系列永磁铁氧体的细粉碎工艺

为了提高单畴颗粒的存在率，很容易想到，在细磨时将磁粉磨得尽可能细，实际中发现，粒度过细磁性能反而下降，其原因是粒度小于0.1μm(BET测定)，部分铁氧体相(M相)分解成Fe_3O_4及$SrCO_3$等。另外，长时间的研磨会使钢球的Fe进入铁氧体粉料中影响磁性能。如将磨细的磁粉在700～1000℃下热处理，热处理后Fe及Fe^{2+}氧化成Fe^{3+}，然后再用磁选设备将无磁的Fe_2O_3及$SrCO_3$除掉；或者利用料浆沉淀分级方法除掉最上层粒度细的非M相的Fe_3O_4及$SrCO_3$。可有效地控制铁氧体晶粒的分布，提高单畴颗粒的存在率。

①粗粉碎工序。

预烧体一般是颗粒状、块状等，因此，先将其进行粗粉碎。在粗粉碎工序中，使用振动磨机等可以处理到平均粒径为0.5～5.0μm。由此得到的粉末称为粗粉碎粉。

②微粉碎工序。

将粗粉碎粉用湿式磨碎机、球磨机或者喷磨机等进行粉碎，粉碎成平均粒径为0.2～0.8μm的颗粒料。作为所得到微粉碎粉的比表面积(根据BET法)，优选为7～12m^2/g。粉碎时间取决于粉碎方法，如用湿式磨碎机，可以处理30min～10h；用球磨机湿式粉碎，可以处理10～40h。

在进行微粉碎时，可添加副成分：作为Si成分添加SiO_2、作为Ca成分添加$CaCO_3$，该副成分的添加是以烧结特性的改善、磁特性的控制以及烧结体的晶体粒径的调整等为目的而添加的。

为了提高烧结体的磁性取向度，优选在微粉碎工序中添加以$C_n(OH)_nH_{n+2}$表示的多元醇，也可以使用其他公知的分散剂。所添加的多元醇在磁场成型工序后的烧结工序中，通过热分解去除。

微粉碎工序分为第 1 微粉碎工序和第 2 微粉碎工序，且在第 1 微粉碎工序与第 2 微粉碎工序之间，也可以对粉末进行热处理。

a. 第 1 微粉碎工序。

在第 1 微粉碎工序中，将粗粉研磨至 0.1～0.2μm。该第 1 微粉碎工序是以去除粗粉、提高磁特性而使烧结后的组织微细化为目的，作为比表面积（根据 BET 法），设定为 $20\sim25m^2/g$ 的范围。

尽管取决于粉碎方法，但在将粗粉碎粉末用球磨机进行湿式粉碎的场合，每 200g 粗粉碎粉末处理 60～100h 即可。

为了提高矫顽力以及调整晶体粒径，可以在第 1 微粉碎工序之前，添加 $CaCO_3$ 或者再添加 $SrCO_3$ 或 $BaCO_3$ 等粉末。

b. 粉末热处理工序。

在粉末热处理工序中，将由第 1 微粉碎得到的微粉在 700～1000℃，进行保持 1s～100h 的热处理。

经过第 1 微粉碎，由此不可避免地产生不足 0.1μm 粉末的超微粉。如果存在超微粉，在随后的磁场成型工序，有时产生不良现象。例如，在湿压成型时，如果超微粉较多，则产生脱水不良、不能成型等情况。因此，应于磁场成型之前进行热处理。进行该热处理的目的在于：通过使第 1 微粉碎生成的不足 0.1μm 的超微粉与大于等于其粒径的微粉（如 0.1～0.2μm 的微粉）发生反应，从而使超微粉的量减少。通过该热处理减少超微粉，能够使成型性提高。此时的热处理气氛可以在大气中进行。

c. 第 2 微粉碎工序。

在接着的第 2 微粉碎工序中，将经过热处理的微粉碎粉末由磨碎机或球磨机，或者喷磨机等进行湿式或干式粉碎，粉碎到 0.8μm 以下，优选为 0.1～0.2μm。该第 2 微粉碎工序的目的在于：进行粒度调整和去除颈缩（necking）以及提高添加物的分散性。作为比表面积（根据 BET 法），优选设定为 $10\sim20m^2/g$、进一步优选为 $10\sim15m^2/g$ 的范围。将比表面积调整在该范围，即使存在超微细粉，其量也较少，对成型性不会产生不良影响。经过第 1 微粉碎工序、粉末热处理工序以及第 2 微粉碎工序，不会对成型性产生不良影响，且能够满足烧结后的组织微细化的要求。

尽管取决于粉碎方法，但在用球磨机进行湿式粉碎的场合，可以对每 200g 微粉碎粉末进行 10～40h 的处理。如果在与第 1 微粉碎工序相同的条件进行下第 2 微粉碎工序时，超微粉再度生成以及第 1 微粉碎工序中已经基本上得到所要求的粒径，因此，在第 2 微粉碎工序的粉碎条件通常比第 1 微粉碎工序轻。在此，粉碎条件是否可以减轻，不限于粉碎时间，可以通过粉碎时投入的机械能力为基准进行判断。

为了提高矫顽力和调整晶体粒径，也可以在第 2 微粉碎工序之前添加 $CaCO_3$ 和 SiO_2 或者再添加 $SrCO_3$ 或 $BaCO_3$ 等粉末。

为了解决细粒度难成型的问题，也可以先用干燥设备或离心设备将细磨料浆干燥或脱水，然后将干燥粉用捏合机混炼。混炼的目的：一是用捏合机的剪切力将凝聚的铁氧体颗粒分散开，以利于取向；二是混炼过程中加入水以便于湿压成型；三是混炼时加入分散剂，使分散剂与磁粉充分接触，减小磁粉的凝聚从而提高取向度。经混炼并加入水和分散剂的磁粉，在磁场下湿压成型后需在 100～500℃下进行脱碳（去分散剂）处理。

任务 5　微粉碎阶段常见质量问题及其处理

(1)“跑钡”“跑锶”现象及其预防

在钡、锶铁氧体二次球磨过程中经常会出现“跑钡”“跑锶”现象，经球磨后的料浆表面会析出一层白色沉淀物，从而导致组分偏离原始配方，料浆变稠，严重时难以湿法成型，影响产品质量，此现象夏天比冬天严重。

研究表明，“跑钡”“跑锶”料浆的水溶液 pH 值将显著增大(pH 值≥12)，如将 CO_2 通入溶液，则有白色 $SrCO_3$ 沉淀产生，其反应式为 $Sr(OH)_2 + CO_2 \longrightarrow SrCO_3 \downarrow + H_2O$。实践表明，pH 值增加的主要原因是 $SrCO_3$ 的作用，然而 $SrCO_3$ 在水中的溶解度甚小，20℃时为 0.01g/L，并且水溶液呈中性。因此，以 $SrCO_3$ 直接溶解的方式所导致锶的流失是很小的，球磨水溶液 pH 值增加不是 $SrCO_3$ 直接溶解的结果。第一次球磨 pH 值增加的主要原因，可能是在球磨过程中由于机械能转变为化学能，使部分 $SrCO_3 \longrightarrow SrO + CO_2$，SrO 溶于水，生成了 $Sr(OH)_2$。第二次球磨水溶液 pH 值增加的主要原因，可能是在预烧过程中，除大部分 $SrCO_3$ 与 Fe_2O_3 反应产生 $SrFe_{12}O_{19}$ 相外，尚有部分 $SrCO_3$ 转变为 SrO，在球磨过程中 SrO 溶解于水而生成了 $Sr(OH)_2$。

部分 $SrCO_3$ 在预烧中没有生成 $SrFe_{12}O_{19}$ 相的原因如下：

①原始配比低于 1∶6 的正分比。

②较大颗粒尺寸的 $SrCO_3$ 仅表层一部分与 Fe_2O_3 起反应，而内部未反应的分解成了 SrO。

③混磨时 $SrCO_3$ 分布不均匀，局部地方 $SrCO_3$ 富集。

$Sr(OH)_2$ 的水溶液呈强碱性，pH 值≈13.5。其溶解度随温度的升高而增加，因此通常工厂常采用二次球磨时浇水降温的措施防止锶的流失，或者在配方中增加锶的比例，但这只能降低而不能消除锶的流失，同时亦浪费了大量的水。解决的有效办法应当是使用合理的配方，采用活性好、粒度细的原料，均匀混合，预烧充分，使预烧料的 σ_S 值尽可能接近 $70A \cdot m^2/kg$。此外，提高二次球磨效率，缩短球磨时间，降低球磨温度也有助于缓解锶的流失。有人曾建议分析溶液中 $Sr(OH)_2$ 的含量，加入等当量的稀 H_2SO_4 或 $FeSO_4$ 而生成 $SrSO_4$，从而将其以添加物的形式存在于料浆中。对钡铁氧体，情况与之相似。

(2) 花斑产品现象及其预防

与析出钡、锶现象紧密相关的是烧结后成品表面的斑块问题。斑块的存在不仅影响产品外观，而且使磁性能下降，容易产生烧结裂纹。经分析，斑块中钡或锶含量高于非斑块部位，其根源是湿磨过程中溶解于水的 $Ba(OH)_2$ 或 $Sr(OH)_2$ 在接触空气时生成碳酸盐，吸附在铁氧体颗粒表面，使磁粉团聚，影响湿压磁场取向的效果，导致烧结细裂纹的出现。烧结时生成富钡(锶)的共熔物(表 5.14)，从而形成斑纹。在湿磨过程中，若料浆温度越高，生成的 $Sr(OH)_2$ 就越多，从而花斑产生的机会也越多，产品产生细裂纹的机会也越多。解决的办法，如上所述，在于避免“跑钡”、“跑锶”。

表 5.14　某种湿压各向异性产品的烧结体中斑块与基体微区成分(质量分数)（单位：%）

取样＼成分	Fe_2O_3	SrO	BaO	SiO_2	Al_2O_3	CaO	MnO
斑块	80.13	11.11	3.33	2.37	1.63	1.02	0.36
基体	82.82	9.47	4.55	1.56	0.81	0.58	0.17

(3) 产品脆性问题

①固相反应不充分的预烧料。

预烧温度偏低，固相反应不充分或氧分压不够，致使预烧料内残存非磁性α-Fe_2O_3、γ-Fe_2O_3、$SrO \cdot Fe_2O_3$等杂相，这些非六角片状晶体在二次烧结时与铁氧体六角片状晶体不能协调生长，从而导致产品烧结后易碎裂，成品合格率显著下降。

②Fe的混入。

破碎、研磨过程中，或含Fe的铁鳞氧化不充分，都将导致Fe的混入，$Fe+O_2 \longrightarrow Fe_2O_3$的反应将产生强烈的局部膨胀，从而导致磁体内部细裂纹的出现。

项目 6　永磁铁氧体的成型

本项目导读：本项目主要对永磁铁氧体成型的工艺与控制要点，进行了相关的讨论，内容包括湿压磁场成型原理，湿压磁场成型效果的影响因素，大弓高磁瓦成型的特点及其模具设计要点，成型阶段常见质量问题及其处理思路，干压成型效果的影响因素，磁场成型效果的影响因素等。

永磁铁氧体的产品外观缺陷问题，90%以上都能在成型工序找到引起其缺陷的原因以及相应的解决措施。永磁铁氧体的成型工艺较复杂，其成型的分类方式有两种：一是按成型时，是否同时施加外加磁场，分为无磁场成型(各向同性产品)与磁场成型(各向异性产品)；制造各向异性磁铁，可以采用干燥粉末，也可以采用悬浮胶体(大多数是以水作悬浮液)，因此，可分成干压和湿压两种工艺，两种情况都要求颗粒是单晶的或准单晶的。这两种方法各有其优缺点。由于晶粒排列较好，湿压方法所得磁性能较好，制备悬浮液比制备粉末容易，大块压坯的压力低，其密度也比较均匀。干压工艺的优点是模具比较简单，能够压制较小部件，压制时间短，以及直接成为最终干压产品。干压工艺通常采用冲床，湿压则采用液压机。湿压成型一般同时会外加磁场，而干压成型可以加磁场，也可以不加磁场成型。

子项目 1　永磁铁氧体成型知识准备

各向同性钡铁氧体颗粒的易磁化方向在空间是作统计的混乱分布，表现在磁性上是各向同性的，故 $B_{r//}=B_{r\perp}=\frac{1}{2}B_S$，磁能积不高，$(BH)_{max}=7.96\text{kJ/m}^3$，理论上磁能积的最大值为 $\frac{B_r^2}{4}$，要提高磁能积就必须提高 B_r，而要提高 B_r 就必须使晶粒 c 轴作取向排列，亦即产生结晶织构，这种织构称为各向异性。表现在磁性上，垂直于织构方向与平行于织构方向的性能是不一样的，在理想情况下，$B_{r//}=B_S$，$B_{r\perp}=0$，此时磁能积要比各向同性的产品高 4 倍。正因为如此，各向异性铁氧体的产量远大于各向同性铁氧体，各向异性铁氧体的制备常采用磁场取向成型法，即利用成型时附加的直流磁场使单畴颗粒的易磁化方向沿着外磁场方向作整齐的取向排列，这样的坯件经过烧结可获得各向异性的永磁铁氧体。磁场取向成型法有湿法和干法之分，成型前的工序基本上和各向同性是相同的。湿压磁场成型有利于单畴颗粒的定向排列，可以生产质量较好的永磁铁氧体(本书将对其进行重点讨论)，但在坯件压制过程中需要将料泥中大量水分排出，增加了某些附加工序，生产效率不高。为了提高成型效率，也可以采用其他工艺方法。如干压磁场成型、应力取向成型等。

任务 1　应力取向成型

当颗粒为单晶小片，且模压冲头沿单一方向运动时，颗粒会产生一种轻微的取向(压制各向异性)，这时颗粒小片倾向于其平面垂直于加压方向排列，从而导致颗粒料垂直于晶体平面的 c 轴择优排列在加压方向上。随着生坯密度的增加，这种各向异性有一定程度的增加。应力取向成型就是指在压力作用下，薄片或针状单畴颗粒可作取向排列，此时，压力不仅起成型的作用，而且起取向磁场的作用。与磁场成型比较，该法不需外加磁场和无磁模具，有利于生产效率的提高，同时，该法能做一些常规成型工艺难以生产的产品。

微特电机的研制及其广泛的应用，需要越来越多的圆环形全径向永磁铁氧体磁体，而采用常规生产方法，其定向成型和烧结工艺过不了关；若用应力取向成型工艺，则可解决上述问题。如将制备好的片状磁粉，加入质量分数为 8%～12%的氯化聚乙烯(CPE)或橡胶，经捏合、混辗、切粒、混辊、精碾、卷绕，则可做成全径向粘结磁(橡胶，塑料磁)环。若经排胶合剂烧结，则可做成烧结永磁铁氧体磁环。

用此法成型的粉料颗粒，要求呈片状或针状，故粉料的制备比较困难，而且，粉料的松装比较低，成型压力较大，需(1～3)×10^3 kg/cm^2。

任务 2 干压磁场成型

各向异性永磁铁氧体的成型方法，通常是采用湿压磁场成型工艺，因为用湿压磁场成型制出的产品取向程度高，性能好。但是湿压磁场成型的成型速度慢，模具和设备复杂(为了排除大量的水分)，因而生产效率低。近年来，国内外都对干压磁场成型开展了研究。采用干压磁场成型可以提高成型的速度。因无需排除水分，故可简化设备，而且也便于生产的自动化。常适用于性能要求不太高、体积小、产量大的产品，如小型扬声器的永磁磁瓦、永磁电机的低端磁瓦等。

1. 干压磁场成型原理

在粉料烘干之前将湿料进行预磁化，即在磁场中作定向处理，然后烘干、过筛，获得各向异性的颗粒，最后在磁场中压制成型。由于颗粒内部的磁性晶体在预磁化时，就已取向排列，因此，整个颗粒实际上是许多取向的磁性晶体的集合体，这样的集合体在外磁场作用下会整个儿地转动，其易磁化方向转到外磁场方向而被压紧，故整个坯件就成为各向异性的了。

2. 干压磁场成型效果的影响因素

对于干的粉料，由于粉粒间存在有大的摩擦力，因此，磁场成型取向低，为了提高成型的取向效果，常采用的途径如下。

1) 引入适量粘合剂

粘合剂是干法磁场成型的关键，它直接影响磁场成型时磁性颗粒的取向度和坯件的机械强度。理想的粘合剂应具有双重性，即既具有一定的润滑性和分散性，又具有一定的粘结性，在成型过程中，未压紧前，希望每一个磁性颗粒表面有一层薄薄的、起着表面润滑作用的粘合剂，并且颗粒之间是分散的，不粘结成团块。这样有利于磁性颗粒在外磁场作用下高度取向排列。而将这种取向排列的颗粒在磁场中压紧成型时，却希望颗粒之间的粘合剂呈现双重性的另一面，即具有一定的粘结性，以保证坯件有一定的机械强度，不产生开裂、起层、掉块、缺角等现象。显然，润滑性和粘结性是矛盾的，要在一种粘合剂中同时兼备这两方面优良特性是有困难的。这可以通过寻找具有此双重性的粘合剂及其组合来解决此问题。

(1) 对此类粘合剂的要求

对此类粘合剂总的要求大致如下：

①具有一定的粘结性。

②具有一定的润滑性。

③具有一定的分散性。

④较低温度下($T \leqslant 400$℃)能挥发净，挥发温度尽可能不太集中。

⑤低毒性。

⑥价廉、料源广。

⑦对磁性能没有影响。

曾在碳氢化合物中选择了樟脑($C_{10}H_{16}O$)、萘($C_{10}H_8$)、硬脂酸钙$(C_{18}H_{35}O_2)_2Ca$、硬脂酸钡$(C_{18}H_{35}O_2)_2Ba$、聚乙烯醇(C_2H_4O)以及羧基甲基纤维素钠(CMC)($RnOCH_2COONa$),几种粘合剂进行单独与混合试验,主要结果综合如下:

a. 粘合剂应搅拌均匀,弥散于单畴颗粒表面;粉料应松散,流动性好,在理想的情况下,每一个单畴颗粒在磁场作用下均应能自由转动。为达到此目的,可将粘合剂溶解后再与料混合。樟脑、萘、硬脂酸溶于醇,可用工业酒精将其稀释。

在一般情况下,颗粒往往凝聚成团,将粉料按质量分数计,加入 3.5%的樟脑后分别过 120 目、100 目、60 目、20 目筛和不过筛后成型烧结,比较其磁性能,发现 B_r随过筛目数的增加而增加。这说明凝聚成团后,由于团内粒子之间摩擦力的增加,以致影响单畴颗粒在外磁场中的取向排列。

b. 为了有利于颗粒松散、流动性好,有利于颗粒的转动取向,成型时应将磁场至少倒向一次。有条件时最好将粉料进入模具前通过交流线包进行预磁化处理。如成型时不进行磁场倒向,取向度(即 B_r)会明显下降。

在过筛与磁场倒向的工艺条件下,分别对上述粘合剂进行了对比试验,大致情况如下。

(2)各粘合剂单独加的情况

①樟脑。它是具备润滑与粘结双重性的粘合剂,未压紧时以润滑性为主,压紧后以粘结性为主。由于樟脑易挥发,会增添粉料的分散性,作为干法磁场成型是一种较为理想的粘合剂。天然樟脑性能较佳,但价格贵,料源缺,因此,采用人工樟脑做试验。在试验过程中,发现如采用球磨混合方式容易粘壁,在球磨过程中容易成团聚成块,很难过 120 目筛。

②萘又名洋樟脑。料源广,价格低廉。在试验中发现萘常以鳞片状结晶存在于粉料之中,很难与粉料高度弥散而均匀混合,因此成品中气孔稍多,取向度不佳,一般仅达到湿法成型的 70%左右。

③硬脂酸钙。其黏性次于樟脑,润滑性很好,在常温下不挥发,无气味,磁场成型时取向度较佳,可达湿法的 90%左右,但坯件的机械强度较差。硬脂酸钡的性能与硬脂酸钙相近,润滑性略差,硬脂酸钡高于 50℃易变质,会损失润滑性与粘结性。

④聚乙烯醇。潮湿时黏性很强,润滑性很差,干燥时容易使粉料成团,起皮,无粘结性,因此,单独作为干法磁场成型很不理想。通常加入量不宜过多,约为 0.2%。

(3) 樟脑与硬脂酸钙的混合料

如上所述,樟脑和硬脂酸钙各具优缺点,为了取长补短,进行混合粘合剂的试验,效果较好。例如,以 0.5%的硬脂酸钙加入粉料中干磨 6h 左右,然后加入 1wt%的樟脑稍加混合球磨,出料过 120 目筛,成型时取向度与机械强度均很好,一般磁能积可达到湿压的 90%以上。

2) “预磁化”法

上述方法的优点是简便、磁性能较高,缺点是樟脑易挥发,需要随配随用,又有特殊气味,要过 120 目筛,粉尘较大。为了克服此缺点,同时寻求价廉、料源广的粘合剂,设想首先将单畴颗粒在磁场中取向排列(预磁化)干燥后制粒,使每一个颗粒成为单畴颗粒的取向集合体,或称为“类单畴体”,它可以含有数百万颗的单畴颗粒,再加润滑剂,在磁场中取向成型。为了克服退磁场的作用,使“颗粒”内部单畴颗粒整齐排列,在预磁化时还需加入少量的粘合剂,如仅以水为粘合剂则不能达到整齐排列的目的,并使磁性能下降。曾采用聚乙烯醇作粘合剂,但干燥后易析出，表面结皮，做成的颗粒不易成球状，且不溶于冷水。干燥后无黏性，取向性差。后改用羧基甲基纤维素钠，效果较好。

预磁化磁场原则上应尽可能高，使单畴颗粒取向排列整齐，从而使得取向集合体颗粒内的取向度得到提高，最后样品性能可达到湿压的90%以上。具体做法如下：

①CMC的加入量为二次球磨后料浆(含水量约为40%)的0.2wt%。

②将上述料浆在$H\geqslant 280$kA/m磁场中进行预磁化。

③将预磁化后的料过40目筛，制成尺寸为0.1～0.6mm大小的颗粒。

④加入0.3wt%的硬脂酸钙作润滑剂，在45～50MPa的压力下成型。

由上法所制成的钡铁氧体磁性能约为湿压样品的94%。

3) 成型磁场与成型压力

干压磁场成型的压力要比湿压高；初始定向磁场，干压磁场成型时也比湿压时要高。当然条件允许，高一些更好，必要时，需要加脉冲磁场。

例6.1 在二次球磨停机前约10h，加入相当于料重1%的$Ca[CH_3(CH_2)_{16}COOH]_2$，以及相当于料重10%、质量浓度分数为5%的$(CH=CHOH)_n$。然后磨到规定的尺寸(1μm以下)。出料后，将料浆在磁场中压滤，烘至水的质量分数为3%附近；或将料浆放在非磁性材质的容器里，容器面上放上大块永磁体(其表面磁场在1194kA/m(1.5kOe)以上)，于磁场中烘干，烘干后拌匀过120目的筛，经交流磁场处理。干压磁场成型压力为58.8MPa，成型充磁磁场≥318.4kA/m(4000Oe)。所得产品的性能为：

$$B_r \geqslant 0.34\text{T}\ (3400\text{Gs}),\ H_{CB} \geqslant 222.9\text{kA/m}\ (2800\text{Oe})$$

$$(BH)_{max} = 20.7 \sim 22.3\text{kJ/m}^3\ (2.6 \sim 2.8\text{MGOe})$$

如果将经过预磁化处理的料、烘干、打碎，加入质量分数为0.3%的硬脂酸钙后，再磨1h，过80目筛。加m(酒精)∶m(樟脑)=1∶1的酒精樟脑溶液以及质量分数为3%的水拌匀，置于密闭容器中闷约12h后过100目筛，其成型效果较好。

有的企业利用破碎机等，粉碎模压体(已湿压磁场取向的生坯)，通过筛网分选碎屑，收集平均颗粒直径为100～700μm的可磁场取向的料粒，在磁场中干压成型，随后烧结。

有的企业则以质量分数为0.5%的硬脂酸钙加入粉料中，磨6h左右。然后加入质量分数为1%的樟脑，稍加混合球磨，出料过120目筛，成型后取向度和机械强度均很好，一般磁能积可达到湿压时的95%以上。若采用其他的混合剂，其添加量，按质量分数计，分别为：硬脂酸0.5%～0.7%，硬脂酸钡0.5%～0.7%，樟脑0.5%～0.9%。干压成型时其磁性能大致为：B_r(3 500～3 700Gs)，H_{CB}(2 300～2 400Oe)，$(BH)_{max}$(3.0±0.2MGOe)。

所用压机质量和精度，以及模具精度和粗糙度等对产品质量都有影响，应予以注意。凹模及型芯在轴向取向场的情况下，应使用无磁硬质合金、无磁轴承钢。不导磁不锈钢经渗氮处理，可达高硬度和优质粗糙度的要求。

总之，影响干压磁场成型效果的因素较多，除了润滑剂之外，还有粉料的细度、成型压力、预磁化磁场和成型磁场等。实践证明，初始的粉料细度小些的好。成型压力应随着产品的形状、大小和成型磁场的强弱而变化，在不出现开裂的情况下，成型压力大些有好处。干压磁场成型的压力通常约为50MPa，其成型效率比湿压磁场成型高2～4倍。如采取一模多件或自动化成型，生产效率可提高更大。预磁化磁场与成型磁场更大些，可提高产品的取向度。

任务 3　湿压磁场成型原理

湿压磁场成型是制造高性能的各向异性铁氧体永磁材料常用成型方法，其特点是在压制成型时，通过外加磁场的作用使坯件内的铁氧体颗粒织构化。这样的坯件烧结后即成为各向异性的永磁产品。湿压磁场成型用料呈软泥状，这种料泥的颗粒实际上已经铁氧体化，颗粒尺寸已达到单畴尺寸，一般在 1μm 以下。

当前，生产最多的永磁铁氧体是钡铁氧体和锶铁氧体，它们都属于六角晶系磁铅石型，其 c 轴是易磁化方向。通常，这样的单晶体沿 c 轴方向磁性最强。对于多晶材料，如果各个单晶体是杂乱无章地排列的，则整个铁氧体元件就呈各向同性。要是能够使铁氧体元件内的各个单晶体取向排列起来，则元件将是各向异性的。磁场成型就是使元件内各个单晶体的 c 轴沿一定方向整齐排列，如图 6.1 所示。

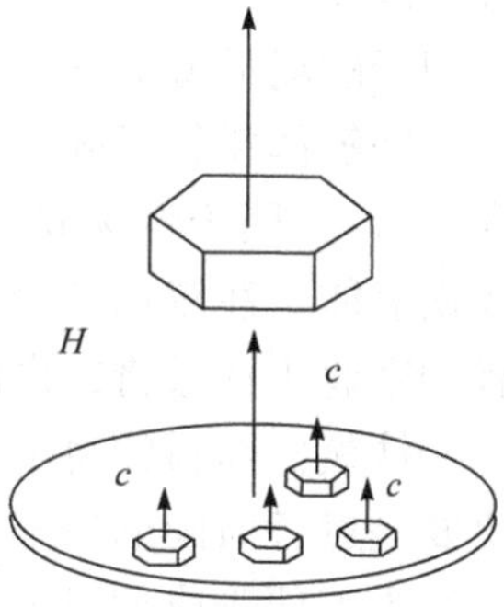

图 6.1　六角单晶 c 轴的排列

湿法磁场成型是将二次球磨后的料浆直接置于模具中，在加压力成型的同时施加一定方向(垂直或平行于压力方向)的强磁场，使单畴颗粒磁化并转向外磁场方向作定向排列，同时用真空泵抽水，通过冲头上所钻的小孔将水分排净。为了防止抽出料浆，在上下冲头处需垫滤纸、滤布或羊毛毡等。为了克服颗粒取向过程的阻力，一般起始磁场约为 200kA/m，随着压缩之后间距的减少，磁场会自动增强，到压缩结束时，磁场约为 640kA/m。为了帮助颗粒取向，亦可在上下模闭合时附加脉冲磁场。坯件压紧后，单畴颗粒不能自行转动，各向异性的坯件即被压成。磁场成型不仅可将铁氧体粉料压制成所要求的形状，而且可使得坯件内的晶粒取向排列，如图 6.2 所示。图 6.2(a)是未加外磁场时粉料中的晶粒紊乱取向情况；图 6.2(b)是加了外磁场后粉料中晶粒取向情况；图 6.2(c)是在施压后晶粒取向固定下来的情况。

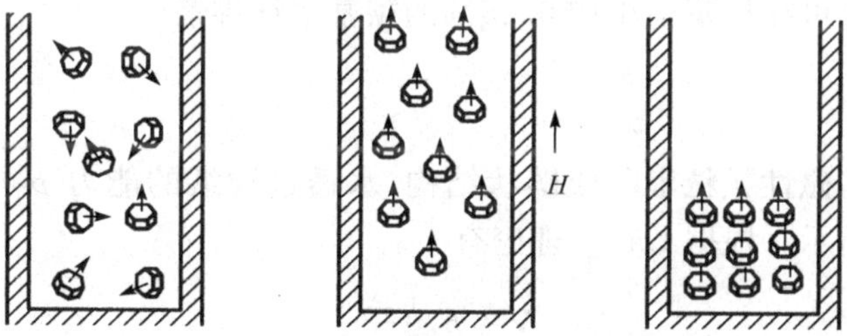

(a)　(b)　(c)

图 6.2　湿压磁场成型原理示意图

Odor 等人提出了一种使一块磁瓦具有不同磁性区域的制造工艺。将烧结后矫顽力高的含铁氧体料浆装到弓形模腔的一端或两端，而把烧结后剩磁高的料浆装到模腔其余部分。这样制成的磁铁安装在马达中特别适于承受不同的磁应力。

任务 4　湿压磁场成型效果的影响因素

成型工序是保证产品质量的重要环节。在该工序，造成产品缺陷的因素很多，只有逐一加以控制，才能杜绝不合格品的产生，保证产品的质量，并可避免在下一工序作较大的调整。影响湿压磁场成型效果的因素主要有铁氧体粉料及其含水率、注料时间与注料压力、成型磁场、磁场方向和位置、成型压力、加压方式、保压时间、压制速度等。

1. 粉料及其含水率

Maurer 等人研究了颗粒细度对生坯密度的影响。用不同的研磨机，研磨不同的时间并在相同压力下压制样品。由于研磨机的类型不同，随着颗粒细度的增加，生坯密度会不同程度地下降。生坯密度降低的可能原因是细度增加，压制时空气不易排出、不理想的颗粒大小、粒度的分布以及由于粉末颗粒表面上形成了氢氧化钡和碳酸钡薄层。

用于磁场成型的铁氧体粉料必须满足以下 3 点要求：

①铁氧体粉料必须具有强磁性。因为只有具有强磁性的粉料才能在外加磁场作用下取向排列。为此，用于磁场成型中的粉料都要经过高温预烧，使得原材料尽可能地全部经固相反应生成铁氧体。注意，二次配方所加添加剂大多不属于强磁性物质，故其添加总量不应太多，目前有的企业正在做将二次配方所加添加剂铁氧体化的尝试。

②铁氧体粉料的每个颗粒必须是一个单晶体。因为单晶体是单轴向的。所以预烧后的毛坯块要经过长时间的粉碎，使铁氧体永磁粉粒成为单畴，以利于磁性能的提高。

③为了便于成型时各晶粒在磁场作用下转动、取向，通常粉料中含有大量的弥散剂和润滑剂，以减小粉粒在转动时的摩擦力。例如，为使单畴颗粒易于转动，需将成型料做成软泥状，其水分起润滑作用。如水分太多，则料泥太稀，难以压制成型；水分太少，料泥太干，不利于单畴颗粒的转动。料泥的含水量必须适当。一般含水量应控制为 30%～35%，注浆成型时含水量可高些，如 35% ～40%。

2. 有机表面活性剂

为了提高取向度，可添加少量有机表面活性剂，以降低料浆的表面黏性，如聚乙烯二醇(原蜡 400，碳蜡 3000)、DarvanC(氨盐-聚合电介质)、Dolapix ET85 等，添加量为 1%～3%，为了增加坯件机械强度，亦可在料浆中添加 0.25%的羰基甲纤维素。

3. 料浆的滤水性

湿压磁场成型时，磁性颗粒串联成链状结构，水透过滤纸的能力 p 与磁场相对于压制的方向有关，如图 6.3 所示。根据 Darcy 理论有

$$V=p\frac{1}{\eta}\frac{\Delta p_s}{L} \tag{6.1}$$

式中，V 为表面流体速度；A 为截面积；η 为流体的粘滞系数；p 为渗透率；Δp_s 为形成压滤块时压力的突变；L 为压滤块的厚度。

由式(6.1)可知，渗透率不仅与磁场以及磁场方向有关，而且与料浆中颗粒尺寸有关。随着颗粒尺寸的减小，渗透率亦随之下降，越细的料浆越难抽滤。根据 Strijbos 的试验(表 6.1)表明，渗透率 p 不仅与磁场以及磁场方向有关，而且与料浆中颗粒尺寸有关，随着颗粒尺寸的减小，p 亦随之下降，越细的料浆越难抽滤。

假如料浆中存在非磁性杂质，在磁场中将无法排列成链状结构，容易堵塞滤孔，难以压滤成型，因此，要求预烧料尽可能固相反应完全，不存在非磁性另相。通过测量预烧料比饱和磁化强度值可衡量固相反应完全的情况，一般要求其值大于 65A · m²/kg。

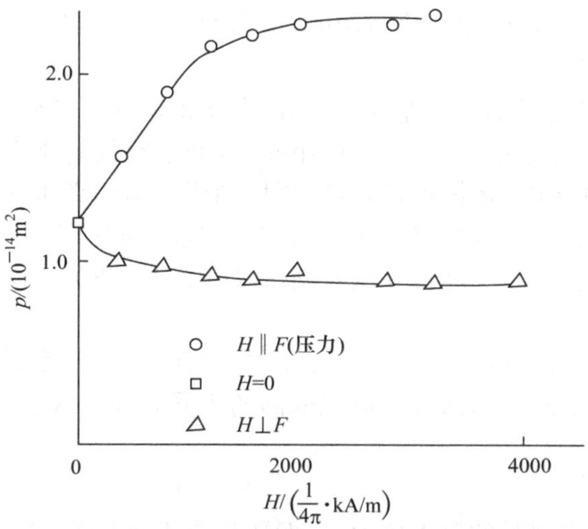

图 6.3　渗透率与外磁场 H 的关系（F 为压力方向）

表 6.1　渗透率与料浆中颗粒尺寸的关系

粉料	$p(H>200kA/m)/m^2$		$p_{//}/p_{\perp}$	颗粒尺寸/μm
	$p_{//}$	$p_{\perp}$		
A	2.25×10^{-14}	0.95×10^{-14}	2.4	1.05
B	1.75×10^{-14}	0.80×10^{-14}	2.2	0.90
C	0.85×10^{-14}	0.40×10^{-14}	2.1	0.65

4. 注料时间与注料压力

为了使多腔模具型腔内料浆均匀，注料时需有一定的压力，根据注料泵和模具设计情况，一般注料压力为 1～3.5MPa，注料时间根据模具大小和注料泵的大小而不同。注料压力太小，时间太短，都容易造成注料不足、密度不均匀等缺陷，注料时间一般为 3～5s。

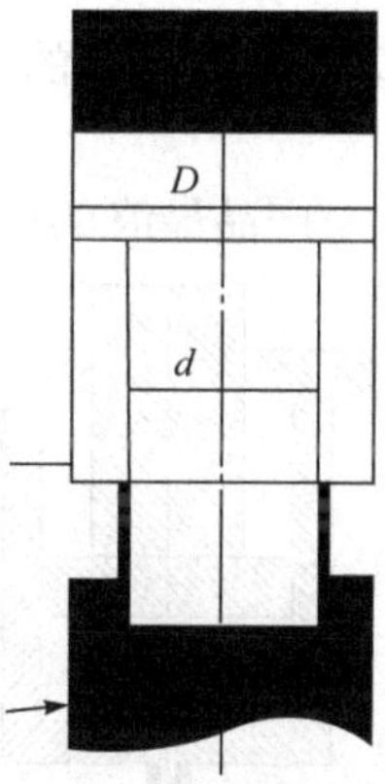

图 6.4　压机注料隔膜泵上的增压缸

例 6.2　图 6.4 为 100 吨压机注料隔膜泵上的增压缸，已知活塞直径 $D=120mm$，活塞杆直径 $d=90mm$。求：该增压机的增压比为多少？如成型某一产品时，乳化液上需要背压 $P_{背}=5MPa$，则液压系统的注料油压 $P_{注}$ 应调节为多大？

解题要点：

① 求增压比：$i=\dfrac{D\times D}{d\times d}=\dfrac{12\times12}{9\times9}=1.78$。

② 根据 $P_{注}=P_{背}/i$，求注料油压：$P_{注}=5/1.78=2.81(MPa)$。

5. 压制速度的影响

压制速度对磁场成型效果也有很大影响。压制速度是指压制过程所需要的时间。为了控制好产品的压缩比，使产品的密度更均匀，需控制好快、慢压速度及其时间。如前所述，用于磁场成型的粉料中含有大量的水分，这些水分在成型过程中，需用真空泵将其抽走。抽水需要时间，如果压制速度太快，粉料中的水分和空气来不及抽走，这些水和空气将被压成薄层，或者出现逃粉现象，且不能得到较好的压缩比与密度，从而导致生坯出现裂纹，或生坯表面看不见明显裂纹但在烧结后会出现多种裂纹。

通常，不同压制阶段选择不同的速度，以确保在获得良好生坯质量的基础上提高产量。

磁体在压制过程中，开始加压时，压力应小些，以利于空气的排出，然后在短时间内释放压力，使受压气体逸出。初压时，坯体疏松，可以稍快加压。当用高压使颗粒紧密靠拢后，必须缓慢加压，以免残余空气无法排除，在释放压力后空气膨胀，回弹产生层裂。当坯体较厚或者粉料颗粒较细时，应减慢加压速度、延长保压时间（保压时间一般为 6～15s），以此来增大生坯密度和机械强度。

为了提高压力的均匀性，可以采用多次加压（多段保压）。开模时，速度要慢，防止振动，不同形状的产品可以采用上模先退回或下模先退回的不同开模方式。

6. 成型压力的影响

成型压力是指毛坯成型时的最大压力，一般要根据毛坯的形状和外形尺寸选择合适的压力。产品厚的，其成型压力可取大一些。如果压力过大或过小，会使收缩率发生变化，导致产品尺寸超差。另外，压力过大，造成生坯因受力大而损坏；压力不足，压坯边缘部分因受力不足，导致刹平台等缺陷。因此，应把压力控制在一定数值，避免废品的产生。

随成型生坯密度的增加，B_r、$(BH)_{max}$线性增加，但产品的 H_{CJ} 却略为下降。

实践中，成型生坯的特性可描述为

$$\rho_{生坯}=2.88F_{生坯}^{0.129} \tag{6.2}$$

式中，$\rho_{生坯}$为生坯密度，g/cm³；$F_{生坯}$为作用于生坯上的压力，kPa。

设液压机上缸压强为 P_1，上缸缸芯的活塞面积为 S_1，下缸压强为 P_2，下缸缸芯的活塞面积为 S_2，坯件需要的压强为 P_3，坯件面积为 S_3，根据液压机的工作原理有

$$P_1\times S_1-P_2\times S_2=P_3\times S_3$$

那么，坯件承受的压强则为

$$P_3=(S_1\times P_1-P_2\times S_2)/S_3$$

产品最终的成型压力取决于坯件的收缩比以及试烧后产品的最终尺寸情况。压力太大，坯件易起层；压力太小，则坯件强度不够。

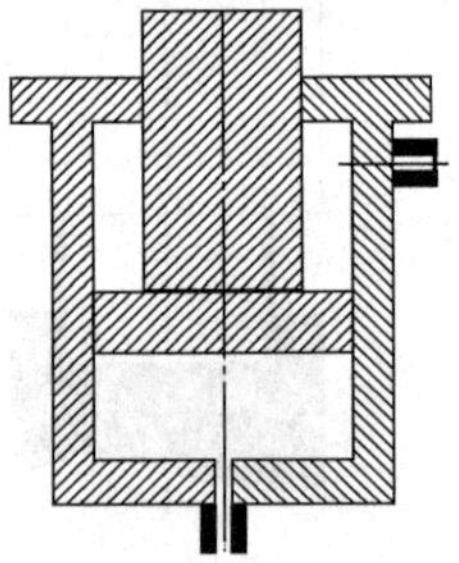

图 6.5　压机下缸活塞

压机成型时，压力应平稳上升。在压力启动时，升压压力与升压时间应协调，不要升压规定的时间到了，压力还未到；或时间还未到，压力已经升到。同时，在成型变换动作时也要求平稳，如要求滑块慢速下行，就不要先快后慢，或先慢后快。

例 6.3　图 6.5 为 180T 压机下缸活塞，其尺寸为 200/160mm，成型时需要 20t 合模力、10t 脱坯力。求：合模和脱坯时需要提供的油压强分别是多少？

解题要点：

(1) 求合模油压强 $P_{合}$

合模时是下缸下腔（无杆腔）在起作用，

$$S_{下下}=\frac{\pi\times D\times D}{4}=\frac{3.14\times 20\times 20}{4}=314(\text{cm}^2)$$

根据 $F=P_{合}\times S_{下下}$，求出

$$P_{合}=F/S_{下下}=20000/314=63.7(\text{kg/cm}^2)=\frac{63.7\times 9.8}{100}=6.243(\text{MPa})$$

(2) 求脱坯油压强 $P_{脱}$

脱坯时是下缸上腔(有杆腔)在起作用,先求下缸上腔面积

$$S_{下上}=\pi\times(D\times D-d\times d)/4=3.14\times(20\times20-16\times16)/4=97.34(cm^2)$$

根据 $F=P_{脱}\times S_{下上}$,求出

$$P_{脱}=F/S_{下上}=10000/97.34=102.7(kg/cm^2)=10.065(MPa)$$

例 6.4　如图 6.6 所示,180 吨压机的上缸尺寸为 $D/d=300/270$,铁氧体产品的单位产品成型压力(压强)为 $P_{产}=380kg/cm^2$,若要在该压机上成型直径为 $\phi100\times\phi50$ 的环形产品,一模 4 件。求:加在压机上的成型压强 $P_{成}$ 应该调节为多大?

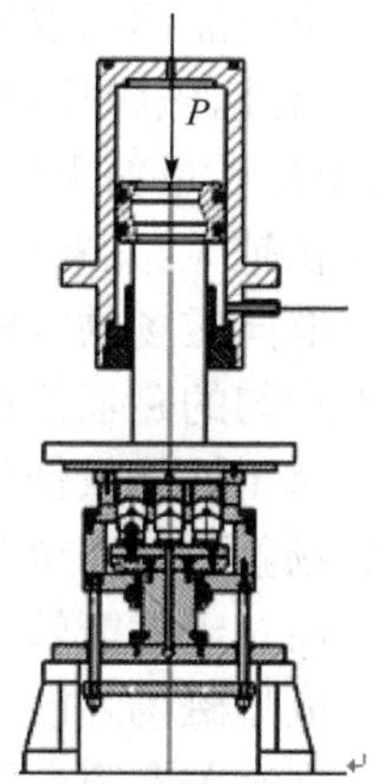

图 6.6　压机示意图

解题要点:

① 计算单件产品的受压面积

$$S=\pi\times(D\times D-d\times d)/4=3.14\times(10\times10-5\times5)/4=58.875(cm^2)$$

② 计算压制一件产品需要的力

$$F_1=S\times P_{产}=58.875\times380=22372.5(kg)=219250.5(N)$$

③ 计算压制 n 件产品需要的力

$$F=F_1\times n=22372.5\times4=89490(kg)=877002(N)$$

④ 计算上缸上腔的工作面积

$$S_{上上}=\pi\times D\times D/4=3.14\times30\times30/4=706.5(cm^2)$$

⑤ 根据 $P_{成}=F/S_{上上}$,求压机的成型压强

$$P_{成}=89490/706.5=126.7(kg/cm^2)=12.417(MPa)$$

例 6.5　图 6.6 显示了 180T 压机的主轴缸,已知活塞直径 $D=300mm$,活塞杆直径 $d=270mm$,成型某产品需要 150 吨的压力,求:加在上缸上腔的成型压强 $P_{成}$ 为多大?

解题要点:

成型时是上缸上腔(无杆腔)在起作用,先求上缸上腔面积

$$S_{上上}=\pi\times D\times D/4=3.14\times300\times300/4=70650(mm^2)=706.5(cm^2)$$

根据 $F=P_{成}\times S_{上上}$,求出

$$P_{成}=F/S_{上上}=150000/706.5=212.3(kg/cm^2)=20.805(MPa)$$

7. 成型磁场强度的影响

如果晶粒能够自由转动,那么很小的磁场 H 就足以使所有晶粒的 c 轴完全平行于磁场方向。实际上,在松散材料中即使是单晶单畴颗粒,由于磁力和机械力的作用,在永磁铁氧体的磁场成型过程中晶粒也不可能自由移动。磁场的作用是使被磁化了的磁性晶体转向外磁场实现取向排列。当晶体实现取向排列时,施压使取向的晶粒固定下来并得到晶粒取向的铁氧体坯件。在成型过程中,常磁场的作用是使已取向的磁性晶体方位保持稳定而不再转向。当粉料被压实后,还要外加一个与常磁场方向相反的磁场,其作用是使已成型好的铁氧体坯件的宏观磁性消除,以利于坯件的脱模,故也称为退磁场。退磁场并不改变坯件中晶体的排列。

Kools 的实验显示,在悬浮液中的单晶颗粒会自发地形成弯曲的乱取向的链,这种结构基本上是磁闭合并相对稳定的。此状态在磁场达到 45kA/m(0.5kOe)附近会突然被破坏而排列于磁场方向。在制造取向永久磁铁时,一般采用大约 800kA/m(10kOe)的直流磁场,可获得良好的晶粒取向。成型磁场大小的选择取决于铁氧体粉料晶体的磁性和粉浆的浓度等因素。通常料浆浓度大的、材料矫顽力大的,就要求成型磁场取大些。如果成型磁场选得太小,

则晶体不易被磁化，不够克服晶粒转动时的摩擦力，那样晶粒取向程度就差，将会影响产品的性能。外加的磁场太大，固然有利于晶体的取向排列，但会增加设备上的困难。因此，成型磁场的大小，应以获得晶粒整齐排列为准。在磁场成型过程中，如果磁场加得不恰当，会影响产品的性能，甚至做不成坯件。例如，脉冲磁场在粉料被压紧后才施加，则达不到使晶粒取向的目的。又如，退磁场不在坯件脱模前加上，则坯件出模时就会碎裂。要是模腔内磁场不均匀，也会影响晶体的取向。

另外，磁粉颗粒沿磁场方向定向时，其磁场产生的力矩与颗粒体积成正比。即在单畴尺寸下，单位质量粉末的体积越小，其磁粉颗粒磁矩沿磁场方向转动越容易（越容易取向）；单位质量体积越大，其磁粉颗粒磁矩沿磁场方向转动越困难（越不易取向）。

取向磁场的空间分布必须与所要求压坯的晶体取向相适应。在某些情况下，冲头边角处极不均匀的磁场使粉末分布很不均匀。必要时，可以用一非磁性材料层来消除这种磁场。

对于性能较低的产品，其磁粉粒度较粗，即单位质量粉末的体积较小，这种产品只需较小的磁场就可以完全定向。实验表明，成型磁场 $H \geqslant 279$kA/m 即可。

而对于性能较高的产品，其磁粉粒度较细，即单位质量粉末的体积较大，这种产品需要较高的成型磁场才能完全定向。实验表明，其成型磁场需要达到 637kA/m 以上。

据有关资料介绍，对于高性能铁氧体材料，国外的成型磁场一般要求 $H \geqslant 796$kA/m。目前，虽然国内企业都普遍认识到成型磁场大小对取向度有影响，但在实际生产中却重视不够，成型磁场一般仅在 600kA/m 左右。而在国外一些跨国公司，其湿压成型的磁场在 796～1500kA/m，远高于国内的成型磁场。

8. 成型位置

对于薄形产品，其毛坯成型部位可置于线圈的上部，如图 6.7 所示。

由于在这种情况下，毛坯范围内轴向磁场梯度变化不大，上、下密度基本一致，因此烧成后磁体两面的磁通也基本一致，变化不大。

对于厚形产品，若模具和线圈位置设计不合理，易造成磁体两面磁通的较大变化。那么如何解决这个问题呢？通过实验发现，将毛坯成型部位置于成型线圈的中部即可。这样可使毛坯范围内轴向磁场梯度减小，使毛坯上下部位磁场基本一致，如图 6.8 所示。为证明上述结论，我们做了如下实验：仍用 97mm×74mm 的模具，采用不同位置的成型方式压毛坯，厚度为 27mm，烧结后经磨加工，其尺寸为 85mm×65mm×17mm，然后分别测量充磁后磁体两面表面磁通，并换算成表面磁场，其结果如表 6.2 所示。从表 6.2 可看出，毛坯在线圈中部成型时，其磁体两面表面磁通密度的差较小。

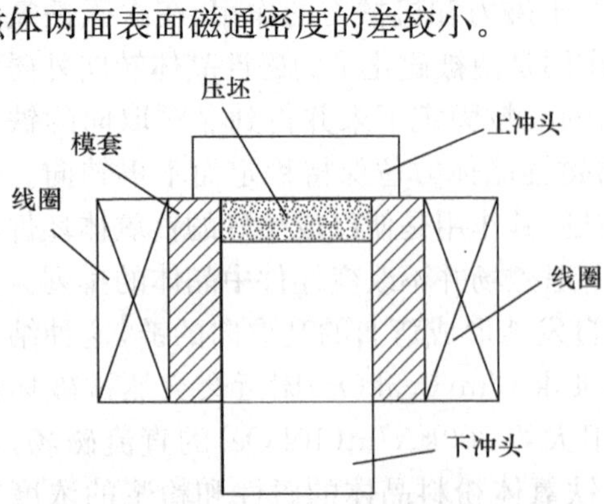

图 6.7　坯件在线圈上部

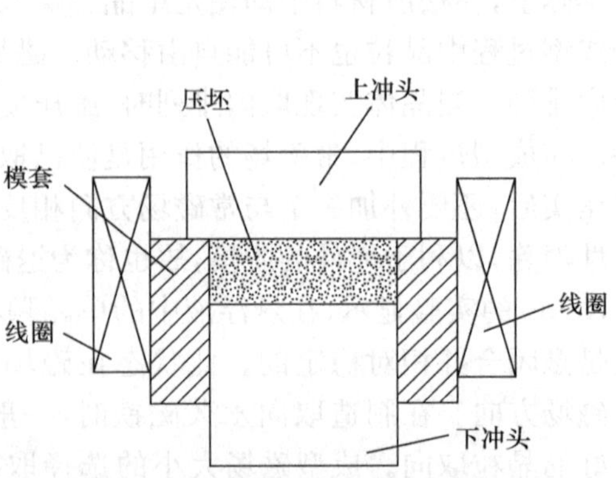

图 6.8　坯件在线圈中部

图 6.8 结构形式存在着操作不方便的缺点。因此，现在有人试图采用双线圈，一个线圈安在下模上，另一个线圈安在上模上，从原理上讲应该是可行的，只是会增大设备成本和制造难度。

表 6.2　不用成型部位对磁体两面表面磁场的影响

编号	表面磁场/mT		两面差/mT	成型位置
	上面	下面		
1#-1	65	77	12	磁体在线圈的上部成型
1#-2	69	78	9	磁体在线圈的上部成型
2#-1	74	78	4	磁体在线圈的中部成型
2#-2	76	79	3	磁体在线圈的中部成型

9. 吸水方式

Strijbos 详细地研究了成型时的排水阶段。对于各向异性滤饼，水的渗透性是各向异性的，在磁场方向比垂直磁场方向大 2～2.5 倍。这是料浆的链状结构所造成的，至少在开始吸水阶段是这样。加压过程中为了排水，在一个冲头或两个冲头表面上设有排水孔道，并贴上滤布。在压坯中各颗粒之间保留着 12.5%～13.5%质量分数的水。其余部分的水必须小心地排出，否则压坯将开裂。

永磁铁氧体湿法成型一般有两种吸水方式：单向吸水和双向吸水。对于薄型产品（厚度≤22mm），由于吸水较容易，烧结后也不易变形，一般采用单向吸水方式；对于厚型产品（厚度＞22mm），可采用上述两种吸水方式，若采用单向吸水，必须提高成型压力，使毛坯两面的密度尽量一致，否则产品会产生弯曲现象。

实验如下：用模腔截面尺寸为 97mm×74mm 的模具进行成型，毛坯厚度为 28mm，采用单向吸水，毛坯所受压力为 29.4MPa。对于厚型产品，在压力较低时，采用单向吸水，会造成磁体上下两面密度不一致，经二次烧结后，磁体就会弯曲，如图 6.9 所示。若采用双向吸水，虽然可避免磁体上下弯曲现象，但生产效率较低。

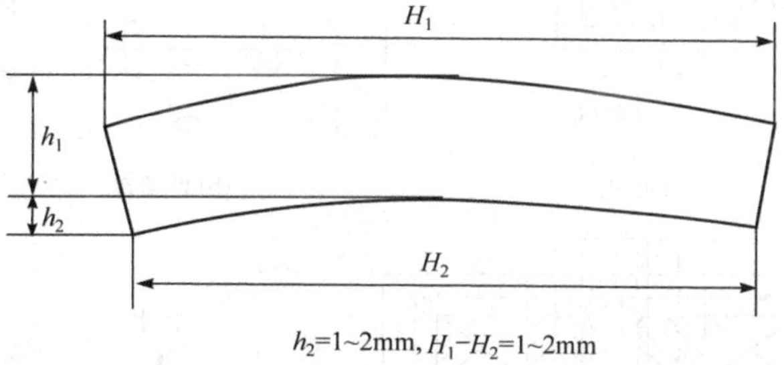

图 6.9　单向吸水时产品产生的弯曲变形

10. 脱模斜度

当铁氧体坯件压成后，要从凹模中取出，即脱模。为了方便坯件脱模，要求凹模型腔具有一定的斜度（也叫退拔）。如果凹模型腔没有斜度，当坯件脱模时，坯件上部已经被顶出型腔，这部分因压力（侧压力）消除要发生膨胀，而坯件下部因未出模而无法膨胀，从而导致产品出现裂纹，使已压成型的铁氧体坯件报废。如果脱模方式合理便可明显降低产品因此而出现裂纹的风险。

如果型腔有斜度,则坯件在脱模时,由于四周压力同时消失,便可进一步降低产品因此而出现裂纹的风险。凹模型腔斜度的大小应根据坯件高度和上凸模在型腔中的行程来决定。斜度要适当,如果斜度太大,会造成型腔与凸模间空隙太大。这样铁氧体粉料会从空隙中跑出来,增加了压制过程的摩擦力,还会使铁氧体坯件四周出现毛刺。要是把毛刺刮去,坯件将易掉块,影响坯件质量。型腔斜度部分太长,在下凸模与型腔之间将有空隙。这样,粉料容易堵塞在空隙间,从而增加了脱模时的摩擦力,使操作沉重。但斜度太小或斜度不够长,又将导致铁氧体坯件开裂。通常,凹模型腔的斜度取 1/200。此外。模具的抽水系统、滤布或毛毡以及操作等因素也都会影响磁场成型的质量。

子项目 2　湿压磁场成型模具设计

任务 1　磁场成型模具结构

磁场取向成型中,模具设计非常重要,原则上讲,沿磁场方向与坯件相接触的部分所用材料应当是导磁材料,为了同时照顾机械强度可以用高碳钢,而垂直于磁场方向与坯件接触的模具部分应采用无磁钢(如高锰钢、无磁硬质合金钢等),这样可使外加磁场集中通过坯件。对固定模可采用单线包,上、下冲头为导磁体,兼作磁极,模腔为无磁钢;对浮动模,应采用双线包,上线包与上冲头联动,下线包置于模腔外,可与模腔联动,也可固定。两线包的磁场方向应一致,成型平台应为非导磁材料,其结构如图 6.10(a)、(b)所示。径向磁场成型磁路结构可采用图 6.10(c)的形式。注浆模如图 6.10(d)所示。实践表明,采用硬质合金钢模具有利于提高产品质量与成品率。

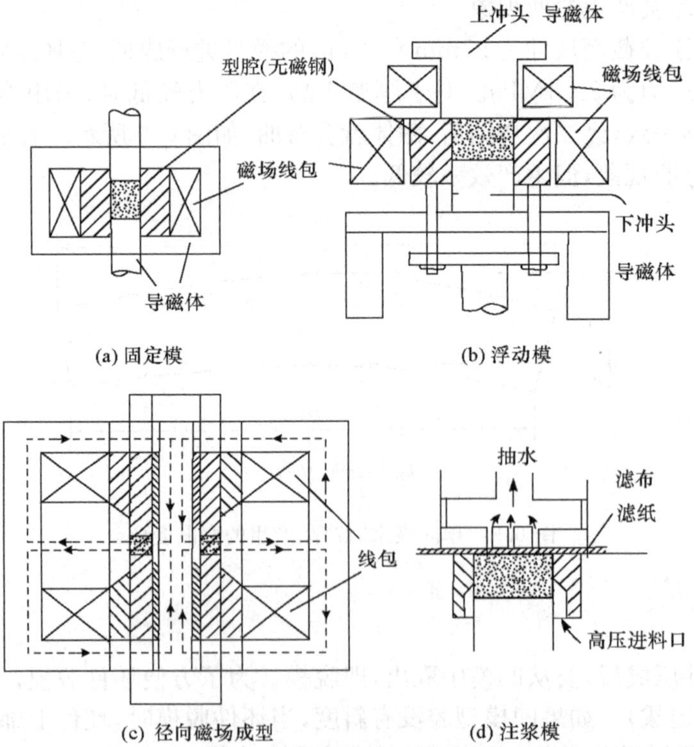

图 6.10　磁场成型模具结构

无磁钢;磁力线;导磁材料;磁粉

湿压成型模具脱水板设计采用均匀分布孔径为 $\phi1.5\sim\phi3$mm 的脱水孔，压制时沿垂直方向将滤水抽走，也可在模具成型空间内开网状小槽，加外周侧脱水孔，沿水平方向抽水，其脱水效果好，不易堵塞，可获密度一致的坯件。

任务 2　湿压磁场成型坯体尺寸、型腔尺寸与装料深度

目前因国内工艺控制技术较落后，磨加工的余量较大(一般在 30%左右，而发达国家一般在 5%左右)。模具尺寸，包括型腔尺寸、上模尺寸和下模尺寸，通常采用以下方式来计算：

坯体尺寸＝产品尺寸＋加工余量

型腔尺寸(弦宽、轴长、上下模圆弧半径)＝坯体尺寸×烧结收缩系数 α

装料深度＝(产品厚度＋磨加工余量)×烧结收缩系数 α×压缩系数 β

产品尺寸、坯体尺寸、型腔尺寸以及装料深度的关系如图 6.11 所示。

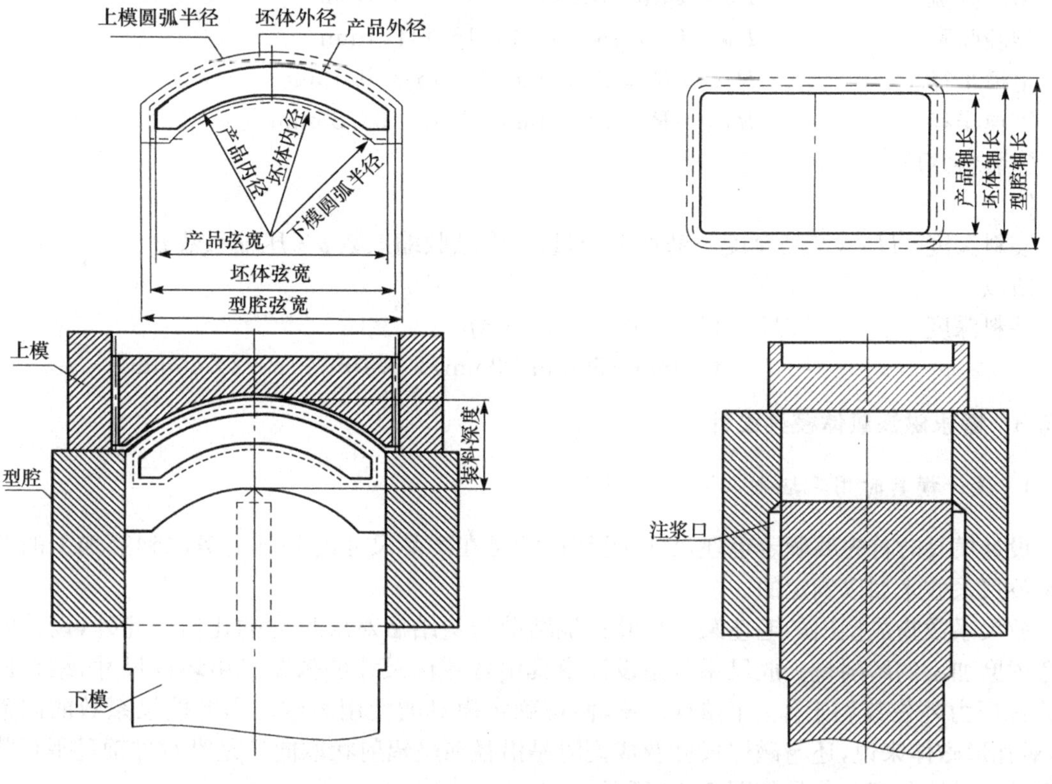

图 6.11　产品尺寸、坯体尺寸、型腔尺寸以及装料深度关系图

例 6.6　某瓦型磁体的尺寸如图 6.12 所示，弦宽 $B=80$mm，轴长 $L=35$mm，外弧 $R_{外}=60$mm，内弧 $R_{内}=50$mm，产品各尺寸的磨加工余量都取 1mm，产品烧结收缩系数 $\alpha=1.15$，压缩系数 $\beta=1.7$。求：①坯体尺寸；②型腔尺寸、上模半径、下模半径；③装料深度。

解　①坯体(熟坯)尺寸。

因坯体尺寸＝产品尺寸＋加工余量，且各尺寸加工余量为 1mm，则有

坯体弦宽　　$B_{坯}=B+1\text{mm}=80\text{mm}+1\text{mm}=81\text{mm}$

坯体轴长　　$L_{坯}=L+1\text{mm}=35\text{mm}+1\text{mm}=36\text{mm}$

坯体外弧　　$R_{外坯}=R_{外}+1\text{mm}=60\text{mm}+1\text{mm}=61\text{mm}$

坯体内弧　　$R_{内坯}=R_{内}-1\text{mm}=50\text{mm}-1\text{mm}=49\text{mm}$

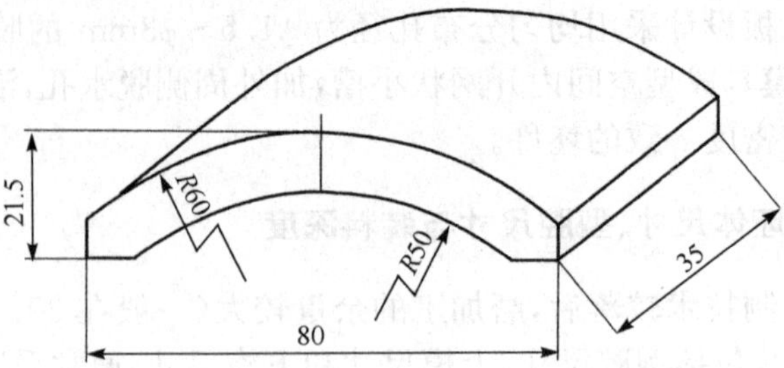

图 6.12　产品外形图

坯体弓高　$h_{坯}=h+2mm=21.5mm+2mm=23.5mm$

②型腔尺寸。

型腔弦宽　$B_{型}=B_{坯}\alpha=81mm\times1.15=93.15mm$

型腔弦宽　$L_{型}=L_{坯}\alpha=36mm\times1.15=41.4mm$

上模半径　$R_{上模}=R_{外坯}\alpha=61mm\times1.15=70.15mm$

下模半径　$R_{下模}=R_{内坯}\alpha=49mm\times1.15=56.35mm$

③装料深度。

因

装料深度　H=(产品厚度+磨加工余量)×烧结收缩系数 α×压缩系数 β

所以

装料深度　$H=(R_{外}-R_{内}+2)\times\alpha\times\beta$

$=(60mm-50mm+2mm)\times1.15\times1.7=23.46mm$

任务 3　锶永磁铁氧体模具设计

1. 设计模具时用毛坯图

设计模具时首先要确定毛坯尺寸，毛坯尺寸是在产品尺寸的基础上考虑到磨加工的磨削量及放尺系数来加以确定的。

放尺系数指成型出的毛坯某一尺寸在烧结前与烧结后对应尺寸的比值。此外，设计时还应考虑磨加工的磨削量。放尺系数是设计模具中各零件尺寸的依据。由坯件尺寸，结合压机的公称压力吨位数和工作台面的长、宽，便可确定模具的使用腔数。影响放尺系数的因素很多，对瓦形磁体来说，还与磁体尺寸及成型时是沿径向呈辐射状取向还是沿对称轴呈平行状取向有关。磁体各部分代号如图 6.13 所示。

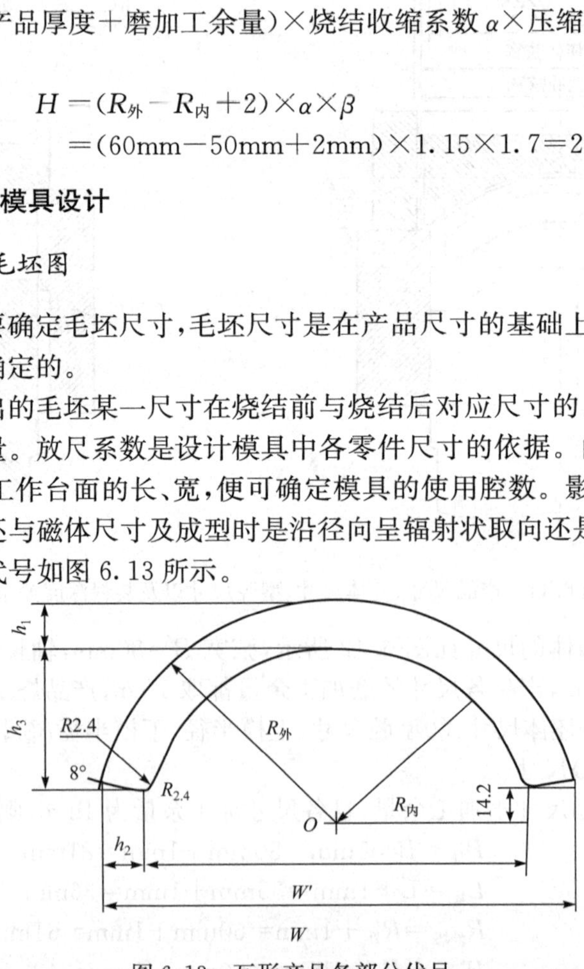

图 6.13　瓦形产品各部分代号

表 6.3 所示的放尺系数是成型时，沿径向呈辐射状取向时的数据。

表 6.3　瓦形产品辐射取向放尺系数一例

名称	成型后毛坯尺寸	烧结后尺寸	磨加工尺寸	放尺系数	备注
内径 $R_{内}$/mm	35.72	27.69	27.18	1.29	磨加工量＝27.69－27.18≈0.5 磨加工时由内向外磨
外径 $R_{外}$/mm	45.75	35.46	34.67	1.29	磨加工量＝35.46－34.69≈0.8 磨加工时由外向内磨
内径角度/(°)	133.37	149.55	150.12		
外径角度/(°)	127.32	138.9	146.48		
内圆弧长/mm	81.59	70.94	72.52	1.15	$2\pi\times35.05\times\frac{133.37°}{360°}=81.59$
外圆弧长/mm	101.66	85.95	88.65	1.183	
宽 W/mm	81.99	66.396	66.396	1.235	
长 L/mm	36.96	31.62	31.62	1.169	
内弦 W'/mm	64.41	52.43	53.49	1.228	
h_1/mm	10.8	8.28	6.99	1.304	
h_2/mm	8.79	6.99	6.98	1.258	$\frac{81.99-64.41}{66.396-52.43}=\frac{17.58}{13.966}$
h_3/mm	21.77	20.04	20.55	1.09	
拱高(h_1+h_3)/mm	32.57	28.32	27.54	1.15	

2. 模具结构与成型

目前，湿压一般采用注射料浆、浮动压制、下拉脱模的成型方式。这种成型的加压方式应为单面压。模具上模为一块整体，上模包一层滤布，覆盖于凹模上，凹模可含一个或数个型腔。成型时，下模固定不动，当上模下降接触并压紧凹模面、封闭凹模后，立即启动充磁磁场，并由注料泵将料浆由中心柱上开的注料孔，注入模具料池中，再经凹模从料槽进入型腔中，此时开始抽水，使料浆中水分经滤布上模面抽水孔排出。料浆注满型腔后，上模与凹模同步下降，封住注料槽口，多余的料回料池，使凹模内料粉成型，形成坯件。成型结束后退磁，凹模继续下降，露出坯件，上模回升，取走坯件，然后凹模复位，完成一个成型周期。图 6.14 所示为浮动成型、下拉脱模模具示意简图。

由表 6.3 可见，该磁瓦烧结后磨加工内径由内向外磨，约磨 0.5mm，而外径由外向内磨，约磨 0.8mm，长度、宽度则均不磨。内、外径放尺系数为 1.29，而内圆弧长放尺系数为 1.150，外圆弧长放尺系数为 1.183，即内圆弧长放尺系数小于外圆弧长放尺系数，从而在烧结时磁体内部会产生一定的应力。

3. 零件设计要点

(1) 上模(兼作吸水板)

瓦形磁体有两种不同的取向方式，一种是沿径向呈辐射状取向，沿这种磁瓦内弧面测量时

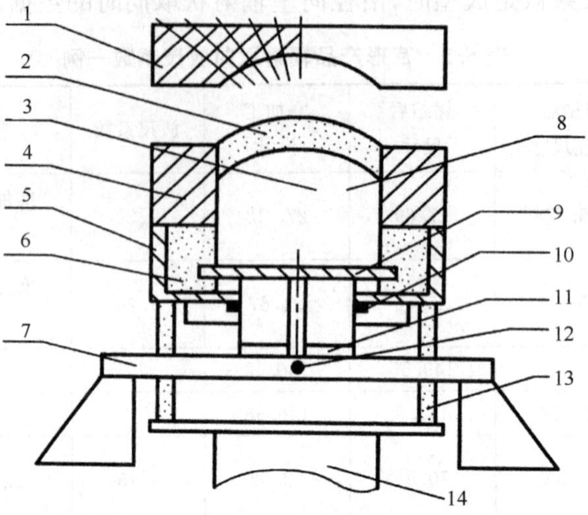

图 6.14　浮动成型、下拉脱模模具简图

1-上模；2-毛坯；3-型腔在凹模内；4-凹模；5-料池；6-料浆；7-模架；8-下模；9-连接板；10-密封环；11-中心柱；12-注料孔；13-拉杆；14-下连接杆(与压机下杠连接)

其磁通密度分布呈马鞍形；另一种沿轴向呈平行取向，若沿这种磁瓦内弧表面测量，其磁通密度分布呈正弦状(见图 6.15)。这两种磁体装成电机后，前者的磁能利用率比后者高约 20%，气隙磁通提高 8.2%～11.8%。但后者转子转动比较平稳，抖动较小。对永磁体使用者来说，比较倾向于应用前者。成型这种磁体时，成型部位应在型腔上部(成型线圈在凹模周围)、靠近成型磁场线圈的上端面，以利用发散状磁场使磁粉定向。另外，上模钻辐射状吸水孔，如图 6.16所示。因料浆在磁场作用下，会沿磁力线方向排成链状，这种链状排列的料浆在辐射状吸水孔吸力作用下会呈辐射状排列。这种设计是将磁瓦外弧面朝上，以充分利用成型磁场，这样成型的磁瓦、内弧磁通密度比外弧磁通密度要高，这也符合使用要求。一般磁瓦厚度(h_1)并不大，因此可采用单面吸水，即在上模上设计真空吸水孔，这样既可避免磁瓦内弧面性能因吸水孔而破坏，又可保持表面光洁度在一定水平上，以减少磨加工时磨削量。

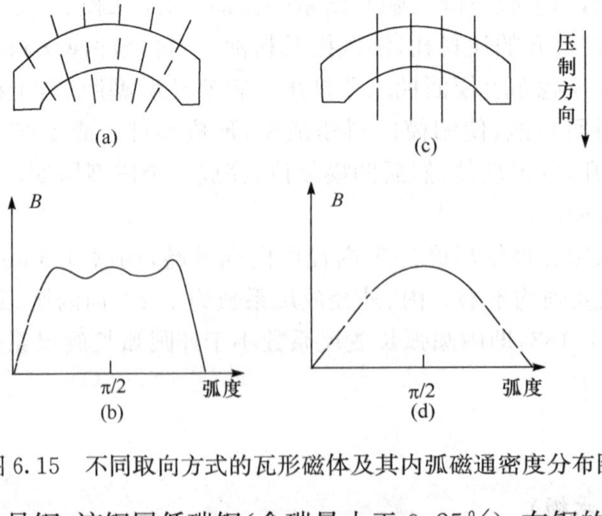

图 6.15　不同取向方式的瓦形磁体及其内弧磁通密度分布图

上模材料可用 20 号钢，该钢属低碳钢(含碳量小于 0.25%)，在钢的分类上又属优质碳素

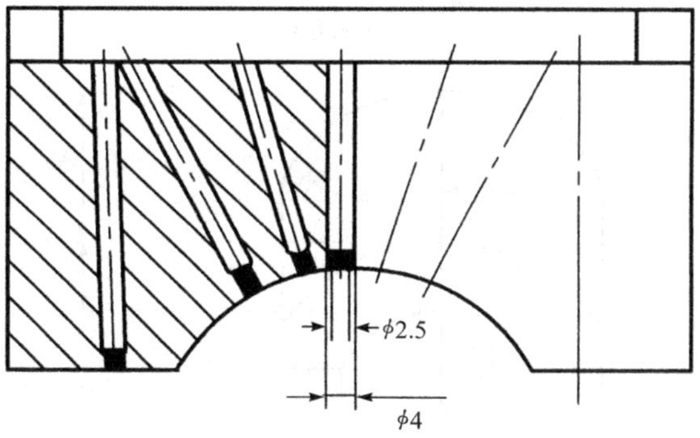

图 6.16　上模示意图

钢。该钢材既保证了化学成分，又保证了机械强度，且磁导率较高。国内上模材料常用 45 号钢。

(2) 下模

在设计下模时，需考虑型腔内的磁场强度分布及料浆压缩比。为了形象地说明问题，现以图 6.17 所示为例，$ABCD$ 为上模端面在型腔中的初始位置，$A'B'C'D'$ 为成型终了的位置，$A'B'C'D'D''C''B''A''$ 所框面积为毛坯的断面。瓦形磁体(磁瓦)多应用于电机中的定子，要求内弧与外弧两个弧面为同心圆。$A'B'C'D'$ 弧面相当于磁瓦外弧面；$A''B''C''D''$ 相当于磁瓦内弧面，由下模端面决定，它将成为磁瓦工作面。瓦形模具下模端面由 $A''B''$ 平台及 $B''C''$ 圆弧构成，这样就导致了型腔中磁场强度分布的不均匀。图中不同部位的纵向尺寸不同，列于表 6.4 中，由此计算出各部位的压缩比(料浆初始高度与相应位置的毛坯高度之比)。

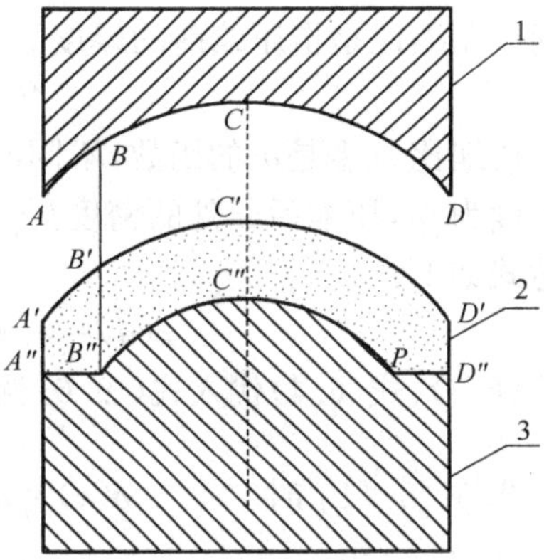

图 6.17　型腔中上模

1-上模相对位置；2-毛坯；3-下模

表 6.4　不同部位的尺寸　(单位：mm)

AA'	18	BB'	18.0	CC'	18.0
$A'A''$	7.5	$B'B''$	12.0	$C'C''$	9.0
AA''	25.5	BB''	30.0	CC''	27.0

压缩比：$AA'A''$ 处，25.5/7.5=3.4；$BB'B''$ 处，30/12=2.5；$CC'C''$ 处，27/9=3.0。压缩比的不同，从而导致了生坯密度的不同，烧结时收缩不同，这种不同超过一定程度时，产品就开裂。实践表明，由于瓦型磁体用模具的上冲头和下冲头的成型面均为圆弧面，这就导致了不但其在压制方向上存在密度差，而且在非压制方向(即弦长方向)也有密度差，除磁场影响外，磁瓦在非压制方向的密度差是由于在非压制方向上各部分的压缩比不同而引起的。图 6.18 为磁瓦压制过程示意图。

设成型后压坯外弧半径为 R，内弧半径为 r，在压制方向压坯顶部厚为 h。偏离中心为 a 处的部位厚为 H，压缩行程为 Δh，压坯外弧弦长为 $2L_2$，内弧弦长为 $2L_1$，根据示意图可得

$0<a<L_1$ 时有　$$H(a)=\sqrt{R^2-a^2}-\sqrt{r^2-a^2} \tag{6.3}$$

$L_1<a<L_2$ 时有　$$H(a)=\sqrt{R^2-a^2}-\sqrt{r^2-L_1^2} \tag{6.4}$$

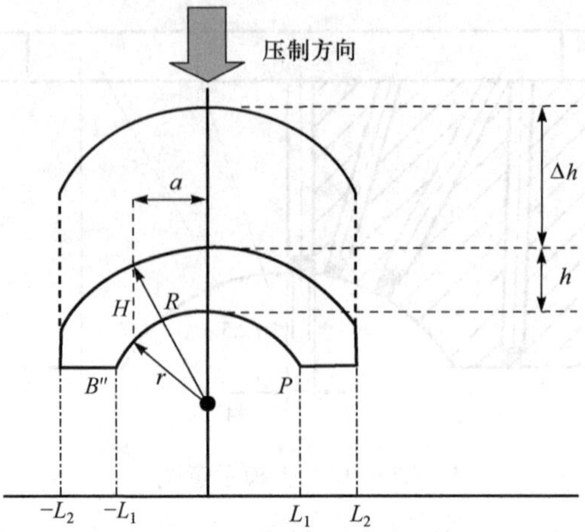

图 6.18　磁瓦的压制成型过程

从上面两式可以看出厚度 H 是随 a 变化而变化的，它是 a 的函数。不同的 a 对应的厚度不同。压缩比是指压缩前的厚度除以压缩后的厚度，故压缩比为

$$S(a)=(H(a)+\Delta h)/H(a) \tag{6.5}$$

压缩比 S 也是 a 的函数，不同的 a 压缩比不同。下面求磁瓦的生坯密度随 a 的分布，设初始密度为 ρ_0，压缩后 a 处的密度为 $\rho(a)$，如果认为压制过程中料浆不流动，则可以求出 $\rho(a)$ 的表达式如下：

$$\rho(a)=\rho_0\cdot S(a)=\rho_0\cdot(H(a)+\Delta h)/H(\mathrm{a}) \tag{6.6}$$

将式(6.3)、式(6.4)代入式(6.6)就可以得到：

当 $0<a<L_1$ 时 $$\rho(a)=\rho_0\cdot\left(1+\frac{\Delta h}{\sqrt{R^2-a^2}-\sqrt{r^2-a^2}}\right) \tag{6.7}$$

当 $L_1<a<L_2$ 时 $$\rho(a)=\rho_0\cdot\left(1+\frac{\Delta h}{\sqrt{R^2-a^2}-\sqrt{r^2-L_1^2}}\right) \tag{6.8}$$

式(6.7)和式(6.8)便是密度随 a 变化的函数关系，可以做出变化的曲线图。为了作图方便，设 $\rho_0=1, R=10, r=7, L_1=6, L_2=8, \Delta h=5$，如图 6.19 所示。

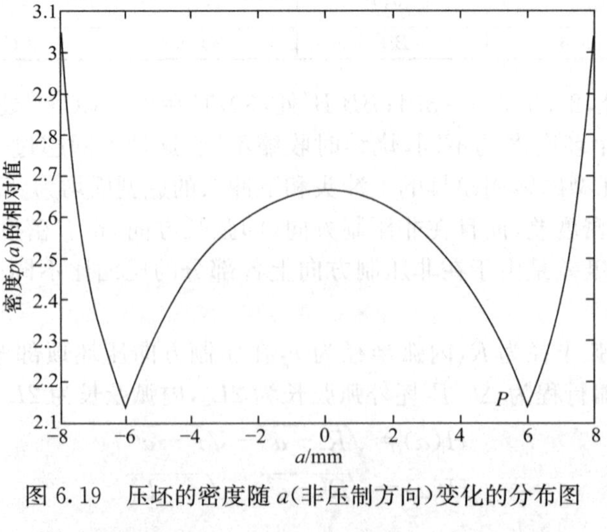

图 6.19　压坯的密度随 a(非压制方向)变化的分布图

从图 6.19 中，可以明显地看出，磁瓦的密度分布不均最直接的影响来源于它的几何形状，正是由于它的几何形状导致其压缩比的不同，从而进一步导致了磁瓦压坯密度的分布不均匀。值得注意的是，这是在假设料浆不流动的前提下求出的密度分布，而事实上料浆是要流动的，因此，密度的不均匀性应该比图示的小一点。

在烧结过程中，密度大的部分收缩小，密度小的地方收缩大，因此，密度分布不均匀的磁瓦，在烧结时，容易产生内部应力，从而产生裂纹，尤其是在 B''点（或 P 点）处，加之，此处又为圆弧面与平台的连接处，也易引起开裂，因此，该处很容易开裂。在模具设计时，尤其应注意此问题，虽然不能消除此密度差，但可以通过对模具尺寸和形状的设计来减小此密度差。现在模具设计常采用的措施是，下凸模圆弧面与底平面连接处的 B''点（或 P 点，如图 6.17 所示），采用圆弧面过渡。在不影响磨削加工的情况下，此圆弧可适当加大，这样可使 B''处或 P 处压坯厚度（压制方向）减小，使 B''处或 P 处的压缩比增大，从而使其生坯密度增大。

由于型腔中的磁场强度与充磁线圈的匝数成正比，与两极之间的气隙间距成反比，在充磁线圈的匝数与充磁电流不变的情况下，磁瓦模腔内的磁场强度与上下模端面的距离成反比。由表 6.4 可知，起始磁场强度在 AA''处因距离最短，故磁场最强，CC''处其次，BB''处最弱，但合模之后，由于凹模内壁四周为非导磁材料，从而导致 AA''线上磁场明显减弱，这样，凹模中心位置即 CC''线上磁场变为最强。由于不同部位磁场强度不同，导致相应的取向度不同，因此收缩率不同，造成磁体烧结后产生应力，在磨加工时出现微裂纹。解决办法就是用磁导率近于 1 的材料，即俗称不导磁材料替代高导磁材料，相当于增大了气隙，使高磁场削弱为低磁场，即“就低不就高”，但各部位均匀性提高了。如图 6.20所示，在下模 $B''C''D''$弧处镶不导磁材料（如 0Cr18Ni9 等），从 $B''D''$两端至 $C''C'$逐渐增厚，$C''C'''$的尺寸为 3～5mm。在 $A''B''$处也镶不导磁材料如铝青铜，如图 6.20 所示。

对于内圆角大，拱高高的起动电机磁瓦，烧结后开裂更为严重。为此，在设计磁瓦时，可使外弧中心加工余量少些，外弧两侧加工余量多些，这在设计毛坯尺寸时，外圆圆心下移，并增大外径尺寸，如图 6.21(a)所示；或内弧中心加工余量多些，内弧两侧加工余量少些，这在设计毛坯尺寸时，内弧圆心下移，如图 6.21(b)所示。后一方法比前一方法使用得要多些，这样虽然降低了料的使用率，增大了磨加工量，但这样做使上下弧面向平板形过渡，提高了合格率，还是有利的。

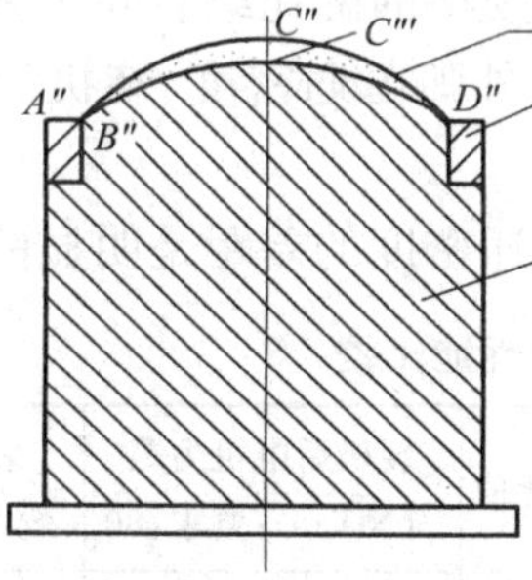

图 6.20　下模平台处镶件

1-内弧镶件可用 0Cr18Ni9；
2-平台处镶 8-13-3 铝青铜；3-下模（20# 钢）

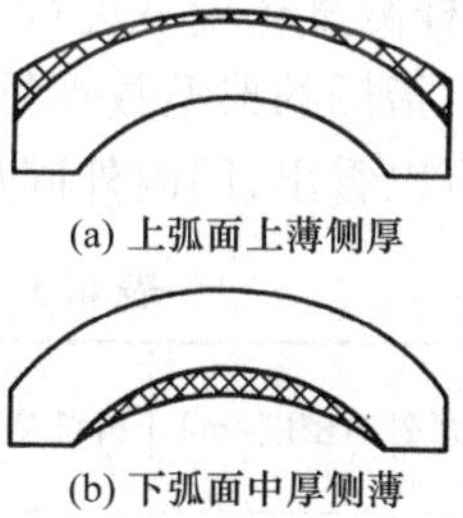

(a) 上弧面上薄侧厚

(b) 下弧面中厚侧薄

图 6.21　增大磨加工余量的方法

图 6.20 内弧镶件可用 0Cr18Ni9 而不用 1Cr18Ni9Ti，虽然两者均属 18-8 不锈钢，但前者含碳量较低，使导磁性也较低，1Cr18Ni9Ti 的锭子料头处导磁性常较大，故不适宜作镶件及凹模。0Cr18Ni9 由于含碳量低，具有良好的耐蚀性，并具有一定抗晶间腐蚀能力，焊接性能良

好,焊后不需热处理,这对用焊接方法作镶件是有利的。

(3) 凹模

注入湿压瓦形模具型腔中的料浆是由图 6.14 中的中心柱进入料池,再由注料槽槽口入凹模型腔内。注料槽是在凹模上加工形成的,注料槽口距凹模上端面距离设计与料浆进型腔速度及含水量等因素有关,一般取毛坯厚度 1.5～2 倍为宜,设计凹模时应有约 2°脱模锥度(退拔)。凹模使用的材料比较理想的是无磁硬质合金,用该材料制成的凹模,使用寿命长,成型毛坯光洁度高、合格率高。

(4) 中心柱

在图 6.14 中,中心柱固定在模架上,料浆由中心柱中的注料孔注入料池中,下模经连接板固定在中心柱上。料池与凹模(内含型腔)通过拉杆与下连接杆连为整体。下模与连接板及中心柱在料池中作整体上(装料)、下(成型)移动。若料浆的体积既无压缩性,也无膨胀性,则下模(或型腔)各个截面积之总和应与中心柱截面积相等,这样,下模进出料池的体积和中心柱出进料池的体积才会相等,由此才能保证料池中料浆受压始终处于平衡状态;否则,在进行压制时均会产生"喷料"现象,即料由下模与型腔间隙中喷出。在实际加工时,中心柱与下模总面积的误差,可大到 2%～3%,可小到－1.3%,但希望误差走上差,以造成成型时正压,这样可以提高毛坯密度。

任务 4　提高永磁铁氧体瓦型产品内弧磁通密度的措施

永磁铁氧体磁瓦(以下简称磁瓦)广泛应用于电机的定子,其内弧面通常为工作面,它所提供的磁通密度与电机的性能密切相关。因此,对于磁瓦内弧面提供的磁通密度问题,不论是磁瓦的制作者还是磁瓦的使用者(电机厂家),都特别关注。许多企业为改善磁瓦内弧磁通密度做了很多工作,但目前相当多国内企业的磁瓦,其内弧磁通密度依然比外弧的磁通密度低,特别是一些弧度较大的产品,其内弧磁通密度有的低至外弧磁通密度的 1/3,而日本 TDK、住友等公司同样规格的产品,其内弧磁通密度是外弧磁通密度的 3～4 倍。

1. 国内外磁瓦的性能分析

为改善磁瓦产品内弧磁通密度,对国内外部分同尺寸规格的磁瓦组装同一款型的电机时,在相同仪器、同样测试环境下进行了对比测试,产品的内、外弧磁通密度、装机后电机的力矩、工作效率等技术指标的典型数据见表 6.5。

从表 6.5 可以看出,国内外同规格磁瓦,其内、外弧磁通密度的差距是明显的。

表 6.5　国内外部分同规格磁瓦的性能比较

产地	内弧磁通密度/mT	外弧磁通密度/mT	内、外弧磁通的比值	装机后电机力矩/(N·m);要求:80	装机正常运行时效率/(%);要求:87
日本产品	143.0	37.6	3.8	84.0	90.0
日本产品	140.4	37.4	3.8	83.5	90.0
国内 *A* 公司	40.3	80.6	0.5	71.0	78.0
国内 *A* 公司	61.7	118.7	0.5	75.0	82.0
国内 *B* 公司	42.9	87.6	0.5	72.0	79.0
国内 *B* 公司	72.3	141.8	0.5	77.0	84.0
国内 *B* 公司	87.6	168.5	0.5	83.0	90.0

注:表中各磁通密度均在饱和充磁条件下测量。

已知，剩磁高的磁瓦，提供的磁通密度大。电机转矩与电枢每极的有效磁通成正比，有效磁通太低，电机转矩小；电机的转速反比于其工作气隙的磁通密度 B_g，若永磁铁氧体 B_r 较低或者矫顽力 H_{CJ} 值较低，均可造成电动机转速的增大，B_r 降低的增速效应更为明显；同时工作气隙的磁通密度 B_g 也是影响电动机效率的重要因素，而高的 B_g 有利于电机效率的改善。基于此，如果用同样规格尺寸的产品要达到与日本磁瓦同样的装机效果，只好选择比日本更高磁性能的材料，这样无疑增加了产品的制作成本。

2. 磁瓦内弧磁通密度比外弧低的原因及解决措施

磁瓦的生产工序为：混合→预烧→粗破碎→细粉碎→成型→烧结→磨加工→检测和包装。结合其生产工序，采用倒推法，从工序后面往前走，寻找造成这一问题的原因。

磁通密度的检测方法都相同，显然检测和包装工序不是导致磁瓦内弧磁通密度比外弧低的主要因素；在磨加工工序，做了改变磨加工方式、磨加工余量等实验；在烧结工序，做了改变装坯方式、温度、烧结气氛等实验，均未能解决磁瓦磁通密度内弧比外弧低的问题。

通过排除法，将工作重心放在了磁瓦成型工序上。

(1) 成型对产品内、外弧磁通密度的影响

永磁铁氧体湿压磁场成型是在磁化场作用下，让永磁粉料在压制的过程中进行磁取向，获得较好的磁性能。能否很好地对磁性材料粉料进行取向是永磁材料湿压磁场成型的关键，因此，模具中的磁路设计合理与否将对产品性能具有决定性的影响。磁瓦坯件的成型通常采用全自动压机自动注浆浮动压制，根据磁力线在界面上的折射原理，即界面两侧磁力线与法线夹角的正切之比等于两侧磁导率之比，且折射满足条件

$$\tan\theta_1/\tan\theta_2=\mu_1/\mu_2 \tag{6.9}$$

式中，θ_1、θ_2 分别为磁力线在交界面的入射角和折射角；μ_1、μ_2 分别为介质 1、介质 2 的磁导率。

如图 6.22 所示。而模具中的磁力线分布如图 6.23 所示，滑块传过来的磁力线经过上模传到型腔。为了使这些磁力线都通过成型空间对料粉进行定向，型腔壁（模套）通常选用非导磁材料。同时，为了减少磁力线从方框（料浆中间过渡区域）漏走的可能，方框也通常采用非导磁材料。相反，在磁力线通过的上模（上冲头）、下模（下冲头）、连接板、支板、中轴、承压板、导柱等部位则通常选择导磁能力强的材料（如 45 号钢等），以减小漏磁，提高取向磁场，获得好的取向度。

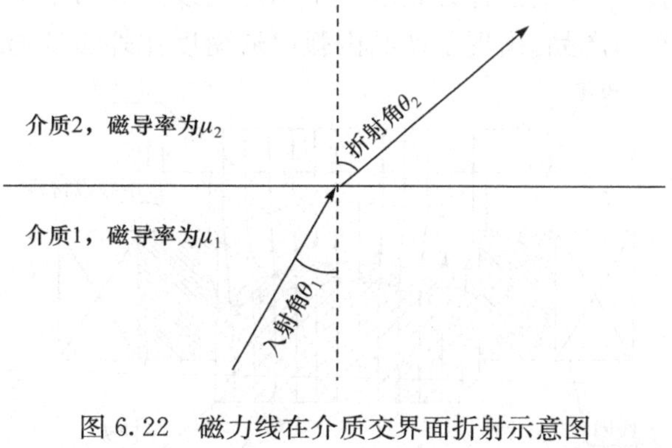

图 6.22　磁力线在介质交界面折射示意图

磁瓦的模具结构如图 6.24 所示，当模具的上、下冲头均为强导磁材料时，上、下冲头实际

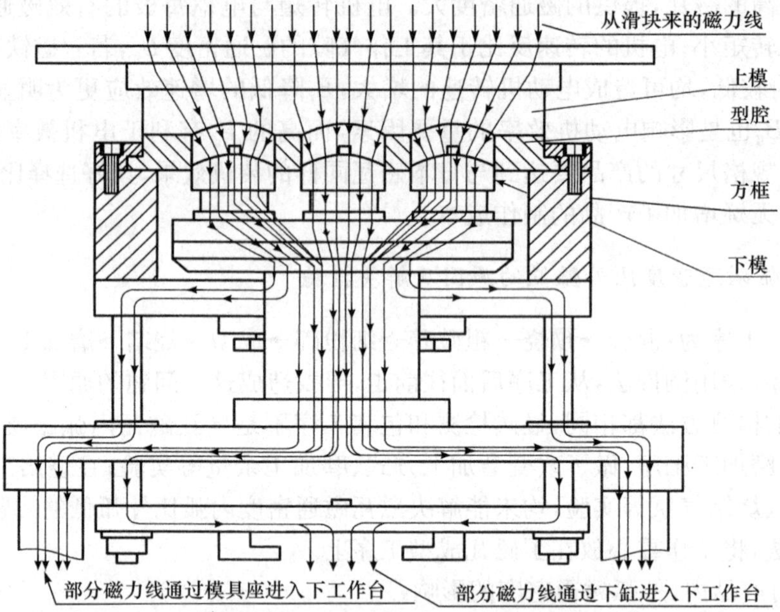

图 6.23　磁瓦模具中磁力线分布示意图

上就变成了磁场的两个极，成型磁场在模腔内基本呈径向发散状分布。下冲头结构，整体为圆弧面，两侧为平面过渡，其连接处形成一个奇异点。根据磁场分布的特性，下冲头作为一个磁极面，奇异点处的磁场最弱。实验表明，在上、下冲头合模之前充磁定向，模腔内料浆向下冲头弧形顶部 A 处移动，所以，在下冲头表面附近成型磁场分布为弧形顶部 A 处磁场最强，两边 D、E 处次之，奇异点 B、C 处最弱，当铁氧体料浆充满模腔时，在模腔内成型磁场的作用下，铁氧体单畴颗粒沿磁场分布取向。磁力线弱的地方，颗粒定向度相对较低，同时密度较低，这样烧结时磁体很容易在 B、C 处产生径向裂纹。

为防止这种裂纹的出现，许多企业都在模具的下冲头表面镶嵌了不导磁材料。采用如图 6.24所示下冲头表面镶嵌不导磁材料的结构形式，与没有镶嵌不导磁材料相比有两个显著优点：一是使得磁场分布向磁瓦压坯两侧偏析；二是使得 A 点与 B、C 点处磁感应强度差值减小，取向磁场趋于均匀，从而料浆取向度趋于均匀，避免了两边的料浆向弧顶部移动，使磁瓦坯件各部位密度趋于均匀。事实上这种方式解决了因磁力线的分布不均匀而导致的产品开裂问题，但用该方式生产的瓦形产品，出现了产品内弧磁通密度比外弧低的现象。

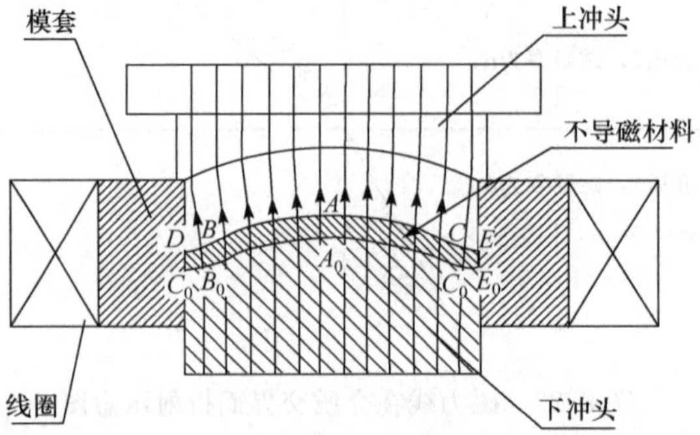

图 6.24　下模镶不导磁材料的瓦形产品中磁力线分布示意图

（2）磁瓦模具设计

国外某公司的磁瓦其模具镶非导磁材料的结构，如图 6.25 所示，它可以将型腔外部磁力线向磁瓦的内弧聚集，用这种模具制作的磁瓦内弧的磁通密度比外弧的高，同时很好地解决了磁瓦边角裂纹问题。

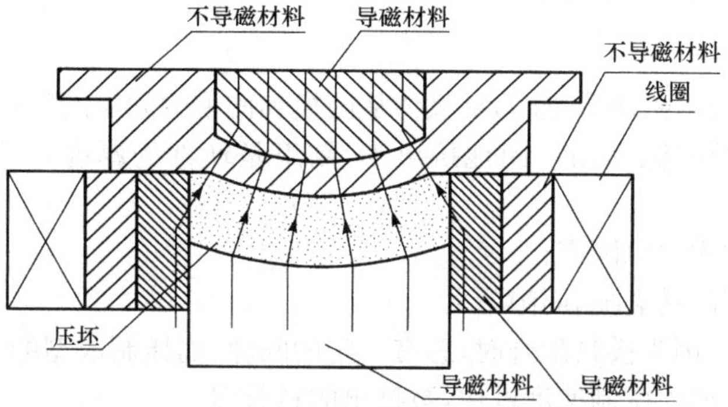

图 6.25　国外磁瓦模具镶不导磁材料的结构

3. *磁瓦充磁方式的改进*

传统的磁瓦充磁方式见图 6.26，其特点是每次可以充磁 40～60 片磁瓦，但即使磁场足够强，因大多磁力线不能垂直于磁瓦的表面，磁瓦的磁性能得不到充分的展示。为进一步改善产品内弧的磁场，对磨加工后的磁瓦在充磁方式上进行了改进，如图 6.27(a)、(b)所示。其缺点：一款产品对应一组极靴；优点：极靴与磁瓦的弧面尺寸吻合，这样从极靴出来的磁力线垂直于磁瓦表面，这样可以更加充分地挖掘磁瓦的潜在磁性能。图 6.27(a)、(b)所示的充磁方式均可实行自动化，同时，能调节磁瓦局部的磁场强度；图 6.27(b)的充磁方式与图 6.27(a)方式相比其内外弧磁通密度的差异进一步加大，虽然其内弧的磁通密度略低于图 6.27(a)方式，但因操作更方便，为大多数企业首选。

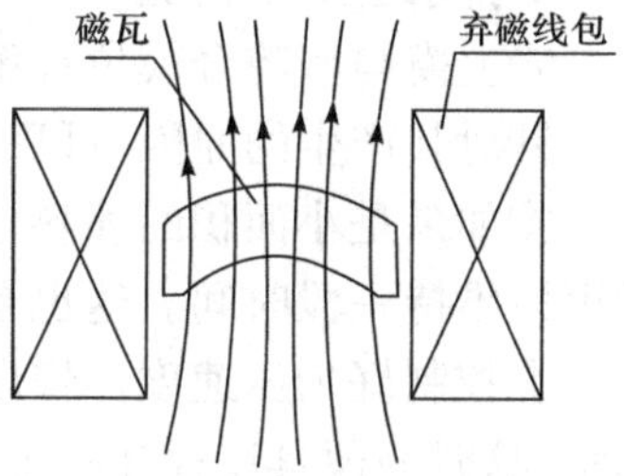

图 6.26　传统的磁瓦充磁原理

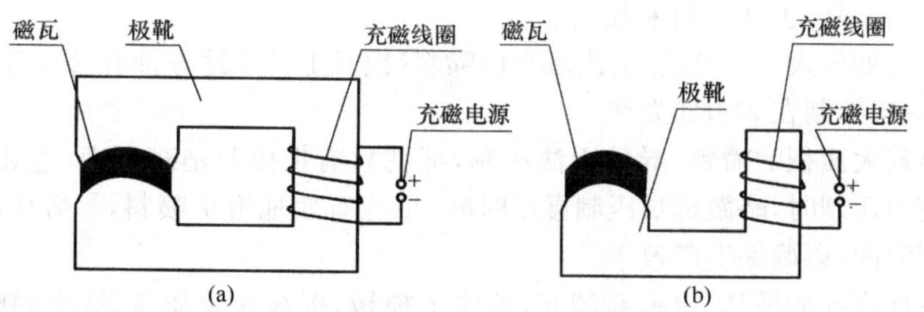

图 6.27　改进后磁瓦充磁原理

子项目 3　湿压磁场成型常见的质量问题及其处理

在产品的压制过程中，常会出现各种各样的产品缺陷，如磁性裂纹、喷料、注料口跑浆、圈裂、虚压、侧裂、端裂、角裂、粘模、起层等一系列问题，特别是在做高性能永磁铁氧体产品时，因颗粒细及粒度正态分布特性差，排水通道窄，更容易出现缺陷产品。下面对一些常见缺陷产品的形成原因及其解决措施等进行讨论。

任务1　喷料与跑浆现象及其处理

（1）喷料现象

喷料现象，是指湿压磁场成型时，铁氧体从凸模和凹模的间隙瞬间喷出来的现象；轻微时，料浆从凸模和凹模的间隙一团一团地挤出来，结果是坯件的厚度尺寸、质量等明显达不到标准。

出现喷料现象的主要原因有：

①模具多次使用后被磨损，间隙增大。

②压制速度过快，因为模具配合时，总有一定的间隙，而压制成型的料呈湿泥状，加压时总有少量泥料被挤出。如果压制速度过快，被挤出的料就多。

③在压制时，模具上面有其他异物或模具不平或模面有残留物导致间隙增大。

④合模力太小。

⑤注料压力过大。

⑥料的平均粒度太细、散差大或含水率偏高。

⑦排水通道不畅通。

⑧上模与型腔合模位置偏心。

针对其产生的原因，可采用相对应的措施加以克服：

①如果是小面积的喷料，那就把喷到模具上面的料铲掉，用双层无纺纸打湿垫在上面，这样可以维持一段时间。这也是最简单的方法。

②控制好加压速度。快压速度不宜过快，因为注料完后就是快压，型腔内料浆呈现原始含水量，这时的模具还存在一定的空隙，如果快压过快，模具还来不及完全吻合，就会喷出大量的料，因此，应控制好加压速度，将快压、慢压速度调慢。

③如果合模力太小或上模与型腔合模位置偏心，且因为注料压力偏大，在注料的时候就会把料从空隙里打出来，导致喷料。因此，控制好合模力与合模偏心也是解决喷料的一种方法。一般控制为3～5MPa，且大于注料压力。

④注料压力如果太大，一般就会出现平面喷料（模具上每个地方都有料），对CS250T压机的注料压力，一般控制在3MPa为宜。

⑤如果出现大面积的喷料，导致无法压制，那就只有把模具清理干净，重新换上模滤布。一般在刚换完布压制时，略微延长压制慢压时间，也能有效地解决喷料，一般压制10模左右，即可缩短压制时间，以确保生产效率。

⑥及时更换磨损的模具、更换新滤布，清洗上模板，提高装模质量，适当调整快转慢压的行程。

⑦按工艺控制料泥含水量与料浆的粒度及散差等。

喷料现象，只是导致厚度、质量等达不到要求；而跑浆是产品烧结后，在其端面将出现眼睫毛裂纹的现象。

（2）跑浆现象

跑浆现象（烧结后出现如眼睫毛般的裂纹，有的企业称为眼睫毛裂纹），如图6.28所示，产品跑浆一般是指在压制过程中，在产品内弧部位附近，有少部分的料浆从注料口返回料道，导致产品的这一小部分处的生坯密度低，烧结后出现眼睫毛般的裂纹。

跑浆一般是由以下6个因素造成的：

①料浆含水率偏高。

②料的平均粒度太细或超细颗粒太多。

③成型速度偏快。

④快慢压转换位置不合理。

⑤注料闸阀漏料。

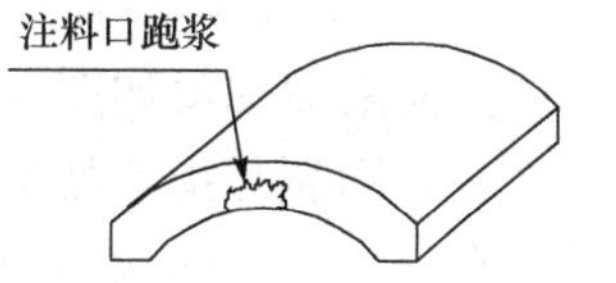

图6.28　注料口跑浆现象示意图

针对其产生的原因，采用相对应的措施即可克服。如可采取降低注料口位置，同时，放慢压制速度，其次，如果是闸阀漏料，就将闸阀拆下来，更换里面的密封圈即可。

任务2　低密度生坯(软产品)现象及其处理

低密度生坯(软产品)现象，是指成型后，产品的密度严重偏低，有时甚至能挤出水来的现象(图6.29)。引起该现象的通常原因如下：

①成型压制压力小。

②注料槽回料。

③没注上料或注料压力不足，注料槽(口)堵塞。

④排水通道不畅通，滤布透水不好等。

⑤快转慢压行程不当。

⑥压制周期短。

⑦料浆太稀或料浆过细或粒度散差较大。

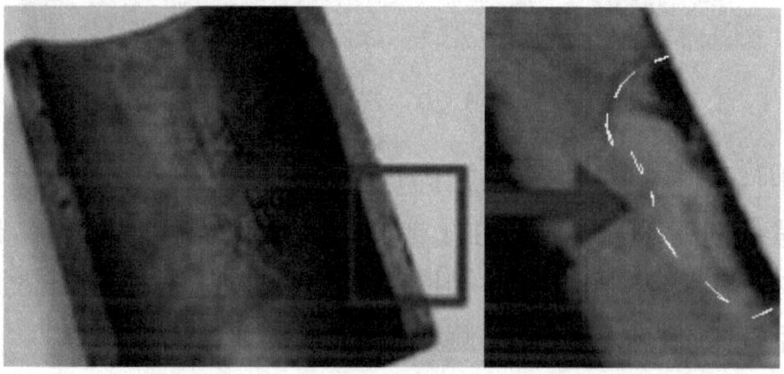
图6.29　低密度生坯(软产品)现象

针对其产生的原因，采用相对应的措施即可克服：

①检查液压系统是否达到工艺要求。

②降低注料槽口压制或检查模具是否漏料，查看注料单向阀是否回料或隔膜是否坏等。

③将注料缸胶封。

④加大注料压力或疏通注料槽(口)。

⑤疏通上模板，清理排水通道，清理真空管道，更换新滤布等。

⑥适当调整快转慢压行程。

⑦慢压速度降低。

⑧降低料浆含水率，调整细粉碎工艺降低料浆粒度散差，提高料浆平均粒度。

任务3　产品圈裂与虚压现象及其处理

(1) 产品圈裂现象及其处理

产品圈裂现象如图 6.30 所示。产品圈裂现象是磁瓦在压制过程中,最常见也是最多的缺陷之一。圈裂是指产品两侧面发生开裂的现象,表面是看不见的,但只要把侧面一掰开,就能看见有一条明显的线,其断面浅,且较长。合格的产品其断面则没有这种现象。影响它的因素比较多,如下:

①上模吸水不好,排水通道不畅通。

②卸压(二次卸压)的大小不适当。

③二次顶力(即二次减压)太大。

④上模与型腔偏心。

图 6.30　产品圈裂

针对其产生的原因,采用相对应的措施即可克服。

①贴胶带,在换滤布的时候,常需要在上模凹面两侧贴上透明胶带,以堵住吸水孔,防止圈裂,在滤布换好后,要在产品的中间(布上的凹面)贴上胶带,这样能有效地解决圈裂,如果还是有,那么就再在布上面(产品的位置)的两侧贴上胶带。

②由于压制的原料很细,在压制时,小的颗粒就会穿过纸和布进入上模吸水孔,时间长了,就很容易堵住吸水孔,导致吸水不均匀,那么就把上模拆下来,疏通吸水孔。

③卸压(二次卸压)压力适当增大,以生坯不产生其他缺陷为宜。对 CS250T 压机,其卸压一般控制在 1～2 MPa 比较好。

④控制好二次顶力。

⑤如果上模的位置在长期压制过程中发生了偏移,出现上模与型腔偏心,其所压产品,基本上都会有圈裂,这时,应该让模修工恢复上模的位置,以减少产品的圈裂。

(2) 产品虚压现象及其处理

产品虚压现象,如图 6.31 所示,一般是指产品两侧没有压实,这样的产品用手轻轻地一掰,它就会从断痕处分离,断痕处其断面光滑、大且深,这样的产品在烧结之后就会在断痕处出现明显的裂纹。

产品出现虚压现象,一般是吸水不好、排水不畅通所致,可以在上模产品位置的侧面贴胶

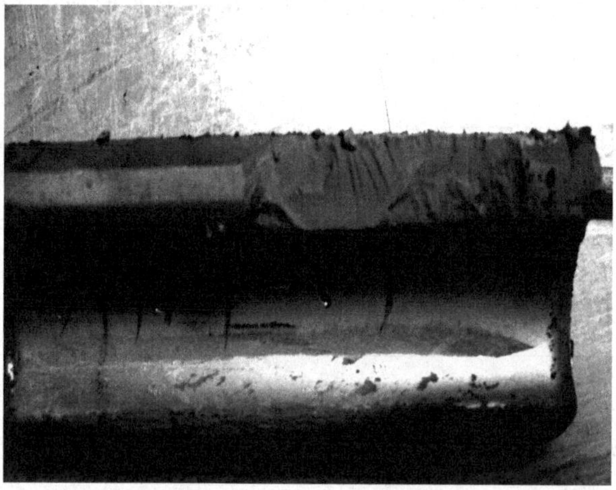

图 6.31　产品虚压

带，但不宜把吸水孔堵完了，这将影响排水，导致其他缺陷出现；其次，是模具位置在长时间的成型过程中，发生了变化，通常是对上模(即恢复上模原来的位置)；另外就是模具上面的脱模剂(有的企业用的是水溶性皂化油)喷得不够，这可能是喷油的喷头有些堵，取下来用煤油洗过，再用气吹通即可，或增加脱模剂的浓度。

任务 4　产品侧面开裂与端面开裂现象及其处理

产品侧面开裂如图 6.32 所示，它是成型产品缺陷中，出现频率最高的缺陷之一。产品侧面开裂，即垂直于产品侧面，如刀切一样的裂纹，有侧面裂纹的产品，轻轻一拉产品就断成两半，其断面光滑。产品侧面开裂，通常是因压力不足所致，也可能是因吸水不好，或注料不满或模具表面粗糙度或型腔表面粗糙度不够等所致。

图 6.32　产品侧面开裂

有时候，产品侧面裂纹在成型阶段，不容易被发现。如当模具表面粗糙或磨损时，粉末颗粒粘附在模壁上从而改变模具表面形状，它不仅会使压制成型与脱模时的摩擦力显著增大，而且还会阻碍坯件脱模和模具磨损处相对应的压制坯件表面受到模壁限制，在卸压时，磁瓦的中间会向上拱,造成两侧出现裂纹,但由于型腔移动会将周围所形成的裂纹抹去,从而变成不被容易发现的裂纹,但在经过烧结后,由于固相反应使其坯件收缩,使不容易发现的内裂纹显现出来,形成侧面裂纹。

导致产品侧面开裂的常见原因及其对应的解决措施如表 6.6 所示。

表 6.6 产品侧面开裂的常见原因及对策

原因		常用措施
侧面吸水问题	吸水过猛	外 R 加垫报纸(大产品可垫 4～6 层) 在上模产品的侧面贴点胶带以减小吸水
	吸水不畅	①观察胶带在压制过程中,其位置是否发生变化,是否将侧面的吸水孔堵塞,如堵塞了,导致产品该处不能正常吸水,那就将该处的胶带撕了或重新贴 ②清理上模板,清理真空管道 ③更换新滤布
注料	注料不满	用铁丝或其他物体把注料通道清理一下
	注料槽调整不当	注料槽深度适当调节或清理注料槽
压制压力不足		增加压制压力,降低下缸压力
快转慢压行程不当		适当调整快转慢压行程
料浆含水率过高		调整脱水机的脱水时间或增加料浆的沉淀时间
吸盘位置过低		调整吸盘位置
第二快压速度过快		适当调小第二快压速度
压制周期不足		快压调快,慢压调慢

产品端面开裂(有的企业叫直开裂) 如图 6.33 所示。它也是成型产品缺陷中,出现频率最高的缺陷之一。产品端面开裂,即垂直于产品面,如刀切过一样的裂纹。有端面裂纹的产品,轻轻一拉产品就断成两半,其断面光滑。当成型压力偏大时,坯件中间的密度明显大于四周的密度,在烧结过程中,产品中间的收缩比四周的收缩要小,当收缩相差过大,达到一定程度时,收缩力强行将坯件拉开,从而导致坯件的端面出现裂纹。

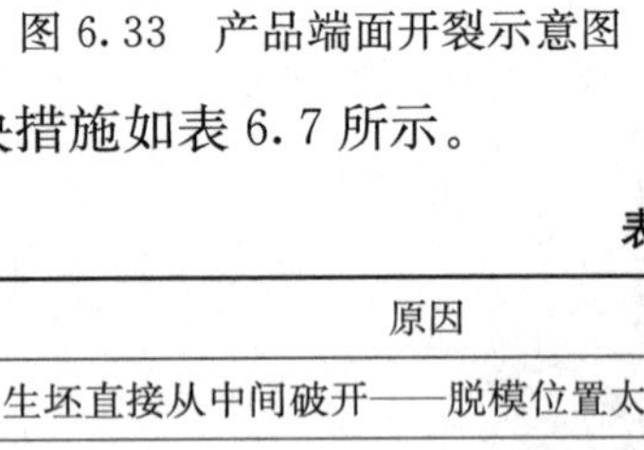

图 6.33 产品端面开裂示意图

导致产品端面开裂的原因较多,常见原因及其对应的解决措施如表 6.7 所示。

表 6.7 产品端面开裂的常见原因及对策

原因		常用措施
生坯直接从中间破开——脱模位置太高(特常见)		降低脱模位置
取坯器取坯时,下降位置过低,吸盘也会把产品从中间压成两半,导致产品直接从中间破开		适当将取坯器下降位置,调高一点(针对全自动压机)
吸水问题	排水力量过大,导致生坯密度过大	在裂纹对应的上模面贴胶带
	排水不畅	更换新滤布或清洗上模板或清理真空管道

续表

原因		常用措施
设备振动	模具连接松动或油路泄漏；油中有杂质或气泡	检查设备或油路或换油
下缸有寸动		使下缸无寸动
模具震动		重新装配模具
压制周期过长		快压调快或慢压调快
中间密度过大		①降低压制压力；②在外 R 面中间垫报纸(大产品可垫 4～6 层)
生坯拉裂		①将下缸降的速度调低；②脱模位置尽可能调低
上下模没对正		重新调整上模板，使上下模对正
快转慢压行程不当		适当调整快转慢压行程

任务 5　产品粘模与层裂现象及其处理

(1) 粘模现象

如图 6.34 所示，粘模一般是产品粘在模具上或脱模时产品局部粘在模具上。粘模一般情况下，通常是由脱模剂引起，脱模剂太浓或是太淡都容易粘模。冬天时，要求脱模剂的浓度高一点比较好，天气较热的时候相对较淡一点；如果脱模剂太脏(里面有杂质或脱模剂的沉淀物)，压制时就一定会粘模，因此，在加脱模剂(全自动压机有一个存储脱模剂的桶)之后让它静置片刻，并手动将过滤器里面的脏脱模剂喷出即可。其次，卸压对它也有影响，卸压太小很容易粘模，一般将其控制在 1～2MPa 较好。引起粘膜现象的其他因素见表 6.8。

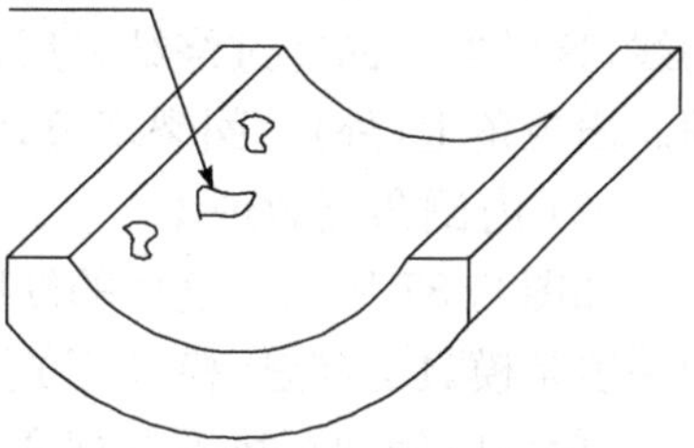

图 6.34　产品粘模现象示意图

表 6.8　引起粘模现象的原因及对策

原因	常用措施
压制压力偏小	提高成型压力
注料槽回料	降低注料槽口成型
下缸漏料	检修下缸
快转慢压行程不当	适当调大快转慢压行程
压制周期短	快压调慢或慢压调慢
料浆含水率偏高	降低含水率
脱模剂没涂均匀	涂均匀
脱模剂浓度不当	严格按工艺要求控制脱模剂浓度

(2) 层裂现象

层裂现象如图 6.35 所示，层裂一般是产品两端面出现起层的现象，这样的产品用笔轻轻一挑就会看见光滑的断层。

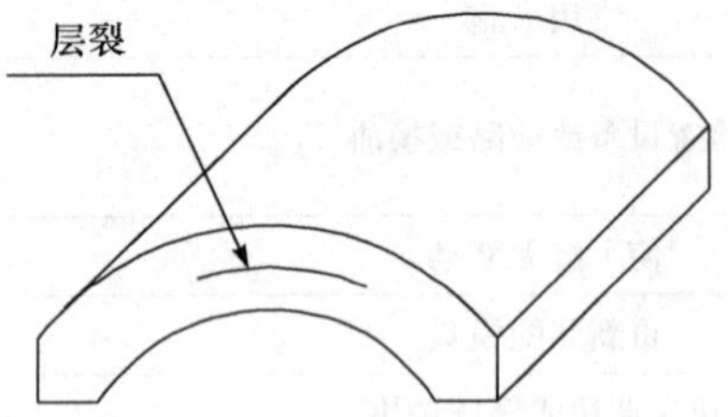

图 6.35 产品层裂现象示意图

出现层裂一般是由模具不光滑、压力太大或是脱模剂太淡引起的。出现层裂，首先看压力是不是过大，湿压永磁铁氧体成型压力据料浆制备工艺后成型特性而定，如果太大，就通过压力阀，适当减小成型压力，其次，是将模具擦干净或增加脱模剂的浓度。

另外，型腔及上、下模的成型工作面长期工作，会导致其粗糙度不好，会常挂料，料浆在受压过程中，在不光滑处的料浆，常因其“滞后”而出现层裂。压床的爬行也容易引起坯件的层裂。

任务 6 产品角裂现象及其处理

产品角裂包括角上(外角)圈裂、内倒角圈裂、角软等现象，共同点是产品角均出现开裂的现象，但引起的原因略有不同。

(1) 角上(外角)圈裂现象

如图 6.36 所示。其产品角上出现细小的裂纹，这样的产品对着灯光会看到一条很小很细的线，这样的产品经过烧结之后，角上就会开裂，这通常是由该角处对应模具部位不光滑造成的。出现角上(外角)圈裂现象，常用油石把出现裂纹的那个地方对应的模具打磨一下即可。

(2) 内倒角圈裂现象

如图 6.37 所示。这样的缺陷出现频率较低，一般是指产品内弧面出现裂痕，造成它的原因一般是模具的问题，模具不光滑或模具表面不清洁，在脱模的时候就有可能出现内倒角圈裂，一般可以用油石将模具打磨一下，如不能消除，则可参考表 6.9 所示的方法。

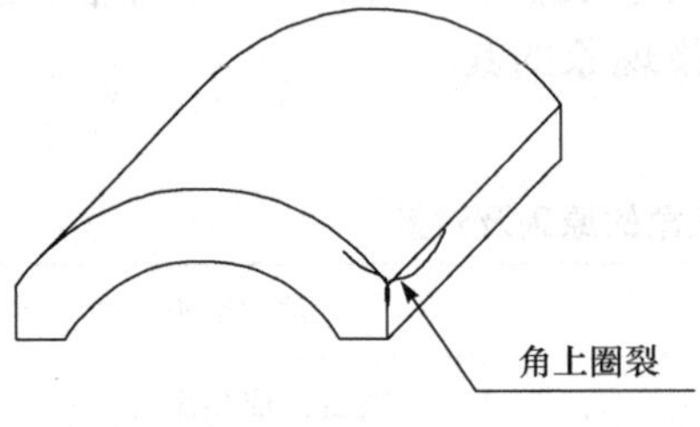

图 6.36 角上(外角)圈裂现象示意图

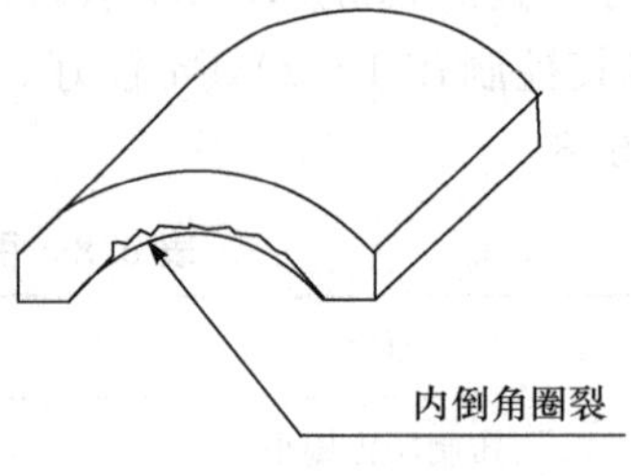

图 6.37 内倒角圈裂现象示意图

表 6.9 引起内倒角圈裂现象的原因及对策

原因	常用措施
压制周期不当	快压调快，慢压调慢
快转慢压行程不当	适当调大快转慢压行程
滤布透水不好	更换新滤布或清洗上模板或清理真空管道
料浆含水率偏高	降低含水率
模具间隙过大	更换模具

如果依然不能消除，则可以在下模由平台过渡到圆弧处倒 R 圆角的时候，倒大一点，就可以基本消除内倒角圈裂。

(3) 角软

导致产品角软的原因较多,常见原因及其对应的解决措施见表 6.10。

表 6.10　产品角软的常见原因及其对应的解决措施表

原因		常用措施
压制周期不足		①快压调快;②保证背压为 3～5MPa;③将慢压调慢
滤水不好	滤布透水不好	①更换新滤布;②清洗上模板;③清理真空管道
	吸水、排水不良	疏通上模板
注料效果不好	密度不均匀	适当加大注料压力
	注料不饱和	加大注料压力
	注料口不通畅	疏通注料口
	注料槽调整不当	适当调节注料槽的深度
模具间隙过大		重新配冲头
压制压力不足		①增加压制压力;②降低下缸压力
快转慢压行程不当		适当调整快转慢压行程

任务 7　其他不良成型生坯形成的原因及其解决措施

(1) 产品上开下现象

产品上开下现象如图 6.38 所示。产品从端面的外弧一直向内弧开裂,这样的产品在掰开后,在接近外弧的位置(图 6.38 中的 *A* 区)会看到类似一个三角形的光滑面,造成这种现象的原因,一般是与上模吸水有关,可适当贴一些胶带堵住部分吸水孔。

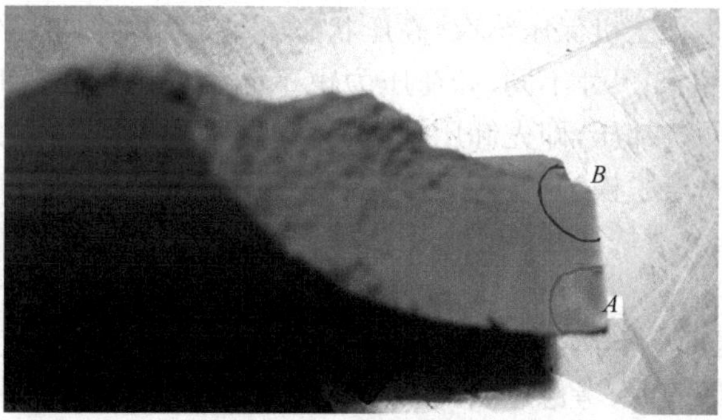

图 6.38　产品上开下(*A* 区)、下开上(*B* 区)现象

(2) 产品下开上现象

产品下开上现象如图 6.38 所示。它和上开下比较类似,但它是从内弧向外弧开的,掰开后,三角形的光滑面就接近内弧面(图 6.38 中的 *B* 区),虽然有点相同,但造成它们的原因却不同,下开上通常伴随着跑浆现象而出现,只要有跑浆现象,就容易出现下开上。只要把跑浆问题解决了,下开上也就基本解决了。

(3) 暗裂现象

这样的产品只有在捡分时才容易发现,好的磁瓦敲起来是清脆的声音,而暗裂的产品不仅没有清脆的声音,而且一敲就断。暗裂一般是由原料的粒度不均匀、成型生坯密度不均匀或含水量不一致、上模排水不畅等因素引起的。在压制的时候,适当放慢压制速度对暗裂有一定的帮助。

(4) 气孔现象

气孔现象如图 6.39 所示。这样的缺陷在成型时出现的概率相对较少。常常出现在内弧,向外凸起一小团一小团的,轻轻敲开,里面有针尖一样的小块,向外伸出,如该小块的颜色,与正常产品的颜色一致,则在成型前,料浆混入了含水率特低的料(甚至是干料)或有余磁的生坯回收料等。如该小块的颜色,与正常产品的颜色不一致,则料浆里混入了其他杂质或异物,在产品因烧结而致密化的阶段,部分杂质挥发或发生氧化分解反应,气体逸出,从而导致气孔的出现。控制原料的杂质是防止出现气孔缺陷的有效方法。

(5) 背部凹陷

背部凹陷现象如图 6.40 所示。它主要是因为上模面垫的滤水用纸或布皱了,或少量的料浆被吸到滤水用纸或布的背后,没来得及随排水通道逸出,逐渐积累成一小块一小块的,成型时,其产品的背面就凹陷成一个一个的小坑。

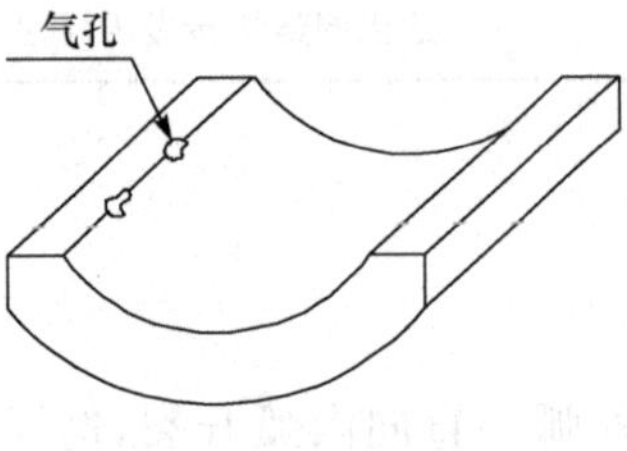

图 6.39　气孔示意图

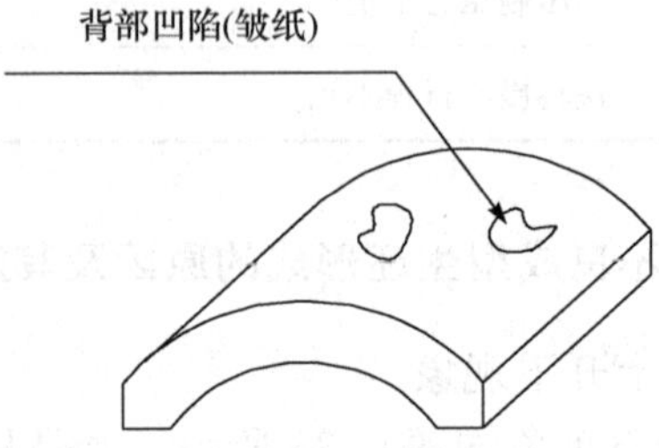

图 6.40　背部凹陷示意图

(6) 脱模裂纹

在压制过程中,应防止压机保压结束,高压状态下突然卸荷(即工作积蓄的机械能突然释放),使坯件产生开裂。生坯尺寸不同,卸荷压力也不同。在设计压机时,应有卸压回路,使主缸压力缓慢卸压,或分两次卸压,即先卸压一次,再卸压一次,此两次之间要平稳;或在压力保护下脱模(保护脱模),一般脱模为

滑块回程→滑块回程停止→下活塞退回→下活塞退回停止→取坯

保护脱模为

下活塞退回→下活塞退回停止→滑块回程→滑块回程停止→取坯

如前所述,在设计凹模时,考虑适当的脱模锥度,可进一步预防坯件在脱模时因迅速膨胀而开裂。

(7) 线圈与产品裂纹

成型磁场的线圈,放在型腔外围,其高度越高,对改善断裂、层裂现象越有利。当线圈有效半径增大时,磁场强度在垂直方向的梯度就减小。而线圈高度增高时,垂直磁场在水平方向变化小,垂直磁场在水平方向的梯度也越小,磁场强度分布越均匀,磁体收缩一致性也就越好,应力分布就越均匀,从而大大降低了磁体的断裂、层裂的现象。

任务 8　成型设备的安装、维护与排水系统的优化

(1) 模具的安装

模具在安装时，上、下模要对正，工作台面必须保持水平，每 1000mm 误差不得大于 0.20mm；上下模应平行安装，每 400mm 误差不超过 0.02mm，否则容易造成产品缺角、掉边与断裂。

在型腔与上下模的间隙处，如果间隙太大，密封不好，坯件就会因漏料而“变软”，烧结后就会有不规则的裂纹。

(2) 压床的爬行与层裂

压床的爬行会引起坯件层裂，其原因及消除方法如下：

①滑块与立柱配合间隙不可过大或过小。

②液压缸安装与立柱不平行，此时应以立柱为基准，调整液压缸，误差控制在 0.2mm/m 内。如因液压缸、滑块、立柱加工、装配及安装精度不良或立柱润滑油过少所致，则应采用防爬导轨油润滑，使相对运动件之间的摩擦阻力保持恒定。

③空气进入系统引起系统低速爬行，其原因：一是油箱进油口与回油口相距太近，回油飞溅，搅成气泡，液压泵将气泡吸入系统；二是油箱油液不足，吸入的滤油器被污染物堵塞而使进油不畅。还有回油管口露在面上，也会造成液压泵吸入空气而产生系统进气；三是液压缸两端密封油圈太松(此时应调整液压缸两端锁母)，以及液压泵进口管路漏气(此时用灌油法或涂黄油法找到漏气处并排除)；四是吸油管道管径过小，管道过长，吸油管浸入油面太低，没有达到浸入油池 2/3 处的要求；五是柱塞泵吸油高度过高，没有达到吸油高度应≤500mm 的要求(具体应视泵类型而定)；六是，滤油器通流面积过小，滤油器又未经常清洗，油箱不能与大气自由相通。如油液粘度过大，特别是气温较低时，易产生液压泵吸空气的现象。空气混入液压系统后，一部分溶解到压力油里，其余部分形成气泡，游离在压力油中。由于空气具有很大的压缩性，从而使“刚性”变成了“弹性”，大大降低了液压系统的驱动刚性而产生爬行。当空气混入液压系统时，造成油包气现象。在实际工作中应根据以上空气进入液压系统的渠道逐步由外至内检查和排除。

④油液不干净、系统清洗不干净或灌油操作不当，造成料浆、料粉、灰尘、棉丝、金属末、橡皮、纸屑等进入油箱而堵塞过细小孔，以及油箱设计不合理、不按时换油，均可引起系统爬行，另外，油箱增加背压，可有效减少爬行。在成型前往复运动活塞数次，可部分排除油中空气。

(3) 上缸压力上不去

①调节压力阀；②降低转保压压力；③如注射泵无法供油，则检查引起该现象的原因；④如因油温过高所致，油液流动性差，则降油温；⑤如电磁阀卡住，则拆洗电磁阀。

(4) 产品退磁不尽

如果产品的中间部位磁性大，则将退磁调大；反之，则调小。

(5) 产品粘在滤纸上

可将下缸先退或将下缸脱模位置调低。

(6) 上缸不合模

其主要原因有取件器未到位、上缸未解锁、上缸合模位置不对、工件残留时压产品、下缸未退到位等。

(7) 取件台车不动作

它主要是由下述原因造成的：①上缸不在上限位置；②下缸不在下限位置；③吸盘不在上限位置。

(8) 卷/送纸电机不动作

它主要是由下述原因造成的:①上缸不在上限位置;②滤纸翻卷开关不在ON位置;③送/卷纸电机异常。

(9) 吸/注料不动作

可检查吸/注料位置参数是否已设置。

(10) 下缸不上升

可检查上缸当前位置是否低于合模位置。

(11) 卸荷大小不适当

如卸荷小(所压产品见图6.41),可参考表6.11的方式加以调整。

图6.41　卸荷过小的产品

表6.11　卸荷过小导致产品开裂现象的原因及对策

原因	常用措施
压缩比过大	调料浆浓度,增加生坯厚度
脱模方式不对	转下脱模方式
模具松动	检测模具装配
卸荷(脱模)压力过小	调整卸荷(脱模)压力,下缸压力调大
模面有积料	清理模面
吸水过快	用报纸代替最下面的一张滤布
上下模没对正	重新调整上模板,使上下模对正

如卸荷大(所压产品见图6.42),则:①调整卸荷压力;②减小下缸压力。

图6.42　卸荷过大的产品

(12) 排水系统的优化设计可减少裂纹的出现

排水系统要畅通，应有适当的压制时间和保压时间，以促使生坯密度增加。模具抽水孔径过小或真空度不到 400Torr(托)(1 托＝1/760 标准大气压＝133.322Pa)时，会导致成型时排水不畅，使坯件容易疏松或不能成型；抽水孔径过大，滤布易损坏，设计时孔径约为 ϕ1.8mm。模具抽水板的结构决定压制时的脱水状况，抽水板结构设计不合理，将影响压制时的脱水状况，使脱水速度慢、成型时间变长、成型效率降低、脱水不均匀，以致产生密度差，压制坯件容易产生裂纹、掉块，且在烧结时容易发生变形。对瓦形磁体来说，抽水板的传统设计是在抽水板上均匀分布直径为 1.5～3mm 的脱水孔。压制时，料浆中所含的水分，通过均匀的脱水孔在垂直方向抽走。而改进的脱水板设计为：在模具成型部位平行于坯件宽度方向均匀地开水槽结合外围侧边开抽水孔，改变以前在整个脱水板上间隔地均匀开抽水孔的方法。压制时，脱水不是在垂直方向而是在水平方向进行，这种脱水方法的脱水效果好，抽水孔不易堵塞，脱水快，脱水均匀，可获得密度一致的坯件。该抽水板的具体设计为：在大于上模头成型面 10～30mm 的范围内设计成间隔 2mm、宽 1mm、深 1.5mm 的脱水槽；在上述尺寸范围外的两侧，等间隔地设置 ϕ4～ϕ6mm 的脱水孔，这样就可使型腔内的料浆能在整个上模面上快速均匀地脱水。对压制大产品坯件，四周抽水孔应密一些；也有的企业将相当于瓦形磁体顶部处的水槽堵死，不让水串通，以提高抽水效率。

任务 9　预防高档永磁铁氧体缺陷生坯的成型工艺控制实例

(1) 成型用料浆

FB9 高性能永磁铁氧体料浆，含水率为 38%～40%，料浆的平均粒度为 0.7μm。

(2) 产品规格

CW26.5×73.5×6.1

(3) 成型用压机

成都四星生产的 CS250T 湿压成型液压机。

(4) 成型工艺参数

生坯厚度要求 8.5～9.2mm，成型磁场为 9000～12000Oe，成型充磁电流为 280～320A，成型周期为 76～102s，压制参数曲线见图 6.43。

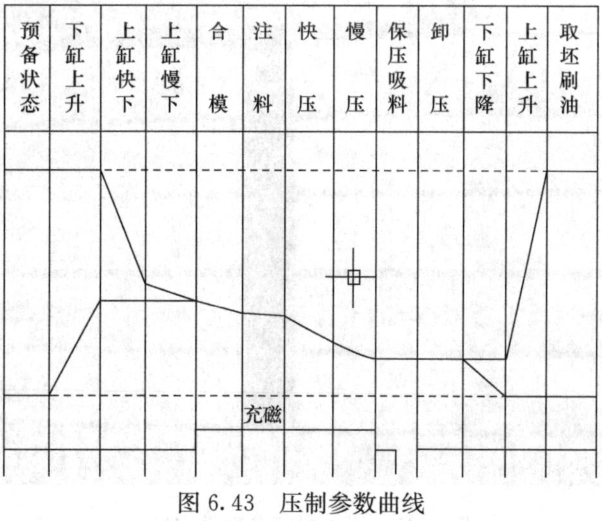

图 6.43　压制参数曲线

(5) 成型过程及其工作监控

压机工作的主界面如图 6.44 所示，在该界面上，能看到压机当前进入哪一个阶段及其时间和压力，这样就能更方便地控制它。

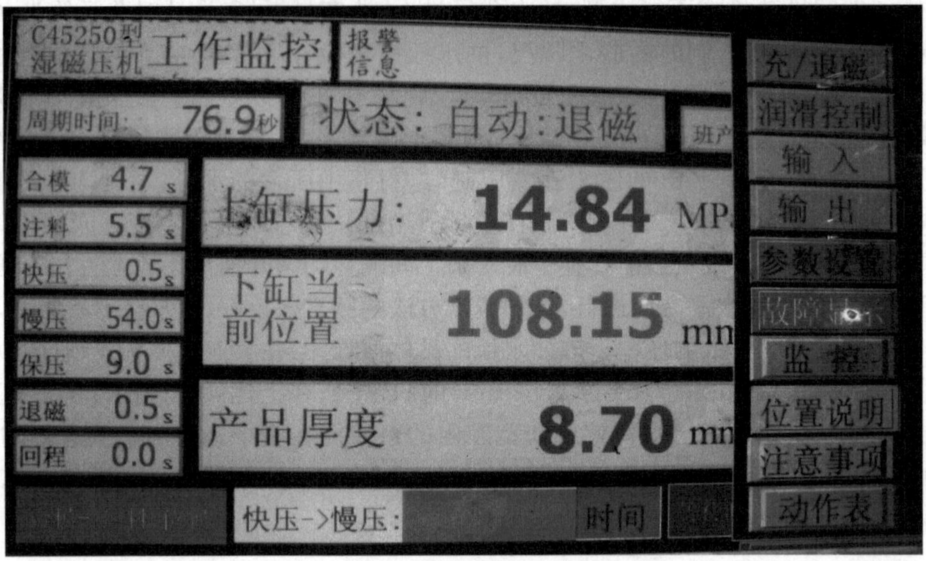

图 6.44　压机工作监控主界面

如果在压制的时候，有部分时间需要改变，那就进入时间参数设计界面（图 6.45）修改。图 6.45 中的“慢压”（红色字体），表示不能修改的，也就是说，慢压至少要 54s 才可以进入下一个阶段，这也是为了压制出更好的产品。而压力参数亦是如此，图 6.46 为压机压力参数的设定界面。只有当待转保压的压力达到设定值时，系统才会进入保压阶段，如果不能达到，也就不会进入下一工作状态。空模保护的压力如设为 21MPa，即当模具上没有料或注料不满，当它的压力升到 21MPa 时，压机就会自动停止工作，以确保不压坏模具。图 6.47 为压机下缸上限、下缸下限、注料位置、下缸降慢转快（脱模）位置、空模位置等位置参数的设定界面，图 6.48 为型腔零位设置界面，即

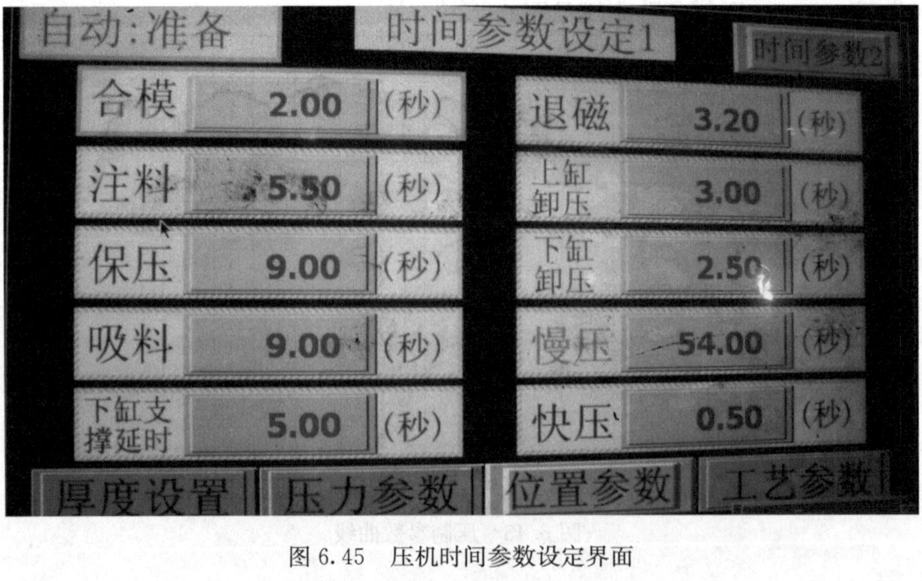

图 6.45　压机时间参数设定界面

零位=保压结束位置−实测厚度值

如当前压的产品，其厚度为 8.7mm。

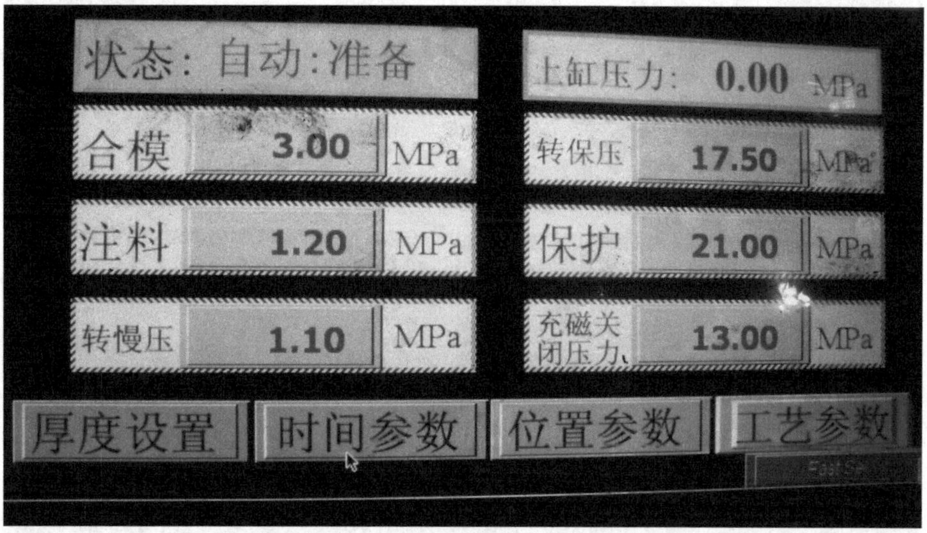

图 6.46　压机压力参数设定界面

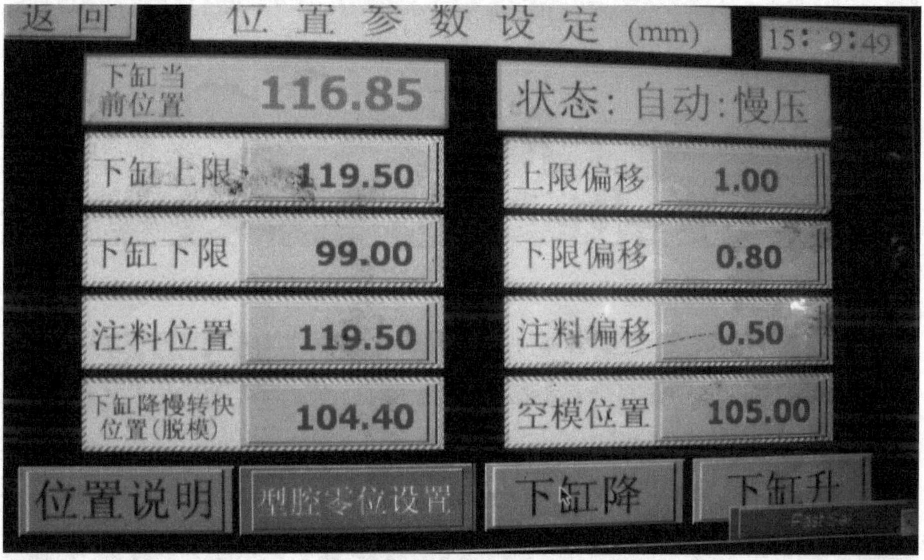

图 6.47　压机位置参数设定界面

图 6.49 为下缸位置参数的关系示意图。注意，在设定下缸各位置参数时，应满足：

下缸上限−上限偏移>注料位置+注料偏移

关于压机的位置参数，主要是当产品出现某些缺陷的时候才修改部分参数，工艺参数修改界面如图 6.50 所示。如产品出现直开，就把脱模位置降一点，如果产品在脱模的瞬间翻掉，就把脱模位置适当调高一点，如果出现跑浆，则可以提高注料位置。这种比较大的模具在压制产品的时候，退磁是很难退干净的，如果模具中间的产品磁性大，就在退磁设置里面加一格，如果是四周的磁性大，就在退磁设置里面减一格，反之亦然，压机充退磁调整界面如图 6.51 所示。

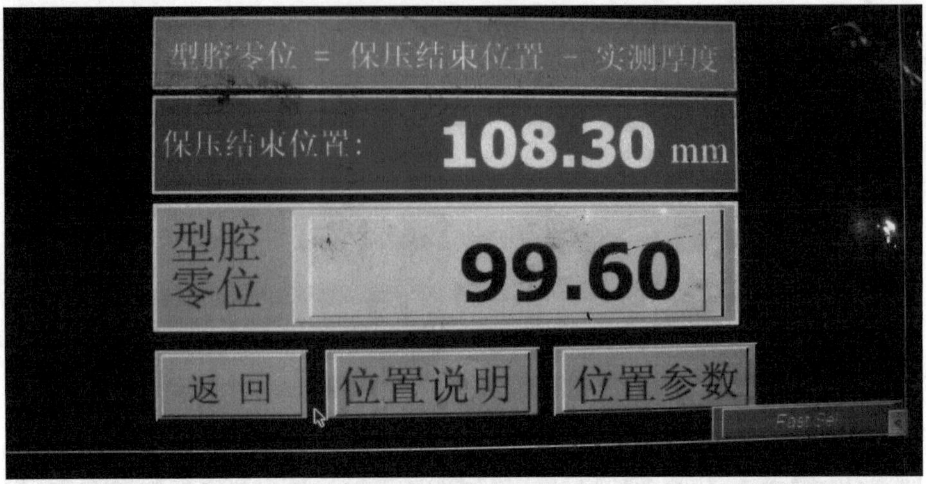

图 6.48　型腔零位设置

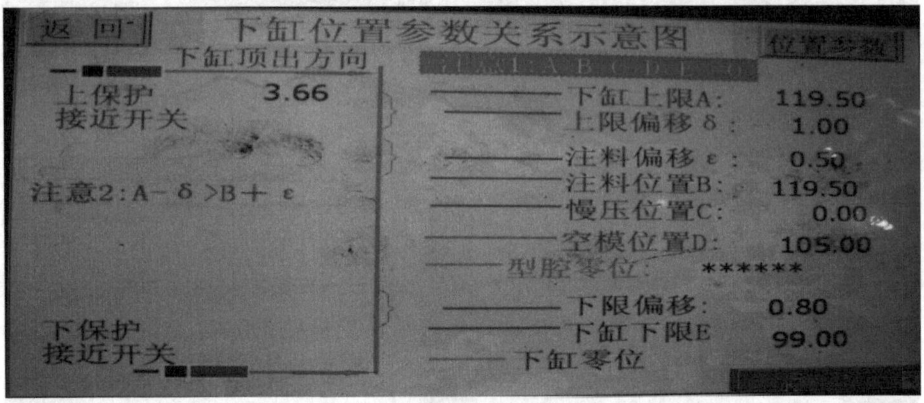

图 6.49　下缸位置参数关系示意图

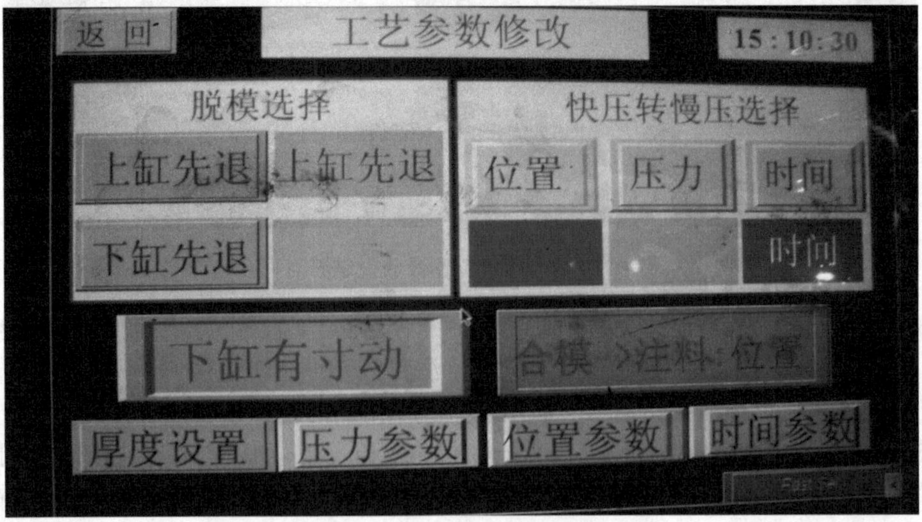

图 6.50　工艺参数修改界面

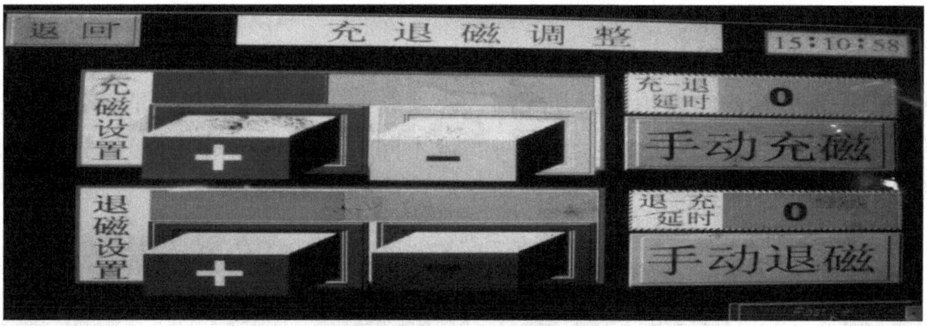

图 6.51　压机充退磁调整界面

子项目 4　生产设备的自动化、智能化、可控化与高效化

永磁铁氧体产业及其生产过程中的相关专用设备正朝数字化、可控化、服务化、可持续化方向发展，最终实现永磁铁氧体生产过程工业 4.0(智能工厂和智能生产的高效化产出)。

设备数值化、可控化的实现，是设备真正意义上自动化、智能化、高效化的必要条件。TDK 中国分公司，将成型用料浆粒度、磁性能及含水率严格控制之后，通过管道输送到全自动成型压机，成型好的生坯自动送入窑内烧结，一台压机对应一条快速烧结的小窑炉，烧结好的毛坯自动送入磨加工工序。伴随技术的不断进步，永磁铁氧体国产生产设备也正在逐步向自动化、智能化、可控化与高效化过渡。

现以永磁铁氧体成型设备为例，对此进行说明。国产新型湿压磁场成型压机与传统压机的对比如表 6.12 所示。

表 6.12　国产新型湿压磁场成型压机与传统压机的对比表

序号	对比项目	传统压机	新型压机
1	位置控制	不连续的接近开关调整	连续的人机参数输入
2	压力控制	不连续的电接点压力电信号	连续的人机参数输入
3	速度调整	调速阀保证	调速阀及给定流量保证
4	各项速度实现	油缸局部动作可调整	油缸各项速度无级调速
5	监控参数	局部点参数可见	连续位置、压力可追溯
6	模具信息	无	调试模具共享信息健全
7	数据共享	无	有
8	生坯质量	局部控制	完全控制
9	生产安全和工艺预警	局部预警	预警健全
10	能耗	高	低
11	效率	低	高
12	故障排除难度	简单	较高
13	连续稳定性	低	高
14	生坯缺陷调试难度	高	低
15	调试参数匹配难度	低	高

1. 设备发展的自动化、智能化

目前国产设备已初步实现用户交互式输入各项成型工艺参数和单机取坯器及相关工模具模块化的参数(不同产品的数据化生产,同时实现不同机组间数据的共享)的智能化。具有模具装卸的参数化有利于标准模具的后期自动化对接(图 6.52～图 6.54)。

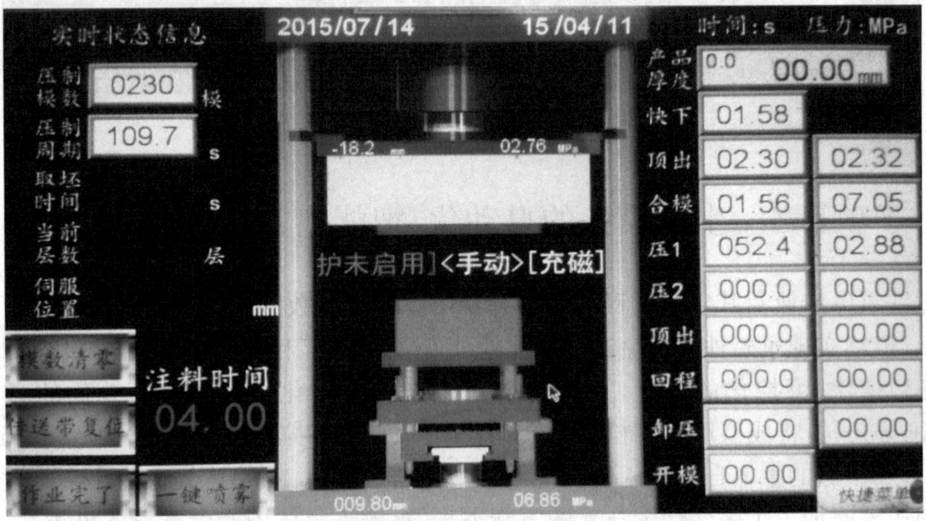

图 6.52　成型设备信息主界面

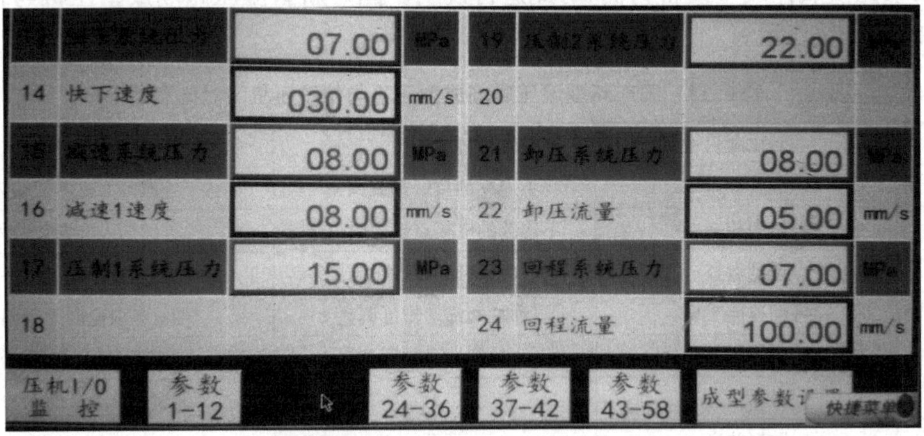

图 6.53　成型参数交互式输入界面

压机润滑控制界面如图 6.55 所示。

压机输入和输出界面如图 6.56 和图 6.57 所示,压机输入和输出界面是为了更好地监控液压系统的工作情况,如果液压系统哪里出现了问题,在这两个界面就可以看到,这样就很清楚哪里有问题,方便维修,而工艺参数的修改一般不用管它。在刚换模具的时候,各参数都是调试好了的。

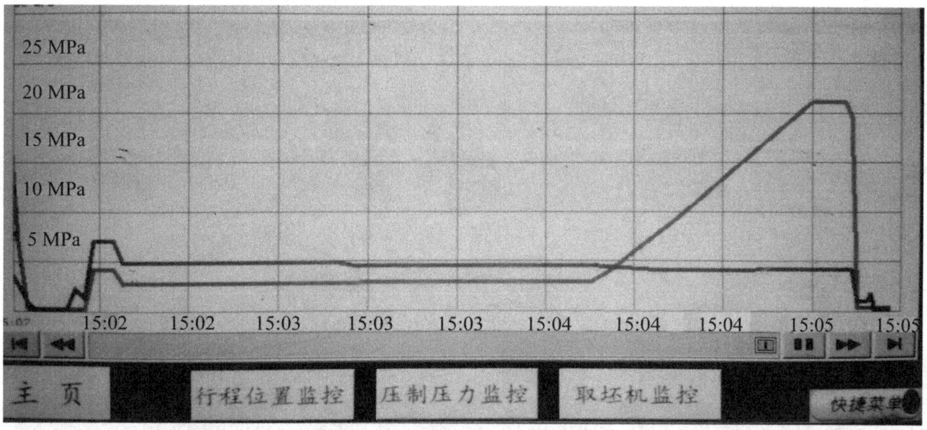

图 6.54　成型压制工艺曲线

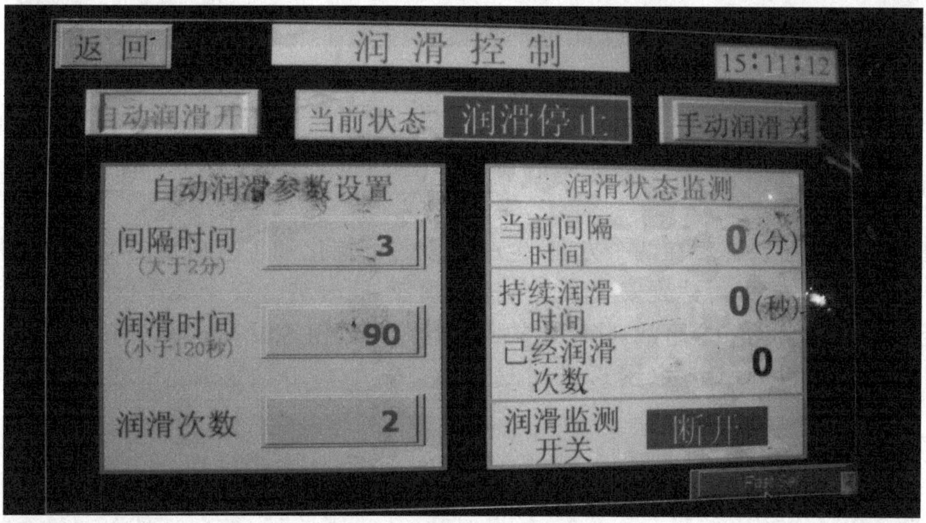

图 6.55　压机润滑控制界面

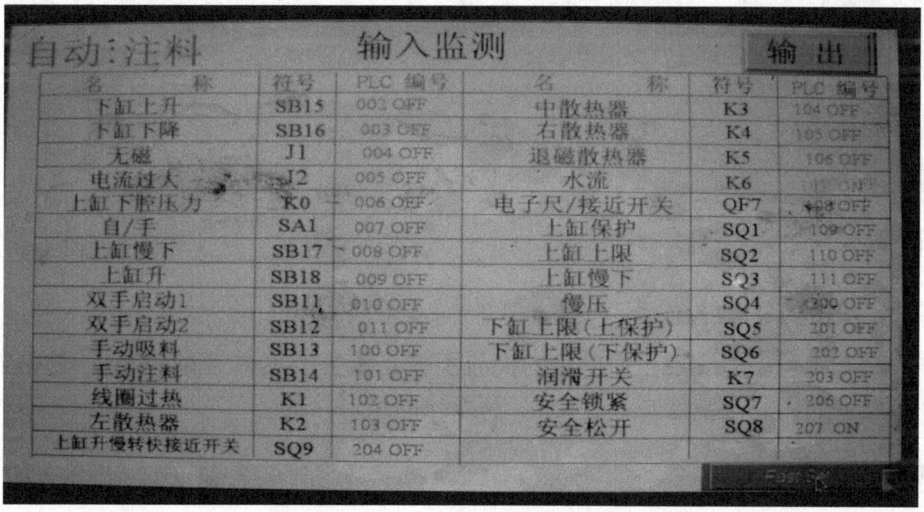

名称	符号	PLC 编号	名称	符号	PLC 编号
下缸上升	SB15	002 OFF	中散热器	K3	104 OFF
下缸下降	SB16	003 OFF	右散热器	K4	105 OFF
无磁	J1	004 OFF	退磁散热器	K5	106 OFF
电流过大	J2	005 OFF	水流	K6	[illegible] ON
上缸下腔压力	K0	006 OFF	电子尺/接近开关	QF7	[illegible] OFF
自/手	SA1	007 OFF	上缸保护	SQ1	109 OFF
上缸慢下	SB17	008 OFF	上缸上限	SQ2	110 OFF
上缸升	SB18	009 OFF	上缸慢下	SQ3	111 OFF
双手启动1	SB11	010 OFF	慢压	SQ4	[illegible] OFF
双手启动2	SB12	011 OFF	下缸上限(上保护)	SQ5	201 OFF
手动吸料	SB13	100 OFF	下缸上限(下保护)	SQ6	202 OFF
手动注料	SB14	101 OFF	润滑开关	K7	203 OFF
线圈过热	K1	102 OFF	安全锁紧	SQ7	206 OFF
左散热器	K2	103 OFF	安全松开	SQ8	207 ON
上缸升慢转快接近开关	SQ9	204 OFF			

图 6.56　压机输入监测

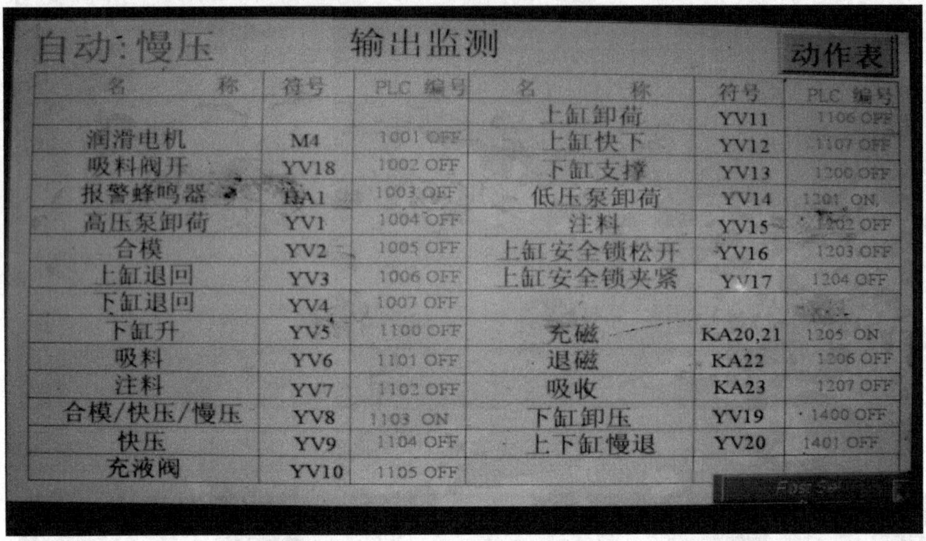

图 6.57　压机输出监测

2. 可控化

设备的可控化主要体现在两个方向:生产安全的可控化和工艺质量的可控化。将必要的安全要求植入设备体系,可达到安全隐患的提前预警,同时结合安全操作行为规范管理,才能有效杜绝人身及设备的安全事故;将特定的工艺管控参数植入设备体系可有效提升产品质量,保证大生产的连续性与稳定性(图 6.58)。

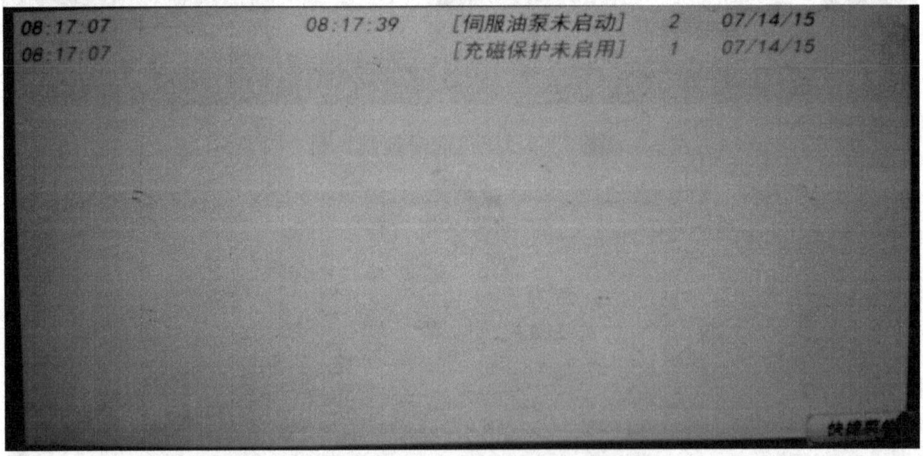

图 6.58　实时安全及工艺报警界面

生产安全与工艺安全实现生产隐患的提前预警有效管控不良结果的产生,这是雏形智能化的体现形式。后期将逐步形成高智能化、高效化的生产格局。

3. 自动化与高效型化

以 150 吨新型 YHG00－150A 型永磁铁氧体高效全自动成型液压机为例,新型压机与传统压机相比，具有以下特点：

①能耗低。比传统同吨位压机节电 50%～80%(在成型周期相同条件下)。

②产量高。比传统同吨位压机提高了 30%以上(在设备与工艺稳定的条件下)。

③生坯密度一致性大幅度提高，有利于后工序烧结收缩稳定性的控制，减少了磨加工的磨削量。

④局域智能化的功能增强。

⑤生坯质量的连续、可控、稳定性较高。

⑥生产安全和工艺安全系数高。

⑦单机自动化减少了劳动力，由一人 2 台操作变为一人 4～6 台的操作。

⑧人性化参数输入(简单、快捷)，运行状态多模式监控(可视化)。

⑨量化参数结合设备的统一性实现模具参数共享。

⑩工艺参数可操作，管控清晰、完整；且连续可视、可控性强。

⑪标准模具、模架的统一可实现模具的快速装卸以及后期自动化装卸模具。

⑫配备网络化成型工序管理数据硬件接口。

项目7 永磁铁氧体的烧结

本项目导读：本项目主要目的是让读者熟悉永磁铁氧体烧结的工艺与控制要点，熟悉铁氧体的烧结目的，影响毛坯内水分扩散速率的因素，影响铁氧体毛坯水分蒸发速率的因素，液相存在下烧结的一般规律，影响铁氧体烧结效果的因素，烧结过程中，引起双重结构的原因及其预防措施，烧结工序常见质量问题及其处理思路等。

子项目1 永磁铁氧体烧结知识准备

任务1 铁氧体的烧结

用低于熔点的温度加热铁氧体生坯时，坯件发生一系列物理、化学的变化，最后得到具有一定强度、密度和电磁性能的多晶铁氧体。

关于烧结现象及其机理的研究，虽然早年有过，然而立足于近代物理学开展烧结理论的研究还是1948年以后的事。至今，阐明烧结现象和机理的工作有了很大的进展，可以说对其全貌有了大致的了解，但关于详细问题未见得意见都一致。此外，验证也还有困难，这说明还需要进一步开展研究。

关于烧结这一概念，每个人的理解不一样。如松山芳治认为："由于加热使团块（坯件）收缩和致密化的现象及其过程称为烧结。"武井武则提出："在烧结过程中，铁氧体粉料结合成固体的现象叫做烧结。"而M. IO. 巴利新认为："烧结的定义是，原子的温度活动性引起的颗粒（体）间接触的量与质的变化称为烧结。"看来后者的定义比较全面。在铁氧体坯件中，即使是细小的颗粒，其原子（或离子）都是按某种规律排列的。由于加热，系统温度升高，晶格内的离子振动加剧，在一定程度上，离子将摆脱其周围离子的束缚而发生移动，从而导致物质的迁移。由于系统内物质的迁移，铁氧体坯件将发生去除水分、排除粘合剂、盐类分解、铁氧体生成反应、收缩、致密化、结晶成长、氧化、还原、挥发以及铁氧体晶体内离子分布等过程，从而得到具有一定性能的铁氧体产品。

关于铁氧体的生成反应及其相关的理论，已在前面讨论过。本项目将讨论致密化、多晶结构和气氛平衡的现象及其相关的理论。必须指出，致密化、多晶结构及气氛平衡并非是各自孤立进行的，在许多场合恰恰是交错的、密切关联的。

铁氧体的烧结过程是指在铁氧体制造过程中，将成型后的铁氧体坯件，经过一定的处理后，置于高温烧结炉中，加热到一定的温度——烧结温度，并在烧结温度下保持一段时间——保温，然后冷却下来的过程。

铁氧体烧结的目的在于使铁氧体生成反应完全，即全部反应生成符合烧结要求的铁氧体；控制铁氧体的内部组织结构以达到所要求的电、磁和其他物理性质；满足技术条件上所规定的产品形状、尺寸和外观等要求。铁氧体的内部组织结构影响着铁氧体的性能。在铁氧体的生产过程中，内部组织结构特性是与铁氧体的烧结紧密相关的。

烧结情况与铁氧体内部组织结构特性大致可归纳成如图7.1所示的关系。

通常，铁氧体的烧结过程可以分成初期、中期和末期3个阶段。在烧结的初期，铁氧体粉

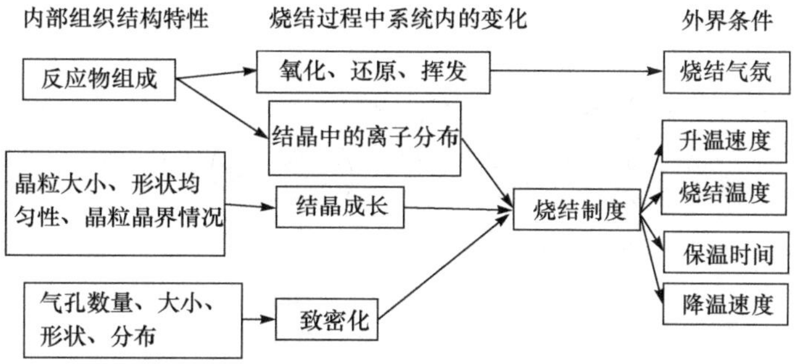

图 7.1　烧结与铁氧体内部组织结构特性关系图

料颗粒接触，并在接触表面形成颈部，颈部长大，而在总体上还未出现晶粒生长。铁氧体坯件的线收缩率约为百分之几或相当于坯件密度增加百分之十。

在烧结的中期，开始气孔仍然处于连通的状态，气孔的形状是多种多样的。随着烧结的进行，坯件体积显著收缩，密度增大。当铁氧体坯件密度达到理论值的 60%左右时，晶粒开始生长。此时，坯件中仍有许多小气孔。密度变化在较大的范围内，随着烧结时间的加长而减慢(对数关系)。随着晶粒尺寸的增大，致密化的速度有所下降。当铁氧体坯件密度大约为理论密度的 95%时，气孔全部变成封闭式。

在烧结的末期，可能发生不连续的晶体生长。当有异常晶粒生长时，大量气孔被卷入晶粒内部，并且气孔与晶粒边界隔绝，因而坯件不能有更多的收缩。如果能够避免不连续的晶粒生长，则由于气孔可以在晶界上被排除，最后的百分之几的气孔可以得到排除。于是可得到高密度的铁氧体烧结体。在某些情况下，铁氧体烧结体的密度可接近 X 光理论密度。永磁铁氧体坯件烧结后，尺寸减小，对各向同性样品收缩率约为 16%；各向异性的样品平行磁场方向收缩率约为 22%，垂直于磁场方向约为 13%，二者相差越大，表明各向异性程度越高。

铁氧体的烧结有固相烧结、带液相的烧结和加压烧结 3 大类型。

任务 2　固态物质的烧结

(1) 固态物质的烧结

固态物质的烧结是指那些在烧结过程中不出现液相，而完全依靠固相间的作用形成多晶材料的现象和过程。

通常，多晶铁氧体在烧结过程中要发生体积收缩、密度提高和气孔率减少等现象。在整个烧结过程中，不同温度下铁氧体坯件的变化规律是不同的。

在烧结的开始阶段，随着温度的升高，铁氧体坯件内的水分、粘合剂和其他杂质被排除，颗粒开始点接触，但孔隙多而分散，并且互相贯通，坯件的体积收缩、致密度与强度都不会出现明显的变化，如图 7.2(a)所示。随着温度继续升高，坯件中颗粒与颗粒之间由点接触逐渐变成面接触，接触面积迅速扩大并且形成界面；接着颗粒的界面逐渐合并，原来互相贯通的孔隙逐渐被封闭并相对地集中成为孤立的孔隙，其体积也逐渐缩小，最后大部分从坯件中被排除，如图 7.2(b)所示。在此阶段，只要温度稍有增加，坯件的收缩、致密度及强度就会发生很大的变化。温度进一步升高，铁氧体坯件的收缩、致密度与强度的变化又趋缓慢，那些未被排除的封闭气孔有所缩小，密度增大至烧结密度，致密化趋于完善，如图 7.2(c)、(d)所示。

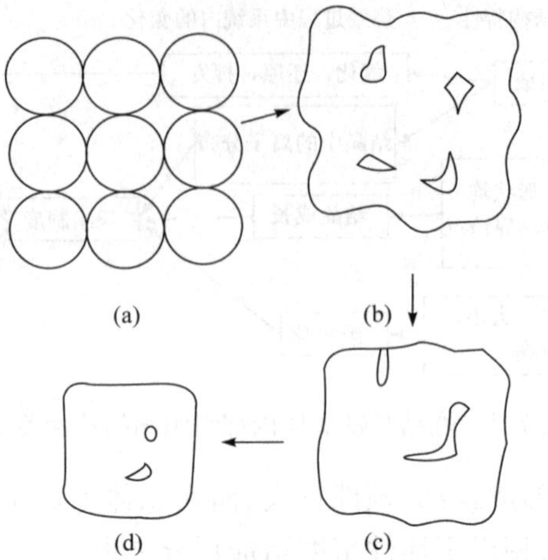

图 7.2　在烧结过程中坯件内气孔的变化

(2) 烧结的动力

如前所述,由粉末状的物料构成的铁氧体坯件在高温作用下会发生一系列的变化,转变成为致密的烧结体。其动力何在呢?只要把处于粉末状态的物质和块状物质相比较就会清楚。

粉末状的物料是分散的,具有较大的比表面,所以粉末状的物料具有高的表面能。由于粉料颗粒表面的正、负离子作用比内部的大,从而引起了变形和间距变化,使得热力学稳定性下降,因此加热时,离子具有可动性。另外,由于粉碎等使粉末物料出现加工应变,促进晶格活化,也造成加热时离子的可动性。基于以上原因,粉末物料具有较高的能量。任何系统都有向着最低能量状态发展的趋势。因此,系统能量的降低是固态物质烧结的动力。

以粉末物料的表面张力作为驱动力,其大小主要取决于粉料颗粒半径的大小。正如弯曲表面特性那样,在表面张力 σ 的作用下,一个半径为 r 的液滴或气泡内部所受到的压力为

$$P=\frac{2\sigma}{r} \tag{7.1}$$

半径越小,压力越大,这个压力无论在液体或固体中都存在。表面张力的合力指向球心(图 7.3)。在固态物质中,如果考虑的对象是气孔,由于气孔有一个弯曲的表面,在表面张力(由气孔周围材料提供的)作用下,压力 P 是一个负压。在这个负压作用下,使气孔的表面附近含有比平表面更大的空位浓度。这个气孔表面附近过剩的空位浓度,其大小与固体的表面张力成正比,与气孔的半径成反比。根据菲克 (Fick)扩散定律,这个气孔表面附近过剩空位浓度的存在,将使扩散速度增大,这样就促进了烧结。

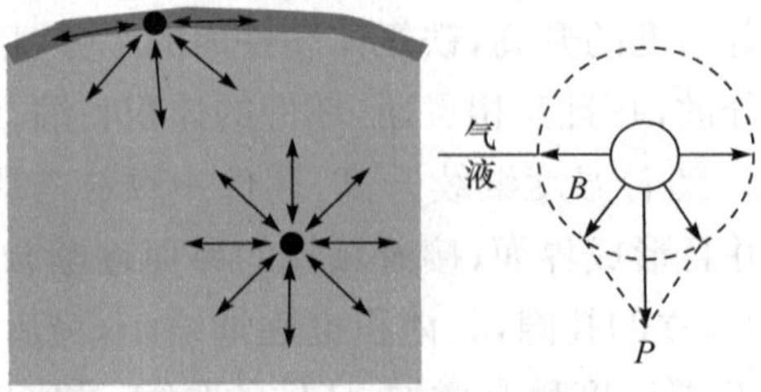

图 7.3　表面张力示意图

(3) 固相烧结的机理

在烧结过程中，必须有物质的传递，才能使疏松的坯件变成致密的烧结体。物质传递的机理，有 3 种不同的观点：黏性流动与塑性流动机理；气相传递——蒸发和冷凝机理；扩散机理。实际上，在烧结过程中，物质传递的机理是很复杂的，还没有一种机理能够说明所有的烧结现象。这说明不是单一的机理在起作用。但在一定条件下，某种机理占主要的地位。对于晶态固体的烧结，实践证明，扩散机理是主要的。

当烧结按照扩散的机理进行时，物质的传递就与固体中的点缺陷浓度，特别是空位浓度有关。空位浓度越大，扩散速度也就越大。根据菲克定律，只有在一个空位浓度梯度下，才能造成定向的空位扩散。假如考虑半径为 r 的两个接触圆球，在球体的各个部分，空位的浓度是不一样的。由于存在空位浓度梯度，空位就会从浓度高的地方(空位源)向浓度低的地方(空位消除点)扩散，而物质往相反的方向扩散。根据客尔云(Kelvin)方程，在凹面上空位的浓度较大，是一个空位源，因此物质将向弯曲的表面扩散，即向曲率半径为 ρ 的颈部表面扩散。这样，颈部逐渐生长，物质烧结。空位扩散的途径可以是从颈部通过体积扩散到晶界消除，当然也可通过表面扩散，从颈部扩散到颗粒表面消除，或通过界面扩散从颈部扩散到晶界消除。在不同的条件下，不同的扩散途径起着不同的作用。但最主要的是从颈部凹面到晶界的体积扩散。依照这种扩散机理，在烧结过程中，两个球形颗粒接触处的颈部半径应当逐渐长大，两个球中心之间距离因为烧结而缩短；因此，在外观上，可以测出体积的收缩。

在烧结的初期，设两个球之间形成一个半径为 x 的颈部，颈部凹面的曲率半径为 ρ，球的半径为 r，当 $\frac{x}{r}$ 很小时，颈部体积 $V=\frac{\pi x^4}{4r}$，根据扩散理论，烧结速率的一般式可表示为

$$\frac{\mathrm{d}V}{\mathrm{d}t}=\psi(x,r,\mathrm{d}x)=\psi\left(D_v \cdot S \cdot \frac{\Delta C}{\rho}\right) \tag{7.2}$$

式中，$\frac{\mathrm{d}V}{\mathrm{d}t}$ 为颈部生长的速率，用它来表示烧结的速度；D_v 为空位扩散系数；S 为扩散面积；$\frac{\Delta C}{\rho}$ 为空位的浓度梯度。

式(7.2)是基于这样的假设：烧结是通过空位从颈部凹面通过体积扩散到晶界来进行的。因此烧结速率可以用颈部生长速度来表征。公式的左边表示颈部生长速率是几何形状的函数；右边则表示颈部体积增长速度，是空位扩散的函数。

假设烧结是通过空位从颈部凹面，通过体积扩散到晶界来的，则烧结速率可以用颈部的生长速率来表示，在烧结过程中，磁体长度方向的收缩与时间 t 的 2/5 次方成正比。收缩率可作为衡量烧结进行程度的尺度。它主要是由被烧结物料颗粒大小决定的，颗粒越大，收缩率就越小。因此，对于烧结来说，颗粒越细越好。但从密堆集来看，具有大小不同尺寸的颗粒可以获得紧密的堆集，会使颗粒容易结合。故最佳烧结要求粉料的颗粒尺寸在一定的范围，通常平均颗粒尺寸(直径)在 0.05～0.5μm 范围较好。另外，烧结收缩率与烧结时间 t 的 $\frac{1}{q}$ 次方成正比。而 q 为大于 1 的正数(如烧结机理为体积扩散，则 $q=2.5$，如烧结机理为晶界扩散，则 $q=3$)，故在烧结开始时，收缩很快，但时间长了则变慢。由此不难想到，过分地延长烧结时间，是没太大必要的。因温度的升高将明显(呈指数关系增大)增大扩散系数，因而，整体来看，温度的升高将加快烧结的进行。

应当指出，上述的数学模型只适用于烧结的初期，颗粒和气孔的形状改变不大的情况，即

线收缩率在 6%的范围以内。通常，烧结初期(包括颗粒开始接触到颗粒间颈部长大)，线收缩率约为百分之几，或相对密度提高百分之十左右。此时，本来是相切的球状物料，由于颈部的长大而变形。图 7.4(a)、(b)示出这个时期的颗粒和气孔的形状。

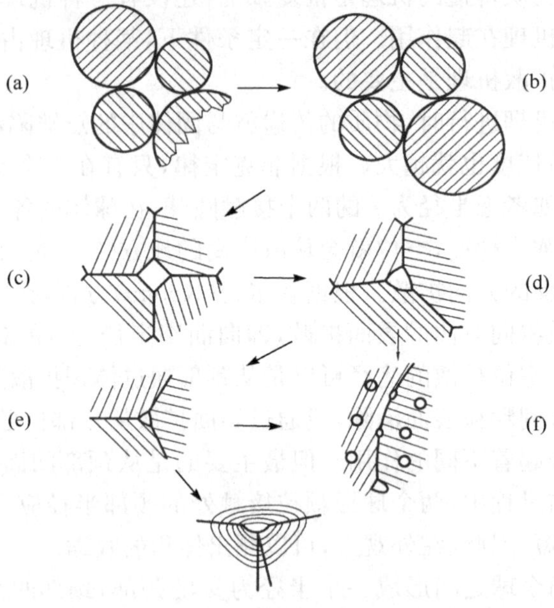

图 7.4　烧结过程中观察到的典型结构示意图

在烧结的中期，各个气孔还互相贯通，但已形成一种“隧道”系统。在几何形状上是多种多样的，气孔的外形多数是一种尖角的状态，如图 7.4(c)、(d)所示。因为几何形状复杂，所以无法得出一个一般适用的动力学方程式。从扩散角度估计，在这一阶段中，烧结速度随着烧结时间的延长而明显降低。这一阶段的范围，相当于相对密度为 10%～90%。相对密度在较大的范围内和时间是对数关系，晶粒开始生长。

在烧结的末期，相对密度约达 95%时，气孔全部变成封闭式的，大多数气孔彼此隔离并远离晶粒边界。因此，进一步降低气孔率就比较困难了。要想进一步降低气孔率，只能靠晶界的缓慢移动来实现。这些过程在子项目 4 铁氧体显微结构的控制中还要作详细的讨论。

任务 3　液相存在下的烧结

(1) 液相存在下的烧结现象

在铁氧体制造过程中，固相烧结很重要。但当系统中加入助熔剂或具有低熔点的掺杂，在烧成过程中往往出现液相，于是其烧结就成了带有液相的烧结。

在液相存在下进行烧结可简称为液相烧结。它是由于液相流动时的物质迁移比固相扩散显著加快，以及在液相中原子的扩散系数大，因此，在界面的反应和粒子间的物质迁移比固相烧结来得快。

液相存在下的烧结与固相烧结相似，其驱动力也是表面张力，并且表现得更为显著。因为固体比表面能 γ_{BV} 比液体表面能 γ_{LV} 大。当满足 $\gamma_{BV}-\gamma_{SL}>\gamma_{LV}$ 条件时，液相将润湿固相。由图 7.5(a)可见，当系统处于平衡时，有如下的关系：

$$\gamma_{SS}=2\gamma_{SL}\cos\frac{\phi}{2} \tag{7.3}$$

若 $2\gamma_{SL} > \gamma_{SS}$，$\phi > 0$，液相不能润湿固相。当 $2\gamma_{SL} < \gamma_{SS}$时，满足式(7.3)的 ϕ 角不成立，液相将沿着颗粒之间的界面，自由渗透并使颗粒分开。因此，当满足式(7.4)时，固体颗粒将被液相润湿。

$$\gamma_{SV} > \gamma_{LV} > \gamma_{SS} > 2\gamma_{SL} \tag{7.4}$$

式中，γ_{SV}为固体和气体界面的表面能；γ_{LV}为液体和气体界面的表面能；γ_{SS}为固体和固体界面的表面能；γ_{SL}为固体和液体界面的表面能。

在毛细管力的作用下，固体颗粒将发生滑移、重排而趋于最紧密的排列，使两个颗粒被液相拉紧，中间形成一层液膜如图 7.5(b)所示。由于两相接触角处受到很大的压力，化学势和离子活度将增加。由于接触处离子活度增加，这就提供了物质传动的驱动力。例如，接触处首先发生表面溶解，两颗粒中心互相靠近，如图 7.5(c)所示。显然，相反的过程——表面沉淀是在曲率半径较大的颗粒表面上进行的。带有液相的烧结就是靠这种溶解析出的过程来达到致密化。

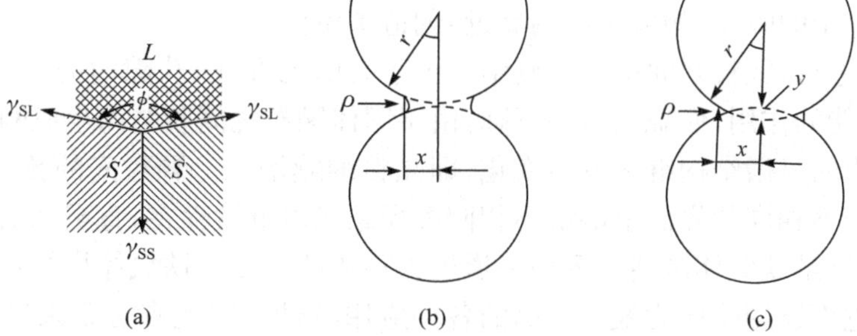

图 7.5　液相烧结模型

液相存在下烧结的一般规律是：在烧结时，液相的形成通常会伴随有激烈的坯件收缩，也就是说，激烈的致密化过程是从形成液相的时候就开始的。提高坯件的收缩，除了与组成的物理、化学性质有关，还取决于系统液相的数量、难熔组元的颗粒大小以及坯件的起始孔隙度。增加易熔组元的数量可以促进坯件的收缩，但在组元存在一定的相互溶解度时，易扩散过程会使液相烧结时密度变化复杂化。采用粒度较细的难熔组元，也可以增大坯件的收缩。坯件的原始密度对收缩动力学也有重要的影响。如果坯件的起始孔隙度很小，由于液相的漫流而形成了许多彼此隔离的孔隙。这些孔隙中，气体的压力与粉末在固相烧结时的情况一样，会妨碍坯件的收缩，甚至会引起膨胀。在某些情况下，液相并不是在烧结的整个过程中都存在的。扩散(反应)的进行会引起其他难熔相的形成，并使烧结过程在固相中进行。

(2) 液相存在下的烧结机理

通常，把有液相参加的烧结致密化过程分为液相流动、溶解并析出和固相烧结 3 个阶段。

在液相流动阶段，由于流动性较大，在表面张力的作用下，容易通过黏性流动而达到平衡。粘度越小、粉料的粒度越细，烧结进行得越快。此外，坯件密度增加的速度还和表面张力成比例。由于表面张力主要取决于组成，不能任意改变。粘度也不能任意下降，因为降低粘度会造成坯件变形。故只可调节颗粒度，显然颗粒度越细越好。

在溶解和析出阶段，由于固相在液相有一定溶解度，并且润湿性很好。在一定温度下一出现液相，液相将整个颗粒表面包上一层很薄的液体，并在互相接触的颗粒之间生成颈部，在液相毛细管力的作用下，颗粒互相靠拢并接触。当液相增加到某种程度（约 30%体积）时，颗粒会相对移动，进行重排。颗粒的这种重排，会使其排列更加紧密，从而相应地提高了坯件密度。坯件的线收缩系数与时间的关系为

$$\frac{\Delta l}{l} \approx t^{1+x} \tag{7.5}$$

指数 $1+x$ 的意义是略大于 1，颗粒重排过程是否能使坯件达到完全致密化，与液相数量有关。当液相量达 35%体积时，依靠颗粒重排，可以很好地排除气孔，使坯件达到完全致密化。要是液相含量小于 35%体积，则要靠溶解析出过程来进一步致密化。对于多晶铁氧体的烧结，属于后一种情况。

在铁氧体生产中，固相与液相的化学性质往往相近，不仅有完全的润湿性，而且固相在液相中有可溶性。这样，在烧结过程中会出现溶解——析出阶段。因为弯曲面的溶解度大于平的表面，故细小的颗粒和固体颗粒表面的凸起部分在液相中溶解，并在粗颗粒的表面上析出，即小的颗粒被消耗来使大颗粒长大。如前所述，接触区的压力决定了化学势的梯度，并保证了接触区域溶解物的增加和物质通过液相扩散而迁移到自由表面。这样，颗粒之间的距离就增大了，并且为进一步的收缩（颗粒中心的靠近）创造了条件。

烧结进一步进行，颗粒之间则发生胶结。由于孔隙的存在，孔隙内的气体不能逸出，气压增高抵消了表面能的作用，使烧结速率下降，由于固体颗粒之间胶结而生成刚性骨架。在固相烧结阶段，坯件内的显微结构继续发生变化，即晶粒继续增长。颗粒间的胶结、液相在孔隙中的填充、曲率半径不相同的界面上溶解不相同等现象仍然继续存在，直至烧结结束。

铁氧体的烧结是铁氧体制造过程中一道极为重要的工序。铁氧体烧结直接影响着铁氧体内部组织结构，进而还影响作为最终产品的各种应用特性。因此有必要来讨论铁氧体烧结过程的控制及影响烧结效果的因素。

任务 4　影响铁氧体烧结效果的因素

影响铁氧体烧结效果的因素有许多，下面就其最主要的几个因素作些讨论。

（1）铁氧体粉料的烧结活性

铁氧体粉料分散度的提高会对其烧结起良好的作用。随着粉碎时间的加长，颗粒度变小，烧结体密度将加大。这是由于粉碎时间长，铁氧体粉料的颗粒度小、分散度高，而分散度高的铁氧体粉料具有大的表面积，这样表面能高。表面能是粉料烧结的主要动力，所以高分散度的铁氧体粉料具有好的烧结活性。细粉碎和超细粉碎可提高铁氧体粉料的分散度。通过细粉碎和超细粉碎，还可以增加粉料的晶格缺陷，晶格缺陷多的铁氧体粉料烧结活性好。

（2）铁氧体粉料颗粒之间的接触

铁氧体粉料颗粒之间的接触是铁氧体烧结的重要条件。因此，在铁氧体烧结之前成型时，都给以一定的压力，一般在保证产品不开裂的前提下，成型压力要尽量大。成型压力大的坯件在较低的烧结温度下就可以达到较高的密度；而成型压力小的铁氧体坯件，则需要较高的烧结温度才能很好地致密化。这是由于压力大，坯件中铁氧体粉料颗粒间接触好，促进了烧结。反过来，一切阻碍铁氧体粉料颗粒直接接触的因素，例如，粉料颗粒表面吸附或覆盖了一层具有特殊性质的薄膜，如气体吸附膜，不与铁氧体粉料形成固溶体的反应产物薄层，都会阻碍铁氧体的烧结。特别是存在有较显著的高温挥发性物质，它除了会形成气体的吸附层外，由于高温挥发还给烧结体造成气孔，因而不利于烧结。

(3) 添加剂的影响

有的添加剂，在高温时，可以起到较好的助熔效果，促进烧结的进行。通常液相具有润湿能力好、黏度小，表面张力大，对铁氧体粉料有拉近、拉紧和促进物质传输等作用，故会促进铁氧体的烧结。因此，在铁氧体制造过程中常常添加一些助熔剂，如 B_2O_3、Bi_2O_3、$CaCO_3$ 等。

(4) 预烧的影响

预烧的情况对铁氧体的最后烧结有着重要的影响。在同一烧结温度下，烧结体的密度随着预烧温度的升高而下降。这说明经过高温预烧的铁氧体粉料烧结活性降低了，故坯件收缩率减小。但经低温预烧的铁氧体粉料，由于预烧温度低，铁氧体的生成反应完成的程度小，这样在烧结时还要进行生成反应。烧结时出现生成反应会促进烧结反应的进行。不过这样往往会引起异常晶粒的生长，对形成好的显微结构不利。因此为获得某些主要电磁特性往往存在着一个最佳的预烧温度。图 7.6 给出了铁氧体的烧结温度与预烧温度的关系，由图可知，对应于理想预烧温度，有一个最低的烧结温度。

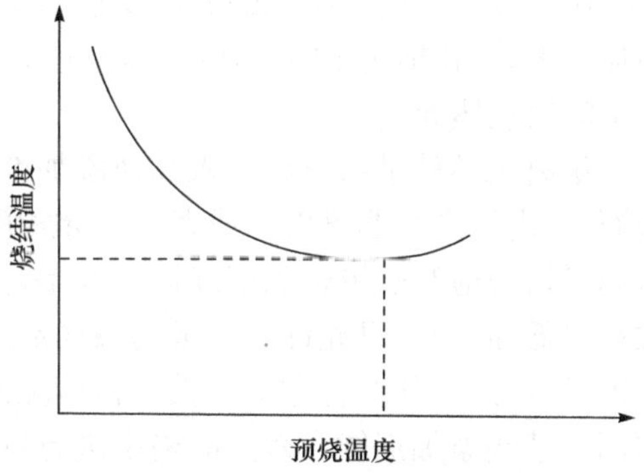

图 7.6　铁氧体的烧结温度与预烧温度关系

(5) 烧结温度与保温时间的影响

对于铁氧体烧结反应来说，烧结温度和保温时间的影响是比较大的，因为它们直接控制着铁氧体坯件的烧结反应。一般说来，随着烧结温度的升高和保温时间的延长(在一定范围内)，铁氧体坯件的气孔率减少，密度增大，这对铁氧体磁性能的改善是极为有利的。

任务 5　永磁铁氧体的烧结与磁参数

松散的粉末经过压制成型，最终烧结成为一定形状的致密烧结块，并产生晶粒尺寸数量级为 1μm、具有良好磁性的微观结构。烧结过程中，材料的相对密度从 55%～65%提高到 90%以上，有时甚至达到 98%左右。如果忽略次要因素的影响，如水分和润滑剂的蒸发，残存碳酸盐中 CO_2 的释放，从研磨介质上磨损下来的金属颗粒的氧化等，磁块的质量不变，因此，烧结后体积近似于减至原压坯体积的 2/3。由于大量的微孔被消除，烧结体体积收缩，各向同性产品的线性尺寸减少量约为 16%，而各向异性产品，在平行和垂直于择优磁化方向减少量则分别为 22%和 13%。

烧结时的晶体回复、再结晶及晶粒的长大(连续和不连续的"反常"晶粒长大)，人们既希望又讨厌。虽然在相对低的温度下烧结时，随着晶体的回复、矫顽力 H_{CJ} 得以提高，但是，当把温度调整到使毛坯收缩的值时，由于晶粒长大矫顽力又降低了。支配所有这些的驱动力是表面能、界面能和储存在晶格中的弹性位能的减少。在足够高的温度下，这种驱动力促使原子通过晶格缺陷，如空位或晶粒边界进行扩散。当然，扩散对烧结的程度和速度起着十分重要的作用。实践证明，其他固相的出现或提高温度后液相的出现特别重要。

高矫顽力钡或锶六角铁氧体样品，如从融盐中结晶出来的细小而且缺陷少的晶体，即使在远高于通常烧结温度的 1300℃，也不容易收缩(Arendt 的实验)，只有在外加 2%～4%质量比的助熔剂后，一些具有 Z_1-Z_2-Al_2O_3 组成的玻璃状物(Z_1=PbO、BaO 或 SrO；Z_2=SiO_2 和/或 B_2O_3)，才使烧结获得了良好的性能。据 Arendt 的推测，烧结时这些材料形成了一种液相。

人们反复地研究了摩尔比 $n=Fe_2O_3/MO$（M=Ba，Sr，Pb）的影响。关于六角钡铁氧体，Stuijts(1956) 发现具有化学计量组成($n=5.9$)的钡铁氧体收缩比较小，而晶粒长大过程正常。然而，如果 BaO 稍微过量($n<5.9$) 就会由于形成 $BaO\cdot Fe_2O_3$ 而使烧结致密化。在这种情况下，如果温度足够高，可能出现反常的晶粒长大。Lacour 等对于六角钡铁氧体，与 Krijtenburg (1974) 对锶氧体的实验结果相似，在 1120～1280℃ 范围内烧结，经过较短时间研磨的 $BaO\cdot 5.9Fe_2O_3$ 或 $BaO\cdot 5.3Fe_2O_3$ 其活化能分别等于 770±12kJ/mol、556±12kJ/mol(183±kcal/mol、133±3kcal/mol)。根据其收缩与时间的关系，可知永磁铁氧体的烧结机理是以体积扩散为主的迁移机理。增加粉末细度，发现活化能在 835～1256kJ/mol(200～300kcal/mol)，这是由于颗粒表面上沉积的 $BaCO_3$ 层对扩散有所阻碍。Cho 等给出六角钡铁氧体烧结样品的晶粒长大，活化能为 544±84kJ/mol(130±20kcal/mol)，而与材料是否是纯的或者是否含有 SiO_2 的铁氧体无关。

偏离化学计量组成和加入其他添加剂，这两种情况不能分开考虑。就已有的全部实践经验而论，由于产生非磁性相或者铁氧体相的饱和磁极化强度下降的结果，上述两因素原则上将引起磁铁的饱和磁极化强度降低。但是，由于六角铁氧体的饱和磁极化强度已经比其他永久磁铁要低，故通常只允许加少量的添加剂。根据对生产工艺的控制和对某种等级磁铁性能的要求，制订出最佳综合方案。就各种情况而言，尚不清楚添加剂通过一种什么样的精确机理起作用。某些添加剂能在六角晶格中进行置换，如 Al、Cr 和 Ga 可取代 Fe(Bertaut 等，1959)，取代除了对六角铁氧体相的各向异性场从而对矫顽力有影响外，对饱和磁极化强度的影响尤其大。在这方面，人们详细研究了 SiO_2 添加剂的作用，发现它产生低共熔点的，并在一些情况下为透明的共晶物。这种共晶物除 Fe_2O_3 外还含有较大比例的碱土金属氧化物，这种过量的碱土金属氧化物的消耗说明，为什么在工业生产中它的加入量要超过化学计量值的 10%。由于共晶物的熔点低，磁铁的烧结是在有液相的情况下进行着。Kools 认为晶粒长大受到抑制是与一种固相的形成有关，这种固相主要存在于平行 c 轴的晶体表面上，这里固相反应极为强烈。

在生产中相当普遍地采用 SiO_2 和 Al_2O_3 添加剂。某些添加剂在主要成分中以所希望的杂质形式出现(表 7.1)，许多物质曾作为添加剂使用，结果是无效或者是有害的，至少是其比例超过一定数值时是这样。例如，这种物质包括 TiO_2、MgO、NiO、SnO、V_2O_5 等(Kojima 1955a, 1958, Chroust 1972, Gadalla 等 1976)。

表 7.1 制备六角型铁氧体所应用的某些添加剂

添加剂	大约用量(质量分数)/%	影响(+=促进作用，-=抑制作用)			
		烧结	收缩	晶粒长大	矫顽力
SiO_2	0.3～1.5	+	+	-	+
Al_2O_3	0～2		-		+
B_2O_3	0～1	+			+
Bi_2O_3	0～1.5	+	+	+	+
氯化物	0～1	+	-		+
氟化物	0～0.5	+		+	
碳酸锂		+	+		

烧结气氛中的氧分压也能影响烧结速度和烧结密度。$SrO\cdot 5.5Fe_2O_3$ (Sutarno 等，

1971)，$SrO \cdot 5.9 Fe_2O_3$(Reed 等，1975)的实验结果表明，随着氧分压的降低，易烧结性增加，这是空位密度增强的缘故。

烧结前必须细磨，这不仅仅是因为 1μm 左右的颗粒尺寸是获得高矫顽力 H_{CJ} 的先决条件，而且因为表面能作为收缩的驱动力起重要作用。开始时，烧结密度随着粉末细度的增加而增加。根据(Maurer 等，1972) 的报道，六角钡铁氧体粉末的比表面积为 $5m^2/g$，烧结密度达到最大值。随着细度进一步增加，密度开始下降，这可能是 $BaCO_3$ 薄层(项目 5 中的子项目 1)的影响大造成的，因为这些薄层抑制原子扩散并分解而放出 CO_2。如果放出 CO_2 且气孔是封闭的，CO_2 气压会引起局部隆起，磁铁表面形成许多气泡。

阻止进一步致密化的一个原因是出现非连续的晶粒长大。虽然正常的晶粒长大时微孔大都位于晶界处，但快速长大却使微孔处于晶粒内部。为了进一步致密化而消除晶粒内的微孔，必须借助于空位的体积扩散，而空位的体积扩散比空位在晶粒边界上的扩散要慢得多。下面几张图说明了烧结温度对烧后压坯的各种物理性能的影响。图 7.7 给出各向异性六角钡铁氧体的收缩率、密度和硬度、孔隙率 P 随烧结温度的变化，这些特性从 800～900℃开始往上变化。$S_{/\!/}$ 和 $S_\perp$ 分别为平行和垂直于择优方向的收缩率，这里的 $S_{/\!/}$ 是 $S_\perp$ 的 1.6 倍。这个比例是由于晶粒系片状生长的结果造成的。由于晶粒长大可以通过添加剂 SiO_2 来控制(Stuijts，1968)，这两个方向上的收缩率比例也必然受到很大影响。随着 SiO_2 含量的减少，$S_{/\!/}/S_\perp$ 急剧上升。与上述特性相反，永久磁铁的磁特性从几百摄氏度以上开始变化，特别是对细磨粉末进行退火后，H_{CJ} 变化更大。其他的磁特性也有某种程度的增加，尤其是沿择优方向。沿 2 个方

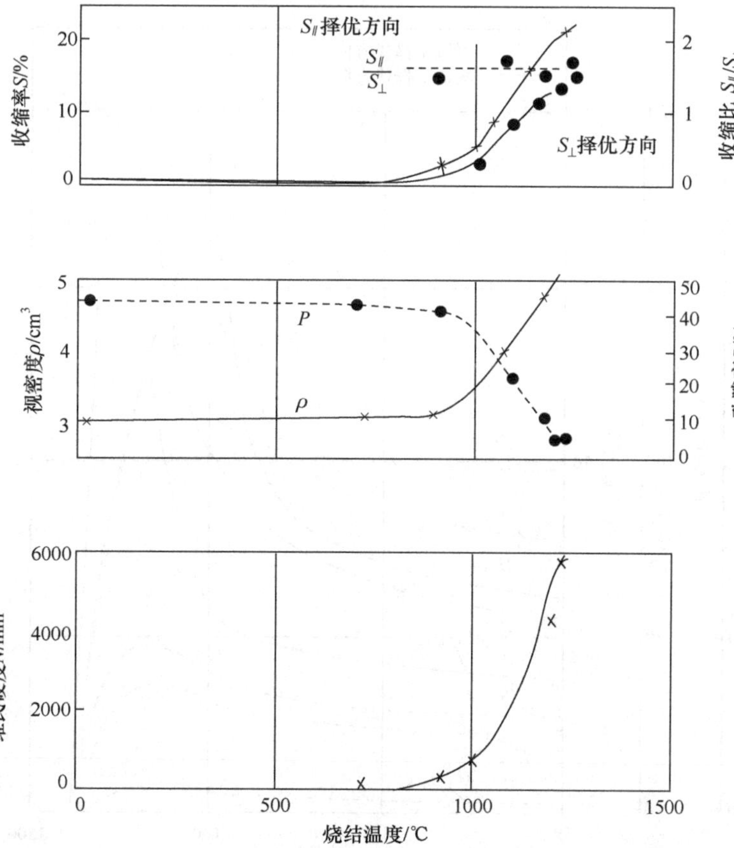

图 7.7　各向异性钡铁氧体样品的收缩率、收缩比、视密度、孔隙率和维氏硬度与烧结温度的关系

向的所有磁性值都随烧结温度的变化而达到峰值，峰值的位置和大小随材料的组成和制造条件不同而异。例如，随着研磨时间的延长，曲线上峰值处的温度下降，但峰值数值却提高了(Sixtus 等，1956)。平行于择优方向测量的峰值，其所以发生在不同的温度(Harada，1970)，除了组成和制备条件不同外，原因还在于各种等级的各向异性磁铁，有的具有高剩磁 B_r、低矫顽力 H_{CJ}，有的则相反。对于大多数各种等级的磁铁，择优方向上的退磁曲线凸起，而垂直于择优方向的退磁曲线则为一条直线。后一情况的 B_r、$(BH)_{max}$ 和 H_{CB} 的峰值出现于同前的烧结温度下。类似的条件适用于各种各向同性磁铁，只是磁性能要高些。因此，若不考虑原料来源和生产厂家，各向同性磁铁实际上仅有一个级别，其 B_r、$(BH)_{max}$ 和 H_{CB} 的数值范围狭小，只是 H_{CJ} 有一定的变化幅度。

虽然密度和磁特性通常在 1000～1250℃温度范围内显示出一平滑曲线，但是当六角钡铁氧体相中含有 1%的 SiO_2(质量分数)以便促进烧结时，(Heimke，1958)于 1150℃左右观测到一种反常的趋势，即 $CaSiO_3$ 的 α-β 相变。

在烧结温度以上的各向异性样品性能曲线显示，对于给定条件下的压坯，为了保持性能的一致性，烧结温差必须稳定在 10℃以内。然而烧结时间也是重要的。等温烧结时，较粗粉末的收缩遵循指数定律，而非常细的粉末的收缩则按对数定律变化(Bungardt 等，1968)。随着压坯压力的增加，压力对收缩的影响减小(Sutarno 等，1970)。

图 7.8 给出了各向异性钡铁氧体样品的剩磁 B_r、$(BH)_{max}$、矫顽力 H_{CB}、H_{CJ} 随烧结温度的变化曲线。图 7.9 给出了有磁场成型(a)，无磁场成型(i)时 BaM 铁氧体的视密度，B_r 和 H_{CJ} 的变化曲线。

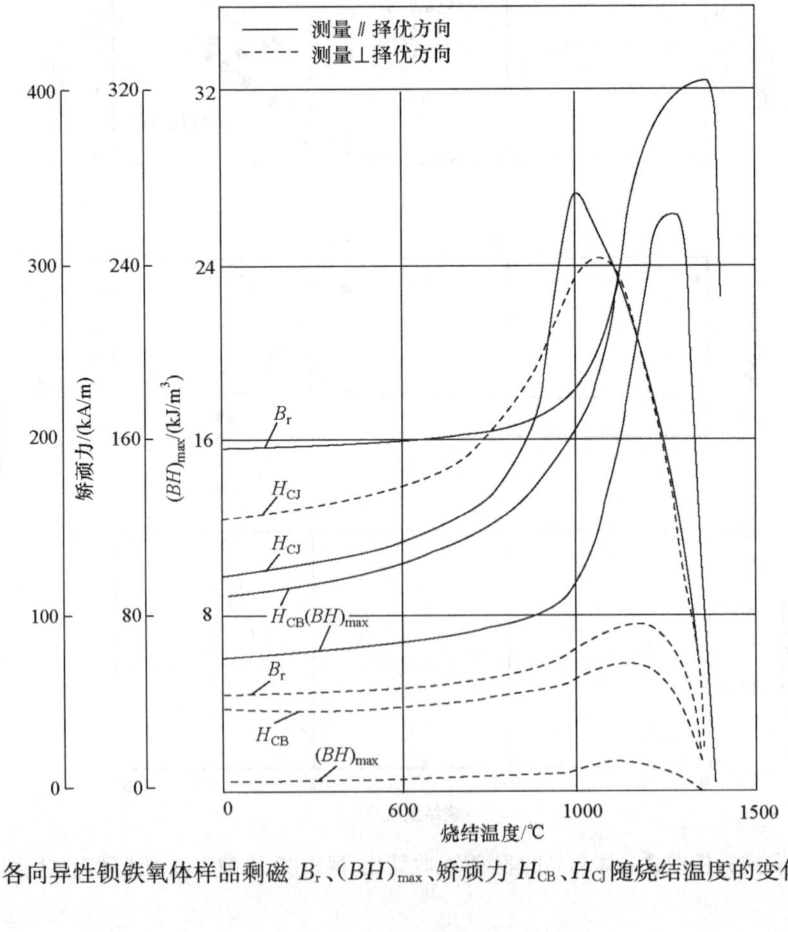

图 7.8　各向异性钡铁氧体样品剩磁 B_r、$(BH)_{max}$、矫顽力 H_{CB}、H_{CJ} 随烧结温度的变化曲线

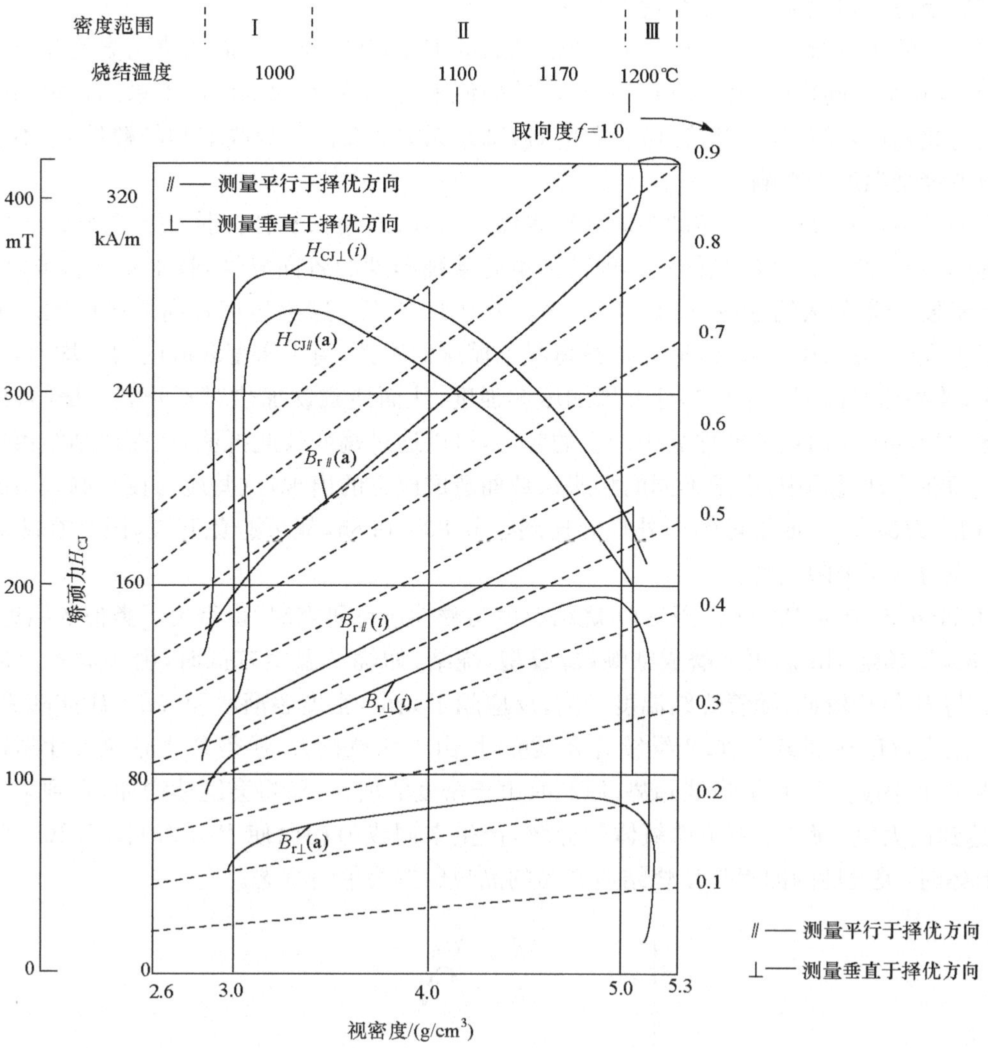

图 7.9　BaM 铁氧体的视密度、B_r 和 H_{CJ} 的变化曲线，成型有磁场(a)，成型无磁场(i)

永磁铁氧体产品在烧结过程中，有三个密度区域Ⅰ、Ⅱ、Ⅲ，大体上分别相应于温度范围1000℃以下，1000～1200℃以及1200℃以上，而且不同温度区域，烧结所得铁氧体的磁性能不同。仅在温度区域Ⅱ中，剩磁才几乎线性地增加，但并不完全与密度成正比例。这种情况是由2个原因造成的：即由孔隙引起的回线剪切效应(Denes，1962)和由晶粒长大引起的晶体结构变化(Rauthenau 等，1952)。各向异性样品的取向度，在Ⅱ区域开始时仅仅稍有增加，而后在Ⅲ区域明显提高(Reed 等，1973)。这种突出的变化也可用 X 射线衍射方法定量地来证实，或用剩磁对角度的依赖关系来证明(Stäblein 等，1966)。

区域Ⅰ标志着晶格缺陷的消除，它清楚地表现在矫顽力大大增加，而剩磁稍有提高。样品的收缩和轻微的晶体长大发生在区域Ⅱ。此时矫顽力逐渐降低，各向异性样品的晶体结构变得比较明显。在区域Ⅲ中，矫顽力急剧下降和各向异性样品结构的显著加强，是由于过大的晶粒长大的结果。尽管矫顽力急剧下降，但与结构加强相联系着的是剩磁的提高。这个现象说明，反磁化核的形成是比较困难的，也就是说，它仅仅在磁场反向时才开始形成。另一方面，在各向同性样品中，晶粒的杂散磁场促进了在正向磁场中反磁化核的形成(Rathenau 等，1952)，因此剩磁变得不到饱和磁极化强度的 1/2。

进一步的实验指出，在区域Ⅱ中只要烧结后的密度相同，应用不同的烧结温度和烧结时间相组合，能够得到同样的磁性能值。对于磁性能值来说，不管在较高温度下采用较短的时间烧结还是与此相反，以及加热和冷却速度如何快都是无关紧要的。故收缩和晶粒长大，不可能单独用改变烧结温度去影响。

上面已经提到过取向样品的各向异性收缩，它是由六角铁氧体晶体的各向异性长大速率所引起的，并最终生成片状晶体。其他特性也有某种程度的各向异性，特别是平行或垂直于 c 轴的热膨胀，其数值大约分别为 14×10^{-6}/K，10×10^{-6}/K。这给生产径向取向的圆环形磁铁带来了很大的困难(Kools，1973)。正常情况下模压的磁铁，由于密度和取向的不均匀，加热时会破裂，等静压可以减少不均匀性并增加压坯强度，从而使磁铁加热时不开裂。烧结过程中，随着各向异性收缩而在环形样品中产生的应力，可以通过蠕变彼此抵消，从而烧结结束后不开裂。然而在冷却过程中，由于不同的膨胀系数而造成应力的出现，这些应力在空洞处引起径向开裂(切应力最大)。如果环的内外径之比超过 0.80～0.85，就可避免开裂，因为在冷却过程中最大应力低于极限强度。

H. Hanada 在对 $BaO\cdot5.3Fe_2O_3$ 烧结温度与磁性进行研究时，也得出了类似的结论：当样品在 1300℃预烧 1hr 后再球磨成细颗粒，成型，烧结，如烧结温度较低时，由于固相反应不完全，H_{CJ} 与 B_r 值均较低，随着烧结温度升高，反应趋于完全，密度逐渐增加，H_{CJ}、B_r 亦随之增长，在某一温度，H_{CJ} 达到最大值；当继续升高温度时，由于晶粒长大，使得某些晶粒尺寸超过单畴的临界尺寸，因此 H_{CJ} 将呈降低趋势，但此时由于密度的增大，B_r 将会继续增加，直到某一温度时 B_r 达到最大值。此后，由于铁氧体的分解，产生空洞或另相而使 B_r 下降(图 7.10)。制备永磁铁氧体时，关键性的因素是使烧结后产品的晶粒保持为单畴状态。

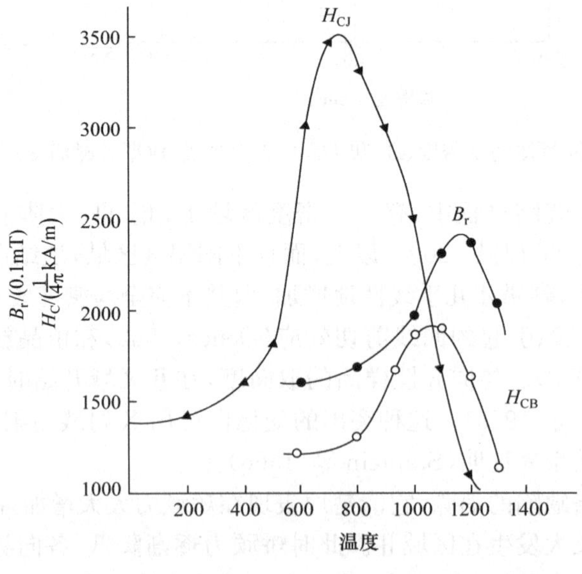

图 7.10 $BaO\cdot5.3Fe_2O_3$ 磁性与第二次烧结温度的关系

进一步的研究表明，随着烧结温度的逐步提高，锶铁氧体的剩磁 B_r、矫顽力 H_{CJ} 及最大磁能积 $(BH)_{max}$ 均逐渐增大，分别至各自的峰值后下降，但三者达到峰值时的温度是不同的。当锶铁氧体的矫顽力达到峰值时，对应的烧结温度要比它的剩磁达到峰值时对应的烧结温度低一些，因此，在将至但未至剩磁峰值所对应的烧结温度可以认为是锶永磁铁氧体的最佳烧结温度。

当烧结温度偏低(在 600～800℃)时，存在于锶永磁铁氧体毛坯中的大量微孔不能全被消除，以至收缩率偏低，导致密度偏低，加之晶粒太小且不均匀，因此，剩磁值偏低。此时，虽然晶体得以回复，但晶粒尚未显著长大，晶格缺陷未能全部消除，故矫顽力的值也偏低。

随着烧结温度(升到 1000℃附近)的升高，坯体中的晶格缺陷基本消除，因此，矫顽力增长较大，这时晶粒的粒度趋于均匀，毛坯的密度提高，取向产品的各向异性结构加强，因此剩磁的增长也较大。但此后，若再提高烧结温度，由于晶粒长大，晶体中出现畴壁，导致反磁化受不可逆畴壁位移过程影响，使矫顽力下降。

当温度靠近 1300℃附近时，晶粒继续长大，气孔迅速膨胀，有的杂质或附加成分局部熔融而使晶界弯曲变形，产品密度反而下降，严重时会出现铁氧体分解、空洞或另相，此时不但矫顽力严重下降，剩磁也会下降，磁体的性能严重恶化。

生产中，烧结通常在电的或气体加热的连续炉中进行，压坯叠放在推板上通过窑炉。由于用空气作烧结气氛，因此，这些窑炉要比需要保护气体烧结软磁材料的窑炉简单些。烧结钡和锶六角铁氧体，主要是在 1200～1250℃烧结几小时，加热和冷却阶段另外需要 5～10h，较大的样品则更长些。最近，人们在考虑快速和更经济的烧结技术。

子项目 2　高温的获得与测量

任务 1　发热体

发热体可分为两类：一类是金属的，另一类是非金属的。金属发热体的电阻率一般较低，但机械强度较好；非金属发热体的电阻率较高，但较脆，强度较低。

(1) 金属发热体

低温窑炉(低于 1000℃)，多为各种烘箱、烘窑等，它们经常用到金属发热体，如具有较高而稳定的电阻率、耐腐蚀、表面抗氧化性能好、在高温下有较好的强度，抗震动、防变形的性能好，有良好的加工性能和可焊性的镍铬合金丝、镍铬铁合金和具有高电阻的合金材料。它们还具有耐高温、寿命长、质量轻、价格便宜等优点。镍铬合金丝的最高工作温度可达 1100℃左右，而且有很高的抗氧化能力。

铁铬铝合金的工作温度可达 1350℃，性能稳定，可在氧化、还原及含硫的气氛中工作。但它比镍铬合金脆，只能在高温下加工，在室温时很易折断，使用后甚至更脆。高电阻电热合金材料配入适量稀土、钛等微量元素，可以提高其加工性能，延长其使用寿命。

在温度更高的炉中可使用铂丝，其工作温度可达 1500℃。铂丝最好在氧化气氛中工作。在一氧化碳的还原气氛中会形成碳化物而变脆。铂丝一般用来绕制管式炉，铂丝绕在管外，再用氧化铝粉填充，加以保护。

钼丝的工作温度可达 2000℃，但不能在氧化气氛中工作。它在 400℃以上就开始氧化，因而需要通氢气等保护气体。

(2) 非金属发热体

非金属发热体有石墨、硅碳棒、二硅化钼棒等，最常用的是硅碳棒和二硅化钼棒。

①硅碳棒。

硅碳棒是用 SiC 按陶瓷工艺烧结而成的，最高工作温度可达 1400℃左右。硅碳棒具有良好的化学稳定性，不与硫酸、盐酸、硝酸发生作用，但碱、稀土金属、硅酸以及硼化物在高温下对它能起腐蚀作用。水蒸气对它亦有强烈的氧化作用。

硅碳棒有较大的比电阻，1000～2000Ω · mm^2/m，电阻温度系数在 20～(750±50)℃时为负值，800～1400℃时为正值。硅碳棒有硬而脆的弱点，故在安装、拆卸和运输时应小心谨慎。其他还有各种类型棒(如半圆形、环形、槽形、U 形等)，但极少采用。

硅碳棒的安装应根据炉内温度分布情况而定，一般是水平或垂直安装在炉(窑)内。不论采用哪种形式安装，硅碳棒的发热段必须和窑炉有效加热尺寸相符合。具体安装要求见表 7.2。硅碳棒的使用注意事项如下。

表 7.2　加热体及发热体与炉壁或物料间的距离　(单位:mm)

加热体直径	发热部离中心的最小距离	加热体与炉壁或物料间最小距离
$\phi6$	25	19
$\phi8$	33	25
$\phi12$	50	38
$\phi14$	58	44
$\phi18$	75	57
$\phi25$	103	79
$\phi30$	124	94

a. 棒体温度不应超过 1450℃，否则，会缩短棒的使用寿命。

b. 硅碳棒最好连续使用。在使用过程中，棒体表面会生成一种二氧化硅薄膜，使氧化作用减弱。间断使用时，二氧化硅薄膜在反复加热和冷却过程中会被破坏，使新的碳化硅表面暴露在空气中，从而缩短了使用寿命。

c. 碳棒的接线卡子应与棒端白色铝头紧密接触，否则会引起打火，烧坏接线卡子而断路。

d. 硅碳棒在使用过程中，如发现棒体发热不均，有的白炽，有的暗红，这说明碳棒电阻已经不同，应更换；否则，很难保证所需之温度及温度的均匀性。

②二硅化钼棒。

还有一种常用的非金属发热体，二硅化钼棒($MoSi_2$)，最高使用温度可达 1700℃，熔点为 2000℃。二硅化钼加热体有独特的抗氧化能力。二硅化钼棒在不同温度下有不同的比电阻，其比电阻随温度的上升而迅速增加，故对加热功率有一定的自然控制作用。在恒定电压下，低温时功率高，温度上升则功率减小，因而可避免加热体过热损坏的危险。另外，由于二硅化钼具有抗氧化能力。在加热体温度不变时，电阻为一常量。在同一炉体中，新老加热体可同时并联或串联使用。

(3) 发热体的功率调节

发热体的功率调节可采用变压器调节和改变发热体的连接这两种方法。

①利用变压器调节。

根据焦耳-楞次定律，电流通过加热体放出的热量 Q 可计算为

$$Q=V^2t/R \tag{7.6}$$

式中，t 为通电时间；R 为加热体电阻；V 为加热体两端电压。

由式(7.6)可知,调节电压 V 就等于调节了发热体的发热量 Q,使炉(窑)的温度得到调节。在升温过程中,应逐步调高发热体的供电电压,自耦变压器能平稳地调节输出电压,因此得到了广泛的应用。在选择变压器时,要考虑其额定容量和次级输出最大电流是否满足要求。变压器的额定功率应略大于实际炉(窑)的最大耗电功率。

②改变发热体的连接方法。

当炉子使用时间太长,发热体(尤其是硅碳棒)逐渐老化,电阻随之增大,可能出现发热功率不足的现象。此时可用改变发热体的连接方法来调节发热功率。

发热体的常用连接方式有单向串联、单向并联、三相星形连接、三相三角形连接等,可根据相关公式计算其对应的功率。当炉(窑)的功率在 25kW 以下时,一般采用单相串联。功率为 25～75kW 时,可采用两组或两组以上的三相星形或三角形连接法。每组发热体的功率为 30～75kW 为宜,即每相功率在 10～25kW。

任务 2 温度的测量

测量温度的方法很多,测量高温的有热电偶、光测高温计以及测温火锥与测温环等。温度测量的准确性是保证产品烧结质量的重要一环。

(1) 热电偶

①热电偶的工作原理。

热电偶如图 7.11 所示,其工作原理如图 7.12 所示,如果两种不同成分的均质导体形成回路,直接测温端叫测量端(也叫热端,焊接端,放在窑炉内测温),接线端子端叫参比端(也叫冷端,不焊接,接在电位差计或毫伏计等仪表上),当两端存在温差时,就会在回路中产生电流,那么两端之间就会存在 Seebeck 热电势,即塞贝克效应。温差电动势随冷热两端温差的增大而增大。测得的电动势通过查表得到冷、热两端的温差。有些仪表可直接读出温差的数值。如果冷端放在恒为 0℃的冰水混合物中,测得的温差即热端的温度。热电偶就是利用这种原理进行温度测量的。

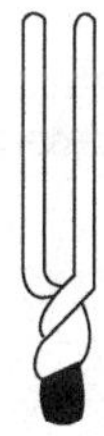

图 7.11 热电偶示意图

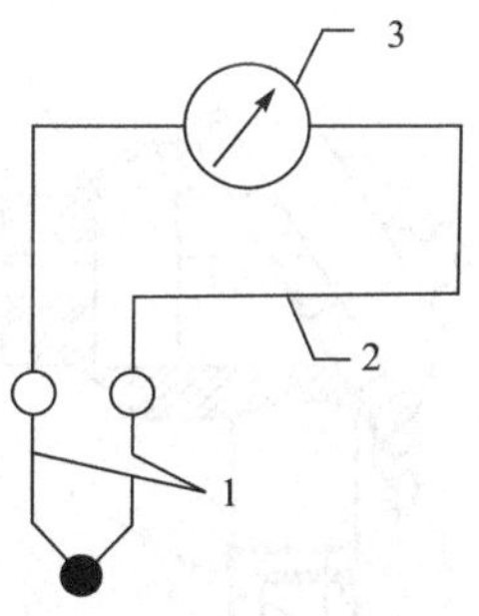

图 7.12 热电偶工作原理图

1-热电偶;2-连接导线;3-显示仪表

热电偶的测量范围及基本误差限见表 7.3。热电偶的热电特性曲线(参考端温度为 0℃)如图 7.13 所示,热电势的大小只与热电偶导体材质以及两端温差有关,与热电偶导体的长度、直径无关。热电偶类型很多,常用的有镍铬-镍铝热电偶和铂铑-铂热电偶。

表 7.3　测量范围及基本误差限

热电偶类别	代号	分度号	测量范围/℃	基本误差限/(%t)
镍铬-青铜	WRK	E	0～800	±0.75
镍铬-镍硅	WRN	K	0～1300	±0.75
铂铑$_{13}$-铂	WRB	R	0～1600	±0.25
铂铑$_{10}$-铂	WRP	S	0～1600	±0.25
铂铑$_{30}$-铂铑$_{6}$	WRR	B	0～1800	±0.25

注：t 为感温元件实测温度值(℃)。

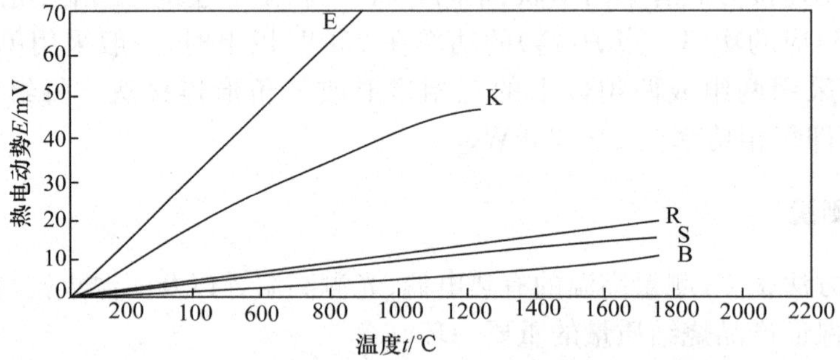

图 7.13　热电偶的热电特性曲线(参考端为 0℃)

②热电偶结构的分类。

按照热电偶的组成结构分为热电偶测温导线、铠装热电偶、装配式热电偶。铠装热电偶的结构形式，主要有 3 类。一是露端式，测量端露在外面，测温响应时间最快，仅在干燥的非腐蚀介质中使用，不能在潮湿空气或液体中使用。二是接壳式，热电极与金属套管焊在一起，反应时间介于露端式和绝缘式之间，适用于外界信号干扰较小的场合使用。三是绝缘式，测量端封闭在内部，热电偶与套管之间相互绝缘，不易受外界信号干扰，是最常用的一种结构形式。装配式热电偶如图 7.14所示。

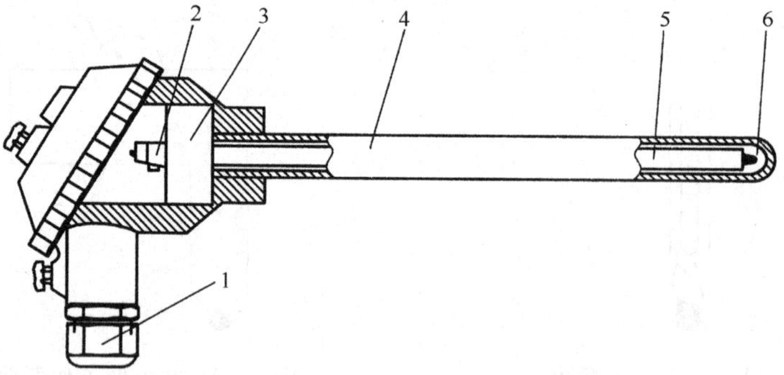

图 7.14　装配式热电偶

1-出线孔紧锁螺母；2-接线端子；3-接线瓷板；4-保护管；5-绝缘瓷管；6-热电偶

③热电偶的使用。

热电偶实际上是一种能量转换器，它将热能转换为电能，用所产生的热电势测量温度，在使用热电偶时，对于热电偶的热电势，应注意如下 3 个问题：

a. 热电偶的热电势是热电偶两端温度函数的差，而不是热电偶两端温度差的函数。

b. 当热电偶的材料均匀时，热电偶所产生热电势的大小，与其长度和直径无关，只与其材料的成分和两端的温差有关。

c. 当热电偶的两个热电偶丝材料成分确定后，热电偶热电势的大小，只与热电偶的温度差有关；若热电偶冷端的温度保持一定，则热电偶的热电势只是工作端温度的单值函数。

(2) 光测高温计

光测高温计常用来测量 900℃以上的高温。它是通过其灯泡内钨丝与被测物体的亮度比较来测量温度的。如果所测温度比灯丝温度高，则灯丝呈黑色；反之，比灯丝温度低时，灯丝呈红色。调节光测高温计中的电阻，使灯丝刚刚隐灭，此时灯丝亮度等于所测物体的亮度，与灯丝亮度相应的温度可以直接读出，使用起来十分方便，但是测温误差较大，约±25℃。

(3) 测温三角锥

测温三角锥又称火锥，是用硅酸盐材料制成的高约 6mm 的三角锥体，按号码分级，每个号码相当于一个熔融温度。测温时，将测温锥放在窑车或推进板上，进入窑内与坯件同时升温。当测温锥软化，其顶端弯到恰好与底座接触时，此时温度即测温锥的熔融温度，也就是窑内该点的温度。由于测温锥与坯件处于同一位置，经受相同的升温和保温时间，故可较真实地反映坯件的温度。

(4) 测温环

测温环在窑炉中受热时，它就收缩，并在最高温度随保温时间延长而继续收缩。在其使用温度范围内，其收缩率是线性的，测温环的工作原理就是根据其在工作温度范围内的线性收缩，从而给出测温环和烧成品的实际累计热量，对照换算表得出测试温度。环温度(RT)的最大误差小于 3℃，甚至可达 1.5℃。

此外，经验丰富的烧结工有时可通过观察烧结物在窑内的颜色来估计温度，误差为 50～100℃。如暗红到樱红为 650～750℃，樱红到鲜红为 750～820℃，鲜红到橙红为 820～900℃，橙红到黄色为 900～1090℃，黄色到浅黄为 1090～1320℃，浅黄到白色为 1320～1540℃。

子项目 3　永磁铁氧体的烧结

任务 1　铁氧体坯件的处理

铁氧体粉料经过成型而成坯件。铁氧体坯件含有一定的水分或有机物(如有机物分散剂等)，为了防止产品在烧结时的开裂，提高产品的合格率，在工业生产中往往在烧结之前对坯件进行适当的处理，这就是干燥和排除有机物。

若将含有水分的坯件直接置于高温烧结炉内进行烧结，往往会因坯件内水分的剧烈蒸发，冲击已经收缩的表面而造成产品开裂。因此，在烧结之前，必须将铁氧体坯件作干燥处理。干燥通常指在低于水沸点的温度下将铁氧体坯件内的水分去除的过程。

铁氧体坯件在干燥过程中，强度是随着含水量的减少而逐渐增加的。通常，当铁氧体坯件干燥到含水量为 1%～2%时，坯件就相当坚固，这便于后道工序的操作。

干燥得很好的铁氧体坯件，在烧结的开始阶段能适应较快的升温速度。这样，可以缩短烧结时间，提高窑炉的产量。

铁氧体坯件的干燥可以用尚未被水蒸气所饱和的空气通过坯件表面的方法来实现。由于坯件的含水量比空气的含水量大，当空气与坯件接触时，坯件表面的水分就会跑到空气中去——蒸发，被流动的空气带走，从而使铁氧体坯件表面的水分含量降低。这样就造成了坯件表面与内部水分含量的不同。为了平衡，坯件内部的水分通过毛细管作用扩散到坯件表面，扩散到坯件表面的水分又蒸发、被流动的空气带走。如此往复地进行，直至铁氧体坯件中所含的机械混合水全部除去。但是铁氧体坯件中的吸附水是不能用干燥方法来去除的，它只能在坯件被加热到比水的沸点稍高的温度时才得以排除。

铁氧体坯件是由许多彼此相互紧密接触的粒子所组成的，水分宛如一层薄膜包围着每一粒子，同时，充满粒子中的最小空隙并形成毛细管通道的支网。毛细管开着的一端连通坯件表面。坯件在去除水分的过程中，由于水分的排除，粒子会渐次靠近，与此同时会出现坯件体积的收缩。当去除的水分体积等于被干燥坯件体积的变化时，仅仅是收缩水，即包围粒子的水分被蒸发。当去除的水分体积大于被干燥坯件所减小的体积时，则除了收缩水之外，还除去了坯件气孔中的水分，即气孔水。当被除去的水分体积等于气孔的体积时，坯件的体积实际上不改变，此时是气孔水蒸发逸出。可见，一个坯件在干燥过程中开始时，体积要收缩，到了后来就不改变，而在坯件内存在许多气孔。

铁氧体坯件在干燥初期含有较多的水分，坯件表面的蒸发情况与自由水面的蒸发情况相似。当坯件内部水分的扩散能满足供应表面蒸发的需要时，这期间的干燥速度恒定不变，称为等速干燥。当铁氧体坯件中所含的水分降低到某一数值时，坯件由于粒子逐渐相互靠拢，体积收缩，水分在毛细管内移动也困难，这样就不能维持表面的自由蒸发，于是干燥速度就急剧减小，这个时期称为减速干燥。

铁氧体坯件的干燥速度与干燥条件密切相关。影响坯件干燥的因素有空气的湿度、温度和流动状态，铁氧体坯件的形状、组成和含水量等。一般来说，空气温度越高，干燥速度越大；空气湿度越小，干燥速度越大；空气越流通，坯件的干燥速度也就越大。坯件的表面积越大，干燥就越快；坯件含水量多，干燥速度就增大。

通常，铁氧体坯件在干燥过程中所蒸发的水分量 G 可用式(7.7)来表示：

$$G \propto b \cdot t \cdot S \frac{P_H - P_N}{P} \tag{7.7}$$

式中，t 为干燥时间；b 为系数，它决定蒸发与在表面上气流速度的关系；S 为蒸发面积；P_H 为坯件蒸发表面为某一温度时的饱和蒸气压；P_N 为坯件周围空气的水蒸气分压；P 为坯件周围大气的压力。

由式(7.7)不难看出，为了加速坯件的干燥，应该提高温度、降低空气的湿度。升高温度，即可增加坯件内水蒸气的压力，使 $P_H > P_N$；同时又可降低坯件内水分的粘滞性(70℃时水的粘度约为 0℃时的 1/4)，有利于水分的扩散和蒸发，因而有利于 G 的增加。降低坯件周围空气的湿度，就是降低 P_N，从而也有利于 G 的增加。

如果流动的空气温度太高，铁氧体坯件表面的水分蒸发速度就会大增，由于铁氧体的传热能力较差，这将使坯件内部的温度比表面温度低，坯件内部水分扩散速度小于表面水分蒸发的速度。当表面干燥达到一定程度时，由于粒子相互靠拢，坯件表面就发生收缩并形成“硬壳”，其结果可能把通向坯件内部的毛细管(坯件内部水分扩散的通道)给堵住。如果坯件的温度再升高，例如将坯件拿去烧结或再提高干燥温度，坯件内部的水分因得到热量而蒸发变成水蒸气，这些水蒸气将冲破“硬壳”跑出，从而造成产品的开裂。特别是对于大的铁氧体坯件，一般不采用提高温度的办法来提高干燥的效果，只能用延长干燥的时间来解决。当然，如果采取一面增加空气的温度，一面增加空气的湿度，在坯件内外各部分都被均匀地加热以后，再降低空气的湿度，于是坯件表面的水分就开始猛烈地蒸发，与此同时，在坯件内部的水分也以相应的速度很快地扩散到坯件表面而被蒸发。这样既可避免产品开裂，又能加速干燥。

如果铁氧体坯件中各部分的含水量不均匀，如厚坯处的含水量多，成型时某些部分留有剩余水分，这些部分的干燥速度较慢。铁氧体坯件不与空气接触的一面，干燥速度也较慢，在这种情况下，坯件往往因为各部分收缩不均匀，造成收缩应力，使坯件产生裂纹。

注意，永磁铁氧体毛坯内水分的扩散与毛坯水分的蒸发是两个概念：如前所述，影响毛坯内水分扩散速率的因素主要有：

①坯件温度高，扩散速率大。

②坯件本身含水量多，扩散量相应也多，故扩散速率大。坯件本身水蒸气的压力大于大气压力时，扩散速度也会增大。

③坯件的毛细孔直径大，也有利于水分的扩散。

④坯件表面积的几何尺寸比越大，蒸发越大。

而影响锶永磁铁氧体毛坯水分蒸发速率的因素则主要是：

①窑炉内空气的温度高，则蒸发快。

②炉内空气的湿度大，则蒸发速度慢。

③炉内空气的流动速度越大，越容易蒸发。

任务 2　铁氧体烧结的三阶段

锶永磁铁氧体烧结后，理想状态的微结构应是：晶粒排列整齐而紧密，晶粒尺寸是单畴临界尺寸（$R_0=0.8\mu m$）。然而实际状态却只有部分的晶粒为单畴临界尺寸，还有一部分是包含多畴的大晶粒以及微晶粒，这两者均会使锶铁氧体的矫顽力 H_{CJ} 下降。此外，晶粒与晶粒之间还存在大空隙，使剩磁 B_r 下降，不完全定向的晶粒则会使锶永磁铁氧体的 B_r 和 H_{CJ} 均下降。为尽可能提高磁性能并稳定生产锶永磁铁氧体产品，需要对烧结工艺进行严格控制。

铁氧体的烧结过程可分成升温、保温和降温三个阶段。

(1) 升温阶段

由成型得到的铁氧体坯件含有一定的水分，即使是经过干燥处理的铁氧体坯件也仍然含有 2%～3%的水分。为了方便干压成型，常在铁氧体粉料中添加一定数量的粘合剂；为了提高湿压磁场成型的取向度，常在料浆中加一定量的有机物分散剂。这些水分、粘合剂或分散剂在烧结的升温阶段都要被排除。随着系统温度的升高，铁氧体坯件中的水分首先要蒸发。水分的剧烈蒸发常发生在 100～200℃温度范围。接着是粘合剂或分散剂的挥发，其挥发一般在 450℃以前完成。另外，在低温阶段，铁氧体坯件的气孔率要增加，铁氧体坯件的体积先因受热而膨胀，然后才逐渐收缩。例如，钡铁氧体坯件在升温的开始阶段由于受热，体积膨胀而增大，坯件体积增大得特别剧烈的温度约在 400℃。如在 400℃时，钡铁氧体坯件的外径和高度都约增大 1.5%，大约在 500℃以后，坯件才开始收缩；一直到 600℃时，坯件的尺寸才收缩到与进炉时的尺寸一样。在升温的开始阶段，要求升温速度小些、温度升高要平稳些。如果升温速度太大，将引起铁氧体坯件内部水分蒸发太快、粘合剂或分散剂挥发太快、太集中，会造成产品开裂，严重的情况是坯件炸裂。另外，由于铁氧体坯件的导热性能较差，升温速度太快会造成坯件内部水分、粘合剂还来不及蒸发或挥发，而表面就收缩而形成一层硬壳，当温度继续升高时，坯件内部的水分、粘合剂因蒸发或挥发冲出这层硬壳从而造成铁氧体产品开裂。此外，对于尺寸大或各处尺寸不同的坯件，会因受热不均匀引起各处膨胀不一致而造成产品开裂。通常，在低温阶段的升温速度取 50～100℃/h。具体视坯件的干湿程度和产品大小而定。

随着系统温度的升高，铁氧体坯件要收缩，颗粒之间的接触更加紧密，烧结反应开始。此时，铁氧体坯件内气孔率下降，结晶成长，坯件进一步收缩。例如，各向异性钡铁氧体坯件在900～1240℃有很大的收缩现象，是收缩最强烈的温区。到1240℃，钡铁氧体坯件的外径收缩率约为13%，高度收缩率达22%～23%，在此阶段开始时，升温速度可以大些，甚至可以自由升温。但在坯件收缩最强烈的温区升温速度不能太大，而且要求升温要平稳。此时，如果升温速度太快，会造成坯件各部分因受热不均匀使某些部分先发生致密化、结晶成长而收缩，这给坯件造成剪应力而使产品开裂。通常，在这个阶段开始时升温速度取150～300℃/h，在收缩最强烈的区域和接近保温温度时，升温速度取100℃/h以下。

(2) 保温阶段

保温阶段对铁氧体的特性影响最大。铁氧体坯件在保温阶段中，反应要全部完成，坯件要很好地致密化，并且要形成晶粒，晶粒要长大等。这一切都需要能量和时间。因此，必须选择合适的烧结温度和保温时间。一般地，铁氧体的烧结温度越高，保温时间越长，反应就越完全，晶粒越大，产品密度越高。

铁氧体的烧结温度，随着铁氧体的配方、粉料性质及性能要求等不同而不同，因此，要根据实际情况来确定。例如，在制造各向异性锶永磁铁氧体时，由于要求它有高的矫顽力，必须尽量抑制晶粒成长，故烧结温度不能选得太高，只要能达到致密化就行。如果烧结温度太低、保温时间太短，铁氧体的生成反应不完全，晶粒没长大，气孔很多，铁氧体的密度低，性能就不会太好。如果烧结温度过高、保温时间过长，就可能出现异常长大的晶粒，使烧结体内结构不均匀，还会出现不符合要求的反应。如某些金属离子的挥发、脱氧、热离解、氧化、还原以及相成分的变化等，这些都将使得铁氧体性能变坏。

通常铁氧体都有一个烧结温度范围，俗称"温幅度"。对于烧结温度范围较窄的铁氧体坯件，较适宜的烧结温度应选在允许范围的下限；对于烧结温度范围较宽的铁氧体坯件，烧结温度可选得高些。这样做是为了避免过烧。在保温期间，要求温度波动尽量小。如果温度上下波动，会使产品性能变坏。例如，钡铁氧体在烧结过程中，当温度升高到1240℃后，再下降到1100℃，而后再升回1240℃，如此往复数次，由于长大的晶粒在温度下降时形成界面后再长大，造成结构不理想，内部存在裂迹，敲击时，将呈"哑壳声"，使性能大大下降。

铁氧体坯件在烧结过程中要发生收缩。在不考虑重力的影响时，被烧结的铁氧体坯件有一个向着几何中心收缩的力。几何中心周围的质点在收缩力的作用下，都向着几何中心移动，这个几何中心也称作收缩中心。例如，环状的坯件有一个收缩圆，坯件内质点在烧结过程中向着这个收缩圆收缩，这个收缩圆的中心就是坯件的收缩中心。又如一个方形的坯件，在其长、宽、高三个方向都有一个收缩面，三个收缩面的交点即该坯件的收缩中心。如果坯件形状复杂，则其收缩中心可能是几个。如有成90°角形状的坯件，在其两个面上各有一个收缩中心，当坯件因烧结收缩时，由于各面上的质点都向各自的收缩中心移动，其结果在交角处发生开裂。这就是在模具设计中，要把直角改成钝角的道理，因为改成钝角后在钝角处也有一个收缩中心，能避免因几何形状引起的烧结开裂。对于一种稳定生产的产品，其收缩是有一定规律的。利用这种规律可以鉴别铁氧体是否烧成。这就是在铁氧体坯件保温一段时间后，从烧结炉中取出一只或几只坯件，量其尺寸，看是否达到该产品在该温度时的尺寸。如果尺寸到了，说明保温时间已够；否则，就要再保温一些时间。

对于各向异性钡铁氧体，烧结还会促进晶粒的取向。通常经磁场成型所得到的铁氧体坯件，其内部的晶粒排列是不够理想的，这是由于晶粒在排列时，互相阻碍，而且排列的力矩又随着成型磁场方向和六角晶粒的 c 轴之间夹角的减小而减小。晶粒排列不够理想的坯件在烧结过程中非但不会破坏其晶粒取向排列，烧结反而会进一步促进晶粒排列的一致性。前面所说的各向异性钡铁氧体在烧结过程中，高度（在磁场成型时外加磁场的方向）上的收缩率比外径（垂直于磁场成型时外加磁场方向）的收缩率大，就是一个证明。对于一个完全各向同性的材料，其 $B_{r\perp}/B_{r//}$ 应为 1；对于一个完全各向异性的材料，其 $B_{r\perp}/B_{r//}$ 应为 0。随着烧结温度的提高，$B_{r\perp}/B_{r//}$ 的值将减小，这就进一步说明了坯件中的晶粒，在烧结过程中是进一步取向一致的。造成这种现象的原因，是系统的能量要趋于最小。这可用图 7.15 的模型加以说明。

设在晶粒取向几乎一致的多晶材料坯件中，包含有一个不同方向排列而体积又不大的晶粒。在烧结过程中，假如取向不一致的晶粒 D 长大，则界面之间的壁将增大，那么界壁能就增加，整个系统的能量将增加；而如果晶界取向不一致的晶粒 D 消除，则界壁将减小，整个系统的能量降低。根据能量作用最小原理，取向不一致的晶粒 D 只能被消灭。这就是烧结会促进晶粒取向的根源。

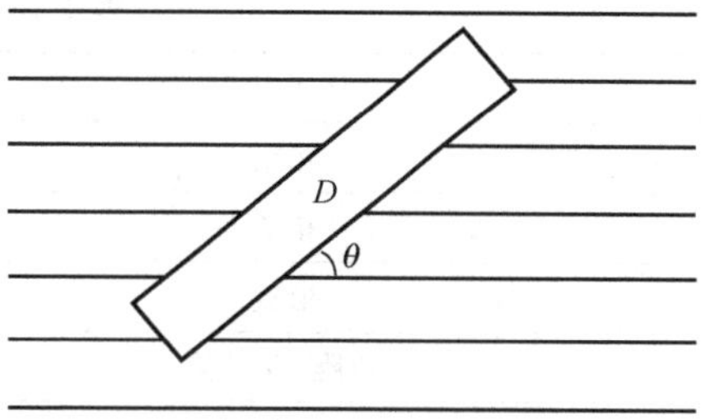

图 7.15　说明烧结促进晶粒取向的模型

（3）降温阶段

降温过程的控制对铁氧体产品的影响也很大，由于降温速度控制不当会造成开裂、内应力等，从而影响产品的质量。

在烧结的降温阶段，冷却速度要控制得恰当。如果冷却速度太大，如高温淬火，常会造成铁氧体烧结体开裂，尤其是大而厚的烧结体，这种现象特别严重。这是由于温度降低，烧结体要收缩，由于铁氧体导热性能差，烧结体各部分散热不均匀，造成一些部位收缩快，一些部位收缩慢，即各部位收缩不一致，从而使烧结体开裂。另外，由于冷却速度太大，还会在烧结体内部造成内应力。存在有内应力的烧结体，其性能将下降。通常，对要求严格的铁氧体，冷却速度取 20～100℃/h；对于一般的铁氧体，多采用随炉冷却的办法来降温；再者就是出炉的温度，一般要让烧结体冷却至 200℃以下才出炉。如果出炉温度太高，特别是在严冬季节，会造成烧结体开裂。

子项目 4　铁氧体显微结构的控制

铁氧体的性能不仅取决于它的化学组成，而且还和它的显微结构有着密切的关系。不同成分的铁氧体材料可以具有各种不同的显微结构，就是同一成分的铁氧体材料，由于它的工艺条件不同，显微结构也不尽相同。铁氧体的显微结构是原料、配方及其工艺过程诸因素的综合反映。对铁氧体显微结构的研究，有助于追溯到工艺过程、物理化学等因素的相互影响，从中找出存在问题的症结所在，为改进铁氧体的工艺条件，提高产品质量和发展新品种提供依据。下面着重讨论多晶铁氧体的结晶成长、显微结构控制和晶粒取向铁氧体的制取。

任务 1　铁氧体的显微结构

铁氧体的显微结构内容很多，它实际上包括了许多材料的性质。通常所指的铁氧体显微结构主要是利用各种显微镜观测得到的结构。形成显微结构特征的有相结构，由怎样的相构成、其数目与构造；孔隙与气孔也可以看作一种相；共存各相的尺寸、形状、取向关系或分布状况、容积比;晶界的构造、组成变动、晶界析出物等。对于烧结铁氧体,要求它是单相的(从化学角度上说),因此,在显微结构中,值得重视的要素是晶粒的大小、形状,晶粒界面的相构造以及气孔的数量、形状和分布等。

显微结构的测定,需要专门的仪器设备,基本原理是利用各种电磁波或其他粒子和物质相互作用后产生的吸收、发射、偏振和干涉现象,从中了解材料的显微结构。表 7.4 列出一些材料结构研究的内容及其相应的测定方法。

表 7.4　材料结构及其测定方法举例

分析内容	测定方法
物相	光学显微镜、电子显微镜、电子衍射、X 射线衍射
相变	显微镜、差热分析、X 射线衍射
形貌	光学显微镜、电子显微镜
单胞、空间群	电子衍射、中子衍射、X 射线衍射
格点对称性	可见和红外吸收光谱、X 射线发射和衍射、共振方法
结晶状态	显微镜、X 射线衍射、电子显微分析
离子位置	X 射线衍射、中子衍射、电子衍射
缺陷	显微镜、共振方法、X 射线显微分析

任务 2　烧结过程中的结晶成长

从前面的讨论中可以知道,铁氧体坯件在高温烧结时发生了致密化,固态物质要发生再结晶与聚合再结晶。铁氧体坯件内发生再结晶与聚合再结晶即结晶成长的过程,可以用图 7.16 模型来加以说明。

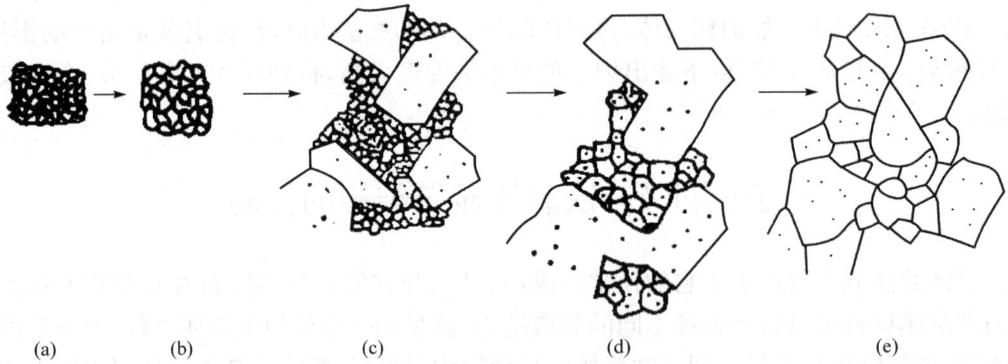

图 7.16　铁氧体多晶成长过程示意图

铁氧体坯件在烧结之前,其内部的各固体颗粒,是靠粘合剂或水分通过压制而保持一定的形状,生坯中存在很多气孔,这些气孔相对均匀地分布在坯件的各个部位,如图 7.16(a)所示。把铁氧体坯件放在高温烧结炉中加热,当温度升高(烧结初期)时,随着粘合剂或水分的挥发和部分颗粒之间的反应而紧密结合,个别地方界面合并,出现微晶(晶核),孔隙逐渐缩小,如图 7.16(b)所示。随着温度的继续升高,所形成的铁氧体晶核不断地长大为晶粒。开始时晶粒尺寸较小,晶粒分布较均匀,晶粒边界多,气孔收缩成角形,并集中分布在晶粒边界上;随后,晶粒边界变得更加清晰,气孔形状转成圆形;再下去是发生再结晶或聚合再结晶,这是由于小晶粒坯件的总表面积较大，总表面能较高，当温度升高或保温时间延长时，引起晶粒相互合并（较大的晶粒吸收较小的晶粒而逐渐长大）形成大小晶粒极不均匀的复合结构，如图 7.16(c)所示。当系统温度继续升高，晶粒继续合并，各晶粒界面的孔隙也大量集中，多晶的成长得到了进一步的发展，如图 7.16(d)所示。在烧结的后期，由于晶粒大小极不均匀引起晶粒边界上能量的不均衡。在表面能的作用下，较大的晶粒吞并较小的晶粒逐渐长大，但由于杂质等存在，妨碍了晶粒的生长，当处于使晶粒生长的作用和妨碍晶粒生长的作用之间平衡时，晶粒生长就停止了。此时，如果不再升高温度而仅延长保温时间，晶粒边界上能量的不均衡将导致小晶粒的继续长大。巨大的晶粒将分裂为若干大晶粒，朝晶体界面能量最小的方向逐渐趋于稳定，最后达到由大晶粒构成的烧结体，如图 7.16(e)所示。

晶粒生长是在导致最小晶粒表面能的热骚动条件的基础上完成的。所谓热骚动条件，就是在晶粒边界上，其表面张力必须相等，因此晶粒必须是规则的多边形；任何晶粒边界都是 3 个晶粒公共的，是 3 个晶粒边界；其界面角必须等于 $2\pi/3$；顶点必须是 4 个晶粒公共的，四边和六面公共的；晶粒边界面积必须减到最小；必须达到紧密组合。由以上的讨论可知，铁氧体的结晶成长过程是先形成晶核，而后是依靠相互吞并长大的。

关于多晶铁氧体在烧结过程中形成晶核的系统知识还是很少的。从现有的情况看，新的晶核大约是在颗粒的边界或晶格畸变严重的地方首先形成。例如，在铁氧体的制造过程中，由于某些矿化剂的加入或者因为机械加工（如粉碎）造成晶格畸变，在适当温度下，晶格畸变处形成结晶中心——晶核。晶核是没有畸变的、一定大小的小晶体。

颗粒的边界或晶格畸变严重的地方之所以有利于晶核的形成，是由于这些地方的自由能较高。当系统在加热过程中，依赖于原子（或离子）热运动的能力形成新的无晶格畸变的核心。当核心形成后，核心区的能量降低。在晶核形成过程中，有两部分能量发生变化：由于晶核是无畸变的小晶体，因此形成晶核使得体积自由能降低；由于晶核表面的出现，引起表面能的增加。很显然，只有当自由能的降低超过表面能的增加时，晶核才能形成和长大。

由于结晶核心区的能量较低，而四周能量很高，加上系统的温度较高，原子（或离子）的活动能力较强，于是，离子（或原子）就不断地从能量高的区域转移到结晶核心上来，使晶核边界往外移动，而逐渐长大成为新的晶粒。如果再升高烧结温度或延长保温时间，新的晶粒将变得越来越大，这就是晶粒长大阶段。

一般认为，晶粒长大的驱动力是表面张力，即晶粒边界的表面能。在同样的体积内，细晶粒的总表面积大于粗晶粒的总表面积，即细晶粒具有大的表面能。因此，相对于粗大晶粒，细晶粒处于较不稳定的状态。为了减少系统的能量，细晶粒会自发地趋于聚集，长大成为粗晶粒。晶粒长大过程是以晶粒边界移动的方式进行的，而晶粒边界的移动是由于相邻两晶粒间原子（或离子）不均衡移动所造成的。具体表现为如下两种形式：

①弯曲的晶界是向其曲率中心方向移动，晶界逐渐平直，面积缩小如图 7.17 所示，实线为旧晶界，虚线为晶粒长大后的新晶界。因为凹面上的原子（或离子）与凸面上的原子（或离子）相比较，其周围原子（或离子）较多，因而相互间结合得较牢固，所以原子（或离子）从凹面移向凸面上的概率比凸面上的原子（或离子）移向凹面上去的概率要小。这样的结果，使晶界向曲率半径中心移动（图中的箭头所示的方向），晶界逐渐平直。具有凹面部分的晶粒吞并具有凸出晶界的晶粒而长大。这种凹凸的差别越大，晶界的移动越大，即晶粒长大的速率就越大。

②如果是 3 个晶粒相邻，其相邻的晶界交角不相等，则交角较大的晶粒就要吞并交角较小的晶粒而长大。

图 7.18 示出有 3 个晶粒Ⅰ、Ⅱ、Ⅲ相邻，实线是旧晶界，并且交角 ϕ_3 大于交角 ϕ_1 和交角 ϕ_2。由于晶粒Ⅰ和晶粒Ⅱ交角边界处的原子（或离子）周围同一晶粒的原子（或离子）较少，因而结合得较松；晶粒Ⅲ中在交角边界处的原子（或离子）周围同一晶粒的原子（或离子）较多，因此结合得较紧；所以，从晶粒Ⅰ和晶粒Ⅱ移向晶粒Ⅲ的原子（或离子）比由晶粒Ⅲ移向晶粒Ⅰ和晶粒Ⅱ的原子（或离子）来得多。其结果是在交界处，晶粒Ⅲ逐渐吞并晶粒Ⅰ和晶粒Ⅱ而长大，晶界从实线移向虚线位置，交角 ϕ_3 也逐渐变小直到三个交角都为 120°。

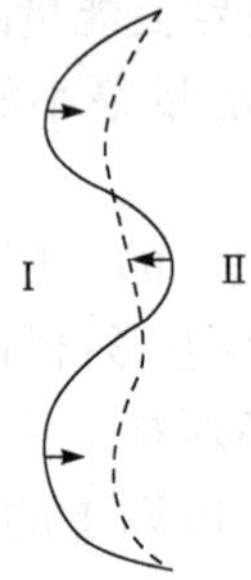

图 7.17　晶界曲率不同时晶界的移动示意图

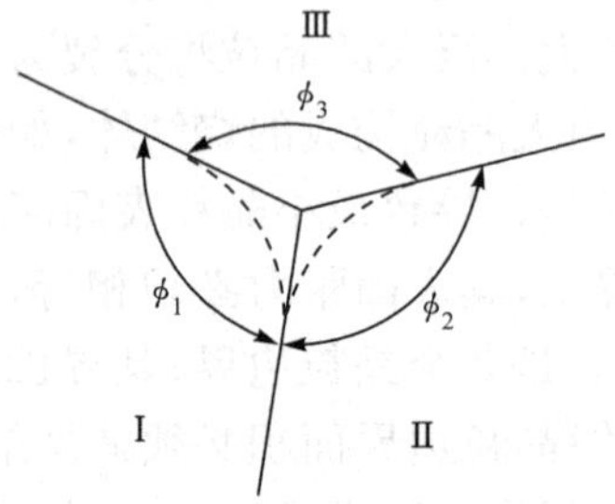

图 7.18　晶界交角不同时晶界的移动示意图

根据以上分析，许多晶粒相互吞并而长大，在最后获得稳定的形状是晶界平直的正六边形，其交角都是 120°，如图 7.19 所示。

若有一个晶粒边界数小于 6，即边界交角小于 120°。要是边界交角满足 120°，则晶粒边界就不是平直的，必成弯曲形的，并且其曲率中心在该晶粒内。也就是说，具有不到 6 个边的晶粒，其晶粒界面是向外侧弯曲的，如图 7.20 所示。根据上面的分析，这样的晶粒将逐渐缩小，直至完全被吞并。

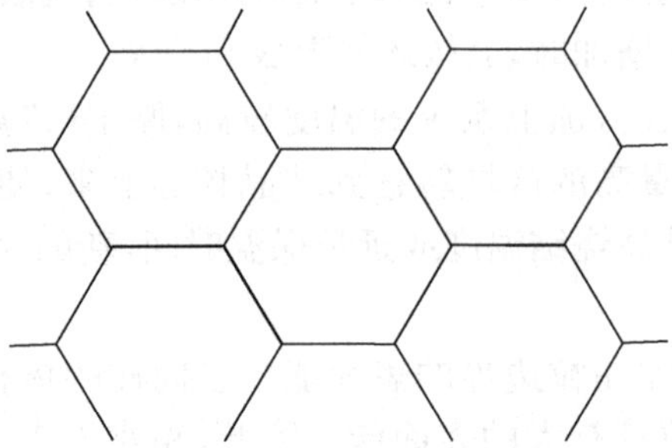

图 7.19　稳定的晶粒形状

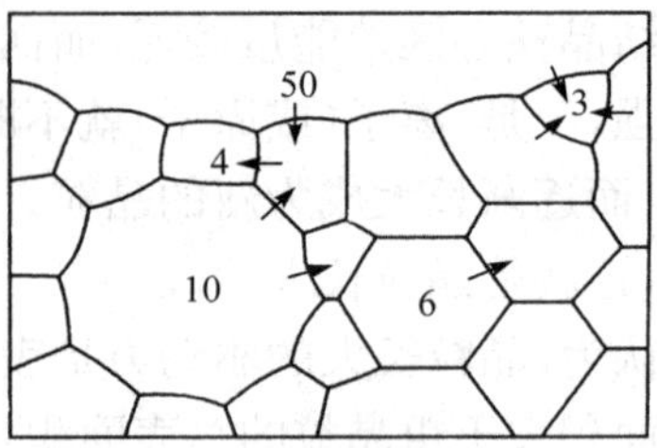

图 7.20　多晶体结晶成长示意图
（箭头表示晶界移动方向）

若有一个晶粒边界数大于 6，那么，其边界的交角必大于 120°，要是保持 120°的交角，那它的边界将是弯曲的，且曲率中心是在邻近的晶粒内（图 7.20）。根据上面的分析，这样的晶粒将逐渐吞并周围的晶粒而不断长大。

随着系统温度的升高和保温时间的延长，一部分边界数大于 6 的晶粒吞并那些边界数小于 6 的晶粒而长大。就整个系统来说，晶粒数逐渐减少，晶粒尺寸逐渐增大，晶粒生长不断地向前发展。这样的结晶成长过程通常称为**连续的晶粒生长**。

引起晶粒生长的晶界运动一般取决于下述几个因素：晶粒结晶学取向的改变；晶界结构、界面能变化；晶粒内部残余应变能；加热温度和时间。边数大于 6 的晶粒，其边界是内侧弯曲的。在弯曲的界面上，表面张力的方向是朝着曲率中心的。当系统温度升高时，由于这种表面张力的作用使原子(或离子)从周围向该晶粒扩散,其结果是晶界向外移动,晶粒长大。

对于均匀的铁氧体坯件处于连续晶粒生长阶段,在某一烧结温度下,平均晶粒的直径 D 随保温时间 t 的变化,根据实验结果可表示为

$$D=K\cdot t^{\frac{1}{n}} \tag{7.8}$$

式中,K 为与温度有关的常数;n 为在一定温度下的常数。

如果把表面张力看作晶粒成长的驱动力,在结晶成长过程中起作用的是在晶粒界面上朝着曲率中心与曲率半径成正比,而与晶粒直径成反比的力。由于晶粒界面的移动速度,与作用力成比例,晶体的生长速度就与晶粒的平均直径 D 成反比,加之,通常经过粉碎球磨的粉料,其晶粒尺寸可小于 $1\mu m$,则

$$D^2\propto t \tag{7.9}$$

即晶粒的平均直径的平方与烧结保温时间呈线性关系。由式(7.9)不难推测出式(7.8)中的常数$n=2$。但有时在实验中求出的 $n>3$,这说明实验观测到的晶粒成长速度比理论上预计的晶粒生长速度来得快。其原因可能是在烧结的过程中,在铁氧体的坯件内出现了液相,由于液相的出现,促进了晶粒的生长。

如果铁氧体坯件在烧结过程中出现液相,正如讨论致密化时所叙述过的那样,由于液相的出现会使固相物质向液相中溶解。通常是细小晶粒和晶粒表面凸起的部分在液相中溶解。在液相中存在的晶粒溶解度根据其粒度或粒子的曲率而变。细晶粒的溶解度比在平滑面的平衡溶解度略大,而晶粒越小,这种差异就变得越大。因此,在粗、细晶粒之间产生溶质的浓度梯度,并且通过液相产生扩散流,结果原子(或离子)通过扩散在粗晶粒的表面上析出,细晶粒缩小而粗晶粒长大。因此液相的出现会促进铁氧体的晶粒生长。

当铁氧体坯件中存在液相时,晶粒是按照 $D^3\propto t$ 的规律生长的,在实际铁氧体烧结中,出现 $D^3\propto t$ 的原因可以认为是微量杂质作用使铁氧体坯件中出现了液相。

按照前面叙述的结晶成长机理,当烧结相当长的时间后应当从多晶坯件中烧结成一个单晶,但实际上是达不到的。其原因是系统内存在有杂质、孔隙等异相,当晶界移动遇到杂质等异相时,需要更大的能量才能越过这些杂质,如能量不足,晶界就不能再移动,晶粒生长也就停止。因此,系统包含杂质越多,晶粒生长就越困难,结束也就越早。C. Zener 曾指出,极限晶粒直径 D_{cr}与异相的平均直径 d_i及其在坯件内的容积比 f_i 之间的关系为

$$D_{cr}=\frac{d_i}{f_i} \tag{7.10}$$

运用式(7.10)可以说明铁氧体坯件在烧结过程中的一些现象。例如,在烧结的开始阶段,由于铁氧体坯件中孔隙占的容积很大,气孔阻碍了晶粒生长,因此在烧结初期几乎看不到晶粒生长。随着烧结的进行,铁氧体坯件内的孔隙逐渐被排除,即 f_i 变小,因此晶粒生长就逐渐地显著起来。如果 f_i 趋近于零,则依照式(7.10),D_{cr}就变为无穷大,于是系统出现所谓异常晶粒生长。

异常晶粒生长也叫“不连续晶粒生长”。如上所述,当以表面张力作为晶粒生长的驱动力时,较大的晶粒吞并较小的晶粒而逐渐长大;但异相的存在妨碍了晶粒的生长,当使晶粒生长作用与抑制(妨碍)晶粒生长作用之间达到平衡状态时,晶粒的生长就停止。然而当局部地方由于某一原因而对晶粒生长的抑制作用减弱时,例如,杂质或孔隙在铁氧体坯件的某个部位突然消失,于是该部分的个别晶粒就大量地吞并四周小晶粒而迅速长大,出现不连续晶粒生长而产生与周围晶粒不同的异常大的晶粒,使整个系统出现“双重结构”。双重结构在铁氧体的烧

结过程中是时常出现的。双重结构的出现，对于铁氧体的性能是不利的。

任务3　铁氧体显微结构的控制

铁氧体材料的性能与材料的化学组成和烧结体内部组织结构有着密切的联系。在铁氧体的制造过程中，应该造成怎样的显微结构？显微结构又如何控制呢？这就是本部分要讨论的内容。

（1）内部组织结构对材料性能的影响

铁氧体的内部组织结构特性对铁氧体性能的影响是很大的。下面举例来说明它们之间的关系。

通常，用作磁场能源的永磁铁氧体，都要求它具有高的 H_{CJ}、高的剩磁和高的最大磁能积。随着烧结体内平均晶粒直径的减小，无论是 H_{CJ} 还是剩磁、最大磁能积，都有很大的提高；这是因为在永磁铁氧体中晶粒尺寸太大时，会在晶粒内出现多畴，由于反磁化过程中畴壁的移动比畴转磁化容易，故矫顽力低；当晶粒尺寸减小时，变成单畴，而单畴颗粒的矫顽力很大，故材料的 H_{CJ} 增大；但是，如果晶粒太小，材料的矫顽力又会因超顺磁作用而下降。因此晶粒大小要控制在适当的范围内。

（2）气孔的控制

多晶铁氧体内气孔的多少、分布状况严重地影响着铁氧体材料的性能，因此控制气孔对提高铁氧体材料的性能有着重要的意义。

表征铁氧体材料内气孔多少的物理量是气孔率 P，在实际测量中，通常是先测出材料的表观密度 d 和 X 光理论密度 d_X，然后按式(7.11)求取材料的气孔率：

$$P=\left(1-\frac{d}{d_X}\right)\times 100\% \tag{7.11}$$

铁氧体内气孔的来源在于粉碎、造粒和成型时混入的气体，烧结时水分和粘合剂的气化，氧化和还原反应，成分的分解、挥发以及晶粒内部的缺位和工艺条件不当等。对铁氧体坯件进行加热烧结，孔隙是通过颗粒的表面向外逃脱而减少；接着由于烧结反应，出现一些孔隙被封闭在坯件内部形成封闭的气孔；与此同时，结晶成长。

封闭气孔的运动机构大致有 2 种。

①扩散。对于晶粒内部的气孔，主要是靠体积扩散；对于晶粒边界上的气孔应考虑体积扩散和晶界扩散两种。在铁氧体坯件中，当存在有大小不同的气孔时，由于大、小气孔表面的曲率半径不同，引起附近表面产生空位浓度梯度。因为小气孔表面附近的空位浓度高，造成空位由小气孔向大气孔扩散，其结果是小气孔缩小，而大气孔长大。

②由于结晶成长，晶界运动带动晶界上的气孔移动。关于晶界带动晶界气孔运动的模式可用图 7.21 来表示。假定晶粒 a 成长，由 a、b、c 三个晶粒围成的气孔向下方移动，见图 7.21 中的Ⅰ、Ⅱ；Ⅲ图中出现了 a、b、c、d 四个晶粒围成的气孔。然后，该气孔向右移动与另一气孔合并(见图 7.21 中的Ⅳ)。合并后的气孔长大，而移动速度变慢。图 7.21 中的Ⅴ是两个晶粒边界上的气孔。当晶界移动速度比气孔移动速度大时，晶界将摆脱气孔，自己向前运动，于是气孔就留在晶粒内部如图 7.21Ⅵ所示。

当移动着的晶界碰到气孔时，仍然是来自表面能量的力作用于晶界对气孔的移动方向。故晶界带动气孔一起向前移动。因此，晶界通过以后，没有气孔留下。图 7.22 是这种情况的示意图。由于气孔能沿晶粒边界移动，所以一部分气孔向外逃逸，一部分聚集生长并停留在晶界上。

由于气孔随着晶界移动,物质必然从气孔的前面移开,而沉积于气孔的后面。

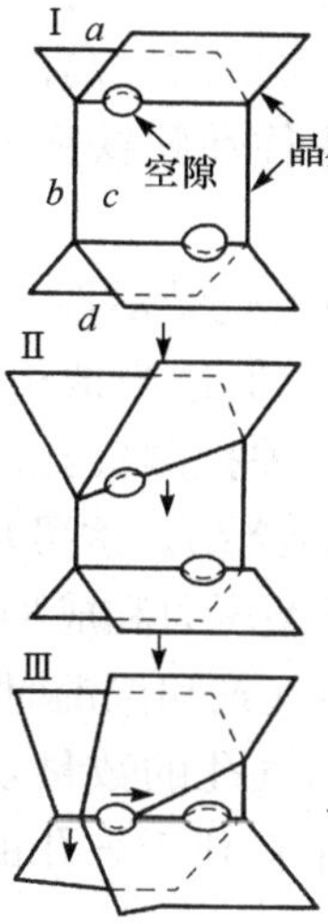

图 7.21　晶界带动气孔运动的模式图

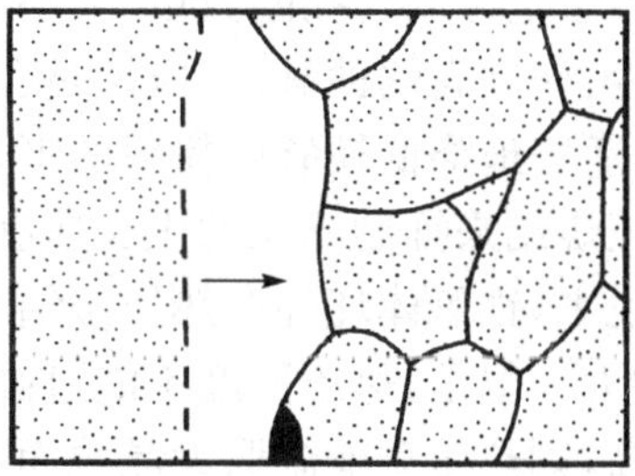

图 7.22　晶界通过以后气孔被消除

然而,当由于不存在产生坯件收缩的物质移动机构而使烧结活性降低时,为了使气孔沿着晶界移动,则需要另外的机构。这些机构可能是表面扩散或气相传输。例如,对于含有过量铁的铁氧体,过剩的 Fe_2O_3 有一部分以 γ-Fe_2O_3 形式形成阳离子空位并固溶着;另一部分则以 Fe_3O_4 的形式固溶着。阳离子空位与 Fe^{2+} 的比例,随着温度与氧分压变化,它们之间的关系如下:

$$Fe^{3+}+\frac{3}{8}\square+\frac{1}{2}O^{2-}\rightleftharpoons Fe^{2+}+\frac{1}{4}O_2 \tag{7.12}$$

式中,□为阳离子空位。若阳离子空位越集中,试样中的气孔生长就越显著。

当移动着的晶界与气孔接合时(图 7.23),假设气孔形状已达到平衡,气孔为了适应内部的张力,则具有两个不同的曲率,在晶粒Ⅰ一侧的气孔表面曲率较小,而在晶粒Ⅱ一侧的气孔表面曲率比较大。由于气孔的表面具有不同的曲率,从而促使了阳离子空位浓度梯度的形成。这样,在气孔前面的物质发生离解,即反应式(7.12)向右进行,产生气相的氧;气相的氧由气孔内向后迅速扩散,阳离子(Fe^{2+})由物质内部很快扩散;在气孔的后面,阳离子(Fe^{2+})氧化,即反应式(7.12)向左进行,产生阳离子空位;由于出现空位浓度梯度,又引起 Fe^{3+} 的扩散。其结果是使气孔跟着移动的晶界向前运动。

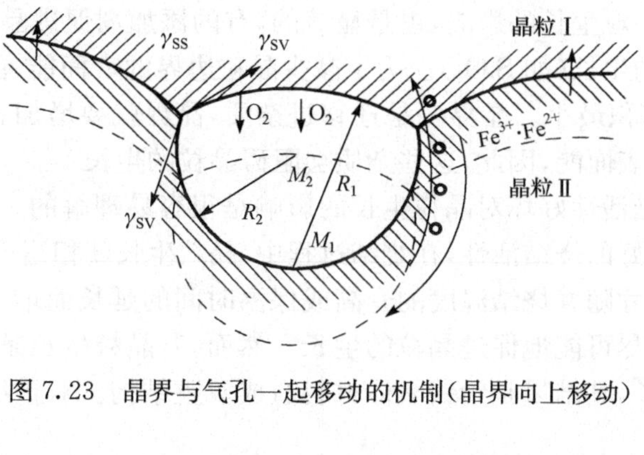

图 7.23　晶界与气孔一起移动的机制(晶界向上移动)

但如果晶粒边界移动的速度很大，气孔移动来不及跟上时，晶界就挣脱气孔自己向前移动。其结果造成较小的气孔残留在晶粒内。在烧结铁氧体的场合，一般晶粒生长的速度被看作是受 O^{2-} 的扩散速度所支配的(因为 O^{2-} 扩散最慢)。因此，如果 O^{2-} 的空位浓度高，O^{2-} 的扩散就快，于是晶粒生长速度即晶粒边界的移动速度也就快。O^{2-} 的空位浓度高的条件，产生于组成中 Fe_2O_3 不足的场合，或者反应系统是还原性的场合。因此往往在缺铁配方的铁氧体中，由于晶粒边界移动迅速，会造成气孔残留在晶粒内的显微结构。

铁氧体内气孔的数量、大小、分布状况取决于铁氧体的组成、粉料的烧结活性、烧结温度和保温时间以及周围的氧分压。如果能够很好地控制这些因素并且将它们适当地组合起来，就可在很大程度上控制气孔的数量、大小和分布状况。下面介绍一些有关控制气孔的方法。要获得气孔少、密度高的铁氧体，应该是在结晶成长不迅速的条件下进行烧结。这可从以下几方面着手：可适当地降低铁氧体粉料的平均粒径；采用湿法生产，提高成型压力和成型密度，采用掺杂或热压烧结来抑制晶粒的生长速度以及严格控制升温速度、烧结气氛和保温时间。

一般说来，铁氧体坯件在热压烧结时，随着压力的增加，烧结体内气孔的数量及尺寸都减小，密度增大。但是，热压温度不能过高，必须在结晶成长之前加压才有利于气孔的排除。如果温度过高，则热压只能制取大晶粒而不能获得高密度。

(3) 铁氧体晶粒尺寸的控制

铁氧体试样的晶粒可以通过金相显微镜、电子显微镜等加以观察。确定平均晶粒尺寸取决于晶粒几何学和晶粒尺寸分布的假设，并取决于结构参数的选择。多晶铁氧体材料的平均晶粒尺寸的测量通常是在试样抛光断面的图片上任意画直线，量出一条直线的长度，然后数出与直线相交的晶粒边界的数目来完成的，即

$$\overline{D}=K\overline{L} \tag{7.13}$$

式中，$\overline{D}$ 为平均晶粒尺寸；$\overline{L}$ 为平均截距；K 为比例常数。它是用假设的晶粒形状和分布来做数值上的估计。

影响铁氧体晶粒生长的因素是很多的，如组成、粉料性质、成型压力、成型密度、烧结温度、烧结时间、烧结气氛以及杂质等。

铁氧体的组成对晶粒生长有显著影响的是 Fe_2O_3 的含量。当配方中 Fe_2O_3 含量不足时，因容易造成高的 O^{2-} 空位浓度，促使 O^{2-} 扩散变快，晶界迅速移动，故晶粒容易生长。而铁氧体中有过剩的 Fe_2O_3 固溶并在氧化性的条件下烧结，由于阳离子空位浓度增加，O^{2-} 空位浓度减小，使得晶界移动速度显著降低，故晶粒生长慢。

在铁氧体配方中，加入一定数量的助熔剂，由于在高温时助熔剂熔化成液相，如前所述，有液相参加的烧结，结晶成长较快，故晶粒容易生长。

添加剂对铁氧体晶粒生长的影响，也是显著的，有的添加剂促进晶粒的生长(如 $CaCO_3$)，有的添加剂阻碍晶粒的生长(如 SiO_2)。为了减少晶粒边界的表面能，晶界常停在杂质的中心位置，因为这样晶界面积最小。晶界要是迁移过杂质，晶界就要增加相当于杂质横截面的面积，因而增大晶粒边界表面能，因此，这些杂质会阻碍晶粒的生长。

铁氧体粉料的烧结活性好坏对晶粒生长的影响是很容易理解的。例如，经低温预烧的铁氧体粉料，由于具有良好的烧结活性，在烧结过程中，晶粒生长就相当迅速。

一般说来，晶粒尺寸随着烧结温度的升高或保温时间的延长而增大。对于希望具有大晶粒结构的材料，都希望尽可能地促进晶粒的生长。然而，若晶粒生长条件的控制稍有不当，便会出现异常晶粒的生长，其结果是给铁氧体材料造成双重结构。双重结构在一般的铁氧体烧

结过程中是时常出现的。具有双重结构的铁氧体，无论是哪一种铁氧体，其性能都是不好的。因为具有双重结构的铁氧体，晶粒是不均匀的，晶粒内气孔很多，密度当然低，从而使材料性能变坏。

在铁氧体的烧结过程中，发生双重结构的原因直至具体条件尚不十分明了。根据许多报道，关于双重结构产生的原因大致有以下一些：

①杂质的影响，通常双重结构多发生在不能把极微量杂质的影响忽略不计的场合。

②预烧温度过低。经低温预烧制取的铁氧体粉料烧结活性很好，在烧结过程中控制稍不当，晶界移动过快，常把气孔卷入晶粒内部，出现异常长大的晶粒。

③粉料被粉碎的时间过长，增大了粉料颗粒尺寸的分布，引入杂质或发生团聚作用，都会造成烧结时不连续的晶粒生长。

④在铁氧体坯件成型时，成型密度不均匀，即存在密度梯度，在坯件经受高压，密度较大之处容易发生不连续的晶粒生长。

⑤原料氧化物的混合不均匀及生成反应不充分，化学成分发生局部变动的场合，易引起不连续的晶粒生长。

⑥在烧结过程中，烧结温度过高、过快或铁氧体坯件内存在温度梯度时，也容易发生异常晶粒生长。

双重结构的形成是异常晶粒生长造成的，因此消除双重结构就是防止铁氧体坯件的异常晶粒生长。从引起不连续晶粒生长原因的讨论，不难提出一些预防和消除双重结构的方法，具体主要有以下 6 种：

①尽可能采用高纯度的原料。这样，可消除夹杂物熔解现象而引起的重结晶，可以获得良好的均匀显微结构。

②采用合适的混合工艺，严防杂质混入和某些原料的团聚。如能用湿式法生产均匀的铁氧体粉料则更好。

③在成型前，要避免粉料结成刚硬的团块；压制时，尽可能使坯件各部分受力均匀，如能用均衡压制方法，则更好。

④在配料时，适量地加入一些能起阻止晶粒长大的添加剂。这种添加剂既不形成有害的液相，也不会长大成聚合块；另外，其粒度要小于铁氧体粉料的初始颗粒度；把铁氧体的晶粒生长限制在连续生长阶段，即使坯件内所有的气孔都消失，晶粒也不过分生长。添加剂通常有能够生成液相的，如 CaO、V_2O_5 等；不能生成液相的，如 ZrO 等；会形成固溶体的，如 CaO，不能形成固溶体的，如 V_2O_5 等。实践证明，不能生成液相的作用大于会生成液相的；不能形成固溶体或固溶度小的作用大于形成固溶体或固溶度大的。对形成固溶体的，当添加量超过其固溶度时，限制晶粒生长的作用更加明显。在形成固溶体的关系中，还和取代离子的进行及点缺陷有关。

阿特金(Atkin)认为，在靠近晶粒边界附近，添加剂离子浓度大，会显著地阻碍晶界的移动；当晶界移动时，晶界必须拖着被吸附在晶界上的杂质一道移动，因而晶界移动速度减慢。

⑤制订合适的烧结制度，防止因温度不均匀或时间不足而造成不均匀的晶粒生长。另外，在铁氧体烧结过程中，往往在某一温度范围内，晶粒生长很快，在此阶段中，如果不认真地给予控制，会形成晶粒大小极不均匀的双重结构。但如能在对大晶粒的迅速生长不利、而对小晶粒生长有利的温度预保温一些时间，便可造成晶粒大小均匀的显微结构。

⑥适当地提高预烧温度使铁氧体粉料的烧结活性降低，可抑制晶粒的狂长。

此外，控制适当的烧结气氛也是十分重要的。

对需要细晶粒结构的材料，例如高矫顽力的永磁铁氧体，可利用微量掺杂抑制晶粒生长，如在钡铁氧体中掺入适量的高岭土，就能获得由细小晶粒构成的高性能铁氧体。在锶铁氧体中，加入适量的 SiO_2，在烧结过程中会产生锶铁硅酸盐并以液相介于颗粒之间限制晶粒的长大，从而改善材料的磁性能。

通过以上的讨论，不难看出影响铁氧体内部组织结构的因素是很多的，也是很复杂的。但是，如果能把原材料的选择、配方、混合、预烧、粉碎、成型、烧结温度、时间和气氛等巧妙地结合起来并严格地加以控制，则将获得晶粒均匀，晶粒内不含气孔，高密度，大晶粒的铁氧体材料。

任务 4　取向多晶铁氧体的制取

(1) 关于取向多晶铁氧体

通常制造的多晶铁氧体，其晶粒的择优取向是混乱的，在性能上是各向同性的，因而其性能远不如单晶铁氧体。为了有效地利用晶体的各向异性，人们通常希望制取具有晶粒取向的多晶织构材料。多晶织构铁氧体材料兼有单晶和多晶材料的优点，它的性能类似单晶，但却可以用一般的粉末冶金方法进行生产。与各向同性多晶铁氧体相比，各向异性永磁铁氧体的磁能积比各向同性永磁铁氧体的磁能积约高 4 倍。

晶粒取向的多晶铁氧体，通常可通过取向成型和拓扑反应等办法来制取。取向成型又有磁场取向成型和单纯应力取向成型之分。拓扑反应是利用固态物质反应过程中生成物的结晶结构和参加反应的某些物质结构存在着一定的结晶学关系来进行的。

磁场取向成型的前提是铁氧体粉料必须是亚铁磁性的，具有亚铁磁性的铁氧体晶粒在外加磁场作用下定向排列，而后被压制成晶粒取向的多晶铁氧体材料。

单纯应力取向成型是利用成型过程的剪应力将具有片状的粉料取向，来造成结晶织构的。在制取塑性永磁铁氧体时，先将永磁铁氧体研磨成为线度为 5μm、厚度为 0.5μm 的薄片粉料，而后加入胶合剂拌和并在模具中挤压，利用挤压过程的剪应力作用，将片状的铁氧体粉料取向。用这种方法制取的钡铁氧体性能优于没有剪应力的材料，具体性能比较如表 7.5 所示。

表 7.5　不同方法制取的钡铁氧体的性能

应力情况	B_r/T	H_{CB}/(kA/m)	H_{CJ}/(kA/m)
有剪应力	0.31	190.986	20.8
无剪应力	0.28	175.070	13.6

有人研究了形变织构对钡铁氧体($BaO \cdot 6Fe_2O_3$)磁性的影响，发现形变织构导致钡铁氧体单晶颗粒的 c 轴平行于压力方向排列，从而使多晶铁氧体成为各向异性。具有形变织构的多晶铁氧体，磁性可达单晶磁性的 90%以上，而一般各向同性的多晶铁氧体，其磁性仅为单晶体的 15%。另外，当热压六角晶系铁氧体时，也容易产生 c 轴平行于应力方向的结晶织构。

下面讨论利用拓扑反应制备取向多晶铁氧体的机理和方法。

(2) 拓扑反应的机理

拓扑反应有的也叫“形态反应”“诱形排列”。拓扑反应是固态化学反应中常见的一种形式，其特征是在固态化学反应过程中，不是将参加反应的物质晶体结构完全打乱，重新组织新的晶体结构，而是生成物的结晶结构和参与反应的某些物质的结晶结构有着一定的结晶学联系。某些生成物，如钡(锶)铁氧体，在低温阶段，单晶粒子的外形和参与化学反应的某些物质的外形有点相似。由于参与反应的物质与生成物有着结晶学上的密切联系，可以利用含有片状结构的粉料，通过一定的方式使片状粉料取向成型，而后与其他相关的原料拓扑反应生成具有晶粒取向的多晶铁氧体。图 7.24 概括了利用拓扑反应制备取向多晶铁氧体的过程。

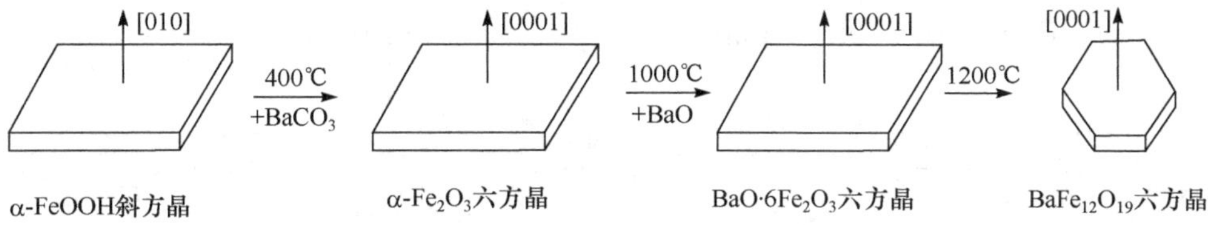

图 7.24　利用拓扑反应制备取向多晶铁氧体的过程

当然，随着所选用粉料性质的不同，所要制取的铁氧体不同，取向成型的方式、颗粒的状态以及结晶方位也不一样。如前所述，使具有片状结构的粉料取向成型有两种方法。如果片状结构的粉料具有亚铁磁性，则可采用磁场成型方法使之取向，利用它来制备各向异性铁氧体的工艺，通常称为磁力取向拓扑效应工艺。如果片状结构粉料是非磁性的，则可采用应力取向成型方法使之取向。利用应力取向方法来制备各向异性铁氧体的工艺，称为应力取向拓扑效应工艺。至于在拓扑反应过程中结晶方位的变化，由于制取的对象不同而不同，下面讨论两种典型的情况。

①磁力取向拓扑效应。

应用磁力取向拓扑效应制备各向异性铁氧体的粉料必须是具有亚铁磁性的片状结构，如属于主轴型的 $BaFe_{12}O_{19}$ 等，当它与其他原料混合后经磁场成型，$BaFe_{12}O_{19}$ 小晶粒的[0001]//外加的磁场方向，而其他的原料如 ZnO、$MnCO_3$、TiO_2 等则分布于片状晶粒的周围，当对其进行加热烧结时，锰、锌、钛等金属离子向 $BaFe_{12}O_{19}$ 内扩散，从而生成了晶粒取向的多晶铁氧体。具有高内场的毫米波六角晶系铁氧体 $Ba(Zn_{\delta}Mn_{0.15}Ti_{0.15+\delta})(Mn_{0.55}Fe_{11.15-2\delta})O_{19}$ 就是这样制成的。当然，在制备过程中首先要制取具有亚铁磁性的 $BaFe_{12}O_{19}$，并把它研磨成很小的颗粒。

②永磁铁氧体应力取向拓扑效应。

永磁铁氧体应力取向拓扑效应工艺所采用的是具有片状结构的 α-FeOOH，其晶格常数为：$a_0=0.994$nm，$b_0=0.458$nm，$c_0=0.302$ nm，其平板面是(010)，当它和其他原料如 $BaCO_3$ 或 $SrCO_3$ 混合后，在外加应力的作用下，α-FeOOH 由于受单轴向加压的应力作用，其平板面的法线方向趋向于平行压力方向。也就是说，所有片状颗粒的平面趋于垂直于外加压力方向整齐排列起来，而其他原料的颗粒夹在 α-FeOOH 的片与片之间。在此，外加的压力起着既使 α-FeOOH片状颗粒取向，又使整个粉料成型的双重作用。而在磁场成型中使颗粒取向的主要原因是外加的磁场。对于这样的坯件给以加热，在 350℃时，α-FeOOH 将分解成为 α-Fe_2O_3，但分解出的 α-Fe_2O_3 仍然保留原来的 α-FeOOH 的外形结构，而 α-Fe_2O_3 晶轴和α-FeOOH晶轴有一定关系，此时 $BaCO_3$ 或 $SrCO_3$ 并未参加反应。当温度升高到 850℃，虽然部分地生成 BaO · 6Fe_2O_3(或 SrO · 6Fe_2O_3)，但外形仍然和 α-FeOOH 相同，而片状面是(0001)。由电子显微镜的照片中可以看到所采用的 α-FeOOH 的 60°孪晶外形仍然不变。当温度升高到 1200℃，这时全部生成 $BaFe_{12}O_{19}$(或$SrFe_{12}O_{19}$)，其外形变成为六角形，但晶轴方向保持不变。整个拓扑反应过程的外形和晶轴之间的变化如图 7.25 所示。不难看出，它们的结晶学关系是：

$$(001)_{\alpha\text{-FeOOH}} // (001)_{\alpha\text{-Fe}_2\text{O}_3} // (0001)_{\text{SrO}\cdot 6\text{Fe}_2\text{O}_3}$$

$$[010]_{\alpha\text{-FeOOH}} // [11\bar{2}0]_{\alpha\text{-Fe}_2\text{O}_3} // [10\bar{1}0]_{\text{SrO}\cdot 6\text{Fe}_2\text{O}_3}$$

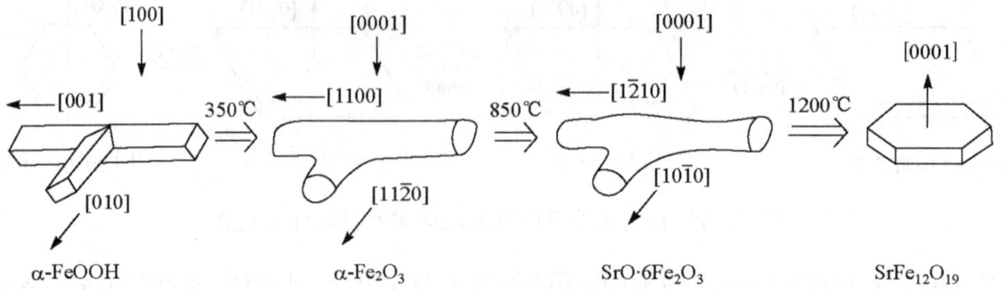

图 7.25　α-FeOOH、α-Fe_2O_3、SrO·6Fe_2O_3的外形和晶轴之间的变化关系

(3) 利用拓扑效应制备取向铁氧体工艺中的一些问题

从上面的拓扑反应机理的讨论，不难看出，影响各向异性铁氧体取向度的主要因素有原材料、压力和烧结，下面我们简单地作些讨论。

①原材料的性质和尺寸。

首先，用作引发物的原材料，要求其颗粒之间不互相聚集，这样便于应力取向。非引发物原料的颗粒尺寸要小于作为引发物的颗粒尺寸。非引发物的数量要小于总量的35%。作为起引发作用的原材料，要求其片宽与厚度之比越大越好，但宽边太大了，反而会互相制约，不利于转动而影响成型的取向度。如果颗粒太小，由于应力的作用效果差，故成型取向度差，波动也大。对于制备各向异性钡(锶)永磁铁氧体来说，引发物原料的颗粒尺寸最好为0.3～3μm。制备合适形状、大小的α-FeOOH粉料，是此工艺的关键。

②压力。

利用应力取向拓扑效应制备各向异性铁氧体，外加的压力是一个重要的因素。压力太小了，使作用于引发物上的应力也就小，不利于片状颗粒取向排列。通常认为压力越大越好。但压力太大了，产品易开裂。为了解决这个矛盾，可采用多次加压取向，多次烧结办法。这样做的好处是在加压取向后给予烧结，把那些妨碍取向的物质消除掉；再进行加压取向，使那些原来没有得到取向的片状颗粒再得到取向。随着加压取向、烧结次数的增加，铁氧体的取向度增高。例如，可采用表7.6的操作步骤来执行。

表7.6　多次加压取向、多次烧结铁氧体工艺

次序	第一次	第二次	第三次
加压/MPa	49～490	98～294	196～490
烧结/℃	400～700	800～1150	1050～1400

通过多次加压取向、多次烧结步骤，不仅会提高最终产品的取向度，而且也容易控制产品的收缩率，从而对提高较复杂形状产品的尺寸精度有好处。

③烧结。

烧结对制取各向异性铁氧体除给拓扑反应提供条件，提高产品密度外，烧结还能促进晶粒取向使产品的取向度进一步得到提高。烧结温度越高，产品晶粒尺寸越大，晶粒的取向度也越高。

子项目 5　铁氧体的气氛平衡

铁氧体的最终组成和显微结构还受其周围气氛支配。特别是在高温情况，铁氧体坯件周围气氛不同，金属离子会变价、组成会变动，从而引起电、磁、机械性能的变化。因此，有必要讨论一下周围气氛对制造铁氧体的影响。

任务 1　铁氧体的平衡气氛

铁氧体的物理化学问题，一直是铁氧体制造中极为重要的问题。铁氧体的各种性能都和制造工艺有关，尤其是烧结过程。钡铁氧体在烧结过程中，如果缺氧，钡铁氧体将被还原，使得其磁性和机械性能变坏，甚至一敲即碎。为了防止铁氧体坯件在烧结过程中发生氧化、还原和挥发，就必须了解高温下的化学平衡和以什么样的速度由偏离平衡状态回复到平衡状态，也就是说如何控制平衡气氛的问题。

(1) 平衡气氛的概念

为了建立平衡气压的概念，先以水和水蒸气的平衡情况予以说明。

如图 7.26 所示，在带有活塞的封闭容器中，放置一个封装着水的小器皿。抽掉空气以后（活塞的位置固定不动），打碎装水器皿的盖，这时器皿中的水就蒸发，于是密封容器中的水蒸气的气压增加。经过一定的时间后，容器内的水蒸气的气压达到了某一固定值，此时水无论多少稍微留下一点是必要的。如果知道了系统的温度，则容器内的水蒸气气压就可以确定，例如，在 20℃时水蒸气的气压是 2.32 kPa。这样，把在有水留存的那个温度状态下的水蒸气的气压叫做平衡蒸气的气压。

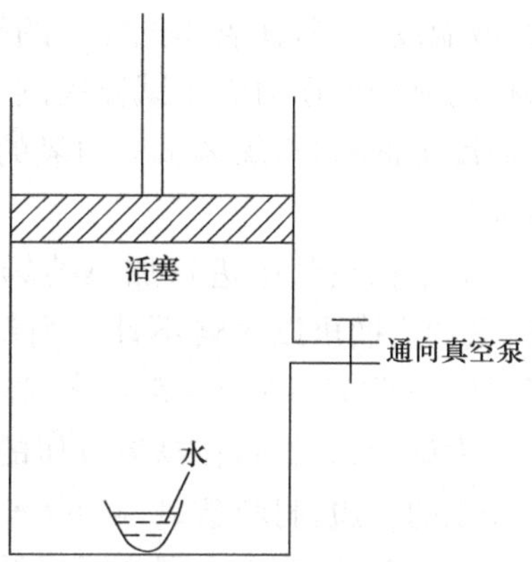

图 7.26　水和水蒸气的平衡蒸气的气压实验装置

在保持平衡的状态下，抬升容器的活塞，由于容器的体积增大了，则容器内的水蒸气的气压就降低。其结果是器皿中的一部分水又蒸发，于是容器内的水蒸气的气压又增大，在达到一定程度时，容器内的水蒸气的气压又回复到原来的平衡蒸气的气压。而后，如果把活塞下压，由于容器的体积变小，故容器内的水蒸气的气压就增大。当容器内的水蒸气的气压比该温度下的平衡蒸气气压大时，一部分水蒸气就凝结变成水，使得容器内的水蒸气的气压回复到平衡蒸气气压。

总之，容器中的水蒸气的气压偏离在那个温度的平衡蒸气压时，就发生水的蒸发或水蒸气的凝结。在某种条件下，水蒸发还是水蒸气凝结，只要把那个系统中的水蒸气的气压和该温度下的平衡蒸气的气压相比较，就知道了。若系统中的水蒸气的气压比该温度下平衡蒸气的气压低，则水就要蒸发；相反，若系统中的水蒸气的气压比该温度下的平衡蒸气的气压高时，则水蒸气就凝结。

众所周知，在金属氧化物和铁氧体中都包含大量的氧。对于某一氧化物或铁氧体，在某一温室下也存在着一个确定的平衡氧压。金属氧化物和铁氧体的平衡氧压也可以类似于水和水蒸气的平衡蒸气气压那样来加以考虑。铁氧体的平衡氧分压（或叫平衡气氛）是指铁氧体试样在这种平衡氧压下含氧量不会增多，也不会减少。事实上，铁氧体试样在烧结过程中要与其周围气氛交换氧。只是在保持平衡氧压时，由周围气氛进入铁氧体试样的氧离子数和由铁氧体试样跑到周围气氛的氧离子数相等而已。能够保持铁氧体试样氧含量不变的气氛叫做铁氧体的平衡气氛。平衡状态的氧分压力称为铁氧体试样的氧分解压力。于是，在平衡状态下，周围气氛中的氧分压力等于铁氧体试样内氧的分解压力。

很显然，在某一温度下，如果铁氧体试样内氧的分解压力比试样周围气氛中氧气分压力大，铁氧体试样会放出氧，即由铁氧体试样进到周围气氛中的氧原子数比周围气氛中进入铁氧体试样内的氧原子数多。相反，如果铁氧体试样内氧的分解压力比试样周围气氛中氧气分压力小，铁氧体试样就会吸氧，即由铁氧体试样进到周围气氛中的氧原子数要比由周围气氛中进入铁氧体试样内的氧原子数少。

(2) 铁氧体的平衡氧分压随温度的变化

铁氧体的平衡周围气氛是指在任何温度下与铁氧体取得平衡的某种单一气体或混合气体。平衡周围气氛是温度的函数。铁氧体平衡气氛中，重要的是平衡氧分压。在一定的条件下，例如，通常在 101.325kPa 的空气中，氧分压占 21%，即 21.28kPa。当所考虑的系统，如试样及其周围的气氛，在温度升高时，由于氧的活动性加强，无论是铁氧体试样内氧的分解压力还是试样周围气氛中氧的分压力都增大。由于铁氧体试样内氧的密集程度比其周围气氛中大，故温度升高，铁氧体试样内的氧分解压力比其周围气氛中氧分压增长快，于是出现铁氧体试样内氧分解压力大于试样周围气氛中的氧分压，其结果是造成铁氧体试样放氧。反之，当系统温度降低时，铁氧体试样内氧的分解压力就会比其周围气氛中氧分压小，于是出现铁氧体试样吸氧。

对于在空气中进行加热的场合，一般在温度低于 500℃时，铁氧体试样与其周围气氛之间，氧的交换可以忽略不计。当温度在 500～1000℃时，这种氧交换是缓慢的，但可觉察到。当温度高于 1000℃时，铁氧体试样与其周围气氛之间的氧交换就变得十分迅速和显著。

无论什么材料，在高氧分压的一边，材料吸氧，$4MO_2 \longleftrightarrow 2M_2O_3 + O_2$ 反应向左进行；在低氧分压的一边，材料放氧，$4MO_2 \longleftrightarrow 2M_2O_3 + O_2$ 应向右进行。在某一氧分压 P_{O_2} 条件下，系统温度的升高，有利于金属离子以低价形式存在；反之，若系统温度降低，则有利于金属离子以高价形式存在。

通常，在铁氧体烧结过程中，在系统的氧化、还原现象不甚严重的情况下，虽然会出现部分金属离子的变价或空位，但它们会固溶于原来的相中，所以仍能保持单相。如气氛中 O_2 不足，试样将部分被还原，如被还原的程度超过固溶度，则将脱溶出另相。这是由于在铁氧体的组成中，有些金属（如铁、锰、钴、铜等）离子会变价，如铁离子有三价和二价两种。变价的条件是温度和周围气氛中的氧分压。如果铁氧体周围气氛中缺氧，则铁氧体就会放氧，伴随着放氧，铁氧体试样中的可变价金属离子就会由高价转变为低价，即出现还原。在铁氧体制造过程中，如果出现还原，会使铁氧体因存在不符合要求价的金属离子而降低性能。

任务 2　铁氧体的氧气烧结

在含有过剩 Fe_2O_3 的铁氧体组成，在空气中于 1000℃左右生成 Fe_3O_4 这一情况，在实用上是非常重要的。对含有过剩 Fe_2O_3 的铁氧体，性质会发生大幅度的变化，其原因大体上是由于出现了 Fe^{2+}。

在 M 型永磁铁氧体的制备过程中，要尽力地防止二价铁离子的出现。防止二价铁离子出现的办法，可以有以下 3 种：

①在考虑铁氧体配方时，有意地使配方适当缺铁。但缺铁的配方如果在生产过程中工艺控制不当，会出现另相，最终产品的性能也不会好。

②在烧结过程中按照铁氧体的平衡氧压来控制试样周围气氛的氧分压，以防试样脱氧。

③氧气烧结。从铁氧体还原过程中，不难看到试样都放出氧气。放氧的条件是试样周围气氛中的氧分压低于试样的平衡氧压，或说低于试样的氧分解压力。根据这种特点，不难想到在烧结过程中，如果使周围气氛中氧分压增加，这可以通过向炉膛通氧来实现，这样就可以抑制试样放氧，于是也防止了还原。在高温烧结时，即使试样中出现了二价铁离子，在降温冷却过程中，要是向炉膛内通以氧气，使周围气氛中的氧分压增大，则会使 Fe^{2+} 氧化成 Fe^{3+}。通常，铁氧体的平衡氧压 P_{O_2} 随着温度的降低而下降。这是由于随着系统温度的下降，铁氧体中离子活动的能力减弱，而且试样中氧的分解压力下降比周围气氛中氧分压下降快，因此会出现周围气氛中氧分压比试样中氧的分解压力大，于是试样就会吸氧，使 $Fe^{2+} \rightarrow Fe^{3+}$。这就是氧气烧结的道理。

此外，在某些场合，为了减少 Fe^{2+}，可将已烧结好的铁氧体置于氧气中退火，使试样中的 Fe^{2+} 重新氧化成 Fe^{3+}。

最后再讨论一下钡铁氧体烧结。

钡铁氧体常常用作磁场能源，通常要求钡铁氧体具有高的剩余磁感应强度 B_r、高的矫顽力、高的磁能积及好的力学性能等。

在实际生产过程中，钡铁氧体要经过预烧和烧结。有时为了降低成本，采用铁鳞作原料，于是又增加了铁鳞的氧化工序。在生产过程中，要是气氛控制得不对，常常会出现“烧死”现象。所谓“烧死”，就是钡铁氧体被还原而引起产品性能变坏。具体的表现有以下 4 种：

①预烧过程中，部分产品被还原。钡铁氧体的毛坯预烧是在高温下进行的。毛坯在预烧过程中，如果周围气氛中缺少氧气，即氧分压低，会因毛坯内的氧分解压力大而被还原。观察被还原的毛坯，会发现毛坯瘫软，中间出现较大的空洞，结晶粗大，有的呈玻璃状，断口不平，略呈蓝色。用被还原的毛坯做成产品，其表面磁场要比正常产品下降 18.6%。

②产品被还原将使其矫顽力下降。钡铁氧体在烧结过程中，如果周围气氛中氧分压低，就会造成产品被还原。产品被还原，意味着在产品中出现 Fe_3O_4。Fe_3O_4 属尖晶石结构，而钡铁氧体是磁铅石结构，所以 Fe_3O_4 将以另相出现。观察被还原的钡铁氧体会发现有低熔点“结核”状的结构，并有大晶粒。另外，由于 Fe_3O_4 的矫顽力比 $BaFe_{12}O_{19}$ 的矫顽力低得多，故产品的矫顽力下降。

③产品被还原将使 B_r 下降。实验表明，被还原的钡铁氧体，其 B_r 明显下降。还原较严重的要下降 30%，还原特别严重的，B_r 趋于零。

④还原将使产品的力学性能下降。实践表明，被还原的钡铁氧体产品在敲击检验时，产品很容易碎裂，大的产品常出现“哑壳声”，其力学性能下降。

另外，铁鳞氧化时，如果周围气氛中氧分压低，不仅不能达到氧化的目的，甚至会被还原成铁。

钡铁氧体在制造过程中，无论是铁鳞氧化、毛坯预烧，还是产品烧结，都要求周围气氛中有一定的氧分压。实践证明，供给足够的氧气是必要的。铁鳞氧化是很容易理解的，为了使 Fe_3O_4、FeO、Fe 转化成 Fe_2O_3，当然需要氧。通常铁鳞是在 800～950℃下氧化，但这样的工艺不能保证其中的 Fe_3O_4、FeO、Fe 在这个过程中全部氧化成 Fe_2O_3，故在预烧过程中还要进一步氧化，这就要求周围气氛中有足够的氧分压。另外，当温度达到 1200℃以上时，坯件中的氧分解压力也增大，如果周围气氛中氧分压太低，会造成试样脱氧而被还原。

为了保证制造出性能良好的钡铁氧体产品，通常要求周围气氛中有足够的氧分压，以满足坯件的吸氧，避免被还原。特别是利用倒焰窑或煤、煤气隧道窑进行烧结时，一定要向窑车内通入足量的氧气，以保证产品周围气氛有一定的氧分压。此外，还要严防还原性气体（如 CO_2、H_2等）进入窑车。

子项目 6 烧结工序常见质量问题及其处理

任务 1 拱板现象及其预防

在辊道、推板电气隧道窑的运行过程中，偶尔操作不注意，就会发生拱板现象。拱板产生时，窑炉不能正常工作，需要停窑修理，造成较大经济损失。

(1) 拱板现象

拱板或称为拱窑，是由于移进板在向炉内运动时，由于烧结产品或移进板本身脱落的碎片，卡在移进轨道上，造成某块移进板前进受阻，而后续的移进板又在持续前进，从而使相邻的两块移进板呈人字形拱起。这种拱起一旦形成，就呈不可逆的趋势发展，理论上，在故障发生后，不进行下一循环的推进时，两块拱起的移进板的夹角最小可达到 60℃。

拱板故障发生后，初期时，由于拱起的高度较小，从窑口观察难以发现，随着主推油缸的继续推进，故障点后面的移进板和相邻滑道上的移进板正常前进，而故障点前面的移进板会停止运动。一般情况下，会由于出故障的滑槽上的移进板不能推进到位，整个循环系统会处于等待状态，最后引起循环周期超时报警，循环系统自动停止，提醒操作人员寻找故障原因，并设法及早发现和排除故障，从而避免事态的进一步扩大。特殊情况下，虽然故障点前的移进板失去了前进的动力，但相邻滑道上的移进板的侧面摩擦也会使故障滑道上的移进板向前爬行，造成虚假到位，在这种情况下，循环系统仍将按正常的条件运行，从而造成下一个工作循环继续进行，加剧拱起的程度，严重时拱塌窑炉。因此，操作人员应随时观察运行情况，避免发生大的事故。

(2) 拱板故障的处理

故障点位置明确后（如故障点位置在高温区，需待窑炉温度降到 800℃以下），开始拆除炉顶。从故障点向两侧均加大一定的范围向下拆除，拆除时，各层呈阶梯状向下缩小，拆除区域最里层的开口以能取出拱起的移进板为宜，拆除时，操作者应戴石棉手套，拆除物按拆除顺序依次分层码放在临近的炉顶上，自下而上应为保温棉、保温砖和耐火砖，避免因急冷而损坏耐火砖。清除上层保温棉后，拆除下部的窑砖时，操作者脚下要垫硅酸铝纤维毡，以防烫伤。操作时，脚下要有稳固的落脚点，避免滑倒。拆除最里层的炉顶砖之前，应清理拆除面，将碎砖屑等清理干净后再打开炉顶，防止砌炉时异物落入炉内。

仔细观察并小心取出拱起的移进板，此时，需 2～3 人配合行动。辅助操作者用撬棍、铁钩等调整移进板的位置，拨开障碍物。主操作者必须戴干燥的石棉手套，两只脚选好稳固的支撑位置，用专用铁钩提出移进板，然后用专用的铁钩、铁铲等将散落在炉内的烧结产品、碎砖块等捡拾出来。将炉内仔细清理干净。此过程，应有专人在现场负责安全，注意防烫伤。

(3) 引起拱板现象的原因及通常采取的预防措施

①窑炉结构。在窑炉施工时，需使窑炉沿长度方向的轨道沿其水平线做适量下移，下移量约为总长的 0.2%，至高温区后又恢复原状，以控制并解决升温区轨道受热整体膨胀。这样既

保证工作平稳，又不增加承烧板受力。那种全长一条水平线的滑轨和深度中凹结构，既不能有效控制热膨胀，又过分增加承烧板的负荷，也容易造成拱板；隧道窑前部的辊道应平整，辊（滚）子应保持其圆度（圆度偏差大，震动厉害）；否则，装有产品的移进板在窑内呈波浪式前进，就会将摆好的产品抖散，在高温区烧结后如散落在移进板和窑壁之间，就可能阻碍移进板前进，而推进器仍不停地在推移进板，因而拱板。辊筒彼此应平行，若不平行就会产生夹角，移进板就会向一边走，严重时会碰壁，造成事故。每班应称承烧板堆放产品的总质量，在前后板之间装坯质量不允许大起大落，如要增加或减少质量，应均摊在几块板上，逐渐增减。

②承烧板。承烧板板面应平整，不允许掉边、掉角或裂缝的存在，两板接触处应密切配合，紧密接触，此外，对定好的程序不允许变化，因此需注意发讯限位的行程开关是否完好。

③操作方法。在运行该窑时，若操作不当，会造成推板搭桥，而使上部加热元件折断，如果搭桥以后再继续推进，那么上部的加热元件会成排地损坏。或因机械振动、摆坯方式不适当，导致推板上的产品掉到导轨的槽中，挤死推板，使推力骤然增加，将推板挤碎，从而导致拱板。

④制度。在制度上应做到，每一款新产品批量入窑之前，应有技术主管到现场，在基于对该生坯进行的外观及其质量进行综合考虑的基础上，试摆放生坯。待试烧并将该生坯的烧结工艺确定之后，才可批量入窑烧结。同时，应注意装载产品的最高点与炉膛顶部的最低点之间应留 20～25mm 的间隙。

拱板现象的原因很多，操作时应多加观察，值班人员应多到现场巡查。

任务2 产品升温裂纹及其预防

(1) 窑炉进、出风量的控制

铁氧体热导率低，传热不易。如在有限的时间内，热不能传到坯件内部，坯件内外存在温差，就容易引起开裂。成型坯件内含水量的高低，对建立窑炉曲线及进、排气口位置的安排及进、排气口开启程度的选择至关重要，我们希望烧成时的坯件中水的质量分数应控制在 2%～3%为宜，需保持一点湿度，避免坯件太脆。这可采用自然晾干 2～3 天的方法，来减少毛坯的湿度。毛坯从模具内取出后，质量分数约为 13%的水分，在升温开始阶段，毛坯内部的机械水通过毛坯内部的毛细孔向表面扩散，再由表面向外界蒸发，直至内部的机械水逸出完。在这一阶段，一定要保证窑炉的通风，使蒸发出来的水分能够即时地排除，保证“扩散”与“蒸发”连续平衡地进行。

升温区、冷却区的进、出风量要合适。在实际的烧结过程中，锶铁氧体产品在电气隧道窑中的蒸发速率比扩散速率大了很多。因此，只要毛坯内水分能够即时排除，就应尽量少抽风。为节约能源，也可将降温区的热空气抽到升温区，对生坯进行加热。由于较高的热量被抽出，有利于降温区内温度较快地下降，实现快速烧结。另一方面，加强了窑炉内气体的流动性，窑炉内氧气含量高，这有利于磁体显微结构的改善，从而有利于产品机械强度与磁性能的改善。

(2) 升温速度的控制

如果升温速度太快，使毛坯表面的水分向周围空间蒸发太快，则会产生内应力，导致毛坯出现细裂纹。这种细裂纹会随着烧结温度的提高而发展成为大裂纹，从而影响产品的合格率；反之，如果升温速度太慢，则毛坯内的水分扩散得慢，使残存于毛坯磁体内的水分增多，在接下来的高温烧结阶段，残存于毛坯内部的水分将变为蒸气，造成产品内部崩裂。

一般认为，含水量多的生坯，开始升温要慢一点；含水量低的生坯升温要快一点。但实际情况也不一定，如同样升到 80℃，即压即烧（压出的产品马上去烧）的生坯，2h 可升到 400℃，而含水量低的生坯在 2h 只能升到 300℃。这是因为水分扩散到生坯表面并蒸发出去后，要带走表面的热量，从而降低了表面温度。含水量高的生坯，其坯件表面温度和坯件内部温度相当，从而导致其内外温差小，热应力小。含水量低的生坯(如水的质量分数≤2%)，水分蒸发较少，如直接辐射到产品表面上的热量较大，散热又小，将造成其内外温差较大，易使产品开裂。如坯件厚度又大，则更易开裂。故升温速度要慢，如正常生坯 2h 升到 250℃，则较厚的生坯只能升到 150～200℃，即降低了排水区温度曲线。

(3) 升温区温度的控制

入窑前水分含量较高，这时要给整个坯件包括中心部位提供热量，使水蒸气扩散及蒸发加速，值得注意的是，当生坯进窑时，该区温度较低，热电偶指示温度较准，当窑膛实际温度在 100～120℃时，窑膛气氛中水汽较高，热电偶套管外围常包围一层水雾，以致实际温度比指示温度要高。当这层水雾散开以后，温度升得很快，所以有一段距离指示温度不是很可靠。在水汽从表面蒸发时起，应控制蒸发速度，使扩散与蒸发相平衡，同时也要注意坯件内部与表面之间温差也不能大到坯件不能承受的地步，因为随后会出现收缩引起的应力，如果蒸发得慢，表面层就有一层水汽，水汽在常压下不超过 100℃，这样，坯件表面湿度比其内部低，使坯件内部产生的水蒸气，大于能外逸散去的蒸气量，内部残存水汽，到了高温区也会产生崩裂。

在窑炉低温区干燥，热源最好用电加热合金丝而不用硅碳棒，因为硅碳棒在失电或供电变化时，容易产生局部过热，造成温度变化大。特别是一些工厂，常将高温区老化的电阻值较小的硅碳棒拿到低温区使用，这样当供电时，电流很大；而不供电时，电流为零，造成温度波动很大。如用电热合金丝，则只要控制好该合金丝的电流值，就可控制好温度值，从而缓慢均匀地排水。

生坯在较高温度时，导热系数增大，在 900℃至烧结温度时升温可加快，从烧结温度至 900℃降温速度也可加快，而不致开裂。

(4) 生坯的摆放

在承烧板上或盒钵堆放坯件时，要保证窑炉升温时水汽的流通，假如码装太满或与窑顶间距离过小，均易使产品开裂。例如，在 22m 的推车窑中，对 ϕ72mm×ϕ32mm×10mm 的产品来说，如叠放六层，放满坯件后距离窑顶距离为 2.1cm，成品率为 62%；如叠放五层，则距窑顶距离为 3.2cm，成品率高达 94%，同时，行与行之间也需要有空隙，含水量多的坯件要疏装。不同的产品，有不同的空隙，但要注意的是：空隙要有，不一定要宽，只要有利于水汽的逃逸即可。水汽逃逸是否畅通，在很大程度上取决于码放方式。对体积较小的窑膛，应适当加大抽风量。还可使窑膛上、下温度均匀，抽风量应根据坯件含水量的不同而即时调整，不能调整一次就一劳永逸。

通常在高温烧结过程中，由铁氧体某些组分的挥发与承烧板(匣钵)发生反应导致铁氧体产生裂纹和缺陷。为此，可在莫来石或氧化铝为主要成分的承烧板中，在原始配料时可加质量分数为 3%～20%的铁氧体原料粉或质量分数为 3%～20%的氧化锆粉较好，最佳添加量为 10%的铁氧体粉或 10%的氧化锆粉。为了减少烧结过程中坯件因收缩而相对于承烧板产生位移，要求坯件底部应平整无毛刺，这样不致因位移不顺而产生摩擦裂纹。为此，在承烧板上应刷一层氧化铝粘合粉，配方为，在氧化铝粉中，添加质量分数为 10%的聚乙烯水溶液，搅拌成稀糊状刷上、烘干。含水量较大的坯件，在坯件与坯件之间，应撒上一层均匀的氧化铝粉或永磁铁氧体预烧料粉，这一方面可防止坯件烧结后的粘连，另一方面起到了通气的作用，减少了烧结收缩时不应有的应力。

任务 3　磁体起泡现象及其预防

毛坯的含水量，球磨的平均粒度，预烧、烧结温度以及烧结炉的气氛等，对磁体的起泡率均有较大的影响。毛坯的中心水分不完全挥发，也将造成磁体起泡率的上升。具体讨论如下：

①如坯件出模后，坯件内、外含水率之差比较大时，磁体容易起泡。这是由于坯件初始表面水分蒸发速度要比内部水分扩散的速度快，随着时间的推移，其表面含水率下降，毛坯内、外含水率差增大，如果坯件中心有残存的封闭水，在高温处就会起泡。若坯件内、外含水率的差逐渐减少，起泡也逐渐减少。

②在二次细磨时，粒度越大，内、外毛细水越容易扩散，磁体的起泡率越小。

③烧结时，在低于某一烧结温度下不起泡，此温度称起泡临界温度，超过这一温度，起泡率会随烧结温度的提高逐渐提高。随着预烧温度的提高，起泡临界温度也提高。

④鼓泡的另一个原因是，预烧料在破碎工艺中因破碎、研磨而混入的铁生成 Fe_2O_3 后，将在烧结时，按 $6Fe_2O_3=4Fe_3O_4+O_2$，$2Fe_2O_3=4FeO+O_2$ 的反应式分解，这种 Fe_2O_3 强烈地还原成 FeO 时，所分解的 O_2 如无法排出，也会使坯件鼓泡。

⑤通风性好的烧结炉，其磁体也易产生泡状物。

其解决办法主要有：将坯件烘干时间延长，适当提高预烧料温度、球磨的平均粒度，降低二次烧结温度等。

任务 4　烧结工艺与产品带磁现象及其预防

在生产中发现，部分永磁铁氧体产品经烧结后出炉时带有一定磁性（又称为余磁），带磁现象多表现为单面多极形式，极数为几极到几十极不等，而且极面很不规则，用磁性显示仪可以清楚地看到多个不规则的小圆圈，圆圈内外即为不同极，用霍尔探头可测出不同的极性和强度（几 mT 至 60～70mT）。带磁现象表现为整板产品带磁，或同样条件下有时带磁而有时又不带磁。工业生产中，辊道窑、推板窑等都有可能出现烧结后带磁。烧结带磁出现时，多伴有窑炉的炉尾鼓风现象。对各向异性产品，特别是高性能产品，在多层烧结时容易出现这种现象，而各向同性的产品烧结不带磁。对多层产品的烧结而言，还存在整体退磁的可能，出现一排产品的上部、底部基本不带磁而中间严重带磁的可能。

造成烧结带磁现象的内因是各向异性取向排列，外因是多层烧结和冷却速度不合适，同时，还与烧结时产品装叠的长径比 L/D 有一定的关系，可能超过一定的比值时容易形成整体退磁的形式。内因是起决定作用的，当外部条件合适时，正常烧结不带磁，当外部条件不合适时，便引起或重或轻的带磁现象。

生产烧结各向异性永磁铁氧体时，成型的粉末已铁氧体化，并且是单轴单畴的，理想情况下，通过磁场取向、压实、退磁后的坯件，其内部磁畴已定向排列，各磁畴磁矩方向呈反平行且均布排列，宏观磁性为零。如料浆的磁场取向不完全，则磁矩的分布为一个一个的小区间，如生坯在退磁时，未退干净，则正反向磁矩的数目不相等，宏观上有一定的磁性。烧结时主要起致密作用，基本上不改变磁畴的排列，而磁畴的磁矩则可受热运动的影响而作无规则的变化，随温度的下降，热运动减弱，冷却后最终定在磁畴易磁化轴的正方向或反方向。一般情况下呈自由能最低的反平行排列，正反向磁矩均匀分布，数值相等，宏观磁性为零。加热退磁就是如此。当降温时受鼓风或炉体太短或散热太快等因素的影响，降温过快，热运动还较剧烈、能量还未降到最低时的整体退磁或整体未退磁的状态可被固定下来，结果便出现正反磁矩不相等，分布不均匀，一部分呈 N 极，另一部分呈 S 极，在原取向方向上呈现极面不规则，强度不均匀的多极磁化情况。需要指出的是，降温过剧不是烧结带磁现象的充要条件，多层烧结也是一个主要的诱因。同时，该现象，还与产品装叠的长径比 L/D 有关，另外，相同烧结条件、相同产品规格尺寸，性能高的比性能低的产品，更易出现烧结带磁现象，这说明余磁现象还与磁体的取向度有一定的关系。

烧结后磁体带磁现象对最终产品使用无影响。但在生产过程中，如磨削、清洗时，就比较困难，装配过程也较麻烦。其解决办法主要有，调整好成型退磁装置，使坯件退磁干净，减小炉尾鼓风量，延长窑炉冷却区，适当调整降温速度，适当改变坯件摆坯装叠的长径比 L/D，进行分隔烧结等。

任务 5　其他常见质量问题及其预防

(1) 产品的降温裂纹

根据生产实践可知，锶铁氧体产品保温结束后，在 900℃以上冷却速度允许稍大；在 900～150℃温度区，产品已经硬化。若冷却太快会产生较大的冷却应力，容易引起炸裂，因此，在该温度段内，降温应慢一些；在 150℃以后，产品不再容易开裂，可以采用风冷。

冷却速度与产品尺寸有关，产品尺寸越大，冷却速度越低。出窑时，磁体表面的温度不宜过高，尤其是大产品，其出窑温度更不能过高，否则，在磁体表面或内部，容易出现裂纹。升温裂纹与降温裂纹的区别：升温裂纹断面颜色暗淡无金属光泽；降温裂纹断面颜色新鲜，有金属光泽。

(2) 产品的变形

厚度小、宽度与长度差别较大的瓦形坯件以及大而薄的方形坯件，在烧结时易变形。变形多数是由于装坯方式不合理，进板速度过大(即升温速度过大)，窑膛温度上下或左右截面温差大，致使同一产品受温不均匀等因素造成的。因此，应针对不同情况加以解决，例如，适当增大毛坯厚度，注意装坯码放方式、延缓进坯速度等。

(3) 产品的龟裂

产品端面，尤其是在炉膛中的最上一层产品的上端面，容易出现细、浅、多的小裂纹，且不良品的数量较大，俗称龟裂。常由升温区排风太快所致。如不良品的数量不大，涉及的品种单一，则多由成型工序引起。

(4) 产品的侧面裂纹

产品侧面，尤其是在炉膛中的左边或右边最外一层产品与炉膛直接接触的一面，容易出现一到两条小裂纹，且不良品的数量较大，俗称烧结侧裂，常因该裂纹对应的一侧，窑炉风的流速较大所致。如不良品的数量不大，且涉及的品种单一，则多由成型工序引起。

(5) 磁性能的稳定性

为了提高锶铁氧体和钡铁氧体性能的稳定性和改善其温度特性，需对它们进行老化处理。通常采取的办法是将样品放在恒温箱内进行高、低温处理，即样品在－40～50℃下保温 1～2h，再于 80～120℃下保温 1～2h。反复进行一、二次循环。

任务 6　推板窑升降温段结构的改进

常用推板窑，其截面温差明显较大，产品一致性欠佳。

(1) 推板窑升、降温段的压强分布特性

推板窑升降温段的热传递主要以对流为主，占总传热量的 60%。辐射占总传热量的 40%。由压强分布特性可知，推板窑窑道内气体流动的动力是压强差。推板窑升温段气体纵向自然对流分析示意图，如图 7.27 所示。在升温段由于 $T_2<T_1$、故截面 1、截面 2 之间的上部压强差大于下部压强差；使上部气体流速加快而有利于上部传热，在降温段则是 $T_2>T_1$，故拱顶下压强差小于推板面上的压强差。其下部气流速度大于上部气流速度。这是在升降温段产生截面温差的主要原因。与此同时，推板窑预热带通常处于负压操作，易使冷空气进入，因而造成预热带上下温差增大。由于窑具蓄热，也会影响截面温差。

(2) 解决措施

①隔焰板的设置。

同一温区中存在多个加热元件，它们通过串、并方式连接使用。由于它们之间存在电阻差异，造成沿炉膛长度方向存在温差；每根加热元件沿长度方向电阻分布也不均匀，造成沿炉膛宽度方向存在温差。设计时，在加热室与炉膛间设置隔焰板(见图 7.28)，隔焰板的高温壁面接受了加热元件以辐射和对流方式传给的热量后，以传导方式把热量传给低温壁面，然后低温壁面以辐射方式把热传给坯体。这样可以有效消除由加热元件电阻差异引起的截面温差。

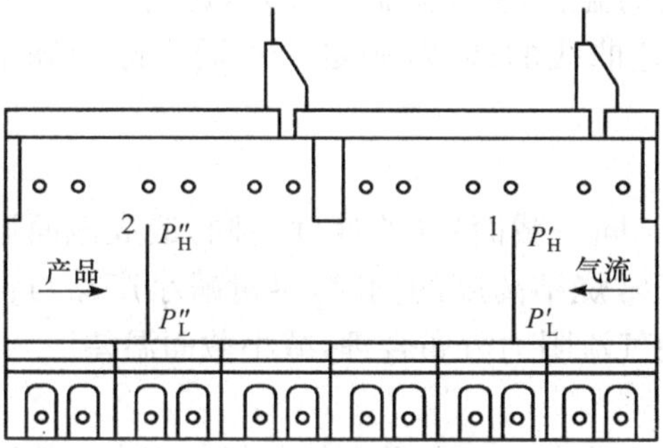

图 7.27　气体纵向自然对流分析示意图

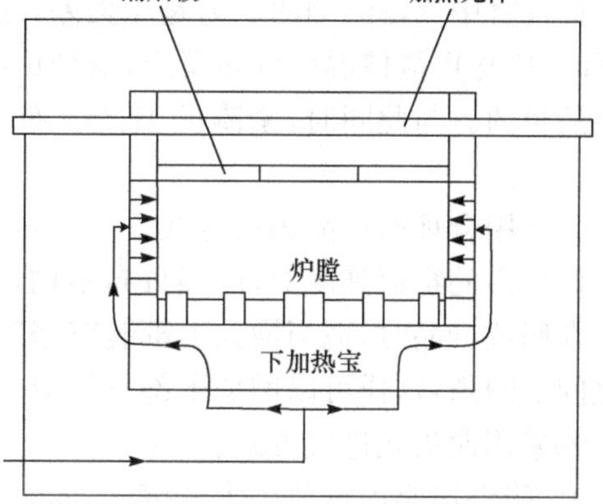

图 7.28　隔焰板的设置与进气管路曲折式设计意图

②相邻温区间设置锁口。

推板窑的窑道内，因压强分布不均，沿窑道的长度方向，将产生气体流动。设计时，在温区间设置锁口(见图 7.29)，可以防止相邻温区间气体的对流，从而减小截面温差，同时，也可以防止温区间的温度相互影响。

③控制气流方向。

推板窑的工作特点，是被加热产品与热介质呈逆向运动，并进行热量传递。传递过程在很大程度上取决于推板窑横截面的温度均匀性。如果能在升温段使气体与产品顺流流动(见图 7.30)；在降温段使气体与产品逆流流动(见图 7.31)，通过改变升降温段压强分布，就可减小截面温差。在设置进风与出风口时，升温段将进风口设置在窑道截面上部且在出风口之前，风道砖斜口 45°向后，使气体与产品顺向流

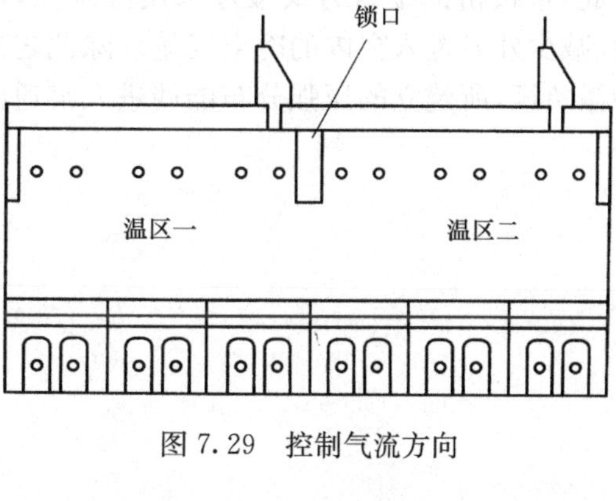

图 7.29　控制气流方向

动；降温段将进风口设置在窑道截面下部且在出风口之后，风道砖斜口 45°向前，同时在出口设置强冷风机，出口向前，使气体与产品逆向流动。这样引导气体流动，能使气体阻力分布合理亦可减小截面温差。

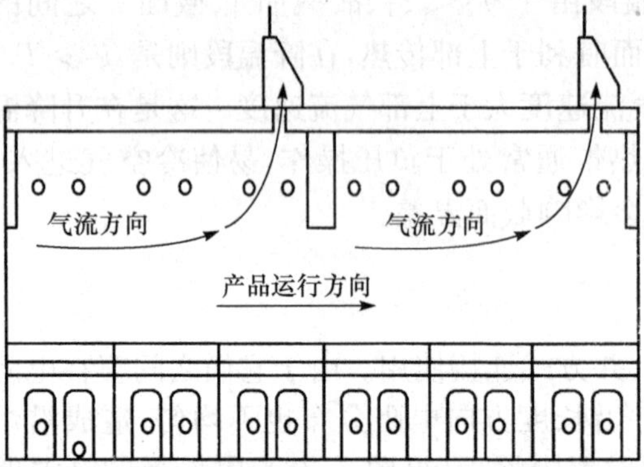

图 7.30　升温段气体与产品顺流流动示意图

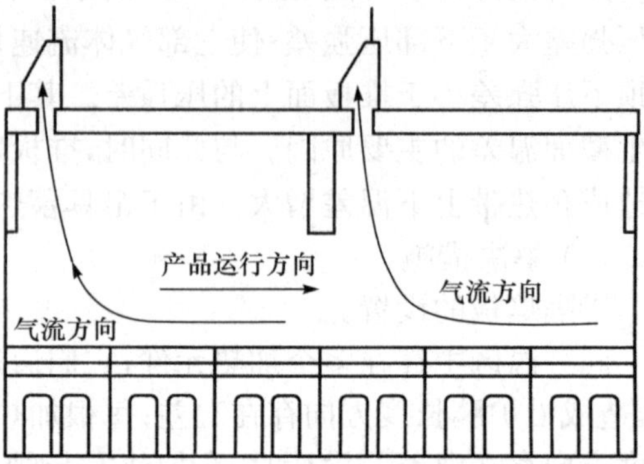

图 7.31　降温段气体与产品逆流流动示意图

④温区合理分布。

推板窑中气体流动的动力是压强差，而压强差的大小与温度差密切相关。在升温段分布温区时，应尽可能使温区分布紧凑，这样可减小温区间的温差，从而降低压强差，达到减小截面温差的目的。与此同时，紧凑的温区分布，有利于工艺曲线的调节，满足了不同产品的烧结需要。

⑤采用合理的产品码放方式。

推板窑的窑道高度上，压强分布不均，使窑道上下(同一截面)气流速度不同，造成截面温差。在码放产品时，适当增大上部装窑密度，在保证正常烧结高度的同时，尽量减小产品与窑顶之间的间隙，这样可以增加上部气体流动的阻力，使气流阻力分布合理，减小截面温差。

⑥采用曲折式进气方式。

升、降温段窑内排放出大量废气，同时也从外界吸入冷空气。如吸入的空气与窑内气体温差过大，将导致窑内气体分层，使截面温差增大。为了减小这一温差，可将进气管路设计成曲折式(见图 7.28)，使冷空气的预热时间增加，提高进入窑内的空气温度，减小冷热空气温差，从而达到减小截面温差的目的。

⑦加强气密性。

推板窑升温段通常处于负压操作，易使冷空气进入，冷热空气分层，造成上下温差增大。因此，推板窑的砌筑方式最好采用湿砌法，可保证砖缝交错分布。这样可以增强窑体的气密性，减少外界进入窑内的冷空气量。除此之外，还可调节各进出风口阀门的开度，使窑道内保持微负压，所建立的压强分布能使进入窑道内的冷空气量减少，从而降低截面温差。

项目 8　永磁铁氧体的磨加工

本项目导读：本项目主要对永磁铁氧体磨加工的工艺与控制要点进行了讨论，内容包括铁氧体磨削加工的目的，平面磁体用的双端面磨床，通过式磨床的工作原理，金刚石砂轮的特性，研磨效果的影响因素等。

铁氧体是由许多晶粒和气孔组成的多孔绝缘材料，其机械特性硬而脆，一般不能像金属材料那样可以用车、铣、刨、钻等方法进行加工，但可以进行磨削、切割、研磨抛光，有时还可以采用超声波钻孔等方法以满足产品尺寸精度、形位公差和粗糙度的要求。

子项目 1　永磁铁氧体磨加工知识准备

任务 1　铁氧体的机械加工

烧成后的铁氧体产品，需根据技术条件的要求进行机械加工，主要磨料为金刚石，因为铁氧体比陶瓷硬，有时也用碳化硅材料，有效的冷却始终是必需的。

1. 铁氧体的机械加工

人们对研磨铁氧体的机理进行了研究，发现有张应力区和压应力区，并具有塑性形变、脆性断裂和碎裂现象，基面上的擦伤引起的碎裂比棱柱面上要严重，其他一些因素如所需功率、单位研磨能也是各向异性的。研磨能和砂轮圆周速度关系不大。当以转速约为 100m/s 的速度进行研磨时，可在恒定的剪切力下快速地磨削，也就是说可节约磨加工时间，或者磨削率相同但耗能少，因而磁铁中产生的形变较少。有时可以或必须从较大的压坯或烧结件中去制取较小的磁铁，即把大件磁铁当成半成品，这是因为这样制成的磁铁性能好，或者由于应用这种方法，容易制造径向取向的圆柱体。假若这些部件是烧结的，这时就采用精密的机械加工方法，例如，用砂轮片切割成小于 1mm 厚的磁片；若是压坯，机械加工可以相当容易地进行，但是由于它们的强度低，需要小心操作。

2. 铁氧体产品的几种加工方法

(1) 磨削加工

用高速回转的砂轮加工工件叫做磨削加工。铁氧体磨削加工通常包括平面磨削、成型磨削、外圆磨削和螺纹磨削加工等。成型磨削就是把复杂的成型面分解成若干个平面、柱面等简单形状，再分段磨削，并使其连接处光滑，符合工艺要求。

(2) 研磨抛光加工

研磨抛光和磨削加工一样，仅磨料磨具有所不同。不同的磨加工方法所达到的表面粗糙度不同，具体详见表 8.1。

表 8.1　几种加工方法可达到的表面粗糙度

加工方法	可达到的精度：$R_a/\mu m$
切削	1.25～2.5
一般磨削	0.32～2.5
抛光	0.63～0.04
研磨	0.08～0.01
镜面磨削	0.01

(3) 切割加工

铁氧体是绝缘材料，无法采用电火花切割或线切割，只有采用砂轮片进行切割，例如，在内圆切割机上用金刚石切片切割。

(4) 孔加工

在铁氧体材料上钻孔多采用超声波加工方法。

3. 铁氧体磨削加工的目的

永磁铁氧体尺寸变化是由于原料不同、个别的生产步骤不同，磁性材料和工艺情况的不一致等造成的。若收缩是各向同性且均匀的，烧结的部件和压坯从数学上说应该是完全相似的，永磁铁氧体出现尺寸不一致只能是由于收缩的不同，而收缩不同是压坯或烧结密度不同引起的。各向异性并均匀收缩的情况与此类似，只是取向永磁铁氧体在空间不同方向上收缩不同而已。其他的尺寸变化是由于不均匀的收缩。直边出现不同程度的变形，平面变成不同程度的凹面和凸面，两平行边或平面发生倾斜或翘曲，同心圆变成不同心或者变形等，其原因在于材料的不均匀性和工艺条件发生了变化。其他外观上的缺陷有边角上的毛刺，永磁铁氧体表面上烧结的松散颗粒等。凡是有几何缺陷的永磁铁氧体都必须磨加工。特别是永磁铁氧体的极面要加工，否则磁路中产生不必要的气隙从而消耗过多的磁能。铁氧体磨削加工的目的主要有两个。

(1) 满足尺寸的要求

通过磨削加工，产品达到图纸上规定的尺寸精度，因此产品毛坯要留有一定的加工余量。

(2) 满足装配需要

有的磁性器件需要几块铁氧体组合起来使用，组合体的接触面需要磨削加工，以满足表面粗糙度的要求，达到紧密配合，防止漏磁，降低磁阻和减少磁损耗的目的。

磨削加工也会出现一些不利因素，如产品掉块、开裂等现象，甚至由于应力，使产品的磁性能下降。加工中必须注意防止这些不利因素的出现。

4. 研磨效果的影响因素

研磨效果的影响因素主要有金刚石颗粒的形状、金刚石颗粒粒度、金刚石质量浓度、砂轮尺寸、磨削进刀量、砂轮线速度、环境温度、被磨加工材料的硬度和断裂阻力、材料的微裂纹情况及气孔和瑕疵分布情况、加冷却水数量及水压等。

任务 2　永磁铁氧体产品的磨削设备

永磁铁氧体的外形常为环形、瓦形、片状和块状等，应根据产品的要求对上述形态的产品采用不同方式进行加工。砂轮以电镀结合剂成型的较为适用，它具有生产率高，产品精度高，适用范围广等优点。专用磨床应具有如下特点，以适合铁氧体元件的生产要求。

① 机床的整体刚性好，其中包括床身、箱体、立柱、横梁等零件的刚性，砂轮主轴系统的刚度，导轨丝杠等运动系统的刚度等，这是一个综合性的问题。

② 机床的磨削功率大。

③ 使用金刚石砂轮。

④ 机床能连续工作，以适应大批量连续生产。

⑤ 机床可靠性要高。

⑥ 机床的维修性要好。

永磁铁氧体的磨削设备主要是磨床，通常使用的有平面磨床即 R 磨床、无心外圆磨床、车磨床及其他专用磨床。在永磁铁氧体产品中，用于扬声器的环形磁体和用于马达的瓦形磁体是产量较大的两类，前者多采用双端面磨床，后者多采用 R 磨床。

1. 平面磁体用的双端面磨床

双端面磨床主要用于磨削磁环、磁方块等永磁铁氧体元件，在各类磨床中，双端面磨床具有精度高，效率高以及装夹、清洗等辅助工序少等特点。

(1) 工作原理

用两个圆盘状砂轮的端面在磨削时，两个砂轮卧式相对安置，砂轮位置调好后固定，工件依次通过两个砂轮之间，如图 8.1 所示。这样同时磨削工件的两个端面，加工效率比单面磨削提高一倍。而且工件尺寸的一致性有了可靠的保证。工作时，工件沿着上下导板由送料带，一个推着一个前进，连续磨削，没有工件的装夹、清洗等辅助工序，所以实际的生产效率高，可以满足磨削磁环和磁方块的生产要求。

由于磁性元件的硬度高，双端面磨床常采用金刚石砂轮对其进行磨削，以保持高效磨削。目前常采用烧结式金刚石砂轮，金刚石涂层厚度约为 5mm。

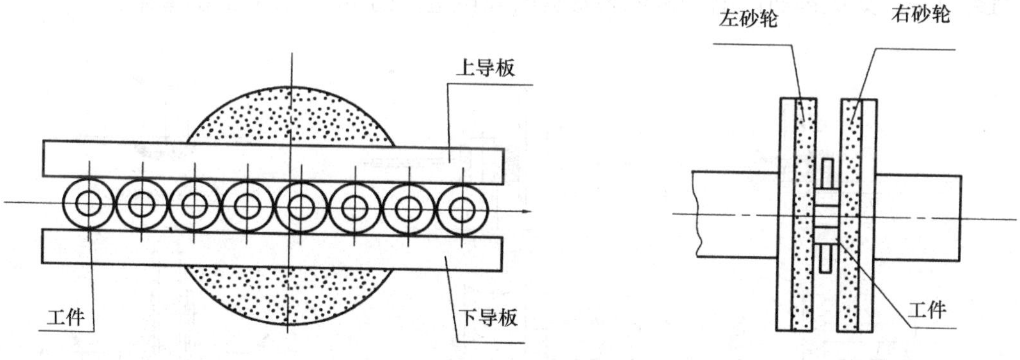

图 8.1　双端面磨床的工作原理示意图

(2) 磨加工工艺

平面磨削能保证加工质量，加工后的平面相对基面的不平行度误差小，在 500mm 长度上为 0.005～0.01mm，表面粗糙度 R_a 为 0.16～1.25μm。

平面磨削分圆周磨和端面磨两种。用砂轮圆周面磨削平面时，砂轮与工件的接触面积小，排屑和冷却效果好，能获得较好的加工质量，但磨削效率低；用砂轮端面磨削平面时，砂轮与工件的接触面积大，因而参加磨削的磨粒数目多，磨削效率高。但是冷却条件差，排除磨屑较困难，加工质量比圆周磨削差。为了改善端面磨削条件，可采用以下辅助措施：

① 选用磨料粒度较粗，硬度较软的树脂结合剂砂轮；

② 供应充足的冷却液；

③ 采用镶块砂轮，即用八块或十块砂瓦镶在磨头上，砂瓦之间有一定距离，沿周围均匀分布。这样，不但改善了磨削条件，而且充分利用了砂轮。

无论圆周磨削还是端面磨削，样品均放在电磁吸盘上，用低于样品高度的挡铁固定，将加工产品排列在专用坯盘上，然后转放于磨床台面，再用挡铁将产品夹紧，按操作规程开动机床，缓慢进刀。进刀量应根据具体产品而定。一般每次进刀 0.01～0.02mm。加工过程中，要随时注意对加工产品的检验。快磨到规定尺寸时，要逐渐减小进刀量，最后一次行程不进刀。

(3) 磨削后的处理

产品经磨削加工后，用带烘干的超声波清洗机清洗。少量产品可以用水冲洗，然后送入烘箱烘干。烘箱温度不得超过 150℃，保温 2h，降到 60℃后将产品取出。要注意，取出的产品不能放在地板上或金属板上，以防止产品开裂。

2. 瓦形磁体用磨床

加工锶永磁铁氧体瓦形磁体的磨床可分为 3 种类型。

(1) 简易磨床

分工序单独磨削底、侧面，内圆弧面，外圆弧面中的一个面。由于磨削速度低、装夹定位不可靠等，加工精度不高，只能粗加工。

(2) 单工位磨床

分工序单独对底、侧面，内圆弧面，外圆弧面中的一个面进行加工，如图 8.2 所示。这类磨床与简易磨床的区别在于机床结构合理、精度较高，并有较高的磨削速度，磨出的产品精度高、一致性好。它既可作为通过式磨床的预加工设备，对于小批量、多品种的生产企业来讲，又可作为精磨设备。如成都西部电子机械装备集团公司生产的 J003 型单工位磨床。

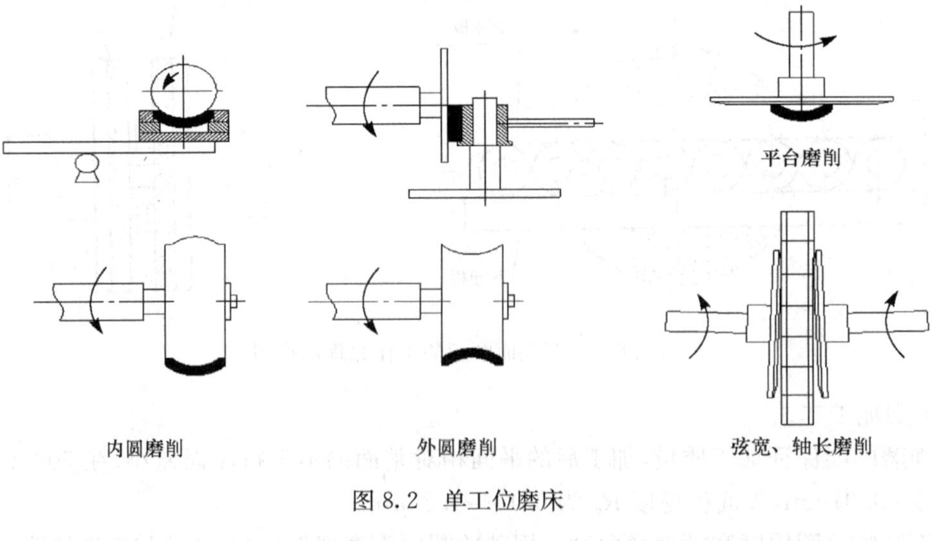

图 8.2 单工位磨床

(3) 通过式磨床

由于磁瓦磨床磨削的磁瓦元件的形状复杂，要磨出其内外圆弧，又要磨削定位面，所以磁瓦的磨削加工比磁环和方块磁体的加工要复杂一些。

通过式磨床工作原理如图 8.3 所示，工件在特定的导轨上滑动，一个挨着一个。由送料皮带及压紧胶轮驱动工件，依次通过 3 个磨头，每个磨头上装有特定的金刚石砂轮。分别磨削工件上相应的 6 个表面。

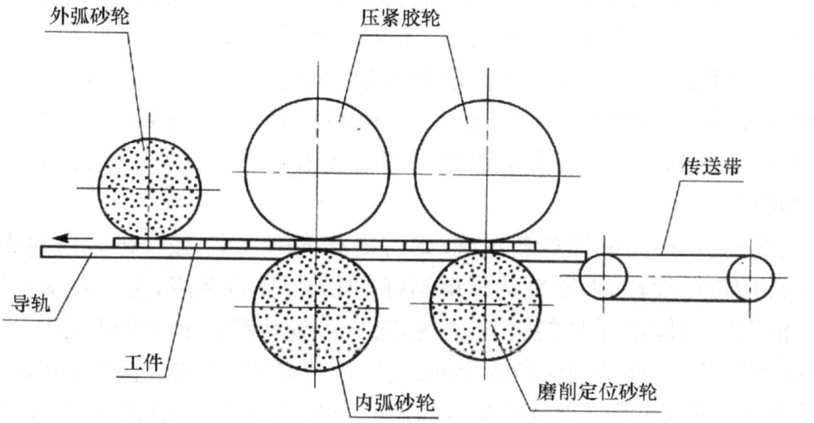

图 8.3　通过式磨床工作原理示意图

工件上的内外圆弧，分别由专用的内弧砂轮和外弧砂轮进行成型磨削，因此，工件上的圆弧半径与砂轮上的圆弧半径一致。每磨削一种工件，需要用两种专用砂轮，此种磨削方法适用于大批量生产。

由于工件的内外圆弧的尺寸精度是靠成型砂轮磨削的，因此，宜采用电镀成型的特殊金刚石砂轮。

子项目 2　砂轮的选择及设计

任务 1　砂轮的选择

各种类型的磨床都是用砂轮对铁氧体零件进行磨削的，因此磨削加工质量的好坏以及生产效率的高低与砂轮的选择有很大关系。

在磁性材料磨加工中，根据所用的磨床和加工方法的不同，所用的砂轮形状也各不相同；根据所磨产品的不同，所采用的砂轮材料也不同。

常见的砂轮外形有简易内弧、简易外弧、端面砂轮、成型砂轮。

金属磁性材料的磨削加工常用碳化硅砂轮和氧化铝砂轮，这些砂轮一般是用粉末冶金法制成。铁氧体磁性材料的磨削常采用人造金刚石作磨料，通常是用电镀、树脂粘结和青铜结合等方式将人造金刚石附着在金属基体上，常称为电镀金刚石砂轮、树脂粘结砂轮和青铜结合砂轮。

电镀金刚石砂轮价格便宜、磨加工速度快、效率高，但所加工产品的尺寸精度差、粗糙度差，适用于加工余量大、要求不高的永磁铁氧体的加工。

青铜结合剂，优点是粘合强度大，保持形状能力强，不易磨损，寿命长，且可承受较大负荷。青铜结合砂轮所加工产品的尺寸精度高、粗糙度好，但价格高，加工速度慢、效率低，适用于加工余量小、尺寸要求高的软磁铁氧体的加工。

树脂粘结砂轮的性能介于两者之间。通常要求不高的产品(永磁)采用电镀金刚石砂轮，高要求的(软磁)采用树脂粘结和青铜结合砂轮。

砂轮磨料是砂轮的主要部分，在磨削时，要经受强烈的摩擦、挤压和高温作用，因此必须具有高硬度，同时还应有一定的耐热性和韧性，人造金刚石由于其高硬度已成为磨削永磁铁氧体的首选。磨料颗粒的粒度是决定产品的表面粗糙度和磨削效率的重要因素之一。砂轮的粒度对工件的表面粗糙度和磨削效率影响很大，细粒度磨削出的产品表面粗糙度小；粗粒度则相反，但其颗粒大，磨削效率高。为使产品磨削成型，兼顾表面粗糙度和效率，常采取外环用粗粒度，内环用细粒度砂轮来磨削。一般粗磨采用 80 目粗砂轮，精磨采用 140 目以上的细砂轮；砂轮的转速也是决定产品的光洁度和磨削效率的重要因素之一。一般来说，转速越高，磨削效率越高，粗糙度越低。

对同一机床而言，砂轮的选择若正确，则可提高磨削效率，减少砂轮修整次数，提高工件的精度，改善工件的粗糙度；如果砂轮选择得不好，则工件质量下降，生产效率也下降。故选择砂轮至关重要，根据铁氧体硬而脆的特点，一般选绿色碳化硅磨料(代号 TL)、中等粒度(46# ～120#)、中软级硬度(R_2～ZR_2)的树脂结合剂(代号 S)砂轮，尺寸和形状根据机床和待加工产品来决定，常用的有平行砂轮(代号 P)，砂瓦(代号 WT)和双面凹砂轮(代号 PSA)等。

人造金刚石砂轮目前已为大多数永磁铁氧体生产厂家所采用。

任务 2 金刚石砂轮

(1) 金刚石砂轮的特性

金刚石是碳的同素异形体，属立方晶系，是目前自然界中已知的一种最硬的物质。它的颗粒形状良好，化学性能稳定，抗压强度高，硬度、强度、导热性、热膨胀性和研磨能力均大大优于普通磨料。因此，以金刚石为磨料制成的各种磨具，常用来加工硬质合金、光学玻璃、铁氧体等，加工效果良好。它的主要优点如下：

① 砂轮磨耗小，生产效率高。

② 操作方便，无需经常修正砂轮。

③ 加工产品质量好。无裂纹、无掉块、粗糙度低。

④ 它的磨损很小，故被磨下的物料只要不人为地加入有害杂质，可以回收使用。

因此，尽管金刚石磨具价钱昂贵，但使用寿命长，从经济效益考虑，还是值得的。目前我国不少磁性材料厂相继采用金刚石砂轮加工铁氧体，并取得了一些经验。

(2) 金刚石砂轮磨料

金刚石磨料有天然的和人造的两种，分别用 JT 和 JR 表示。目前，天然金刚石很少采用。金刚石磨料的单位为克拉(Ct)(1Ct=0.2g)。

① 粒度。粒度是指金刚石磨料颗粒尺寸的大小。其标准及选用原则与普通砂轮相同。粒度的选用直接影响加工产品的光洁度、磨削效率和金刚石的消耗。一般说来，在同样光洁度条件下，金刚石磨具的粒度要比普通磨具的粒度细，在满足粗糙度要求的前提下，应尽可能选用粗的粒度，以提高生产效率。此外，粒度的选用与结合剂相关。例如，树脂结合剂砂轮常选用细粒度金刚石磨料(如 100#)，青铜结合剂砂轮常选用较粗粒度(如 46#)的金刚石磨料。

② 结合剂。结合剂起着把持金刚石磨料并使磨具具有所需几何形状的作用。常用的结合剂有树脂结合剂(代号 S)、青铜结合剂(代号 Q)、电镀金属结合剂(代号 D)、硬质合金结合剂(代号 YZ)等。就结合能力和耐磨性而言，树脂结合剂最弱，青铜结合剂和电镀金属结合剂

较强，硬质合金结合剂最强。但树脂结合剂砂轮的优点是自锐性好、磨削效率高、抛光性能好、适于精磨。对永磁铁氧体的磨加工，在选用结合剂时可参考表 8.2。

表 8.2　金刚石磨具用结合剂的性能

结合剂名称	代号	性能
树脂结合剂	B(S)	磨削效率高、自锐性好、不易堵塞、主要用于精磨、抛光等。但结合能力和耐磨性较差，不适用于大负荷磨削
金属结合剂	M(Q)	磨具结合力强、耐磨性好。但砂轮自锐性差，磨削效率不如树脂砂轮
电镀金属结合剂	D	磨具结合力强，多用于制造各种形状复杂、特薄、特小的制品，由于金刚石砂轮较薄，使用寿命也较短

结合剂浓度的选用还需考虑到磨具的形状和加工方式，对于磨削面宽、磨槽和成型磨削的磨具应选用较高浓度。此外，还应考虑加工工序和加工要求的不同。由于浓度越高，磨具在工作面上参与磨削的磨粒数就越多，切削能力就越大，故适于粗磨时使用。对于精磨，则要求同时考虑加工粗糙度和磨削效率两方面的因素，一般采用中等浓度为佳。对于抛光和粗糙度要求严格的磨削，常用树脂结合剂磨具，此时主要考虑粗糙度的要求，磨削余量较小，故采用低浓度为好。

③ 金刚石浓度。金刚石浓度指单位体积中，金刚石的含量，单位为克拉/厘米^3。在铁氧体磨具内，它表示金刚石层中每立方厘米体积内所含金刚石的质量。生产中用的浓度制，主要是采用“金刚石制品国际浓度标准”，根据国际惯例，每立方厘米体积中，含有 4.4 克拉(即 0.88g)金刚石，金刚石浓度即为 100%。金刚石浓度与金刚石的含量对照，如表 8.3 所示。

表 8.3　金刚石浓度与金刚石含量对照表

单位体积(cm^3)中金刚石的浓度/%	金刚石含量/(Ct/cm^3)	金刚石所占体积/%
25	1.1	6.25
50	2.2	12.5
75	3.3	18.75
100	4.4	25
150	6.6	37.5

金刚石浓度的选择直接影响磨削效果和生产成本。金刚石浓度过高，结合剂对磨粒的把持能力下降，在磨削过程中，易掉砂；金刚石浓度过低，磨削能力太弱，影响磨削效率及磨削质量。砂轮中，金刚石浓度的选择要考虑结合剂、磨料、粒度、用途、加工方法和生产效率等几方面的因素。一般在精加工时，对砂轮中金刚石浓度的要求不高，但对脆性材料的宽面加工，则对砂轮中金刚石浓度的要求较高。金刚石砂轮的磨料、粒度、金刚石浓度、结合剂、形状和尺寸的标记方法如表 8.4 所示。

表 8.4　金刚石砂轮的标记方法

符号	JR75	180	75	S	BW1	15 × 32 × 10 × 3
含义	人造金刚石	粒度 180#	质量浓度为 75%	树脂结合剂	砂轮类型	厚度　孔径　金刚石层环宽　金刚石层厚度

(3) 金刚石砂轮加工铁氧体

大型立轴平面磨床上用碳化硅砂轮来加工铁氧体，每次要八块或十块砂瓦拼成一杯型磨头。因砂瓦不耐磨，需经常进行更换，每天约换两副。若用 JR_1 75－120－80×75×25 的金刚石砂轮来磨削，每副可用 5～8 个月。

加工注意事项：

① 使用金刚石砂轮的机床，主轴精度要求高，能作 0.005mm 的微量横进给。

② 选择适当的磨削用量，具体参看表 8.5。对于一般磨料，粒度越细，磨削量越小；干磨时，磨削量则更小。

表 8.5　砂轮种类与磨削量

砂轮种类	砂轮线速度/(m/s)	工作线速度/(m/s)	磨削量/mm
金属结合剂砂轮	8～15(干磨)，15～20(湿磨)	10～20	0.01～0.03
树脂结合剂砂轮	8～15(干磨)，15～25(湿磨)	10～20	0.005～0.02

③ 冷却液。使用冷却液不但能提高磨削效率和磨削质量，而且可以减少砂轮磨损。加工材料不同，用的冷却液也不同，铁氧体磨削加工可用水作冷却液。

任务 3　永磁铁氧体磨加工用砂轮的设计

永磁铁氧体磁瓦的形状最终靠磨加工来完成，如果磨削夹具的设计不合理，磨时造成产品的尺寸、外观不符合要求，将直接影响永磁铁氧体磁瓦磨削的质量，而磨削夹具中砂轮的设计合理与否显得尤为重要。

砂轮基体、定位用上下导轨、底板的加工质量以及砂轮的镀砂质量将明显影响磨削夹具的装配精度，从而影响永磁铁氧体磁瓦磨削质量。在砂轮的设计过程中，砂轮基体成型刀，砂轮基体、砂轮检规的内弧弓高都必须与永磁铁氧体磁瓦内弧弓高一致，才可保证永磁铁氧体磁瓦的形状、尺寸精度符合客户要求。设计砂轮基体的形状时，还应考虑砂轮的质量对磁瓦所施加的压力。因此，永磁铁氧体磁瓦的砂轮基体形状设计时应考虑挖空等形式来加以保证。

永磁铁氧体大部分磁瓦的外弧与角交点应是同心的。在砂轮设计中，如果永磁铁氧体磁瓦外弧圆心与角交点同心，则可根据内弧弓高计算公式得到相应的过渡圆半径 r，如图 8.4 所示。基于永磁铁氧体压制成型的特点，磁瓦的过渡圆半径取太小，则其过渡圆角处磨削后容易出现夹层现象，严重影响永磁铁氧体磁瓦的磨削质量。因此，干式(干压成型烧结)永磁铁氧体磁瓦在砂轮设计时，磁瓦内弧过渡圆半径一般不能取太小。对于湿式(湿压成型烧结)永磁铁氧体磁瓦来说，由于其压制成型的特点，其磁瓦过渡圆半径可比干式永磁铁氧体磁瓦过渡圆半径取小些。如铁氧体磁瓦规格为(R13.1－R9.0×21)的过渡圆半径干式为 1.8mm，湿式为 1.2mm；永磁铁氧体磁瓦规格为(R11.5－R7.9)×21 的过渡圆半径干式为 1.8mm，而湿式为 1.0 mm，这样永磁铁氧体磁瓦磨削后过渡圆角处不会出现断层现象，提高了永磁铁氧体磁瓦的磨削质量。

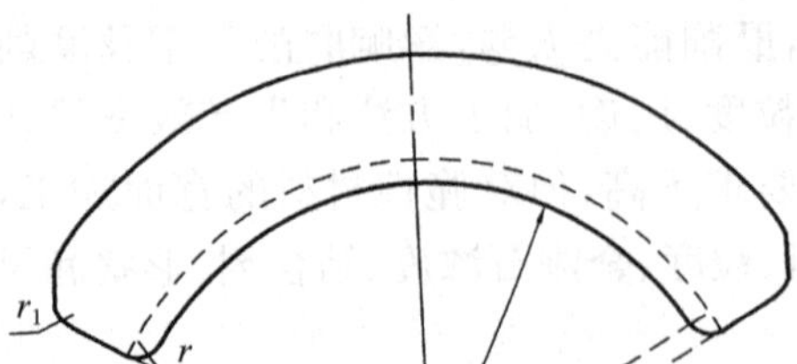

图 8.4　磁瓦示意图

砂轮的设计中，增加永磁铁氧体磁瓦弦长边处的磁瓦圆角 r_1，如图 8.4 所示，有利于提高永磁铁氧体磁瓦的磨削质量，减少弦长边处的崩烂缺陷。实践表明，磁瓦圆角一般不能太小，r_1 应大于或等于 0.7mm，圆角半径太小，克服不了崩烂现象。具体的大小视永磁铁氧体磁瓦弦长边与内弧角处的距离而定。如果此距离长，磁瓦圆角半径可取大些；如果此距离短，此圆角半径可取小些，但不能小于 0.7mm。为了防止永磁铁氧体磁瓦在磨削过程中出现磁瓦中心位置壁厚比两头薄、一边大一边小等磨削质量问题，必须注意上、下定位的合金导轨高度，适当为宜。对永磁铁氧体磁瓦的支撑点尽量控制好，同时必须保证磨削夹具的加工精度。永磁铁氧体磁瓦的外观质量与砂轮的镀砂质量相关，由于干式永磁铁氧体磁瓦与湿式永磁铁氧体磁瓦压制成型的不同，其永磁铁氧体磁瓦的硬度、脆性不同，磁瓦弦长磨量也不同，因此干式永磁铁氧体磁瓦与湿式永磁铁氧体磁瓦砂轮基体镀砂工艺应有所不同，应分开镀砂。如设计干式永磁铁氧体磁瓦基体时，外弧、内弧镀层厚度都可设计为 0.25mm；设计湿式永磁铁氧体磁瓦基体时，外弧镀层厚度可设计为 0.30mm、内弧为 0.20mm，这样镀砂后砂轮的内外弧尺寸精度才可得到保证。

另外，金刚砂的粒度直接影响着永磁铁体磁瓦的磨纹粗细。因此砂轮镀砂应根据永磁铁氧体磁瓦形状与大小选择合适的金刚砂粒度来镀砂，一般永磁铁氧体磁瓦镀金刚石砂，金刚砂粒度目数为 120 目，小型永磁铁氧体磁瓦的镀砂用金刚砂粒度目数要取大些。

子项目 3　永磁铁氧体的磨加工

磨加工后检验产品外观时，通常发现产品有开裂、起层、断层、鼓泡、缺角、掉边、花斑、变形等缺陷，引起产品外观缺陷的原因较多，在研磨工序、成型工序、烧结工序、磨加工工序工艺控制不当，都会导致产品出现外观缺陷。下面重点介绍在磨加工工序中产生的产品缺陷及其解决措施。

(1) 磨加工工艺

烧结毛坯的密度不够、脆性大、尺寸余量大小不一、磨量大，都会导致磨削时永磁铁氧体磁瓦崩烂缺陷的增加，进而影响永磁铁氧体磁瓦磨削质量。由于烧结铁氧体硬而脆，完全靠磨加工来决定产品的形状很困难。因此，烧结毛坯应尽量符合产品预期形状，尺寸一致性要好；同时，根据永磁铁氧体磁瓦磨削过程的特点，应在模具设计、料粉粒度的均匀性、成型方式、取向磁场分布、含水量、烧结时温度的均匀性和装料方式等方面进行科学合理地控制。

磨加工主要使用磨床和金刚石砂轮对产品进行加工。当金刚石砂轮摩擦铁氧体产品表面时，会产生不同程度的微变过程，首先是变形。由于砂轮并不是真正的圆形，因而切削力不可避免地出现阶段性激烈变化，从而造成崩裂。如果砂轮速度很高或切入深度很大，或两者均高，可使产品表面形成裂缝。同时，在材料内部要产生应力，当这种应力达到某一程度时，也会出现裂纹。为了能有效地进行磨削，又不使产品出现裂纹，产品最好能分两个阶段进行。首先应用粗砂轮快速粗磨，使产品基本上达到图纸所要求的尺寸与形状，但又有少量余量，这时可能在产品表面留下一层损伤表面，然后快速细磨，把这一层磨去，通俗称“光一刀”进行修整。在加工时，最好砂轮及工件都运动，这样可改善产品表面粗糙度。磨加工时，产品进入磨削区应是一个渐进过程，逐渐加大磨削量，不要因急剧撞击砂轮而损坏产品。磨削时，产生的内应力，会使磨好样品的内表面磁感应强度 B 降低，且内应力越大，内表面磁感应强度下降得越多。因此，要采取正确的磨削工艺，同时尽量减少毛坯样品的磨削量。

磨量大，虽可提高生产效率，却恶化了产品表面粗糙度，降低了磁体的成品率，缩短了砂轮的使用寿命，增加了生产成本；磨量小，可延长砂轮寿命，却不一定能提高成品率。实践表明，为获得较高的效率和较小的砂轮磨损，应采用深切缓进的强力磨削方式，即加大磨削深度，减小送进速度，由于磨削深度加大，提高了效率；送进速度降低，磨粒的切屑厚度极薄，单位磨粒承受的切削负荷较小，磨粒不易磨损；进刀时，由于负荷小，不易产生振动，可保证较高的光洁度。

另外，砂轮在磨削时，除对工件表面有切削作用外，还有强烈的摩擦作用，冷却水可起到冷却、润滑、冲洗的作用；能有效改善散热条件，带走绝大部分摩擦热，降低磨削温度；冷却水渗入磨粒与磁块的接触表面之间，粘附在磁块表面上形成润滑膜，减小磨粒与磁块之间的摩擦，提高砂轮的耐用度；将磨屑与脱落的磨粒冲掉，防止其划伤产品表面。

(2) 磨加工几类常见质量问题

几类由磨加工引起的质量问题及其现象描述、原因分析情况如表 8.6 所示。

表 8.6　几类磨加工常见质量问题及其原因分析表

现象	常见原因
产品线路不直	导轨连接处不平滑导致产品出现拐弯现象，产品左右厚度不一致，砂轮与导轨安装不合适，精磨外导轨的定位不合适
产品尺寸不稳定	导轨排渣不好，冷却水过小，磨头没锁紧，导轨松动，砂轮跳动过大
磨头声音大	砂轮跳动大，磨头轴承损坏，磨头间隙的螺母松动，磨头没锁紧，磁瓦经常在导轨间卡死
磨头发热	导轨磨损大，磨头跳动过大，砂轮上的砂粒缺损严重

(3) 磨头

磨床的主体部件为磨头，其质量直接影响磨削产品的质量。磨头中所使用的轴承有两种，一是向心推力球轴承，二是向心球轴承。向心推力球轴承起调整磨头精度(轴向串动、径向跳动)的作用，向心球轴承起支撑主轴旋转的作用。

轴承的润滑方式有脂润滑和油润滑两种，低速采用脂润滑，高速采用油润滑。其磨头精度根据使用场合不同而不同，由于软磁磁芯配对结合面，对表面粗糙度的要求很高，磨头精度一般要求在 0.01(串动、跳动)以内，永磁铁氧体磨头精度一般在 0.03(串动、跳动)以内。磨头精度常用百分表进行检测。

项目 9　永磁铁氧体产品的检测

本项目导读：本项目主要对永磁铁氧体产品的检测工艺与控制要点，作了相关的讨论。内容包括永磁铁氧体产品的充磁，磁通的测试，多功能永磁测量仪对永磁铁氧体磁参数的测量等。

产品检验包括磁性能、几何尺寸、形位公差和外观检查。作为合格产品，必须达到这几方面规定的各项指标。通过检验可以及时发现生产中的问题，以便提出改进措施。

① 磁性能检测。永磁材料基本磁性参数为剩磁 B_r、磁感应矫顽力 H_{CB}与内禀矫顽力 H_{CJ}及最大磁能积$(BH)_{max}$，这些参数由退磁曲线求得。此外，还可用高斯计测量磁体的表面磁场，用磁通计测量磁体磁通密度的变化。对永磁铁氧体产品磁性能的检测，通常有两种方法：一是测产品的磁通密度（以下简称磁通），二是测产品的 J_S、B_r、H_{CB}、H_{CJ}、$(BH)_{max}$和 μ_{rec}等参数。

② 几何尺寸和形位公差的测量。以各种卡具、量具及专用工具对此进行测量。

③ 外观测量。外观检查不仅仅为了产品外表美观，更重要的是保证产品的机械强度和装配需要。产品的外观瑕疵主要由生产工艺所引起，如压模痕迹、裂纹、掉块、变形等，这些应预先参照有关文件及使用者需要规定好，然后用目测法及标准样件比较，按照图纸和技术条件要求逐个进行检查。对于未列入技术条件中的其他外观瑕疵，可酌情掌握。产品检验应按照国家有关标准与合同规定进行。

子项目 1　永磁铁氧体产品的充磁

如前面的叙述，在测量永磁铁氧体产品的磁性能之前，通常需要将其饱和磁化。因而磁化装置应能提供使试样磁化到饱和的磁化场，其值随永磁材料的种类而变化，并与晶粒的取向有关。饱和磁场强度 H_{max}的选择通常与内禀矫顽力有关，即 $H_{max}=KH_{CJ}$。系数 K 根据永磁材料的种类而变化，一般为 3～5。部分永磁材料的饱和磁场强度如表 9.1 所示。

表 9.1　部分永磁材料最低饱和磁场强度

Materials	Ferrite	FeCrCo	$SmCo_5$	Sm_2Co_{17}	$PrSmCo_5$	$Ce(CoCuFe)_5$	$Sm_2(CoCuFeZr)_{17}$	NdFeB
H_{max}/(kA/m)	1100	240	3200	3200	2400	1600	1600	3000

产品磁化时，其磁化场的方向和空间分布应与要求永久磁铁的磁化状态的要求相一致。如何做到这一点，在诸因素中主要取决于材料。对于各向同性磁铁，当磁化场降为零时，其剩磁准确地反映着磁化场的定向分布和不均匀性。然而，对于各向异性磁铁，择优方向很大程度上决定了剩磁的状态。现对大生产现场产品的磁化过程进行举例说明。

(1) 产品规格

产品规格为 $\phi39\times\phi22.5\times7$ ，所用材料为 Y33H 材料。

(2) 设备

充磁机型号为 HZ-2530；充磁线圈为 $2^{\#}$ 线圈；充磁夹具为 $\phi39\times\phi22.5\times7$ 专用夹具；磁通表型号为 SF-6。

(3) 操作规程

① 设置“已充磁品”和“未充磁品”两个区域，如图 9.1 和图 9.2 所示，未充磁品按 10 片一摞，整齐摆好。

图 9.1　已充磁品

图 9.2　未充磁品

② 打开充磁机。

③ 将充磁机充磁电压调至 2000±200V，如图 9.3 所示。

④ 取一摞磁环放入充磁夹具，然后把夹具放入线圈中，如图 9.4 所示，再按“充磁”按钮，完成充磁。

图 9.3　充磁机工作时的充磁电压

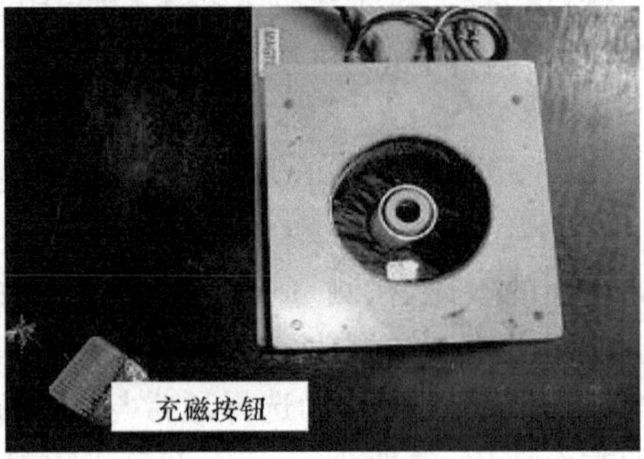

图 9.4　充磁夹具

⑤ 充磁后的产品吸合在一起。注意由点到面的方式吸合，防止磁铁激烈撞击。将吸合后的产品放入“已充磁品”区，如图 9.5 所示。

图 9.5　充磁后的产品的结合与摆放

⑥ 充磁效果检查

正常产品液磁片检查效果与混有无磁产品时液磁片检查效果，如图9.6和图9.7所示。

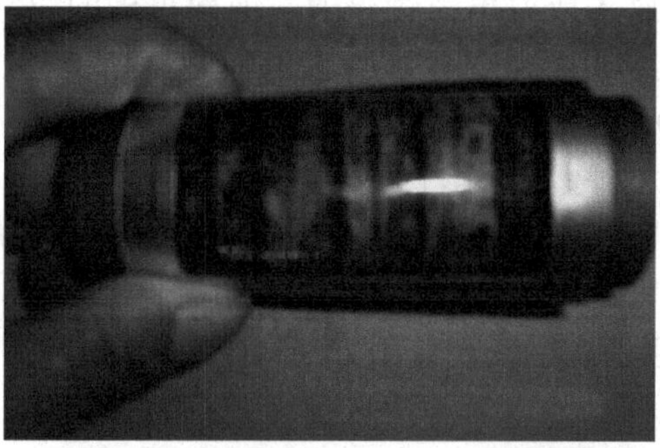

图9.6　正常产品液磁片检查效果

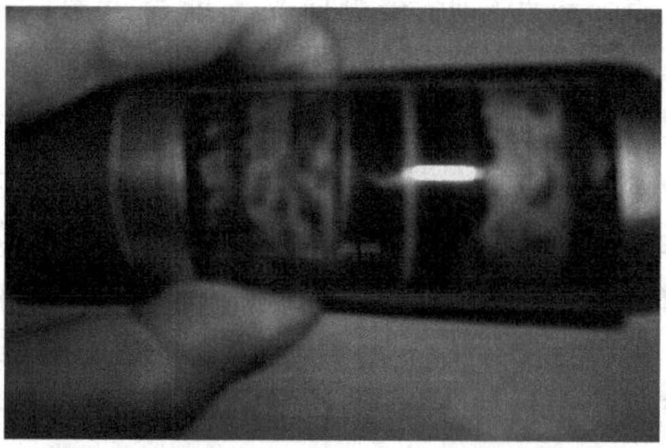

图9.7　混有无磁产品时液磁片检查效果

无磁产品的检查，检查频次：全检。

未饱和充磁产品的检查：磁通值≥1.17×0.2m·Wb；检查频次，抽检，每小时5片。

子项目2　亥姆霍兹线圈测量装置测磁通

用磁通表检测永磁体的磁通时，通常采用"提拉法"，对已充磁的样品，用扁平线圈测磁通，这种方法直观而有效，但缺点是对每种不同规格的样品，必须做不同尺寸的线圈。严格来说，对非常薄的样品，检测线圈制备的难度也是较大的，且费事而低效。用亥姆霍兹线圈装置测磁通，在一定程度上可以解决上述问题，因而近年来国内永磁铁氧体生产厂家广泛地采用这种方法对批量产品进行检测。

(1) 霍兹测量装置的特点

亥姆霍兹测量装置是一种由一定的直径与高度比的两组线圈组成的筒形测量装置，将样品按充磁方向放入筒内，再从筒内取出这一简单操作过程而实现测量。根据其原理，对被检样品的几何形状没有任何限制，如圆柱形、圆片形、矩形、瓦形等，均能适应(对多对磁极不适用)。

"亥姆霍兹"线圈装置为适应不同尺寸、规格的产品，因而线圈的框架较大，包围的面积也大，与紧密线圈法测磁通相比，在相同匝常数的情况下，亥姆霍兹装置测得的值要低一些。但是，一般在批量测量时，如果其着眼点只是判定产品的合格与否，对其具体值不关注，可以用它来测相对数据。例如，对被测磁体的磁通为1320时判为合格，而在亥姆霍兹线圈中实际测得815，可将合格品要求的上、下限按新的比例要求降下来即可，但值得注意的是，由于目前的磁通表的精度都在0.5%～5%，用亥姆霍兹线圈装置测量样品时，必须显示三位或三位以上的有效数字，这可以用选择不同的倍数，乘档位及改变亥姆霍兹线圈匝数相结合的方法来实现。

(2) 亥姆霍兹线圈筒外径与被测样品最大外径

亥姆霍兹线圈装置可以适应较多几何尺寸形状样品的检测，但最大外径也有一定的限度，其比例关系如下：径向为60%D(D为亥姆霍兹线圈直径)；纵向为70%H(H为亥姆霍兹线圈高度的1/2)。

(3) 可行性验证

任何一种装置是否能用于定量检测，首要的前提就是检测值的重复性，重复性越高则人为检测误差就越小，没有一定的重复性就不能用于做定量检测。在亥姆霍兹线圈装置的测量中，人为误差的来源在于样品放入筒中位置的不重复，被测样品的几何中心位置尽量与筒的中心位置重合或者靠近，被测样品不能靠近筒的边缘放入或取出时读磁通。前面提到的“径向为60％D”，就是指样品每次放入或取出的区域，只要样品放入这个区域读取检测值，一般对于同种规格的样品，可以将人为误差控制在 0.2％～0.5％FS(FS 为功能灵敏度，如产品的最高量程为 2000，则允许误差为(0.2％～0.5％)×2000)以内。这样，达到了一定的检测精度的同时又提高了检测速度，这是人们所预期的。继续增大被测样品外径，人为误差就会增大很快(这是由于被测样品不能全部放入“磁场的均匀区”)，同时，也增大了操作难度和检测速度。

可行性验证并不困难，把亥姆霍兹线圈接入磁通表按常规使用方法操作仪器，这时主要是零点要尽量校好——漂移越慢越好。这时将被测样品放入筒内读数据(沿充磁方向放入或取出，不能乱抛)，对同一样品反复多次测量，读取一系列的数据(如 332、333、332、334 等)，再将这一系列数据的末位值相加，除以测量次数得到一个平均数，取这个数的整数部分，把前两位重复数值照写，得到一个新的三位数，这个三位数我们暂且认为它就是准确值(不包括仪器误差)，然后再进行误差运算评估，即得到人为附加误差与仪器精度的比较。这个过程并非每次使用仪器时都要这样进行一番，只是在某一种产品首次用本装置检测时所必需的过程。一般选取的三位有效数字进行评估，如果末位字跳动较大，应选取 4 位有效数字进行评估。

永磁铁氧体磁性能参数的测试设备比较多，典型代表有 NIM-2000F 铁氧体永磁测量仪、MATS-2010H 永磁测量系统、AMT-4 型多功能永磁测量仪等，下面以 AMT-4 型多功能永磁测量仪为例，进一步讨论永磁铁氧体磁性能参数的测试问题。

子项目 3　AMT-4 型多功能永磁测量仪对永磁铁氧体的测量

任务 1　测试原理

测量装置的简图如图 9.8 所示。绕有测量线圈的样品装夹在电磁铁中，当磁化电流在电磁铁中产生扫描磁化场的时候，通过样品的磁通随之发生变化，并在测量线圈中感应出电压 e_1。根据电磁感应定律：

$$e_1 = \frac{\mathrm{d}\phi}{\mathrm{d}t} = N \cdot S \frac{\mathrm{d}B}{\mathrm{d}t} \tag{9.1}$$

其中，N 为测量线圈匝数；ϕ 为通过线圈的磁通；B 为磁通密度；S 为线圈面积。

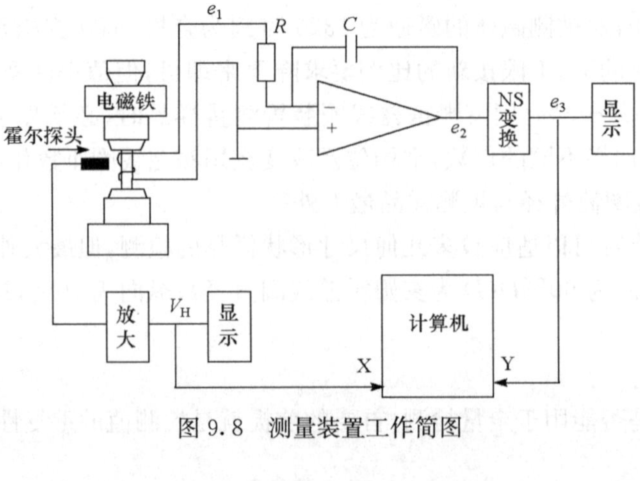

图 9.8　测量装置工作简图

将 e_1 进行积分运算，则有

$$e_2 = -\frac{1}{R \cdot C}\int e_1 \mathrm{d}t = \frac{1}{R \cdot C}\int \left(\frac{\mathrm{d}\phi}{\mathrm{d}t}\right)\mathrm{d}t = -\frac{N \cdot S}{R \cdot C}\Delta B \tag{9.2}$$

由式(9.2)可知，e_2 正比于磁通密度的变化 ΔB。如果对 e_2 做比例变换可得 e_3，让 e_3 可直接代表 ΔB，并通过高精度电子积分器拾取测量线圈所感应的 B 信号。

根据霍尔效应，如果在电流的垂直方向加一均匀的磁场，则在电流和磁场都垂直的方向上将建立起一个电场。当霍尔元件垂直于磁通密度 B 时，霍尔元件的输出电压：

$$V_H = K_H \cdot B \cdot I_N = K_H \cdot \mu_0 \cdot H \cdot I_N \tag{9.3}$$

式中，K_H 为霍尔系数；B 为磁通密度；μ_0 为空气磁导率。

由霍尔探头拾取磁场信号，经放大处理后可以得到 V_H 的值。由于 K_H 和 μ_0 为定值，故适当地设置 I_H，可使 V_H 直接代表 B 或 H。

把 e_3 和 V_H 的值送入电脑中，按不同的方式改变磁化电流值，即在不同磁场强度 H(用霍尔探头进行测量)的作用下，对样品进行磁化。在样品中，将产生不同的磁感应强度 B，当在样品外面套上磁感应 B(或 J)线圈时，在线圈中会产生出不同大小的感生电流，将该感应电流(反映磁感应强度 B)和磁场强度输入电子积分器中进行积分运算，从而可求得该产品在不同磁场强度 H 下材料内的磁感应强度 B(或磁极化强度 J)，从而就可以绘出样品的退磁曲线以及磁滞回线等，由这些曲线可进一步求出相应的参数。

将铁磁体在 A 点磁化状态($+M_S$)经 CSD 点后到 E 点磁化状态($-M_S$)的过程称为反磁化过程。与反磁化状态过程相对应的 B-H 曲线称为反磁化曲线。两条反磁化曲线组成的闭合回线为磁滞回线，如图 9.9 所示。其中曲线 1 是内禀磁滞曲线，曲线 2 是 B-H 磁滞回线。

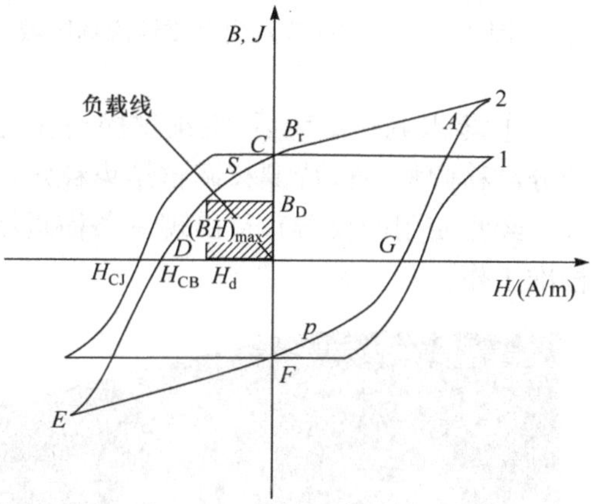

图 9.9　铁磁体的磁滞回线

退磁曲线由四部分组成。第一部分是 AC 阶段。当磁化场由 A 点减少到零的时候，每一个晶粒的磁矩都转动到该晶粒最靠近外磁场的易磁化方向。在磁化场减少到零的过程中铁磁体内部可能会产生新的反磁化畴。第二部分是 CS 阶段，该阶段既可能是磁矩的转动过程，也可能是畴壁的小 Barkhausen 跳跃。第三部分是 SD 阶段，它是不可逆的大 Barkhausen 跳跃。第四部分是 DE 阶段，它是磁矩转动到反磁化场方向的过程。在测量计算中，为了简便，测量仪用第二象限的退磁曲线代表整个退磁曲线并在计算机上显示。

任务 2　测试过程

(1) 仪器的检查

检查仪器安装是否符合要求，电源、接地等连接是否可靠，然后合上空气开关，打开测量仪器。打开计算机电源开关，启动计算机。

(2) 自动测量时仪器的校准

① 霍尔探头调整：接好霍尔探头，将霍尔探头置于电磁铁磁场区域外(图 9.10)，使仪器前面板上的“电脑”键弹起，按下仪器前面板的“校准 I”键，通过调整前面板“校准 I”电位器使 H_{CJ}

显示的值为霍尔探头上标定的值(校准Ⅰ放大系数)。

② 启动测量软件,按下“电脑”键,测量仪器前面板的其他键,处于弹起状态。

③ 接上校准线圈,启动测量程序,单击“校准”,输入校准线圈值(注意:一定要用校准线圈,而不能用测量线圈)。并确定,将霍尔探头移到无磁空间(图 9.10),单击“自动调整探头零点”键,结束后观察校准菜单中右边的 H 表显示是否为+0000,若不为+0000,通过调整“自动调整探头零点”键上方的水平滚动条调整为+0000(若仪器没有自动调零功能的,就通过调仪器后面板“H 调零”电位器调 H 零点);左边 B 表头零点调整,方法是按住仪器前面板上的“清零”键不松手,通过调整后面板的“B 调零”电位器将校准菜单中 B 表调整为+0000,如图 9.11 所示。

图 9.10 霍尔探头远离电磁铁磁场区域

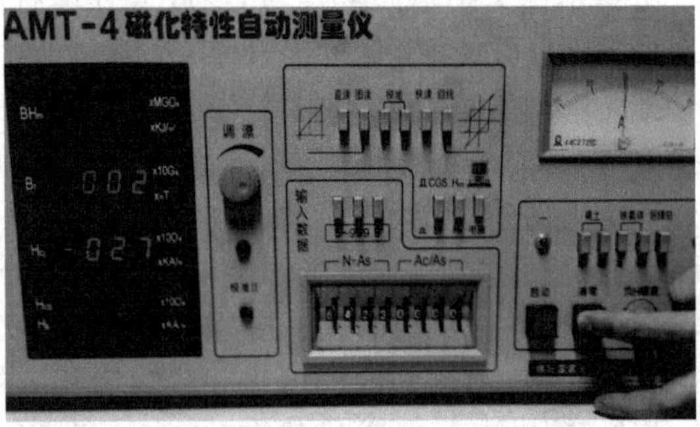

图 9.11 左边 B 表头的零点调整

④ 零点调整结束后,将霍尔探头和校准线圈装回电磁铁并合上极头(图 9.12),单击“自动积分漂移调整”键,待漂移调整结束稳定后,单击“全面校准”(较长时间未用的仪器)或“日常校准”(经常使用的仪器),待出现一条横贯第一、二象限的红色水平线,如图 9.13 所示,从而完成校准工作。

图 9.12 霍尔探头和校准线圈装回电磁铁

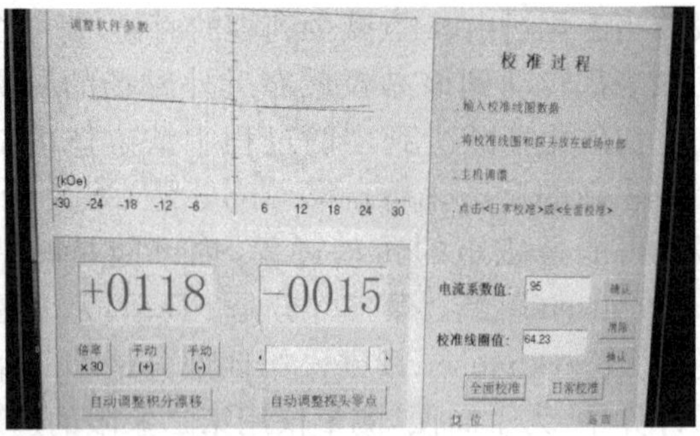

图 9.13 校准后出现的红色水平线

⑤ 如果是第一次校准仪器,完成后还要执行步骤③重新进行零点调整,并重新执行步骤④校准。

“全面校准”是先调节硬件参数然后再调节软件参数,“日常校准”则只调节软件参数,“全面校准”包含“日常校准”。一般来说,“日常校准”已可满足要求,但重新安装软件或更换探头后必须进行“全面校准”。

(3) 手动测量时仪器的校准

① $(BH)_{max}$调零。将霍尔探头和 $B(J)$线圈远离磁场，按下前面板上的“校准Ⅱ”，再按住前面的“清零”不放，观察$(BH)_{max}$的情况，当$(BH)_{max}$的显示值不为“0”时，调节背后(后面板上)的“$(BH)_{max}$调零” 旋钮，使$(BH)_{max}$的显示值变为“0”；

② H 调零。将霍尔探头和 $B(J)$线圈远离磁场，按下前面板上的“直读”或“图读”键，观察 H_{CJ}的情况，当 H_{CJ}的显示值不为“0”时，调节背后(后面板上)的“H 调零”旋钮，使 H_{CJ}的显示值变为“0”；

③ B 调零。将测量线圈可靠接好，按着前面板上的“清零”键不放，调节背后(后面板上)的“B_r调零”旋钮，使 B_r的显示值变为“0”。

(4) 样品的准备

用 AMT-4 磁化特性自动测量系统进行测量时，样品应该满足以下要求：

① 表面平整、光滑、无裂痕、不缺边角、无锈蚀。

② 高度方向与易磁化方向吻合。

③ 形状为圆柱体或立方体。

④ 尺寸误差≤0.1%，装夹面的平行度公差为 9 级，厚度尺寸不宜太大(要能够完全磁化)，也不能太薄(一般为 8～10mm)。

(5) 用标准线圈、电脑方式测量永磁样品的磁性能

① 测量样品尺寸，记下直径(圆形)或长宽(矩形)尺寸数据，测量 3 点不同的位置，再取其平均值作为待输入尺寸。

② 选择线圈(线圈尺寸尽量与样品尺寸接近)。

③ 装夹样品：将样品放在磁极的中间，套上线圈(指采用标准线圈时，线圈应该在样品中间，线圈平面与样品端面平行)，将磁极压来接触样品(不要太紧)，连好线圈。将霍尔探头靠近样品放置好。

④ 在前面板上按下“电脑”键，“铁氧体高”键，其余键弹起，进入电脑测试方式。

⑤ 开启电脑，启动测试程序。

⑥ 单击“输入”按钮，按提示输入数据，输入完毕，单击“确认” 按钮。

⑦ 选择并单击“测试”按钮。

⑧ 单击“自动调漂”按钮。

⑨ 在“启动”键变亮后，按“启动”键开始测试。

⑩ 观察测量结果，如果觉得测量结果合理，按“测量有效”，可以进行数据保存或打印输出。按“测量无效”，可以重新输入数据进行测量。

(6) 用手绕线圈、电脑方式测量永磁样品的磁性能

① 测量样品尺寸，记下直径(圆形)或长宽(矩形)尺寸数据。

② 在样品上绕制线圈(匝数适中，做标样时，一般为 20 匝左右，批量检测生产样品时，一般为 3～5 匝)。

③ 装夹样品：将已绕好线圈的样品放在磁极的中间，将磁极压头接触样品(不要太紧)，连好线圈。将霍尔探头靠近样品放置好。

④ 在前面板上按下“电脑”键，“铁氧体高”键，其余键弹起，进入电脑测试方式。

⑤ 开启电脑，启动测试程序。

⑥ 单击“输入”按钮，按提示输入数据，输入完毕，单击“确认” 按钮。

⑦ 选择并单击“测试”按钮。

⑧ 单击“自动调漂”按钮。

⑨ 在“启动”键变亮后按“启动”键开始测试。

⑩ 观察测量结果，如果觉得测量结果合理，按“测量有效”，可以进行数据保存或打印输出。按“测量无效”，可以重新输入数据进行测量。

(7) 仪器的保养

① 仪器应设置在干燥、通风、无粉尘环境内，不用时套上防尘罩。

② 严禁振动、碰击、挤压霍尔探头。

③ 不要随意打开仪器外壳，禁止用外壳未可靠与大地相连的电烙铁进行焊接。

④ 避免长期存放不用，尤其在潮湿季节宜经常开机使用。

任务 3　辅助磁特性的测量

在实际工作中，如果需要内禀矫顽力特性曲线即 $J(H)$ 曲线，可以根据关系式 $J=B-\mu_0 H$，由 $B(H)$ 曲线换算得出 $J(H)$ 曲线，也可以用 J 测量线圈直接测量 $J(H)$ 曲线。退磁曲线与 $B=\mu_0 H$ 的直线的交点所对应的磁场强度值为 H_{CJ}（如图 9.14 所示）。

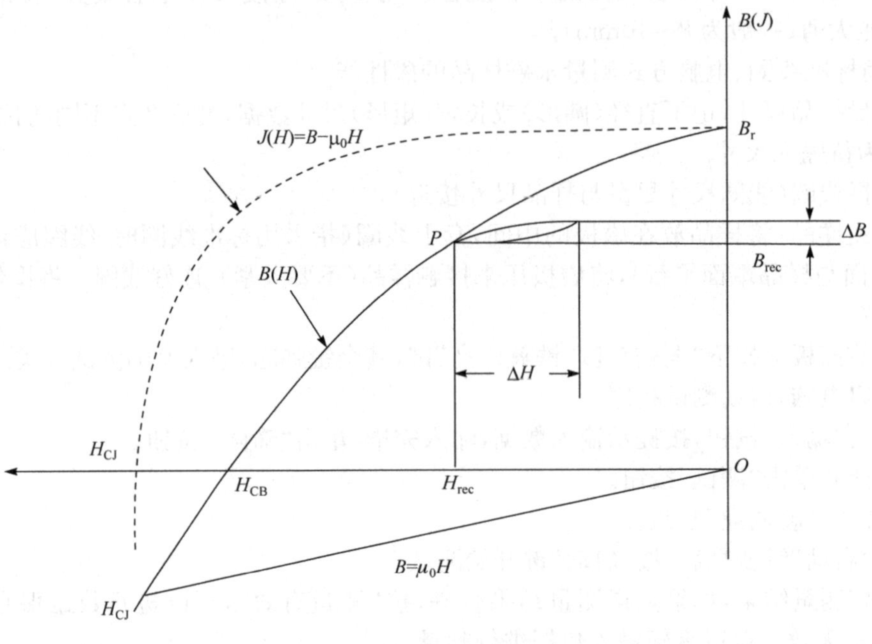

图 9.14　退磁曲线

回复磁导率 μ_{rec} 是指回复线的斜率。根据需要选取退磁曲线上的某点 P 作为回复线的基点（见图 9.14），然后选定 ΔH 值反复变化以使磁状态稳定，分别测出 ΔB 和 ΔH 值，按式(9.4)求得回复磁导率 μ_{rec} 值：

$$\mu_{rec}=\frac{1}{\mu_0}\frac{\Delta B}{\Delta H} \tag{9.4}$$

一般回复磁导率沿退磁曲线而变化，因此，它不是常数，应标明 H_{rec} 和 B_{rec} 的值。

项目 10　粘结永磁铁氧体生产工艺与控制

本项目导读：本项目主要就粘结永磁铁氧体材料及其制品的生产工艺作了相关的讨论，内容包括粘结永磁铁氧体及其磁粉的制备，压延、注射、挤出成型等生产工艺，磁取向挤出成型粘结永磁材料的制备，减震、消音用粘结铁氧体磁粉的制备等。

子项目 1　粘结永磁铁氧体生产工艺知识准备

任务 1　粘结永磁铁氧体的认识

烧结永磁体硬而脆，难以进行机械加工，为了制成柔软可挠曲、可加工的永磁铁氧体，常将制备好的永磁粉末加入塑料、橡胶等粘结剂进行充分混合，然后经压延成型、挤出成型、注射成型、压缩成型等工艺制得永磁体。由于粘结剂的不同(成型工艺也就不同)，国内外又把用塑料作粘结剂的叫做塑料磁，把用橡胶作粘结剂的叫橡胶磁，他们则统称为粘结永磁(见图 10.1)。

(a) 电机用粘结永磁铁氧体　(b) 粘结永磁铁氧体电机　(c) 压延成型粘结永磁铁氧体产品　(d) 注射成型永磁铁氧体转子

图 10.1　粘结永磁铁氧体产品

1. 粘结永磁

为了提高粘结永磁体的磁性能，常采用磁场取向注射成型，使磁粉取向排列，亦可利用永磁铁氧体结晶呈六角片状的特性，而片的法线方向为六角晶体的 c 轴方向，采用应力取向成型法使片状磁粉取向排列。最好在加磁场的同时加压，更有利于磁粉取向，提高粘结永磁体的性能。粘结永磁体成型后不再进行烧结热处理，因此其磁性能主要取决于磁粉的特性。通常经二次球磨的粉料在粉碎过程中将存在缺陷与应力，从而导致其矫顽力下降，因此必须进行退火处理，才有利于提高粘结永磁体的性能。矫顽力与球磨时间、退火处理的关系见图 10.2，Tanansoiu等将锶铁氧体球磨 150h，其 H_{CJ} 仅为 24kA/m，然后在 900～1000℃退火 2h 后，H_{CJ} 剧增到 478～517kA/m。

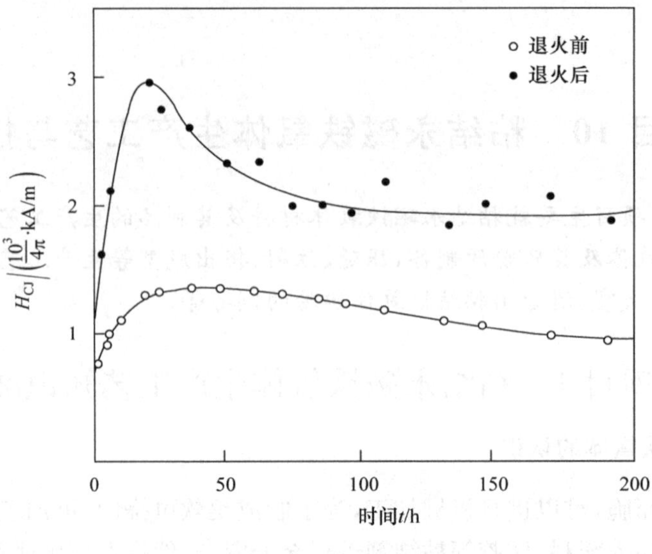

图 10.2　永磁铁氧体本征矫顽力与球磨时间、退火处理的关系

2. 同性与异性粘结永磁

根据其制造工艺中是否取向分为各向同性和各向异性粘结永磁体，其磁性能明显不一样，异性取向粘结磁体的磁性能比同性粘结永磁高得多。由于磁性能高低不同，故同性和异性粘结永磁的用途也不同。

3. 粘结永磁的特点

(1) 粘结永磁的优点

磁粉、粘结剂的加入，使所制成的磁体具有较高的永磁性能和粘合剂的物理性能，如柔性、弹性等；它可以制备成形状复杂、薄壁型的产品；产品一致性好，尺寸精度高；磁体的密度小，质量轻，有利于器件、整机的轻量化及小型化；有良好的机械加工性能，可进行车、钳、铣、刨、磨、剪切、叠压、卷绕、冲压、扭转等加工；耐冲击震动，不易碎；可嵌入金属、非金属等全体零件整体成型；可以制造成全径向(全辐射)取向的磁体；废料可以重新回收使用；磁体的 H_{CJ} 高。

(2) 粘结永磁的缺点

由于粘结剂是非磁性物质，无原子磁矩，制造的磁体，其磁性能(B_r，H_{CB}，H_{CJ}，$(BH)_{max}$)只有该类烧结磁体的 50%～70%，所以其磁性能没有烧结磁体高。

4. 粘结永磁的用途

粘结永磁的应用范围很宽，并且其应用领域还在不断拓展。

① 传动方面。如小型精密控制电机、汽车计速计程电机、微小型发电机、计算机主轴无刷直流电机等。

② 音响设备方面。如扬声器、耳机、拾音器等。

③ 通信设备方面。如继电器、磁性开关、传感器、仪器仪表等。

④ 磁性密封。如电冰箱、冰柜、消毒柜等的门封条，以及玩具、教学图板、显示器(电视、计算机、工业控制显示器等)的校正磁芯等。

⑤ 其他方面。如磁耦合器、电子锁、磁性门卡片、现金卡、磁性存折、购物卡、车船票、各种磁性证件、仓库管理磁卡、磁带、音乐卡、磁性夹子、磁性玩具、磁项链等。

5. 粘结永磁的分类

粘结永磁可以分两类,粘结永磁铁氧体和粘结金属永磁材料。粘结金属永磁有:粘结 RCo_5,粘结 R_2Co_{17},粘结 NdFeB,粘结 AlNiCo 等,因篇幅有限,本书只讨论粘结永磁铁氧体。

任务 2　塑料永磁体与橡胶永磁体

1. 塑料永磁体

塑料永磁体的制备工艺与普通塑料的成型工艺相同,常采用的是注射成型法,其基本工艺流程如图 10.3 所示。

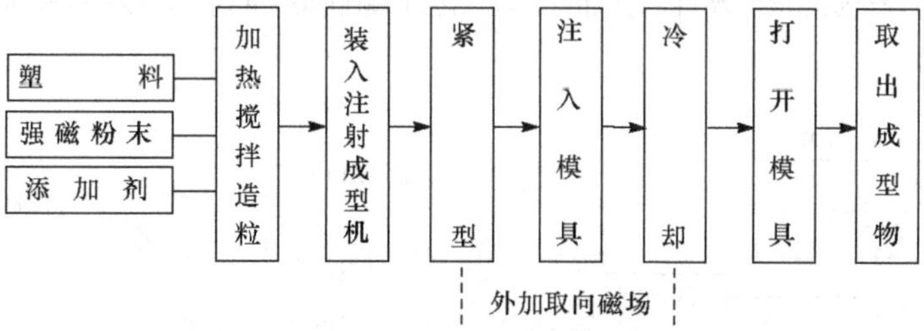

图 10.3　塑料永磁体的制备工艺

其中的塑料通常指热可塑性树脂,如乙烯-醋酸乙烯聚合物(PVC)、尼龙树脂、聚乙烯(PE)、氯化聚乙烯(CPE)、聚丙烯和乙烯醇聚合物等。铁氧体粉料含量为(86～90)wt%,不同塑料最佳的配比略有区别。外加磁场约为 1T,时间约 1s。铁氧体粉料含量低,料粒流动性好,有利于提高取向度,但 B_S 值低;粉料含量过高时会使取向度下降,亦影响磁性能的提高。

例 10.1　90%的锶铁氧体粉末(质量分数)加乙烯-醋酸乙烯聚合物(10%)制成的各向同性塑料磁体,其性能为

$$B_r=145\text{mT},\quad H_{CJ}=270.6\text{kA/m},\quad (BH)_{max}=3.9\text{kJ/m}^3$$

各向异性样品性能为

$$B_r=245\text{mT},\quad H_{CJ}=246.7\text{kA/m},\quad (BH)_{max}=11.1\text{kJ/m}^3,\quad \text{取向度为 }87\%$$

为了提高磁粉的取向度、机械强度等,尚需附加必要添加剂,如亲油化剂、增塑剂、润滑剂等。由于磁粉表面具有亲水性,而塑性材料通常具有亲油性,假如磁粉表面不作亲油化处理就会使塑料磁体机械强度下降,为此常采用有机硅烷偶联剂、钛酸盐偶联剂、铬处理剂进行磁粉表面的亲油化处理。

为了增加磁粉的取向度,尚须增加增塑剂以降低聚合物的熔解粘度,减慢冷却固化速度。例如,使用尼龙树脂时可采用低分子量的聚酰胺或酰胺化合物作增塑剂,磁能积可提高 10%～20%。此外,添加一些润滑剂将有助于增加粘合物的流动性,提高成型性,同时亦增加磁粉的取向度。

除了热可塑树脂外,亦可采用热固化性树脂,如环氧树脂、酚醛树脂等,将它们与磁粉混合后,在磁场中压缩成型,加热固化。热可塑或热固化树脂,均可找到一合适溶剂将其溶解,然后与磁粉混合,在磁场中压缩成型,加热固化。

2. 橡胶永磁体

将磁粉、橡胶以及硬脂酸在搓揉或搅拌机中混合,再用粉碎机将混炼物粉碎,然后在橡胶

挤出机中挤压成型，经硫化后生成橡胶磁体。各向同性的橡胶永磁体磁能积$(BH)_{max} \leqslant 4kJ/m^3$。为了提高磁能积可采用六角片状的永磁铁氧体粉料挤压成薄带，同时外加磁场，使粉料垂直于薄带方向取向排列。采用此法已生产$(BH)_{max}=13.7kJ/m^3$的橡胶永磁铁氧体，制备橡胶铁氧体的工艺流程如图10.4所示。

例10.2　磁粉7700g，橡胶625g，再添加硬脂酸38g，一起混炼2min，粉碎混炼物再用橡胶挤出机挤压成型，成型时施加398kA/m磁场，磁能积可达11.1kJ/m³。橡胶永磁体磁性能与BaM粉料含量的关系见图10.5。Hung等人比较了不同的偶联剂和润滑剂对塑性锶铁氧体取向度的影响：

① 钛酸盐偶联剂[Alkoxy-T(OPO$(C_8H_{17})_2)_3$]；

② 硅基偶联剂[$H_2NCONHCH_2CH_2CH_2Si(OCH_2CH_3)_3$]；

③ 硬脂酸钙。

实验结果表明，按质量分数计，添加1.0%的硅基偶联剂与0.5%的硬脂酸钙组合添加，有利于取向度的改善。

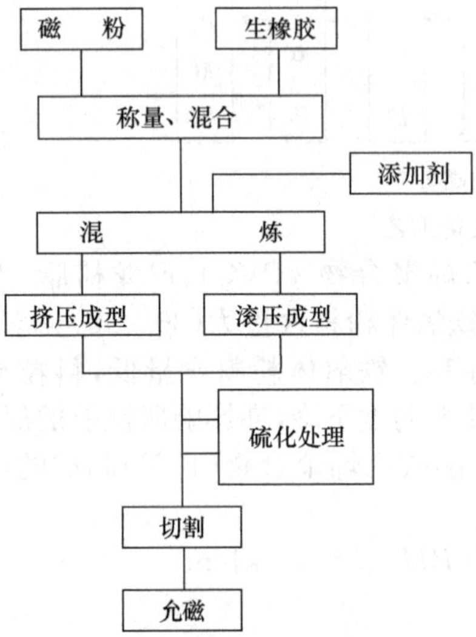

图10.4　橡胶铁氧体的工艺流程图

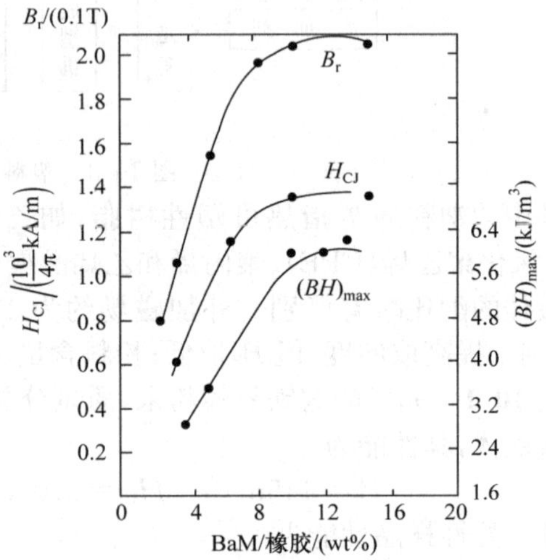

图10.5　橡胶永磁体的磁性能与BaM粉料含量的关系

任务3　Ca^{2+}的添加对粘结铁氧体磁粉性能的影响

粘结磁体是由磁粉以合成树脂或橡胶等高分子材料为粘合剂，经加工而成的复合磁性材料。磁粉是粘结磁体的主要材料，约占材料总质量的90%（占体积约60%），因此磁粉的性能直接影响着粘结磁体的磁性能。

粘结永磁铁氧体磁粉的生产，通常采用铁红（粒度约1μm）与$BaCO_3$（或$SrCO_3$）为原料，经高温预烧，然后细磨、退火处理而成。在我国，由于采用的原料铁鳞所限，同性粘结磁粉的生产大部分还是采用预烧→细磨→退火这一复杂工艺。由于原料的价格差别，尽管工艺复杂，但与采用铁红做原料预烧后直接破碎成粉的工艺相比，还是经济可行的，用这一方法所制磁粉的性能也较之更优异。对同性粘结磁体用磁粉的生产，也可直接采用高温预烧后直接破碎成粉这一简单方法。

就目前生产中所采用的平均粒度约为10μm的铁鳞而言，欲提高磁粉的本征磁性（如饱和磁化强度、内禀矫顽力)是比较困难的。在分析挤出法生产磁条工艺过程时,可以发现,颗粒呈片状的磁粉在挤出时有在应力作用下排列取向的趋势,在取向的方向上,磁胶条的磁性能更高。下面重点就预烧时 Ca^{2+} 的添加对 M 相晶体生长和对磁粉压制取向的影响进行讨论。

1. 实验

(1) 原材料及实验过程

实验采用生产中常用的铁鳞为主原料,其化学成分是:TFe 的质量分数为 74% ,SiO_2的质量分数为 0.15% ,总纯度为 98%。$BaCO_3$和 $CaCO_3$的纯度为 98% 。

将铁鳞与 $BaCO_3$按 $n(BaO):n(Fe_2O_3)=1:5.9$ 进行配料,并添加质量分数为 0～2.0%的 $CaCO_3$,在振动混料机中干法混合 60min。然后用 ϕ400 的制粒机制成粒径 ϕ6～ϕ10mm 的球状颗粒。将此球状颗粒放入箱式电炉中,按生产时物料在回转窑中的实际升温曲线升温,并在 1280℃下保温 30min,进行预烧结后形成 M 相晶体。将此预烧料破碎后,装入规格为 ϕ200×200 的小球磨机中,湿磨至合适粒度。再将细磨料烘干分散,在箱式电炉中以 300℃/h 的升温速率,将磁粉加热至 950℃,并保温 120min 进行退火处理,最后所得磁粉即粘结用磁粉。

(2) 磁粉性能的检测方法

① 试样的制作。实验中除采用直接测试粉末性能外,还必须进行磁粉样品的制作。制样方法有两种:一是,在磁粉中加入质量分数为 6%的石蜡,加热至 100～150℃混合均匀,然后压成密度为 3.2g/cm³,尺寸为 ϕ25mm×10mm 的圆柱。二是,加入质量分数为 10%的粘结剂,经混合、制粒后,用挤出机挤成规格为 4mm×8mm 或 3mm×11mm (截面尺寸)的磁胶条。

② 磁性参数的测试方法。一是,用 JDM14 型振动样品磁强计直接测量磁粉的比饱和磁化强度 σ_S、比剩余磁化强度 σ_r和内禀矫顽力 H_{CJ}。二是,用 CL-6 型磁滞回线测量仪对上述两种试样进行磁性测量,可测出饱和磁化强度 M_S,剩余磁化强度 M_r和内禀矫顽力 H_{CJ}。三是,用 T-8 型特斯拉计进行胶条表面磁场强度及分布的测量。

③ 对磁粉在应力作用下取向程度的判定。磁体中,磁粉晶体易磁化轴的取向度的测量有很多方法。在非精确定量的情况下,可简单的定义 $f=M_r/M_S$,为取向因子(取向度),对于永磁铁氧体有:$0.5\leqslant f\leqslant 1$。当 $f=0.5$ 时,表明磁体为各向同性;f 为 1 时,表明磁体为完全各向异性。因此 f 值的大小可以简单地说明磁粉在磁体中的取向度。

2. 实验结果及分析

(1) Ca^{2+} 的添加对 M 相铁氧体晶体结构的影响

对于预烧时添加质量分数为 1.2%的 $CaCO_3$的磁粉(以下称 A 粉)和未添加 $CaCO_3$的磁粉(以下称 B 粉)两种粉末的情况,X 射线物相分析与电子显微镜成分分析结果表明,没有显著含量的其他晶型物相形成,加杂离子以替代固溶方式存在。另外,这两种粉末的穆斯堡尔谱的解析结果显示,两种磁粉均为磁铅石型密堆六角结构,Fe^{3+} 占位正常,但加 Ca^{2+} 的磁粉内场强度略大于未加 Ca^{2+} 的磁粉。

(2) Ca^{2+} 的添加对预烧料晶粒形状的影响

添加 $CaCO_3$的预烧料,晶粒片状程度显著且结晶颗粒偏大。经测定,晶粒的长轴(片状颗粒的直径)为 2～6μm,短轴(片状颗粒的厚度)为 0.6～4.0μm,长、短轴比为 1.5～4。这一片状特征决定了用此预烧料制成的料粉颗粒也呈片状。

(3) Ca^{2+}的添加对磁粉压制取向的影响

将预烧时分别添加质量分数为0,0.4%、0.8%、1.2%、1.6%的$CaCO_3$而获得的粘结磁粉制成ϕ25mm×10mm的圆柱,进行磁滞回线的测量,并计算出取向因子。结果显示,添加$CaCO_3$,有利于提高磁粉的压制取向性,添加$CaCO_3$的最佳质量分数为1.0%～1.4%。

(4) 磁粉磁性参数的比较

用JDM14型振动样品磁强计直接测量磁粉的比饱和磁化强度σ_S、比剩余磁化强度σ_r和内禀矫顽力H_{CJ}。内禀磁性:除H_{CJ}有较大差别外(A粉末为246kA/m,B粉为171 kA/m),磁化强度无明显差别。磁粉毛坯磁性：A粉的剩磁B_r明显高于B粉的剩磁。从公式$B_r=4\pi\sigma_S f\rho$可以看出,由于两种磁粉的σ_S相同,所做样品密度ρ相同,剩磁B_r的提高就是磁粉压制时取向度的提高。

(5) 磁粉所做磁胶条性能的比较

为考察磁粉在胶条生产中受应力作用的取向程度,对A、B两种磁粉所做胶条性能进行测试。结果表明,在同规格胶条中添加质量分数为1.2%的$CaCO_3$的A粉,在胶条中,其取向度明显高于未加$CaCO_3$的B粉,并且A粉的取向度随胶条厚度的减少而增加,其原因可能是胶条挤出时磁粉随孔模长宽比的增加所受应力也增加,导致磁粉的取向度增加,由于磁粉的取向提高了胶条表面场强,并使胶条的实际使用磁性能增加。

(6) 小结

① 预烧时,添加一定量的$CaCO_3$对M相晶体结构和相纯度无明显影响,但有利于M相晶粒向片状化生长。

② 添加适量的$CaCO_3$后,由于预烧料晶粒的片状特点,使得所制磁粉在压制或挤出时有明显的取向。磁粉颗粒的部分取向,提高了胶条的表面场强,达到了提高胶条吸力的目的。

子项目2　粘结永磁铁氧体用磁粉的制备

任务1　粘结永磁铁氧体用磁粉的制备途径

(1) 用烧结永磁铁氧体预烧料进行制备

将预烧料经二次球磨至1.0～1.3μm的平均粒度,然后烘干、过筛并于950℃下进行1h的热处理,可以获得粘结永磁铁氧体同性和异性磁体用磁粉。

(2) 用磨削料进行制备

在永磁铁氧体磨削加工的过程中磨下来的大量磨削料,可以经过磁选、烘干、过筛,然后经过950℃下进行1h的热处理,制成同性和异性粘结永磁铁氧体磁粉。

(3) 用在烧结过程中产生的废磁件进行制备

在烧结、磨加工过程中产生的磁性能合格、外观及尺寸不合格的产品,称作废磁件。废磁件经过粗粉碎、细磨、950℃下进行1h的热处理后,可以制成性能优良的粘结永磁铁氧体用同性或异性磁粉。平均粒度可放宽至1.0～2.0μm,大、中、小粒度按照粒子密堆原理搭配,制作的磁体密度高,磁性能优良。

(4) 用氧化物法进行磁粉制作

制法1:按照$n(BaO或SrO):n(Fe_2O_3)=1:5.6$进行配方、混合[$m$(料):$m$(球)=1:10],混合均匀之后,以300℃/h的升温速度升温,在1 350℃烧结2h,初粉碎至0.5mm,然后用振动球磨机[m(料)：m(球)＝1：10]振磨 6h，所得磁粉经 1000℃下进行 3h 的热处理。所得磁粉平均粒度为 1.02μm。取 1840g 磁粉与 46g 塑料经炼塑、切粒成 ϕ3mm 左右的粒状磁粉，把这种磁粉装入压模，加热到 180℃左右，用 1t/cm^2 的压力成型。在加压的同时，沿成型磁体轴向(高度 h)方向加上取向外加磁场，成型成 ϕ25mm×10mm 的圆柱形磁体。测量其磁性能为

B_r＝2780Gs，　H_{CB}＝2330Oe，　H_{CJ}＝2920Oe，　$(BH)_{max}$＝1.92MGOe，　密度 ρ＝3.3g/cm^3

制法 2：按 1000g Fe_2O_3、180g $SrCO_3$ 比例称料。先将 170g $BaCl_2$ 用温水溶解，加入称好的 Fe_2O_3、$SrCO_3$，均匀混合之后，以 1000～1050℃烧结并保温 2～3h。经粗粉碎、细磨、用水清洗(除去 $BaCl_2$)、烘干后，在 950～1000℃下进行 3h 的热处理。用制备好的磁粉 1000g，CPE100g 混合、炼塑、精碾(0.12～0.15mm)、冲片、叠压做成 ϕ25mm×10mm 的圆形磁体标样。测量其磁性能为

B_r＝2800Gs，　H_{CB}＝2500Oe，　H_{CJ}＝2800Oe，　$(BH)_{max}$＝2.2MGOe，　密度 ρ＝3.5g/cm^3

(5) 其他方法制作磁粉

① 可用精矿粉作为主原料进行制作。

② 可用铁鳞作为主原料进行制作。

③ 可以用 $FeCl_3$、$Fe(OH)_3$ 等为原料，用化学共沉淀的方法来制备。该法的优点是不经烧结，H_{CJ} 高，缺点是 B_r 没有用烧结方法制备的高。

任务 2　铁氧体橡塑磁性材料用磁粉的制备

铁氧体橡塑磁性材料用磁粉的制造方法包括以下步骤：

① 分子式为($SrO_{1-x}BaO_x$)·$n$$Fe_2O_3$ 锶钡复合铁氧体或分子式为 SrO·$n$$Fe_2O_3$ 锶铁氧体，主要原料 Fe_2O_3 的纯度为 98.5%～99%，含 SiO_2 0.04%～0.20%；$SrCO_3$ 的纯度为 96%～98.5%，其中摩尔比 n＝5.6～6.2；x＝0.1～0.2。辅料：按质量分数计，添加了 0.1%～0.7% 的 $CaCO_3$(工业纯)，0～0.2%的 Bi_2O_3。

② 干法混料。

③ 轮碾。按质量分数计，以混料量的 5%～7%，添加助剂 $SrCl_2·6H_2O$ 或 $BaCl_2·6H_2O$，添加助剂时，将助剂溶于水；也可使用无水的 $SrCl_2$ 或 $BaCl_2$。

④ 粉碎、制粒、烧结。烧结温度为 1030～1100℃，($SrO_{1-x}BaO_x$)·$n$$Fe_2O_3$ 锶钡复合铁氧体的最佳温度为 1060～1080℃，并保温 1～2h；SrO·$n$$Fe_2O_3$ 锶铁氧体最佳烧结温度为 1040～1060℃并保温 1～2h。

⑤ 粗粉碎到 1.35～1.50μm。

⑥ 进一步干法细粉碎到 1.0～1.18μm。

⑦ 回火温度为 820～850℃，保温 0.5～1.5h。

⑧ 水洗等处理 3～6 次；水洗在于除掉磁粉中的氯化物及非磁性物质如 $SrCO_3$、$Sr(OH)_2$ 等。也可以采用稀盐酸溶液处理与水洗同时进行，具体过程如下：将料放入搅拌桶内，加盐酸溶液并搅拌，料：盐酸溶液(质量比)＝1：(1.1～1.3)，所用盐酸的质量分数为 2%～16%，搅拌时间为 5～30min，然后加入同等稀盐酸溶液质量的水，搅拌 1～10min，停止搅拌 5～10min，除掉沉淀料浆上面的液体；再加水，搅拌 1～10min，停止搅拌 5～10min，除掉沉淀料浆上面的

液体，反复2～3次。

⑨ 烘干、粉碎、过筛并将粉末的平均粒度控制为1.30～1.40μm。

上述方法，其烧结温度比传统工艺低50～70℃，采用干法细磨，回火前粒度偏大0.15～0.23μm，且不水洗除掉料浆中助溶剂氯化物。回火工序除消除了晶格弯曲、晶格缺陷及内应力以提高磁性能外，部分助熔剂仍然起促使晶体长大作用，故成品粒度可达1.30～1.40μm，比传统工艺粒度大0.20～0.30μm。磁粉粒度粗，性能高，这是制造橡塑磁板工艺所期望的。

任务3　减震、消音用粘结铁氧体磁粉的制备

粘结铁氧体材料新的应用领域对粘结铁氧体磁粉提出了新要求。已有的钡铁氧体橡塑磁粉主要用于制造电冰箱密封条等，原有的钡铁氧体橡塑磁粉虽然磁性能好，但因其粒度太细(1μm)，不适合做减震、消音材料。另外，因其生产工艺长、成品价格高，在减震、消音领域的应用也受到限制。加之，传统工艺生产橡塑磁粉是以高温预烧、细磨、热处理为主要工序获得磁性能优良的产品为目的，而减震、消音用粘结铁氧体磁粉要求粒度粗，但磁性能不能降低，且产品价格要求低，因此采用传统工艺是不行的。

减震消音磁性沥青阻尼板对磁粉的要求——磁性能达到P01标准（产品磁性能的典型指标：B_r为0.138T；H_{CB}为89.95kA/m；H_{CJ}为179kA/m；$(BH)_{max}$为2.78 kJ/m^3)，粒度粗(1.5～5μm)，振实密度大(大于1.80g/cm^3)，成本低。实践表明，可先将原料进行细磨处理，再经配料、造球、低温预烧后，进行一次粉碎。

按质量分数计，原料中铁鳞的成分为：TFe＞73%，FeO＞50%，SiO_2＜0.3%，Mn＜0.3%，S＜0.1%，C＜0.1%；铁鳞细磨后平均粒度小于5μm；碳酸钡的纯度在98%以上，呈粉末状，按$n(BaO):n(Fe_2O_3)=1:(5.0\sim5.4)$配料；预烧阶段的最高温度为1100～1200℃，保温时间为40min；对预烧球进行一次性高速粉碎制粉，其最终成品粉末的平均粒度为1.5～5.0μm。

具体工艺步骤如下：

① 按上述原料要求及摩尔比配料。

② 造球。用强混机和圆盘制粒机造球，球团尺寸为ϕ6～12mm。

③ 回转窑预烧。回转窑里将发生以下化学反应：

$$Fe_2O_3-[O]\longrightarrow 2FeO,\quad 2Fe_2O_3+2FeO\longrightarrow 2Fe_3O_4,\quad 2Fe_3O_4\longrightarrow 2Fe_2O_3-[O]$$

$$BaCO_3\longrightarrow BaO+CO_2,\quad BaO+n\,Fe_2O_3=BaO\cdot nFe_2O_3$$

物料的烧结时间为6～6.5h，最高温度和保温时间按前述。

④ 粉碎。采用高速粉碎机粉碎(切记不能用球磨机进行粉碎)。

⑤ 包装。为防潮，采用带塑料袋的内衬编织袋进行包装。

图10.6是采用本方法生产的预烧料晶粒的组织结构，图10.7是采用传统方法生产的预烧料晶粒的组织结构。由于原料铁鳞经过了细磨处理，提高了原料的活性，因而固相反应充分，且其晶粒组织与传统工艺相比，其组织结构疏松，晶粒细小均匀，M相纯度高，这是节省粗磨、细磨的依据。

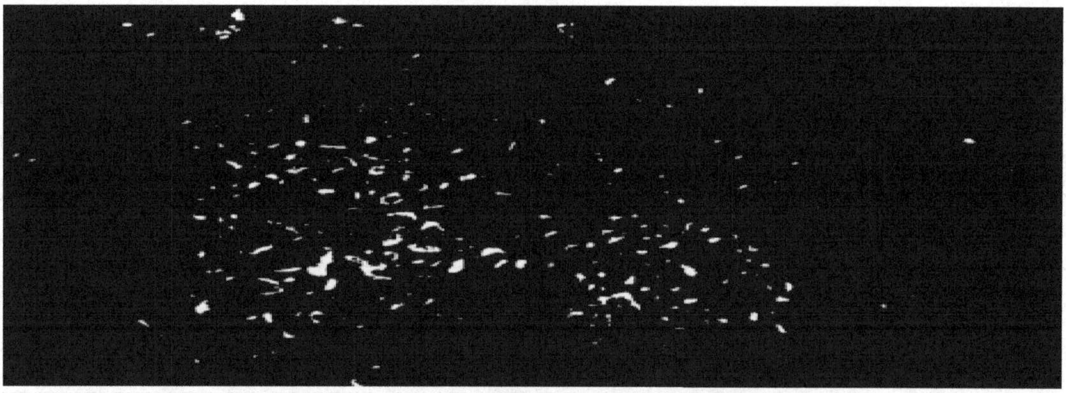

图 10.6　本方法生产的预烧料晶粒的组织结构

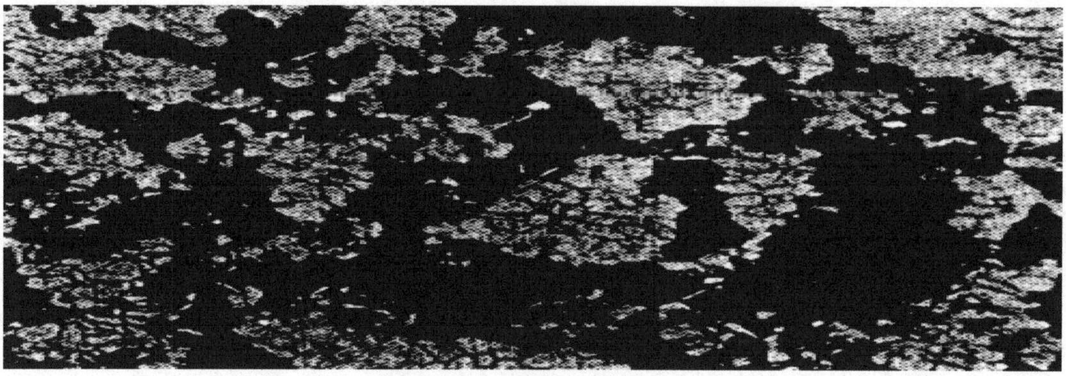

图 10.7　传统方法生产的预烧料晶粒的组织结构

本方法与传统方法的主要衍射线条的半高宽数据见表 10.1，数据表明，本方法所制磁粉没有造成晶体的缺陷和应力，这是节省热处理工序的依据。

表 10.1　主要衍射线条的半高宽数据比较

晶粒指数(hkl)		101	102	006	107	114	203	205	217	220
相对强度(I/I_0)		12	21	11	100	88	45	31	43	37
谱线半高宽	本工艺	0.30	0.30	0.32	0.30	0.30	0.30	0.30	0.30	0.32
	传统工艺	0.30	0.32	0.30	0.32	0.32	0.32	0.32	0.30	0.32

本方法获得的磁粉与传统方法得到的磁粉性能比较如下：

① 压制法制样。将待测磁粉与质量分数为 6% 的石蜡，均匀混合后，取一定量压成 ϕ25mm×10mm 的样快，进行磁参数测量，见表 10.2。

表 10.2　改进后获得的产品与国内外同类产品压坯性能的比较

磁参数	B_r/T	H_{CB}/(kA/m)	H_{CJ}/(kA/m)	$(BH)_{max}$/(kJ/m³)	压坯密度/(g/cm³)	平均粒度/μm
本工艺	0.1358	90.5	207.0	3.16	3.18	3.45
传统工艺	0.1384	94.5	233.0	3.33	3.08	1.25
意大利 IOS 公司 P01 型料粉	0.1286	81.2	189.0	2.72	3.16	4.00

② 离心法制样。将待测磁粉与适量石蜡混合均匀，加热呈黏稠状后，搅拌均匀，倒入 ϕ10mm×100mm 的试管中，经烘箱加热后，将试管中多余的石蜡倒掉，再在离心机中以3000r/min 的速度离心处理 1min，加热该试管，将上部熔化石蜡倒掉，再做离心运动 1min 后，取出试管内的样品，截 60mm 磁测量，计算单位密度(g/cm^3)的磁通量 P(减震消音用铁氧体材料重点参数)，其结果见表 10.3。

表 10.3　改进后获得的产品磁通量 P 与国内外同类产品的比较

磁参数	$P/(mWb \cdot cm^3/g)$	试样密度/(g/cm^3)	振实密度/(g/cm^3)
本工艺	1.60	2.88	2.38
传统工艺	1.39	2.26	1.25
意大利 IOS 公司 P01 型料粉	1.50	2.47	1.90

数据表明，本方法得到的产品，各参数符合要求，且超过意大利 IOS 公司 P01 粉料的标准。由于采用上述方案，本方法可以极大地简化生产工艺，并取消了能耗大、劳动强度大的细磨、热处理等工序，大大缩短了生产周期，大幅度地节约了能源，降低成本达 50%以上，产品有很强的市场竞争力，更重要的是本方法的产品开拓了铁氧体磁粉材料新的应用领域，它不仅可作为轿车的磁性沥青阻尼板，还可用于火车、轮船的减震、消音系统设备。

子项目 3　压 延 成 型

任务 1　压延成型用设备及工艺路线

(1) 压延成型

压延成型是出现较早的一种粘结磁体成型方法，其工艺过程大致为：将磁粉和粘结剂按大约 7∶3(体积比)的比例混合均匀，在柔软状态下通过两个对轧的轧辊轧制成所需的厚度，然后经过团化处理制成产品。所使用的粘结剂为丁腈橡胶和乙烯类树脂，制成的产品是柔性的磁板，厚度为 0.3～6mm，宽度约 lm，长度为几十米。一般使用铁氧体磁粉，为了提高磁性能，可加入少量的钕铁硼磁粉。磁板表面不需要涂层保护，一般进行表面贴膜作为装饰。借助辊筒产生的剪切力，使物料多次受到挤压、剪切，在逐步塑化的基础上延展成薄型制品。在压延过程中，受热熔化的物料由于与辊筒的摩擦和物料内部的剪切摩擦会产生大量的热，局部过热会使塑料发生分解，因而要注意辊筒的温度、辊筒的速度比等，以便更好地控制辊温。

应力取向(见图 10.8)可制成全径向粘结磁(橡胶、塑料磁)环。若经排胶合剂烧结，则可制成烧结永磁铁氧体磁环。

(2) 压延成型的主要设备

① 炼塑机(如图 10.9 所示)。它是用于热塑性塑料的混炼、塑炼、或塑料压片。常见的有双螺旋塑料混炼机、双辊筒炼塑炼胶机等。

② 捏合机(如图 10.10 所示)。捏合机的拌缸、拌浆均为不锈钢制造，其拌缸夹套内可设计成电加热、汽加热或水冷却形式，出料方式有液压翻缸、螺杆挤出及下出料等形式。它用于对非流体、高粘度物料的处理、混炼、捏合、破碎等方式进行分散重新组合。

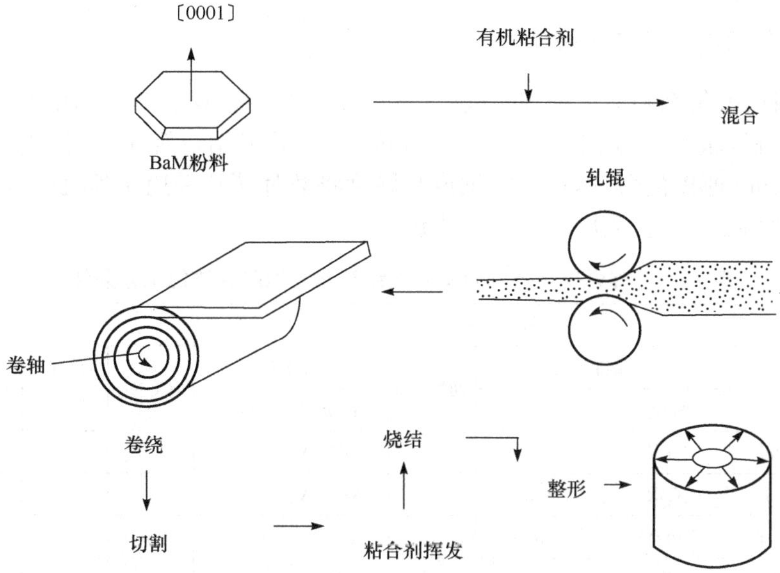

图 10.8　应力径向取向永磁铁氧体全径向磁环工艺流程

图 10.9　炼塑机

图 10.10　捏合机

③ 精碾机。

④ 模样压模及工装。

⑤ 精密剪切设备。

⑥ 冲床及冲模。

(3) 主要检测仪器

① 磁性能检测系统。

② 抗张强度测试仪。即拉力机，用于有效测量材料的抗张强度、延伸率和抗张能量吸收(TEA)。

(4) 主要工艺流程

第一步，配料：其主要材料包括，粘合剂(如 CPE)、磁粉、助剂等。压延成型对永磁铁氧体磁粉的要求主要有：①具有优良的形状各向异性。②易于填充及多量填充。压延成型对粘合剂的要求有：①黏性好，具有优良的塑性、弹性及柔性。②磁粉易填充。③抗老化。

第二步，捏合(混合)。

第三步，炼塑。

第四步，精碾——机械应力取向过程。

第五步，叠合：按使用要求叠合厚度。

第六步，整形：剪切、冲压成所需形状、尺寸的产品。

任务 2　辐射硫化技术制备橡胶磁体

将磁粉、橡胶、敏化剂和加工助剂按表 10.4 所示的含量准确称量后，用密炼机混合均匀，再采用双辊炼胶机(辊温控制在 80～110℃)混炼，上片后采用双辊压延机(辊温控制在 60～80℃)压成 1～2mm 厚度的薄片，然后根据成品厚度将数片薄片采用压延机(辊温控制在 60～80℃)叠成所需的成品厚度，最后进行辐射硫化。

表 10.4　辐射硫化技术制备永磁铁氧粘结橡胶磁体的工艺条件

样品编号	磁体配方						硫化条件		
	磁粉/%	橡胶		助熔/%	敏化剂		Co60	电子加速器	辐射剂量/(kGy)
		种类	含量/%		种类	含量/%			
1	88	NBR	9.0	2	TMPTA	1.0	√		25
2	89	NBR	8.5	2	TMPTA	0.5		√	25
3	92.5	EPDM	5	2	TAC	0.5	√		30
4	88	CR	9.0	2	MMg	1.0		√	25
5	89	SBR	8.5	2	TMPTA	0.5	√		30
6	89	ACM	8.5	2	MMg	0.5	√		25
7	82.5	IR	15	2	TMPTA	0.5		√	25
8	89	NBR/RPDM	8.0	2	TMPTA	1.0		√	30
9	88	NBR/CR	9.0	2	MMg	0.5	√		25
10	89	NBR/ACM	8.5	2	MMg	0.5	√		25

测试表明，在组分中随着各向异性铁氧体磁粉含量的增加，磁体剩磁 B_r 相应提高，但当磁粉含量达到 89%时，B_r 值趋于平缓并逐步下降。这是因为磁粉含量太高，磁畴取向困难，反而造成磁性能下降，其拉伸强度和硬度会增大，加工性能急剧恶化，磁体变脆，加工困难。因此磁粉含量一般不超过 91%。

橡胶可以采用丁腈橡胶(NBR)、乙丙橡胶(EPDM)、氯丁橡胶(CR)、丁苯橡胶(SBR)、丁基橡胶(ACM)、硅橡胶(Q)、聚异戊二烯橡胶(IR)和氟橡胶(FPM)，作为粘结剂橡胶的加入量与磁粉的加入量是成反比的，因此，其加入量通常为 5%～15%。

关于敏化剂的选择。由于橡胶在受到高能射线辐射时，会发生硫化反应，然而要达到实用水平的硫化密度，其所需剂量高。但是，在高吸收剂量的情况下，橡胶同时伴随着降解反应，致使硫化胶性能劣化，其拉伸强度和硬度等力学性能无法提高，影响使用性能。加入敏化剂与橡胶进行混炼后，可有效强化辐射硫化反应，使之在低剂量辐射下能达到高硫化密度，提高橡胶磁体的拉伸强度和硬度。所用的辐射硫化敏化剂以多官能团不饱和单体(PEMS)这类化合物的效果比较明显。这类化合物有甲基丙烯酸镁(MMg)、甲基丙烯酸锌(MZn)、三甲基丙烯酸三羟甲基丙烷酯(TMPTA)、二甲醇二甲基丙烯酸酯(2G)、四丙烯酸四羟甲基丙烷酯(A-TMMT)和异氰酸三烯丙酸(TAC)。

至于敏化剂的加入量，以质量分数计，一般添加 0.5%即可。因为在相同辐射量下，硫化磁体的拉伸强度和硬度随敏化剂含量的增加而增加，但在高辐射剂量下，继续增大敏化剂含量，更容易促使橡胶发生降解反应，造成磁体拉伸强度降低。

辐射硫化可采用 γ 射线辐射硫化和电子束辐射硫化两种。γ 射线辐射硫化采用 Co60 所

产生的高能量 γ 射线做辐射源。γ 射线是波长最短的电磁波，对橡胶有较大的穿透能力，橡胶在 γ 射线辐射作用下，其 C-H 键发生断裂形成自由活性中心，这些长链上的自由基再分别与其他链上的自由基结合，形成 C-C 交联键。电子束辐射硫化采用大功率电子加速器，在高真空系统中，通电加热电子枪中钨灯丝，发射出的热电子经高压加速达到高能量级，成束快速穿透橡胶，与橡胶中的电子相互作用，将能量传递给橡胶分子，使橡胶分子之间发生 C-C 连续硫化。采用 γ 射线辐射硫化时，将磁片放入多层台车上，推入辐射室，通过控制磁体离 Co60 辐射源的距离和辐射时间来控制磁体的吸收剂量；若采用电子加速器辐射硫化时，将磁片放在传动皮带上通过电子束扫描区，通过调节皮带转动速度来控制磁体的吸收剂量，最后切割成所需尺寸。至于辐射剂量，由于硫化橡胶磁体的拉伸强度和硬度随辐射剂量的增加而增加、弹性变好，但辐射量超过 35kGy（千戈瑞）时，硫化磁体曲挠性变差，弯曲时表面易裂，对折易断，同时生产效率下降，成本增加。其最佳辐射剂量为 20～30kGy。

压延机的辊温是通过冷却水来控制的。

加工助剂包括偶联剂、增塑剂、润滑剂、防老剂等，其添加量为橡胶的 2%～3 %（质量比）。按表 10.4 的制备条件，获得的磁体其物理性能及用途如表 10.5 所示。

表 10.5 辐射硫化技术制备永磁铁氧体粘结橡胶磁体的物理性能及用途表

样品编号	TS/MPa	HD/(°)	EB/%	120℃×96h 热空气老化处理后		用途
				TS 变化/%	HD 变化/(°)	
1	4.68	35	193	−7.8	+3	微电机、吸附
2	4.13	33	241	−12.4	+4	微电机、吸附
3	7.64	35	47	−3.4	+2	微电机、吸附、防水卷材
4	6.47	37	83	−18.7	+5	微电机、吸附
5	3.87	32	287	−32.9	+6	微电机、吸附
6	7.83	35	252	−8.5	+3	微电机、吸附
7	3.35	27	439	−12.3	+7	微电机、吸附
8	3.78	32	293	−10.4	+2	微电机、吸附、防水卷材
9	5.75	35	126	−16.3	+4	微电机、吸附
10	6.96	33	249	−11.6	+3	微电机、吸附

注：TS 为拉伸强度（兆帕）；HD 为邵氏硬度（度）；EB 为延伸率（%）。

与传统热传导间歇式硫化技术相比，辐射硫化技术制备橡胶磁体具有如下优点：

① 可在常温下实现快速连续硫化，生产效率高，可大批量生产。

② 硫化程度可通过调整辐射的时间来控制，操作简便。

③ 硫化均匀性好，磁体拉伸强度及硬度高，且弹性很好。

④ 不用硫化剂，在混料成型等加工过程中无橡胶烧焦之忧，生产十分安全。

⑤ 可在常温下硫化，易控制橡胶磁体尺寸特别是厚度的精度，尺寸稳定性和一致性好。

⑥ 可在常温下硫化，避免了高温硫化带来的有害气体逸出，减少了对电子组件或接触金属的腐蚀污染。

⑦ 可在常温下硫化，避免了高温硫化带来的热氧老化，硫化橡胶磁体耐老化性能及曲挠性优异。

⑧ 硫化密度高，硫化磁体具有优异的耐热、耐油和耐溶剂腐蚀性良好。

任务3 压延成型制备粘结电机磁条

(1) 配料

先将磁粉与偶联剂按比例称好,投入混料机搅拌 10min,再投入其他辅助材料后继续搅拌 2min,其中制备内层磁片投入的成分如表 10.6 所示,制备外二层改善磁片投入的成分如表 10.7所示。

表 10.6 内层磁片的成分 (单位:%)

成分	成分 1	成分 2
锶铁氧体磁粉	93	95
氯化聚乙烯(CPE)	3	2
邻苯二甲酸二辛酯(DOP)		0.1
对苯二甲酸二辛酯(DOTP)	2	
硬酯酸锌	1	
硬酯酸钙		0.1
钛酸脂偶联剂	1	2.8
硅烷偶联剂		

表 10.7 外二层磁片的成分 (单位:%)

成分	成分 1	成分 2
锶铁氧体磁粉	93	95
氯化聚乙烯(CPE)	3	2
热熔胶(EVA)	1	1.5
硬脂酸钙	1	2
钛酸脂偶联剂	1	0.5
硅烷偶联剂	1	

(2) 开炼、密炼

把开炼机的辊距调至 1.5mm,将上述搅拌后的混合料投入辊筒翻炼 6min,当胶片均匀切割后,投入密炼机中密炼,密炼压力为 1.0MPa,密炼的温度为 130 ℃,密炼时间为 15min。

(3) 粉碎、出片

将上述密炼后的颗粒料投入粉碎机粉碎 8min,其中筛网孔径为 ϕ2mm,所得颗粒的大小为 1mm,将上述粉碎好的颗粒料投入出片机出片,其中出片温度控制在 120℃,出片厚度控制在 0.6mm。

(4) 压延、切割

将上述出片后的磁片分 3 段压延,每段下压率不大于 40%,其中用 8 层的磁片进行叠压,外二层用改善磁片;将压延后的磁条进行切割,切割后即得粘结电机磁条。

(5) 检测、包装

把符合外观、尺寸要求的产品予以包装,不合格的予以去除,然后包装入库。所得粘结电机磁条的性能列于表 10.8。

表 10.8　粘结电机磁条的性能

性能检测	成分 1 的性能参数	成分 2 的性能参数
硬度/A	99	99
E_C 值/V	3.30	3.30
密度/(g/cm^3)	3.8	3.8
热膨胀/mm	0.02	0.02

用上述方法获得的异性粘结铁氧体电机磁条，广泛应用于 VCD 出仓电机、CPU 风扇电机、电视遥控天线、倒带机等微电机。

任务 4　粘结永磁铁氧体卷材及其生产工艺的优化

粘结永磁铁氧体卷材由于具有性价比高、磁性能稳定、尺寸一致性好、可连续自动化生产、边角料可重复使用、卷材表面覆 PVC 膜后便于连续印刷等特点，近年来被广泛应用于广告、礼品、玩具、办公用品、磁疗保健、自动化生产线传送带、微特永磁电机定子等方面。此外，还可以通过压延成型工艺同其他材料制成复合材料，用作吸波材料，在军事、通信等领域也有潜在的用途。仅在北美地区，粘结永磁铁氧体卷材年需求量就达 30000t 以上(规格为：宽度小于 1000mm，厚度 0.3～1mm，长度由几米到上百米)，产值约 4 亿元人民币。

目前，国内生产粘结永磁铁氧体的厂家虽然较多，但一般都是分成几个独立工序分步完成，其工艺流程如图 10.11 所示。该流程生产效率低、成本高、辅助材料浪费大。尤其是开炼、压延工序，是将磁粉和添加剂在开炼机上塑炼成毛坯板后，断续加入压延机中压延出磁板。因此，该工艺生产的磁板面积小、尺寸一致性差、磁性能低、长度不超过七、八米，无法满足国外市场需求。而粘结永磁铁氧体卷材采用的工艺流程是将粘结铁氧体磁粉与多种添加剂混合制成粒料，送入压延机连续压延出磁板，冷却机将磁板冷却至室温，通过纠偏装置调整磁板进入覆膜机位置，覆膜后将磁板幅宽切至所需尺寸，充磁后收成卷材。未覆膜的产品，则不经覆膜机直接进入修边以后的工序，其连轧工艺流程如图 10.12 所示。

采用连轧工艺可从根本上解决图 10.11 所示工艺中存在的问题。由于目前国内外尚无专门设计、制造粘结永磁铁氧体连轧设备的厂家，但可借鉴橡塑制品的设备对制粒和压延工艺及设备进行改进和优化设计。

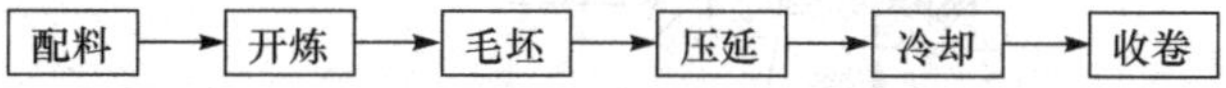

图 10.11　粘结永磁铁氧体开炼压延工艺流程

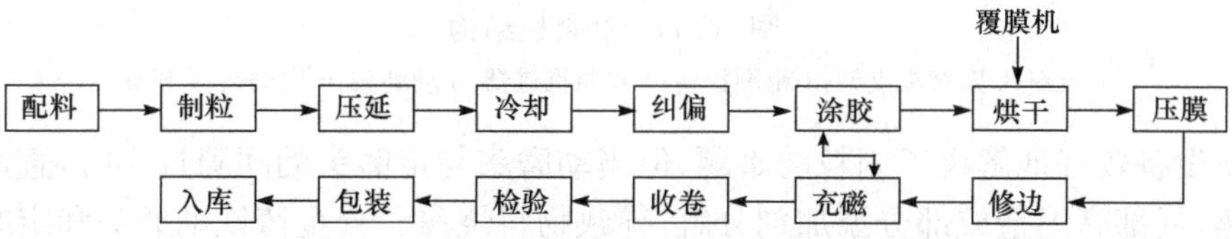

图 10.12　粘结永磁铁氧体卷材连轧工艺流程

1. 工艺优化及设备改进

(1) 制粒设备

未经塑化的磁粉与添加剂的混合料不能作为压延成型用原料。为了实现压延机的连续给料，增强物料的流动性，提高粘结磁板的尺寸精度，连轧压延工序需要采用充分塑化的过筛颗粒料，太粗的颗粒不利于压延成型。

（2）磨料制粒

将各种添加剂与磁粉充分混匀后，在开放式炼胶机上塑化成厚度小于3mm的大片材，用剪裁机将大片材裁剪成小于200mm×200mm×3mm的小片，投入到卧式多刀破碎机中破碎成外形不规则的小颗粒，或用切粒机切成4mm×4mm×3mm的小颗粒。采用卧式锥型磨料机将破碎机或切粒机加工好的小颗粒磨成更细小的颗粒，经旋振筛筛分后，筛下的颗粒作为压延原料。需重点注意的是，塑化必须充分，塑化好的大片材需要经过24h左右的时效处理，待消除其内部残余应力后，才可进入下一步工序。塑炼时，应控制好塑炼温度。温度过高，物料塑性降低，易破碎，无法顺利进行塑炼；温度过低，物料变硬，易损坏设备。塑炼温度一般控制在65～80℃。磨料制粒流程见图10.13。

图10.13　磨料制粒流程

在该流程中，卧式锥型磨料机对制粒效果起着关键作用。磨料机在磨头外锥面采取了循环水冷却方式，内锥面为直齿结构；动磨头外锥面为渐开线与直齿相结合的设计，动磨头与定磨头的间隙在一定范围内无级可调。磨料机结构如图10.14所示。渐开线齿起导流作用，小颗粒靠动磨头与定磨头的相对转动，在两直齿间隙部分被磨碎成细小颗粒。卧式锥型磨料机的优点是，可将多台单机串联使用，粒度分级可控。

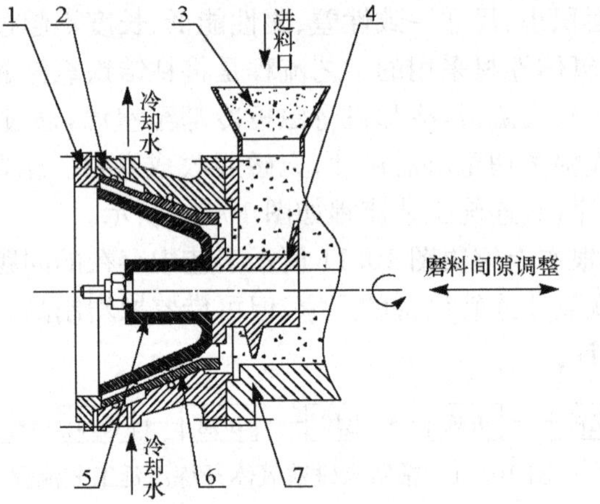

图10.14　磨料机结构

1-压圈；2-定磨头支架；3-粗颗粒料；4-物料推进器；5-动磨头；6-定磨头；7-机体

尽管该设备较好地解决了制粒的难题，但当动磨头与定磨头的间隙过小时，直齿磨料部分会严重发热，局部高温造成部分添加剂分解，导致物料烧焦。合金铸铁动磨头和定磨头磨损的颗粒也会混入物料中。烧焦和混入异物的粒料均会造成压延成型的磁板表面出现凹坑，影响质量。另外，磨料制粒流程长、成本高。为解决上述问题，又研制出了捏炼制粒的方法。

（3）捏炼制粒

捏炼制粒是将添加剂与磁粉充分混匀后，直接倒入加压式捏炼机捏炼室中。物料在上顶栓加压的条件下，依靠相向转动两转子的剪切力及转子与捏炼室壁的剪切力和摩擦力被充分塑化。经旋振筛筛分后，筛下颗粒作为压延原料。其流程如图 10.15 所示。

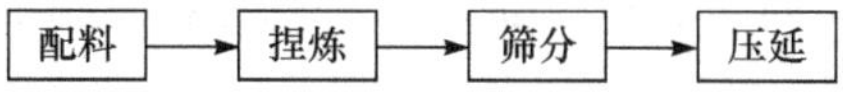

图 10.15　捏炼制粒流程

捏炼机是橡塑制品行业普遍采用的设备。由于橡塑制品原料的流动性远远优于粘结铁氧体粉料，与设备的摩擦力小，且后续工序一般不需要制粒，所以，简单地将捏炼机用于粘结铁氧体制粒工序是不适宜的。橡塑制品采用的加压式捏炼机上顶栓与物料接触面为平面，转子棱顶与上顶栓下平面的物料堆积较高，如用于铁氧体，靠近上顶栓下平面的物料会出现滞留，在捏炼室上部形成较厚的未充分塑化的硬料层，如图 10.16 所示。这将使捏炼机出料极为困难，并对生产出的制品表面质量及磁性能造成严重影响。

改造后的上顶栓与物料接触面为“M”状弧型面。捏炼室内壁、上顶栓“M”状弧型面、转子轴表面、转子棱顶及两侧叶面堆焊 2mm 厚度的耐磨硬质合金，堆焊层硬度不小于 50HRC。将上顶栓进入捏炼室速度改为无级可调，并增加了转子正转卸料功能。这些改造不仅有效地解决了物料滞留造成的不充分塑化问题，延长了设备磨损维修周期，而且因上顶栓进入捏炼室速度过快造成的磁粉飞扬污染得到了控制。转子正转卸料功能，则降低了反转卸料需电器频繁启动带来的电器故障率。由于捏炼制粒过程温度一般低于 100℃，所以不会出现物料烧焦现象。55 升加压式捏炼机制粒能力为 200～250kg/h，捏炼制粒成本仅为磨料制粒的 1/5～1/4。与传统的开炼机塑炼工艺相比，捏炼制粒克服了开炼机剪切及压应力对磁粉晶粒结构的破坏，使产品矫顽力及其他磁性能得到很大提高。

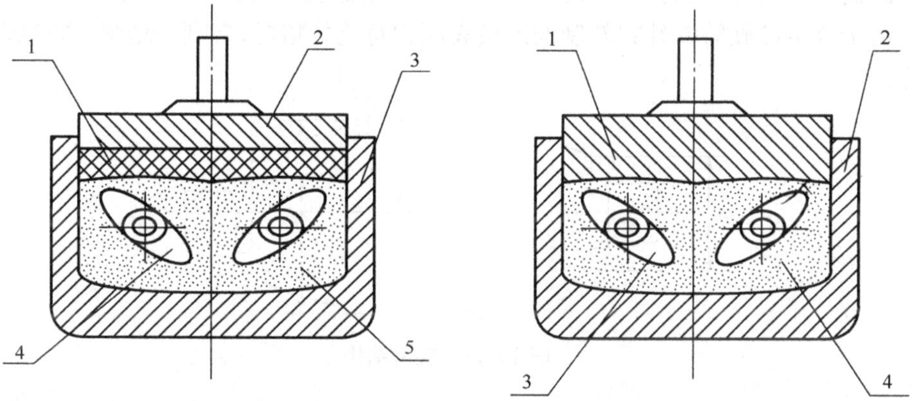

(a) 改造前　　(b) 改造后

1-硬料层；2-上顶栓；3-捏炼室；4-转子；5-粒料　　1-上顶栓；2-捏炼室；3-转子；4-粒料

图 10.16　捏炼制粒过程

(4) 压延机

压延机是连轧卷材生产线中最关键的设备。压延过程是通过压延机轧辊之间的挤压应力将颗粒料压成片状，并实现磁粉颗粒的机械取向，提高粘结剂与磁粉颗粒的结合性能。

对于压延工序，产品外形尺寸、表面质量是其最重要的控制参数。卷材外形尺寸一般要求沿长度和幅宽方向厚度公差分别为±0.015mm 和±0.05mm，表面要求平整、光滑。若达不到这些要求，将难以保证后续覆膜时 PVC 膜与磁板粘合压力的均匀、一致性，影响粘合强度。

国内粘结铁氧体磁体生产厂家都采用轴瓦结构的压延机，轴瓦材料一般为铜或尼龙，采用黄油润滑。轴瓦易磨损，造成轧辊转动过程中产生径向跳动，很难保证产品尺寸公差。因此，压延机一定要选用精度高的双列向心滚子轴承，并采用稀油润滑，减小轴承磨损，确保磁板沿长度方向厚度的公差满足要求。

由于颗粒料流动性较差，尤其是沿幅宽方向受分子间作用力及轧辊挠曲变形的影响，压延出的磁板沿幅宽方向经常会出现中间厚两边薄的现象。尺寸超差的结果是收卷时卷材中间紧、两边松散。解决厚度超差这个问题可采用倒"L"型四辊压延机。该压延机具有轴交叉和轴预弯曲功能。但该压延机结构复杂、价格昂贵、占地大、维修不便，厂房造价及设备运行费用也较高。因此，张建军等人设计了性能优越的两辊开放式压延机。

两辊开放式压延机设计的关键是辊型结构、材料选择及辊面处理和技术参数的确定，其次是功能的配置。在辊型结构方面，如采取不同于橡塑制品行业的超大辊径中高度设计，中高度＝$(D-d)/2$，如图10.17所示。目的是补偿因轧制应力产生的轧辊挠曲变形，并提高轧辊中间部位的轧制力，强制磁粉颗粒向两边流动。同时，针对压延时可能采取的不同的轧辊加热方式，分别设计了适合蒸汽加热的中空辊和适合油加热及水加热的周边钻孔辊。实践表明，两种孔型的加热方式都可满足工艺对辊面温度波动误差的要求。在材料选择方面，可采用耐磨性好、刚性强的合金冷硬铸铁材料，轧辊工作面硬度达HS72～75。但合金冷硬铸铁轧辊往往会因铸造缺陷以及颗粒料中的添加剂可能对辊面的腐蚀作用，造成短时间使用后辊面出现"冰花状云斑"，无法压延出表面光滑的磁板，因而对辊面进行特殊处理是十分必要的。特殊处理主要有表面喷涂耐磨材料和镀硬铬两种方式，实践常采用后者。为增强硬铬与合金冷硬铸铁的结合强度，镀铬前需先镀镍，磨加工后镀铬层厚度一般为0.05～0.08mm。需特别指出的是，在生产一面覆PVC膜磁板时，卧式两辊压延机最好配置成一根镀铬辊，另一根为合金冷硬铸铁轧辊。由于合金冷硬铸铁轧辊轧制的磁板表面相对比较粗糙，有利于增强PVC膜与磁板的结合强度。

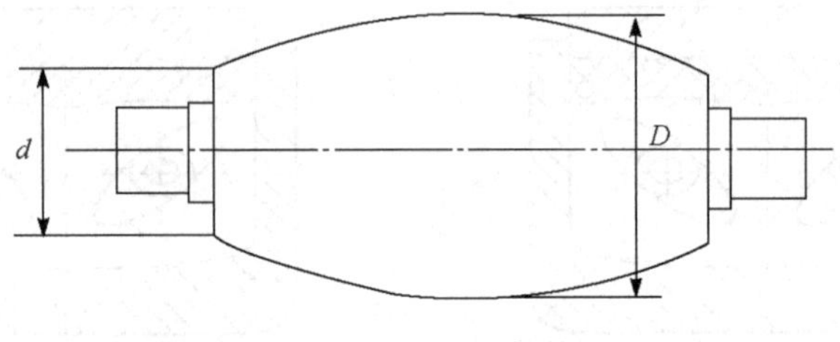

图10.17　辊型结构

压延机设计参数制定的原则是尽可能实现一道压延生产出合格磁板，经反复多道压延的磁板，其内部残余应力很大，与PVC膜粘合后，由于两者收缩率的差异，会出现PVC膜与磁板脱胶、磁板边缘外露、PVC膜和磁板不平整等现象。通过计算和实验修正，实践表明，生产幅宽小于1000mm的磁板压延机最佳技术参数为：轧辊长径比为2.5～3，中高度为辊径的0.01%～0.03%，轧辊线速度不大于3.5m/min，辊面温度为60～80℃，速比为1∶1，并配置了刮边装置、辊面温度及辊缝显示装置。在轧辊速比选择上曾有不同的观点，有人认为带有较小速比(如1∶1.03)的轧辊，其剪切力可促进颗粒料在压延过程中进一步塑化。而实际上这种塑化作用是极其微小的，反而会因轧辊差速的剪切作用造成磁板表面搓伤，并使微小缺陷扩大化。

2. 产品性能指标

用上述方法生产的连轧磁板性能如表 10.9 所示。为了便于比较,同时列出了其他较为先进的厂商产品的磁性能。从表 10.9 中可以看出,其各项性能指标均处于领先水平。

表 10.9　产品性能比较

牌号	生产厂家	B_r/T	H_{CB}/(kA/m)	H_{CJ}/(kA/m)	$(BH)_{max}$/(kJ/m^3)
FM-3	美国 Flexmag 公司	0.17	164	286	4.78
FM-4	美国 Flexmag 公司	0.17	163	276	4.78
JM-2A	台湾 JASDI 公司	0.18	182	308	5.17
BMZY-1	北矿磁材	0.18	267	330	5.49

制粒及压延设备难题的成功解决,为我国粘结永磁铁氧体卷材连轧生产线的建立奠定了基础,使我国粘结永磁铁氧体生产工艺及设备自动化程度和产品各项性能指标均处于国际领先水平。

任务 5　影响压延制品质量的因素

影响压延制品质量的因素很多,一般说来,可以归纳为四个方面,即压延机的操作因素、原材料因素、设备因素和辅助过程中的各种因素。所有这些因素对各种塑料的影响都是相同的,但以压延软聚氯乙烯制品最为复杂。下面以此为例来说明各种因素的影响。

(1) 压延机的操作因素

① 辊温与辊速。物料在压延成型时,所需的热量一部分是辊筒提供的,另一部分来自物料与辊筒间的摩擦以及物料本身的剪切作用产生的热量。产生摩擦热的大小除与辊速有关外,还与物料的增塑程度有关,也与其粘度有关。因此,不同的物料,在相同的辊速条件下,其控制的温度不同。同样,相同配方而不同的转速,其控制温度也不同。压延时,物料常粘于高温或高速辊筒上,为了使物料能依次贴于辊筒上,避免带入空气,各辊筒的温度一般是依次递增的,温度差为 5~10℃,但三、四辊温度较接近,这样便于薄膜从三辊上引离下来。

② 辗筒的速比。压延机相邻两辊筒线速度之比称为辊筒的速比。使压延机具有速比的目的,不仅使压延物依次贴于辊筒,而且能使塑料更好地塑化,因为这样能使物料受到更多的剪切作用。此外,还可以为压延物取得一定的拉伸与取向,从而使所制薄膜厚度减小和质量提高。为了达到拉伸与取向的目的,辅机与压延机辊筒速度也有相应的速比。这就使引离辊、冷却辊、卷取辊的线速度依次增加,并都大于压延机主辊筒(一般四辊压延机以三辊为准)的线速度。但速比不能太大,否则,薄膜厚度将会不均匀,有时还使薄膜产生过大的内应力。薄膜冷却后,要尽量避免拉伸。调节速比的要求是,既不能使物料包辊,又不能不吸辊。速比过大会发生包辊现象;反之,则会出现不吸辊现象,以致带入空气,使产品出现气泡。对硬片来说,则会产生"脱壳"现象,塑化不良,造成质量下降。

在三辊压延机中,上、中辊的速比一般为 1∶1.05,中、下辊一般取相同速度,借以起熨平作用。此外,引离辊与压延机主辊的速比也要控制恰当,速比低了,会影响引离;速比过大则会产生过多的延伸。生产厚度为 0.10~0.23mm 的薄膜时,引离辊线速度一般比主辊高 10%~34%。

③ 辊距与存料量。调节辊距是为了适应不同厚度制品的要求,也是为了改变存料量。压

延机的辊距，除最后一道与产品厚度大致相等之外，其他各道都比这个数值要大，而且按压延机辊筒的排列次序自下而上逐渐增加，借以使辊筒间隙中有少量存料。辊隙存料在压延成型中起储备、补充和进一步塑化的作用。存料的多少与存料旋转的状态直接影响产品质量。存料过多，薄膜表面出现毛糙和云纹，并容易产生气泡。在硬片生产中，还会出现冷疤。此外，存料过多对设备也不利，因为增加了辊筒的负荷。若存料过少，则因压力不足造成薄膜表面粗糙，如在硬片中会出现变形、孔洞。存料过少，通常容易引起边料的断裂。如果存料旋转不佳，会使产品横向厚度不均匀，薄膜有气泡，硬片有冷疤。存料旋转不好的原因在于料温太低，辊筒温度也低或辊距调节不当，所以在压延操作中，需要经常观察和调节辊隙存料。

(2) 原材料因素

① 磁粉颗粒的径厚比(D/H)与压延取向密切相关，是影响磁体性能的关键因素。合适的径厚比能使磁粉在取向过程中获得最有效的取向力矩，同时又能使该应力所引起的晶格畸变最小，获得综合性能优越的磁体。

② 采用不适当的稳定剂经常使压延辊筒(包括花辊筒)表面蒙上一层蜡状物质，致使膜面不光滑，生产中发生粘辊现象或在更换产品时发生困难。压延温度越高，这种现象越严重。出现蜡状物质的原因，是由于稳定剂与树脂的相容性太差，而且其分子极性基团的正电性较高，以致压延时被挤出而包在辊子表面，形成蜡状物。颜色、润滑剂及粘合剂等原料也有形成蜡状层的可能，但没有稳定剂严重。

③ 混合与炼塑。混合与炼塑的目的是使塑料各组分充分地分散和均匀塑化。如果分散不好，对薄膜的内在性能和表面质量都有影响。塑炼时，温度不能过高、时间不宜过长，否则，会使过多的增塑剂散失以至及引起树脂的分解。同时塑炼时温度也不能过低，不然会不粘辊或无法塑化。适宜的温度视配方而定，一般软制品在165～170℃，而硬制品在170～190℃。

(3) 设备因素

操作时，副筒受塑料的反作用力，这种能使两辊筒分开的力也称为分离力或横压力，分离力导致辊筒变形，产品出现中间厚两边薄的现象。如果用高粘度的塑料、增大辊筒的直径和宽度、提高线速度及生产厚度较低的制品，都将导致分离力增大，产品厚度均匀性下降。解决的方法主要有以下几种：

① 中高度法。它是将辊筒的工作部分制成具有一定凹凸系数的凹形或凸形辊筒，即腰鼓形辊筒。凹凸系数用辊筒轴线中央的半径与端部半径之差表示。局限性，这种补偿方法的补偿效果是固定不变的，因而不能适应物料性质和压延工艺条件的变化。

② 交叉法。采用专用的辅助机构使辊筒的轴线之间交叉成一定的角度 α，形成辊筒两端之间的辊隙大，中间辊隙较小的状态，这与挠度对辊隙的影响正好相反，从而起到补偿作用。交叉角 α 的变化范围为 $0°\sim2°$，具体大小依补偿要求而定。

特点：它可以随产品的品种、规格和工艺条件不同调节轴交叉角度，扩大了压延机的工作范围。但因补偿曲线和辊筒挠度曲线之间的差异而使补偿效果受到局限。另外，这种方法只适用于单辊传动的压延机。

③ 预应力法。可以调节预应力的大小使辊筒弧度有较大变化范围，以适应变形的要求，比较容易控制。缺点是会加大辊筒轴承负荷而限制预弯曲的程度和补偿效果。

子项目 4　注 射 成 型

任务 1　注射成型设备及工艺路线

注射成型(见图 10.18、图 10.19)是从制造注射塑料制品演变而来的。首先将磁粉和粘结剂混合均匀,经过混炼和造粒,制成干燥的粒料,然后把粒料用螺旋式导料杆送到加热室加热,注射进模具成型,冷却后即得产品。

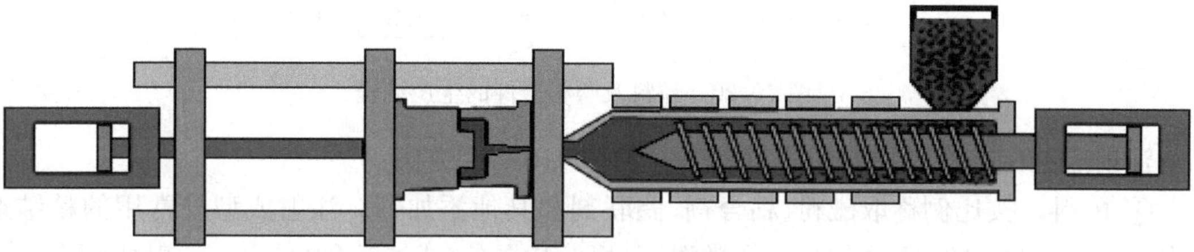

图 10.18　注射成型进料示意图

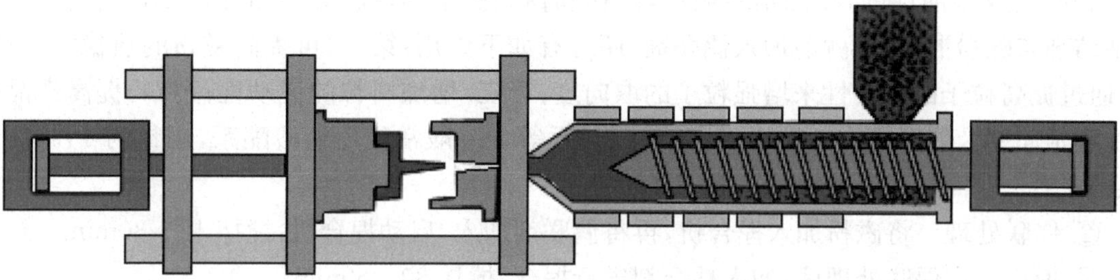

图 10.19　注射成型脱模示意图

这种工艺可制成各种复杂形状的粘结磁体,所用磁粉一般为铁氧体、钕铁硼及钐钴磁粉,后两种磁粉由于硬度较大会引起导料杆和模腔严重磨损,是目前较为关注的问题之一。由于磁体表面已有一层粘结剂薄膜,不需进行表面涂层保护。

(1) 注射铁氧体磁粉的准备

注射铁氧体磁粉一般要经过混料、预烧、破碎、细磨、退火和分散等工艺流程。其最主要的技术特点是磁粉颗粒形状具有一定的片状度,磁粉压缩密度高,磁粉分散性良好,磁粉与粘结剂及助剂的表面亲和力好。磁粉的开发工作主要围绕如何将磁粉尽可能多地填充到磁体中,并具有优良和稳定的磁性能,主要研究磁粉的颗粒形状、粒度分布、配方体系、添加剂、制粉工艺和添加剂技术。注射铁氧体磁粉的制造技术是整个永磁铁氧体注射成型材料产业中的难点和重点。

(2) 粒料及塑料器件的制备

粒料是通过将磁粉与粘结剂经过混合、混炼、挤出和造粒等工序制备而成。因为铁氧体磁粉显示亲水性,粘结剂显示亲油性,因此需要先将磁粉进行表面处理。

为了提高注射过程的流动性,需要添加一定比例的润滑剂和抗氧化剂等助剂。将粒料加入注射成型机,注射入预先设计好的模具内,并同时进行磁场取向冷却后退出模具,即得到塑料器件。粒料及塑料器件的生产流程如图 10.20 所示。

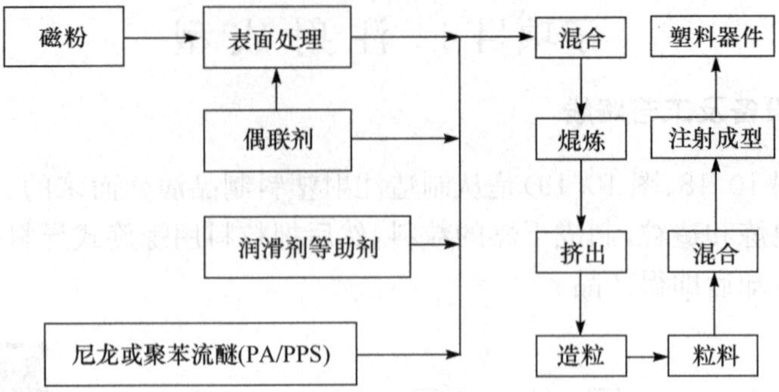

图 10.20 粒料及塑料器件的生产流程

注射成型工艺过程控制的注意事项主要有以下 7 个方面：

① 配料。按比例称取磁粉、粘合剂、偶联剂和其他添加剂。注射成型最常用的粘结剂为尼龙(PA)6、尼龙 12、尼龙 1010。在常温下，尼龙是白色(或淡黄色)粉末。注射成型需要加入一定量的偶联剂，这是由于铁氧体磁粉表面都是亲水性的，而树脂材料则是亲油性的，如果使磁粉表面变成亲油性的，在加粘结剂后，磁粉和树脂的亲和性就会增加，两者结合就会更好。在粘结剂与磁粉混合、熔融前加入偶联剂，还可有如下作用：第一，可提高磁粉的热稳定性；第二，通过提高粒子的旋转性来增强粒子的取向度；第三，增加料粒的流动性；第四，提高产品的强度和延伸率。偶联剂有硅烷系、钛酸盐(脂)系等。一般常使用钛酸酯系，用量为 1%(质量分数)左右。

② 偶联处理。将磁粉加入捏合机，再将偶联剂加入，启动捏合机，搅拌 15～30min。

③ 捏合。在偶联处理后，加入粘合剂进行捏合，搅拌 30～60min。

④ 炼塑。将捏合好的混合粉料在炼塑机上炼塑，将粉末体碾成片或板状材料。

⑤ 切粒。将炼塑后的片或板状材料用切粒机切成 3mm×3mm 的颗粒料。

⑥ 注射成型。安装模具并将模具预热到 60～80℃，加入预热好的粉料(可以用电烘箱加热到 100℃进行热处理。目的有两个：一是去除料中的水分，二是将料进行预热)，开机注射。

⑦ 修整。去除注射口多余部分以及产品的毛刺，使产品尺寸符合要求。

对性能要求高的产品，在切粒之后，一般需要再进行捏合、炼塑、切粒处理。

(3) 注射成型用设备

用螺旋式立式(见图 10.21)或卧式(见图 10.22)注射机，其模具上加取向磁场，即可生产各向异性粘结永磁铁氧体。立式注射机通常由加热装置和旋转螺杆组成。整个塑料原料充填在料筒内壁和螺旋杆槽底之间的空隙，当螺杆在料筒中转动时，不仅将拽入螺杆的粒料向前输送压紧，而且对料粒形成较大的剪切、捏合作用，产生较大的摩擦热和搅拌混合作用。加热料筒可采用内筒和外筒双重构造，这样就只需将易损的内筒更换即可。卧式注射机的结构包括：锁模部分(锁模机构、调整机构、顶出机构等)、注射部分(螺杆、螺筒、马达、减速箱、加热圈)、控制部分(动作控制程序、I/O、继电控制等)、液压部分(电动机、油泵、储能器、油管、油缸、各类控制阀)、机架等。

图 10.21　立式注射成型机

图 10.22　卧式注射机

日本某公司注射成型各向异性塑磁的注射工艺参数如表 10.10 所示，其所用注射机的各参数如表 10.11 所示。

表 10.10　注射成型各向异性塑磁注射工艺参数表

材料	PA6 的质量分数为 13% 锶铁氧体的质量分数为 87%	PPS 的质量分数为 13% 锶铁氧体的质量分数为 87%
加热筒温度/℃	280～290	310～320
模具温度/℃	80	110～120
注射压力/MPa	103	137
螺旋体转速/(r/min)	250	250
成型周期/(s/每次注射)	30	40
成型质量/(g/每次注射)	35	30

表 10.11　日本田边工业株式会社注射机数据

项目名称	型号	
	TL-50MGS	TL-130MGS
螺旋体直径/mm	28	34
最大理论注射量/cm^3	67	125
注射压力/MPa	158.8	157.8
注射速率/(cm^3/s)	46	91
螺旋体转速(r/min)	295	290
合模力/kN	500	1300
最大模开口距离/mm	200	240
最大模具厚度/mm	300	350
最小模具厚度/mm	150	150
最大模具尺寸/mm	285×300	325×400
	175×410	245×480
螺杆直径/mm	45	65
马达输出功率/kW	7.5	11
激磁线圈用电力/kW	8.0	18.0
电源装置尺寸/m	0.8×0.5×0.5	0.8×0.5×0.5
机械本身尺寸/m	1.6×1.1×3.1	1.7×1.3.×3.5
总质量/t	2.6	3.3

任务 2　粗粉加细粉制备粘结磁体

（1）细粉的制造

按 1∶5.5 的摩尔比称取氧化铁和碳酸锶并进行混合，用水将其造粒，干燥后在电炉于 950℃保温 2h，用锤式试样磨机粉碎所烧产品，再用湿法粉碎机（湿磨机）进行湿法粉碎，获得平均粒径为 0.59μm 的细粉。

（2）粗粉的制造

按 1∶5.75 的摩尔比称取氧化铁和碳酸锶并与添加物进行混合，用水将其造粒，干燥后在电炉于 1290℃保温 4h。用试样磨机对该烧结品进行粉碎，获得平均粒径为 3.3μm 的粗粉。

（3）混合粉的制造

按质量分数计，细粉 30%＋粗粉 70%，进行湿法混合，然后将其过滤、水洗、干燥、破碎后，在电炉于 990℃保温 1h（退火）。利用二氧化碳和水分调整所得产品粉体 pH 值，以干燥品作为最终粉末，获得以下的锶铁氧体粉末。通过 BET 法测量其比表面积，在 $1t/cm^2$ 的压力下压缩后测其压缩密度。具体如下：平均粒径为 1.17μm，比表面积为 $2.23m^2/g$，压缩密度为 $3.50g/cm^3$，粉体的 pH 值为 9.4，粉体的 H_{CJ} 为 3707Oe。

（4）粘结磁体的制造

一边采用混合机搅拌通过上述（3）获得的锶铁氧体粉末（按质量分数计，其量为 90%），一边利用硅烷系偶联剂（添加量为 0.4%）进行表面处理，与粉末状的尼龙-6 混合（添加量为 9.48%），再添加润滑剂（硬脂酸钙，其添加量为 0.12%）。然后，利用混炼机（株式会社东洋精机制作所的实验室喷射磨机，两轴分批式混炼机）在 230℃将所得混合物制成平均粒径约 2mm 的混炼小丸后，在 290℃的温度、8.5MPa 的成型压力、10kGs 的取向磁场中，进行注射成型，获得直径为 15mm、高度为 8mm 的圆柱状各向异性粘结磁体。

采用 BH 描图仪测定该磁体的磁特性，最大磁能积 $(BH)_{max}=2.20MGOe$，$H_{CJ}=3308Oe$。因此，成型品的矫顽力 H_{CJ} 比成型前得到矫顽力 H_{CJ} 降低了 399Oe。表 10.12 和表 10.13 中，概括了本例的铁氧体粉的特性和粘结磁体的磁特性。

表 10.12　铁氧体粉的特性

	细粉		铁氧体粉的特性			
参数	平均粒径/μm	混合比例/%	平均粒/μm	比表面积/(m^2/g)	压缩密度/(g/cm^3)	粉体 H_{CJ}/Oe
案例	0.59	30	1.17	2.23	3.50	3707

表 10.13　粘结磁体的磁特性表

参数	成型密度/(g/cm^3)	B_r/Gs	H_{CJ}/Oe	$(BH)_{max}$/MGOe	成型前后的矫顽力差/Oe
案例	3.76	2989	3308	2.20	399

子项目 5　挤 出 成 型

任务 1　挤出成型用设备及其工艺路线

（1）挤出成型

挤出成型是在挤出机中通过加热、加压而使物料以流动状态连续通过口模的成型方法，也称为"挤塑"。挤出成型工艺过程和注射成型基本相同,不同之处是连续不断地挤出,可以根据需求生产长形产品。首先是将磁粉和粘结剂混合均匀,经过混炼和造粒,制成干燥的粒料,然后在单螺杆或双螺杆挤出机中将粒料用螺旋式导料杆送到加热室加热,加热后的熔融料被挤入到具有径向取向磁场的模具中成型,最后冷却成所需产品。它与注射成型的唯一区别是,这种工艺是将加热后的粒料通过一个孔洞挤入模具中,成型所得产品也是刚性的,所用粘结剂种类与注射成型不相同,但是加入量均为20%(体积比)左右。这种工艺一般用来生产其他粘结工艺较难实现的长条形薄片状或薄壁环状磁体。各向异性模压成型磁体虽然磁性能最高,但压制效率低。而挤出成型工艺生产效率高,且适于制造很薄的片状或高度较高的薄壁环状粘结磁体,再加上粘结剂的用量仅高于模压成型工艺,磁体的磁性能较高。挤出成型工艺可以生产同性磁体产品,亦可以加定向磁场生产异性磁体产品。挤出成型的主要工艺路线包含配料→捏合→炼塑→切粒→烘烤→模具加热→挤出成型等环节。

挤出成型产品所用检测仪器主要有:①磁性能检测系统;②抗张强度测试仪(拉力机)。③表面硬度(邵氏)检测仪等。质量控制主要包含以下3个方面:①外观质量。如尺寸、精度、表面缺陷等;②磁性能。如表面磁极及表面磁通密度,B表数值等;③其他物理、机械特性问题。

(2) 主要生产设备

主要设备有捏合机、炼塑机、切粒机、充磁机、电烘箱、挤出机、卷绕机等。单螺杆挤出机(如图10.23所示)主要由传动系统、加料系统、塑化系统、加热与冷却系统、控制系统等组成。挤出系统是最主要的系统,它由料筒、螺杆、多孔板和过滤网组成。带有径向取向磁场的挤出成型装置如图10.24所示。

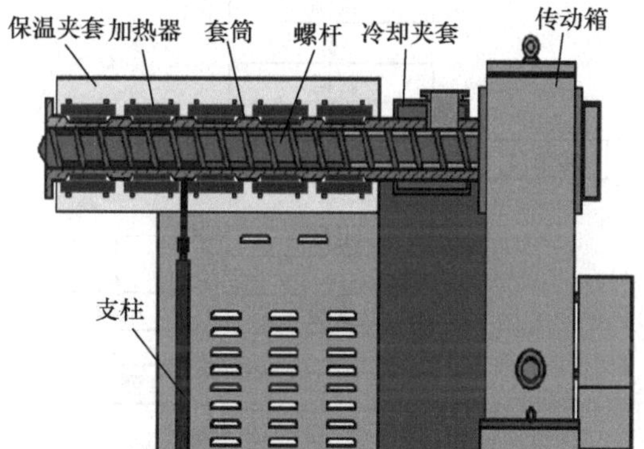

图10.23　单螺杆挤出机示意图

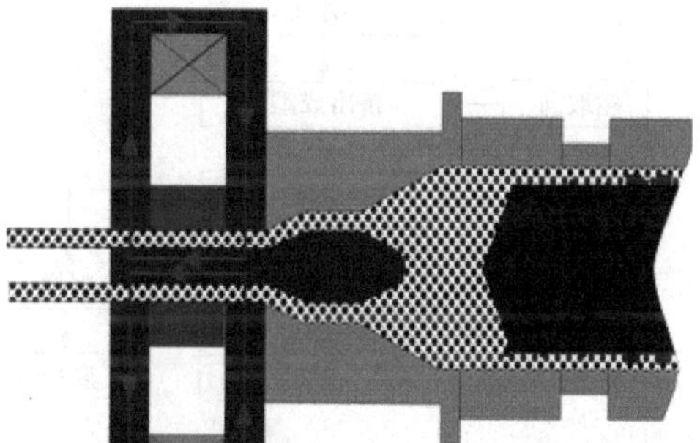

图10.24　带有径向取向磁场的挤出成型装置

任务2　磁取向挤出成型粘结永磁材料的制造

目前,各种挤出成型方法制备最大磁能积大于11.11kJ/m^3、内禀矫顽力大于215kA/m的高性能各向异性粘结铁氧体材料,多采用成本较高的铁红为原料制备的铁氧体粉末,其工艺如图10.25所示,由于我国铁氧体生产厂商多采用廉价的铁鳞为原料制备铁氧体粉末,因此挤出成型方法在我国应用受到了限制。

本方法是以铁鳞为原料制备的铁氧体磁粉作为磁性主体、以氯化聚乙烯(CPE)为主体的热塑性弹性体为粘结剂的独特制造工艺，它在磁取向各向异性粘结磁体挤出成型机上成型，获得了各项磁性能指标均佳的产品。特别适用于采用以廉价铁鳞为原料的铁氧体（$BaO \cdot 6Fe_2O_3$ 或 $SrO \cdot 6Fe_2O_3$）粉末所制备的挤出成型磁取向粘结磁体的制备。其工艺如图 10.26 所示。先将橡塑磁粉与助剂和偶联剂一起在高混机中混合。在对辊混炼机上混炼成片，然后切成 3mm×3mm 的小粒，挤出成条状磁体，磁条经退磁包装后成为产品。它与传统方法相比，具有以下特点：

① 新工艺采用了铁鳞为原料制备铁氧体磁粉。铁鳞具有成本低、资源广等特点。

② 新工艺省去了现有工艺偶联剂处理的工序，用增塑剂稀释偶联剂之后，直接加入磁粉中混合。偶联剂处理工艺需采用有机溶剂稀释偶联剂，与磁粉充分混合后再将有机溶剂挥发掉。其操作烦琐、污染环境，且易燃易爆和易出现安全事故。

③ 粘结剂配方采用热塑性弹性体的配方体系，有两大系列：一是，CPE 为主相，加入 EVA、ACR 和助剂，CPE 的质量分数为 50%～80%。EVA 的质量分数为 20%～50%，ACR 的质量分数为 1%～5%，助剂的质量分数为 1%～5%，该系列简称塑弹体 1。二是，PE 为主相，加入 EVA、ACR 和助剂，PE 的质量分数为 50%～80%。EVA 的质量分数为 20%～50%，ACR 的质量分数为 0～5%，助剂的质量分数为 1%～5%，该系列简称塑弹体 2。

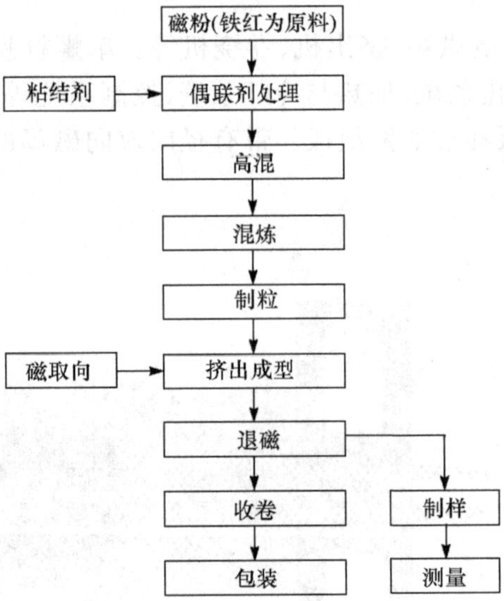

图 10.25　以铁红为原料的现有工艺

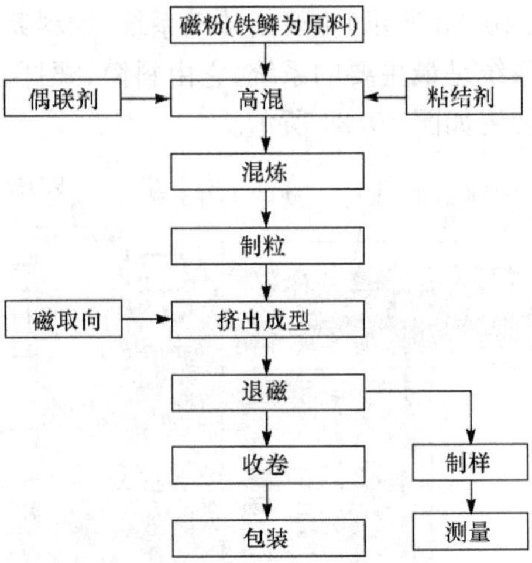

图 10.26　以铁鳞为原料的新工艺

在上述配方中：CPE 为氯化聚乙烯；PE 为聚乙烯；EVA 为乙烯醋酸乙烯共聚物；ACR 为丙烯酸丁酯与甲基丙烯酸甲酯共聚物。

采用热塑性弹体粘结剂配方体系，可以使得磁体挤出成型过程中，在高温段具有良好的流动性，磁粉颗粒在磁场的作用下容易获得取向状态。在温度较低的定型段，具有弹性体的性能，利于高磁粉填充复合体顺利挤出口模，并很好地实现取向态的保持和磁体的定型。热塑性弹性体的采用是高磁粉填充、挤出成型粘结磁体获得高的磁特性的关键。

例如，北矿采用铁鳞（Fe_3O_4）为原料制成细锶铁氧体（$SrO \cdot 6Fe_2O_3$）粉，以塑弹体 1 的粘结剂配方体系，用二辛酯（DOP）稀释钛酸酯偶联剂，再将粘结剂、磁粉和稀释的偶联剂一起放入高混机中混合 10～20min，用对辊混炼机在 70～80℃下混炼 10min，制成 3mm×3mm×4mm

的颗粒，取向磁场下挤出成型，制成的各向异性粘结磁体经国家计量科学院检测表明，其磁性能超过了以铁红为原料制成磁体的性能，具体的检测数据见表 10.14。当采用热塑性弹性体 2 的配方体系，经上述方法制得的粘结磁体也达到了以铁红为原料制成磁体的相同性能，见表 10.14。

表 10.14　本方法与常规法制得的样品对比

编号＼性能	B_r/T	H_{CB}/(kA/m)	H_{CJ}/(kA/m)	$(BH)_{max}$/(kJ/m^3)	备注
XSJ-148	0.2626	168	218	12.6	塑弹体 1
XSJ-153	0.2465	165	227	11.2	塑弹体 2
G-1	0.2478	167	185	11.4	标样

子项目 6　各向异性粘结磁体在制作过程中的常见问题

(1) 造粒与各向异性粘结磁体的取向度

各向异性粘结磁体的磁性能既取决于原料磁粉的磁性能，又与磁粉的取向度密切相关。造粒对取向度的提高有着至关重要的影响。

磁粉经湿法混胶干燥，实际是完成了一次造粒过程，若干磁粉被粘结在一起形成一个颗粒。若采取温压成型工艺，环氧树脂粘结剂在高温下(软化点以上，固化点以下)粘度会变得很低，因此磁粉在磁场作用下较易转动，磁体可以获得很高的取向度，这时对造粒无特殊要求。若采取的是室温下模压成型工艺，磁粉经混胶造粒后，丙酮已吹干，粘结剂可能已经变成固态，在一个造好的颗粒中，磁粉的易磁化方向被随机固定在不同的方向，如图 10.27(a)所示。在这种情况下，无论压制磁体时的取向场有多大，磁体的取向度也不会很高。一种可能的解决方案就是在磁场下混胶造粒，这样在一个造好的颗粒中，磁粉的易磁化方向被固定在同一方向，如图 10.27(b)所示。在压制磁体时，整个造好的颗粒将在取向磁场中转动，而每个颗粒中磁粉的易磁化方向都是一样的，从而可以使磁体获得较高的取向度。

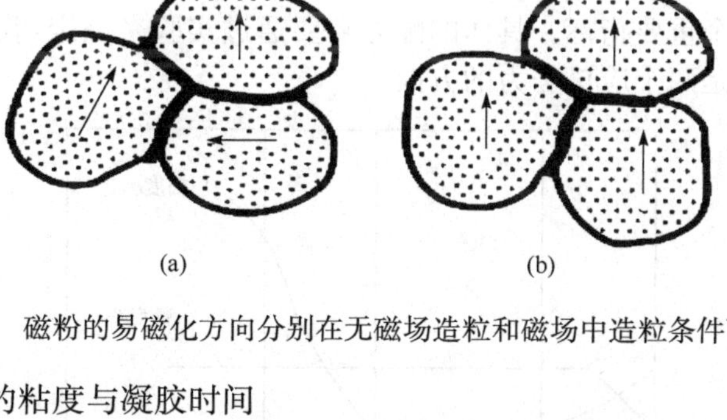

图 10.27　磁粉的易磁化方向分别在无磁场造粒和磁场中造粒条件下的分布

(2) 粘结剂体系的粘度与凝胶时间

各向异性粘结磁体在压制过程中不同于各向同性粘结磁体之处，就是要使磁粉的易磁化方向沿着取向磁场的方向排列。只有获得较高的取向度，磁体才能呈现出各向异性，从而具有较高的磁性能。我们知道，磁粉的转动力矩正比于取向磁场的强度和磁粉本身的饱和磁化强度，不可能无限增大，而另一方面磁粉在转动过程中所遇到的阻力除固有的静磁相互作用力和形状不规则所造成的机械啮合力外，就是包覆在磁粉表面的环氧树脂粘结剂（室温下的液态或温压工艺下的熔融态）流变时的内摩擦力。通过减少这一内摩擦力，在有限的转动力矩下，磁粉可以较容易地转动，从而提高取向度。

表征流变时内摩擦力的参数就是粘度（粘度一般是动力粘度的简称，动力粘度表示在流体中取两面积各为 $1m^2$，相距 1m，相对移动速度为 1m/s 时所产生的阻力称为动力粘度。其单位是帕·秒（Pa·s）或毫帕·秒（mPa·s）。粘度分为动力粘度、运动粘度、相对粘度），因此，在配制环氧树脂粘结剂时，需要特别注意体系（包括环氧树脂，固化剂及必要的添加剂）的粘度。根据经验，依取向磁场的强弱不同，粘结剂体系的粘度最好在 100～1000mPa·s（1mPa·s＝1cP）。粘度低于 100mPa·s 时，往往导致磁粉脱胶，即胶液容易从模具缝隙中挤出来；而粘度高于 1000mPa·s时，磁粉的转动需要更高的转矩，即强的取向磁场。再一次需要说明的是，这里所提的粘结剂体系的粘度是指室温下是液态的环氧树脂胶液的粘度和过了软化点的熔融态的环氧树脂胶液的粘度。

由于环氧树脂不是牛顿流体，在一定温度下所测得的粘度值与剪切应力和剪切速率有关。因此在相同温度下用不同方法测量的粘度值是不相同的，也没有互换性。这里所说的粘度值都是由旋转式粘度计测量的。粘度计应配有水浴套或其他可精确控制温度的加热器以便测量熔融态环氧树脂胶液的粘度。圆柱形转子对于测量环氧树脂胶液这类非牛顿流体的粘度特别有用。在合适的转子和转速组合下就可以测得胶液的粘度。

通常，从配胶称重→磁粉湿混→干燥造粒→取向压制这一过程，需要相当长的时间。而我们知道在环氧树脂中配合固化剂后，反应也就立即开始了，胶液的粘度随时间的推移将逐步上升。不同类型的固化剂的固化反应速率是不同的，这里涉及凝胶时间这一概念。按照定义，凝胶时间是指对于热固性树脂从加入固化剂（或催化剂）开始反应到液态粘结剂体系丧失流动性的时间。有时为了简单起见，也把粘度增加到初始粘度两倍时的时间定义为凝胶时间。很显然，各向异性粘结磁体所用的环氧树脂粘结剂体系的凝胶时间应足够的长，以保证在磁场取向阶段胶液的粘度仍维持在 100～1000mPa·s 的范围内。图 10.28 给出了一个温压工艺中，粘结剂体系的粘度、温度随时间变化的理想状态图。图 10.28(a)区是最佳加磁场取向的时间范围，图 10.28(b)区是最佳加压压制的时间范围。原因是在图 10.28(b)区体系已过凝胶点，交联网络开始形成，粘度急剧增大，此时加压可获得孔隙率小、密度大、机械强度高的磁体。

总之，对于各向异性粘结磁体在设计环氧树脂粘结剂配方时，必须特别考虑粘结剂体系的粘度和凝胶时间这两个重要指标。具体的配方需要通过实验来确定，我们认为采用潜伏性固化剂或酸酐类固化剂是两个应该努力的方向。

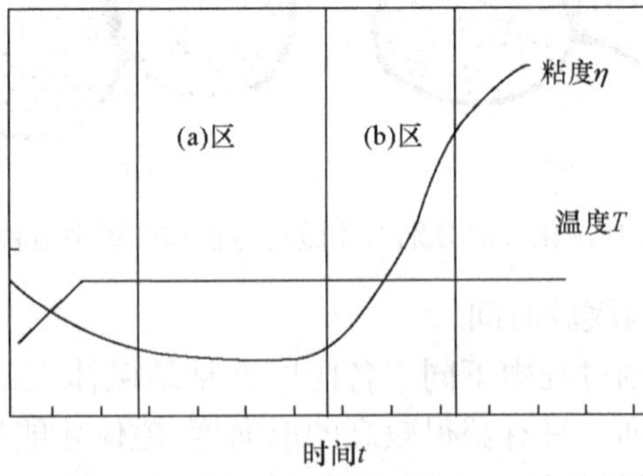

图 10.28　一个理想粘结剂体系的粘度、温度随时间变化的示意图

项目11　永磁铁氧体的应用

子项目1　永磁铁氧体与磁电机

任务1　永磁铁氧体与永磁电机的应用

1. *永磁式启动电机*

常用的永磁式启动电机结构示意图如图11.1和图11.2所示，它包括机壳、转子、定子和电刷等，定子包括永磁铁氧体磁瓦，该磁瓦粘在机壳内壁上。

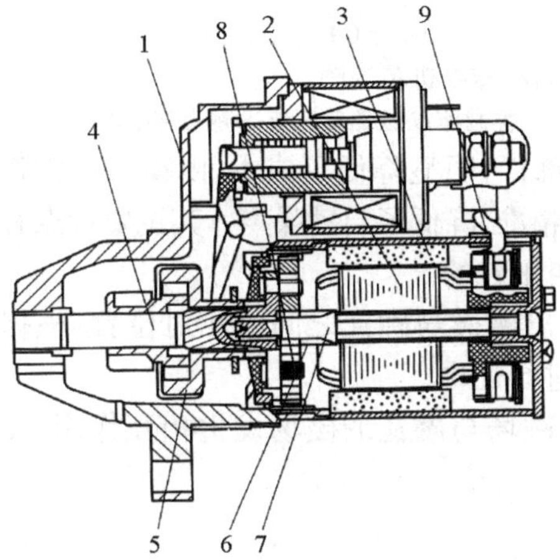

图11.1　永磁式启动电机结构图

1-机壳；2-转子；3-磁瓦；4-电机输出轴；5-超越离合器；6-齿轮；7-输出轴；8-行星齿轮；9-电刷

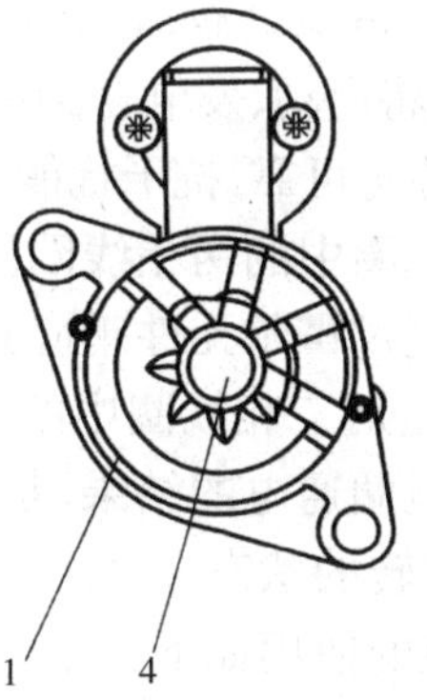

图11.2　图11.1的左视图

使用时，磁瓦替代传统的励磁线圈，在机壳内形成磁场，电刷为转子提供电流，转子在电流和磁场的作用下转动。磁瓦制成定子的工艺简单，只需将磁瓦粘在机壳内壁即可，磁瓦成本低廉，其体积明显小于励磁线圈，绕成的定子可明显缩小电机的体积。永磁铁氧体本身在低温大电流时容易退磁，应选择高H_{CJ}(380kA/m以上)的材料来制成磁瓦，磁瓦是2块、4块或6块等间距地分布在机壳内壁。磁瓦还可以是其他偶数块。

2. *无刷启动磁电机*

常用的无刷启动磁电机(摩托车电机用)，其结构如图11.3(a)所示，它由定子铁芯、转子、控制器、触发传感器、霍尔元件、线路印刷板、磁极等部件组成。磁电机的转子上设有多对磁瓦，在定子铁芯上依次排列有与磁瓦相对应的多个磁极，在磁极上设置有分别与每相电路相对应的霍尔元件，霍尔元件的安装如图11.3(b)所示，霍尔元件的正、负极及信号端分别通过电缆与控制器相连接，每个磁极上均绕有线圈，磁极上的线圈彼此连接成一个对称的A、B、C三相星形电路，控制器通过电缆与触发传感器连接。

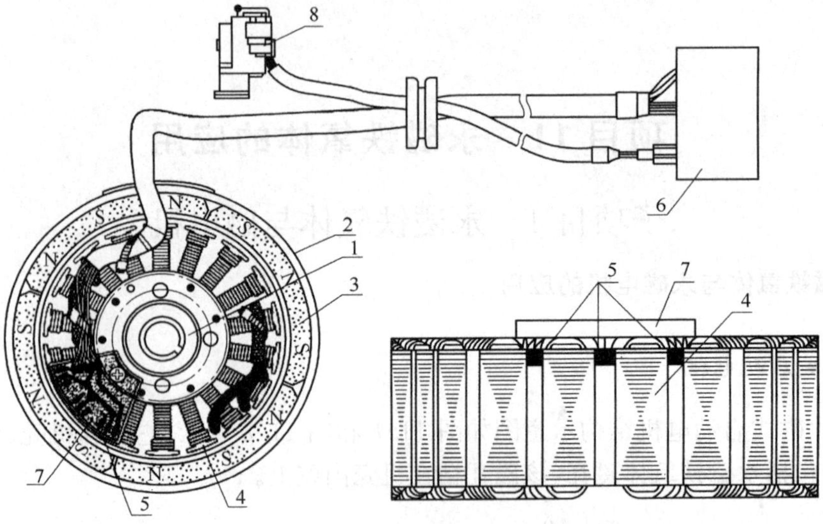

图 11.3　摩托车用无刷启动磁电机结构图

1-定子铁芯；2-转子；3-磁瓦；4-磁极；5-霍尔元件；6-控制器；7-线路印刷板；8-触发传感器

该类磁电机将启动、发电合为一体，减少了零部件，明显降低了成本，由霍尔元件作为传感器，使采样信号稳定可靠，抗干扰能力强，控制信号精准，降低了启动噪声。其主要特点有 3 个：

① 对三相线圈中的两相线圈的通电是时刻变化着的。

② 控制器通过霍尔元件感应到的信号，确定出磁极与磁瓦之间的相对位置，根据该位置的具体情况，决定对三相线圈中的其中两相线圈进行通电。

③ 对两相线圈通电的结果，是使磁极产生的磁场与磁瓦的磁场发生相互作用，使转子始终处于反转或正转的状态。

这类磁电机的使用如下：

① 活塞回位。

3 个霍尔元件把每一时刻感应到磁极相对磁瓦所处的位置信号时时传送至控制器，控制器根据接收到的信号确定磁极在该时刻的具体位置，从而确定该时刻对其中的两相线圈通电，通电的两相线圈所在的磁极产生的磁场与磁瓦的磁场发生相互作用，使转子处于反转状态，促使汽油机的活塞移动至最低位置。

② 磁电机处于启动状态。

当活塞回到最低位置后，3 个霍尔元件把每一时刻感应到磁极相对磁瓦所处的位置的信号时时传送至控制器，控制器根据接收到的信号确定磁极在该时刻的具体位置，从而确定该时刻对其中的两相线圈通电，通电两相线圈所在的磁极产生的磁场与磁瓦的磁场发生相互作用，使转子处于正转状态，正向转动转子带动汽油机进行启动，触发传感器采集汽油机转速信号给控制器，当汽油机达到规定转速后，由控制器控制，停止对线圈供电，汽油机启动完毕。

③ 磁电机处于发电状态。

汽油机启动后，汽油机带动磁电机转子转动，磁电机处于发电状态，控制器处于自动切换状态，使磁电机发出的电能向电瓶充电。

3. 直流电机永磁转子

常用直流电机永磁转子(空调电机用)，其结构如图 11.4(a)所示，它由转子铁芯、转子轴、注塑体、烧结铁氧体磁瓦等部件组成。图 11.4(b)为单个烧结铁氧体磁瓦的结构示意图，图 11.4(c)为图 11.4(b)中的 A 向视图，图 11.4(d)为转子铁芯的结构示意图，图 11.4(e)为图 11.4(d)中的 B-B 视图，图 11.4(f)为转子铁芯与烧结铁氧体磁瓦图，图 11.4(g)为图 11.4(f)中的 C-C 向视图注塑成型后的结构示意图。

直流电机永磁转子轴，设于转子铁芯的轴孔内，转子铁芯外侧设有注塑体，注塑体内嵌有多个烧结铁氧体磁瓦，如图 11.4(f)或图 11.4(g)所示，多个烧结铁氧体磁瓦绕转子铁芯的中轴线均匀分布于转子铁芯外周。

如图 11.4(b)所示，注塑体内嵌有 8 个尺寸相同的烧结铁氧体磁瓦。烧结铁氧体磁瓦为偏心磁瓦，其具体结构如图 11.4(b)或图 11.4(c)所示。转子铁芯的具体结构如图 11.4(d)或图 11.4(e)所示，转子轴为单轴伸结构，该结构的永磁转子可应用于电机需要较长转子轴的情况，注塑体的材料为工程塑料。

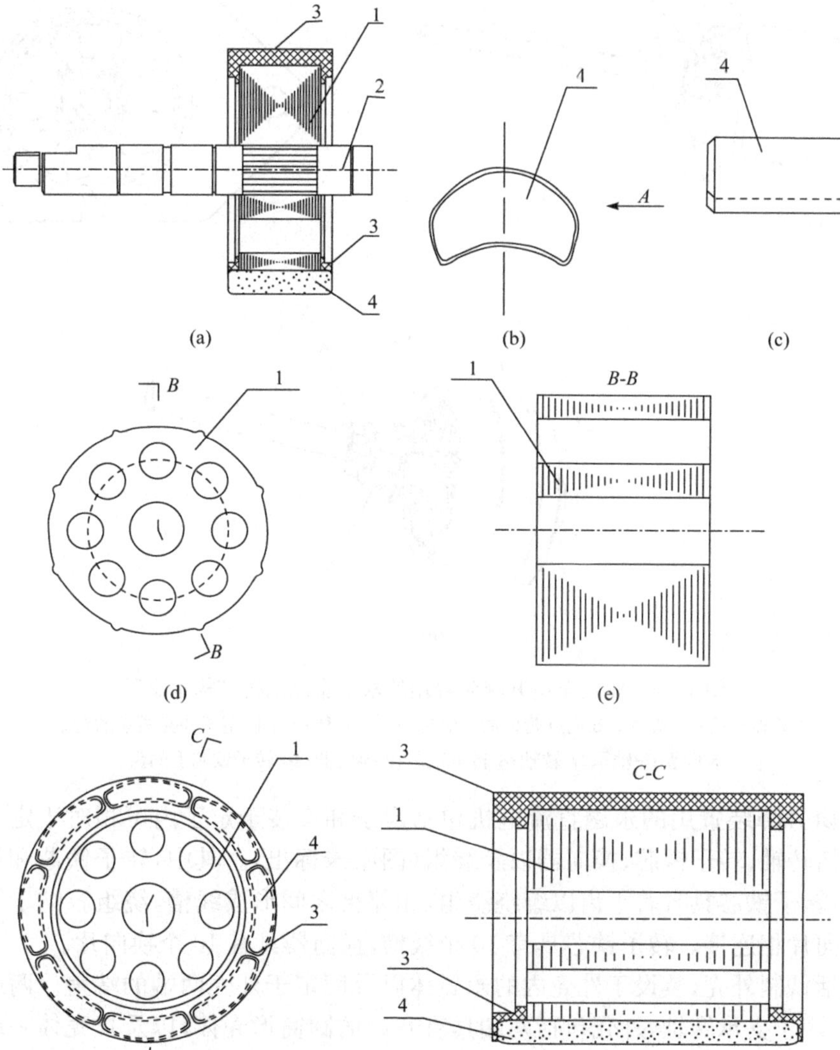

图 11.4　直流电机永磁转子结构示意图

1-转子铁芯；2-转子轴；3-注塑体；4-烧结铁氧体磁瓦

制作上述直流电机永磁转子时，在采用注塑的方法成型注塑体的过程中，排布好的多个烧结铁氧体磁瓦，同时嵌于注塑体内，且注塑体包紧于转子铁芯外侧，然后选择所需的转子轴类型，将其与转子铁芯装配固定即可。

4. 驱动车窗升降装置用的永磁直流电机

驱动车窗升降装置用的永磁直流电机的立体图如图 11.5(a)所示，图 11.5(b)是该电机的一种平面图，其中一端盖被移除，图 11.5(c)是该电机的另一立体示意图，其中外壳和端盖被移除。

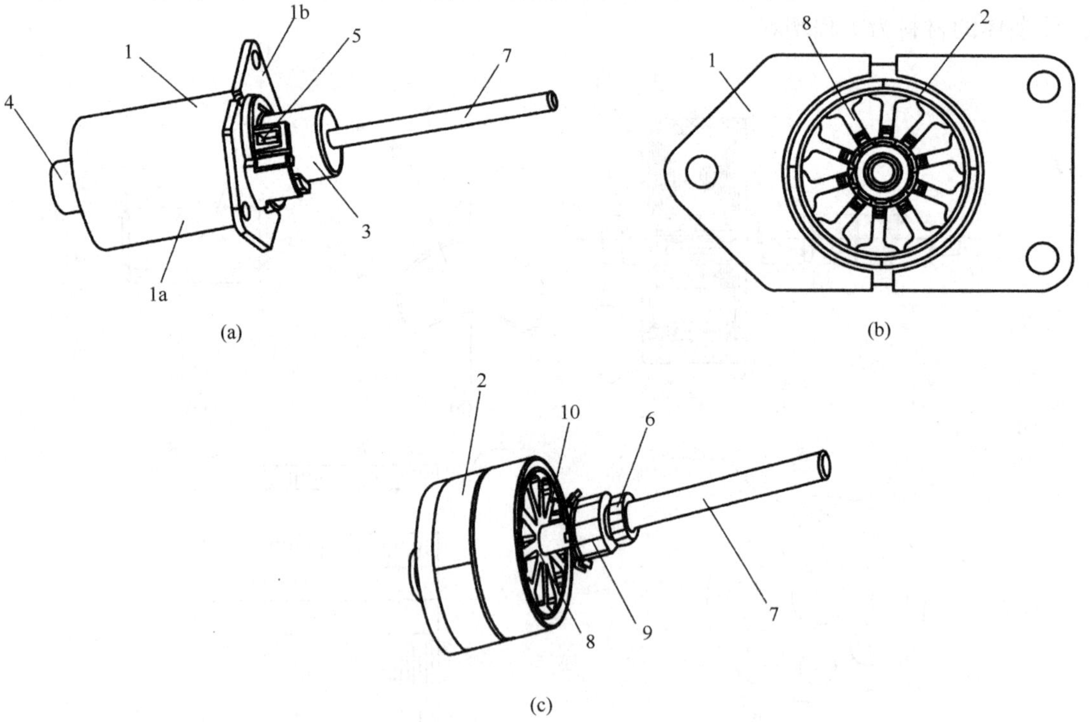

图 11.5　驱动车窗升降装置用的永磁直流电机结构示意图

1-铁制外壳(1a-壳体;1b-向外延伸的安装部);2-永磁体;3、4-固定于外壳两端的端盖;5-刷管;6-轴承;7-转轴;8-转子铁芯;9-换向器;10-转子铁芯上的齿

驱动车窗升降装置用的永磁直流电机包括定子和安装于定子内可相对于定子转动的转子。转子包括转轴、转子铁芯、换向器以及绕组(图中未标出)。其中，转子铁芯和换向器均固定在转轴上，转子铁芯具有若干齿以缠绕绕组，相邻齿之间形成线槽，绕组容纳于线槽内并与换向器的换向片相连接。转子铁芯具有 10 个线槽，换向器具有 10 个换向片。

定子包括铁制外壳，装设于外壳内的永磁体以及固定于外壳两端的端盖。两端盖内分别装设有轴承，用于支承转轴，外壳包括两端具有开口的圆筒形壳体，以及自壳体一端，沿径向，向外延伸的安装部。端盖与壳体一体成型以减少电机的高度，并封闭壳体与邻近端盖一端的开口。端盖固定安装于外壳，并与壳体形成紧配合，换向器容纳于端盖内。端盖的侧壁，设有至少一对径向延伸的贯穿孔，至少一对刷管装设于所述至少一对贯穿孔内，碳刷(图中未示出)

可滑动地装设于刷管内,用于与换向器的换向片摩擦接触。由此,定子可形成一密闭结构,以阻挡内部噪声扩散出来。永磁体固定装设于壳体的内壁并与转子铁芯相对设置成环形磁铁。该环形磁铁形成 N、S 极,沿周围交替分布的 4 个磁极,每一磁极基本呈 90°。该环形磁铁可以是一体制成,也可由 4 块磁铁拼接组成。该环形磁铁可以通过粘结剂固定于壳体的内壁,由永磁铁氧体材料制成则更好,作为其替代方案,也可由粘结钕铁硼(NdFeB)材料制成。

转子铁芯的轴向长度与其极弧长度之比为 1.27～2.31;壳体的径向厚度与其外径之比为 0.045～0.062;环形磁铁的径向厚度与其外径之比为 0.07～0.11;环形磁铁的径向厚度与壳体的径向厚度之比为 1～2.14;壳体的轴向长度与其外径之比为 1.21～1.71。其中,转子铁芯的极弧长度指每一定子磁极所对应的转子铁芯的周向弧长,转子铁芯的线槽,其斜槽系数为 0～1槽宽内。当斜槽系数大于 0 倍槽宽时,转子铁芯的线槽相对于转轴倾斜配置,可以降低电磁谐波,减小振动。

任务 2　永磁铁氧体各参数对永磁电机性能的影响规律

1. 矫顽力对电动机的影响

根据磁通连续原理,按经典磁路设计公式和磁的全电流定律可得

$$fB_gA_g=B_mA_m \quad 和 \quad rH_gL_g=H_mL_m \tag{11.1}$$

式中,f 为漏磁系数;B_g为气隙磁通密度;A_g为气隙面积;B_m为磁体工作磁通密度;A_m为磁体面积;r 为磁阻系数;H_g为气隙磁场强度;L_g为气隙长度;H_m为磁体工作磁场强度;L_m为磁体长度。

则磁体工作点 p 有

$$\frac{B_m}{H_m}=\frac{fB_gA_gL_m}{rH_gA_mL_g} \tag{11.2}$$

在永磁铁氧体退磁曲线中,用 B_r相等、H_{CB}不等的永磁铁氧体产品,在同一电机中,工作点不变。那么,矫顽力高的产品,工作时的磁通密度大,磁势强度大。B_r相等,同时 H_{CB}高的产品,其时效、振动、电磁干扰较小。H_{CB}高,才能确保电机输出所需的电动势,使电机工作点靠近最大磁能积,充分利用磁体的能量,H_{CJ}高,可以确保电机有较强的抗过载退磁及抗老化,抗低温的能力。

2. 剩磁 B_r对电动机的影响

B_r 高,才能确保电机有较高的转速,大的输出扭矩和大的功率,电机才会有较高的效率。如果矫顽力相同,剩磁 B_r不同,那么,剩磁高的产品工作时,磁通密度大,磁场强度也大;另一方面,由于电机采用的磁体都是扁薄磁体,磁体的 L_m 较小,所以工作点的 B_D、H_D的值较低。若在拐点以下,电机工作时,常在局部磁滞回线上工作,容易产生退磁。局部磁滞回线在拐点以下的斜率与退磁曲线上部斜率不一样,磁通下降较快,因此,在选择高 B_r永磁铁氧体产品时,也应该选择有较高的 H_{CJ},最好是具有直线型退磁曲线的产品。

3. 电动机的转矩、转速、效率与工作区磁通的关系

据有关设计资料介绍,当永磁电机的磁体及电机的结构尺寸确定以后,就可以简单地讨论电动机的基本特性。

(1) 转矩

转矩可计算为

$$T=\frac{P\phi I_a Z}{2\pi 10^8}(\mathrm{N\cdot m}) \tag{11.3}$$

式中，P 为电枢极数；ϕ 为电枢每极有效磁通，10^{-8}Wb；I_a为电枢绕组中额定电流，A；Z 为电枢总导体数。

从式(11.3)中分析，当 P、I_a、Z 不变时，转矩与电枢每极的有效磁通成正比。电枢每极的工作面积是一定的，那么转矩与工作气隙的磁通密度成正比。也就是前面提到的磁路中气隙磁通密度 B_g值达到或大于转矩的要求时，电动机的转矩特性才能为线性。产品是否达到所需的气隙磁通密度，与使用的永磁铁氧体剩磁 B_r的高低有关；能否保持这个 B_g值则与磁体材料的 H_{CJ}有关。

(2) 转速

当电枢的感应电压 E_a一定时，转速与工作气隙的磁通成反比。当电枢工作面积 $S_{电枢}$一定时，由 $\Phi=B_g S_{电枢}$，可知，转速反比于电动机工作气隙的磁通密度 B_g值。若永磁铁氧体的 B_r较低或者矫顽力 H_{CB}值较低，均可造成电动机转速的增大。B_r降低的增速效应最为明显。

(3) 电动机的工作效率

当电动机的端电压 V、电枢电流 I_a、转矩 T、转速 n 均已额定时，电动机的输出功率 $W_1=K_1\cdot T\cdot n$(K_1为常数)，电动机的输入功率 $W_2=K_2\cdot V\cdot I_a$(K_2为常数)，电动机的效率 $\eta=W_1/W_2$，其中决定电动机效率高低的因素在于电动机中的转矩和转速，它们均与工作区的磁通量有直接关系。所以，磁通量 Φ 或者说工作气隙的磁通密度 B_g是决定电动机效率的重要因素。当 B_g值增大时，转矩增大，转速减慢。若继续加大，超出电动机的额定值，那只能减少电枢的绕线匝数。另外，增大气隙磁通密度后，也会增加机械转动部分的损耗和导体的铁损，同时增加磁损。电动机在运行中，电枢槽中的漏磁通相对较大，从而引起电机产生噪声，增加新的质量问题。

(4) 永磁铁氧体其他参数对电机的影响

$(BH)_{max}$越高，永磁铁氧体在电机实际运行中的工作系数越好；磁能量 Φ 越大，将极大提高电机的工作效率；退磁曲线的矩形度越好，电机的动态损失越小；永磁铁氧体的电阻率越高，涡流损失越小；永磁铁氧体的温度系数小，在高温下才能具有良好的温度稳定性。

电机的设计是一个复杂的过程，从磁路角度分析，它是一个动态磁路的设计，有许多因素需要综合考虑，但对磁体来说，在动态状态下，并且有电流参与工作时，应当有一个符合要求的气隙磁通密度值，这个值太小不行，太大也不行，而且这个值还必须是稳定的，经得起时效考验，能克服温度变化、杂散磁场干扰、振动等因素的影响。应该说，在满足有一定量的剩磁 B_r的同时，还得有足够的内禀矫顽力 H_{CJ}作保证，这将视具体电动机的要求来确定。

子项目 2　磁力回路的设计

任务 1　基础计算式

磁力回路的基础计算式和电路的欧姆定律相同。如果全磁通量用 ϕ 表示，磁动势用 F 表示、磁阻用 R 表示，则这 3 个要素的关系为

$$全磁通量\ \phi=\frac{磁动势\ F}{磁阻\ R} \tag{11.4}$$

但是，在磁力回路计算中，一般不使用磁阻 R，一般使用的是磁阻 R 的倒数磁导 P。那么，上述的关系式可用

$$全磁通量\ \phi=磁动势\ F\cdot 磁导\ P \tag{11.5}$$

替换。

磁路长度用 L 表示、磁路截面积用 A 表示、磁路的磁导率用 μ 表示时，这个磁导 P 可表示为

$$磁导\ P=\frac{磁导率\ \mu\times 磁路截面积\ A}{磁路长度\ L} \tag{11.6}$$

磁路长度越短、磁路截面积及 μ 越大，磁导就越大，即表示磁阻变小。另外，磁力回路总体的磁导 P_t 为气隙磁导 P_g（被定义为气隙磁阻的倒数）和漏磁导 P_f（被定义为漏磁通的磁阻的倒数）的和，即：$P_t=P_g+P_f$，而且，在各漏磁路空间探讨漏磁通时，总磁导 P_t 可用气隙磁导 P_g 和各磁路空间的漏磁导 $P_{f_1}+P_{f_2}+\cdots+P_{f_n}$ 的总和表示：

$$P_t=P_g+P_f=P_g+P_{f_1}+P_{f_2}+\cdots+P_{f_n} \tag{11.7}$$

1. *磁动势损失系数 f*

磁动势损失系数 f 的定义是磁力回路中的总磁动势 F_t 和气隙磁动势 F_g 的比，

$$磁动势损失系数\ f=\frac{总磁动势\ F_t}{气隙磁动势\ F_g} \tag{11.8}$$

磁力回路的总磁动势 F_t 由使用的磁铁产生，该值为磁铁工作点的磁场强度 H_d 和磁铁长度 L_m 的乘积。

另外，气隙磁动势 F_g 是气隙磁通密度 B_g 和气隙长度 L_g 的乘积，所以公式(11.8)可以展开为

$$磁动势损失系数\ f=\frac{工作点磁场强度\ H_d\times 磁铁长度\ L_m}{气隙磁通密度\ B_g\times 气隙长度\ L_g} \tag{11.9}$$

2. *漏磁系数 σ*

漏磁系数 σ 为磁力回路中的磁铁产生的全磁通量 ϕ_t 和气隙里集中的气隙磁通量 ϕ_g 的比，即

$$漏磁系数\ \sigma=\frac{全磁通量\ \phi_t}{气隙磁通量\ \phi_g} \tag{11.10}$$

磁铁产生的全磁通量 ϕ_t 为磁铁工作点的磁通密度 B_d 和磁铁截面积 A_m 的乘积，气隙中集中的磁通量 ϕ_g 为气隙磁通密度 B_g 和气隙截面积 A_g 的乘积，所以公式(11.10)可展开为

$$漏磁系数\ \sigma=\frac{工作点磁通密度\ B_d\times 磁铁截面积\ A_m}{气隙磁通密度\ B_g\times 气隙截面积\ A_g} \tag{11.11}$$

另外，根据公式(11.5)：$\phi=FP$，公式(11.10)可以表示为

$$漏磁系数\ \sigma=\frac{总磁动势\ F_t\times 总磁导\ P_t}{气隙磁动势\ F_g\times 气隙磁导\ P_g} \tag{11.12}$$

磁动势损失系数 f 一般是一个接近 1 的值，在公式(11.12)中代入公式(11.8)及公

式(11.7),得

$$\text{漏磁系数}\ \sigma \approx \frac{P_g + P_f}{P_g} = 1 + \frac{\text{漏磁导}\ P_f}{\text{气隙磁导}\ P_g}$$

将 P_f 分到各漏磁路空间,也可表示为以下形式。

$$\text{漏磁系数}\ \sigma \approx 1 + \frac{P_{f_1} + P_{f_2} + \cdots + P_{f_n}}{P_g} \tag{11.13}$$

3. *磁导系数* P_c

表示 B-H 曲线上的磁铁工作点需要使用磁导系数 P_c。这个值的定义为工作点磁通密度 B_d 和磁场强度 H_d 的比,表示为(参照图 11.6)

$$\text{磁导系数}\ P_c = \frac{\text{工作点磁通密度}\ B_d}{\text{工作点磁场强度}\ H_d} \tag{11.14}$$

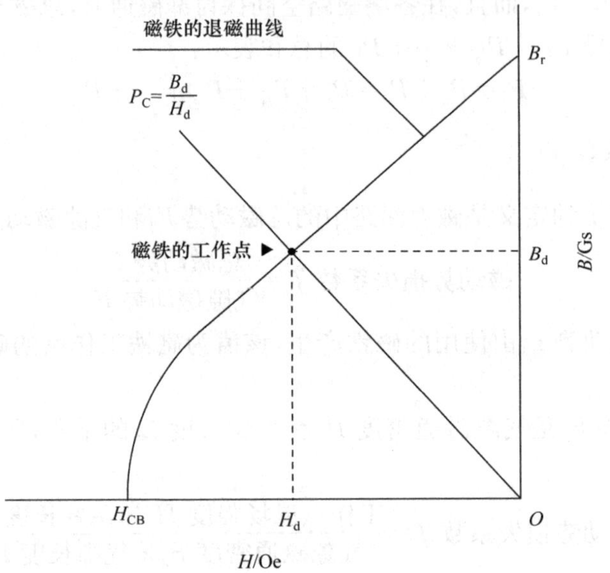

图 11.6 B-H 曲线上的磁铁工作点

(1) 磁力回路中磁铁的磁导系数

根据公式(11.9)、公式(11.11)求得 H_d、B_d,把它们代入公式(11.14)中,就可以求出磁力回路中的磁铁的磁导系数。

根据公式(11.9)可得

$$H_d = \frac{B_g \cdot L_g}{L_m} f \tag{11.15}$$

根据公式(11.11)可得

$$B_d = \frac{B_g \cdot A_g}{A_m} \sigma \tag{11.16}$$

把它们代入公式(11.14)可得

$$P_c = \frac{L_m \cdot A_g}{A_m \cdot L_g} \cdot \frac{\sigma}{f} \tag{11.17}$$

(2) 磁铁单质的磁导系数

磁铁以单质形式存在时的磁导系数受磁铁形状的影响很大，要通过计算求得正确值非常困难。因此，在图 11.7 中使用圆柱体磁铁作为试样，得到了大概值。

近似公式为

$$P_c=1.35\left(\frac{\ell}{d}\right)\left[\sqrt{1+\left(\frac{\ell}{d}\right)^2}+\left(\frac{\ell}{d}\right)\right] \tag{11.18}$$

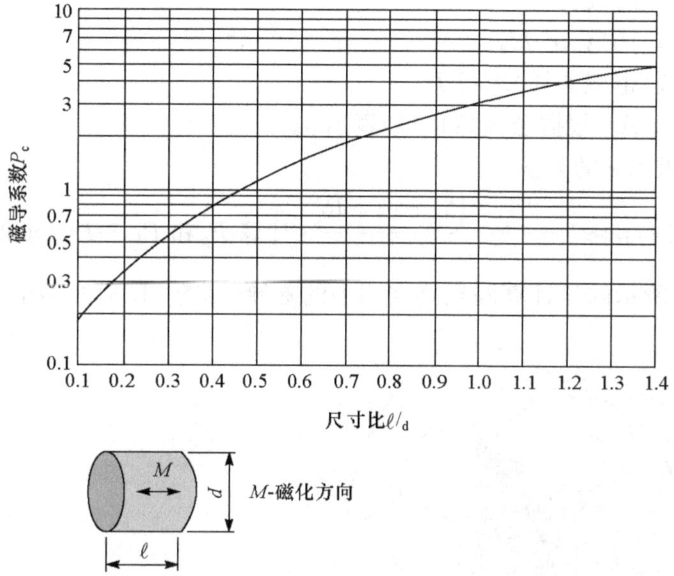

图 11.7　尺寸比与磁导系数的关系图

4. *磁铁所需的长度 L_m、截面积 A_m、体积 V_m 的计算方法*

根据公式(11.9)可得

$$L_m=\frac{B_g\cdot L_g}{H_d}f \tag{11.19}$$

根据公式(11.11)可得

$$A_m=\frac{B_g\cdot A_g}{B_d}\sigma \tag{11.20}$$

在这两个公式中，给 H_d、B_d、B_g、A_g、L_g 以及 f、σ 赋值，可以求得所需的 L_m、A_m。另外，所需的体积 V_m 为

$$V_m=A_m\cdot L_m=\frac{B_g^2\cdot A_g\cdot L_g\cdot\sigma\cdot f}{B_d\cdot H_d} \tag{11.21}$$

由此可知，所需的磁铁体积与工作点的磁能积成反比。

5. *漏磁系数 σ、磁动势损失系数 f 的求法*

(1) 在实验中求 σ、f 的步骤

使用探测线圈的方法如下：

① 在磁铁缠上探测线圈，测定气隙磁通量。

② 根据全磁通量 ϕ_g/磁铁截面积 A_m，算出 B_d。

③ 根据 B-H 曲线（退磁曲线）求得 H_d。

④ 实际测量 B_g、A_g、L_g、A_m、L_m。

⑤ 根据公式(11.9)、公式(11.11)算出 σ、f。

不使用探测线圈的方法如下：

① 假设 f 值（一般是 1.0～1.2）。

② 实际测量 L_m、B_g、L_g。

③ 根据公式(11.15)算出 H_d。

④ 从 B-H 曲线（退磁曲线）求得 B_d。

⑤ 实际测量 A_m、A_g，根据公式(11.11)算出 σ。

(2) 通过计算求出 σ 的方法

根据公式(11.13)：$\sigma \approx 1 + \dfrac{P_{f_1} + P_{f_2} + \cdots + P_{f_n}}{P_g}$，计算 P_g 和 $P_{f_1} \sim P_{f_n}$，求得 σ。

例 11.1　以下所示的是计算漏磁路空间中的磁导（见图 11.8）的例子。

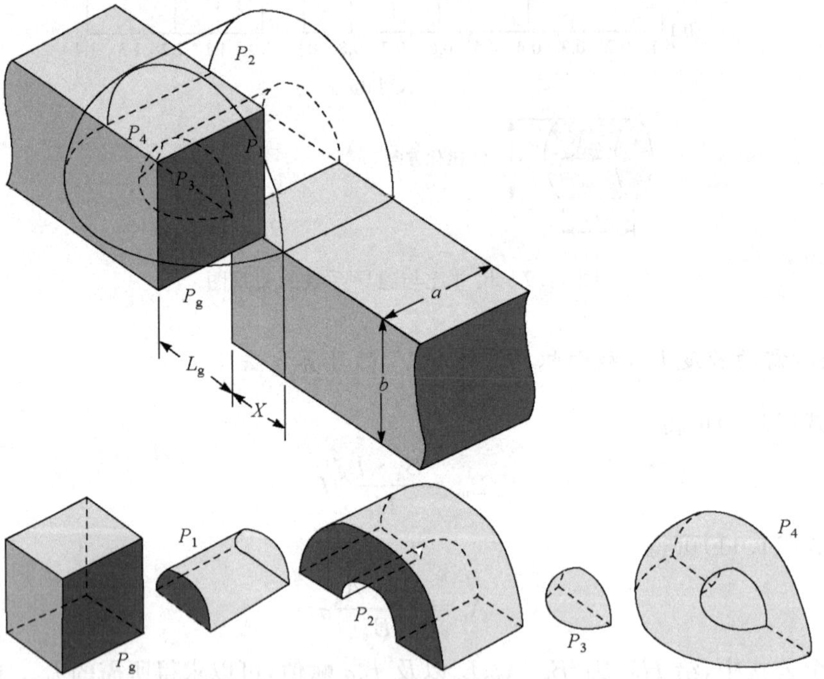

图 11.8　漏磁路空间中的磁导

(1) 气隙部分（图中的气隙空间部分）的磁导

$$P_g = \mu_0 \frac{a \cdot b}{L_g}$$

(2) 半圆柱漏磁路的磁导

$$P_1 = 0.264 \mu_0 \cdot a$$

(3) 空心半圆柱漏磁路的磁导

$$P_2 \approx \frac{0.64\mu_0 \cdot a}{\left(\frac{L_g}{x}+1\right)} \quad 或 \quad P_2=\frac{\mu_0 \cdot a}{\pi}\ell_n\left(1+\frac{2x}{L_g}\right), \quad L_g<3x$$

(4) 1/4 球漏磁路的磁导

$$P_3=0.077\mu_0 \cdot L_g$$

(5) 空心 1/4 球(1/4 球壳)漏磁路的磁导

$$P_4=\frac{\mu_0 \cdot x}{4} \quad (\mu_0 \text{ 为真空磁导率})$$

通过组合应用上述(1)～(5) 的磁导,可以求得漏磁路空间大致的 σ。

任务 2　磁铁中心线上磁通密度 $B(X)$ 的计算

B-H 曲线是直线或在弯曲点之上有工作点 B_d 时,可认为磁铁外部的磁场分布情况如下:假设有一个和磁铁相同的磁导率,相同截面形状及长度为 X 的空间,那么该空间外周表面的闭路电流产生的磁场与磁铁相同。针对三种有代表性的形状,用计算式表示如下(产品为铁氧体磁铁、稀土类磁铁时作为近似公式有效)。

1. 圆柱体磁铁

圆柱体磁铁剩余磁通密度的计算(参看图 11.9)为

$$B(X)=\frac{B_r}{2}\left[\frac{L+X}{\sqrt{R^2+(L+X)^2}}-\frac{X}{\sqrt{R^2+X^2}}\right] \tag{11.22}$$

式中,B_r 为使用磁铁的剩余磁通密度;X 为离磁铁表面的距离。

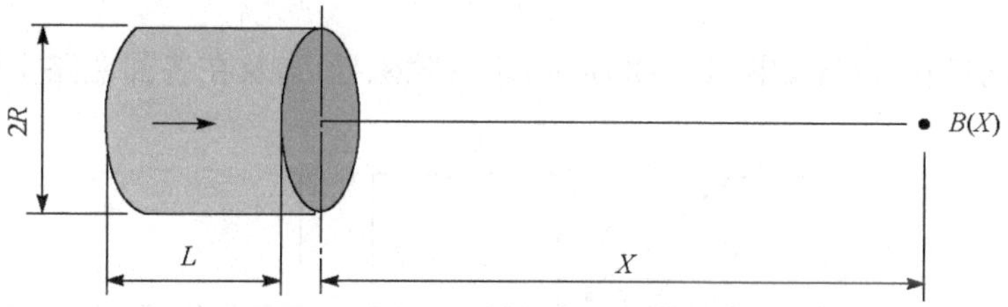

图 11.9　圆柱体磁铁剩余磁通密度的计算

2. 方柱体磁铁

方柱体磁铁剩余磁通密度的计算(参看图 11.10)为

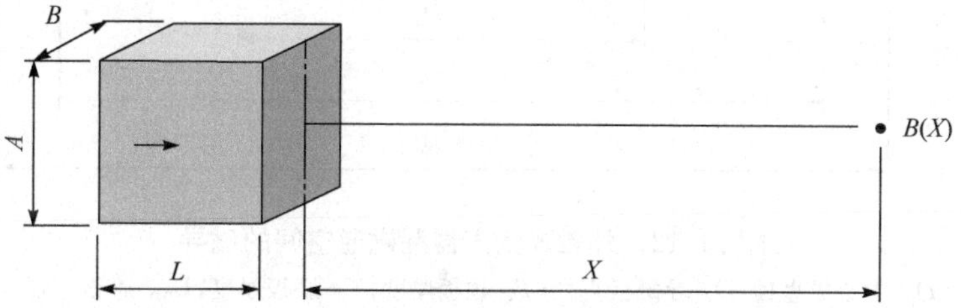

图 11.10　方柱体磁铁剩余磁通密度的计算

$$B(X)=\frac{B_r}{\pi}\left[\arctan\frac{AB}{2X\sqrt{4X^2+A^2+B^2}}\right]-\arctan\frac{AB}{2(L+X)\sqrt{4(L+X)^2+A^2+B^2}} \tag{11.23}$$

式中，B_r为使用磁铁的剩余磁通密度；X为离磁铁表面的距离；角度是弧度。

3. 圆筒状磁铁

圆筒状磁铁剩余磁通密度的计算(参看图 11.11)为

$$B(X)=\frac{B_r}{2}\left[\left(\frac{L+X}{\sqrt{R^2+(L+X)^2}}-\frac{L+X}{\sqrt{r^2+(L+X)^2}}\right)-\left(\frac{X}{\sqrt{R^2+X}}-\frac{X}{\sqrt{r^2+X^2}}\right)\right] \tag{11.24}$$

式中，B_r为使用磁铁的剩余磁通密度；X为离磁铁表面的距离。

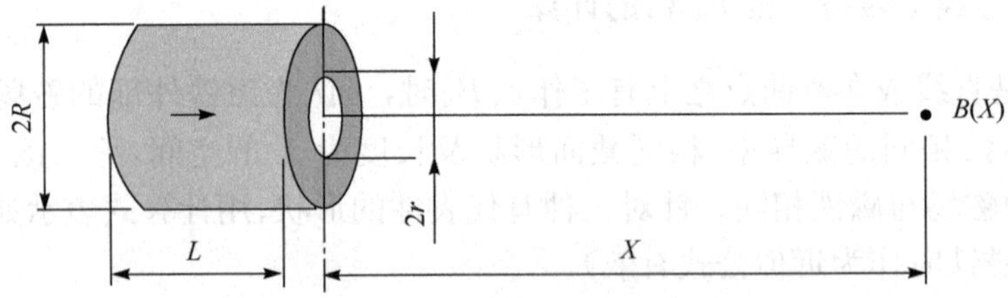

图 11.11　圆筒状磁铁剩余磁通密度的计算

为了简化本部分中的计算式，使用了 CGS 单位制。关于与 SI 单位制的换算，请参照最后的附录《SI 单位/CGS 单位对照换算表》。

任务 3　扬声器磁力回路的气隙磁通密度计算

1. 外磁式扬声器

假设漏磁通空间的磁导如图 11.12 所示，求气隙磁导 P_g及在各漏磁路空间的漏磁导 P_f。

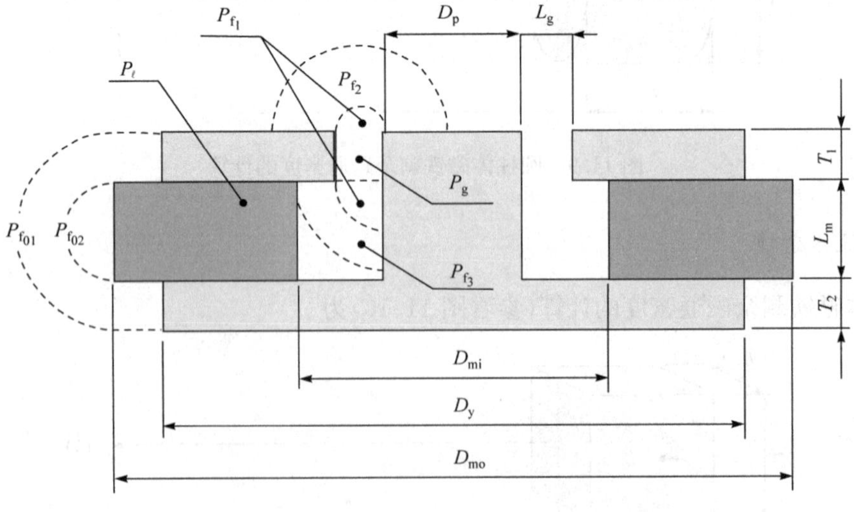

图 11.12　外磁式扬声器漏磁通空间的磁导

D_p-中心极直径；D_y-导磁板直径；T_1-顶板厚度；T_2-底板厚度；D_{mo}-磁铁外径；

D_{mi}-磁铁内径；L_m-磁铁厚度；L_g-气隙长度；A_g-气隙截面积

$$P_g = \mu_0 \frac{A_g}{L_g} = \pi\mu_0 (D_P + L_g) \frac{T_1}{L_g}$$

$$P_{f_1} = 0.264\pi\mu_0 (D_P + L_g)$$

$$P_{f_2} = \mu_0 (D_P + L_g) \ell_n \left(1 + \frac{D_P}{L_g}\right)$$

$$P_{f_3} = 2\mu_0 (D_P + L_g) \ell_n \left[1 + \frac{(D_{mi} - D_P - 2L_g)}{L_g}\right]$$

$$P_{f_{01}} \approx \mu_0 0.264\pi \cdot D_{mo} + 0.308 L_m$$

$$P_{f_{02}} \approx \mu_0 D_{mo} \cdot \ell_n \left[1 + \frac{(T_1 + T_2)}{L_m}\right] + (T_1 + T_2)$$

$$P_\ell = \pi\mu_0 \sqrt{\frac{(D_{mo} + D_{mi}) L_m}{2}}$$

那么，根据　$P_t = P_g + 3P_{f_1} + P_{f_2} + P_{f_3} + P_{f_{01}} + P_{f_{02}} + P_\ell$

求得磁力总体的磁导 P_t，可以得到漏磁系数 $\sigma = \frac{P_t}{P_g}$。

磁导系数 $P_c = \frac{L_m}{A_m} \cdot P_g \cdot \frac{\sigma}{f} = \frac{L_m}{A_m} \cdot \frac{P_t}{f}$

式中，A_m为磁铁截面积；f 为磁动势损失系数≈1.1。

另外，根据下述公式分别求出磁铁工作点的磁通密度 B_d，气隙磁通密度 B_g。

$$B_d = \frac{B_r}{1 + \frac{\mu_{rec}}{P_c}}$$

式中，μ_{rec}为可逆磁导率≈1.07。

$$B_g = \frac{A_m \cdot B_d}{A_g} \cdot \frac{1}{\sigma}$$

为使底板不饱和求得所需的厚度 T_2，可按以下方法：

根据下面公式求得从底板观测的漏磁系数 σ_p

$$\sigma_p = \frac{P_g + 3P_{f_1} + P_{f_2} + P_{f_3}}{P_g}$$

然后，根据下述公式求得通过底板的总磁通量 ϕ_p

$$\phi_p = B_g \cdot A_g \cdot \sigma_p$$

由此，为了底板不饱和所需的厚度 T_2为

$$T_2 \geqslant \phi_p / 15000\pi \cdot D_p$$

(将底板的最大磁通密度设定为 15kGs)

2. 内磁式扬声器

和外磁式一样，假设漏磁通空间的磁导如图 11.13 所示，求得气隙磁导 P_g以及各个漏磁路空间的漏磁导 P_f。

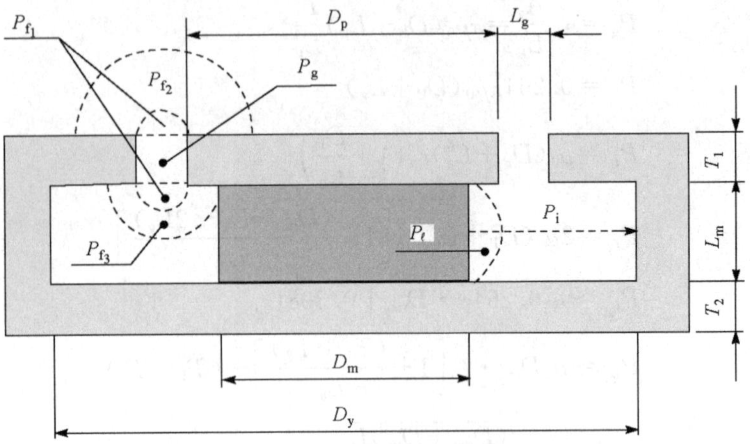

图 11.13　内磁式扬声器漏磁通空间的磁导

D_p-中心极直径；D_y-导磁板直径；T_1-顶板厚度；T_2-底板厚度；

L_m-磁铁厚度；D_m-磁铁直径；A_g-气隙截面积；L_g-气隙长度

$$P_g=\frac{\mu_0 A_g}{L_g}=\pi\mu_0\frac{(D_P+L_g)T_1}{L_g}$$

$$P_{f_1}=0.264\pi\mu_0(D_P+L_g)$$

$$P_{f_2}=\mu_0(D_P+L_g)\ell_n\left(1+\frac{D_P}{L_g}\right)$$

$$P_{f_3}=\mu_0(D_P+L_g)\ell_n\left[1+\frac{(D_P-D_m)}{L_g}\right]$$

$$P_\ell=\pi\mu_0\sqrt{\frac{D_m\cdot L_m}{2}},(P_\ell>P_i\text{ 时})$$

或

$$P_i=\pi\mu_0 L_m\frac{(D_m+D_y)}{4(D_y-D_m)},(P_i>P_\ell\text{ 时})$$

那么，根据　$P_t=P_g+2P_{f_1}+P_{f_2}+P_{f_3}+P_\ell$ 或 $P_t=P_g+2P_{f_1}+P_{f_2}+P_{f_3}+P_i$，求得磁力总体的磁导 P_t。漏磁系数 σ、磁导系数 P_c、磁力工作点的磁通密度 B_d、气隙磁通密度 B_g 和外磁式磁力回路的计算相同。

为了导磁板不饱和所需的厚度 T_1 及 T_2 也和外磁式相同，根据下面的公式求得漏磁系数

$$\sigma_P=\frac{P_g+2P_{f_1}+P_{f_2}+P_{f_3}+P_\ell}{P_g}\quad\text{或}\quad\sigma_P=\frac{P_g+2P_{f_1}+P_{f_2}+P_{f_3}+P_i}{P_g}$$

然后，用下面公式求得通过导磁板的总磁通量 ϕ_P

$$\phi_P=B_g\cdot A_g\cdot\sigma_P$$

由此，为了导磁板不饱和所需的厚度，T_1、T_2 需满足

$$T_1\text{、}T_2\geqslant\phi_P/15000\pi\cdot D_m$$

(将底板的最大磁通密度设定为 15kGs)

任务 4　电动机磁力回路的有效磁通量计算

电动机(见图 11.14)磁力回路因转子的沟槽数、沟槽形状、壳体厚度等条件不同，磁力回

路条件有很大差异。因此，在本项中只用计算式表示了基本思考方法。

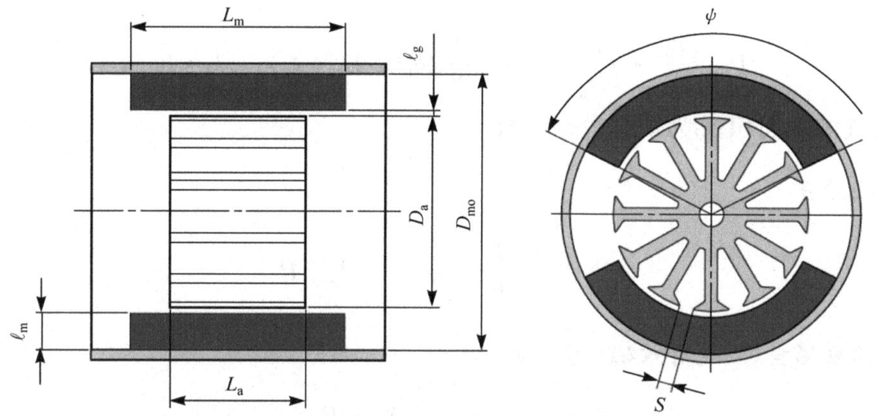

图 11.14　电动机的结构示意图

D_{mo}-磁铁外径；D_a-转子外径；L_m-磁铁长度；L_a-转子长度；ψ-磁极角度；S-沟槽开口宽度；ℓ_m-磁铁厚度；ℓ_g-气隙长度

1. 磁铁截面积 A_m

$$A_m=\frac{1}{2}\psi L_m(D_{mo}-\ell_m)=\frac{1}{2p}\alpha_i\pi L_m(D_{mo}-\ell_m)$$

式中，$\alpha_i=\dfrac{p\psi}{\pi}$为极弧率；$p$ 为极对数。

2. 磁铁等价尺寸比$\dfrac{\ell}{d}$

$$\frac{\ell}{d}=\frac{\ell_m}{\sqrt{\dfrac{4A_m}{\pi}}}$$

3. 漏磁导系数 P_i、P_L

磁铁单体的磁导系数 P_i

$$P_i=\zeta\left(\frac{\ell}{d}\right)\left[\sqrt{1+\left(\frac{\ell}{d}\right)^2}+\frac{\ell}{d}\right],\quad \xi=\frac{1}{5}(12-p)$$

磁石单质(包含磁轭部分)的磁导系数 P_L

$$P_L=\zeta\left(\frac{2\ell}{d}\right)\left[\sqrt{1+\left(\frac{2\ell}{d}\right)^2}+\frac{2\ell}{d}\right],\quad \xi=1.3-1.4$$

4. 卡特系数 k_c

$$k_c=\frac{t_S}{t_S-\gamma_c\ell_g},\quad \gamma_c=\frac{\left(\dfrac{S}{\ell_g}\right)^2}{5+\left(\dfrac{S}{\ell_g}\right)},\quad t_S=\frac{\pi D_a}{S_n}$$

式中，t_S为齿距；S_n为铁芯占空系数。

5. 有效磁导系数 P_u

$$P_u=\frac{\ell_m}{A_m}\cdot\frac{A_g}{k_c\ell_g},\quad A_g=\frac{1}{2}\psi k_i L_a(D_a+\ell_g),\quad k_i\approx 0.97$$

式中，A_g为气隙截面积；k_i为铁芯占空系数。

6. 漏磁通 σ

$$\sigma=1+\frac{P_i}{P_u},\quad \sigma P_u=P_u+P_i$$

7. 极的磁通量(或是有效磁通量) ϕ_g

$$\phi_g=0.95B_r\frac{A_m\cdot P_u}{\mu_{rec}+\sigma P_u}$$

式中，μ_{rec}为可逆磁导率。

8. 关于磁力回路的饱和

以上的 ϕ_g算方法没有考虑关于磁力回路的饱和。但是，在实际的磁力回路中，壳体、转子部分也可能会出现饱和现象。即，比较通过上述计算方法得到的 ϕ_g和实际电动机的 ϕ_g时，如果实际电动机的 ϕ_g比计算值小，原因可能是磁力回路饱和。

9. SI 单位/CGS 单位的对照换算

读取换算比的方法：SI 单位制栏的值乘上▶符号左侧的换算比得到 CGS 制的值，CGS 单位制的值乘上◀符号右侧的换算比得到 SI 单位制的值，具体见表 11.1。

表 11.1 SI 单位/CGS 单位的对照换算表

磁力量	量符号	SI 单位制	单位符号	换算比		CGS 单位制	单位符号
		单位名				单位名	
磁通量	ϕ	韦伯	Wb	10^8 ▶	◀ 10^{-8}	麦克斯韦	Mx
磁通密度	B	特斯拉	T	10^4 ▶	◀ 10^{-4}	高斯	Gs
磁场强度	H	安培/米	A/m	$4\pi\times10^{-3}$ ▶	◀ $10^3/(4\pi)$	奥斯特	Oe
磁化强度	M	安培/米	A/m	10^{-3} ▶	◀ 10^3	高斯	Gs
磁力极化	J	特斯拉	T	$10^4/(4\pi)$ ▶	◀ $4\pi\times10^{-4}$	高斯	Gs
磁动势	F_m	安培	A_t	$4\pi\times10^{-1}$ ▶	◀ $10/(4\pi)$	吉伯	Gb
磁力吸引力	F	牛顿	N	10^5 ▶	◀ 10^{-5}	达因	dyn
磁导率	μ	亨利/米	H/m	$10^7/(4\pi)$ ▶	◀ $4\pi\times10^{-7}$		不名数
真空磁导率	μ_0	$4\pi\times10^{-7}$亨利/米	H/m			1	不名数
磁阻	R_m	1/亨利	H^{-1}	$4\pi\times10^{-9}$ ▶	◀ $10^9/(4\pi)$	吉伯/麦克斯韦	Gb/Mx
磁导	P	亨利	H	$10^9/(4\pi)$ ▶	◀ $4\pi\times10^{-9}$	麦克斯韦/吉伯	Mx/Gb
磁能积	BH	焦耳/米³	J/m³	$4\pi\times10$ ▶	◀ $10^{-1}/(4\pi)$	高斯·奥斯特	Gs·Oe
				10 ▶	◀ 10^{-1}	尔格/厘米³	erg/cm³

附录:生产高性能永磁铁氧体材料常用参考资料

附表 1　主要工艺过程中观察分析的参量和方法

工序名称	控制和需要调整的参数	要求与目的	观察分析的参量和方法
配料(确定化学成分)	成分的摩尔分数,原料的化学纯度和反应能力(活性)	纯度要高,要与烧结的活性相适应	颗粒大小及分布,外形。用比表面、金相电镜、扫描电镜、BET,X射线衍射法等
均匀混合(一次球磨)	均匀混合情况分析,球磨时间,料、水、球之比例	化学原料均匀混合,是否有团聚现象	电子探针,扫描电镜,微区分析
预烧	升温及保温温度、保温时间及气氛	部分或全部形成磁铅石结构,具有一定的尺寸和密度,排除原料中碳酸根,进一步使化学成分均匀,确定与烧结相匹配的预烧制度	X射线分析磁铅石相,测微晶粒尺寸,差热,热重分析反应过程中物理、化学变化,高温X射线结构分析,比饱和磁化强度的测量,Fe^{2+}的测量
粉碎(二次球磨)	粒度及其分布,球磨时间,料、水、球的比例	与成型相配合的颗粒度,与烧结相一致的活性	颗粒尺寸、外形等,BET法、透气法,电镜、扫描电镜、偏光显微镜等
成型	成型压力、磁场强度、保压时间、抽水真空度	坯件密度及均匀度、含水率、取向度	干燥室。密度测量仪器(天秤及卡尺);X光测取向度
烧结	升温、降温速度,烧结温度和保温时间及气氛	所需的电磁性能,密度,微观结构,尺寸,化学成分	用金相显微镜、电镜、扫描电镜、电子探针分析再结晶、微区成分;化学分析最终成分;差热、热重分析反应过程;高温X射线结构分析;X衍射分析磁性离子的分布
产品检验	尺寸、形位公差、密度、磁性能	尺寸及形位公差、粗糙度、外观符合图纸要求,产品结构均匀,磁性能符合要求	相应的各种量具、*B*-*H*测试仪、气隙磁通测量,密度测量(天秤及量具),卡尺

附表 2　美国 Hoosier 公司 HM235 和 HM241 磁粉的性能

材料牌号	HM235			HM241		
添加剂 SiO_2 的质量分数/%	0.5	0.5	0.5	0.5	0.5	0.5
添加剂 Al_2O_3 的质量分数/%	—	0.6	0.6	0.6	—	2.5
收缩率/%	14.0	14.0	13.2	12.5	12.3	11.0
B_r/mT	410	395	357.5	395	412.5	350
H_{CB}/(kA/m)	255	274.5	276.5	290.4	258.6	272.5
H_{CJ}/(kA/m)	266.5	294.4	366	314.3	274.5	381.9
$(BH)_{max}$/(kJ/m^3)	32.8	29.6	24	30.3	32.8	24

附表 3　复合添加 CaO、SiO_2、Cr_2O_3、CoO 的 SrM 性能

添加剂 质量分数/%					磁性能				
CaO	SiO_2	Cr_2O_3	Al_2O_3	CoO	B_r/Gs	H_{CB}/Oe	H_{CJ}/Oe	(BH)/MGOe	密度/(g/cm³)
0.75	0.6	1.0	—	0.8	4170	3680	3800	4.23	4.39
0.75	0.6	—	1.0	0.8	4050	3740	3980	3.078	4.92
0.75	0.6	—	3.0	0.2	3510	3420	5250	2.9	4.78
0.75	0.6	—	3.0	0.8	3510	3430	5300	2.9	4.78

附表 4　高性能永磁铁氧体用铁红、铁鳞的主要技术参数

指标 / 原料	Fe_2O_3/%	TFe/%	FeO/%	SiO_2/%	Cl^-/%	粒度/μm	其他
铁红	>99			<0.01	≤0.1	<1	
铁鳞		73～75	60～65	<0.5		3～6	Fe^0≤0.5%

附图 1 为 TDK 高性能永磁铁氧体的最新(干压湿压)工艺流程,可以看出其成型前的粉料处理,包括脱水(Dehydration)、混炼(Kneading)和分散(Dispersion)等特色工艺,值得借鉴。

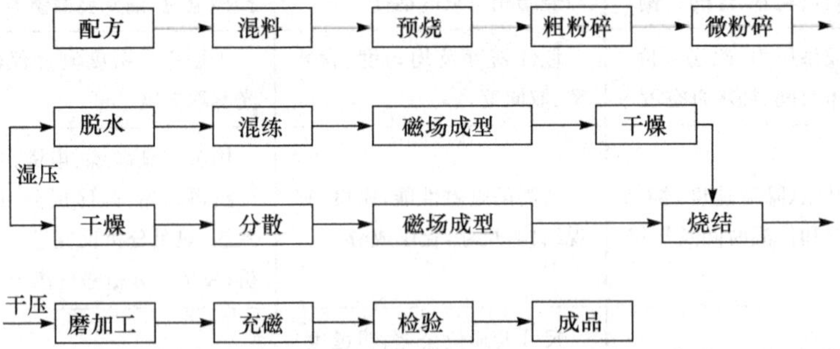

附图 1　TDK 高性能永磁铁氧体的最新(干压湿压)工艺流程图

附表 5　TDK 公司各类永磁铁氧体产品应用一览表

用途		应用产品/功能	材质名	FB 系列								
			磁铁形状	14H	13B	12B	12H	9N	9B	9H	5D	5DG
办公自动化机器	打印机	送纸机构驱动马达	C								●	●
		打印头驱动马达	C								●	●
	投影仪	调焦马达	C	●	●						●	●

续表

用途		应用产品/功能	材质名	FB系列								
			磁铁形状	14H	13B	12B	12H	9N	9B	9H	5D	5DG
家电机器	空调	压缩机马达	C	●	●	●	●	●	●	●		
		风扇马达	C			●	●	●	●	●	●	●
	洗衣机	驱动用马达	C			●	●	●	●	●		
		给水泵	C			●	●	●	●	●		
	冰箱	压缩机马达	C			●	●	●	●	●		
	空气净化器	风扇马达	C								●	●
	打蛋器	驱动用马达	C								●	●
	吹风机	风扇马达	C								●	●
	剃须刀	驱动用马达	C								●	●
	电动工具	驱动用马达	C	●	●	●	●	●	●		●	●
	各种泵	驱动用马达	C	●	●	●	●	●	●		●	●
医疗机器领域·磁疗/功能	医疗机器	牙科治疗器械，医疗用泵	C	●	●						●	●
	分析仪器	各种泵马达	C								●	
	磁疗器械	电动头马达	C		●	●	●	●	●	●		

参考文献

汤集刚，王飞，金宝惠. 1992. 以铁鳞为原料的预烧钡铁氧体球团中杂相的形成机理及其解决办法[J]. 北京矿冶研究总院学报，1(1)：98-104

安增基. 1987. 煅烧法碳酸锶生产工艺[P]：中国，87101234

滨村敦. 1994. 铁素体磁铁用煅烧材料的制备方法[P]：中国，94104071.2

蔡伟，张蓉，赵爱华. 2007. 分散剂对钡铁氧体浆料分散性的影响[J]. 磁性材料及器件，(5)：25-28

陈国权，等. 2004. 铁氧体橡塑磁粉的制造方法[P]：中国，200410028200.4

陈婉琼. 2002. 如何提高永磁铁氧体磁瓦的磨削质量[J]. 机电工程技术，31(7)：147-148

董仁祥. 1997. 铁氧体磁体预烧料的制造方法[P]：中国，97104779.0

董正柱，尹有祥. 1994. 烧结磁体出现泡状物的起因及探讨[J]. 磁性材料及器件，25(3)：6-8，26

董正柱. 2001. 永磁铁氧体烧结磁体生产技术与控制[J]. 磁性材料及器件，(4)：54-58

都有为. 1995. 铁氧体[M]. 南京：江苏科学出版社

菲舍尔. 1990. 铁氧体磁体成型技术[DB]. 祁峰，仇仪俊，译. 磁性材料及器件专业情报网

龚炳荣. 1991. 窑炉砌体材料的选用[J]. 景德镇陶瓷，(4)：23-27

何明兴，何安西. 1999. 从酸洗废液中回收高纯氧化铁粉[J]. 攀钢技术，22(4)：12-16

何时金，等. 2004. 包裹晶粒烧结磁体及其制造方法、电机、粘结磁体[P]：中国，200410099083.0

贺可音. 2006. 硅酸盐物理化学[M]. 武汉：武汉理工大学出版社

胡建国，等. 2011. 启动电机[P]：中国，201120141466.5

华南工学院. 1980. 陶瓷材料物理性能[M]. 北京：中国建筑工业出版社

华中工学院磁学教研室. 1981. 铁氧体材料[M]. 武汉：华中工学院出版社

黄永杰. 1993. 磁性材料[M]. 成都：电子科技大学出版社

贾利军. 2000. 磁性材料工艺原理[M]. 成都：电子科技大学出版社

姜茂雄，等. 2011. 永磁直流电机[P]：中国，201110040851.5

焦立新，等. 2008. 一种干法制造氧化铁红的工艺[P]：中国，200810197971.4X

皆地良彦，等. 2006. 铁氧体磁性材料[P]：中国，200610169039.1

金子裕. 1997. 添加 CaO 和 SiO_2 对 Sr 铁氧体粉烧结的影响[DB]. 吴安国，译. 磁性材料关键工艺技术分析研究. 绵阳：电子工业部磁性材料及器件专业情报网

柯正东. 2009. 永磁铁氧体磁瓦常见性能问题及其技术措施[J]. 磁性材料及器件，(3)：59-62

李国栋. 1978. 铁氧体物理学[M]. 北京：科学出版社

李华彬，罗裕厚. 1999. 酸再生工艺参数对氧化铁粉质量的影响[J]. 钢铁钒钛，20(1)：49-52

林方钰. 2001. 高性能永磁铁氧体的成型与磨削工艺设备[J]. 磁性材料及器件，(1)：41-42

林其壬. 1987. 铁氧体工艺原理[M]. 上海：上海科学技术出版社

林毅，吕宝顺. 1992. Ca^{2+} 的添加对粘结铁氧体磁粉性能的影响[J]. 北京矿冶研究总院学报，1(1)：84-88

刘俊亮，郭翠静，张伟，等. 2009. 六角钡铁氧体准单晶块材制备及其磁性能研究[J]. 无机材料学报，(3)：599-601

刘乃功. 1996. 磁性元件专用磨床[J]. LSI 制造与测试，17(2)：12-15

刘清式，等. 2010. 永磁电机[P]：中国，201020573398.5

刘相果，等. 2005. 高纯碳酸锶制备方法[P]：中国，200510057057.6

娄明连. 1996. 用硫酸渣制永磁铁氧体[J]. 安徽大学学报，20(4)：89-93

罗德高. 1992. 湿式球磨机最佳转速的探讨[J]. 陶瓷(湖南)，(2)：21-28

马昌贵. 1994. 高性能永磁铁氧体大生产技术文集[C]. 绵阳：西南应用磁学研究所，40-45

祁宝忠. 2001. 瓦形成型磁场对磁瓦毛坯密度分布的影响及改进措施[J]. 磁性材料及器件，(5)：44-48

千田正康，等. 2004. 粘结磁体和粘结磁体用铁氧体磁粉[P]：中国，200410034695.1

任先京，等. 1993. 磁取向挤出成型粘结永磁材料的制造方法[P]：中国，93120051. 2
舒清波，任海，黄永东. 1997. 影响攀钢冷轧厂氧化铁粉质量的因素及保证措施[J]. 钢铁钒钛，18(4)：14-18
舒扬. 2000. 永磁铁氧体预烧料显微组织分析方法在产品质量控制中的应用[J]. 磁性材料及器件. (2)：40-42
斯特普兰. 1986. 硬磁铁氧体和塑料铁氧体[M]. 林毅，译. 北京：科学普及出版社
宋玉升. 1984. 铁氧体工艺[M]. 北京：电子工业出版社
苏文生. 2011. 推板窑升降温段结构设计[J]. 陶瓷，(5)：25-26
孙本良，等. 2003. 一种利用铁精矿粉生产氧化铁红的方法[P]：中国，200310104867. 3
孙亦栋. 1984. 铁氧体工艺[M]. 北京：电子工业出版社
塔加尔特. 1959. 选矿手册-湿式磨碎[M]. 北京：冶金工业出版社
滕阳民. 1998. 平行磁场成型的磁场分布及成型参数对各向异性烧结永磁铁氧体取向度的影响[J]. 磁性材料及器件. 29(3)：50-54
田口仁，诹访建一郎，武石卓. 1996. 磁体粉末、烧结磁体、粘结磁体和磁记录介质[P]：中国，96109422. 2
王会宗，等. 1989. 磁性材料及其应用[M]. 北京：国防科技工业出版社
王晶珠，等. 1993. 减震消音用粘结铁氧体磁粉的制造方法[P]：中国 93103307. 1
王现英，金鸣林，葛亮，等. 2007. 永磁铁氧体磁性能与料浆粒度关系的研究[J]. 材料导报，21(z1)：338-340
王彦华，等. 2001. 亚铁盐溶液提纯方法[P]：中国，01107085. 4
王亦工，陈华辉，周凤颖. 2014. M 型永磁铁氧体的研究进展[J]. 矿冶工程，24(6)：73-76
王亦工. 2004. 永磁铁氧体预烧中结窑块料的成因和利用[J]. 磁性材料及器件，35(3)：41-45
王忠礼. 2010. 一种无刷起动磁电机[P]：中国，201020573398. 5
王仲庆，等. 2009. 干式氧化铁粉固体提纯方法[P]：中国，200910049609. 7
王自敏，等. 2008. The effects of the slurry granularity distribution on high-performance hard ferrite and the process control[R]. 成都：第十届国际铁氧体会议
王自敏. 2009. 高性能永磁铁氧体细粉碎工艺[J]. 中国陶瓷工业，16(5)：14-18
王自敏. 2013. 铁氧体生产工艺技术[M]. 重庆：重庆大学出版社
乌传和. 1995. 超纯铁精矿生产磁性材料的进展[J]. 金属矿山，(7)：39-42
吴新元. 2007. 铁氧体磁瓦机械强度影响因素分析[J]. 磁性材料及器件，(6)：61-62
徐刚明，陆柏松，周世昌. 2000. 磁性材料的磁性参数测量问题与质量保证方案[J]. 磁性材料及器件，31(2)：53-57
徐各清，等. 2002. 一种永磁铁氧体粘结橡胶磁体及某制造工艺[P]：中国，02134329. 2
徐望华，等. 2004. 一种铁鳞除杂系统及工艺[P]：中国，200410015611. X
徐文生，朱红. 2004. 永磁铁氧体工艺技术的新进展[J]. 磁性材料及器件，35(5)：36-39
许新甲，等. 2011. 一种直流电机永磁转子[P]：中国，201120195846. 7
许雅周，丁锐，常传平. 2007. 粉体团聚理论在超细研磨中的应用[J]. 陶瓷，(3)：30-33
扬伟鸿. 1994. 永磁铁氧体烧结带磁现象的研究[J]. 磁性材料及器件，25(4)：36-39
杨国本，陈柏松. 1994. 高性能永磁铁氧体磁体内外径尺寸公差与控制[J]. 磁性材料及器件，25(1)：38-41
要继忠，孙岩. 1993. 湿压各向异性烧结铁氧体磁体中同性斑块的成因及其与磁性能和烧结裂纹间的关系[C]. 烟台：第八届全国磁材料会讨论文集
尹红，王申然，李阳，等. 2011. 双推板隧道窑的改造及偶发故障处理[J]. 矿冶，10(2)：66-68
尹有祥，孙岩. 2001. 铁的氧化物和铁氧体磁性材料[J]. 磁性材料及器件，32(5)：56-60
轶名. 1976. 用铁鳞实验生产锶铁氧体永磁材料总结. 北京矿冶研究院实验厂(内部资料)
张建军. 2003. 粘结永磁铁氧体卷材连轧生产线制粒和压延工艺及设备优化[J]. 磁性材料及器件，34(5)：36-41

张连墩. 2006. 锶铁氧体磁性材料的制备方法[P]: 中国, 200610050412
甄美茹. 2000. 湿压大弧度铁氧体磁瓦成型模具的改进设计[J]. 磁性材料及器件, (3): 46-48
周婷, 张蓉, 李雪莹, 等. 2010. 球磨工艺对钡铁氧体浆料粒径和磁性能的影响[J]. 中国粉体技术, (2): 39-41
周文运. 2004. 烧结永磁铁氧体[M]. 绵阳: 中国电子科技集团公司九所信息中心
周涌. 2001. 电机在汽车零部件上的应用[J]. 微电机, 34(1): 46-48
周志刚. 1981. 铁氧体磁性材料[M]. 北京: 科学出版社